HARDPRESS.NET
HOME OF HARD-TO-FIND BOOKS

De Første Konger Af Den Oldenborgske Slaegt
by Caspar Paludan-Müller

Address:
HardPress
8345 NW 66TH ST #2561
MIAMI FL 33166-2626
USA
Email: info@hardpress.net

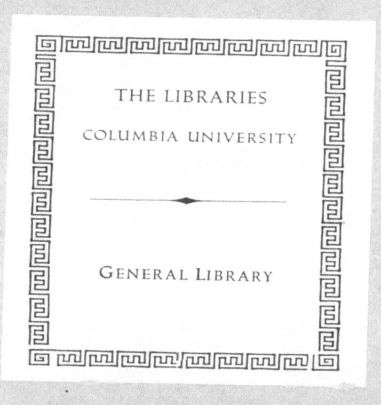

De første Konger

af

den Oldenborgske Slægt.

Omrids og Tanker

til

Forstaaelse af Danmarks Historie i Overgangen fra Middelalderen
til den nyere Tid.

Af

C. Paludan-Müller,

Dr phil. og Professor ved Kjøbenhavns Universitet.

Kjøbenhavn.

C. A. Reitzels Forlag.

1874.

DL
182
.P3

17342 E

Deres Kongelige Høihed

Kronprinds Frederik,

Danmarks Søn, Sverrigs og Norges Ven,

underdanigst tilegnet.

Forord.

Det er af Forelæsninger, holdte ved Kjøbenhavns Universitet i Aarene 1872 og 1873, at denne Bog nærmest er fremgaaet. Efter sin Herkomst bærer den helt igjennem Spor, jeg ikke har søgt at udvikke, forbi det mundtlige Foredrags Eiendommeligheder passe ret godt til Bogens Hensigt; thi den er bleven til for at henstille til egen Frigjørelse og Andres Bedømmelse Tanker, der ere modnede under et mangeaarigt Studium af Danmarks Historie. En fuldstændig Historie om Aarene 1448—1536 er Bogen ikke bestemt til at give. Meget er forbigaaet, der skal med i en objektiv Fremstilling. Kun det er fremhævet og udviklet, der er nødvendigt til et sammenhængende Omrids af det danske Riges Skjæbne i Overgangen til Nytiden, og til en rigtig Opfattelse af Begivenhedernes Gang og indre Sammenhæng.

Fra de Oldenborgske Kongers, altsaa fra et dansk Standpunkt, seer denne Bog paa Norges Forening med Danmark og Sverrigs Kamp for Uafhængigheden; men den agter de to andre nordiske Folks Ret og stræber efter den Upartiskhed, der, ikke nøiet med Billighed alene, vil give Enhver hans Ret. Derfor er den tilegnet Hs. Kgl. Høihed Kronprindsen, hvis Stilling i Norden ganske svarer til denne Bogs Standpunkt. Upartiskhed har jo vel altid været Historikerens Pligt, men her i Landet ingensinde mere end nu, da Frihedslivet har løst os Danske fra overleverede Anskuelsers og Hensyns Baand. Nu kan der tales og dømmes om vore Konger og deres Modstandere som der ikke kunde i Enevældens Tid. Jeg har følt det som en Pligt at bruge denne Frihedens Ret, — som en Opfordring til at frigjøre mig fra nye og gamle Fordomme, ikke mindst fra mine egne.

Mange ville vistnok spørge om Forholdet mellem denne Bog og Allens De tre nordiske Riger. Svaret er, at de gaa hver sin Bei, uden at den yngre Bog tænker at konkurrere med den ældre og større. Ikke alene omfatter det Udkomne af Allens Barsk, alene 30 Aar af de 88, der ere behandlede i denne

Bog; men Planen og dens Udførelse er heel forskjellig. Allen giver et rigt Galleri af fuldstændigt udførte Malerier, medens min Bog alene byder Læseren Tegning af Hovedtrækkene." Desuden er der eet Forhold, hvori denne aldeles ikke kan stille sig ved Siden af de Tre nordiske Riger. Allen har ved mange Aars Arbeide i danske og fremmede Arkiver og Samlinger fremdraget og offentliggjort en overordentlig stor Masse af nyt Stof, som enhver følgende Historieforsker maa benytte. Dette har jeg gjort uden at jage efter Originalitet ved at efterlede Aktstykkerne selv, dels fordi dette kun vilde have været Tidsspilde, dels fordi min Opgave godt kunde nøies med at stole paa den samvittighedsfulde Allens Paalidelighed; thi Valget og Opfattelsen af Begivenhederne har været mig vigtigere end deres Skildring i det Enkelte. Jeg har brugt Allens Meddelelser som de andre trykte Kilder, d. e. som en fælles offentlig Eiendom, uden Forpligtelse til at citere ham mere end de andre, da min Plan ikke krævede at besvære Fremstillingen med en gjennemgaaende Bevisførelse. Kun hvor den sagkyndige Læser kunde tvivle om Rigtigheden af min Text, har jeg i en Anmærkning viist ham til min Kilde. Hvor og hvorledes jeg har benyttet Allen, hvem jeg takker i hans Grav for det Meget, jeg har lært af ham, vil snart sees ved at sammenholde begge Fremstillinger.

De sidste Afsnit af Bogen behandle udtogsvis Begivenheder, som for en Snes Aar siden allerede ere udførligt fremstillede i mit Værk over Grevens Feide. Forbigaaes kunde de dog ikke her; Begivenhedsrækken fra de Oldenborgske Kongers Tronbestigelse indtil Kirkereformen er en saa nøie sammenknyttet Enhed, at den ikke kan afsluttes paa noget andet Punkt end der, hvor denne Bog ender. Derfor havde Allen Ret i at ville gjennemføre sit Værk indtil dette Punkt uden Hensyn til den Skildring af de sidste Aar, der da allerede forelaa. Det Omrids af den kongeløse Tid efter Frederik den Førstes Død og af Christian den Tredies Seir, der gives i de sidste Afdelinger, er hentet fra mit nævnte Værk, som hist og her vil gjenkjendes endog i enkelte Vendinger, og fra G. Waitz's Lübeck unter Jürgen Wullenwever, med Benyttelse af Aktstykker og monografiske Fremstillinger, der senere ere fremkomne. —

Det har ikke været været mig muligt at gjennemføre en ganske ensartet Retskrivning i denne Bog, hvad jeg haaber skaansomt bedømt af Enhver, som selv har skullet vælge mellem de mange nye Paafund, hver Dag bringer for Lyset.

Kjøbenhavn, i August 1874.

Indholdsfortegnelse.

Kong Christiern den Første.

1448—1481.

Kong Christiern den Første.

Første Afdeling.

Kongevalg i Danmark. Karl Knudsen valgt i Sverrig. Strid om Gulland og Norge. Halmstads-Unionen. Kong Christiern trones i Norge. Union mellem Danmark og Norge. Biskop Marcellus og Henr. Kalteisen. Oluf Nielsens Strid med Hanseaterne i Bergen. Oluf Nielsens Undergang.

Det faldt vist Ingen i de tre nordiske Riger ind ved Nytaarstid Aar 1448, at den 22aarige Greve Christiern af Oldenborg skulde inden Aarets Udgang faa en bestemmende Indflydelse paa Nordens Skjæbne. Kong Christoffer bar uanfægtet de tre Rigers Kroner, og de to skjæbnesvangre Hovedspørgsmaal, der siden Dronning Margaretes Tider havde sat Norden i Bevægelse, det slesvig-holstenske og det skandinaviske, syntes i det mindste for længere Tid at være bragte til Ro: Skandinavien var samlet under een Konge, Slesvig var overgivet til den holstenske Greve og kun ved et svagt Lensforhold endnu knyttet til Danmark. Da vakte den barnløse Konges uventede Død den 6te Januar 1448 pludselig Situationens slumrende Modsigelser. Det danske Rigsraad fik snart intet andet Valg end at kaste sig i Armene paa Slesvigholsten — thi Hertug Adolf er Slesvigholsten i Kjød og Blod. Det danske Rigsraad samledes med ham og hans slesvigholstenske Raad i Haderslev, hvor man den 1ste September 1448 enedes om at sætte Hertugens Søstersøn Grev Christiern af Oldenborg paa den danske Trone paa Betingelser, der nu ikke strax kunde bringes i Form, men foreløbigt optegnedes i Hovedtræk og antoges af Greven under Hertugens og det hertugelige Raads Garanti. Man kan ikke sige, at disse Betingelser i sig selv vare haarde; de vare i Grunden ikke andre, end de maatte være i en indskrænket monarkisk Stænderstat som det daværende Danmark. At Rigsraadet har været haardt betrængt af Stillingen og Begivenhederne, seer man navnlig af den Tilføielse, at Kongen et Aar efter sin Kroning skulde udstede en egenlig Haandfæstning. Dette gjentoges i Kongeeden, som den Nyvalgte svor ved sin Hylding paa Viborg Landsting den 28de September 1448, og senere ved Kroningseden den 28de Oktober i det følgende Aar. Thi det er aabenbart, at var Kongen først valgt, hyldet og kronet, og havde han i to Aar havt Regeringen i sin Haand, stod det ikke længer i Rigsraadets Magt at foreskrive ham Andet eller Mere, end han selv vilde gaa ind paa. Det er heller ikke bekjendt, at nogen saadan Haandfæstning virkelig er bleven vedtaget og udfærdiget.

Den nye Konge gik til Kjøbenhavn, hvor det skandinaviske Spørgsmaal strax trængte sig saa stærkt paa den danske Regering, at der ikke kunde tænkes paa Kongens Kroning for det første.

Hvo har først sprængt den nordiske Union, Danmark eller Sverrig? det er et gammelt Stridsæmne mellem begge Landes Historikere; men det kan ikke besvares, forbi det er umuligt at finde et fast Udgangspunkt for Bevisførelsen. Thi der har i Virkeligheden ikke været anden Forbindelse imellem de tre nordiske Riger end den fælles Konge; de Forsøg, der er gjort paa at tilveiebringe en fast og varig Forbindelse ved en Unionsakt, ere alle mislykkede, saa at der ikke har været nogen Union at bryde. Sverrig havde efter Christoffers Død utvivlsomt Ret til at følge sin egen Landslovs Bestemmelse om, at kun en Indfødt maatte vælges til Konge. Ved det Rigsmøde, der i Sommeren 1448 holdtes i Stokholm, seirede denne Anskuelse over Unionspartiets Indvendinger, saa at den eneste svenske Mand, om hvem der kunde være Tale, Marsken Karl Knudsen af Slægten Bonde, den 20de Juni valgtes med et Stemmeantal, der grændsede til Enstemmighed, hyldedes paa Mora-Eng den 28de Juni og kronedes i Upsala den 29de. Der kan ikke retfærdigen udsættes Noget paa Lovligheden af Kong Karls Valg; og dog blev det for ham og for Sverrig lige ulykkeligt. Det gjorde Familietvisten mellem de store svenske Adelsslægter til en politisk Partikamp, som havde ført Sverrig til Undergang, hvis der ikke i den svenske Bondestand havde været større Sammenhold og Kraft, end i den danske og den norske. Oxenstjerner og Wasa'er stode fra først af som Fjender af Kong Karl; og som om det var Skjæbnens Villie, at Sverrig ikke skulde komme til Ro i hans Tid, indtog samtidigt med ham Jens Bengtsen af Oxenstjernernes Slægt den næstvigtigste Plads i Riget som Ærkebiskop af Upsala. Ærkebiskoppen modtog sit Pallium fra Paven netop to Dage efter Kong Karls Kroning, saa at han selv kunde krone Dronningen den 2den Juli. De to Mænd, der skulde forfølge og bekæmpe hinanden som Dødsfjender, havde saaledes anerkjendt hinandens Ret til Rigets to høieste Stillinger.

Kong Karl kastede sig strax over Erik af Pommern, som fra Gulland førte en uafbrudt Krig med sine svenske Rebeller, der om den end efter Datidens Retsbegreber kunde kaldes lovlig, dog aldrig kunde føre til noget Resultat og i Virkeligheden ikke var Andet, end hvad de Svenske kaldte den: Sørøveri. Det svenske Folk betragtede besuden Gulland som et Land, der med Uret var ved fremmed Vold skilt fra Sverrig og snarest muligt burde gjenforenes dermed. Sikkert har der intet Øieblik været nogen Tvivl hos Kongen og Folket om, at det Første, der maatte gjøres, var at tage Gulland fra Kong Erik; men Sagen var ikke saa let, da baade Staden Visby var vel befæstet og Slottet Visborg, som Erik selv havde anlagt, kunde betragtes som et Gibraltar i Forhold til Datidens Krigsmidler. Kong Karl har ikke opsat et Øieblik at tage fat paa denne Opgave: fire Uger efter hans Kroning stod en svensk Krigsmagt under Magnus Greens og Birger Trolles Anførsel paa Gulland og indesluttede Visby og Visborg; og da Byen selv var bleven indtaget den 4de December, stod kun Slottet tilbage. Dette kunde vel ikke tages med Magt, men heller ikke var det saaledes forsynet, at det kunde udholde en lang Beleiring; Kong Erik indgik da en Kapitulation den 22de December 1448, ifølge hvilken han skulde overgive Slottet ved Paasketid 1449 imod at faa Øland med Slottet Borgholm paa Livstid som Len af den svenske Krone. At Visborg endnu i fire Maaneder skulde blive i Kong Eriks Besiddelse var vel ikke Kong Karl tilpas; han frygtede fremmede Magters Indblanding; men han antog dog og stadfæstede Overenskomsten.

Kong Karls Tog til Gulland var det, der trængte det danske

Rigsraad hen til et hurtigt Kongevalg; thi Gulland var en Del af det danske Rige, som Rigsraadet ikke kunde opgive uden at svigte sin Pligt imod Danmark. Der skal have været Tale om at følge Sverrigs Exempel ved at vælge en indføbt dansk Adelsmand til Konge; men til Lykke skete det ikke, thi det vilde upaatvivlelig havt samme Følger som i Sverrig: Partikamp i de herskende Stænder. Altsaa blev intet Andet tilbage end at modtage den Konge, Hertug Adolf bød dem, for at kunne slutte sig sammen om en eneste Bannerfører til Haandhævelse af Danmarks Herredømme over Gulland og til om muligt at knytte Norge til Danmark. At Christiern af Oldenborg var en tydsk Mand, kunde bengang, da intet udpræget Nationalhad adskilte Danske og Tydske, saameget mindre volde Betænkelighed, som Danmark i det sidste halve Aarhundrede havde vænnet sig til at bære tydske Konger.

Saaledes fremgik Valget af den oldenborgske Kongeslægts Stamfader naturligt, ja man kan sige: nødvendigt af Forholdene i Norden efter Christoffer af Baierns uventede Død.

I Norge vare Forholdene forskjellige baade fra de danske og de svenske. Der var ikke som i Danmark et mægtigt og myndigt Aristokrati, der vilde Et og det Samme, og heller ikke som i Sverrig vældige Adelsslægter, som i arveligt Fjendskab kæmpede om Herredømmet, og en Bondestand, der vidste at hævde sin Stemme i Afgjørelsen af Rigets Skjæbne. Den gamle norske Lendermandsstand var allerede ifærd med at dø ud, fremmed Adel begyndte at faa Indpas og vinde Gods og Indflydelse tildels som Indgiftede, i Ægteskab med Døttre af større Godseiere. Den norske Bondestand var vistnok fri, sund og kraftig; men den levede adspredt i sine Dale og viser i dette Tidsafsnit ingen Tilbøielighed til at gribe ind i de store Begivenheder. Man har vel Aktstykker, hvori Almuen i denne eller hin Egn skarpt nok udtaler sin Villie om hvem den vil have til Konge; men det er kjendeligt enkelte Ledere, der føre Ordet i Almuens Navn. Folket selv holder sig roligt, og naar Begivenhederne skaffe det en anden Konge end den, man først forlangte, faa de nye Magthavere ligesaa let Brev paa Almuens Tilfredshed, som de forrige. Hertil kommer Landets geografiske Forhold. I Landet nordenfjelds, med Trondhjem til Hovedstad, var Stemningen en anden, end i den sydlige, stærkere befolkede Del af Riget, hvor Oslo med det stærkeste Slot

Agershus var som Landets anden Hovedstad. Vestlandet tog ingen
kjendelig Del i det indre politiske Liv, da dets Hovedstad Bergen
mere var en tydsk end en norsk By, i det mindste saaledes, at
Lybeks og de andre vendiske Stæders Handels- og politiske Inter-
esser talte langt mere høirøstet end det norske Riges Ve og Vel.
Følgen blev, at Manglen af et fælles Samlingspunkt, det natio-
nale Aristokratis Svaghed, de indgiftede Fremmedes stigende Ind-
flydelse og Almuens politiske Ligegyldighed eller Umodenhed, umu-
liggjorde en samlet og kraftig Optræden af det norske Folk, me-
dens Danmark og Sverrig kæmpede om Magten i Norden. I
Norge er det en Haandfuld Stormænd, delte i et dansk og et
svensk Parti, — det er det Sydlige mod det Nordlige, Oslo mod
Trondhjem, der stride om at sætte enten Danmarks eller Sverrigs
Konge paa Norges Trone. Der skete intet alvorligt Forsøg paa
at henstille Norge som en af de to andre Riger uafhængig Stat
ved som i Sverrig at sætte en indfødt Mand paa Tronen, eller
som i Danmark at indkalde en Fyrste fra Udlandet; thi kan det
siges, at der virkelig har været et svagt Parti for at give Norges
Krone til Drosten Sigurd Jonsen efter Kong Christoffers Død,
saa maatte hans Vægring ved at modtage den snart afsplitte det.
Om den gamle Kong Erik paa Gulland kunde der ikke for Alvor
være Tale. Kun imellem Karl Knudsen eller Christiern den Første
kunde der vælges. Enhver af disse maatte søge Kongedømmet i
Norge, selv om ikke personlig Ærgjerrighed tilskyndede dem; thi et
Danmark-Norge eller et Sverrig-Norge vilde blive det tredie Rige
for mægtigt. Vandt Kong Karl Gulland og Norge, maatte ikke
alene enhver dansk Tanke om en skandinavisk Union opgives, men
snart vilde Danmark faa at kæmpe med Sverrig om Skaane;
satte Kong Christiern begge Rigers Kroner paa sit Hoved, kom
Overmagten over paa dansk Side, saa at Sverrigs unge Selv-
stændighed og Kong Karls Stilling, allerede stærkt truet af Parti-
kampen i Sverrig selv, blev udsat for de største Farer. Ingen af
Kongerne havde noget Retskrav paa Norges Krone, men Begge
havde de en politisk Forpligtelse hver mod sit Rige til at søge
den, naar Norge maatte slutte sig til det ene af dem*). Fra

---

*) Arvid Siggesen siger i Brev til Svante Sture af 29de Febr. 1508 (hos
Allen, I, p. 446 og 676, Anm. 7): Bedre er det, at Kong Hans har to

dette Synspunkt var den Enes Seir ligesaa lidet dadelværdig, som den Andens vilde have været. Føier man nu hertil, at der allerede havde dannet sig mange Forbindelser mellem de tre Folk, navnlig Familieforbindelser ved Ægteskaber mellem dansk, norsk og svensk Adel, hvorved Godser i Sverrig og Norge vare komne i Danskes Besiddelse, og omvendt, saa begriber man, at det maatte blive omtrent ligesaa svært at løse Unionen som det havde været at knytte den, og at det ingenlunde var nok, at Sverrig havde ilet med at vælge sin egen Konge.

I Norge gik Aaret 1448 til Ende, inden der foretoges noget Skridt af Rigets Raad til at foranstalte et Kongevalg. Vi finde, at Sigurd Jonsen optræder som Rigsforstander; Ærkebiskoppen af Trondhjem, den myndige Aslak Bolt selv, der ellers efter Rigets Forfatning maatte betragtes som selvskrevet Overhoved under en Tronledighed, forholdt sig stille, indtil Rigsraaderne søndenfjelds indbøde ham til et Møde i Oslo. Naar dette Møde er aabnet, vides ligesaa lidt som man kjender Forhandlingerne i Raadet; men i Februar 1449 sendte Raadet Biskop Jens af Oslo og Slotsherren paa Agershus, Hartvig Krummedige, til Danmark. Deres Modstandere sagde senere, at det alene var for at opretholde Freden imellem Danmark og Norge, og at de forpligtedes under Ed til ikke at handle om Kongevalget. Men dette er lidet troligt, da netop de to Mænd begge vare danskfødte og bekjendte som Støtter for Norges Forbindelse med Danmark. Da Sendebudene i Marts 1449 kom tilbage til Oslo, fulgte Kong Christierns Kammermester Eggert Frille, Ridder, og Væbneren Aage Axelsen med. Disse medbragte Skrivelse fra Kongen og virkede nu for hans Valg, der tilsidst fik Flertallet i Rigsraadet for sig, blandt Andre ogsaa Sigurd Jonsen, saa at Raadet den 3die Juni 1449 skrev til Kong Christiern, at det vilde have ham til Norges Konge, hvorhos de lovede at møde ham i Marstrand for at bringe Valget til Ende og træffe nærmere Aftale. Dette Møde fandt virkelig ogsaa Sted, og Kongen underskrev der sin norske Haandfæstning den 2den Juli 1449. Den næste Dag underrettede Rigsraadet Almuen om, at Norge nu havde faaet en Konge, der, som det siger i sit aabne

---

Riger mod sig, end at han skal have to Riger for sig mod Sverrig til dets Forderv.

Brev, var i nært Slægtskab med Kong Erik og Dronning Mar-
garete, idet de anføre et (dog urigtigt) Slægtregister, der skulde
overtyde den norske Bonde om, at Kong Christiern var den nær-
mest arveberettigede til Kronen. Kongen, vedblive de, vilde næste
Aar, 1450, komme til Trondhjem ved Midsommerstid for at
modtage Kroningen, hvortil Almuen opfordredes til at sende Ud-
valgte af hvert Bispedømme.

Den her givne Fremstilling grunder sig paa Rigsraadets Skri-
velser, i hvilke Ærkebiskoppen nævnes som den første Mand i Raa-
det og som Deltager i Valget. Men det er sandt, at et svensk
Parti, der vilde have Karl Knudsen til Norges Konge, ogsaa lod
høre fra sig, og at man senere paastod i Breve, der udgik i Al-
muens Navn, at Christierns Valg ikke var lovligt og ikke stemte
med Folkets eller Ærkebiskoppens sande Villie. De norske Riddere
Oluf Nielsen og Erik Sæmundsen med fem Andre, der kaldte sig
Norges Riges Raad og Mænd, forbandt sig den 15de Februar
1449 i Bahus til at hjelpe Kong Karl paa Norges Trone for at
den gamle Forbindelse imellem Sverrig og Norge kunde gjenop-
rettes; de erklærede, at dette ogsaa var Ærkebiskoppens og flere
Biskoppers, Prælaters og Ridderskabets Mening. Og Erik Sæ-
mundsen paastod senere i en Skrivelse af 19de Mai 1449 til Al-
muen, at der var begaaet et stort Forræderi af dem, Raadet havde
sendt til Danmark, og af nogle hjemmeblevne Raader, idet de
havde samlet to Tusind Mand, hvormed de vilde føre den danske
og tydske Konge ind i Norge og bringe det norske Folk i en evig
Trældom. Dette, at Ærkebiskoppen havde udtalt sig for Kong
Karls Valg, og at en udlandsk Hær truede Norge, siges ogsaa i
et Brev af Trøndelagens Almue, udgivet paa Frostethinget den
17de Juni til Svar paa Sendebud og Skrivelse fra Kong Karl.
Lignende Udtalelser findes i andre Breve, man senere lod Almuen
i forskjellige Egne udstede. Det er tydeligt nok, at Kong Karl
har søgt Valg i Norge paa samme Tid, som Christiern valgtes af
Rigsraadet, og at Kong Karl ikke har henvendt sig til Raadet,
eller til Raadet alene, men ogsaa til Almuen, blandt hvilken han
ikke har manglet Tilhængere. Sandsynligt nok er det ogsaa, at
Kong Christiern har havt en Krigsmagt i Egnen af Marstrand
for at støtte sit Parti. Og at Aslak Bolt har hældet mere til
den svenske end den danske Konge, viser hans senere Adfærd. Men

viſt er det dog, at i Juni og Juli 1449 har han i Forbindelſe
med det norſke Rigsraad virkelig valgt Kong Chriſtiern og tillige-
med Sigurd Jonſen modtaget Beſtillingen ſom Rigsforſtander,
indtil Kongen ſelv kom til ſin Kroning.   At han er bleven tvun-
gen til dette Valg, at han med Vold er ført til Marſtrand, at
Kong Chriſtierns Tropper have gjort et virkeligt frit Valg umu-
ligt, har man ſenere paaſtaaet.   Men der foreligger i Birkeligheden
intet Bevis for, at der fra Kong Chriſtierns og hans Tilhænge-
res Side er udøvet Tvang imod Ærkebiſkoppen, eller Vold imod
det norſke Folk.   Det er ſikkert, at i Juni 1449 er Kong Chri-
ſtiern valgt til Norges Konge af den Korporation, der i Margare-
tes, Eriks og Chriſtoffers Tid uimodſagt udøvede Kongevalget i
Norge: det norſke Rigsraad i dets Flertal.
     At Kong Chriſtiern ikke kom længere op i Norge end til Mar-
ſtrand og ſtrax efter Valget vendte tilbage til Kjøbenhavn, havde
ſin Grund i det, der imidlertid gik for ſig paa Gulland.   Her
havde Kong Erik vel lovet at overgive Visborg til Kong Karls
Mænd ved Paaſketid 1449, og Kong Karl havde antaget Over-
enskomſten; men den Ene troede ikke den Anden, Begge ſandſyn-
ligvis med lige god Grund.   Kong Karl paalagde Magnus Green
at ſee til at faa Visborg i ſin Magt før den beſtemte Tid.   Førſt
langt hen i Februar 1449 finde vi en Befaling af ham til Lens-
manden paa Borgholm, hans Svigerſøn Erik Erikſen Gylden-
ſtjerne, om at overgive Øland og Borgholm til Birger Trolle,
naar denne forlangte det; men der er intet Tegn til, at det er
ſkeet, eller Noget der tyder paa, at Øland og Borgholm virkelig
vilde være bleven overgivet til Kong Erik, naar han førſt havde
overdraget Visborg til Magnus Green og Birger Trolle; og hans
Fordring om, at Øland ſkulde overleveres ham, førend han over-
gav Visborg, havde ingen Virkning.   Selvfølgelig kunde Kong
Erik ikke holde ſig paa Visborg uden Hjælp andenſtedsfra.   Han
havde i Sommeren 1448 forgjæves ſøgt denne hos Høimeſteren
for den tydſke Orden i Preuſſen.   Nu i Vinteren fik han Bud og
Brev til Kong Chriſtiern, hvem han lovede at overdrage Slottet,
naar han nu vilde ſtaa ham bi.   Den danſke Konge og Rigsraad
ſloge ſtrax til; Kong Chriſtiern havde dengang allerede ladet Kong
Karl venlig anmode om, at trække ſine Tropper fra Gulland, der
var et danſk Land; men Kong Karl ſvarede, ſom begribeligt er,

at det tvertimod hørte under Sverrigs Krone, og i Overensstem-
melse hermed lod Magnus Green Borgerskabet i Visby love Sver-
rigs Krone Lydighed og udstede en Erklæring om, at ifølge deres
Lands Krønike var Øen et svensk Land; de vilde blive ved Sver-
rig. Imidlertid sendte den danske Regering strax en mindre Skibs-
afdeling, som bragte Kong Erik Levnetsmidler og lovede mere.
Hjælpen kom ogsaa under Oluf Axelsens Anførsel kort efter Paaske.
Hvad enten de svenske Anførere have ladet det mangle paa fornø=
den Vagtsomhed, eller, som der fortælles, Kong Erik satte sig i
Forbindelse med Oluf Axelsen gjennem en Løngang, han i al Stil-
hed havde ladet grave under Slottets Mur, saa er det vist, at
en tilstrækkelig dansk Besætning kom ind paa Slottet og overtog
dette i Kong Christierns Navn, medens Kong Erik med sine Skatte
kom ud paa de danske Skibe og seilede bort med dem, men forlod
Flaaden ved Bornholm for at vende sig til sit Fædreland Pom-
mern. — Man kan tænke sig Kong Karls Harme: den næsten
fuldførte Erobring truede med at slippe ham af Hænderne, og i
Stedet for Kong Erik havde han nu Danmarks Magt imod sig.
Han stod saaledes lige ved Indgangen til en stor Krig med en
Nabo, der dengang snarere var Sverrigs Overmand end Ligemand.
Men han vilde ikke opgive Gullandstoget. Han sendte ny For-
stærkning og paalagde sine Mænd at indeslutte Visborg paa det
nøieste. Den danske Regering havde imidlertid med største Virk-
somhed, kraftig understøttet af Hertug Adolf og Kong Christierns
Broder Grev Geert af Oldenborg, samlet en betydelig Sømagt
og en Hær, der angives, vistnok overdrevent, til 6000 Mand.
En Afdeling under Oluf Axelsen sendtes forud, medens Kong
Christiern selv, neppe hjemkommen fra det norske Valgmøde i Mar-
strand, anførte Hovedstyrken. Ved sin Ankomst til Gulland fandt
Oluf Axelsen Landgangsstederne stærkt besatte af de Svenske; han
begjærede og fik en Samtale med Magnus Green og fik denne til
at indgaa en Vaabenstilstand, der unegtelig røber, at den svenske
Anfører har betragtet sig mere som en Aristokrat med egen Politik,
end som sin Konges ubetinget tro og lydige Mand. Ifølge denne
Overenskomst af 11te eller 18de Juli 1449 tillodes det Oluf Axel-
sen at føre Tropper og Levnetsmidler ind paa Visborg; Vaaben-
stilstand fastsattes imellem Staden Visby, der forblev under Mag-
nus Greens Befaling, og Slottet under Oluf Axelsens, eller hvem

han tilstikkede, indtil Paaste eller St. Hansdag næstkommende (1450); da skulde tolv danske og tolv svenske Rigsraader ved Dom afgjøre, om Gulland rettelig hører under Danmarks eller under Sverrigs Krone. Oluf Axelsen indrettede sig nu paa Slottet som han vilde, ja Magnus Green havde Intet at indvende imod, at en Del af hans Folk fik Kvarteer i Staden, og at Oluf Axelsen lod de svenske Skandser omkring Slottet nedrive som nu unyttige. Magnus Green saa til som om Alt var Fred og Venskab. Da ankom Kong Christiern med den danske Hovedstyrke og lod sin Hær gjøre Landgang. Magnus Green henvendte sig til Oluf Axelsen med Spørgsmaal om, hvorledes han skulde forstaa Kongens Adfærd; men Olnf Axelsen beroligede ham med, at den sluttede Overenskomst ganske vist vilde blive overholdt. Dette — paastod Kong Karl i et Brev til Høimesteren af Preussen — lod Kong Christiern ogsaa erklære ved tre af sit Raad; men desuagtet rykkede han for Staden og forlangte Hylding af Borgerskabet som deres Herre. Dette henholdt sig til Overenskomsten og til den Ed, det for saa kort Tid siden havde svoret Kong Karl og Sverrigs Krone; men Kong Christiern afviste alle Undskyldninger og lod Staden storme af sine Folk, da man mindst ventede det. Samtidigt bleve de Svenske angrebne af Oluf Axelsens Folk i Byen og fra Slottet, der opkom Ildløs flere Steder i Staden, og efter de Strækkescener, som ledsage en Storm, nødtes Magnus Green til at opgive Forsvaret og underkaste sig Kongens Villie. En ny Overenskomst sluttedes den 31te Juli, ifølge hvilken den svenske Krigsmagt strax skulde forlade Gulland, hvorefter der skulde være Stilstand imellem Gulland og Sverrig indtil Mortensdag 1450, med det Tillæg, at Magnus Green og de, der nu staa under hans Befaling, skulle i den Tid være udenfor Krigen, saa at de hverken maatte tjene imod Kong Christiern eller angribes af ham og hans Folk. Fra den 8de September skulde derhos være en almindelig Fred og Stilstand imellem begge Konger og deres Underfaatter indtil Mortensdag 1450. Endelig vedtoges, at den 1ste Mai 1450 skulde hver af Kongerne sende tolv af sit Riges Raad til Halmstad, hvilke „24 Mænd skulle have Fuldmagt til at handle, overtale, forlige og afstille om al Tiltale og alle Klager — det være sig om Gulland eller hvadsomhelst Andet, der vedrører Kongerne eller deres Riger". Kong Christiern ratificerede naturligvis strax denne Traktat. Og saa misfornøiet Kong Karl end var med Gullandskrigens Udfald, dristede han sig dog ikke til at forkaste Overenskomsten, der var sluttet af ti Medlemmer af det høie svenske Aristokrati, og som hans Rigsraad understøttede. Han ratificerede derfor den 24de Aug. 1449 Traktaten af 31te Juli. Rimeligvis har det ogsaa været ham vel tilpas, at han nu fik Hænderne fri til at kunne gribe efter den norske Krone.

I Norge havde det svenske Parti ikke været ledigt hverken under eller efter Rigsraadets Møde i Oslo eller Valghandlingen i Marstrand, medens det danske Parti derefter synes at have forholdt sig roligt. Ærkebiskoppen Aslak Bolt, der havde privat Fjendskab med Hartvig Krummedige og heller ikke var nogen Ven af Biskop Jens af Oslo, begge Førerne for Kong Christierns Tilhængere, var neppe kommen tilbage til Trondhjem fra Kongevalget i Oslo og Marstrand, førend han aabenlyst erklærede sig for Kong Karl og opmuntrede Almuen til at tage ham til Konge i Norge. Kong Karl var saaledes vis paa at finde Tilhængere i Norge; han samlede sin svenske Adel i Arboga i Slutningen af September 1449 og brød derfra i Oktober op med en Styrke af 500 Mand gjennem Værmeland til Hamar i Norge, hvor Biskop Gunnar traadte paa hans Side, og hvor der nu samledes et Møde af enkelte Magnater og en Del Almue fra Oplandet og Hedemarken. Denne ganske formløse Forsamling foretog da et Kongevalg, der selvfølgelig ikke kunde blive Andet end et Valg af Kong Karl. Fra Bergens Stift havde han allerede faaet en Skrivelse fra nogen Almue, samlet paa Vors; og hans ivrige Tilhænger Erik Sæmundsen forskaffede ham et lignende fra Almuen paa Romerige. Hvorvidt disse Breve vise Almuens sande Mening, og hvor talrig den Almue var, der virkelig sluttede sig til Førerne, er det umuligt nu at udfinde. Kong Karl efterlod en Del af sin Styrke ved Hamar, medens han med Resten i November drog over Dovre til Trondhjem, hvor Ærkebiskoppen og hans Tilhængere toge imod ham paa det Bedste. Den 20de November 1449 kronede Aslak Bolt ham til Norges Konge; derefter udstedte han sin norske Haandfæstning, indsatte Ærkebiskoppen med to Adelsmænd til sine Statholdere nordenfjelds, Erik Sæmundsen søndenfjelds, og drog saa strax tilbage over Fjeldene gjennem Jæmteland. Men for dog ikke at lade sine faa Tilhængere i det sydlige Norge uden al Støtte gjorde han ved Nytaarstid 1450 et Tog mod Hartvig Krummedige paa Agershus, der dog endte med en Vaabenſtilſtand, ſom ſkulde ſtaa indtil Mødet i Halmſtad. Norge havde ſaaledes to Konger: den Ene tidligſt valgt af den rette Myndighed, den Anden førſt kronet af den rette Biſkop paa det rette Sted. Kampen om de to Konger, der dog førtes mere med Blæk end med Blod, var i Norge ſelv nærmeſt en Kamp mellem Aslak Bolt og Hartvig Krummedige, overhovedet et Forſøg af enkelte Magnater paa at reiſe Almuen imod Rigsraadet. Men den norſke Almue lod ſig ikke reiſe; den blev roligt hjemme i ſine Bygder og ventede paa Udfaldet af Herrernes Strid.

Saaledes ſtode de offenlige Ting altſaa i de tre Riger: i Danmark et enigt Ariſtokrati ſamlet om en Konge af dets eget Valg, der underſtøttedes med Raad og Daad af Slesvigholſtens Hertug; i Sverrig et af Familiehad og politiſk Strid ſønderſlidt Ariſtokrati, hvis ene Del havde ſat ſin Fører paa Tronen, medens den anden uvilligt bar hans Herredømme og kun ventede paa en Leilighed til at afkaſte det, men bag Ariſtokraterne en kraftig, med en lavere Adel blandet Bondeſtand, der allerede under Engelbrekt og Erik Puke havde lært ſin egen Styrke at kjende; i Norge en Haandfuld Stormænd, knap talrige nok til at kunne kaldes Partier, ſaa heftigt deres Intereſſer og Meninger end tørnede mod hinanden, og bag dem en politiſk umyndig Almue, der vel lod de ſelvgjorte Ledere tale ſtore Ord i ſit Navn, men ſelv var for lidet talrig, for adſpredt og for politiſk ligegyldig til virkelig at gribe ind i Kampen om det norſke Riges Krone.

Den 1ſte Mai 1450 ſamledes de tolv ſvenſke og de tolv danſke Rigsraader i Halmſtad, ſaaledes ſom det var beſtemt i Visbytraktaten af 31te Juli 1449; og allerede den 13de Mai ſluttedes Forhandlingerne med et Reſultat, der maa have overraſket Kong Karl og hans Tilhængere. De 24 Raadsherrer optraadte førſt ikke ſom deres Kongers fulbmægtige Sendebud, men ſom de, der ſelv repræſenterede de to Riger; ſom ſaabanne ſluttede de nu følgende ny Union mellem Rigerne:

„I Guds Navn Amen. Aar efter Guds Byrd tuſinde firehundrede halvtredſindstyve, Vorherres Himmelfarts Aften (d. e. d. 13de Mai) vare vi efterſkrevne Tue, ved Guds Naade Ærkebiſkop i Lund, Oluf Daa i Roskilde, Hennike i Odenſe, Jens i

„Aarhus, af samme Naade Biskopper, Henrik Knudsen, Otto Nielsen, Eggert Frille, Claus Nielsen, Peder Hogenskild, Aage Axelsen, Jep Lunge og Thorbern Bille, Ribbere, Rigens Raad af Danmark, paa høibaarne Fyrstes vor naadige Herres Kong Christierns og Danmarks Riges Vegne med Fuldmagt paa den ene Side; og Vi Niels i Linkøping, Magnus i Aabo, ved Guds Naade Biskopper, Veynt Gøstaffson electus i Skara, Mester Helmik Degn i Upsala, Erik Eriksen, Niels Jensen af Djursholm, Erik Axelsen, Jon Karlsen, Laurens Snagenborg, Gøtstav Ulfsson, Aage Jensen og Simon Kørning, Ribbere, Rigens Raad af Sverrig, paa høibaarne Fyrstes vor naadige Herres Kong Karls og Sverrigs Riges Vegne, med Fuldmagt paa den anden Side forsamlede i Halmstad at forhandle og overveie begge disse Rigers Bedste og Bestand, og ere nu saa paa begge Sider endrægtelig ens vordne, som herefter skrevet staaer, Gud til Hæder og begge Rigernes Indbyggere til Fred, Forlig, Endragt, Kjærlighed og Bestand:

Først, at naar saa kan skee, at nogen af disse Konger, som nu i disse Riger Danmark og Sverrige ere, som ere vore naadige Herrer Kong Christiern og Kong Karl, afgaaer, i hvilket af disse Riger det først skeer, da skal det Riges Raad, som Konge mistet haver, ufortøvet byde det andet Riges Raad til, og skulle siden tolv af hvert af disse to Rigers Raad komme tilsammen i Halmstad inden tolv Uger næst efter, at Konning afgangen er; og der skulle de forhandle og overveie, om de ville den Konge, som igjenlever, i det andet Rige til deres Konge have. Vorde de ens derom, da blive det i Guds Navn saa. Men kunne de ikke blive ens derom, da skulle det Riges Raad og Gode Mænd, som have mistet Kongen, vælge En eller Flere indfødte Mænd til Forstandere for Riget, eftersom det synes da Rigets Raad og Indbyggere gavnligt at være; og den eller de Rigsforstandere skulle raade for Riget efter Rigsraadets Raad, indtil den anden Konge, som efterlever, afgaaer. Skete det og saa, at noget Anfald kom over Rigets Forstandere eller Gode Mænd, da skal den Konge, som efter lever, saa længe han lever være ham eller dem fuldkommen bistændig og beskærme dem og det Rige efter sin yderste Formue, naar han dertil kræves af Forstanderne efter Rigsraadets Raad.

„Item, naar begge disſe Konger ere afgangne, da ſkal det Rige, ſom ſidſt Konge miſtede, tilbyde det andet Riges Raad, og ſiden ſkulle tolv af Danmarks Raad og tolv af Sverrigs Raad, med Fuldmagt paa begge Rigers Vegne, tilſammen komme i Halmſtad inden tolv Uger næſt efter, at den ſidſte Konge er afgangen, og ſkulle da der kaare endrægtig een Konge, førend de komme derfra, ſaaledes, at ere Kongeſønner til enten i Danmark eller i Sverrig, eller i begge Riger, hvilke kunne være nyttige dertil, da ſkulle de Fireogtyve vælge En af dem til Konge, den de kunne mærke, mellem Gud og ſig, at være bedſt ſkikket til at foreſtaa begge Rigerne; og den Konge ſkal forſørge de andre Kongebørn, ſaa at de have deres Næring til Skællighed, efterſom Rigernes Raad det da ſamtykke; og ſkal den Konge raade over begge Riger. Og efter den Tid ſkulle disſe Riger Danmark og Sverrig evindelig ſammen blive under een Konge og aldrig abſkilles, i ſaa Maade at hvert Rige ſkal blive ved ſit Navn, beſkrevne Lov, Frihed, Privilegier og gode gamle Sædvaner.   Og ville og ſkulle vi, eller nogen vore Efterkommere, aldrig nogen Tid efter disſe to forſkrevne Kongers Afgang, ſom nu leve, have udenlandſk Konge; men han ſkal være født enten i Danmark eller i Sverrig.   Og ſaa, naar Konge afgaaer, da ſkal Rigets Raad af begge disſe Riger komme tilſammen i Halmſtad om Konge at vælge inden tolv Uger, ſom forſkrevet ſtaaer.

Item ſkal Kongen ſtyre og raade hvert Rige for ſig med indenlandſke Mænd, efterſom Loven udviſer baade om Slot og Len. Og ſkal hver Mand nyde ſit Gods og Rettighed, hvor det helſt ligger i disſe tre Riger.   Og maa og ſkulle alle de, ſom i disſe tre Riger ere hjemme, baade Aandelige og Verdslige, i hvad Stand de helſt ere, fare fri og ſikker hver til anden, og ſkulle der nyde og bruge alle ſine Friheder og Privilegier, ſom de af Alder havt have; dog ſaa, at om Nogen forbryder ſig, at der da bødes efter Loven der, hvor det gjøres.   Og ſkal Kongens Foged ſkikke Enhver Ret efterſom vedbør.

Item ſkulle begge Rigerne, Danmark og Sverrig, evig blive tilſammen, ſaa at intet af dem ſkal drage ſig fra det andet med nogen Tvedragt eller Søndring; men hvad det ene Rige paagaaer med Krig eller andre vrangviſe Mænds Anfægtning, det ſkal det andet paagaa, og hver være det andet behjælpeligt med al Tro

„stab i saa Maade, at det Rige, der behøver det andets Hjælp, skal holde det andet Riges Mænd med Kost, Spisning og Foder, og Kongen staa dem for Skade. Dog skal Kongen eller et af Rigerne ingen Magt have Orlog paa at slaa uden med Raad, Villie og Samtykke af det andet Rige, som de begjære Hjælp af.

Item skal Kongen have sin Dressel (sit Skatkammer) i hvert Rige, og en indenlandsk Kammermester i hvert Rige. Og skal Kongen Intet af Rigets Rente føre ud af Riget, uden det gjøres saa storlig nødvendigt, at Rigets Raad tillader og samtykker det.

Item, vorder og Nogen i noget af Rigerne fredløs eller flygtig til det andet Rige for sin rette Brøde, da skal han saavel i det andet Rige fredløs være, som i det ene; og skal ham Ingen hverken hegne eller holde, men hvor han bliver tiltalt med Ret, der skal man rette over ham. Desligeste være om Forrædere, Mordbrændere, Tyve, Røvere og Voldtagere.

Item, var det og saa, at nogen Mand var i noget af disse Riger og gjorde, eller lagde sig Magt om at gjøre, Noget imod det andet Rige, hvoraf Rigerne maatte adskilles og komme i Tvedragt, forbi han var høit besidden, da skal Kongen og det Riges Mænd, hvorfra han er, det forstyrre og rette over ham, baade over hans Liv og Gods, som over en Forræder og uden al Naade, Rigernes Sammenbindelse uforkrænket.

Item skal nu strax en evig Fred paagaa imellem vore naadige Herrer, Kong Christiern og Kong Karl, og mellem os, som her nu ere forsamlede, og alle dem vi kunne nu strax forvare derom; og dem, vi ikke kunne nu saaledes uden Opsættelse forvare derom, at vi det gjøre skulle det raskeste vi kunne uden al Falskhed og Svig. Og nu paa S. Olufsdag næstkommende (d. e. 29de Juli 1450) skal hver Mand i disse Riger vide af denne Fred, og da skal en almindelig Fred paagaa imellem Danmark, Sverrig og Norge, saa at hvo der efter den Tid gjør derimod, da skal rettes over ham som over en Fredsbryder. Deslige skal og rettes over dem, som denne Fred her forinden bryde efter den Tid, denne Fred bevislig er dem forkyndt. Men hvad der skeer inden S. Olufsdag af dem, som ikke forinden faa denne Fred at vide, det skal ikke regnes at være Fredsbrud.

Og naar Gud føier det saa, at disse tre Riger komme tilsammen under een Konge, tækkes da Norges Riges Raad og Ind-

2

„byggere at være i dette ſamme Forbund, da ſkulle de med os og
vi med dem nyde alle de Friheder og Forbindelſer, ſom forſkrevet
ſtaaer.

Til ydermere Forvaring og Forſikring, at alle disſe forſkrevne
Artikler og Stykker, og hver af dem for ſig, ſkulle ſaa faſt og
ubrødelig holdes, i alle Maader fuldbyrdes, fuldkommes og blive,
ſaaledes ſom forſkrevet ſtaaer, til evig Tid, det love vi Alle for-
ſkrevne, hver med ſin Konge og Herre, for os og for alt Rigens
Raad, ſom nu er og komme ſkal, og hænge vore Segl med Villie
og Vidende for dette Brev, ſom givet er Aar, Sted og Dag,
ſom forſkrevet ſtaaer".

Af de 24 Mænd, der have ſluttet denne Union, have kun 4
været med at ſlutte Gullandstraktaten af 31te Juli 1449, der er
Udgangspunktet for Underhandlingerne i Halmſtad: tre paa danſk,
een paa ſvenſk Side; navnlig var Magnus Green, Anføreren paa
Gullandstoget, ikke blandt de ſvenſke Kommisſærer i Halmſtad.

Det er tydeligt, at ogſaa blandt disſe har Freds- og Unions-
partiet været det ſtærkeſte i Halmſtad; de tolv Danſke alene havde
jo Intet kunnet udrette imod de tolv Svenſke; og alle 24 have
hængt deres Sigiller under Akten. Denne holder ſig fuldkommen
upartiſk ikke alene mellem begge Riger, men ogſaa mellem begge
Konger; den giver den Ene ligeſaa megen Udſigt til at blive Konge
i begge Riger, ſom den Anden; og den giver Enhver af dem en
fuldkommen lige Udſigt til at blive Stamfader for en fælles nor-
diſk Kongeſlægt, ſaavidt Mennesker kunde beſtemme Fremtiden.
Man har vel ſagt, at Halmſtadsakten begunſtigede Chriſtiern ſom
den Yngre, og ſom den der var gift med den yngre Huſtru. Han
havde ved ſin Kroning den 28de Oktober 1449 ægtet ſin Formands
Enke, den da nittenaarige Dorothea af Brandenborg, der ikke
havde Børn af førſte Ægteſkab; men da Unionsakten af 13de Mai
1450 vedtoges i Halmſtad, var der endnu heller intet Barn af
hende og Kong Chriſtiern. Kong Karl var da 41 Aar; hans an-
den Huſtru, Dronning Katharina, Datter af Adelsmanden Karl
Ormſen, havde født ham 9 Børn, blandt hvilke 4 Sønner, men
ſom Alle vare døde i ung Alder. Disſe Forhold ſtode ved den
nye Unionsakts Afſlutning ſaaledes, at ingen af Kongerne var
udelukket fra at blive Stamfader for det nye Dynaſti eller fra

felv at blive den nordiste Fælleskonge. Nærmere kunde de 24 Raadsherrer ikke komme Ligheden.

Halmstadsakten træder frem som en færdig, affluttet Akt, lige bindende for begge Riger og begge Konger, hvorfor den heller ikke forlanger nogen Ratifikation af dem, og har saavidt vides heller ikke faaet nogen. Det er som var det en given Sag, at Rigerne stulle være forbundne i evig Fred og Venstab, og som om det alene kom an paa at finde en upartist, retfærdig Form for den „kjærlige Bebindelse". De 24 Rigsraader synes ligefrem at have forudsat, at ingen af Kongerne og intet af Rigernes Raad vilde vove at sønderrive denne „kjærlige Bebindelse", derfom en saadan Form kunde findes.

En ny Unionsakt var imidlertid ikke omtalt i Visbytraktaten af 31te Juli 1449; den taler kun om, at de 24 Rigsraader stulde i Halmstad afgjøre Stridsspørgsmaalet om Gulland og alle andre Fordringer og Klager, den ene Konge havde til den Anden. Blandt saadanne Klager var Dronning Dorotheas over, at den svenste Regering havde inddraget den Morgengave, hendes forrige Gemal Kong Christoffer havde anvist hende i Sverrig som i de to andre Riger, nemlig Ørebro med Landstaberne Nerike og Værmeland, eller, efter hendes Valg, 15,000 Gylden. Og til dette Strids-punkt var nu kommet et nyt, Spørgsmaalet om Norge. Dette sidste, som man stulde tro var det vigtigste, synes slet ikke at have voldt Banstelighed, idet de tolv svenste Rigsraader samtidigt med Unionsakten Alle som En indgik en Overenskomst med de tolv danste, hvorved de paa Kong Karls og Sverrigs Riges Vegne forpligtede deres Konge til at afstaa til Kong Christiern al sin Del og Ret i Norge; sig selv forpligtede de til at forstaffe inden St. Olufsdag (den 29de Juli) Kong Karls Ratifikation herpaa, eller selv personlig at indstille sig i Helsingborg og forblive der, saalænge Kong Christiern forlangte det. Men om de andre Strids-punkter: Gulland, Dronningens Morgengave og hvilke de ellers vare, kom man ikke til Enighed, maaste ikke engang til alvorlige Underhandlinger. Det vedtoges kun, at St. Hansdag 1451 stulde Kong Karl indfinde sig i Kalmar, Kong Christiern i Sølvesborg; de stulde da have deres fuldmægtige Underhandlere, der i Ronneby, imellem begge Kongers Opholdssted, eller andet beleiligt Sted i Egnen stulde mødes til Stridspunkternes Afgjørelse. Tog saa, at

2*

hvorledes Udfaldet af disse Underhandlinger end blev, skulde „den Forbinding og Kjærlighed mellem begge Herrer og Riger", som nu var vedtaget, Unionsakten nemlig, blive ved Magt og i ingen Maade krænkes.

At Kong Karl ikke kunde være tilfreds med dette Udfald af Mødet i Halmstad, forstaaer sig af sig selv; men da Sagen fore-bragtes i et Møde af det hele svenske Rigsraad i Arboga, hvor Raadet enstemmig opfordrede ham til at samtykke det i hans Navn lovede Afkald paa Norge, følte han sig ikke stærk nok til at bryde med Raadet eller at tvinge tolv af Sverriges første Mænd til at gaa i Kong Christierns Fængsel i Helsingborg. Han ratificerede altsaa den 10de Juni Overenskomsten, men gav rigtignok denne Ratifikation en Form, der gjorde den hele Sag vaklende og uvis. — „Da stadfæste Vi", siger han, „nu med dette Vort aabne Brev de Overenskomster, som Vort elskelige Raad paa den Tid derom gjorde, saa at Vi ville nu forlade med dette Vort Brev al Vor Del og Rettighed i Norge. Og ville Norges Indbyggere have Kong Christiern til deres Konge eller Herre, da tilstede Vi det og ville i ingen Maade hindre ham deri eller nogen af Norges Riges Indbyggere, om saa er, at disse Riger Sverrig og Danmark blive tilsammen i Endragt og Kjærlighed, dog saaledes, at Vi ville be-holde Vor Titel af Norges Konge som hidtil". Kong Karl hen-stiller det altsaa her som uvist, om den evige Fred og den nye Union mellem Rigerne virkelig vilde komme i Stand, og han be-tinger Norges Afstaaelse af denne evige Fred, — som det stod i hans egen Magt at bryde, naar det var hans Leilighed; da kunde den norske Kongetitel atter faa sin Betydning, om Lykken føiede! — Det danske Rigsraad forstod ogsaa hans Ratifikation saaledes og lod det svenske Raad vide, at de ikke kunde antage den for en Opfyldelse af den Forpligtelse, der var indgaaet i Halmstad. Men man hører ikke om, at Sagen blev dreven videre end til denne Protest, eller at Kong Karl har givet noget mere bindende Afkald paa Norge. Det svenske Raad vides heller ikke at have trængt paa ham i denne Henseende. Det har vist havt svært nok ved i Arboga at afpresse ham denne betingede og halve Ratifikation, saa at det endog maatte give ham en skriftlig Erklæring om, at dette Afkald paa Norge aldrig kunde lægges ham til Last.

Men for Øieblikket var Medbeileren til Norges Krone traadt

til Side, saa at nu Intet hindrede Kong Christiern i at sætte den paa sit Hoved efter Bestemmelsen i forrige Aar ved Valget i Marstrand. Strax efter Arbogamødet seilede han med et talrigt Følge til Trondhjem, hvor Ærkebiskop Aslak Bolt var død sidst i 1449 eller først i 1450, og Kongen saaledes befriet fra et pinligt Møde med en erklæret Fjende. Paa St. Olufsdag kronedes nu han i Trondhjems Domkirke — man veed ikke ret af hvilken Biskop, da Ærkesædet var ledigt. Det formodes dog, at Biskop Marcellus af Skalholt har fungeret ved denne Leilighed. Den 1ste August udstedte saa det nu i Trondhjem forsamlede norske Rigsraad et Aktstykke, hvori det først hævder sin Eneret til at vælge Norges Konge, dernæst beretter, hvorledes det er gaaet til ved Kong Christierns lovlige Valg i Oslo og Marstrand, Kong Karls ulovlige Kroning i Trondhjem, samt frakjender Kong Karl enhver Ret til Norges Krone og kasserer Alt hvad han har foretaget som norsk Konge. — Det følger af sig selv, at nu maatte ogsaa Almuen efterhaanden udfærdige lignende Anerkjendelsesbreve, der tilbagekaldte de tidligere om Kong Karls Valg. Man mærker heller ikke nu til nogensomhelst Bevægelse blandt Almuen.

Fra Trondhjem gik Kongen med det norske Rigsraad og de danske Raadsherrer, der havde ledsaget ham, til Bergen, hvor den 29de August sluttedes den mærkelige Forening mellem Norge og Danmark, der blev Grundlaget for de statsretlige Forhold i Norge og for den særlige dansk-norske Union: „I Guds Navn Amen. Aar efter Guds Byrd Tusinde fire hundrede paa det halvtredsindstyvende, Løverdag næst efter S. Augustini Biskops og Konfessors Dag, og efter at vor naadige Herre og høibaarne Fyrste Kong Christiern, Norges, Danmarks, Venders og Goters Konge, Greve i Oldenborg og Delmenhorst, var lovlig keist, kaaret, samtykt og kronet i Trondhjem, vare vi Marcellus, med Guds Naade Biskop i Skalholt, Archipostulatus i Nidaros og pavelig Sædes Legat, Thorlav i Viborg og postulatus i Bergen, Gunnar i Stavanger, med samme Naade Biskopper, Knud Michelsen, utriusque juris Doktor og Degn i Kjøbenhavn, Alf i Bergen og Gunnar Holk i Oslo, Provster, Sigurd Jonssen, Eggert Frille, Oluf Nielsen, Jehp Lunge, Erland Endridsen, Niels Eriksen, Kolbjørn Gærst, Anders Hak, Mattis Jeypsen, Aage Axelsen, Erik Bjørnsen, Johan Bjørn-

„sen, Guttorm Evindsen, Peder Eriksen, Hans Krukow, Strange Nielsen, Simon Bjørnsen, Korrefitz Rønnow, Gaute Kane og Peder Nielsen, Riddere, Rigens Raad i Norge og Danmark, alle tilsammen i Bergen at overveie begge Rigernes Norges og Danmarks langsommelige Velfærd og Bestand, som være maa imedens begge Riger tilsammen blive i Venskab, Endragt og sand Kjærlighed. Som de nu tilsammen have een Herre og Konge, den almægtige Gud til Lov, Hæder og Ære, og begge Rigerne og deres Indbyggere til Fred, Opreisning og tilkommende Bestand, da have vi nu med vor naadige Herres og høibaarne Fyrstes forskrevne Kong Christierns Raad, Villie og Samtykke gjort en stabig, evindelig og ubrødelig Sammenbinding mellem de forskrevne Riger Norge og Danmark, for os og flere vore Medbrødre, Ærkebiskoppen i Lund, Biskopper, Prælater, Riddere og Svende, begge Rigers Raad og begge Rigers Indbyggere, baade dem, som nu ere og her efter komme skulle, fødte og ufødte, med saadant Vilkaar og Forord, at begge Rigerne, Norge og Danmark, skulle herefter blive og være tilsammen i broderlig Kjærlighed og Venskab, og ingen den Andens Overmand være, men at hvert Rige regeres med indfødte Mænd, som begge Riger= nes Privilegia udvise. Saa og at hvert Rige nyder, holder og frit bruger sin beskrevne Lov, Frihed og Privilegia, gamle og nye, som nu givne ere eller herefter noget Rige gives kunde; og at begge Rigerne, Norge og Danmark, skulle herefter blive under een Konge og Herre til evig Tid, og hvert Riges Raad og Indbyg= gere raade og gjøre det andet Riges Raads og Indbyggeres Be= stand og Bedste. Og at det ene Rige og dets Indbyggere skulle herefter komme det andet Rige til Hjælp og Trøst, eftersom Be= hov gjøres. Dog skal intet af Rigerne nogen Orlog paaslaa uden med det andet Riges Raad, Bifald, Samtykke og Villie. Og hvilket Rige det andet Rige æsker om Raad eller Hjælp, da stande det Rige, som indkalder, det andet for Kost og Tæring, og Kon= gen stande for Skaden. Og naar Gud vil, at saa haardelig kan skee, at Kongen frafalder, da skal Rigets Raad i det Rige, som Kongen bliver død udi, byde ufortøvet det andet Riges Raad til, at da paa begge Sider Rigernes Raad med det første sammen komme i Halmstad, som den ældre Bebindelse indeholder om det Sted. Haver da Kongen ægte Søn eller flere, da kaare begge

„forskrevne Rigers Raad endrægtig den til Konge, som dem tykkes bedst tilfalden, og de Andre forsørges tilbørlig i begge Riger. Kunde det og saa haardelig tilfalde, som Gud forbyde, at ei var Konges ægte Søn til, da mødes dog begge Rigernes Raad i forskrevne Stad og kaare den med Endragt til Konge, som dem paa begge Rigers Vegne tykkes bedst tilfalden være. I alle disse forskrevne Artikler skulle begge Rigerne være i alle Maader uforsømmede; og særdeles i Kongens Kaaring skal hvert Riges Raad have sit frie Kaar, fri Magt og fri Villie uden al Hinder, Modsigelse eller Argelist, og ei skilles derfra, førend de ere ens vordne om en Herre og Konge over begge Rigerne, og ei flere Konger; dog saa, at hvert Rige bliver ved sin gamle Lov og Ret, Privilegier og Frihed. Dette love vi paa begge Sider, at det saa i alle Maader, som forskrevet staaer, ubrødelig og evindelig holdes skal, og derpaa hænge vi forskrevne Rigsraader af begge Rigerne vore Sigiller for dette Brev, som givet er Aar, Tid og Sted som forskrevet staaer". —

Denne Forening indeholder adskilligt Godt og Bifaldsværdigt, men staaer dog langt tilbage for det Halmstadske Unionsbrev; og dens Bestemmelser om Kongevalget ere vanskelige at forene: det skal være et frit Valg, men dog bundet til Kongens ægte Sønner, — til hans ægte Søn, om han kun har een; hvert Rige skal have sit fuldkommen frie Kaar, men dog maa de to Rigers Raad ikke adskilles, førend de i Forening have valgt en fælles Konge!

Saaledes havde Kong Christiern ogsaa her seiret over Kong Karl. Norge var forenet med Danmark og blev det i 364 Aar; og som om Lykken ret havde udkaaret den nye danske Kongeslægts Stamfader til sin Yndling, fødte Dronning Dorothea i Kjøbenhavn, medens Kongen var paa denne norske Reise, en Søn, der fik det nationale norske Navn Oluf. Men da Christiern i Efteraaret 1450 vendte tilbage til Danmark, sad Norges Krone dog endnu ikke ret fast paa hans Hoved. Nærmest kom Faren fra Kongens Forhold til Besættelsen af Trondhjems Ærkestol, der satte det norske Folk, navnlig Almuen, i stærkere Bevægelse end Kongevalget havde gjort.

Blandt Kongens Omgivelser paa denne norske Reise see vi Biskop Marcellus af Skalholt, der i Aktstykkerne nævnes som den første Mand i Rigsraadet og blandt de norske Prælater, fordi

han bengang tillige var Pavens Legat eller Nuncius ſom Indſam-
ler af Kuriens Indtægter i de tre nordiſke Riger. Om denne
Mand lyde Beretningerne helt forſkjelligt, og løbe allerede i hans
Levetid aldeles forſkjelligt. Efter Nogles Beretning var han en
forløben Franciſkanermunk, der i Aaret 1428 traadte op i Nord-
tydſkland med en af ham ſelv fabrikeret pavelig Afladsbulle, hvor-
med han bedrog Mange og ſamlede Penge under Paaſkud af at
de ſkulde anvendes til Kongen af Cyperns Løskjøbelſe af tyrkiſk
Fangenſkab. Men Biſkoppen af Lybek opdagede Bedrageriet, an-
holdt ham, indberettede Sagen til Paven, der paalagde ſin Legat
i Tydſkland at tage ham i Forvaring og lade Straf gaa over
ham. Marcellus undkom dog af Fængſlet og vidſte at ſætte ſig i
Gunſt hos Ærkebiſkoppen af Køln. — Andre ville, at Marcellus
har været i Kardinallegatens Tjeneſte, hvor han benyttede Leilig-
heden til at forraade ſin Herres Hemmeligheder og udlevere hans
Papirer til Huſſiterne. Ogſaa i andre libet hæderlige Eventyr
ſkal han have været indviklet. Saaledes lyde Beretningerne fra
den ene Side. Men en Række af Pavebreve i Batikanet fremſtille
Marcellus i et ganſke andet Lys. Allerede i Aaret 1432 har han
havt et Kanonikat og Præſteembede i Reuss under Ærkebiſkoppen
af Køln og et andet Præſteembede i Stiftet Münſter. Men han
havde tillige heftige Fjender, der ſtrebe med ham om hans kirke-
lige Beneficier og udbredte de værſte Bagtalelſer, ja tillode ſig
aabenbar Vold imod ham og Indbrud i hans Embedsbolig. Dette
ſiger Pave Nicolaus den Femte, viſtnok nærmeſt efter Marcellus'
egen Beretning, men dog ſaa beſtemt, at der maa have foreligget
tilſtrækkelig Grund til at tro ham. Den hele Strid ſynes at hænge
ſammen med den ſtore Kirkeſtrid imellem Kirkeforſamlingen i Baſel
og Paven, og at Marcellus er forfulgt iſær ſom en Tilhænger af
Paven. Marcellus drog ſelv til Rom og vandt der Paven ſaa-
ledes for ſig, at denne i Begyndelſen af Aaret 1448 udnævnte
ham til Biſkop af Skalholt med Tilladelſe til at beholde ſine ældre
Beneficier i Tydſkland, indtil han kunde tage ſin Biſpeſtol i Be-
ſiddelſe, hvilket dog for ſaa vidt aldrig ſkete, ſom Marcellus ikke
perſonlig kom til Island. Paven gjorde ham besuden til ſin Nun-
cius og Indſamler af Kuriens mangehaande Indtægter i Norden,
og ſendte ham fra ſig med varme Anbefalingsſkrivelſer og vel for-
ſynet med Fuldmagt til at kunne give Aflad og bevillige Dispen-

fationer. Marcellus maa være kommen til Norden omtrent ved samme Tid som Kong Chriftiern valgtes til Danmarks Konge; og nu kommer han tilfyne i Trondhjem ved Kongens norffe Kroning. Ved denne Leilighed kom ogsaa Valget af en ny Ærkebiffop paa Bane. Kort efter Aslak Bolts Død havde Domkapitlet valgt En af fin egen Midte, Magifter Olaf Trondfen, til hans Eftermand. Om dette Valg har været kanoniff korrekt, faaer ftaa ved fit Værd; men dengang havde Kapitlernes Valg ikke længer Betydning som det, der afgjorde det ledige Embedes Befættelfe. Paven greb ind, naar og hvor han vilde, ingenlunde blot naar Kapitlets Valg led af væfenlige Mangler, men mangen Gang „af apoftoliff Magt-fuldkommenhed", fom det hed, b. e. rent vilkaarligt. Norges Ærke-biffopsdømme havde flere Gange været befat umiddelbart af Paven, navnlig var Aslak Bolt paa denne Maade bleven Ærkebiffop. Og fiden Dronning Margaretes og Erik af Pommerns Tid havde Norges Konger taget fig den Ret, at Ingen maatte blive Biffop imod deres Villie. Denne Paaftand, fom Danmarks Konger al-drig havde opgivet, om de end ikke altid kunde fætte den igjennem, gjorde Kong Chriftiern fom Norges Konge nu gjældende imod Olaf Trondfens Valg. Han kunde have en god politiff Grund dertil, da han unegtelig ingen Tillid kunde nære til Trondhjems Dom-kapitel, der havde ftaaet med Aslak Bolt paa Kong Karls Side. Kong Chriftiern enedes da med Kapitlet om at underkafte Olaf Trondfens Valg en Voldgiftskjendelfe af de Biffopper og Prælater, der vare tilftede ved Kroningen, og denne Kjendelfe faldt ud til Kongens Fordel. Kapitlet maatte ffride til et nyt Valg, og po-ftulerede nu Marcellus; thi fom Biffop kunde han ikke vælges, men kun udbedes af Paven, i hvis Haand faaledes Valget af en Ærkebiffop nu atter blev lagt. Marcellus har fikkert troet fig vis i fin Sag, i Tillid til den Gunft, den endnu herffende Pave havde vift ham for ikkun to Aar fiden, vilde blot Kongen give fit Sam-tykke; og dette fik han paa den Betingelfe, at han ffulde udvirke flere Begunftigelfer i kirkelige Sager hos Paven, blandt hvilke Stadfæftelfe af Kongens paaftaaede Ret til Præfentationen af Bi-ffopper var den betydeligfte. Marcellus paatog fig dette og reifte nu op til Rom; men her tog hans Sag en ganffe uventet Ven-ding. Hans Fjenders Ord, de være nu fande, eller halv fande, eller den pure Bagtalelfe, fandt Vei til Pavens Øre; det fynes

navnlig, at man har fremstillet Marcellus for Paven som en an=
massende Pralhans, der blærede sig op til en stormægtig legatus
de latere, medens han kun var en simpel Nuncius til Indsamling
af Penge; og Marcellus sendtes uhæderlig bort.   Maaste har
endog blot hans Egenskab af Kongens Sendebud beskyttet ham
imod værre Behandling.   Da Postulationen saaledes var forkastet,
tilkom det Paven at besætte Embedet.   Uden at spørge enten om
Domkapitlets, eller Kong Christierns, eller det norske Folks Ønsker,
gav han det til en Norden ganske fremmed Mand, en Dominika=
nermunk Henrik Kalteisen, theologisk Professor i Køln, der var
General=Inkvisitor i Tydskland og havde ved Baselerkonciliet ud=
mærket sig som en Talsmand for Paven.   Da denne Mand ogsaa
havde en Plads i Køln, er det vanskeligt at afvise Mistanken om,
at det især har været ham og hans Venner, der have styrtet Mar=
cellus ved Kurien.   I Norden faldt denne nye Ærkebiskop som
ned fra Maanen, da han i August 1452 fremstillede sig i Kjø=
benhavn for Kong Christiern og hans danske Rigsraad med den
pavelige Beskikkelse og Anbefaling.   Kongen kunde ikke være tilfreds
med Pavens Valg: Kalteisen var en Udlænding uden alt Kjend=
skab til Norden og nordiske Forhold.   Men da denne oplyste ham
om Marcellus' uhæderlige Færd og Forkastelse, og da blandt flere
Grunde ogsaa Forholdet til Sverrig gjorde det utilraadeligt at
fornærme Paven, saa lod Kongen skeet være skeet og tilskrev Ka=
pitlet i Trondhjem en Anbefaling for Kalteisen med Forklaring af
Situationen.   I Norge bleve Rigsraad og Almue lige misfornøiede
med Sagens Vending.   Marcellus var imidlertid kommen tilbage
fra Romerfærden efter nye Eventyr: i Køln var han bleven fæng=
slet i Begreb med at forfærdige falske Pavebreve, som hans Fjen=
der paastode, medens han selv beklagede sig over, at de ved skæn=
dige Rænker havde faaet falske Aktstykker henlagte i hans Hus for
at styrte ham i Fordærvelse.   Først efter et længere Fængsel slap
han ud, og i 1453 finde vi ham atter i Norge som den, der førte
Pennen for Kongen og Rigsraadet.   At han har gjort Alt hvad
han kunde for at oppuste Uvillien mod Kalteisen til et brændende
Had, kan man sikkert antage uden at gjøre ham Uret.

Da Kalteisen nu i Begyndelsen af Aaret 1453 selv kom til
Norge for at indtage sit Sæde, fandt han Folket nordenfjelds i
stærk Gjæring, dels af Uvillie mod ham, dels af andre Grunde.

Lensmanden i Bergen, Ridder Oluf Nielsen, laa i heftig Strid med Hanseaterne, der satte Himmel og Jord i Bevægelse mod ham baade blandt Tydskerne i Bergen og i Hansestæderne; og da Krigen mellem Danmark og Sverrig udbrød paany i 1452, havde Kong Karl anseet sig løst fra Halmstadstraktaten og stræbte nu atter efter den norske Krone. Vel formaaede han ikke at sende nogen betydelig Styrke over Fjeldene; men i Slutningen af Aaret havde dog en norsk Mand i hans Tjeneste, Jørgen Karlssen, Lensmand i Jæmteland, gjort et Indfald i Trøndelagen, hvor han fandt eller tiltvang sig Tilhængere. Oluf Nielsen fra Bergen havde dog snart drevet ham paa Flugt; men saa snart han var gaaet tilbage, kom Jørgen Karlsen i Mai 1453 atter ind i den samme Egn. Oluf Nielsen gik paany imod ham og trængte ham tilbage over Fjeldet; men netop ved samme Tid ankom den nye Ærkebiskop til Trondhjem. Folket, der allerede var i en gjærende Bevægelse, kom i et formeligt Oprør imod Kalteisen, som kun ved Oluf Nielsen frelstes fra personlig Mishandling. Sagtens har ogsaa Landets Klima og Naturforhold, Kirkeprovindsens store Omfang, hans Alder og Følelsen af hans egen Svaghed ligeoverfor de store Krav, Embedet stillede til hans legemlige Kræfter, brudt hans Mod, saa at han veg tilbage for Stormen og erklærede, at han vilde opgive Embedet og atter nedlægge sin Værdighed i Pavens Haand, om denne vilde tilstede ham at resignere. Thi en Biskop kunde ikke uden Pavens Samtykke frasige sig Embedet. Kalteisen forlod Norge og kom ikke mere tilbage til dette Land. Vi finde ham nogle Aar senere, 1456, brugt af Paven til at prædike Aflad og Tyrkekrig i Tydskland.

Kong Christiern ansaa under disse Omstændigheder sin egen Nærværelse nødvendig i det nordlige Norge. I September og Oktober 1453 finde vi ham samlet med det norske Rigsraad i Bergen. Han erkjendte Nødvendigheden af at lade Kalteisen falde og henvendte sig tilligemed Raadet til Paven med indtrængende Forestillinger om at modtage Kalteisens Resignation; men enten nu denne har været betinget saaledes, at Vanskelighederne bleve for store, eller Kurien ikke har villet give efter for en Folkebevægelse i en Sag, der dengang uimodsigeligt var Paverne den vigtigste af alle: den at besætte de høiere Kirkeembeder efter eget Tykke, saa vilde hverken Nikolaus eller hans Eftermand Calixtus den Tredie

høre Tale om Kalteiſens Reſignation, hvor ofte Kongen end trængte
paa.   Norſke Hiſtorieſtrivere fremſtille det, ſom om Kongen har
efter Kalteiſens Bortgang atter ſøgt at trænge Marcellus ind i
Embedet imod det norſke Folks Villie.   Men Sandheden er, at
efter Marcellus' Romerreiſe i Aarene 1451 og 1452 har Kongen
virkelig opgivet ham ſom Kandidat til det ledige Ærkebiſpedømme;
og da han nu ogſaa efter Nordmændenes Ønſke ſøgte at faa den
af Paven paatvungne Ærkebiſkop fjernet, har han ikke lagt Olaf
Trondſen, ſom Nordmændene anſaa for den ene Berettigede, nogen
Hindring i Veien.   Han har tilſtedet ham at kalde ſig udvalgt
Ærkebiſkop, han har fundet ſig i, at han indtog den Plads i Rigs-
raadet, der tilkom ham ſom ſaadan, — og han har ikke havt
Grund til at angre det; thi Olaf Trondſen har ingen Tilbøielig-
hed viſt for Kong Karl eller Forbindelſen med Sverrig.   Tilſidſt
gav Romerhoffet dog efter og anerkjendte Olaf Trondſen ſom
Ærkebiſkop og Pavens Legat i Norge.

Hvor ſvagt og uſikkert Kong Chriſtierns Herredømme i Norge
endnu var, viſte ſig ret i disſe Aar.   En af Henſigterne med hans
norſke Reiſe i 1453 var at berolige Hanſeaterne i Bergen, der laa
i aaben Strid med Kongens Lensmand paa Kongsgaarden i Ber-
gen.   Oluf Nielſen til Talgø, Ridder og Medlem af det norſke
Rigsraad, formodenlig af den norſke Adelsſlægt Skanke, var, endnu
før Kong Chriſtiern blev Konge, i Fjendſkab med Hanſeaternes
Kontor i Bergen, uden at vi kunne paaviſe dette Fjendſkabs Op-
rindelſe.   Striden var allerede dengang ſaa heftig, at de Tydſke
paa Bryggen i Aaret 1447 med væbnet Haand brøde ind i Mun-
keliv Kloſter og ſlæbte med Magt to af Oluf Nielſens Svende
ud, der havde ſøgt Tilflugt paa det viede Sted.   Den Ene ſloge
de ihjel, den Anden lode de ligge halv død.   Det vides ikke, at
den norſke Regering ændſede denne Voldsdaad, der rimeligvis er
betragtet ſom et privat Mellemværende, en enkelt Gjerning i en
privat Feide, hvoraf der dengang var ſaa mange, og i hvilke Re-
geringen ikke indblandede ſig, naar de ikke førte til altfor grove
Brud paa Landsherrens Høihedsret.   Drab i ſaadanne Feider af-
gjordes ved Forlig mellem Parterne, eller ſonedes ved Bøder til
den Dræbtes Slægt.   Men Biſkoppen af Bergen taug ikke til et
ſaa flagrant Brud paa Kirkefreden, der var lige fordømmeligt,
hvem af de Stridende der end havde Ret i Sagen.   Biſkop Oluf

lyste Band over de tydske Voldsmænd og Interdikt over ethvert Sted, hvor de Bandlyste opholdt sig.

Den samme Oluf Nielsen sad endnu i Kong Christierns første Aar som Lensmand i Bergen. Som Medlem af Rigsraadet har han taget Del i de offenlige Anliggender ved Overgangen til den nye Regering. I Striden om Norges Krone stod han først paa Karl Knudsens Parti, men forlod strax efter dette og gik over til Kong Christierns; hans Navn findes i de ved Kongens Kroning i Trondhjem og Rigsmødet i Bergen 1450 udstedte Aktstykker. Ogsaa hans Broder Peder Nielsen var da Ridder og Medlem af Rigsraadet. Oluf Nielsen havde senere ved Forsvaret af Trond=hjem imod Jørgen Karlssens gjentagne Anfald vist sig som Kong Christierns tro Mand; men han var upaatvivlelig en voldsom og egenmægtig Øvrighed, over hvem, som over hans Broder, ja over hans Hustru Fru Elisabet, de Kontorskes Klager bleve stedse hef=tigere. De klagede navnlig over, at han ulovlig og imod deres Privilegier lagde Skat „nordpaa", det vil sige, at han opfriskede det gamle Forbud fra det 13de Aarhundrede, der udelukkede Han=seaterne fra at beseile Norge nordfor Bergen, et Forbud, der af Kjøbmændene paa Bryggen betragtedes som forældet, om det endnu ikke var formelig ophævet. Og Kontoret beskyldte endog Lensman=den og hans Broder for aabenbart Sørøveri. Om disse Klager vare grundede, er det umuligt nu at afgjøre; hvad der svækker deres Betydning er Hanseaternes bevislig vilkaarlige Fortolkning af og Overgreb over Privilegierne, hvori de egenmægtigen indbe=fattede allehaande Sædvaner, dem de stadigt udvidede til deres egen Fordel; og dernæst, at de idelig raabte paa Sørøveri, naar deres Skibe opbragtes, selv om det skete i Overensstemmelse med Datidens Folkeret, den samme Ret som de selv i paakommende Tilfælde fulgte imod deres Modstandere. — Men saa uvist det er, hvem der har havt mest Uret, Lensmanden eller de Kontorske, saa vist er det, at Striden stedse blev heftigere, og at be Tydskes Kla=ger bleve saa høirøstede, at Kong Christiern, som ikke kunde und=være Lybek og de andre vendiske Hansestæder, maatte gribe ind for at skaffe Kontoret i Bergen hvad det kaldte Ret og Fred for Oluf Nielsen. Kongen kaldte denne for sig; men Lensmanden fandt be=standigt paa Udflugter. Det blev derfor en af Hensigterne med Kongens norske Reise 1453, at gjøre en Ende paa denne Tilstand.

Under sit Ophold i Bergen tog han Bergenhus fra Oluf Nielsen
og overdrog Lenet til Svenskeren Magnus Green, der efter Gul-
landstoget havde brudt med Kong Karl og efter flere Eventyr var
kommet i Kong Christierns Tjeneste. Kongen ophævede tillige de
Paalæg, hvorover Hanseaterne klagede, og tilveiebragte et Forlig
om de tvistige Punkter. Oluf Nielsen tog foreløbig sit Ophold i
et Kloster i det sydlige Norge; men ikke længe efter at Kongen i
Januar 1454 var kommen tilbage til Kjøbenhavn, kom Oluf Niel-
sen frem igjen og satte sig ved List i Besiddelse af det svenske Slot
Elvsborg, hvormed Kong Karls Lensmand Gustav Oluffen var
gaaet over til den danske Konge. Det er et af de ikke saa Til-
fælde, hvor man seer Adelsmænd fra begge Sider søge en selv-
stændig Stilling imellem de stridende Konger ved snart at slutte
sig til den Ene, snart til den Anden. Gustav Oluffen havde be-
holdt Befalingen paa den Borg, hvormed han var gaaet over fra
Kong Karl til Kong Christiern. Om han nu har spillet under
Dækket med Oluf Nielsen er ubekjendt, men ikke utroligt; vi vide
ikke, paa hvilken anden Maade Elvsborg kan være kommen i den
norske Magnats Vold. Men Elvsborg var et altfor vigtigt Punkt
i Krigen mellem Danmark og Sverrig til at Kong Christiern
kunde lade det blive i saa upaalidelige Hænder. Kongen opholdt
sig dengang, i Foraaret og Forsommeren 1455, hos sin Morbro-
der Hertug Adolf i Slesvig; her havde han strax efter Paaske et
Møde i Haderslev med de vendiske Hansestæders Sendebud, hvem
han bekræftede alle gamle Privilegier i Danmark og Norge, lige-
som han ogsaa lovede dem Sikkerhed imod Sørøveri, idet enhver
Sørøver skulde straffes paa Liv og Gods. Og kort efter gav han
i Flensborg de tydske Kjøbmænd i Bergen en ny Forsikring om,
at Oluf Nielsens Paalæg paa Nordfarten aldrig skulde gjenopta-
ges; ja han tilføiede, at om Nogen i Fremtiden indførte dem
paany, vilde det være ham kjært, om Kjøbmændene selv gjorde
Modstand og hjalp at afværge det, — et meget betænkeligt Tillæg,
der næsten berettigede de Kontorske i Bergen til Selvtægt*), og

---

*) Flensborg=Privilegiet af 17de Mai 1455 i Diplomat. Norvegicum, VII,
448, og hos Willebrand. Alb. Krantz har opfattet Kongens Opforbring
omtrent paa samme Maade som her, nemlig som en Hovedaarsag til den
paafølgende Ulykke. Norvegia VI, cap. 12.

som paa en Maade frastrev Kongen den landsherrelige Myndighed
til Paatale og Straf over voldsomme Brud paa Landefreden fra
de tydske Kjøbmænds Side. Kongen har vel neppe ventet, at han
saa snart skulde faa Leilighed til at angre denne ubesindige, Nor-
ges Høihed krænkende Tilladelse, der var given uden at høre det
norske Rigsraad. Saasnart han nu modtog Efterretning om, at
Oluf Nielsen sad som Slotsherre paa Elvsborg, ilede han did for
at faa denne vigtige Borg i sin Haand, inden Kong Karl kom
ham i Forkjøbet. Med Magt lod det sig dog ikke gjøre uden
Tab af en kostbar Tid. Han maatte derfor søge at naa Maalet
ved Underhandlinger; men Oluf Nielsen vilde ikke opgive Elvsborg,
med mindre Kongen gav ham den gamle Post som Lensmand i
Bergen tilbage. Kongen hidkaldte da sit norske Rigsraad, og med
dettes Samtykke indrømmede han Oluf Nielsens Fordring, saa
nødig han vilde. En heftig Vrede var imidlertid at forudsee saa-
vel i Lybek og Hansestæderne, som fornemlig paa det tydske Kon-
tor i Bergen; derfor gjorde Kongen Alt hvad han formaaede for
at berolige dem. I Kongens Leir ved Elvsborg opholdt sig da en
Borgmester fra Lybek for at faa det norske Rigsraads Stadfæstelse
paa hvad Kongen i Haderslev nylig havde indrømmet Hanseaterne
i Norge. Ham gav Kong Christiern nu paa Elvsborg de mest
bindende Forsikringer. Alle deres Privilegier og Friheder i Norge
bekræftedes paa det Høitideligste; Kjøbmændene i Bergen lovedes
Sikkerhed for Sørøveri og ethvert Angreb paa de tydske Handlende,
naar de ikke selv gjorde sig skyldige i Lovbrud, og Kjøbmændene
opfordredes til at bringe den, der dog forgreb sig paa dem, for
Kongens Fogeder. Ja Rigsraadet stadfæstede her det nysnævnte
i Flensborg udstedte Privilegium, altsaa ogsaa Kongens Opfor-
dring til Kjøbmændene om Selvtægt og Modstand imod dem, der
ikke holdt hvad der nu var indrømmet de tydske Handlende. Disse
Aktstykker havde fuld Lovskraft, thi det var Norges Konge og
Rigsraad i Forening, Oluf Nielsen og hans Broder med indbe-
fattede, der udfærdigede dem. Den tydske Borgmester sendtes med
disse Kongebreve til Bergen, og strax derefter afgik ogsaa Oluf
Nielsen og hans Broder Peder i Selskab med Biskoppen af Ber-
gen, Thorlav, sammesteds hen. Men forholder det sig virkelig
saaledes, som en ellers paalidelig lybeksk Kilde beretter, at Hr. Oluf
og hans Broder strax fra Elvsborg havde udsendt Kapere, der

toge tre hanseatiste Skibe, ved hvilken Leilighed en Søn af Peder
Nielsen blev skudt, saa røber dette ikke alene en ubegribelig Ringe-
agt for Norges Konge og Rigsraad, men en saadan Rovsyge og
et Had til Hanseaterne, at de værste Optrin maatte kunne forud-
sees. I Bergen kom Tydskerne selvfølgelig i den heftigste og far-
ligste Gjæring.   Hvad der nu skete den 1ste September 1455 for-
tæller Oluf Nielsens Søn Axel Oluffen saaledes i en Klage, han
22 Aar derefter indgav til Kongen.   „Da min Fader kom til Ber-
gen", siger han, „modtog Kjøbmanden ham fredeligt om Aftenen
og spiste og drak med ham; de forlangte tillige af ham, at hverken
min Faders Karle og Tjenere eller Kjøbmanden skulde møde væb-
nede paa Thinget for at høre Kongens Brev.   Min Fader holdt
sig denne venskabelige Overenskomst efterrettelig, da han kom paa
Thinget for at lade Kongens Brev læse, og vidste sig ingen Fare
fra Nogen, uden alt Godt; men da var Kjøbmanden tilstede i
fuldt Harnisk.   Og da min Fader sad paa Thinget, da overfaldt
en Del af Kjøbmændene hans Skibe og toge dem med Harnisker,
Værger, Penge, Guld, Sølv, Gods, saaledes som min Fader var
kommen seilende med dem; og en anden Part af dem anfaldt min
Fader paa Thinget og trængte ham derfra ind paa St. Birgitte
Kloster, hvor han kom op i Taarnet førend de, medens den ær-
værdige Fader i Gud Biskop Thorlav, salig Ihukommelse, blev
nede i Kirken med min Farbroder og tog min Broder i sine Arme
og det hellige Sakrament i sine Hænder foran min Broder, og
vilde saa gaa til Biskopsgaarden for at redde min Broder med
sig.   Men da han kom i Kirkedøren, sloge Kjøbmændene til ham
og afhuggede begge hans Hænder, saa at det hellige Sakrament
faldt til Jorden; saa sloge de Biskoppen, min Broder, min Far-
broder og mange Flere ihjel i Kirken.   Derpaa stak de Ild i Klo-
steret, og min Fader blev siddende i Taarnet den Dag og Nat i
Røgen og Heden, saa han nær var kvalt.   Da raabte han ud til
dem og bad om at maatte stedes for Kongen og Rigsraadet, for
at hans Sag kunde blive forhørt; fandtes han da skyldig, vilde
han lide paa Liv og Gods.   Men det hjalp ham ikke.   Siden bad
han for vor Herres og hans bittre Døds Skyld, at han maatte
blive stillet for de menige Hansestæder, efter hvis Dom han vilde
lide paa Liv og Gods, fandt de ham skyldig; men det hjalp ham
ligesaa lidt.   Paa det Sidste, da Røgen og Ilden gik ham altfor

nær, saa han ikke længer kunde udholde det, da raabte han tredie
Gang ud til dem og bad for Guds Døds Skyld, at de vilde
unde ham tre Timer til at skrifte sine Synder. Det undte de
ham da, og derefter sloge de min Fader tilligemed nogle Præster
død paa Kirkegaarden og i Kirken. Saa brændte de Klosteret i
Grund med nogle af Jomfruerne.

Siden de havde begaaet det jammerlige Mord og Brand, da
fore de til Stavanger, sloge Sakristiet op i Domkirken og udtoge
min Faders og min Moders Kister, alt Guld, Sølv og Klenodier,
som de der havde; Nogle af dem fore til min Faders Gaard Talgø,
sloge Døre og Kister op og røvede Alt hvad der var. Da min
Faders Karle mærkede, at de kom til Gaarden, saa toge de ved
Nattetid mig, som da var 4 Aar gammel, selv tredie og gik til-
skovs med os. Vi turde ikke give os til Folk eller Hus for Frygt
og Fare; thi de sagde, at fik de os, vilde de føre os til Lybek og
stikke Øinene ud paa os, og saa fodre os saa længe vi levede.
Min Moder truede de, at fangede de hende, skulde hun sækkes og
drukkes, saa at hun maatte forklæde sig i Munkedragt for at slippe
fra dem. Saa satte de efter hende for at slaa hende ihjel og dreve
hende saaledes fra Hus og Gaard og beholdt Alt hvad de havde
taget, og have det endnu".

Man kunde tro, at denne Sønnens Fremstilling var stærkt
farvet; men de lybske Kilders egen Beretning stadfæster den i alt
Væsenligt. Enkelte Træk tilføie de, saasom at Kjøbmændene havde
advaret Biskoppen og fraaadet ham at gaa med Hr. Oluf til Klo-
steret, men at han ikke vilde forlade sin Ven i Nøden. Ligeledes,
at det fra først af kun var Nogle, der havde sammensvoret sig om
at slaa Oluf Nielsen ihjel, naar han gik fra Thinget. Men da
han blev advaret derom og med Biskoppen og sine Folk tyede til
Klosteret for at sætte sig til Modværge, saa raabte de Sammen-
svorne i Gaderne alle Mand ud: kom Hr. Oluf bort, blev det
Sidste værre end det Første. Da strømmede mere end to Tusinde
Mand med Harnisk, Bøsser og Armbrøst sammen og stormede
Kirken. Ialt dræbtes over 60 Personer. Om Plyndringen siger
Lybekeren kun, at de toge Oluf Nielsens Gods, hvor de fandt det;
men Sønnens Beretning stadfæstes i dette Punkt af selve Older-
manden og den menige Kjøbmand ved Bryggen i Bergen i et Re-
vers af 31te Aug. 1456, de ifølge Kongens Paalæg udstedte til

3

Oluf Nielsens Enke angaaende det Gods, der ved Katastrofen var kommet i deres Hænder.   Man skulde dog tro, at de i det mindste maatte have udleveret dette; men af Reverset seer man, at Udleveringen kun skete paa Skrømt, da Enken strax maatte give det tilbage til Kontoret til tro Opbevaring saalænge, indtil den Skade, der var skeet ved hendes Mands og Barns Drab, blev forligt imellem den menige Kjøbmand i Bergen og Fru Elisabet!   Dette Gods, der formodenlig tildels var frataget Kjøbmændene af Oluf Nielsen, var meget betydeligt; man seer med Forundring af Fortegnelsen over Kisternes Indhold, hvor store Skatte i Kostbarheder og rede Penge en almindelig Adelsmand da kunde samle.   Enken og Børnene saa aldrig disse Skatte mere, og endnu et halvt Aarhundrede efter Oluf Nielsens Død vare de ikke givne tilbage igjen.

Denne forfærdelige Voldsgjerning blev af Kong Christiern i Hovedsagen betragtet som en privat Feide mellem Kontoret i Bergen og Oluf Nielsen.   Havde Kjøbmændene indskrænket sig til at tage Livet af Hr. Oluf og hans Broder, vilde Kongen neppe have taget sig det nær, da han med Rette var fortørnet paa dem, og da Oluf Nielsen ikke kunde betragtes som Lensmand, saasom han hverken var kommen i Besiddelse af Kongsgaarden eller Embedet eller havde faaet Kongebrevet læst, ikke at tale om, at Kongen ved sin egen Adfærd og ved den ubesindige Opfordring til Selvtægt selv havde nogen Skyld i Ulykken.   Men Norges Riges Høihed var krænket paa det Blodigste: Thingfreden var brudt, Mord og Brand forsætlig øvet i aaben Opstand, og mange Uskyldige dræbte. Dog har hverken Kongen eller Rigsraadet foretaget Noget for at straffe Forbrydelsen; Kongen har alene forbeholdt sig Tiltale til de Skyldige.   Oluf Nielsens Børn, af hvilke den ældste Søn, som sagt, kun var fire Aar ved Faderens Død, kunde i mange Aar ikke tænke paa at tage Hævn eller søge Mandebod hos Voldsmændene.   Kun Kirken, hvis Fred var brudt paa det Groveste, vovede at straffe Ubaadsmændene.   Som Biskoppens Drabsmænd faldt de selvfølgelig i Kirkens Band, hvorfra de efter den kanoniske Ret alene kunde løses af Paven selv.   Pave Calixtus den Tredie overdrog Sagen til Biskoppen af Lybek som delegeret Dommer.   Der paalagdes da forskjellig Bod, Gjerningsmændene maatte opbygge Klosteret og Kirken igjen, og de, der havde lagt Haand paa Biskop Thorlav og de Geistlige, maatte personlig søge Afløsning i

Rom hos Paven. Mange søgte og fik den, Mange var der ogsaa, siger den gamle lybske Krønike, der ikke gjorde sig nogen Conscients og lode sig tykkes, at de havde gjort en god Gjerning. Men Følgerne af denne Begivenhed trak sig hen gjennem Kong Christierns og hans to Eftermænds Regering.

De nu skildrede heftige Bevægelser i Norge vise, at havde Kong Christiern vundet sin norske Krone uden stor Anstrengelse, saa havde han desto vanskeligere ved at hævde dens Høihed, især saa længe der paa hin Side af Bjergene sad en anden Konge, der mente sig ligesaa berettiget til den og var beredt til atter at gribe efter den ved første gunstige Leilighed, Nogenlunde fast i Norges Kongesæde blev Kong Christiern ikke før efter Aar 1457, da Kong Karl var styrtet fra Sverrigs Trone og Christiern havde indtaget hans Plads; først fra den Tid kunde Forbindelsen imellem Danmark og Norge ansees for sikret; men der hengik endnu 70 Aar, inden Forholdene i Norge kom til Ro.

Anden Afdeling.

Kongemøde i Avaskær 1451. Krig imellem Kong Christiern og Kong Karl 1452—1456. Ærkebiskop Jens Bengtsens Oprør. Kong Karls Flugt. Christiern Konge i Sverrig 1457. Rigsmøde i Stokholm. Inddragelse af Krongods. Dom over Kong Karl. — Hertug Adolf af Slesvig. Constitutio Valdemariana. Christiern valgt til Landsherre i Slesvig og Holsten. Slesvig-Holsten.

Ved Mødet i Halmstad i Mai 1450 vare tre Ting vedtagne:
En ny Unionsakt mellem Danmark og Sverrig, bygget
paa de to Rigers Selvstændighed og lige Ret;
Kong Karls Afkald paa Norge;
Et nyt Møde inden St. Hansdag 1451 til Afgjørelse af
andre Tvistepunkter, navnlig om Dronning Doro-
theas Morgengave og om Gulland.

Det første af disse Punkter kunde efter sin Natur ikke være Gjenstand for yderligere Forhandlinger; og det andet Punkt, Norges Afstaaelse, var strax bragt til Udførelse. Det nye Grændsemøde ſtod tilbage. Det ſamledes førſt i Rønneby i Bleking, men lagdes af ubekjendte Aarſager til Avaſkær i Nærheden af det nuværende Kriſtianopel. Her havde Freds- og Unionspartiet ikke den Magt ſom i Halmſtad. Begge Konger vare tilſtede og andre Mænd end de, der ſidſt mødtes. Ingen af Parterne vilde give efter: Kong Karl vilde ikke opgive Titlen af Norges Konge, Kong Chriſtiern ikke Gulland og Dronningens Morgengave. Man adſkiltes uden anden Frugt end gjenſidig Miſtro og Harme. Kong Karl vendte ſig med Klage over Edsbrud til Pave Nikolaus den Femte, der tog imod den ſvenſke Appel og udnævnte en Kardinal til at forhøre begge Parter. Men formodenlig har Kong Chriſtierns Sendebud været ligeſaa virkſom i Rom ſom Kong Karls; thi Paven betænkte ſig ſnart og ſtillede „af visſe Henſyn‟ Sagen i Bero indtil videre.

Dette Møde i Avaſkær kjende vi fornemlig af den lybekſke Krønikes Beretning. Den ſiger, at de danſke Fuldmægtige bare Skylden for Brudet, fordi de viſte urimelig Paaſtaaenhed og Vrangvillighed til at give det allermindſte efter endog blot i en Formſag. Da der handledes om Dronningens Morgengave, lode de Danſke oplæſe Kong Chriſtoffers latinſke Brev desangaaende. De Svenſke forlangte en paalidelig Overſættelſe, da de ikke Alle forſtode Latin; dette affloges, og det affloges ligeledes at give et ſkriftligt Vidnesbyrd om dette Afflag. Om denne Beretning er ganſke korrekt, faaer være uafgjort; formodenlig vilde Sagen ſee noget anderledes ud, havde vi ogſaa danſke Beretninger om Mødet. Men betvivles kan det dog ikke, at de Danſke ſtode ubøielig faſt paa de Paaſtande, hvormed de kom til Mødet, ſaa at de havde i det mindſte ligeſaa megen Skyld i dets Frugtesløshed, ſom Modſtanderne. Og vel egenlig mere; thi de Svenſke havde i Halmſtad givet efter om Norge, ſaa at det ikke var for meget forlangt, at de Danſke ſkulde give efter i et forholdsvis underordnet Spørgsmaal ſom det om Morgengaven, hvor de Svenſkes Paaſtand var vel grundet i Sverrigs ſaa nylig vedtagne Landslov. Kong Chriſtoffer havde virkelig ikke havt Ret til at bortgive ſvenſk Krongods ſom Dronningens Morgengave uden Rigsraadets Minde; og besuden maatte Dronningens Ægteſkab med en fremmed Konge gjøre det høiſt tvivlſomt, om hun rettelig kunde beholde ſin Morgengave i Sverrig. I ſig ſelv var det jo ogſaa en Urimelighed, at den svenske Regering skulde til den Konge, der maatte ansees for i det mindste en halv Fjende, have udleveret Provindser og faste Slotte i Sverrig, eller ubetalt ham en Pengesum, der havde sat ham i Stand til at hverve en Hær af tydske Landsknegte imod Sverrig.

Det kan synes paafaldende, at jeg fremhæver dette underordnede Punkt og dette frugtesløse Grændsemøde, der i de sædvanlige Fremstillinger taber sig i Mængden af de talløse andre frugtesløse Møder, medens jeg forbigaaer saa mange andre tilsyneladende betydeligere Enkeltheder. Men ret beseet er det ved dette skjæbnesvangre Møde i Avaskær, at Nordens Historie afgjordes for de følgende Tider. Halmstadmødet frembød den sidste Mulighed for en virkelig Fred mellem Nordens Riger; det var sidste Gang der bødes Norden en varig, retfærdig, paa lige Vilkaar grundet Union, som ikke afhang af den fælles Konges Person alene; det var ogsaa den sidste Gang, at et sandt Unionsparti fra Sverrigs og Danmarks Side rakte hinanden Haanden, uafhængigt af begge Konger. Hvad der siden kaldes Unionspartiet i Sverrig er langt mindre dette end et Oppositionsparti imod Kong Karl og Sturerne, et Parti, der af sit Had til disse trængtes over paa den danske Konges Side og virkelig tre Gange hjalp en Fælleskonge paa Tronen. Man kan kun sørge over, at Halmstadakten faldt dødfødt til Jorden; men deri vare begge Konger og deres Raadgivere Skyld paa dette Grændsemøde i Sommeren 1451. Og Kong Christiern har større Skyld end Kong Karl. Han var hidtil den seirende. Karl havde ligget under i Kampen om Gulland og Norge; den Seirende tilkommer det at række Modstanderen Haanden. Visdom, Maadehold, Kjærlighed til Fred, med eet Ord: Fornuft havde været nødvendig: — hvorfor skal man tvivle om, at det da ogsaa havde været muligt at løse de haarde Knuder? I Striden om Morgengaven burde Christiern ligefrem have givet efter. Spørgsmaalet om Gulland kunde have været henstillet til en Voldgiftskjendelse af Paven, Keiseren, Høimesteren eller nogen anden upartisk Dommer — hvorfor ikke til et Par anerkjendt retsindige Privatmænd? Og de forviklede Godsforhold maatte vel ogsaa kunnet løses ved Mageskifter og Erstatninger. Men god Villie, navnlig fra Kong Christierns Side, var fornøden, og Taalmodighed og Selvbeherskelse og virkelig Kjærlighed til alle de nordiske Folk. Enten besad han ikke disse Egenskaber, eller hans egen ærgjerrige Higen efter

at bære alle tre Rigers Kroner fik Magt over ham.   Han gik
over ſit Rubikon; men han var ikke en Cæſar, der i Spidſen for
ſeirvante Legioner havde Aandens og Sværdets Magt til at give
Verden en ny Skikkelſe.   Han traadte ind i en Periode af ende-
løſe Smaakrige, talløſe Møder og Overenskomſter, der aldrig førte
til noget Reſultat, ſaaledes i en Periode, hvor Alt hvad han fore-
tog ſig, tilſidſt intet Andet udrettede end at vække det ſvenſke Folks
Nationalhad til høieſte Bitterhed og fortære hans og de to Rigers
Midler.   Ja, i ſex Aar kom han vel til at bære Kong Karls Krone,
men kun for atter at fordømmes til at vælte Siſyphus' Sten.
    Efter Mødet i Avaſkær beredte begge Konger ſig til Krig.
De ſvenſke Forfattere paaſtaa, at Fjendtligheberne førſt ere begyndte
fra danſk-norſk Side uden Krigserklæring, idet fra Norge ſkete et
Indfald i Værmeland.   Kong Karl klagede og forbrede Erſtatning;
Kong Chriſtiern ſvarede undvigende, at han vilde forebringe Sagen
paa en Herredag med ſit Rigsraad af Danmark og Norge i Sla-
gelſe.   Dette Møde holdtes i November; men i Stedet for Er-
ſtatning til Sverrig bevilligedes Midler til at bekrige det.   Som
en fjendtlig Handling fra danſk Side betragtedes det ogſaa i Sver-
rig, at den ſvenſke Emigrant Magnus Green fik Lov til fra Gul-
land ved Juletid at hærje flere Steder paa Sverrigs Kyſter.   Det
var Kong Chriſtierns Henſigt i Sommeren 1452 at føre et afgjø-
rende Hovedſlag mod Kong Karl; det har han udtalt i et Brev af
27de December 1451 til en norſk Lensmand, der kaldes til Mar-
ſtrand ſtrax efter Paaſke 1452 med 80 væbnede Karle.   „Vi have
ſaa overveiet det" — ſiger Kongen — „med vort kjære Raad af
Danmark og Norge, ſom nu var hos Os, at Vi med Guds Hjælp
hellere vil gjengjælde Karl Knudſens Uret i eet Aar end ſidde hvert
Aar i Fare for ham". — „Vi ville i denne Sommer foretage
Sagen ſaaledes, at Vi ikke ſkulle have nødig at beſvære Eder tiere
i ſaa Maade ind i Sverrig".   Dette Brev faldt i Kong Karls
Hænder og maatte naturligvis fremſkynde hans Ruſtninger; og han
var denne Gang den raſkeſte.   Endnu i Vinteren 1451—52 ſam-
lede han Sverrigs Magt til et Hovedangreb paa Skaane og brød
i Februar 1452 over Markaryd med en Hær, hvis Størrelse an-
gives mindſt til 40,000, høiſt til 80,000 Mand — eller Mænd,
thi det var i Hovedſagen opbudte Skarer af Almuen — ind i
Skaane til et Mordbrændertog uden Lige i Nordens Hiſtorie.   Ikke

en eneste faste Borg kunde han tage; men da ingen dansk Hær mødte ham, skændte og brændte han i tre Uger det ulykkelige aabne Land saaledes, at Ødelæggelsen endnu ikke var forglemt i Arild Hvitfelds Tid, d. e. halvandet hundrede Aar derefter. Helsingborg By blev brændt, da Befalingsmanden paa Slottet ikke vilde overgive sig og Kong Karl ikke dristede sig til en Beleiring. Landskrone blev brændt, det Meste af Lund blev brændt, den lille Kjøbstad Bæ blev brændt, Klostere, Herregaarde, Landsbyer bleve brændte; men den eneste Krigsbedrift, den svenske Hær udførte, var at adsplitte ved Dalby en Samling af skaanske Bønder, der sloges tappert, men overvældedes af Mængden. Det var midt i Vinterens Hjerte, Drivis opfyldte Øresund, saa at ingen Hjælp kunde komme over fra Sjælland, hvor Kong Christiern dengang vel heller ikke endnu har havt nogen betydelig Krigsmagt samlet. Personlig var han reist til Tydskland, især vel for at hverve Tropper; han tænkte jo ikke at rykke i Marken før i Sommeren 1452.

Det er vanskeligt at see, hvilken anden Hensigt Kong Karl har havt med denne afskyelige Mishandling af den værgeløse Almue, end at give sin Harme Luft. At sætte sig fast i Skaane forsøgte han ikke alvorligt paa. Efter dette 3 Ugers Tog fra Nord til Syd, og ad andre Veie tilbage fra Syd til Nord, opløste han de opbudte Skarer og ilede selv tilbage til Stokholm for at paadrive Udrustning af Flaaden.

Nu var Turen til Kong Christiern. Han havde efter Bestemmelsen sin Hær af danske, norske og tydske Leietropper, tildels hvervede af hans Morbroder Hertug Adolf, færdig til at rykke i Marken. Fra det nordlige Halland brød han midt i Mai 1452 ind i Vestergotland, vandt Borgene Kinnaholm og Elvsborg, satte sig fast i Byen Lødese ved Gøtaelven, nødte Indbyggerne til at hylde sig og modtog flere af de svenske Befalingsmænd, der gik over til ham. Over Jønkøping forsøgte han at trænge ind i Hjertet af Sverrig gjennem Holaveden østfor Vettern; men hans Fortrop blev her kastet tilbage. Da Landet var udplyndret og Sygdom udbrød i hans Hær, maatte han gaa tilbage til Danmark; kun et Par faste Borge beholdt han. Ligesaa Lidt udrettedes tilsøes. Oluf Axelsen forsøgte et Angreb paa Stokholm; men det blev afvist uden at udrette Andet, end at nøde Kong Karl til at dele sine Kræfter og saaledes svække Modstanden mod den danske

Hovedhær i Veſtergotland og Smaaland. — Den Mand, der meſt
udmærkede ſig i denne Sommer, var den ſvenſke Marſk Thord
Bonde, en Farbroderſøn af Kong Karl, hvem Kongen betroede
Forſvaret af de angrebne Landſkaber, og ſom ved Mod og Hur-
tighed gjorde Alt hvad han formaaede for at erſtatte Manglen paa
en tilſtrækkelig Krigsſtyrke. Ved et raſk Overfald paa Løbeſe fik
han ikke alene endel Krigsfanger, men ogſaa den danſke Marſk
Klaus Rønnovs Papirer i ſine Hænder. Blandt dem fandt han
Breve fra Befalingsmanden paa Axevall, dengang Veſtergotlands
Hovedborg, Ture Tureſen Bjelke, der nødte denne til at flygte til
Danmark. Ogſaa Fru Birgitte Olufsdatter Thott, en Datter af
den ſaa ofte nævnte Oluf Axelſen, gift med den ſvenſke Rigsraad
Erngisle Nielſen paa Hamerſtad; blev røbet ſom den, der havde
ſtaaet i Forbindelſe med Sverrigs Fjender og ſtadig meddelt ſin
Fader hvad hun kunde erfare om Kong Karls Foretagender. Hun
blev greben, ført til Stokholm, dømt til Baalet, men henſat i
Kalmar Nonnekloſter, indtil hun nogle Aar derefter fik ſin Frihed
igjen.

Kong Karl mente ogſaa, at Jens Bengtſen ſtemplede imod
ham og vilde fordrive ham fra Tronen. Kongen ſaa ſkjævt til
det ſtore Antal Krigsfolk, Ærkebiſkoppen holdt hos ſig, og anklа-
gede ham for Rigsraadet. Det kan ogſaa være rimeligt nok, at
havde Kong Chriſtiern eller Oluf Axelſen havt ſtørre Fremgang,
vilde Jens Bengtſen i et beleiligt Øieblik være brudt frem fra ſin
Side imod Kong Karl. Nu fik han ikke Leilighed til at bruge
ſine 300 Huskarle og maatte ſøge Forlig, der ogſaa ved Rigsraa-
dets Mægling kom iſtand paa det Vilkaar, at han aflagde en ny
Troſkabsed til Kong Karl og ſtillede Gidſler for ſit Forhold i
Fremtiden.

Ved denne Krig i 1452 var ſaaledes intet Andet udrettet end
at ødelægge blomſtrende Landſkaber og mishandle Almuen paa det
meſt oprørende. Kong Chriſtierns ſtore Slag, der i eet Aar ſkulde
afgjøre Krigen, havde forfeilet ſit Maal, og Kong Karl havde ikke
vundet Andet end at fortjene Navn af den ſtørſte Mordbrænder,
Norden hidtil havde ſeet. Paa denne Maade lod Krigen ſig ikke
fortſætte. Kong Chriſtiern ſendte da førſt i 1453 Marſken Klaus
Rønnov og Ivar Axelſen til Kong Karl i Vadſtena, hvor en
Stilſtand ſluttedes, der ſenere forlængedes, ſaa at Fjendtligheberne

først udbrød igjen i Aaret 1455. Da var det, at Oluf Nielsen fik Elvsborg i sin Magt, og at Christiern maatte kjøbe det tilbage for Lensmandsposten i Bergen, hvad der førte til den blodige Katastrofe af 1ste September 1455. J Vestergotland kunde Kong Christiern dog heller ikke nu udrette noget Betydeligt, saalænge Thord Bonde førte Befalingen der og i Smaaland. Denne Helt afsplittede en norsk Skare, der faldt ind i Vestergotland, fangede Anføreren, brød selv ind i det sydlige Norge og anlagde en fast Plads Karlsborg, men fandt her en tragisk Ende paa sin Bane. Han havde betroet Befalingen til Jens Bosen, som de svenske Historieskrivere sige var en danskfødt Mand. Denne blev en Forræder, overfaldt Marsken i hans Soveværelse og kløvede hans Hoved med sin Øre, hvorpaa han flygtede til Danmark. Hvad der saa blev af ham vides ikke. De Svenske troede naturligvis, at han var underkjøbt af de Danske; men de sige os ikke hvoraf de vide dette, og i Virkeligheden foreligger Intet, som bestyrker deres Anklage.

Med Thord Bondes Død i Mai 1456 svandt Kong Karls Lykke. Selv har han aldrig vist sig som nogen betydelig Krigsmand, og han var omgiven af upaalidelige Stormænd. Men ogsaa Kong Christiern stod efter fire til fem Aars Krig omtrent paa samme Punkt som da han skjød Halmstadsunionen fra sig for at drage Sværdet. Hans Forsøg paa at fortrænge sin Modstander ved Vaabenmagt var fuldstændig mislykket. Da slog han ind paa en anden Vei: at vinde Sverrigs Krone ved den indre Partistrid i Sverrig selv. Han var omgiven af svenske Emigranter som Magnus Green, Ture Turesen o. Fl., der i Krigen havde spillet en tvetydig Rolle og enten tvungne eller frivilligt havde kastet sig i Armene paa deres Konges Fjende; og i Sverrig steg Misfornøielsen stadigt ved den ulykkelige Krig og ved Kong Karls ukloge, haarde og egennyttige Regering. Emigranterne vedligeholdt uafbrudt Forbindelsen med deres Slægtninge i Sverrig og tilsidst — man kan ikke tvivle derom — kom det til en Sammensværgelse, der skulde bryde løs imod Kong Karl, medens Kong Christiern udefra gjorde et nyt Anfald paa Riget. Dette skete i den sidste Halvdel af 1456. Fra Bleking angreb Magnus Green i den danske Konges Tjeneste Øland og beleirede Slottet Borgholm; og da Kongen selv ankom med en betydelig Styrke, maatte Lensmanden indgaa en Baabenstilstand paa den Betingelse, at om Kong Karl ikke inden den 10de Oktober havde taget Øland tilbage, skulde Slottet op= gives til den danske Magt.   Da Kong Karl i Øieblikket Intet kunde foretage for at frelse Borgen og Øen, maatte Slottet aabne sine Porte den bestemte Dag.   Et Angreb paa Kalmar mislykkedes derimod for Kong Christiern; men denne stod altsaa dog med sin Krigsmagt indenfor Sverrigs Grændser, og nær nok til at kunne gribe ind i hvad der maatte forefalde.

Paa sin Side holdt Ærkebiskoppen af Upsala sig rolig indtil efter Nytaar 1457, og Intet lod Kong Karl ane hvad der foregik i hans Hjerte.   Men da Kongen havde samlet sin Krigsmagt for at tage Øland tilbage og var paa Veien kommen ind i Østergot= land, fik han Efterretning om, at Jens Bengtsen havde afkastet Masken.   Han havde ladet gribe Kongens Foged paa Upsala Slot, og ladet dette plyndre; han havde opslaaet Undsigelsesbrev paa Domkirkens Dør, og havde selv paa Alteret nedlagt sit Pallium med den Erklæring, at det skulde staa anderledes til i Riget, inden han atter bar det.   Ledsaget af sine Huskarle, endel af de til Kon= gens Krig udbudte Krigsmænd og en Skare af Almuen, gik han til Vesteraas, bemægtigede sig Slottet, drog misfornøiede Adels= mænd til sig og søgte at ægge Dalkarlene til Opstand.   Saasnart Kong Karl fik Efterretning om Oprøret, opgav han Ølandstoget og ilede med den Styrke, han havde hos sig, til Strengnæs for over Mælarens Is at tage Vesteraas tilbage; men Ærkebiskoppen kom ham i Forkjøbet.   I Dagbrækningen den 9de Februar over= faldt Jens Bengtsen Strengnæs, hvor Kongens Folk, skjøndt de stode ligeover for Fjenden, laa i dyb Søvn.   Kong Karl fik kun samlet en Haandfuld af sine Ryttere og søgte forgjæves at bringe Orden i Forvirringen.   En Hest blev dræbt under ham, han selv blev saaret og maatte søge Frelse i Flugten.   Endnu samme Aften naaede han Stokholm; men Ærkebiskoppen gav ham ikke Tid til at samle Kræfter, og mærkeligt nok rørte ingen af hans Lensmænd eller Fogeder omkring i Landet sig for at komme deres Herre til Hjælp.   Da Oprørerne ankom for Stokholm den 13de Februar 1457, søgte Kongen forgjæves at knytte Underhandlinger; Ærkebi= skoppen svarede ham med udsøgt Haan, at han ikke vilde høre paa ham, førend Oluf Axelsen, Magnus Green og Andre af hans Venner i Danmark ankom!   Kong Karl forsøgte da at faa Stok=

holms Borgere med sig til et Udfald. De fulgte ham ogsaa ud af Stadsporten; men inden det kom til Kamp, lode de ham Alle i Stikken, saa at ogsaa han maatte ty tilbage til Staden. Nu saa han, at Alle forlode ham; han samlede da Rigets Klenodier, sine Kostbarheder og den rige Skat, han efterhaanden havde sammenskrabet, betroede en Del til Dominikanerklosteret og seilede selv den 24de Februar bort fra Stokholm til Danzig, hvor han tog sit Ophold for de følgende Aar. Paa Stokholms Slot, som han betroede Ridderen Arent Benktsen (Ulf), Oluf Drake og Flere, efterlod han sine to Døttre Magdalena og Margareta, der ikke kunde taale Søreisen paa denne Aarstid; men Slottet holdt sig kun imellem to og tre Uger; Slotsloverne lode sig tilsikre personlige Fordele af Seirherren og kapitulerede saa den 15de Marts, fornemlig af Hensyn, som de sagde, til de to Jomfruer. Disse fik Tilsagn om betydelige Len og om at beholde alt deres fædrene og mødrene Gods med Undtagelse af det, deres Fader havde kjøbt, efter at han var bleven Herre over Sverrig.

Kong Karls Fald havde været de Sammensvorne næsten altfor let og hurtigt. Der havde ingen Leilighed været for Kong Christiern til at komme hans Fjender til Hjælp i Nød og derved naturligen indtage hans Plads. Jens Bengtsen vovede ikke engang strax at komme frem med Forslag om at vælge den danske Konge. I en Forsamling af Rigsraadet kaaredes Ærkebiskoppen selv til Rigsforstander, dog i Forbindelse med Erik Axelsen, en danskfødt Mand; men først ud paa Sommeren vare saa Mange vundne, at Rigsforstanderen kunde træde bestemtere frem. Kong Christiern havde imidlertid udstedt ikke mindre end to Forsikringsbreve til det svenske Folk, om man vilde vælge ham til Konge; og i Begyndelsen af Juni Maaned nærmede han sig med sin Flaade til Stokholm. Forud for sig sendte han et Opraab, hvori han fralagde sig den Hensigt, at ville paatrænge sig det svenske Folk som dets Konge. Han var kun kommen for at hjælpe det imod Kong Karl, der efter et almindeligt Rygte beredte sig til et Angreb fra Danzig; havde ikke Kong Karl paanødt ham den hele fordærvelige Krig, og havde ikke de Gode Mænd, Kong Karl havde drevet i Landflygtighed, høiligen anmodet ham om at hjælpe dem ind i deres Fædreland igjen, skulde han ikke have indladt sig derpaa. Imedens nu Kongen langsomt nærmede sig Hovedstaden, sammenkaldte Ærkebiskoppen en Rigsdag til Kongevalg i Stokholm og vidste at bearbeide den saaledes, at nu gjorde en ny Forsikring af Kong Christiern, udstedt fra Flaaden den 22de Juni, et godt Indtryk og vandt Indgang hos Rigsdagsmændene. Kongen lovede deri, at vilde man vælge ham, da vilde han ikke ved Kjøb eller Pant forhverve sig noget adeligt Gods, ikke uden Rigsraadets Samtykke bortforlene noget kongeligt Slot, opretholde de gamle Forbundsbreve imellem Rigerne, alene med Undtagelse af Halmstadsbrevet af 1450; fremdeles overholde Rigets Love og Friheder, ikke udskrive noget Paalæg imod Sverrigs Lov og gamle Sædvane, give Øland med Borgholm, Elvsborg og Kinnaholm tilbage til Sverrig, samt om Gulland og andre Sager, der vedkom de to eller alle tre Riger, efter sin Kroning sammenkalde en Kongres af alle tre Rigers Raad. Da denne Forsikring var modtagen i Staden, valgtes Christiern den følgende Dag af Rigsdagen til Sverrigs Konge, holdt St. Hansdag sit Indtog i den nye Hovedstad, hyldedes den 2den Juli efter gammel Skik paa Moraeng og kronedes den næste Dag i Upsala Domkirke.

At Kongen netop undtog den i Halmstad sluttede Union fra den almindelige Stadfæstelse af alle „de gode, kjærlige Bebindelser, som gjorte ere mellem disse tre Riger", har vel nærmest havt sin Grund deri, at Halmstadsbrevet indeholdt en Anerkjendelse af Karl Knudsens Kongedømme og lige Ret med Christiern. Men man kan dog ikke andet end deri tillige see et Tegn paa, at en retfærdig og ligelig Union mellem Rigerne nu blev af underordnet Betydning i Sammenligning med, at de to andre Rigers Konge ogsaa kom til at bære det tredie Riges Krone!

Indkaldelsen til Valgrigsdagen havde givet saa kort Varsel, at Deputerede fra Finland ikke havde kunnet møde i Stokholm. Erik Axelsen havde derfor selv begivet sig derover, hvor han i Sommerens Løb bragte hele Landet til at anerkjende den nye Konge, saa at denne kunde i en Skrivelse af 21de September 1457 melde Paven, at nu fandtes der intet Punkt i Sverrigs Rige uden at det jo var ham undergivet.

Det følger af sig selv, at der skete en Uddeling af de betydeligste Len til Emigranterne og Opstandens Førere, nogle dog ogsaa til Mænd, der hidtil gjaldt for Tilhængere af Kong Karl, men som hurtigt havde underkastet sig og sluttet sig til den nye Herre.

Kong Chriſtiern forblev i ſit nye Rige omtrent et Aar. I Vinteren 1457—58 red han ſin Erikſgata og holdt paa denne Reiſe et almindeligt Møde af alle tre Rigers Raad i Skara, hvor baade det norſke og det ſvenſke Raad forpligtede ſig til at erkjende hans ælbſte Søn for Tronfølger. For Norges Vedkommende ſtemte dette med Hovedtanken i det Bergenſke Forbundsbrev af 1450, derſom det da var det norſke Rigsraads oprigtige Mening at holde dette; thi i andet Fald kunde det jo paaſtaaes, at Forbundsbrevet kun omtalte Valget af Kongens Søn ſom en Følge af Faderens Død, altſaa ſom det, der ikke ſkulde foregaa i dennes levende Live. Man ſeer ikke, at dette har voldt nogen Betænkelighed ved Mødet i Skara. Hvad Sønnens Valg til Sverrigs Tronfølger angaaer, da har Kongen ikke ladet ſig nøie med de i Skara tilſtedeværende Rigsraaders Erklæring, men har efterhaanden ladet ſig give lig-nende af de fraværende, ſamt af Stædernes Øvrigheder og af nogle Landſkaber; endelig har han til yderligere Bekræftelſe ved Pintſe-tid ſammenkaldt et almindeligt Møde af Almuen til Stokholm, hvor, ſom det hedder i det derom udfærdigede Aktſtykke af 28de Mai 1458, Kongens ælbſte Søn blev af alle Lagmænd endrægtig dømt til ret Herre og Konge over Sverrig efter Faderens Død.

Samtidig hermed holdtes et almindeligt Møde af Sverrigs Rigsraad paa Stokholms Slot, hvor Kong Chriſtiern fik gjen-nembrevet flere vigtige Sager, der baade viſe hvor ſtor Indflydelſe han bengang udøvede paa det ſvenſke Ariſtokrati, og tillige give god Oplysning om de almindelige Retsforeſtillinger i Norden paa den Tid.

Førſt ſtadfæſtede Kongen og Raadet Kong Chriſtoffers Mor-gengavebrev til Dronning Dorothea, hvorom der havde været ſaa megen Strid paa Avaſkars-Mødet. Kong Chriſtiern gav hende ikke en Morgengave i ſit Navn; deri vilde have ligget en Aner-kjendelſe af, at Kong Chriſtoffers Morgengavebrev var blevet ugyl-digt ved Dronningens andet Ægteſkab, altſaa middelbart en Ind-rømmelſe af den Paaſtand, de Svenſke hidtil havde forfægtet, de Danſke bekæmpet, at Morgengaven var hjemfalden til Sverrigs Krone, da Dronningen giftede ſig med en fremmed Konge. Kong Chriſtiern opretholdt derfor ganſke konſekvent Kong Chriſtoffers Gavebrev, men fjernede nu den Indvending mod dette, at Mor-gengaven var givet af Kong Chriſtoffer alene, uden Raadets Del-tagelſe. Denne Morgengaveſag ſkulde endnu engang faa ikke ringe

Indflydelſe paa ſvenſke Forhold.   Morgengaven beſtod i Ørebro
Slot med Landſkaberne Nerike og Værmeland ſamt „Noreſkov",
ſom det da kaldtes, nu Norberga Bergslag.

Den anden Sag af endnu ſtørre Betydning var en delvis
Indbragelſe af Jordgods, der ſom Pant var frakommet Kronen.
Derom udfærdigedes følgende Aktſtykke:

„Vi Jens m. G. N. Ærkebiſkop i Upſala og Sverrigs Fyrſte,
Bengt i Skara, Sigge i Strengnæs, Oluf i Veſteraas og
Laurents i Vexis, med ſamme Naade Biſkopper, Erik Axel-
ſen, høibaarne Fyrſtes Kong Chriſtierns Hovmeſter i Sverrig,
Bo Stensſen, Erngiſel Nielsſen, Magnus Green,
Guſtav Karlsſen, Karl Magnesſen, Byrge Trolle,
Ture Jønsſen, Aage Jønsſen, Eſkild Jſaksſen, Faber
Ulfsſen, Gregers Matsſen, Johan Chriſtiernsſen,
Niels Chriſtiernsſen, Magnus Bengtsſen, David
Bengtsſen og Niels Sture, Riddere, vor naadige Herre Kong
Chriſtierns og Sverrigs Riges Raad, gjøre vitterligt for Alle,
ſom nu ere og komme ſkulle, at Aar efter Guds Byrd tuſinde
firehundrede femti paa det ottende, paa Stokholms Hus, den Man-
dag næſtefter Hellig Trefoldigheds Søndag (29de Mai 1458) vare
vi Alle forſamlede i høibaarne Fyrſtes Kong Chriſtierns, vor naa-
dige Herres, Nærværelſe, at overveie og forhandle Sverrigs Kro-
nes Værdighed og Beſtand.   Blandt andre Sager, ſom da fore-
kom, lod vor naadige Herre os forſtaa, at Sverrigs Krone var
fornedret og forkrænket paa mange Maader, og beſynderlig deri,
at hans Naades Forfædre Konger i Sverrig havde udſat til Pant
Kronens Land, Len og Rente paa ſaadanne uſkjellige Villaar, at
disſe Panter ſkulle til Kronen gjenløſes for Hovedſummen uden
alt Afſlag, ſom fra Kronen have været i lang Tid, Kronen til
Skade og Fordærv, og dem, ſom ſaadanne Len i Pant have havt
og endnu have, til ſtor Sjælevaade og evig Fordærvelſe, ſom er
at befrygte efter Guds og den hellige Kirkes beſkrevne Lov og Ret,
begjærende af os, at vi den Sag vilde til os annamme og over-
veie derudi ei aleneſte Kronens Beſtand, men ligeſaavel deres Sjæ-
les Nødtørftighed og Gavn, ſom ſaadant Gods og Pant i ſaa
Maade have havt i Værge og end have.   Hvilken Sag vi alle
Forſkrevne efter vor naadige Herres Begjæring til os annammede
og yderligere imellem os overveiede, ſom det ſig burde.   Men i

„forskrevne Sag betragtede vi nyttigere at være at følge Guds Ret=
vished til Sjælens evige Frelse, end nogen Mands forgængelige
Uretvished i at have, nytte og sammendrage Verdens Rigdom i
saa Maade imod Guds og den hellige Kirkes retvise Skikkelse som
forskrevet staaer. Thi have vi alle Forskrevne vor naadigste Her=
res og Sverrigs Riges Raad endrægtig med fri Villie og efter
nøie Overveielse, uden Nogens Modsigelse, for Ret fundet og for
Ret udsige, at alle de Godser, Len og Rente, som indtil denne
Dag fra Sverrigs Krone have udstaaet til Pant, skulle frit igjen=
komme, ihvor de helst ligge i Sverrigs Rige, eller hvosomhelst
dem i Pant eller i Værge haver, Geistlige eller Verdslige; og alle
saadanne Pantegodser dømme vi, alle fornævnte vor naadige Her=
res Kong Christierns og Rigens Raad, i og med dette vort aabne
Brev til og under hans Naade og Sverrigs Krone at skulle blive
fri, kvit, ledig og løs, uden nogen Mands Modsigelse eller Paa=
stub i nogen Maade efter denne Dag. Var det og saa, at noget
af Kronens forskrevne Pant ikke havde staaet saa længe ude, at
Oppebørselen gjorde fuldt for Hovedsummen efter tilbørlig Bereg=
ning, da skal vor naadige Herre Kong Christiern dem fuldgjøre
og vederlægge hvad der mangler i Hovedsummen. Er og Oppe=
børselen ved noget af forskrevne Panter mere end Hovedsummen,
det sætte vi til vor naadige Herre, saa at de, som saadant Pant
i Værge havt have indtil denne Dag, skulle sig med Hans Naade
derom forlige som Guds og den hellige Kirkes Ret udviser".

Hvad der strax er os saa paafaldende i dette Aktstykke, er den
sære Omhu for Panthavernes Samvittighed og Salighed i et, som
det synes vor Tids Mennesker, rent verdsligt Anliggende. Dette
hidrører fra den Lov, Rigsraadet paaberaabte ved denne Leilighed:
Guds og den hellige Kirkes Lov, det er den kanoniske Ret, den
katholske Kirkes almindelige Lov. Thi det er netop en Grundsæt=
ning, denne Lov fastholder, at naar et frugtbringende Pant — et
Jordgods, et Hus, en Indtægt — overdrages Kreditor af Laa=
neren, saa skal han for Samvittighedens Skyld give det tilbage,
saasnart han har af Pantets Frugter faaet Laanets Hovedstol er=
stattet tilligemed sine mulige Omkostninger; han maa Intet beregne
sig som Rente, der betragtes som Aager. Aager er efter denne
Lov en sjæleforbærvende Misgjerning, der sætter Saligheden i
Fare. At Kong Christiern og Rigsraadet søgte Hjemmel for Re=

buktionen i denne Lov, laa Begge nær nok.   Kongen havde alle-
rede i Aaret 1453 ſat en lignende Indbragelſe af pantſat Kron-
gods igjennem i Danmark ved Benyttelſen af ſamme Argument og
ſamme Lov; og det ſvenſke Rigsraad kunde heller ikke tage i Be-
tænkning at paaberaabe Kirkeloven, da den i Indledningen til
Sverrigs egen Landslov, ſaaledes ſom denne var gjennemſeet og
vedtaget Aar 1442 under Kong Chriſtoffer, nævnes ſom den al-
mindelige Ret, der forbeholdes, hvor Talen er om Geiſtligheden;
og Laaneſager, hvorom Udſagn findes baade i det Nye og det
Gamle Teſtamente, betragtedes i Middelalderen ſom geiſtlige Sager,
der ogſaa hørte under geiſtlig Dom.   Men man ſpørger med For-
undring, hvorfor Konge og Rigsraad her i denne Reduktionsſag
tyede til den fremmede Lov, da Landets egen, ſaa nylig ſtadfæſtede
Lov gav al fornøden Hjemmel for Indbragelſen af Krongodſet.
Kong Chriſtoffers Landslov forbyder enhver Konge at mindſke Kro-
nens Gods og Rente for en anden Konge; „gjør nogen Konge
det‟, ſiger den, „haver den Konge, ſom efter kommer, Magt til
at kræve og tage det tilbage, om han vil‟ *).   Det er denne Be-
ſtemmelſe, der i det 17de Aarhundrede fik afgjørende Betydning
for Sverrigs Hiſtorie.   Hvorfor have Kong Chriſtiern og det ſvenſke
Rigsraad nu i 1458 ikke benyttet den? — Viſtnok forundrer man
ſig ofte over den Ringeagt for, eller den Forglemmelſe af, de ved-
tagne Overenskomſters og Aktſtykkers klare Ordlyd, man ſaa ofte
ſtøder paa hos Datidens Menneſker; men i nærværende Tilfælde
er det dog utænkeligt, at Rigsraadet ſkulde have glemt eller ikke
kjendt Landslovens Ord.   Kongen og Raadet maa med Bevidſthed
have ſkudt denne Lov tilſide for at ſøge Hjemmel i en anden Lov,
mod hvilken Samtiden ikke vilde reiſe Indſigelſe ſom Sverrig uved-
kommende.   Og virkelig havde Begge Intereſſe i at handle ſaa-
ledes: Kongen, fordi han ved at frembrage Landslovens Konge-
balk og ſtøtte ſig til den, hvor den talte til hans Fordel, ogſaa
maatte reſpektere den i de Beſtemmelſer, der vare ham imod, og
det er jo netop dens Kongebalk, der byder, at indfødt ſvenſk
Mand ſkal vælges til Konge; og Rigsraadet, fordi Landsloven
lægger en langt ſtørre Magt i Henſeende til Krongodſets Reduk-

---

*) Konung Christoffers Landslag, utg. af C. J. Schlyter, Konungs balker.
   cap. 2, p. 12—13; cap. 4, p. 16.

tion i Kongens Haand, end Aristokratiet var tjent med at ind-
rømme Kong Christiern, der med denne Lov i Haanden havde
Hjemmel til at tilbageforbre Alt, hvad der var kommet fra Kronen,
ikke Pant alene, og uden Erstatning. Derfor kunde Konge og
Raad nu enes om, at gaa Landsloven forbi og i dens Sted mo-
tivere den mindre Reduktion ved Hensynet til „Guds og den hellige
Kirkes Lov".

Den tredie Hovedsag, der afgjordes paa denne Herredag, er
en Dom over den flygtede Kong Karl, hvilken Rigsraadet affagde
Dagen efter, den 30te Mai 1458. Det svenske Rigsraad med tre
Bistopper i Spidsen berette i Domsakten, at Kong Christiern var
fremstaaet for dem og havde begjæret Ret over Kong Karl, idet
han fremstillede „den store Fordærv, disse Riger vare komne i
for hans Skyld, idet de abstiltes i den faste kjærlige Sammen-
bindelse, som de i mange Aar og lang Tid været have og ubrø-
delig skulde blevet, hvorom gode og faste Forvaringer ere gjorte og
givne med Eder, Løfter og faste beseglede Breve, lydende med flere
Ord og Artikler, og hvori saa klarlig udtrykt er, at om Nogen
være eller vorde kunde saa mægtig af Slægt, Byrd eller Kronens
Len og Rente, at han nogen Tid bjærvedes til, saadan kjærlig
Sammenbindelse at forstyrre eller imod at gjøre, sig selv eller
nogen af sin Slægt til Konge i noget af Rigerne vælbig at op-
høie, og Rigerne derfor abstiltes, da skulde rettes over ham som
over en Rigens Fordærver; — og Kong Karl, for sin Ærgjerrig-
hed, Hoffærdighed og Ondstab saadan kjærlig Bebindelse ei ag-
tende, imod sine egne Eder, Løfter og Breve lod sig vældigen
vælge, dømmes og krones til Konge over Sverrigs Rige imod
Sverrigs Lov, og imod mange værdige Rigens Raaders Villie,
endstjøndt de for deres Livs Fare og store Fordærv turde det ikke
vedergjøre eller aabenbare nægte. Og dermed abstiltes disse Riger
og kom i stor fordærvelig Krig, som desværre mange Uskyldige
saa vel som Skyldige have faaet at fornemme og i stor Fordærv
komne ere, med Brand, Rov og Mord etc. — Fremdeles beret-
tede vor kjæreste naabige Herre Kong Christiern den store Fordærv,
Kong Karl gjorde Sverrigs Rige, idet at han med sig bortførte
alle Rigens Klenodier, Guld, Sølv og Penge, og haver gjort og
ladet Sverrigs Rige i saa stor Skade, som det nogensinde været
haver; og at han ikke alene bortførte det, han i sin Tid tilsam-

„menlagt havde, baade af Kronens Skat og Rente og i andre Maa-
der, rettelig eller urettelig, men ligeſaavel koſtelige Rigens Kleno-
dier og Guldkroner, ſom givne vare dette Rige til Værdighed og
hæderligt Minde om den æble Fyrſtinde Dronning Margarete og
Dronning Philippa, hvis Sjæle Gud naade; og ſiden han ub af
Riget kom og vor naadige Herre Kong Chriſtiern var fuldmægtig
Konge efter Sverrigs Lov og Ret, da haver han ladet føre Avind-
ſkjold mod vor naadige Herre inb paa Sverrigs Rige og ladet
plyndre og brænde Skibe og Andet, hvilket for os meb tilbørlige
Vidner nu ſtrax beviſt var, og ſtyrker vor naadige Herres og Ri-
gens Fjender med Gulb og Sølv, Hjælp og Trøſt paa Rigens
Argeſte og Forbærv etc.   Og bertil havde han tænkt at komme
Rigens Lande og Len i ſtørre Forbærv med Ruſſer og andre
Uchriſtnes Hjælp og Trøſt mod Gud, Ære og Ret, uforvaret,
havde Gud det ei beſynderlig meb ſin Naade afvendt, ſom vel be-
visligt er med hans eget aabne beſeglede Brev.   For ſaabanne og
andre Tiltaler var og er forſkrevne Kong Karl indſtævnet af vor
naadige Herre Kong Chriſtiern inb at komme her i Riget i Pintſe-
uge næſt forleden, at gjøre og hænde Ret om forſkrevne Ærinder
og andre, ſom vor naadige Herre og Sverrigs Riges Indbyggere
have til ham at tale, og har faaet Leide imob al Uret, ſom ſig
bør.   Nu efterbi han ei kommen er og Ingen paa hans Vegne,
ſom ſig i Rette give vil, bad og begjærede vor naadige Herre
Kong Chriſtiern, at efterbi Hans Naade paa ſine og Sverrigs
Riges Vegne haver høieſte Tiltale til forſkrevne Kong Karl, at vi
ſkulle og ville ſaabanne Hans Naades og Rigens Ærinder og -Til-
tale til os annamme og Hans Naade og Sverrigs Krone hjælpe,
ſtikke og bømme Ret i og over forſkrevne Kong Karls Arvegobs,
Kjøbegobs og Pantegods, og at vi det ſaa yberlig betragte
og overveie ville, og ham og Sverrigs Krone til Ret hjælpe, ſaa
at han maa ſaa ſtraffes og rettes for ſaaban Tiltale og Gjernin-
ger, ſom vebbør, ſaa at Andre ei bjærves ſkulle efter benne Dag
ſaaban ærlig og kjærlig Sammenbindelſe, ſom Rigerne ubi ere,
mod deres Eder, Løfter og beſeglede Breve at forſtyrre, Rigerne
til Forbærv, om ſaaban Sag gjennemgaaes med Mildhed og ei
ſtrengelig forfølges, ſom ſig bør, Gode til en ærlig Veſtanbelſe,
og Umilbe til en retvis Frygtelſe og Amindelſe.   Hvilket Ærinde
vi Alle, vor naadige Herre Kong Chriſtierns og Rigens Raad i

„Sverrig, til os annammede og grandgivelig og med Beraad ran-
sagede og overveiede mellem os, som tilbørligt, og fandt det saa
i Sandhed, at de Kæremaal, som vor naadige Herre fremsatte
imod Kong Karl, har sig saa forløbet Sverrigs Krone til For-
dærv, og at han var stævnet og ei kom til Svar, og Ingen paa
hans Vegne, som dertil i Rette svare og gjøre vilde, som det sig
burde. Thi vare vi og ere saa endrægtig overens, havende Gud
og Retvished for Øine, at vi gjorde, stiklede og dømte i forskrevne
Sag og om forskrevne Kong Karls Gods, og i og med dette vort
aabne Brev, Guds Navn paakaldt, stikke og dømme, dog ei saa
strengelig som vedburde, for visse Sagers Skyld, men betragtende
og gjørende Miskundhed og Mildhed saavel som Retvished i saa
Maade, at alt Kong Karls Arvegods, Kjøbegods og Pante-
gods skal være efter denne Dag og nu dømt ere under vor
naadige Herre Kong Christiern og Sverrigs Krone til evig Tid
for saadanne Ærinder og Tiltale som forskrevet staaer, ihvor det
helst er eller ligger i Sverrigs Rige, dog hans Døttres Rettighed
uforsømt og uforkrænkt i deres Moders Morgengave og i
alle deres fædrene Kjøbegods og Pantegods, som deres Fader
havde og tilhørte, førend han lod sig saa vældelig indtrænge til
Sverrigs Krone Konge at være".

Ved denne Dom er strax at bemærke, at Ærkebiskoppen, hvis
Navn er det første blandt Rigsraadernes i de to andre Aktstykker
af samme Dage, ikke er nævnt blandt Dommerne, vel neppe fordi
han misbilligede Udfaldet, men fordi det rigtignok ikke var søm-
meligt, at han hængte sit Segl for et Brev, der indeholdt et
Brud paa de Løfter, han havde givet Kong Karls Døttre ved
Stokholms Kapitulation. Dengang tilsagdes dem alt deres fædrene
og mødrene Gods, nu dømtes deres Faders Arvegods, Kjøbegods
og Pantegods under Kronen, alene med Undtagelse af Døttrenes
Ret i det Kjøbegods og Pantegods, han besad før sin Tronbesti-
gelse, saa at hver af Døttrene beholdt sin Hovedlod i dette Gods,
medens Faderens indbroges. Der fratoges dem altsaa Faderens
Arvegods og hans Hovedlod i ældre Kjøbe- og Pantegods. At
de beholdt Moderens Morgengave var begrundet baade i Sver-
rigs Lov og i deres Faders Morgengavebrev, der begge erklære
Morgengaven for Børnenes mødrene Gods. Da Kong Chri-
stierns Paastand gik ud paa alt Karl Knudsens Gods, har vel

4*

Hensynet til Løfterne ved Stokholms Overgivelse bestemt de 20 Dommere, af hvilke de 8 nævnes som Deltagere i Kapitulationen af 15de Marts 1457, til at gaa en Middelvei ved at lade Døttrene beholde Alt hvad der paa nogen Maade kunde forenes med, at Dommen erkjendte Kong Christierns Klage for at være retfærdig. Dette er altsaa den Miskundhed ved Siden af Retvished, de for visse Sagers Skyld havde for Øie ved denne Leilighed. Dommen selv og Inddragelsen af Kong Karls Jordgods fik senere en betydelig Indflydelse paa Forviklingen af Forholdene i Norden.

Det maa iøvrigt have voldt nogen Vanskelighed at finde en Retsgrund til en Stævning og Dom over den landflygtige Konge. Kong Christiern kunde ikke anklage ham som Rebel: Karl var jo Sverrigs Konge, inden Christiern blev Danmarks, og det var først efter hans Flugt at Christiern blev valgt til Sverrigs Konge. Rigsraadet kunde ikke behandle Karl som Usurpator, da det selv havde valgt ham; ubestemte Klager over mulige formelle Mangler ved Valget og ubevist Paastand om, at nogle Rigsraader havde givet deres Stemmer af Frygt, kunde aldrig være afgjørende. Konge og Rigsraad enedes da om at stille sig paa Unionens Standpunkt og lægge det Brud paa „de kjærlige Bebindelser" mellem Rigerne, der var steet ved det ensidige svenske Kongevalg i 1448 og den heraf følgende Krig, til Grund for Anklagen og Dommen. Disse „kjærlige Bebindelser" vare jo stadfæstede af Kong Christiern ved hans Valg i Stokholm 1457. Nu frembrog man den Artikel, der i den saakaldte Fornyelse — rettere Opløsning — af Unionen ved Kalmarbrevet af 1438 lyder saaledes: „Item var det og saa, at nogen Mand var i noget af disse Riger, og vilde gjøre imod noget af de andre Riger, saa at Rigerne maatte abstilles og komme til Tvedragt, forbi han var høit besidden, eller og i andre Maader, det skulle Kongen og det Riges Mænd, som han af er, strax, saa snart det klaget og forkyndt vorder, forstyrre og rette derover, baade over Liv og Gods som over en Forræder, uden al Naade". En ganske lignende Artikel er optaget i Halmstabsunionen af 13de Mai 1450; men den kunde ikke komme i Betragtning ved denne Leilighed, baade forbi den var yngre end Kong Karls Valg, og forbi Kong Christiern, som vi have seet, udtrykkelig havde undtaget denne Unionsakt, da han stadfæstede de gamle kjærlige Bebindelser mellem Rigerne. Det er nu vel saa, at Kongen i sin Klage ikke anfører hin Artikel ordret, ja endog indskyder hvad der ikke staaer i den: „om Nogen sig selv eller nogen af sin Slægt til Konge i noget af Rigerne vældigen ophøier, hvorved Rigerne adskilles", medens Akten aabenbar ikke har tænkt paa en Konge som Fredsbryderen; men dog maa det være denne Artikel, man har fundet det hensigtsmæssigt at lægge til Grund for Anklagen. Og her stemmede atter Kongens og Rigsraadets, eller rettere Jens Bengtsens og hans Hjælperes, Interesse overens. Thi om Kongen ved Rigsraadets Dom fik Ret til at inddrage Kong Karls Gods, saa fik Ærkebiskoppen middelbart Retfærdiggjørelse af sin Adfærd, da Artiklen jo netop paalægger „Rigets Mænd" at modsætte sig Fredsbryderen og „rette" over hans Liv og Gods.

Reduktionen af Krongodset og Konfiskationen af Kong Karls Gods, har vel dækket Omkostningerne ved Tronskiftet, saa at Kong Christiern endnu i et Par Aar kunde undgaa nye Skattepaalæg, der i Sverrig altid var den farligste Operation for Unions-Kongerne.

Ved Kong Christierns Forbund med den tydske Orden og deraf følgende Krig med Kong Kasimir af Polen og særligt med Danzig, der tillige var ham forhadt som Kong Karls Tilflugtssted, skal jeg ikke dvæle, da den kun greb lidet ind i Nordens Historie og endte uden kjendeligt Resultat.

———————

En kraftig Understøttelse i alle disse betydelige Foretagender havde Kong Christiern hidtil fundet hos sin Morbroder Hertug Adolf. Denne sidste Schaumburger var det endelig lykkedes at forene Hertugdømmet Slesvig med Grevskaberne Holsten og Stormarn som et af den danske Regering anerkjendt Arvelen. Det danske Rigsraads Brud med Erik af Pommern i Aaret 1439 havde nødt det til at søge en afgjort og endelig Udsoning med Adolf, som var opvoxet i Kampen med Kong Erik om Slesvig. I Lybek sluttedes den 2den Juli 1439 en Overenskomst mellem det danske Rigsraads Udsendte og Adolf, hvorved Rigsraadet forpligtedes til at afstaa Haderslev og Ærø samt forskaffe den nye Konges Samtykke til at Slesvig blev et arveligt Len; og som Følge heraf havde Kong Christoffer den 30te April 1440 i Kolding forlenet

Hertugdømmet til Adolf og hans Arvinger som et Fanelen, endog uden at der i Lensbrevet tales om den Tjeneste af Lenet, som Rigsraadet dog i det foregaaende Brev udtrykkelig havde forbeholdt. Saaledes havde Adolf vundet en fuldstændig Seir over Danmark, som hvis Fjende han endnu dengang maatte betragtes.

Hertug Adolf var to Gange gift, men begge Ægteskaber vare barnløse, — hvo skulde da arve Hertugdømmet efter ham? Han kastede sine Øine paa sin ældste Søstersøn, Grev Christiern af Oldenborg, der flere Gange opholdt sig hos Morbroderen, og hvem denne fik kjær som en Søn. Ham fik Hertugen Ridderskabet i Slesvig til at hylde som sin Eftermand, hvis han selv døde uden Livsarvinger; han vilde ogsaa formaa det holstenske Ridderskab til det Samme, men fandt her nogen Modstand, da Mange ansaa Grev Otto af Schaumburg for nærmere berettiget, dels som Repræsentant for en Sidelinie af den holstenske Greveslægts Mandsstamme og som allerede i Besiddelse af en Del af Landet nordfor Elben, dels ifølge en Familiepakt, der i Aaret 1390 var sluttet mellem begge Linier, den holstenske og den schaumburgske, hvorved de gjensidigen tilsikrede hinanden Successionen i deres Lande, naar en af Linierne uddøde. Adolf havde saaledes endnu ikke faaet Søstersønnen almindelig anerkjendt som Arving baade i Holsten og Slesvig, da Kong Christoffers Død den 6te Januar 1448 uventet aabnede ham Udsigt til at forskaffe Christiern en endnu anseeligere Stilling. Det var Adolfs Bestræbelser i Forbindelse med Kong Karls Valg og Gullandstog, der bragte det danske Rigsraad til at byde den unge oldenborgske Greve Kronen; men da Adolf kom til Vished om, at Christiern vilde blive Danmarks Konge, vilde han dog som den ægte Slesvigholstener, ja Slesvigholstens egenlige Skaber, sikre Hertugdømmets Adskillelse fra den danske Krone og dets Forening med de holstenske Grevskaber. Han vilde ikke opgive hvad hans Slægt havde kæmpet for i mere end et Aarhundrede og hvad der havde været hans eget Livs Opgave. Søstersønnen maatte derfor den 28de Juni 1448 udstede et Revers, hvori han, for det Tilfælde at han valgtes til Konge af Danmark, forpligtede sig til at holde en Artikel i Kong Valdemars Haandfæstning af 1326 lydende paa, at Hertugdømmet Sønderjylland hverken skulde forenes med eller knyttes til Danmarks Rige og Krone saaledes, at En blev Herre over begge. Derefter var det saa, at det danske Rigsraad erklærede sig beredt til at vælge Christiern i Haderslev den 1ste September 1448.

Det var den saakaldte Constitutio Valdemariana, Christiern for sin Person stadfæstede; thi Danmarks Rige kunde han dengang endnu ikke forpligte. Hvorledes det i Virkeligheden forholder sig med denne Hertug Valdemars Konstitution, har i vore Dage været Gjenstand for megen Strid mellem Danske og Slesvigholsteнere, hvis Udbytte alene er blevet dette, at Ingen kjender Konstitutionen af Andet end netop af Grev Christierns Revers af 1448. Ingen har hidtil seet Konstitutionen, Ingen kan sige, hvorledes dens enkelte Ord løbe, eller hvorledes de vare stillede og forbundne; ja end ikke saadanne Muligheder ere afstaarne som de, der ere opstillede af de yderligst gaaende danske Penneførere: at den ligefrem er opdigtet eller forfalsket, eller at man har oplæst for Christiern, som ikke forstod Latin, Noget som ikke virkelig stod i Konstitutionen. Det vilde føre altfor vidt her at gjennemgaa denne Strid; men saameget kan i ethvert Fald ikke bestrides, at Grev Christiern personlig har inden sit Valg til Danmarks Konge bundet sig ved et Tilsagn om, ikke at indlemme Hertugdømmet i Kongeriget. — Den ellers fortræffelige gamle lybekske Krønikeskriver, der har fortsat Fransiskanerlæsemesteren Ditmars Stadkrønike, siger: Begge disse Lande, Hertugdømmet og Grevskabet (Holsten), maatte Kong Christiern opgive, da han blev Konge, saa at hverken han eller hans Arvinger, om han fik Børn, skulde gjøre Krav paa dem. Deraf har Dahlmann i sin slesvigholstenske Danmarkshistorie gjort et selvstændigt Afkald, saa at Grev Christiern skulde to Gange have renonceret paa Slesvig. Men det er aabenbart, at Kronografen kun leilighedsvis har villet gjengive Indholdet af det virkelige Revers, hvorved han skjødesløst har nævnt baade Holsten og Slesvig, da der dog aldrig kunde være Tale om, at det virkelige Afkald ogsaa skulde omfatte Holsten og forhindre dettes Indlemmelse i Danmarks Rige.

Adolf lod sig i Aaret 1455 atter forlene med Hertugdømmet Slesvig af Kong Christiern og det danske Rigsraad; men han har aldrig udtalt sig om, hvorledes han tænkte sig Hertugdømmets Forhold til Kongeriget efter hans Død. At han har villet Slesvigs og Holstens uadskillelige Forening, at han ikke har villet Hertugdømmets Indlemmelse i Kongeriget, at han altsaa har villet

et Slesvigholſten i Ordets ældre Betydning, kan ikke være tvivl-
ſomt, og heller ikke, at han jo vedblivende har betragtet ſin Sø-
ſterſøn ſom ſin Arving. Men ſelv om hans Tanker havde været
formulerede i et Aktſtykke, kunde dette ikke have afgjort Retsſpørgs-
maalet. Og ſandſynligvis har han ſelv ikke været paa det Rene
med Maaden og Midlerne til at forſkaffe Kong Chriſtiern Efter-
følgen. Han har da opſat Sagen ſaa længe, indtil Døden traadte
til og bortrykkede ham i hans 58de Aar den 4de December 1459.

Hvad der nu ſkete derefter kan jeg ikke fremſtille bedre end
med den anførte lybſke Krønikes Ord. De lyde ſaaledes i Over-
ſættelſe:

„Anno domini 1460 paa S. Vincentius' Dag (d. e. den 22de
Januar) holdt de Gode Mænd (Ridderſkabet) af Holſten en Dag i
Neumünſter og gik til Raad om, hvem de ſkulde vælge til deres
Herre. Paa denne Dag (d. e. i denne Forſamling) vare tilſtede
Grev Otto af Schaumburg med ſine Sønner Biſkop Ernſt af Hil-
desheim og Junker Erik af Schaumburg, hvor han da forklarede
deres Ret til Landet. Dog kunde Holſtenerne ikke komme til Be-
ſlutning i denne Forſamling, fordi Størſtedelen af Adelen i Her-
tugdømmet vilde have Kong Chriſtiern eller en af hans Brødre,
da de frygtede for, at toge de Greven af Schaumburg, ſaa øde-
lagde Kongen og hans Brødre Landet og toge Byer og Borge.
Men Adelen i Grevſkabet vilde have Greven af Schaumburg;
thi de frygtede ligeledes for, at Greven med Lybeks og Hamborgs
Hjælp ſkulde lægge Grevſkabet øde og vinde de Stæder og Slotte,
der ligge. Derfor beſtemte de en anden Samling til Mandag før
S. Valentins Dag (11te Februar 1460) og lagde den til Rends-
borg. Til denne Forſamling ſendte Kongen ſin Broder Junker
Geert, og de gjorde Fordring paa Landet ſom de nærmeſte Arvin-
ger, medens Junker Erik af Schaumburg ogſaa fordrede Landet
paa ſin Faders Vegne, fordi han var den nærmeſt dertil fødte paa
Sværdſiden; ogſaa var han den Nærmeſte ifølge Forbundet. Til
denne Forſamling vare Raadet af Lybek og af Hamborg indbudne;
dog bleve de ikke tagne med paa Raad, men Holſtenerne vare alene
paa Raadhuſet ſamlede med Kongens Raad, og hvad de der be-
ſluttede det blev holdt hemmeligt. Dog bleve Stædernes Sendebud
tilſidſt ophentede, og i deres Nærværelſe ſvarede Holſtenerne Gre-
ven af Schaumburg, at de ikke vilde kaare eller tilſtede nogen Herre,

„førend de havde talt med Kongen af Danmark; thi de vilde holde en Samling i Ribe første Søndag i Faften (den 2den Marts 1460); til denne Samling havde Kongen indbudt dem, og der vilde de være tilftede og høre hvad der var hans Begjæring. Saa blev da befluttet, at Alting fulde blive i Stilftand og uden Forfømmelfe indtil 14 Dage efter Paafte (indtil den 27de April), paa hvilken Tid de fulde holde en Forfamling i Lybek; der fulde da Kongen komme med Sine, og ligeledes Greven af Schaumburg, famt det holftenfke Raad. Fra begge Sider fulde de der forklare deres Ret, og hvo der havde den bedfte Ret, fulde beholde Landet. Dermed hævedes Forfamlingen. Dog blev denne Aftale ikke holdt; thi paa Forfamlingen i Ribe første Søndag i Faften kaarede Holftenerne Kong Chriftiern til en Herre, tvertimod hvad de havde lovet; og famme Valg udraabte med lydelig Stemme Bifkoppen af Slesvig fra Raadhufet i Ribe for Allemand og fagde, at det holftenfke Raad for deres Lands Bedftes Skyld havde kaaret deres naadige Herre Kong Chriftiern af Danmark til en Hertug i Slesvig og en Greve af Holften. Derefter i famme Fafte kom Kongen ind i Landet Holften og fatte fig i Befiddelfe af Byer og Borge; fine to Brødre, fom ogfaa vilde være Arvinger til Landet, lovede han at give 80,000 rhinfke Gylden for at de fulde opgive Landet.

I famme Aar 14 Dage efter Paafte kom Grev Otto af Schaumburg til Lybek og bragte med fig fine Sønner Bifkop Ernft af Hildesheim og Junker Erik og mange andre Gode Mænd. Han vidfte nok, at Holftenerne havde tilftedt og kaaret Kongen til deres Herre og vilde ikke have Greven; men dog kom han for det Mødes Skyld, fom med begge Partiers Samtykke var i Rendsborg vedtaget, og vilde forklare og forkynde fin Ret til Landet Holften. Ogfaa vilde han høre af hvad Grund Holftenerne ikke vilde have ham til Herre. Der kom ogfaa nogle dertil udvalgte af det holftenfke Raad; Kongen kom dog ikke, men fendte en Ridder ved Navn Hr. Claus Rønnov. For disfe og for Stæderne fordrede Greven Landet paa Arvs Vegne og tillige paa Forbundets Vegne, idet han fagde, at han var den nærmefte Arving af Mandslinien, og at Greverne af Schaumburg og Holften ftode i Forbund, faa at naar den Enes Land blev uden Arving, fulde det falde til den Anden, faaledes fom forfkrevet ftaaer. Hertil fvarede Holftenerne, at Kong Chriftiern og hans Brødre vare nærmere Arvinger end

„han, da de vare Hertug Adolfs Søſterſønner, og at Spindeſiden kunde i deres Land ligeſaa vel arve ſom Mandslinien; og hvad Forbundet angik, ſaa gav det ham ingen Ret til Landet, forbi Landets Raad havde ikke ſamtykt og bekræftet det. Da faldt der mange onde Ord fra begge Sider, ſaa at de afſkiltes i Vrede, og Greven red med ſine Sønner til Hamborg, men Holſtenerne rede hjem.

Kort derefter ſendte Biſkoppen af Lybek og det holſtenſke Raad Bud til Hamborg til Greven af Schaumburg og lode ham bede at komme til dem i Oldesloe. Det vilde Greven ikke, men ſendte ſin Søn Junker Erik og de Raadsherrer, han havde med ſig. Dem forebragte nu Holſtenerne, at vilde Greven og hans Sønner modtage Penge og opgive den Ret og Tiltale, de mente at have til Landet, ſiden de dog ikke kunde komme i Beſiddelſe deraf, ſaa vilde de tale med Kongen om at give dem en Summa Penge. Saa talte Junker Erik med dem, han havde hos ſig, og de raabede ham, at han ſkulde ſpørge om, hvor ſtor en Sum de vel kunde faa for Landet; thi kunde han faa en mærkelig Summa, ſaa vilde de tilraade, at hans Fader og han og hans Brødre toge Pengene. Saa kom det da dertil efter megen Tale, at Biſkoppen og de holſtenſke Raaber bøde ham 43,000 rhinſke Gylden, at betale i 3 Terminer, og Breve bleve opſatte derpaa, ſom Grev Otto og hans Sønner ſkulde beſegle, hvori ſtod, at de ſkulde opgive Landet, ſaa at hverken de eller deres Arvinger nogenſinde vilde gjøre Paaſtand paa Landet Holſten. Dog bleve disſe Breve ikke beſeglede, heller ikke blev Afkaldet vedtaget paa den Tid; men Greven og hans Sønner toge Sagen i Beraad. Dog, da de havde betænkt ſig, ſamtykte og beſeglede de Brevene, ſaa at Landet Holſten ganſke blev opgivet af Greven af Schaumburg og hans Arvinger for de 43,000 rhinſke Gylden".

Denne ſamtidige Fortælling er Grundlaget for de ſenere Fremſtillinger i Forbindelſe med de endnu bevarede Aktſtykker. Af disſe have to faaet varig Betydning for disſe Landes Hiſtorie, nemlig det ſtore Privilegium, dateret Ribe, Onsdag efter Invocavit (5te Marts) 1460, og den ſaakaldte tappere Vorbeterung, dateret Kiel, Fredag før Palmeſøndag (4de April) ſamme Aar. Det førſte af disſe bærer aabenbar Haſtværkets Præg. Det er paa mange Steder utydeligt og ubeſtemt; ſaaledes kan det deraf ikke ſees klart,

om Fyrſten alene har Ret til at begynde en Krig, eller om han er
bunden til Raadets Samtykke.   De enkelte Artikler ere ogſaa ka=
ſtede vildt imellem hverandre, ſom om de vare nedſkrevne der, hvor
de juſt faldt Koncipiſten ind.   Den ſaakaldte tappere Vorbete=
rung er langt klarere og overhovedet langt bedre redigeret.   Ribe=
Privilegiet kan ſnarere kaldes et danſk end et tydſk Aktſtykke, ihvor=
vel dets Sprog er tydſt; thi ikke alene er det udfærdiget i en danſk
By, men det er det danſke Rigsraad, eller dog 17 geiſtlige og
verdslige Medlemmer af det danſke Rigsraad, der til Vitterlighed
og ſom et Slags Garanter for Kongens Ord have med ham
hængt deres Sigiller for dette aabne Brev.   Kielerbrevet er udſtedt
af Kongen alene.

Den offenlige Ret for Fyrſtendømmerne, disſe to Frihebs=
breve faſtſætte, ligner i mange enkelte Punkter hvad der var be=
ſtemt for de tre Kongeriger eller for et af dem.   Landsherren ſkal
ſkaffe hver Mand Ret i Landene ſelv og maa ikke ſtævne dem for
ſig ud af Landet; derfor ſkal han have en Droſt i Slesvig og en
Marſkalk i Holſten.   Disſe faa besuden Fuldmagt til i Landsher=
rens Fraværelſe at træffe alle fornødne Anſtalter til det offenlige
Vel, endog til at opbyde Ridderſkabet og fordrive Magt med Magt,
om Fremmede indvælte ſig paa Landet, eller Indenlandſke bruge
Vold.   Landsherren kan ikke uden Raadets og Mandſkabets Sam=
tykke paalægge nogen Skat eller begynde nogen Krig.   Han ſkal
een Gang om Aaret ſamle de holſtenſke Landſtænder ved Bornhø=
ved, de flesvigſke ved Urnehoved, o. m. desl.   Men hvad der er
det egenlig Betegnende for Slesvigholſtens offenlige Ret, ſom nu
førſte Gang førtes tilbogs, er Veſtemmelſerne om Valget, om For=
holdet til begge Fyrſtendømmers Lensherrer og om deres indbyrdes
Forbindelſe.   „Endvidere bekjende Vi“, ſiger Kongen, „da Vi med
ſamt Vore kjære Brødre Mauritzius og Geert, Grever af Olden=
borg, paa Fødſelens Vegne ere de nærmeſte Arvinger til disſe
Lande efter Vor ſalig Morbroders Hr. Adolfs Død, at Vi ere
kaarne til en Herre ikke ſom en Konge af Danmark, men forme=
delſt den Gunſt, disſe Landes Indvaanere have til Vor Perſon,
og at disſe Lande ikke arves af nogen af Vore Børn eller Slægt=
ninge; men ligeſom Vi nu ere kaarede ved disſe Landes Indbyg=
geres frie Villie, ſaa ſkulle disſe, ſaa ofte Landene blive herreløſe,
beholde deres Kaar til at kaare et af Vore Børn til en Herre,

„eller om ingen Børn var, da til at kaare En af Vore rette Ar-
vinger. Den der saaledes bliver kaaret, skal æske og tage sine Len
af sine Lensherrer, af hvem de gaa til Len, og gjøre som sig med
Rette bør". Og længere nede i det store Ribeprivilegium hedder
det: „Disse Lande love Vi, af al Vor Formue at holde i god
Fred, og at de blive evig sammen udelt".

Denne Kong Christierns Kaaring til Hertugdømmet Slesvigs
og Grevskaberne Holstens og Stormarns Landsherre paa saadanne
Betingelser har jo i vore Dage været Gjenstand for mange varme
Debatter, som jeg vel skal vogte mig for at mane frem af den
blodige Grav, hvori de nu ere stedte til Hvile. Jeg indskrænker
mig til at fremhæve nogle Hovedpunkter, der som historisk sikre
ere nødvendige til at forstaa, hvad der da skete:

1. Der er ikke Tale om Constitutio Valdemariana, eller om
    Kong Christierns Anerkjendelse af den. Det er som om In-
    gen i 1460 har tænkt paa, at der existerede saadanne Akt-
    stykker.

2. Ridderskabet i Slesvig og Holsten træder i disse Forhand-
    linger op som eet Samfund. Faktisk er et Slesvigholsten
    allerede færdigt, førend der bliver Tale om at vælge Kong
    Christiern.

3. Ridderskabet træder fra først af, og af egen Magtfuldkom-
    menhed, op som det, hvem Afgjørelsen tilkommer; begge
    Prætendenter, først Greven af Schaumburg, saa Kongen,
    anerkjende det faktisk som saadant, idet de personligt eller
    ved Sendebud føre deres Sag i Ridderskabets forskjellige
    Møder.

4. Ridderskabet anerkjender de oldenborgste Brødre som Adolfs
    Arvinger, og det er som saadan Kongen kaares til Herre
    i Fyrstendømmerne.

5. Den Valgret, Ridderskabet derved tiltager sig, er ikke en
    ubegrændset Frihed til at vælge hvem det vil, men ligesom
    den, der vedtoges i den bergenske Overenskomst, en Ret til
    at hylde den nærmeste Arving og derved sikre sig en bindende
    Stadfæstelse af Privilegierne.

Intet viser dette bedre end Kielerbrevet af Fredag før Palme-
søndag, hvor Kongen udtrykkelig siger: „Om Vi eller Vore Børn
og Arvinger afgik og ikke efterlod Os flere end een Søn levende,

„hvilken var Konge af Danmark, da skulle Indvaanerne i disse Lande beholde deres frie Kaar til at keise den samme Konge til en Hertug af Slesvig og Greve af Holsten og Stormarn, og da skal han være pligtig til, paany at stadfæste, forbedre og besværge alle de Artikler og Privilegier, Vi have givet disse Lande og deres Indvaanere. Vil han ikke gaa ind herpaa, da skulle Indvaanerne ikke være forpligtede til at kaare samme Konge til deres Herre; men saa skulle de kaare en af Vore nærmeste Arvinger til deres Herre". — Man seer saaledes, at det frie Valg, Kong Christiern indrømmer Fyrstendømmernes Stænder, ikke betyder det, vi nu kalde et frit Valg; det forudsees jo endog, at de kunne komme til at kaare den, de ikke kunne lade være at kaare. Kaaringen bliver i saa Fald ikke andet end en Anerkjendelse, en Hylding, men be= tinget af Privilegiernes Bekræftelse. Og det maa ikke oversees, at denne sidste og yderligste Indskrænkning af Valgretten ikke staaer i Ribebrevet, hvor man kunde tro, at det danske Rigsraad havde faaet den anbragt, men i Kielerbrevet, den tappere Vorbetering, som ingen Dansk har Del i.

Kong Christiern har modtaget Fyrstendømmerne paa disse Vilkaar og derved gaaet uden om alle de vanskelige, man kan gjerne sige: ubesvarlige Retsspørgsmaal. Han har virkelig sagt til Sles= vigholstenerne: „Er jeg ikke Adolfs Arving, saa er jeg Slesvigs Lensherre". Dette Sidste ville de fleste danske Skribenter at han skulde have fastholdt. De dadle, at han ikke inddrog det slesvigste Len til Danmark, de gjøre personlig Herskelyst til hans Bevæg= grund, de dadle ham, fordi han fiskede efter Holsten med Slesvig og saaledes tilsidesatte Danmarks Ret og Fordel for sin Familie= interesse. Men denne Dom synes ikke retfærdig. At Kong Chri= stiern gjerne vilde strække sit Scepter saa vidt over Nordens Lande som muligt, betvivles ikke. Hans Forhold til Sverrig viser det. Men naar han og hans danske Rigsraad spurgte om hvad der var Danmarks Fordel: enten at Kongen gik ind paa et Slesvigholsten, som det da var, og tog imod begge Fyrstendømmer som han kunde faa dem, eller at han forsøgte at optræde alene som Danmarks Konge, Slesvigs Lensherre, og at sprænge Forbindelsen mellem Slesvig og Holsten, saa var dette det samme som at spørge, om det var Danmark tjenligt, nu at gjenoptage Erik af Pommerns Krig. Ja, havde Danmark, eller Danmark=Norge, staaet alene, —

havde den danfte Adel ligefaa afgjort vendt fig imod et Slesvig=
holften, fom den ftred for at give Sverrig en Konge, og havde
Kong Chriftiern været en overlegen Feltherre, faa havde en faadan
Krig med Opbydelfe af alle Danmarks Midler maafte funnet drage
Slesvig ud af den Forbindelfe med Holften, der da allerede havde
oveť et Aarhundredes Hævd. Men det var fun altfor vift, og
Kong Chriftiern felv ffulde fnart gjøre Erfaringen, at Danmark
iffe paa engang funde faftholde Sverrig og gjenvinde Slesvig.
Danmark maatte være nøiet med, at ťen fælles Herfter dog knyt=
tede et Baand mere end det fvage og libet betydende Lensforhold
imellem Kongeriget og Hertugdømmet. · Det danfte Rigsraad funde
have nogen Grund til at haabe, at der af denne Forbindelfe efter-
haanden lod fig udvikle et ftærkere Baand mellem be to Lande.
At det i Birkeligheden blev anderledes, er iffe deres Feil. Det
fynes derfor, at man iffe med Føie kan badle Kongen og Rigs-
raadet, forbi be holdt paa Slesvig i et Slesvigholften — den
enefte Form, hvorunder Slesvig da funde faftholdes, naar man
iffe vilde fætte baade Slesvig og Sverrig paa Spil ved en uvis
Krig imod Slesvigholften og bets tydfke Hjælpere.

Tredie Afdeling.

Kong Chriftierns Pengenød. Uro i Sverrig. Ærkebifkop Jens Bengtfen fæng-
flet 1463. Opftand og Krig i Sverrig. Kong Karl tilbage. Kong Karl fra-
figer fig Kronen. Axelfønnerne. Anarki i Sverrig. Ivar Axelfen unbfiger
Kong Chriftiern. Niels og Sten Sture. Axelfønnerne forbinde fig med Stu-
rerne. Kong Karl atter i Stokholm. Kong Karls Død og Eftermæle. Sten
Sture Rigsforftander. Kong Chriftierns Krigstog. Slaget · paa Brunkebjerg.
Frugtesløfe Underhandlinger.

Kong Chriftiern havde maattet betale en høi Pris for be to
Fyrftendømmer. Alene Schaumburgeren og be to Brødre ffulde
have 123,000 Gylden i beftemte Terminer. Størrelfen af benne
Sum efter Nutidens Foreftillinger er bet vanfkeligt at angive;
men jeg troer dog fnareft, at den vilde fvare til 2—3 Millioner

Rdlr. Men ligesaa meget, eller mere, have andre Poster, Kongen maatte overtage, sikkert beløbet sig til, saasom Hertug Adolfs Gjæld, pantsatte Domæners Indløsning, betydelige Summer til de indflydelsesrigeste Medlemmer af Ridderskabet, — Summer, for hvis Størrelse man efter Sagens Natur ikke har noget Maal. Det er altsaa indlysende, at Kongen maatte komme til dels Skattepaalæg paa sine Riger og Lande, dels til at søge Laan hvor han kunde faa dem, hvilket atter kun lod sig gjøre ved at overdrage Domæner og Indtægter til Kreditorerne som brugeligt Pant, der da gjorde sig dem saa nyttige som de kunde: — en Laanemaade, der maatte gjøre ethvert ordenligt Finantsvæsen umuligt og føre især en Mand som Kong Christiern, der ikke forstod sig paa Økonomi, ind paa en Vaklen imellem Bankerottørens svigefulde Løfter og vilde Spekulationer, og Despotens voldsomme Reduktioner. Det er efter 1460 dette elendige Finantsvæsen, der karakteriserer Kong Christierns Regering, og som har havt den største Indflydelse baade paa hans og paa Nordens Historie. Men i Øieblikket havde han rigtignok vundet en Stilling, ingen nordisk Konge hverken før eller efter ham har indtaget, og som for Fjernerestaaende maatte tage sig glimrende ud: fra Ishavet til Elben, fra Nordsøen til Ruslands Grændser løb Alt hans Bud. De første tolv Aar af hans Regeringstid, som vi hidtil have gjennemgaaet, maatte henstille ham som en Statsmand, der i det mindste besad den største af alle politiske Egenskaber: han havde Lykken med sig. Da indtraadte Vendingen.

Penge og atter Penge blev nu Christierns Fordring til alle Rigerne og Landene. Allerede i 1461 forlangte han en Skat i Hertugdømmerne af 5 Mark af hver Plov. Dette fandtes altfor trykkende; Kongen maatte slaa af og tilsidst nøies med 1 Mark af Ploven. I Danmark lagdes Bønderne i Læg, saa at 4 maatte betale 5 Mark. Og da Kongen i samme Aar kom til Sverrig, forlangte han af Rigsraadet, og fik bevilliget, en Mark svensk af hvert Arnested. Man knurrede, mente at det stred imod Kongens Løfter, var misfornøiet over, at Sverrig skulde betale Slesvig og Holsten; og Almuens overgjemte Nag begyndte atter at røre sig. Hertil kom, at Kong Christiern paa denne Reise var heldig — eller uheldig — nok til i Stokholm at opbage, hvor det var at Kong Karl havde skjult den Del af sin Skat, han ikke kunde føre

med paa sin Flugt. Han bad sig en Dag til Gjæst i Domini-
kanerklosteret i Stokholm, og efter Maaltidet fik han med gode og
onde Ord Munkene til at forraade Hemmeligheden. Der fandt
han i Mønt over 7000 Mark og saa mange Kostbarheder, at
Værdien af det hele Fund angives til 16,000 Mark. Denne Skat
tog han helt til sig selv og førte den med sig ved sin Tilbagereise,
til stor Misfornøielse for Rigsraadet, der med Grund mente, at
Skatten tilhørte Sverrigs Rige, ikke Kongen, og som vel ogsaa
mindedes, at Bortførelsen af Skatten havde været et af Kong
Christierns egne Klagepunkter i Retssagen mod Kong Karl. Paa
samme Tid fandt Kong Christiern Leilighed til at gjøre andre dybe
Greb i fremmede Kasser. En pavelig Nuncius Marinus de Fre-
geno havde i to Aar prædiket Aflad og samlet Penge i Sverrig
til Krig mod Thyrkerne. Han har formodenlig ikke forud erhvervet
Tilladelse hos Kongen; da denne erfarede, at han allerede havde
sendt en betydelig Sum til Lybek, lagde han Beslag paa alt hans
indsamlede Gods, som endnu var i Sverrig, vel en 7,000 Mark.
Afladskræmmeren hylede; men da han ikke engang selv kunde komme
bort fra Landet, maatte han forlige sig med Kongen saaledes, at
denne beholdt hvad han havde taget, medens Legaten fik hans Til-
ladelse til at drive sin Handel baade i Norge og Sverrig, imod
at give Kongen Halvdelen af disse syndige Penge. For at dække
Sagen med et anstændigt Navn, erklærede Kongen, at Pengene
skulde anvendes til en Krig imod Russerne, Christenhedens Fjender.
Paa Tilbagereisen optog han i Vadstena Kloster som Laan en be-
tydelig Sum, som Kong Erik havde skjænket til en geistlig Stif-
telse, der endnu ikke var kommen istand. Han forpligtede sig til
inden fire Aar enten at oprette Stiftelsen eller at tilbagebetale Laanet;
men om og Løftet maaske har været ærligt ment i Øieblikket, saa
vendte Alt sig snart saaledes, at der ikke blev Tale om dets Op-
fyldelse. Regner man hertil Tvangslaan hos rige Folk, nye Pant-
sættelser af Krongods, overhovedet et fiskalsk Tryk, der altid maa
følge med et saadant Finantsvæsen, kan man ikke undre sig over
den stigende Misfornøielse i Sverrig, der ikke kunde finde Trøst i,
at Trykket ikke hvilede lettere paa de andre Lande, og hvis Almue
aldrig glemte de Lidelser, Krigen for saa faa Aar siden havde paa-
ført Folket fra den, der nu var dets Konge.

Det varede ikke længe, inden denne Stemning hos den svenske

Almue kom til Udbrud. Ærkebiskoppen Jens Bengtsen var i Sverrig selv den egenlige Bærer af Situationen siden Kong Karls Fordrivelse. At han med Argusøine vaagede over enhver Yttring, der løb gunstig for Kong Karl, og over enhver af dennes Bevægelser, var naturligt. I Slutningen af Aaret 1462 mente han at være kommen paa Spor efter Stemplinger til Fordel for den fordrevne Konge. Han fangede en reisende Kjøbmand, der udbredte Rygter om, at Kong Karl rustede sig til at vende tilbage, og som skal have bragt Breve fra den fordrevne Konge til hans Venner i Sverrig. Ærkebiskoppen blev urolig og begyndte en skarp Forfølgelse mod dem, han kastede sin Mistanke paa. Kong Christiern opfordrede han til at komme ind i Riget saasnart som muligt og med en anseelig Krigsmagt. Kongen fulgte Opfordringen og traf i Badstena sammen med Ærkebiskoppen, der raadede ham til at fratage Kong Karls Svoger Gustav Karlssen Stækeholms Slot og Erngisl Nielsen Stækeborg. Ogsaa dette Raad fulgte Kongen, som han da i denne Tid, efter sit eget Udsagn, lod sig ganske lede af Ærkebiskoppen. Da Kongen den 16de Marts 1463 kom til Stokholm, foretoges adskillige Fængslinger blandt Stokholms Borgere og mistænkte Adelsmænd. Tortur anvendtes for at afpresse Fangerne Oplysninger om den formente Sammensværgelse, hvorved dog efter de svenske Skribenters Sigende Intet kom for Dagens Lys. Desuagtet troede Kongen endnu Jens Bengtsen saa godt, at da denne sagde ham, at gav Kongen ikke Befalingen paa Stokholms Slot til ham selv, vilde han ikke sidde paa Tronen til Mortensdag, saa fratog Kong Christiern sin ellers paalidelige Tilhænger Ture Turesen Bjelke Slottet og overdrog det til Ærkebiskoppen. — Kongen støttede sig saaledes i Et og Alt til denne Mand, hvis Adfærd imod Kong Karl dog maatte have gjort ham mistænkelig.

Kong Christiern rustede sig nu til et Tog til Finland og fik i den Anledning af Rigsraadet bevilliget en saakaldt Skibsskat paa Almuen: hver Skattebonde skulde give 1½ Mark, hver Landbo det Halve, hver Borger Halvdelen af den aarlige Skat. Udrustningen, bestaaende af Danske og Svenske, blev færdig ved St. Hansdagstid, saa at Kongen, fulgt af mange svenske Raadsherrer, afgik til Aabo den 2den Juli 1463. Medens han var borte indbreves Skatten. Men i Upland reiste Bønderne sig imod den. Nogle

Tufinde i Tallet droge de til Stokholm og forlangte af Ærkebiffop-
pen paa Slottet Eftergivelse. Jens Bengtfen havde Kongens Ordre
til faft og uden Afflag at inddrive Skatten; desuagtet veg han
for Tumulten og lovede i Forbindelfe med nogle tilftedeværende
Medlemmer af Rigsraadet at ffrive til Kongen om Nedfættelfe.
Men Bønderne kom ftrax tilbage med det enftemmige Raab, at de
ikke vilde give det Allerminbfte af denne Skat.   Da fritog Ærke-
biffoppen dem ganffe paa Kongens Vegne.   Saasnart hans Beret-
ning om Sagen kom til Kongen i Finland, vaagnede Mistanken
imod Ærkebiffoppen hos ham, fom om Jens Bengtfen felv fpil-
lede under Dækket med Bønderne og Alt hvad han havde tilraadet
Kongen kun var lagt an paa, at gjøre denne forhadt, for at bringe
de vigtigfte Slotte i Ærkebiffoppens egen og hans Tilhængeres
Haand.   De tilftedeværende fvenffe Raadsherrer fynes at have
ftyrket denne Mistanke, faa at Kongen opgav Toget i Finland og
vendte tilbage til Stokholm i Auguft 1463, hvor han nu ftrax
fratog Ærkebiffoppen Befalingen, fom atter betroedes Ture Ture-
fen.   Ja efter at Sagen var overveiet i et Rigsraadsmøde, lod
Kongen Ærkebiffoppen indfætte i Fængfel paa Slottet.   Rygtet
herom bragte Bønderne i Upland paany i den heftigfte Bevægelfe.
En ftor Skare — Kong Chriftiern angiver den til 8,000 Mand
„Adelsmænd, Krigsmænd, Kjøbftædsmænd og Bønder", — drog
mod Stokholm, medens Kongen var paa Tog imod Ærkebiffop-
pens fafte Slot Almare-Stæket, der uden Modftand opgaves til ham.
Bondehæren befatte den 18de Auguft Brunkebjerget, da endnu ikke
bebygget, og gik om Natten ftrax over til Helgeaandsholmen, fom
dengang udgjorde en Forborg for Staden imod Nord.   Havde de
havt Stiger med, vilde de kunnet bemægtige fig Staden felv ved
Overrumpling famme Nat.   Nu vækkedes den fovende Borgervagt
af Bøndernes Forføg paa at fprænge Porten, Stormklokken løb
og Borgerne afflоge Angrebet. — Saasnart Kongen ankom fra fit
Tog, Søndag Morgen den 21de Auguft 1463, angreb han Bonde-
ffaren, fratog den Helgeaandsholmen under ftort Blodbad og kæm-
pede faa med den indtil Aften, da den endelig, efter at et Tufinde
Mand vare faldne og Flere faarede og fangne, faldt til Føie og
ved nogle af Raadsherrernes Mægling fik Kongens Naade. Hoved-
manden Jon Lindorm, der var greben paa Flugten, blev dog med

otte Andre ſteilet den 26de Auguſt. Det forſtaaer ſig, at nu blev Skatten betalt.

Men Kongens Miſtanke til den fængſlede Ærkebiſkop var endnu lige levende. I gjentagne Møder paa Stokholms Slot med Rigsraadet, baade Geiſtlige og Verdslige, overveiedes hvad der var at gjøre med Prælaten; og efter Raadets, ogſaa de Geiſtliges, Tilſkyndelſe beſluttedes det, ikke alene at holde ham fængſlet, men endog at føre ham til Danmark, dog at om Kongen vilde anlægge en Retsſag imod ham, ſkulde det ſkee i Sverrig for Rigets Raad. Ifølge denne Beſlutning tog Kongen Jens Bengtſen med ſig, da han midt i Oktober affeilede til Kjøbenhavn, hvor Fangen blev indſat i et af Slotstaarnene. Saaledes havde Kong Chriſtiern raſk og kraftigt nedſlaaet dette førſte Opſtandsforſøg, men ogſaa med ſtor Haardhed og Blodsudgydelſe.

Biſkop Ketil Karlsſen (Vaſa) af Linköping, Jens Bengtſens Søſterſøn, havde ikke ladet Kongen mærke Andet, end at han i det mindſte rolig fandt ſig i Ærkebiſkoppens Behandling. Han havde deltaget i de to ſibſte Rigsraadsmøder, hvor Beſlutninger fattedes om Ærkebiſkoppens fortſatte Anholdelſe og Bortførelſe til Danmark, uden at gjøre Indſigelſe derimod; han havde ſiden, da Kong Chriſtiern paa Tilbageveien forlod Flaaden og drog Land-veien gjennem Øſtergotland, fulgt ham ſom tro Mand gjennem ſit Stift. Men neppe var Kongen kommen tilbage til Danmark, før Biſkoppen kaſtede Maſken. Førſt ſkrev han til Kongen og for-langte Ærkebiſkoppens Frigivelſe; og da dette ikke frugtede, reiſte han ſtrax efter Helligtrekonger 1464 Oprørsfanen. Han gjorde ſig hurtigt til Herre i Øſtergotland, drog nogle Kjøbſtæder paa ſin Side og begyndte at beleire enkelte af de kongelige Slotte. I Up-land grebe begge Ærkebiſkoppens Brødre, Ridderne Chriſtiern og David Bengtſen, med Niels Chriſtiernſen Vaſa, Befalingsmand paa Veſteraas Slot, og flere af Ærkebiſkoppens Slægt og Venner til Vaaben. Dalekarlene ſluttede ſig til dem. Derimod tiltraadte Ingen af de fornemſte Raadsherrer eller af Befalingsmændene paa de vigtigſte Slotte. Paa et Møde i Veſteraas i Begyndelſen af Februar 1464 udraabtes Biſkop Ketil til Anfører. Med en ſtor Skare, blandt hvilken Dalekarlene udgjorde Hovedſtyrken, drog han mod Stokholm, ſom han nu begyndte at beleire.

Saaſnart den utrættelige Kong Chriſtiern ſik Efterretning om denne Bevægelſe, vendte han med ſtor Raſkhed atter tilbage til Sverrig. Ved Breve til Almuen i flere ſvenſke Landſkaber for-ſvarede han ſig mod det udſpredte løgnagtige Rygte, at han nu vilde paalægge en ny Skat af 4 Lod Sølv og en Oxe af hver Bonde. Selv drog han med en Hær, der efter ſvenſke Kilder viſtnok overdrevent anſlaaes til 6,000 Mand, midt i Marts Maa-ned i Ilmarſcher fra den danſke Grændſe over Vimmerby, Linkø-ping, den endnu islagte Bugt Bråviken ſaa hurtigt mod Stokholm, at han allerede ſtod i Stadens Nærhed, førend Beleirerne vidſte af det. De flygtede da i ſtørſte Haſt, ſaa at Kongen allerede den 25de Marts 1464 uden Modſtand drog ind i Staden. Her unedte han Hæren et Par Raſtdage og nedſlog ſaa Opſtanden i Upland ſamt indtog paany Ærkebiſkoppens Slot Stæket, der imidlertid var faldet i Opſtandspartiets Hænder. Dette befæſtede Slot betroede han til den ſamme Guſtav Karlsſen, hvem han efter Ærkebiſkop-pens Tilſkyndelſe havde for et Aar ſiden frataget Stækeholms Slot: et Vink om, at han faſtholdt Miſtanken imod Ærkebiſkoppen, ſom om denne har villet lægge ham ud med ſine tro Mænd og derved forberede hans Fald.

Imidlertid havde Biſkop Ketil ikke været ledig. Han ſelv og den unge Sten Sture, Kong Karls Søſterſøn, havde været oppe i Dalarne og atter bragt Bønderne paa Benene. Kongen drog da imod Veſteraas, lod Slottet indeſlutte og forfulgte den atter vigende Bondehær op imod Dalarne. Denne tog Stilling i Sko-ven ved Haragers Kirke; Kongen trængte den 17de April 1464 efter den ind i Skoven, kom igjennem de førſte Forhugninger, men mødte ſaa den heftigſte Modſtand fra alle Kanter i Skoven, ſaa at han efter et Par Timers haardnakkede Kamp nødtes til et hur-tigt Tilbagetog gjennem Veſteraas til Stokholm, ſom derefter atter beleiredes af Biſkoppens Hær. Men begge Parter vare for ſvage til at bringe det til en Afgjørelſe. Beleiringen trak helt ud paa Sommeren. Kongen ſaa, at han maatte ſelv til Danmark for at paadrive nye Ruſtninger. Han forlod Stokholms Slot ved Mid-ſommerstid, men efterlod en Del danſke Adelsmænd til Slottets og Stadens Forſvar i Forbindelſe med hans ſvenſke Tilhængere.

Det havde viſſelig ikke været Biſkop Ketils Mening med Op-ſtanden at bane Kong Karl Veien til Sverrigs Trone. Men jo længer Beleiringen varede, deſto lydeligere forlangte Almuen at

faa den forbrevne Konge tilbage. Biskoppen og Adelen maatte
føie dem. Saaledes kom det da dertil, at begge Parter opforbrede
Kong Karl til at forene sig med dem til Stokholms Indtagelse.
Den 15de August ankom han med nogen Hjælp, Beleiringshæren
hyldede ham og Staden selv aabnede sine Porte for ham; men
Slottet forsvarede sig endnu. Vel sluttedes den 23de August 1464
en Kapitulation, ifølge hvilken de paa Slottet værende Danske
droge bort; men Ture Turesen, som nu tog Befalingen, holdt
dog Slottet til Kong Christierns Haand, saa at Karl ikke kom sit
Maal nærmere. Det er tydeligt, at Ture Turesen Intet havde
imod, at de Danske forlode Sverrig, men at han dog nok vilde
tjene Kong Christiern som Sverrigs Konge. Og dette var vistnok
ogsaa Oxenstjernernes og Vasa'ernes politiske Program. Der kan
neppe være Tvivl om, at Kong Christiern for saa vidt har havt
god Grund til sin Mistanke mod Ærkebiskoppen, som denne frem-
for Alt vilde rive Magten til sig, om han og vilde lade Christiern
beholde Kongenavnet.

Den Vending, Sagen havde taget ved Almuens Indblan-
ding og Kong Karls Tilbagekomst, nødte nu Kong Christiern til
at række den fangne Ærkebiskop Haanden, for at han med sit
Parti kunde bekæmpe Kong Karl og nogenlunde opretholde Kong
Christierns Herredømme, da denne i Øieblikket ikke var i
Stand til at optræde med en tilstrækkelig Krigsmagt i Sverrig.
Paa Kjøbenhavns Slot holdtes da i Rigsraadets Overværelse et
Møde imellem Kongen og Jens Bengtsen, hvorved denne ydmygt
bad Kongen om Tilgivelse og blev tagen til Naade, hvorimod han
maatte love at forglemme hvad der af Kongen eller hans Raad og
Mænd var gjort imod ham. Dette mærkelige Optrin fandt Sted
Løverdag den 15de September 1464. Efter de Aktstykker, der ud-
færdigedes derom, talte i Kongens og Rigsraadets Overværelse
paa Kjøbenhavns Slot Kongens Hofmester, Hr. Erik Ottesen, til
Ærkebiskoppen af Upsala og sagde, at hvad der i de sidste Dage
i en snevrere Kreds af Raadsherrer var afhandlet nu burde for-
kyndes for dem Alle, og at hans Forseelser og Overgreb, om han
havde begaaet nogle, kunde forlades, dersom han sømmeligen bad
Hans Kl. Majestæt om Tilgivelse. Ærkebiskoppen, hedder det vi-
dere, strax, frivillig, unødt og utrængt, uden al Bitterhed, af
egen fri Villie, forbøiede sig da til Jorden og bad Kongen, at

han vilde tilgive og forlade ham i Alt og Et, hvad han paa nogen
Maade havde ubilligen gjort og bedrevet imod ham, og for vor
Frues og hendes Søn Jeſu Chriſti Skyld tage ham til Naade og
ſkænke ham ſin kongelige Gunſt". Kongen, der ſom ſagt, endnu
var tilſtede, vilde ikke nægte den Bedende Naade, men „løftede
den nævnte høiærværdige Herre Ærkebiſkop op fra Jorden, tog ham
i ſine kongelige Arme, omfavnede ham og tilgav ham for Guds
Skyld enhver Forſeelſe og Alt hvad han havde gjort ham imod.
At ſamme høiærværdige Herre Ærkebiſkop ligeledes paa ſin Side
maatte forlade og tilgive Alt, hvad der af Hans Kl. Majeſtæt,
de andre Raadsherrer, Geiſtlige og Verdslige, Adelige og Uade-
lige, var gjort imod ham med Raad og Daad, enten med Henſyn
til hans Anholdelſe eller paa hvilkenſomhelſt anden Maade, eller mod
Nogen, der tilhørte ham, behagede det dernæſt H. Kl. Majeſtæt at
forlange, hvilket ogſaa ſaaledes i Virkeligheden blev efterkommet".
   Det er paafaldende, at Kongen ydmygede Jens Bengtſen ſaa
dybt i Hoffets og Rigsraadets Paaſyn, naar han dog anſaa en
Forſoning med ham for uundgaaelig. Han kunde dog umuligt
tro, at en ſaadan Behandling vilde udſlette den Bitterhed, Ærke-
biſkoppen naturlig maatte nære i ſit Hjerte over ſin Fængſling.
Men dette være ſom det vil, ſaa løslodes nu Jens Bengtſen og
optraadte atter i Sverrig ſom Kong Karls Fjende. Biſkop Ketil
forenede ſig med ham; de ſamlede deres Tilhængere og droge i
Forening imod Kong Karl og Stokholms Stad, medens Slottet
endnu holdt ſig for Kong Chriſtiern under Ture Tureſens Befa-
ling. Og da Biſkopperne havde ſlaaet nye Bønderſkarer, der vilde
komme Kong Karl til Hjælp, og tillige havde tilveiebragt Forbin-
delſe med Slottet, ſaa Kong Karl ſig nødt til at bede om Fred
og underkaſte ſig de haarde Vilkaar, Ærkebiſkoppen vilde tilſtaa
ham. Han maatte offenlig paa Raadhuſet i Stokholm paa en
høiſt ydmygende Maade fraſige ſig Sverrigs Trone og udfærdige
en formelig Fraſigelſesakt den 30te Januar 1465, hvorimod han
fik Raſaborg paa Livstid og flere Len i Finland tilligemed andre
Begunſtigelſer, blandt hvilke fremhæves, at han og hans Døttre
ſkulde beholde alt det Gods, ſom de rettelig havde arvet, endvi-
dere alt det han eller hans Dronning „med rette Børdebub" havde
kjøbt eller indløſt, d. e. det lovbudne Slægtgods, de havde er-
hvervet, endelig alt det Gods, han havde kjøbt, inden han blev

Konge i Sverrig. Dette var altsaa en Ophævelse af Dommen af 30te Mai 1458 og en Tilbagevenden til Kapitulationen af 15de Marts 1458. Tillige fik Karl Knudsen Lov til at beholde Konge= titlen. Erik Axelsen maatte ledsage ham til Finland. Stokholms Slot blev af Ture Turesen overgivet til Ærkebiskoppen, saa at Magten nu var i de to Biskoppers Hænder, dog kun indtil den 11te August 1465, da Biskop Ketil døde af Pest i Stokholm, hvorefter en Del af Rigsraadet valgte Ærkebiskoppen til Rigsfor- stander.

Jens Bengtsen havde nu paa en Maade naaet sit Maal: han havde Rigets Tømmer i sin Haand; begge Konger vare fjernede. Men et virkeligt og ubestridt Herredømme naaede han dog ikke. Nærmest var det de mægtige Brødre af den danske Adelsslægt Thott, der bleve ham farlige. Axel Pedersen Thott havde i Kon- gerne Erik af Pommerns og Christoffer af Bayerns Tid været en af de rigeste og mægtigste Adelsmænd i Danmark. Ved sin Død i Aaret 1445 efterlod han talrige Sønner af to Ægteskaber. Af disse have vi allerede omtalt Oluf Axelsen som den, Kong Chri- stiern især havde at takke for Besiddelsen af Visborg og Gulland i 1449. Han havde derefter beholdt Visborg og Øen som Kong Christierns Lensmand, tildels som Panthaver. Om han virkelig har laant Kongen Penge, eller han har faaet Pantet, der sikrede ham Besiddelsen af Landet indtil Pantesummens Erlæggelse, som Erstatning for Udlæg eller Belønning for Tjeneste, vides ikke. Men han vedblev fra Visby at være Kong Karl en haard Mod- stander og Kong Christiern en tro Mand indtil sin Død den 16de September 1464. Et Par af de danske Høvdinger, som ved Kong Karls Tilbagekaldelse forlode Stokholm, og nu paa Hjemreisen opholdt sig paa Visborg, overdroge da paa Kongens Vegne den Afdødes Broder Filippus Gulland og Visborg; og da han døde efter et Par Maaneders Forløb, tiltraadte den tredie Broder Ivar Axelsen Lenet som et Arvepant. Han blev tillige Bærge for Broderens Børn, hvorhos han vedblev at være Medlem af Dan- marks Riges Raad og Pantelensmand paa Solvesborg i Bleking. Som Kong Christierns Sendebud var han ogsaa med Ærkebiskop- pen af Lund og to andre danske Rigsraader tilstede i Staden Ny- køping, hvor der i September 1466 holdtes en talrig Forsamling af Sverrigs Høiadel, der vel tildels havde en privat Karakteer,

men som dog ogsaa skulde gjælde for et Rigsmøde, hvor der fore-
toges Statsfager, og som derved har faaet en stor Betydning i
Sverrigs og Danmarks Historie. Det var Brødrene Erik og Ivar
Axelsen, der havde foranlediget dette Møde, idet de havde indbudt
et talrigt Selskab til tre Bryllupper, de agtede at feire paa samme
Tid: Erik Axelsens med en abelig Kvinde af Stureslægt, Ivar
Axelsens med den fordrevne Kong Karls Datter af andet Ægteskab,
Magdalena, og Arvid Trolles med Ivar Axelsens egen Datter
af hans første Ægteskab. Tillige underhandledes der ved samme
Tid om et Ægteskab mellem Sten Sture og en Datter af Aage
Axelsen, dansk Lensmand paa Varberg i Halland. Ogsaa Rigs-
forstanderen var indbudt, men udeblev; han har sagtens nok for-
staaet, at denne Forsamling, hvor Axelsønnerne forbandt sig saa
nøie med den fordrevne Konges Slægt og Tilhængere, ikke kunde
være Andet end fjendsk imod ham og Kong Christiern, som han
og hans Parti anerkjendte for Sverrigs retmæssige Konge. Over-
raskende er det ogsaa, at see Ivar Axelsen paa et og samme Møde
optræde som Medlem af det danske Rigsraad og Kong Christierns
Sendebud, og dog tillige som den, der knyttede saa nært Slægt-
skabsbaand med Kong Christierns værste Fjender og beredte ham
store Forlegenheder, hvoraf han havde mere end nok i Forveien.
Som Kong Karls Svigersøn fremkom Ivar Axelsen i Forbindelse
med en anden danskfødt Adelsmand, Erik Eriksen Gyldenstjerne,
gift med Kong Karls Datter af første Ægteskab, med Fordring
paa Kong Karls Gods, der jo ubestrideligt baade ved Kapitulatio-
nen af 15de Marts 1458 og ved Forligsbrevet af 30te Januar
1465 var hans Døttre tilsikret, men ved den mellemliggende Dom
af 30te Mai 1458 var dem frakjendt. Det i Nykøping forsam-
lede Raad dømte nu den 2den Oktober 1466, at den „værdige
Herre Kong Karl", hans Børn og Arvinger skulde beholde „alle
de Slotte, Lande, Len og Kronepant, hans eget Arvegods og
Kjøbegods i alle Maader som de Breve, Rigets Raad derpaa givet
haver, udvise. Har Nogen kjøbt dette Gods af Kong Christiern,
skal han dog ikke hindre Kong Karl eller hans Arvinger deri, men
„fredelig" kræve sine Penge hos Kong Christiern! Hvorledes Rigs-
raadet har kunnet tiltage sig Ret til at omstøde Dommen af 30te
Mai 1458, eller har kunnet tro, at Kong Christiern vilde finde
sig deri, er ligesaa vanskeligt at forstaa som at overskue de For-

viklinger, der maatte blive Følgen af denne nyköpingſke Dom. Nærmeſt maatte Virkningen blive et ſpændt Forhold mellem Kong Chriſtiern og Jvar Axelſen, der maatte føre til et Brud imellem dem, da Forſamlingen i Nyköping besuden beſluttede at tage Rigsforſtanderſkabet ud af Jens Bengtſens Haand og dermed Magten fra Kong Chriſtierns Parti. De Forſamlede begave ſig i Forening fra Nyköping til Stokholm, hvor de ſtillede deres Fordring til Ærkebiſkoppen, ſom juſt dengang havde ſendt den ſtørſte Del af ſine Folk imod Ridderen Niels Sture, der æggede Bønderne i Geſtrikeland imod Rigsforſtanderen. Det kom til Underhandlinger i Stokholm, hvor man under en Samtale med Ærkebiſkoppen paa Stadens Raadhus ſkræmmede ham ſaaledes ved en anſtillet Folketumult, at han gav efter og den 18de Oktober 1466 overdrog Slottet, og med det Rigsforſtanderſkabet, til Erik Axelſen. Dette blev Løfenet til et vildt Anarki i Sverrig. Snart ſtod Ærkebiſkoppen med ſit og Kong Chriſtierns Parti atter i Vaaben imod de nye Magthavere, medens Niels Sture, kraftigt underſtøttet af Sten Sture, reiſte ſig med Bønderne i Landſkaberne nordfor Mælaren for Kong Karl.

Med hvilke Øine Kong Chriſtiern har ſeet paa alt dette, behøver ikke at forklares, ligeſaalidt ſom at han blev yderſt opbragt paa de fire Axelsønner, der vare indviklede i denne Bevægelſe: Erik, Jvar, Aage og den Yngſte af Brødrene, Laurents, der havde ſluttet ſig til de to Førſtnævnte. Paa Erik nær, der ganſke tilhørte Sverrig, havde de Andre mange og ſtore Beſiddelſer, navnlig Pantelen, i Danmark, nogle arvede efter deres Fader; ſaaledes havde Aage Axelſen to af Hallands Herreder med Falkenberg By og Varberg Slot, Jvar Sølvesborg i Bleking med Gers- og Villandsherreder og Byen Væ, Laurents Skælſtør, Filippus Axelſens Børn, Jvars Myndlinger, Tranekjær Slot med Langeland. Paa hvilke Vilkaar og under hvilke Forhold de havde disſe Len, er os nu ubekjendt, ligeſom ogſaa hvorledes Forholdet var til den ovenfor omtalte Rigsraadsbeſlutning af 1453, der tilbagegav Kronen alle ældre Panter, hvis Udbytte havde erſtattet Hovedſtolen. Paa Tranekjær kunde i alt Fald denne Dom ikke finde Anvendelſe, da Kong Chriſtiern havde pantſat Slottet og Lenet 1456 til Filippus Axelſen. Men Kongen kaſtede ſig nu over Axelsønnernes Pantelen og tog dem tilbage fra Panthaverne uden at der var

Tale om Erſtatning. Efter Detmars Fortſætter blev overhovedet i 1467 en ſtor Del Pantelen inddragne, ſom en almindelig For= holdsregel, hvorved Kongen underſtøttedes af Rigets Biſkopper og en Del af de verdslige Rigsraader. Axelſønnerne, og navnlig Svar paa ſine egne og ſine Myndlingers Vegne, mente ſig høiligen forurettede. Ivar gik i ſin Vrede ſaa vidt, at han i Mai 1467 fuldſtændigt brød med Kongen og ſendte ham et Undſigelſesbrev, hvorved han opſagde ham Huldſkab og Troſkab, indtil han og hans Broderbørn fik deres Ret. Han forekom derved ſikkert ogſaa Kon= gens forudſeelige Tilbagetagelſe af Visborg og Gulland; dog gik han med dette Len ikke over til Kong Karl, men holdt ſig paa Visborg, ſom i ſin Tid Kong Erik, i en af begge Konger uaf= hængig Stilling, hvorfra han førte ſin Krig imod Kong Chriſtiern, navnlig tilſøes, det er: han ſøgte med ſine Krydſere at hindre al Handel og Skibsfart til og fra ſin Fjendes Lande og optog hvert Skib, han kunde, der ſeilede til eller fra en Havn, ſom løb Kong Chriſtiern, ligegyldigt hvem Skib og Gods tilhørte. Da alle de Krigførende fulgte ſamme Særet, umuliggjorde denne næſten ganſke de Neutrales Handel — ikke at tale om virkeligt Sørøveri, der løb med ind i en ſaadan Søkrig. Kong Chriſtiern beſvarede ikke Svar Axelſens Undſigelſe med et Angreb paa Visborg, hvis Faſt= hed han ſelv kjendte altfor vel; men han ſendte en Krigsmagt imod Sølvesborg og lod Ivars Slot Lillø i Skaane beleire af ſine to ſvenſke Lensmænd og Tilhængere Ture Tureſen Bjelke, da Befa= lingsmand paa Kalmar Slot, og Magnus Green paa Borgholm. Hr. Svar kunde ikke frelſe Sølvesborg, ſom den 10de September 1467 maatte kapitulere; men for Lilløs Vedkommende fik han ſluttet en Stilſtand, ſaa at Gaarden førſt i det følgende Aar faldt i Kongens Hænder. Kong Chriſtiern havde ved ſamme Tid udruſtet en mindre Flaade, der ſkulde føre Jens Bengtſen tilbage til Stok= holm og række hans ſvenſke Tilhængere Haanden i Kampen mod de to andre Partier; men et Angreb fra Søſiden paa Stokholm mislykkedes. Tillige kom Ivar Axelſen over fra Gulland og ſlog Ærkebiſkoppens Parti ſaa fuldſtændigt tillands, at ethvert Haab for Kongen og Ærkebiſkoppen om at komme i Beſiddelſe af Stok= holm ganſke forſvandt.

Men dette Angreb paa Stokholm kaſtede det der nu herſkende Parti med Erik Axelſen i Spidſen helt over i Kong Karls Arme.

Erik Axelsen forsonede sig med Niels og Sten Sture, Adelspartiet med Bondepartiet, og i Forening kaldte de den gamle forbrevne Konge tilbage fra Finland. Sturerne havde hele Vinteren 1466— 67 underhandlet med ham for at bevæge ham til at stille sig i Spidsen for Almuen; men Kong Karl var skræmmet ved sit Uheld for to Aar siden. Nu derimod, da ikke Bønderne og deres Førere alene, men ogsaa en betydelig Del af Adelen kaldte ham og bød ham Stokholms Slot med Herredømmet i det mindste over det egentlige Sverrig, mente han at kunne vove det. Den 12te November 1467 drog han atter ind i sin Hovedstad. Erik Axelsen nedlagde sin Værdighed som Rigsforstander og overleverede ham Stokholms Slot. Ærkebiskoppen var imidlertid gaaet til de sydlige Landskaber, hvor han og Kong Christiern havde de fleste og mægtigste Tilhængere. Her gjorde Døden Ende paa hans urolige Liv den 15de December 1467 paa Borgholm Slot, hvor han havde fundet Tilflugt hos sin gamle Ven Magnus Green. Dog var endnu Oxenstjernernes Parti ikke slaaet til Jorden. Kong Karl selv havde ingen virkelig Magt længer; han var nu gammel, havde aldrig været nogen stor Krigsmand eller nogensteds vist stort Mod i en alvorlig Kamp. Det Forsøg, han gjorde paa at tage Axevald Slot i Vestergotland fra Kong Christierns Tilhænger Ivar Green, endte for ham med Tab og Skam, medens Vestergotlands Bønder siden selv angrebe og toge Slottet, som de nedbrøde i Grunden. Det var alene Partihøvdingerne der opretholdt Kong Karl: først Ivar Axelsen, som i Ørebro den 29de Februar 1468 lod sig give Løfte om at blive Rigsforstander efter Kong Karls Død, men som dog ikke kastede sig fuldstændigt i Sverrigs Arme, idet han holdt sig paa Visborg som en uafhængig Herre, medens hans yngste Broder Laurents Axelsen efter Karls nye Tronbestigelse fik dennes Len i Finland. Kong Karls virkelige Støtter og personlige Tilhængere vare alene Bondepartiets Førere, Niels Sture og Sten Sture, der endnu engang med Dalekarlene slog Oxenstjernernes Parti fuldstændigt og drev Kong Christiern selv ud af Vestergotland. Kun Kalmar under Ture Turesen, Øland og Borgholm under Magnus Green og Elvsborg under Gustaf Oluffen bleve paa Kong Christierns Side, idet Oxenstjernernes Høvedsmænd enten vare nødte til at holde sig stille ligeoverfor Sturerne eller maatte søge Tilflugt i Danmark.

Da døde Kong Karl efter et kort Sygeleie paa Stokholms Slot den 15de Mai 1470. Hans Bortgang forandrede atter hele Situationen, ikke juft forbi han felv dengang var nogen betydelig Mand, men forbi den gjorde Plads for yngre Kræfter, der bedre vidfte at finde Rede i Forviklingerne eller overhugge Knuderne. Men førend jeg vender mig til Fremftilling af de Begivenheder, der fulgte paa Kong Karls Død, vil jeg meddele det Eftermæle, han og hans Regering har faaet af en Samtidig, den upfalfte Kanonikus Erik Olfen, hvis latinfte Krønike forholdsvis er den meft upartifte af Datidens fvenfte Hiftorier. Dette Eftermæle lyder faaledes i fri Overfættelfe: Kong Karl var en Mand af høi og elegant Skikkelfe; han havde et smukt Anfigt og fremtraadte i hele fit Ydre med kongelig Værdighed. Han var ogfaa en fnild og ftarpfindig Mand, befad en klog Beltalenhed, forfigtig i fine Svar. Paa Krigsvæfenet forftod han fig mindre end tjenligt var for hans Stilling; han var altfor varfom, ja frygtfom. Paa den anden Side var han altfor fnild og opfindfom til at famle Penge og fee paa fin Fordel. Derfor henlagde han hele Riget med al dets Rente til fit eget Brug, gav kun faa af Ridderfkabet Len og Borge, hvorfor Adelen var ham mindre hengiven end nødvendigt var. Dette vidfte de Danfke og alle hans Fjender; derfor trættede de ham uafbrudt med Krig og plagede Riget med ibelige Indfald, for at han dog tilfidft fkulde gaa af Veien enten af Frygt eller led og kjed af al denne Møie; eller ogfaa for at gjøre ham forhadt hos Rigets Indbyggere formedelft det uafbrudte og mangfoldige Tryk, de maatte lide. Thi der hengik næften ikke noget Aar i hans Regeringstid, uden at jo faavel Borgere og Bønder fom Krigsmænd og Adel maatte tre eller fire eller flere Gange udbydes til Rigets Forfvar, hvisaarfag baade Frelfe og Ufrelfe kom i yderfte Fattigdom. Saa fnedige vare hans Fjender ogfaa, at felv naar det ikke var deres Agt at falde ind i Riget, anftillede de fig dog, fom om de havde i Sinde at falde over Kongen med ftor Magt, for at han fkulde udbyde Bønder og Andre fra Rigets yderfte Grændfer fig til Hjælp og faaledes plage ikke alene de Udbudte, men ogfaa Indbyggerne i de Egne, de droge igjennem, med et utaaleligt Tryk. Disfe ftuffende Træk af Fjenden, gjentagne hvert Aar, ja næften hvert Maaned, holdt Indbyggerne uafbrudt i en frugtesløs, men fordærvelig Bevægelfe; Fattigdom og

Elendighed var stor i hele Riget ogsaa af den Grund, at de vare
altfor Mange, der plagede Bønderne, og at Ingen stod dem bi
mod Fjenderne. Thi Kong Karl brugte nederdrægtige Fogeder, der
forstode sig ypperligt paa at udpine den sidste Hvid af Bondens
Lomme, durkdrevne Lovtrækkere, som raabte paa, at Retten skulde
have sin Gænge og Uret straffes. De forstode at udlægge Loven
saaledes, at der neppe var en eneste Bonde i hele Riget, som ikke
maatte bøde med Penge eller Gods til sin Foged. Fattige Stym-
pere bleve snart rige Fogeder; naar Fjenden saa anfaldt Riget,
sad de hver i sin Egn stille og vogtede sit eget Skind, medens de
udskattede Bønder sendtes mod Fjenderne. Men saa høit, Kongen
elskede dem, og saa stor Ære, han gav dem, var der ikke En af
dem, der rørte Haand eller Fod til hans Bistand, da han kom i
Nød; naar Kongens Modstandere i Riget selv gjorde Opstand imod
ham, lode de sig godvillig tage til Fange, for at deres store Penge
og Rigdom, som de havde Nød med at passe paa, ikke skulde
komme i Fare. Desuden maatte Bonden, selv halvdød af Sult,
idelig fodre Kongens Heste rigeligt, naar de førtes gjennem Lan-
det, medens Førerne og Rytterne ugudelig plagede de Elendige,
fordi de aldrig vare fornøiede med hvad Fattigmand satte for dem
af yderste Evne. Det var disse fortræffelige Fogeder og Tjenere,
der gjørde ham saa ilde lidt af alle Folk i Landet, at de endelig
grebe til Vaaben imod ham og dreve ham med Magt ud af Riget.

Paa sit Yderste overdrog Kong Karl Stokholms Slot og der-
med Rigsforstanderskabet til sin Søstersøn Sten Sture, der i
den sidste Tid havde været hans bedste Støtte og var en afgjort
Fjende af Kong Christiern. Til den nye Rigsforstander sluttede
sig Axelsønnerne og deres Tilhængere blandt Adelen, medens Sten
Sture selv vedblev at være Føreren for Bondepartiet, der med
Føie kan kaldes det svenske National- og Selvstændighedsparti.
Dog havde Sten Sture endnu mangen haard Kamp, inden han fik
Tømmen fast i sin Haand. Levningerne af det gamle ærkebiskoppe-
lige Parti og af Unionspartiet reiste sig imod ham, og der kæmpedes
et Aar med afvexlende Lykke i Egnen af Stokholm. Et stort Gode
for Sten Sture var det, at den nye Ærkebiskop Jacob Ulffsen,
der vel ikke som Jens Bengtsen kastede sig helt ind i de borgerlige
Uroligheder, men der som første Medlem af Rigsraadet dog ikke kunde
holde sig helt udenfor Politiken, traadte paa Nationalpartiets Side.

Da Kong Chriſtiern nu ſaa, at hans Tilhængere i Sverrig
ikke formaaede at ſkaffe ham Kronen tilbage, maatte han ſelv komme
dem til Hjælp med ſaa ſtor en danſk Krigsmagt, han kunde til-
veiebringe. Kalmar var i hans Magt; derfra afſplittede han førſt
en Flok af Sten Stures Tilhængere ved Klokkeberga, ſeilede der-
efter til Stokholms Skærgaard og ankrede den 10de Juli 1471
med 70 Skibe ved Bangsøen (nu Djurgaarden). Der har været
i 1470 aftalt et Møde mellem Sten Sture og Kongen til St.
Hansdag 1471. Det er til dette Møde, Kongen og Raadet nu
affeilede; men det er dog aabenbart, at Toget fra førſt af har
været et Krigstog, hvad man ſaa kaldte det. Toget ſynes førſt
at have været beſtemt imod Ivar Axelſen, i det mindſte lod
Kongen ſig give af det danſke Rigsraad en Opfordring til at
„æſke og annamme“ af Hr. Ivar Visborg Slot og Gulland.
Maaſke har dette blot været en Demonſtration for at ſkuffe
Fjenden. I Sverrig begyndte Kong Chriſtiern heller ikke ſtrax
Fjendtligheder. Det kom til Underhandlinger og en Stilſtand
ſluttedes den 7de Auguſt. Den ſkulde vare til og med den 8de
September og et nyt Møde holdes den 1ſte September. Men
da ingen ſvenſke Rigsraader indfandt ſig, begreb Kongen, at det
ikke var hans Fordel at lade ſig holde hen med ſkuffende Under-
handlinger, indtil hans egne Forraad vare opbrugte og Fjenden
havde ſamlet ſig. Han landſatte da ſine Tropper den 2den Sep-
tember, altſaa rigtignok før Stilſtandens Udløb, og befæſtede ſig
paa Brunkebjerg; tillige ſlog han en Bro ud til Holmen, hvor
Flaaden laa, for ſtadigt at blive i Forbindelſe med denne. Med
Chriſtiern vare hans ſvenſke Tilhængere: Magnus Green, Ture
Tureſen, Stefan Bengtſen, Ivar Green, Niels Chriſtiernſen (Vaſa),
Erik Karlſen (Vaſa), Trotte Karlſen, altſaa et danſk og ſvenſk
Rigsraad med Kongen, og en danſk-norſk-ſvenſk Hær; mod ham
det ſvenſke Nationalparti.

Under Stilſtanden havde Sten Sture holdt et Møde i Vad-
ſtena. Da man der erfarede, at Kongen allerede førend Stilſtan-
dens Udløb havde ſendt nogle ſvenſke Stormænd af ſine Tilhængere
op i Landet for at virke paa Bønderne, greb Forſamlingen dette
Paaſkud for at gjøre hvad den utvivlſomt alligevel havde gjort.
Den erklærede, aldrig at ville erkjende Kong Chriſtiern for Sver-
rigs Konge, og opfordrede Rigsraaderne i Stokholm til at afbryde

Underhandlingerne. Medens nu Sture med stor Virksomhed sam-
lede en Hær, væsenlig af Bønder, søgte Kongen at vinde Almuen
i Upland for sig. Han drog med en Afdeling af Hæren til Up-
sala, holdt her et Møde med Almuen og forklarede, hvorledes det
svenske Rigsraad selv havde opfordret ham til at fængsle Ærkebi-
skop Jens Bengtsen, saa at det ikke var ham, der egenlig havde
givet Anledning til alle de Uroligheder og al den Blodsudgydelse,
der var fulgt derpaa. Kongens Krigsmagt var for stor til at Bøn-
derne ikke skulde have fundet hans Forklaringer fyldestgjørende, saa
at flere Herreder hyldede ham paany og mange Bønder fulgte ham
ned til Leiren. Thi Sten Stures Fremrykning vestfra med Bonde-
hæren nødte Kongen til at trække sig tilbage fra Upsala. Fra sin
Leir opfordrede Sten Sture Kongen til at indskibe sig og forlade
Sverrig; men Kongen svarede, at han ikke var kommen for at gaa
saa hastigt hjem igjen. Paa Brunkebjerg maatte altsaa Afgjø-
relsen skee. Kongen havde besat Bjerget med sin Hovedstyrke; en
Afdeling skulde forsvare St. Klara Kloster ved Bjergets vestlige
Fod; en tredie sikre Forbindelsen med Broen og Flaaden. Den
10de Oktober 1471 rykkede Sten Sture frem mod denne Stilling;
Kongen mødte ham, og begunstiget af den høiere Stilling trængte
han Rigsforstanderen tilbage. Anden Gang angreb Sture, men
ogsaa denne Gang kastede Kongen ham. Men nu skete under Knud
Posse et Udfald fra Stokholm over Helligaandsholmen; Kongen
ilede mod denne nye Fjende og tørnede saa heftig imod ham, at
Hr. Knud og Kongen mødtes i personlig Kamp, hvor Knud Posse
blev haardt saaret af sin kongelige Modstander. Imidlertid havde
Sten Sture atter samlet og ordnet Hovedstyrken til et nyt Angreb
paa St. Klara Klosteret. Mod ham førte nu Kongen Alt hvad
han kunde samle og vilde maaske endnu kunne have tilkæmpet sig
Seiren, havde ikke Niels Sture med sin Skare uventet angrebet
ham østfra og besat den af Kongen forladte øverste Del af Bakken.
Saaledes angreben fra tre Sider kom Kongens Hær i Uorden.
Han selv kæmpede med største personlige Tapperhed; men et Skud
gjennem begge Kinderne, der bortrev nogle Tænder, og et andet
Skudsaar i Benet gjorde ham ukampdygtig, saa at hans nærmeste
Omgivelser med Nød bragte ham ud af Kamptummelen til Flaa-
den. Slaget var fuldstændig tabt. En Del af Kongens Folk,
der ikke kunde naa Broen, samlede sig om Hovedbanneret og fulgte

beres Liv byrt i en fortvivlet Kamp: 500 laa døbe om Banneret. Hvo ber kunbe, thebe til Broen; men ben braſt eller kæntrebe og en ſtor Mængbe brukmebe. J Alt ſkal Kongen habe miſtet 2000 Manb Falbne og 600 Fangne, foruben 16 fangne Ribbere, blandt hvilke ben banſke Marſk Claus Rønnov, be ſvenſke Partigængere Ture Tureſen, Jvar Green o. Fl. Ikke Halvparten af ben Hær, Kong Chriſtiern habbe havt paa Brunkebjerg, frelſte ſig ub paa Flaaben.

. Slaget paa Brunkebjerg virkebe i Sverrig ſom et Torben= veir efter en lummer Dag. Ikke alene ſikrebe bet Sverrig imob ethvert Angreb af Kong Chriſtiern, men bet ſkaffebe ogſaa Lanbet i nogle Aar en i Manbs Minbe ukjenbt inbre Freb. Partierne forſtummebe. Alt ſamlebe ſig om Seirherren, ber nu meb Rigets hele Styrke kunbe venbe ſig imob be enkelte Slotte og Stæber, ſom vare i Kong Chriſtierns Haanb. Kongen fanbt veb ſin Til= bagekomſt bet banſke Rigsraab uvilligt til at give ham nye Mibler til Krigens Fortſættelſe; ja han maatte finbe ſig i, at Raabet paa en Maabe ſkjøb ham tilſibe og ſelv tog Orbningen af For= holbet til ſig. Da bet ſvenſke Rigsraab ben 6te Januar 1472 venbte ſig til bet banſke meb Klager over Kong Chriſtierns For= holb, og meb Forſlag til Forlig imellem Rigerne, enebes man om et Møbe i Kalmar 14 Dage før St. Hansbag. To Biſkopper og fire verbslige Rigsraaber fra hver Sibe møbtes og ſluttebe ben 2ben Juli 1472 en mærkelig Overenskomſt, ifølge hvilken ber ſkulbe være en evig Freb imellem be tre Riger, og et Forbunb, ber har nogle Træk af Union: „Rigerne maa albrig føre Krig meb hver= anbre, eller ſtille ſig fra hverandre; bliver bet ene af bem angrebet meb Krig, eller reiſer ber ſig Oprør, ſkulle be andre komme bet til Hjælp: intet af Rigerne maa begynbe Krig uben meb be andres Samtykke. Bliver Nogen fredløs for ſin rette Brøbe i bet ene Rige, ba ſkal han være bet i bem alle tre oſv. Hver Manb ſkal nybe ſit Gobs, hvor bet ligger i alle tre Riger, Arvegobs, Kjøbe= gobs, Pantegobs, bog Kronens Pantegobs unbtagen; men berfra unbtages igjen be tre Axelſønners, Aages, Jvars og Laurents's, ſamt Filippus' Børns Pantegobs; thi bet beraf, ber beſtob i Her= reber og Kjøbſtæber, ſkulbe foreløbig tilbagegives bem, men be tre faſte Slotte Varberg, Sølvesborg og Tranekjær betroes inbføbte banſke Mænb, inbtil ber var gaaet Dom i Sagen. Det vebtoges nemlig også her i Kalmar, at Striden imellem Kong Christiern paa den ene, Sverrigs Rige og Axelsønnerne paa den anden Side, der jo nu, efter at en ny Fred var sluttet, ikke maatte føres med Vaaben, skulde afgjøres ved Rettergang. I Juli 1473 skulde et Antal af 24 Dommere, 12 dansk-norske Rigsraader, 12 svenske, møde i Kalmar; Kongen og den svenske Rigsforstander skulde sende deres Prokuratorer til at føre Sagerne for denne Domstol, der først skulde forsøge Forlig, men hvis dette ikke lod sig tilveiebringe, da afsige en endelig Dom. Kongen skulde være saa nær ved Kalmar, at man kunde faa ham i Tale.

Der er i denne Overenskomst ikke Tale om en Fælleskonge; men det ligger i hele Situationen, at det netop var derom, Forhandlingerne maatte dreie sig. Det svenske Rigsraads Stilling var i denne Henseende meget vanskelig. At Sverrig var et Kongerige, at det skulde have en Konge, at Rigsforstanderen kun havde Styrelsen, indtil Landet kunde faa en Konge, var hvad der for alle Dalevende forstod sig af sig selv. Det faldt Ingen ind, at det kunde være anderledes end at der tidligere eller senere maatte søges en Konge; men anden Konge end Kong Christiern kunde der ikke vel tales om; thi han var jo Sverrigs valgte, hyldede og kronede Konge, der hverken havde frasagt sig Kronen saaledes som Kong Karl, eller nogensinde var erklæret for afsat. Sverrigs Rigsraad havde ikke opsagt ham Huldskab og Troskab, hvad der var forefaldet var et Oprør, der midlertidig havde trængt ham ud af Landet og berøvet ham Regeringsmagten, men ikke en Detronisering. Underhandlingerne dreiede sig derfor om hans Gjenindsættelse, som ikke nægtedes af Rigsraadet eller dets Udsendte; men uendelige Vanskeligheder kom frem, saasnart Talen blev om Formen og Vilkaarene for Restitutionen. Rigsforstanderen Sten Sture stod ved disse Underhandlinger i en dobbelt Stilling. Som Medlem af Rigsraadet deltog han i disse og har vistnok ikke hjulpet til at løse Knuderne; snarere har han strammet dem ved at finde paa nye Fordringer til Kongen og til Danmark-Norge, saasom Fordring ikke alene om Gulland, men om Skaane, Halland, Bleking m. m. — thi der kan ikke være Tvivl om, at han for sin Person unødt aldrig antog Kong Christiern, og at han overhovedet agtede at fastholde Regentskabet saa længe som muligt. Men i Rigsraadet, eller ved de Underhandlinger, der førtes af dette, har han ikke

6

gjort en ſkarp Oppoſition eller indtaget nogen Særſtilling; hans
Navn og Segl findes ved de andre Raaders og ved Rigets Segl,
under de forſkjellige Aktſtykker.   Det er jo ogſaa indlyſende, at
ſaa længe Sagen lod ſig hendrage ved frugtesløſe Underhandlinger,
havde han ingen Grund til at ſtille ſig fra ſine Medbrødre i Raa-
det.   Men Sten Stures Stilling ſom Almuens Fører havde
lagt en revolutionær Magt i hans Haand, tilſtrækkelig til at hindre
Kong Chriſtierns Gjenindſættelſe, derſom Rigsraadet med de høiere
Stænder dog ſkulde beſlutte denne.   Den overveiende Del af den
ſvenſke Almue habede Kong Chriſtiern, forbi den gav ham Skyld
for alt det Blod, der var udgydt, alle de Lidelſer, Krig og indre
Feider havde paaført den.   Og dette Had antog mere og mere
Præget af et Nationalhad til alt Danſk.   At Almuen, der følte
ſin Kraft, forbi den kjendte ſine Gjerninger, ikke beſtemtes af po-
litiſke Grunde, men ene fulgte ſin brændende Følelſe, det vidſte
Sten Sture, og derfor vidſte han, at kom det høit, kunde han
reiſe Almuen, der aldrig, man love hvad man vilde, ſamtykte i
Kongens Reſtitution, — overhovedet ikke godvilligt i at tage nogen
anden end en indføbt ſvenſk Mand til Sverrigs Konge.

Det var diſſe Forhold, der bleve beſtemmende for Udfaldet af
de nu aabnede Underhandlinger.   Det næſte Møde i Kalmar 1473,
det førſte dømmende Møde, førte derfor ikke til nogen Afgjørelſe.
Man kom ikke videre end til at bekræfte den evige Fred og at ud-
ſætte Dommen til et nyt Møde i Kalmar ved Midſommertid næſte
Aar; men da man ſaa atter ſamledes i Sommeren 1474, var
Kong Chriſtiern ikke efter Beſtemmelſen tilſtede i Nærheden af Kal-
mar, da han endnu ikke var vendt tilbage fra ſin Romerreiſe.
Dette var i alt Fald for Sten Sture et velkomment Paaſkud til
ny Forhaling; Mødet førte heller ikke til Andet end ny Bekræftelſe
paa Freden og Aftale om et nyt Møde i Kalmar i Sommeren
1476.   Rigsforſtanderen havde denne Gang vundet en uforſtyrret
Beſiddelſe af Regeringsmagten i to Aar.

Det fjerde Kalmarmøde, det tredie dømmende Møde, i Juli-
Auguſt 1476 tog en anden Vending: De 24 Dommere kom virke-
lig noget nærmere til et Reſultat.   Kong Chriſtiern havde opgivet
ſin ſkarpe Holdning mod Axelſønnerne, han havde i Aahus i Skaane
kort efter Nytaar 1476 havt en Sammenkomſt med Jvar Axelſen,
der vel ikke havde ført til en Forſoning, men hvor Stillingen dog

var saadan, at Ivar Axelsen erklærede, at Visborg og Gulland
havde han altid holdt til Kong Christierns Haand, som han havde
modtaget Lenet af ham, og havde truffet Anstalt til, at om han
døde, skulde Slottet — man erindre at det var et Pantelen —
overgives hans Brødre Erik og Laurents med Forpligtelse til at
holde det til Kongens Haand. Kong Christiern tilfredsstillede se-
nere Aage Axelsens Arvinger for Varberg Slot, som Kongen be-
holdt, ved at forhøie Pantesummen for de to hallandske Herreder;
og han maa have staaet i Underhandlinger med Filippus Axelsens
Arvinger om en Godtgjørelse for Tranekjær og Langeland, da
Pantesummen udbetaltes dem i 1478, saa at det nu kun var Ivar
Axelsen, der paa Visborg holdt sig i en halv uafhængig, halv
fjendtlig Stilling til Kongen. Denne Tilnærmelse til Axelsønnerne
maatte lette en Overenskomst ved Kalmarmødet; og hertil kom den
Anseelse, Kongen paa sin Romerreise havde vundet ved Pavens og
Keiserens udmærkede Modtagelse, der henstillede ham som en stor
Fyrste i bedste Forstaaelse med Christenhedens Overhoveder, —
sandsynligvis ogsaa hans venskabelige Forhold til den mægtige Her-
tug af Burgundien Carl den Driftige. Dette har vistnok gjort et
ikke ringe Indtryk paa det svenske Rigsraad. De 24 Dommere i
Kalmar, og ikke disse alene, men de i Kalmar tilstedeværende
svenske Rigsraader, Sten Sture med indbefattet, gik da i Princi-
pet ind paa Kongens Gjenindsættelse, dersom han vilde antage
visse Artikler, om hvilke Dommerne ikke umiddelbart kunde enes;
dog, vel at mærke, saaledes, at det svenske Rigsraad kun forplig-
tede sig til at virke for Sagen hos Sverrigs Riges Indbyggere
af alle Stænder og til den Ende at sammenkalde et almindeligt
Rigsmøde i Sommeren 1477. Efterkom da Rigets Stænder Raa-
dets Opfordring, skulde Kongen føres ind i Riget i Efteraaret
1477 og sættes i Besiddelse af Regeringen. Med dette Forslag
sendtes fire svenske Rigsraader til Kongen, der opholdt sig i Rønneby,
med Fuldmagt til at slutte den endelige Overenskomst, dersom
Kongen gik ind paa de stillede Betingelser. Hvilke disse have været
i det Enkelte, er ikke angivet; men de maa være medoptagne i en
ny Haandfæstning til det svenske Folk, som Kong Christiern nu
underskrev her i Rønneby den 30te August 1476, og som de svenske
fuldmægtige Sendebud modtoge som tilfredsstillende. Denne Haand-
fæstning henstillede Sverrig som en Stat med egen Retsforfatning,

egen national Adminiſtration, eget Finantsvæſen, kort ſagt, ſom
en ſelvſtændig Stat, der kun ved den fælles Konge, ved et For-
bund om Fred mellem Rigerne og Biſtand mod fremmed Angreb
ſtod i Union med de to andre nordiſke Riger; men Spørgsmaalet
om Kongevalg ved Tronledighed, altſaa om Unionens Varighed
ud over Kong Chriſtierns Levetid, blev henviſt til ſenere Forhand-
linger mellem Rigerne.   For Kong Chriſtierns perſonlige Vedkom-
mende ſtiller Haandfæſtningen ham omtrent paa ſamme Standpunkt
ſom Halmſtadsunionen af 1450; men hvilken Forſkjel imellem da
og nu! da ſtod det i Kong Chriſtierns Magt, at knytte de tre
Riger ſammen i en virkelig Union paa Grundlag af Alles natio-
nale Selvſtændighed og indbyrdes Lighed; men nu, da han gik
ind paa denne ligeſaa ſande ſom velgjørende Forbindelſe af tre
Broderfolk, nu laa der bag ham 26 Aar fulde af Blod og Had.
Og den hele Overenskomſt af 1476 var i Virkeligheden Humbug;
thi naar Afgjørelſen lagdes i Stændernes Haand, altſaa ogſaa i
Almuens, kunde man være vis paa, at den Reſtitution, Rigsraa-
det havde vedtaget, aldrig vilde blive godkjendt af Folket.   Saa-
ledes er det ogſaa i Virkeligheden ſkeet.   Formen for det ſvenſke
Folks Svar kjende vi ikke; men viſt er det, at det afgjort forka-
ſtede hans Gjenindſættelſe og ſaaledes nu udtalte den Afſættelſes-
dom, der hidtil var holdt tilbage.   Det endelige Brud imellem
Kong Chriſtiern og det ſvenſke Folk er førſt indtraadt 6 Aar efter
Slaget paa Brunkebjerg.

    Kongen greb ikke oftere til Sværdet; men det ſaa dog i hans
ſidſte Levaar ud til Krig, da Sten Stures Ruſtninger ſyntes at
true med et Anfald paa Skaane.   Kongen traf derfor Forſvarsan-
ſtalter; men inden det kom til Sammenſtød, indtraf hans Død i
Foraaret 1481.   I Kong Chriſtierns ſidſte Tiaar har han ſaaledes
ikke ført Krig med Sverrig.

Fjerde Afdeling.

Birkninger af Kong Christierns Pengenød. Union mellem Fyrstendømmerne og Kongeriget. Grev Gerhard Forstander i Fyrstendømmerne. Grev Gerhard Panthaver i Fyrstendømmerne. Ridderskabets Modstand. Lybeks Indblanding. Grev Gerhard lader sig hylde i Fyrstendømmerne. Brud mellem Kongen og Greven. Første Opgjørelse mellem Kongen og Ridderskabet. Segebergske Konkordater. Opstandsforsøg i Nordfrisland. Kongen tvinger Ridderskabet 1480. Anden Opgjørelse af Kongens Gjæld. Pavens Bulle mod Aager. Fyrstendømmerne pantsatte til Dronningen.

Det var væsenlig for Slesvig-Holstens Skyld at Christiern mistede Sverrig. De Forpligtelser, han havde paataget sig ved sit Valg i Ribe, krævede Skattepaalæg i alle hans Lande, — Paalæg af disse Tillægsskatter udover de sædvanlige Afgifter, som Tydskerne kaldte „Bede", fordi de hver Gang maatte udbedes af Landstænderne eller Landraadene. Disse Paalæg i Sverrig vare vel bevilligede af Rigets Raad og støde saaledes ikke i Strid med Landets Forfatning; men de skuffede de Forventninger, der vare vakte ved Kongens Antagelse til Sverrigs Konge, og fremkaldte i Forbindelse med den stødende Jagt efter Penge, hvor de vare at finde, en Misfornøielse, der ved første Anledning maatte bringe Folkehabet, som Christiern selv havde fremkaldt ved Krigen, til at slaa ud i lys Lue. Paa den anden Side krævede Kampen mod Opstanden i Sverrig saa store Anstrengelser, navnlig saa store Udgifter, at Kongen nu blev aldeles afhængig af sine Kreditorer i Slesvig og Holsten, og afhængig paa en saadan Maade og under saadanne Forhold, at han ikke var langt fra ganske at miste disse Lande. Det var et Stykke af Straffen for det ulykkelige Valg i 1451, da han foretrak at tvinge Sverrig med Danmarks og Norges Magt istedetfor at række det ærligt Broderhaanden til en virkelig Union, der kunde været til lige Gavn og Glæde for alle tre Riger.

De Pengeforpligtelser, Kongen havde paabraget sig ved Erhvervelsen af Fyrstendømmerne, bestode ikke alene i de tre store Summer, hvormed han affandt Greven af Schaumburg og sine Brødre, men ogsaa i de Løfter, hvormed han kjøbte Ridderskabets Stemmer til sit Valg og dets Villighed til at paatage sig Kautioner for Laan, han maatte optage, hvor han kunde faa dem; og navnlig Kaution for Opfyldelſen af Løfterne til Kongens to Brødre, der vel fik Forſkrivninger, men ikke Pant i Domænerne.   Saadanne Panter forbeholdt Ridderſkabet ſig ſelv; og ſnart ſee vi den ſtørſte Del af ikke alene Landsherrens Slotte og Domænegodſer, men ogſaa af hans Skatteindtægter fra Byer og Landdiſtrikter, ſamt hvad øvrige Indtægter der kunde falde, overdragne ſom brugeligt Pant til Medlemmer af Ridderſkabet.   Dette havde ikke alene fordærvelige Følger for Landsherrens Finantſer, men ogſaa for hans Underſaatter i Almindelighed; thi man kan vanſkeligt tænke ſig en ſlettere Adminiſtration end disſe Pantſættelſer, hvor Panthaveren fik Godſet til Brug ſaalænge indtil Laaneſummen tilbagebetaltes uafhængigt af Pantets Indtægter, eller indtil den Sum, hvorfor Pantet heftede, var betalt, — hvor han altſaa fik den ſtørſte Interesſe i at udpresſe af Godſet og dets Beboere ſaa meget ſom muligt, medens han ingen Interesſe havde i en forſtandig og retfærdig Beſtyrelſe.   Men Pantſættelſerne havde ogſaa en høiſt mislig ſtatsborgerlig Virkning derved, at de gjorde Adelen til det lavere Folks Øvrighed langt ud over Omraadet af dens egne Eiendomsgodſer.   Selv Retspleien med Hals og Haand kom i Panthavernes Vold, nærmeſt fordi de fleſte Lovovertrædelſer ſonedes med Bøder; thi ogſaa Sagefaldet af det pantſatte Gods var indbefattet i Pantet.   Og ſom Kongens Amtmand over Pantet havde Panthaveren tillige at opkræve Skatten hos Bønderne, naar en „Bede" blev Kongen bevilliget; eller af de Byer, hvoraf Indtægten var ham pantſat.   Dette var ligefrem at anviſe Adelen en ſlagen Landevei til at undertrykke de lavere frie Stænder og til at gjøre Kongens Bønder og de mindre Kjøbſtæder til ſine Underſaatter.   Borger og Bonde bar. ogſaa Slotsherrernes uretfærdige Aag med ſtigende Harme.   Og Kongen ſelv led de ſtørſte Tab ved dette Finantsvæſen.   At han kom til at betale ublu, ja uberegnelige Aagerrenter ikke af virkelige Pengelaan alene, men af Løfter, han havde givet, og for Kautioner, Adelen havde paataget ſig, er indlyſende; men han fik ikke engang Beløbet af de overordentlige Skatter, ſom Landſtænderne bevilligede til hans og Landets Fornødenheder. Panthaverne, der ſom Kongens Lensmænd ſkulde opkræve dem, gjorde enten intet, eller intet ordenligt Regnſkab, eller de beholdt Oppebørſelen ſom Afdrag paa eget Tilgodehavende, — eller beholdt den ligefrem.   Kongen havde ingen Magt til at tvinge dem til Regn-

flab, og efter 1463, da Kampen atter udbrød i Sverrig, ikke en-
gang Tid dertil. Han var i nogle Aar saa stærkt optagen af denne
Kamp, at han enten slet ikke eller kun kort og flygtigt kunde komme
til Fyrstendømmerne efter Bestemmelsen i Ribeprivilegiet, hvor han
altsaa ikke kunde udøve nogen umiddelbar Indflydelse.

Til at indfri sit Gjeldsbrev til Greven af Schaumburg har
Kong Christiern dog fundet Midler. I Aaret 1463 var den hele
Sum af 43,000 Gylden betalt. Ogsaa havde Brødrene indtil den
Tid faaet de betingede Afdrag nogenlunde ordenligt. Hvor Kongen
har taget Pengene fra kan ikke være tvivlsomt: Skattepaalæg paa
alle hans Riger og Lande, Laan imod nye Pantsættelser, saadanne
tilfældige Fund og Indtægter som de, hvorover man i Sver-
rig klagede saa bittert. Men nu kom det svenske Oprør i 1463
og Kongens uheldige Kamp mod Dalekarlene ved Haragers Kirke
den 17de April 1464. Man begriber da, at det baade var ham
umuligt, strax at reise en ny Hær, saa at han maatte gribe til
Forsoningen med den fangne svenske Ærkebiskop for i det mindste
at bringe det saakaldte Unionsparti i Sverrig til Magten imod
Kong Karl, og at han ikke kunde afdrage paa Gjælden til Brødrene
eller indløse Panter i Hertugdømmerne. Fra 1464 var det med
Gerhard alene, han havde at gjøre, da Grev Morits døde i dette
Aar. Nu optraadte Gerhard baade med sin egen Fordring og som
den, der havde gjort sig til Formynder for Broderens Børn. Da
der heller ikke i 1465 kom Penge, trængte Gerhard paa Kongens
Kautionister i Hertugdømmerne, i god Overensstemmelse med Kon-
gens Forskrivning af 8de Marts 1460; thi efter denne skulde Kon-
gen selv strax i samme Aar 1460 betale Greven 5000 Gylden og
for Resten stille „Gode Mænd" i Hertugdømmet og Grevskaberne
til Borgen. Som naturligt var viste Kautionisterne Gerhard til
Kongen, der nu efter Paasketid 1465 selv maatte holde en Land-
dag i Kiel, hvor Broderen fik et Afdrag af 2000 Gylden for egen
Regning, og ligesaa meget til sine Myndlinger, da han truede
med at tage sit Afkald paa sin Arveret tilbage, hvis han ikke fik
sine Penge. Hvorledes Kongen maatte opdrive disse Summer, seer
man af en Række nye Forskrivninger ofte for mindre Summer,
optagne hos Forskjellige i samme Aar. Men i det næste Aar var
Kongens Kasse ligesaa tom; Grev Gerhard blev ligesaa paatræn-
gende, og han begyndte at optræde i Fyrstendømmerne paa en

Maade, der vel kunde gjøre Kongen betænkelig. Hertug Adolf havde i sin Tid anvist sin sidste Hustru Margarete, Grevinde af Mansfeld, Byen og Slottet Rendsborg med tilliggende Gods som Morgengave. Efter Hertugens Død havde hun begivet sig til sit Hjem i Tydskland, men overdraget Rendsborg til Dronning Dorothea af Danmark som Pant for en aarlig Afgift af 800 Gylden. Da Grev Gerhard erfarede dette, benyttede han en gunstig Leilighed til at sætte sig i Besiddelse af Slottet og Byen under det Paaskud, at Enkehertuginden engang havde givet ham Løfte om Rendsborg, dersom hun nogensinde vilde skille sig derved. Claus v. d. Wisch, der var enten Hertugindens eller Dronningens Amtmand paa Slottet, skjød han tilside og brød sig ikke om alle Hertugindens Klager. Dronning Dorothea kunde have ligesaa god Grund til at klage; men hun gik dog ikke derfor fra Aftalen med Hertuginden, hvem hun betalte Afgiften, skjøndt hun nu ikke fik Pantet. Grev Gerhard blev for det Første i rolig, men ikke i uimodsagt Besiddelse af Rendsborg, — man mente: i den Hensigt at faa et fast Udgangspunkt for videre Foretagender.

I samme Aar knyttedes iøvrigt Baandet imellem Fyrstendøm= merne og Kongeriget noget fastere, idet et Møde af Rigs- og Landraader fra begge Sider samledes i Kolding, hvor de i Mai 1466 sluttede et Slags Union, ifølge hvilken der skulde være en evig Fred imellem Landene uafhængig af Spørgsmaalet om en fælles Fyrste; naar Kong Christiern døde, vilde begge Lande antage hans da eneste levende Søn Hertug Hans til deres Herre paa Betingelse af Privilegiernes Stadfæstelse. Fik Hertug Hans Brødre, eller døde han, skulde 12 Raader fra hver Side inden 4 Maaneder efter Kongens Afgang samles i Kolding for enten at vælge en Fællesherre eller at overveie, om det var nyttigere, at hver fik sin egen Herre. Men under alle Omstændigheder skulde Forbundet mellem Landene opretholdes, saa at Stænderne i hvert Land ikke maatte understøtte eller tjene deres Herre, dersom han vilde feide paa det andet Land. Det forbeholdtes Norges og Sverrigs Raad at tiltræde dette Forbund, dersom de anerkjendte Kong Christiern for deres Konge. — Forbundsbrevet af 20de Mai 1466 er stadfæstet af Kongen; men iøvrigt handlede Raaderne ganske paa samme Maade, som i Halmstad 1450 og ved flere Leiligheder det danske og svenske Rigsraad, som Rigernes egenlige Repræsentanter, hvem det tilkom af egen Magt at slutte Forbund med andre Lande. Det er ikke engang klart, om Initiativet til Overenskomsten har været Kongens. Man seer her Slesvig-Holsten i Union med Danmark, medens Valget i Ribe kun havde givet begge en fælles Herster. Det var altid et Skridt længere frem i Retning af en varig Forening, naar det nu dog engang var givet, at Slesvig ikke skulde eller kunde inddrages fuldstændigt i det danske Rige igjen og abskilles fra Holsten.

Men Kongens Stilling i Fyrstendømmerne og til sine Kreditorer blev ikke bedre. Hans Misfornøielse derover drev ham til at kaste sig i Broderens, Grev Gerhards, Arme for ved hans Hjælp at skaffe sig Luft i Fyrstendømmerne, hvor betænkeligt det ogsaa kunde være, at støtte ham, der tydeligt nok havde ladet forstaa, at han ikke havde fuldstændigt opgivet sine Tanker om en Ret til eller i Landene som en Arving efter Hertug Adolf. Det første Tegn paa en saaban Tilnærmelse mellem Brødrene er en Erklæring af Kongen til Gerhards Fordel, givet ham den 1ste November 1466 under et Besøg i Kjøbenhavn. Kongen udtaler deri, at da Slesvig, Holsten og Stormarn ere tilfaldne ham og hans Brødre som Hertug Adolfs Arvinger, og da Kongen med Brødrenes Samtykke er af Landenes Raader og Indbaanere kaaret til deres Herre, saa at efter hans Død et af hans Børn, og om han ikke efterlod sig Børn, da en af hans rette Arvinger skal blive deres Herre, saa under og tilsteder han, at Grev Gerhard og hans Børn og rette Arvinger efter Kongeliniens Afgang maa arve og beholde disse Lande arveligen. Vel anerkjendte Kongen saaledes kun Greven og hans Børn som sin Linies Successorer; men dette grunder han paa Anerkjendelse af Broderens oprindelige Ligestilling med ham selv som Arving efter Hertug Adolf. Kongen skulde snart erfare, at det ikke var et tomt Ord, han her havde udtalt. Men for Øieblikket vare Brødrene enige og Kongen sendte Gerhard til Fyrstendømmerne for at trænge Adelsherrerne noget tilbage fra den ham og de lavere Stænder lige utaalelige Stilling, de havde vundet ved at benytte hans uheldige Pengeforlegenheder. Først gav han Broderen Tilladelse til, at indløse for egen Regning to eller tre af de pantsatte Slotte og derefter at beholde dem i fire Aar: — en høittalende Tilkjendegivelse af, hvor uforbelagtige Pantsættelserne til Adelen maa have været for Kongen, siden Gre-

ven kunde have Fordel af at indløse Panterne paa saadanne Vil-
kaar; og kort efter udstedte han til Broderen et Gjældsbevis for
27,900 Mark (lybst), der altsaa vel var den Sum, man nu havde
udfundet som Gerhards Tilgodehavende, hvilket Kongen lovede —
atter lovede at ville betale ham næste Mortensdag i Kiel. Gre-
ven havde imidlertid ved disse Kongebreve kun faaet en Tilladelse
til at handle med Panthaverne, men ikke nogen offenlig Stilling i
Fyrstendømmerne. Denne fik han dog endnu inden Aarets Ud-
gang, idet et Kongebrev, dateret Kolding den 18de Decbr. 1466,
gjorde ham til Forstander i Slesvig og Grevskaberne paa Kon-
gens Vegne. Kongen siger deri, at han formedelst Kongerigets
magtpaaliggende Sager ikke kan komme til Fyrstendømmerne, me-
dens disses Indvaanere af alle Stænder ikke kunne undvære en
Forstander, der kan hjælpe Enhver til hans Ret; han har derfor
overtalt sin Broder til at overtage denne Bestilling i hans Fra-
værelse. Han har tillige tilladt ham at indløse saa mange pant-
satte Slotte, han kan, og derefter at holde dem Kongen til tro
Haand, indtil hans udlagte Penge tilbydes ham til Udbetaling af
Kongen. De indløste, men altsaa derefter til Greven pantsatte,
Slotte skulle staa Kongen og hans Arvinger aabne, dog uden Ind-
greb i Grevens Panteret. Grev Gerhard fik endvidere Fuldmagt
til at ind- og afsætte Amtmænd, Fogeder, Toldere og andre Em-
bedsmænd, og at kræve og forhøre Regnskab af dem, til Kongens
Bedste. Alle Stænder paalagdes det at være ham hørig og lydig
som Kongen selv.

Man har været uvis om, hvorvidt denne Fuldmagt kunde
forenes med de Frihedsbreve, Kongen i 1460 havde givet Fyrsten-
dømmerne. Disse tale ikke om en kongelig Statholder, men vel
om en Marsk i Holsten og en Drost i Slesvig, der skal skikke
hver Mand Lov og Ret, og om Kongens Nærværelse i Landene
engang om Aaret. Men sandsynligt er det, at Gerhards Stilling
som Forstander skulde erstatte baade Drost og Marsk. To af de
vigtigste samtidige Kilder have forstaaet det, som om Greven var
gjort til Drost i Slesvig og til Marsk i Holsten*). Dette har

---

*) Die Chronik der nordelbischen Sassen, Lappenbergs Udg. i Quellensamling
     der schl.-holst.-lauenb. Gesellschaft für vaterl. Geschichte, III, p. 147. Det-
     mars Forts. Grautoff, II, 299.

vel ogsaa nok været Meningen; der er ikke Tale om nogen anden
Drost eller Marsk end ham.   Men tillige skulde han repræsentere
Kongen, naar denne ikke selv kunde være tilstede.   For saa vidt
kan det vel siges, som nyere Historieskrivere sige, at Gerhard blev
Kongens Statholder; men som Drost og Marsk i een Person blev
han tillige Formand for Ridderskabet.   Det blev derved gjort dette
meget vanskeligt at samle sig til Modstand med forenede Kræfter.
Og som høieste Øvrighed i Landene, der skulde skaffe Hvermand
Ret, Lave som Høie, blev Forstanderen sat i Forbindelse med hele
det lavere Folk.   Man kan derfor neppe tvivle om, at det har
været ligesaavel Kongens som Grevens Tanke, at bruge de lavere
Stænder imod Ridderskabet og at trænge dette ud af den Øvrig=
hedsstilling, Pantelenene gav det faktisk, men ikke retlig.   Der er
nogen Lighed imellem den Politik, Kongen her fulgte, og den, der
drev ham til at forsone sig med den svenske Ærkebiskop og sende
ham imod Kong Karl og hans Parti: da Kongen ikke seer sig
i Stand til selv umiddelbart at nedslaa hvad der modsætter sig ham
eller trykker ham i Sverrig og i Fyrstendømmerne, sender han
den, han mener at kunne stole paa, hver til sit Land, for at faa
Modstanden brudt og saa senere, naar Leiligheden bliver gunstigere,
selv træde til og høste Frugten af de Betroedes Gjerninger. Og=
saa falder Gerhards nu begyndende Kamp med Panthaverne i
Hertugdømmerne paa en paafaldende Maade sammen med hvad
Kongen selv foretog sig i Danmark.   I Aarene 1466—68 er det
netop, at han ogsaa der træder op imod det ødelæggende Pante=
lensvæsen, saaledes som vi see af hans Forhold mod Axelsønnerne,
og som det i Aaret 1468 træder frem i den Bevilling, han ud=
virker hos Rigsraadet, at alle Panter, for hvilke ikke var givet
rede Penge, skulde falde tilbage til Kronen.   Overskuer man hele
Stillingen, kan der ikke være Tvivl om, at Kong Christiern har
efter Nederlaget mod Dalekarlene ved Haragers Kirke 1464 og efter
Sverrigs foreløbige Tab indseet Nødvendigheden af en finantsiel
Reform som det eneste mulige Grundlag for en fornyet Kamp om
Sverrigs Krone, — en Reform, hvis Hovedstykke maatte være at
rykke Kronens Gods og Indtægter ud af Panthavernes Hænder;
og at han har haabet, at den urolige, driftige Gerhard, der som
paatrængende Kreditor var ham selv en Plage, kunde bruges til
at udføre dette Stykke Arbeide i Fyrstendømmerne.   Denne Opfat=

telſe ſtemmer ogſaa ganſte overens med en Udtalelſe af den gamle lybeſſke Krønikeſkriver, der ved Aaret 1467 ſiger:

„Item i dette og det foregaaende Aar drev Kong Chriſtiern mange Adelige fra Slottene, ſom de indehavde paa Rigets Vegne, og gjorde ſig mange Uvenner. Og i denne Ting havde han Biſkoppernes og nogle Adeliges Bifald, ſamt i det Hele Bøndernes (de Huslude); thi Adelsmændene paa Slottene vare Bønderne meget haarde og fratoge dem med Magt hvad de havde, og toge ſig ikke iagt for, at Biſkopperne vilde ſtaa Kongen bi. Og af diſſe Slotte, ſom Kong Chriſtiern inddrog, beholdt han nogle ſelv, nogle gav han til andre Adelsmænd, der ſtode paa hans Side".
— Dette ſiges vel umiddelbart kun om Kongerigerne; men det ſtemmer ganſke med hvad Grev Gerhard nu paatog ſig at gjennemføre i Slesvig og Holſten.

Strax efter Nytaar 1467 holdt Greven et Møde med Ridderſkabet, hvor han meddelte det Kongebrevet, der indſatte ham til Forſtander. Adelen gjorde ingen væſenlige Indvendinger; den vidſte vel ikke endnu hvad dette havde at betyde. Men ſnart viſte Gerhard dem det. Nogle Slotte ſatte han ſig i Beſiddelſe af — vi vide ikke paa hvilken Maade — og indſatte andre Lensmænd. Men for at ſkaffe ſtørre Midler til Pantegodſernes Indløsning, vendte han ſig til Almuen og æggede den ved Haabet om Befrielſe fra de adelige Panthavere. Den lybſke Krønike ſiger, at han red fra det ene Sogn til det andet, indbød Almuen til Kroerne, gav dem ſaa meget Øl, de vilde drikke, og talte ſaaledes for dem: „Kjære Venner, I ere før blevne ofte og haardt beſkattede; det gjør mig ondt, fordi den Skat, I have udgivet, har ikke hjulpet Landet ſtort. Deri ere de adelige Herrer paa Slottene Skyld; thi de have oppebaaret Skatten og ſelv beholdt den ſtørſte Part deraf, og hvad de have givet fra ſig, have de givet til Aagerrenter til dem, der have gjort Udlæg for Landet og min Broder Kong Chriſtiern; men Gjælden bliver lige ſtor, og Landet bliver ligemeget ſkyldig. Hvad hjælper da al den Skat, I maa udgive? Men vilde I følge mit Raad, ſkulde der nok blive en Ende derpaa. Jeg vilde, at I ſelv ſkulde lægge Skatten om imellem Eder efter hvers Formue for at tilveiebringe en ſtor Sum; ſaa vilde jeg udløſe de adelige Herrer af Slottene og ſelv tage dem; ſaa havde de ingen Magt mere til at beſkatte Eder eller gjøre Eder anden Over last, saa at I kunne sidde som frie Mænd i god Fred". Med saadan Tale bragte Greven det til, at de gik ind paa hans Plan og beskattede sig selv, den Ene gav ti Mark, den Anden ni eller otte, efter Hvers Formue.

Ligeledes bevægede Greven de høie Geistlige til at bevillige en Afgift af deres Godser, der jo ellers vare skattefri. Ridderskabet indvendte Intet herimod, fordi de ventede, at denne Skat, der maa tænkes hævet af Greven selv i det mindste med Landstændernes stiltiende Samtykke, vilde blive anvendt til at indfri Kongens Gjældsforskrivninger og derved løse dem selv fra Kautionsforpligtelserne. Men Greven skuffede deres Forbentning. Han vilde netop ikke fri de store Herrer fra de Forpligtelser, der trykkede dem selv, ligesaalidt som han vilde indfri de Løfter, hvormed Kongen havde kjøbt deres Stemmer ved Valget*). Kun den Gjæld, der hidrørte fra virkelige Laan til Kongen, vilde han betale og dermed løse Panterne. — Adelen blev nu yderst utilfreds, og Mange, der manedes af Kongens Kreditorer, især af Lybekere, kom i stor Forlegenhed, saa at Nogle endog maatte gaa i Indlager (Gjældsarrest) i Lybek. Kongen kom i den Anledning selv til Holsten, hvor han holdt en Landdag i Oktober 1468, for at tilfredsstille begge Parter, men naturligvis ikke gjorde nogen af dem tilpas, idet han erklærede, at Greven skulde af Landskattens Beløb saavidt muligt fri dem, der vare gaaede i Borgen for ham, fra deres Kautioner, men dog ogsaa beholde en Del til Landets Nytte. At der iøvrigt endnu i dette Aar 1468 var god Forstaaelse imellem Kongen og Greven, seer man ogsaa deraf, at Dronning Dorothea, der forstod bedre end hendes Herre at omgaaes med sine Penge, forsonede sig med Greven om Rendsborg saaledes, at hun overbrog ham Slottet, hvilket han 1466 havde bemægtiget sig, som hendes Lensmand, at holde det hende til tro Haand, imod at han betalte hende de 800 Gylden aarlig, hun havde at betale den egenlige Besidderinde Enkehertuginde Margarete. Dronningen kan sikkert ikke have ventet at faa en eneste Hvid af Greven, der havde saa stor en Regning til Kong Christiern.

Men at Kongen saaledes kun havde givet ham halv Ret imod den fælles Modstander, Ridderskabet, vilde Greven ikke finde sig i.

---

*) „Dat Winkop", som han kaldte det.

Han beføgte Kongen i Foraaret 1469 i Kjøbenhavn, og her, hvor han havde ham udenfor Ridderffabets Paavirkning, lyffedes det ham virkeligt at faftholde Kongen ved den fælles Plan, og til bennes Gjennemførelfe at faa fin egen Magt endnu mere udvidet. Han udvirkede et Kongebrev af 24de April 1469, hvorved Kongen overdrog ham Hertugdømmet Slesvig og Grevffaberne Holften og Stormarn til et brugeligt Pant, faa at Greven ffulde beholde alle kongelige Indkomfter, der endnu iffe vare pantfatte, og alle de Panter, han kunde indløfe; hvorimod han overtog Kongens Gjæld til ham felv og den afdøde Broders Børn og dertil al den Gjæld, hvorfor Kongen havde ftillet Kautionifter, hvilke Greven ffulde udløfe af deres Forpligtelfe. Fyrftendømmerne ffulde være Gerhards og hans Arvingers brugelige Pant faa længe, indtil Kongen indfriede dem ved Tilbagebetaling af de udlagte Penge. Kongen forbeholdt fig kun to eller tre Slotte, og at om Greven fik Landftænderne til at bevillige en ny Skat, imedens han var Panthaver, ffulde det, den indbragte, afffrives paa Pantefummen.

Dette var at fætte en Overpanthaver over alle de enkelte Panthavere og Kreditorer — et Forføg paa at drive Djævle ud ved Beelzebubs Hjælp, men felvfølgelig ligefaa farlig en Hjælp fom denne. Greven havde ganffe vundet de lavere Stænder for fig perfonlig; der var iffe nogen Udfigt til, at Kongen nogenfinde ffulde kunne betale Pantefummen; hvorledes kan man da undre fig over, at Tanken om, nu felv at beholde faft Hold i Fyrftendømmerne for fig og fin Slægt fom en L a n d s h e r r e , paatrængte fig ham, uden at man tør paaftaa, at han fra førft af har fpillet falff imod Broderen og lokket denne Skridt for Skridt ud i et Uføre uden Udvei. — Men endnu var Greven dog iffe R i d d e r f k a b e t s Overmand, og han kunde neppe blevet det uden at reife en Bondeopftand imod Adelen, hvor Udfaldet af Kampen dog altid vilde være tvivlfomt. · Men faa vidt kom det heller iffe ganffe; thi Ridderffabet, truet i fine vigtigfte Interesser og fin hele herffende Stilling, famlede fig til Modftand. I et Møde ved Kiel den 2den Mai 1469 fluttede 140 flesvigffe og holftenffe Adelsmænd et Forbund til fælles Forfvar imod Enhver, der antaftede Alles eller nogen Enkelts Ret. Iffe engang Kongen var undtagen fra dem, Forbundet kunde blive kaldt til Virkfomhed imod. Og iffe nok dermed: den 8de Juli 1469 forbandt dette Adelsforbund

fig paa egen Haand til fælles Forsvar med Ditmarskerne og tillod
fig derved et flagrant Indgreb i deres Landsherres Ret, idet de
indrømmede Ditmarskerne Toldfrihed ved Hanerau. Dette Forbund
sluttedes i Lybek, der som allerede tidligere forbundet med Dit-
marskerne blev draget med ind i Forbindelsen. Dette slesvig-hol-
stenske Adelsforbund, der saaledes støttede sig til to fremmede Mag-
ter, dristede Gerhard sig endnu ikke til at binde an med, førend
han havde sikret sig Kongens afgjorte Bistand. Han ilede til Kjø-
benhavn og forlangte, at Kongen skulde selv komme til Holsten for
at kue Ridderskabet. Men enten havde Christiern ingen Lyst, eller
han i Øieblikket virkelig ikke kunde komme. Han sendte derfor
Dronning Dorothea derover for at stifte Fred mellem Adelen og
Greven. Hun kaldte Ridderskabet til et Møde paa aaben Mark
ved Segeberg den 22de Juli 1469, hvortil hun ogsaa havde ind-
budt Lybek og Hamborg; thi Adelen vilde ikke gaa ind i nogen
By eller noget Slot, der var i Grev Gerhards Haand, hvilket
var Tilfældet med Segeberg, medens Greven paa sin Side ikke
vovede at fremstille sig personlig for det samlede Ridderskab, hvor-
for han holdt sig inde paa Slottet. Da Dronningen spurgte Rid-
derskabet om dets Klage over Grev Gerhard, svaredes, at han
ikke vilde befri Kongens Kautionister, skjønt han dertil havde oppe-
baaret stor Skat af Landet, saa at mange af dem vare bragte i
stor Nød og ikke kunde holde deres givne Æresord; at Greven
havde voldelig frataget nogle Adelige de Slotte og Godser, de
havde tilpantet sig med rede Penge, og haanlig afvist dem, naar
de forlangte Betaling; at han havde indtaget og nedbrudt en Adels-
mands Gaard; at han havde forbudt Bønderne at give Adelen
Landgilde eller anden Rente, eller at gjøre Hoveri, eller at sælge
Adelen Noget o. m. De bade derfor Dronningen om at formaa sin
Gemal til at skille dem af med Grev Gerhard, hvem de ikke vilde
have til Forstander. Lybekerne stemmede i med, gav Adelen Ret
og forlangte, at dennes Fordringer skulde tilfredsstilles. Dron-
ningen saa da, at hun ikke var i Stand til at faa Striden jævnet,
hvorfor hun henviste den til Kongens Afgjørelse. Det besluttedes,
at Greven saavel som Biskopperne af Lybek og Slesvig, Stæderne
Lybeks og Hamborgs Sendebud og nogle af Ridderskabet skulde
møde hos Kongen i Kjøbenhavn midt i August.

For Kongen og Greven maatte det allerede være betænkeligt,

at Lybek ſluttede ſig til Ridderſkabet; men fra Kongens Standpunkt
viſte den hele politiſke Stilling ſig overhovedet ſaa mislig, at han
for enhver Pris maatte ſee at afvende et Brud med Lybek og de
andre vendiſke Stæder.   Da Krigen med Sverrig efter Kong Karls
anden Tilbagekomſt i 1467 atter var luet op, var Kong Chriſtiern
bleven nødt til at holde Sverrig blokeret fra Søſiden. Hans Kryd-
ſere toge ethvert Skib, der ſeilede til eller fra Sverrig, hvem det
ſaa tilhørte.   Dette ramte naturligvis iſær de Handlende i de ven-
diſke Stæder, for hvem Handelen med Sverrig netop under ſaa-
danne Forhold blev ſaa fordelagtig, at de ikke kunde modſtaa Fri-
ſtelſen til at prøve den, trods Blokaden.   Naar ſaa en Blokade-
bryder opbragtes, reiſte ſig høie Raab i Stæderne om Sørøveri,
og Krav paa Erſtatning. Vi have jo i vore Dage ſeet, hvilke
Forviklinger imellem Neutrale og Krigførende en Søkrig altid
medfører.   Hanſeſtædernes Magiſtrater vilde have Søen fri; de
vilde derfor helſt have Fred imellem Danmark og Sverrig; og
Raabet i Stæderne vendte ſig fornemlig mod Danmark, fordi dette
var den ſtærkeſte tilſøes.   Om og Borgermeſtere og Raad i Lybek
og de andre Stæder holdt igjen ſaa godt de kunde, maatte de dog
føre deres Medborgeres Sag og kræve Erſtatning for opbragte
Skibe og Ladninger.   Afviſte Kong Chriſtiern dem kort, udſatte
han ſig i det mindſte for idelige Sammenſtød mellem hans Kryd-
ſere og det, Hanſeaterne kaldte deres „Fredſkibe“, det er deres kon-
voierende Krigsſkibe, hvilket altfor let kunde føre til aaben Krig,
ſaaledes ſom Erfaring tilſtrækkeligt havde viiſt.   At forhindre dette
maatte være en Hovedopgave for Kong Chriſtiern.   Han maatte
altſaa i denne Stilling ikke alene ſee at drage Lybek ud af For-
bindelſen med det slesvig-holſtenſke Ridderſkab, men ogſaa afholde
det fra at række hans ſvenſke Fjender Haanden.   Derfor gik Kon-
gen nu i Kjøbenhavn ind paa deres Tilbud om at tilveiebringe et
Fredsmøde mellem ham og Kong Karl, hvorom de hele Sommeren
havde underhandlet med begge Konger, og ſom Kong Karl gav ſit
Samtykke til paa den Betingelſe, at om Striden ikke kunde endes
ved Underhandlinger, ſkulde Stæderne afſige en Dom imellem
Parterne.   Kong Chriſtiern lovede at komme til dette Møde i Ly-
bek ved Mikkelsdagstid og beroligede imidlertid Ridderſkabets Sende-
bud med Tilſagn om at underkaſte ſine Forpligtelſer mod Kautio-
niſterne en Voldgiftskjendelſe af Biſkopperne af Slesvig, Aarhus,

Odense og Lybek samt Lybeks og Hamborgs Raad, naar han nu selv kom til Hertugdømmerne. Man vil heraf see, hvorledes det nu blev Kongen uundgaaeligt nødvendigt at stille sig paa en god Fod med Lybek, der fik alle hans Politiks Hovedtraade i sin Haand. Kongen og hans Broder Grev Gerhard indfandt sig efter Løfte i Lybek sidst i September 1469. De svenske Sendebud vare endnu ikke ankomne. Lybeks Magistrat forsømte ikke at benytte den gunstige Leilighed til at bringe de allerede i Kjøbenhavn trufne Aftaler om Erstatningskravene til Slutning og Udførelse; og Kongen maatte heri give efter for deres paatrængende Forestillinger. Om en Undersøgelse af Kravenes Gyldighed, om en Adskillelse imellem retmæssig og uretmæssig Opbringelse af lybske Skibe og Ladninger høres Intet. De skadelidte Kjøbmænds Fordringer bleve ligefrem opsummerede; Summen beløb sig til over 26,000 Mark lybsk, hvilke Kongen ikke kunde betale med rede Penge. Han maatte da bekvemme sig til at pantsætte til Lybeks Raad Staden Kiel med dens Havn og Tilliggende. Pantebrevet lyder som et Skjøde, idet Kongen sælger Kiel til Lybek med Forbehold af Ret til Gjenkjøb; og Kiels Magistrat kaldtes strax til Lybek for at hylde Borgermestere og Raad som sit rette Herskab. Dermed var Lybek dog endnu ikke tilfredsstillet. Da Kongen havde begivet sig til Segeberg Slot, indfandt de hanseatiske Udsendte sig til Underhandlingerne med de Svenske, der endelig vare ankomne. Men inden Underhandlingerne aabnedes, trængte Lybekerne paany ind paa Kongen og fravristede ham to vigtige Indrømmelser til Gunst for det hanseatiske Kontor i Bergen. Først et Forbud imod Hollændernes opblomstrende Handel i Bergen, som de Tydske klagede over og paastode streb imod deres Privilegier og imod gammel Skik og Sædvane. Kongen udgav da her paa Segeberg den 15de Oktober 1469 en Forordning, uden at kunne høre sit norske Rigsraad, hvorved Hollændernes Fart paa Bergen indskrænkedes til eet eller to Skibe om Aaret. Og i et andet Kongebrev af samme Dag frafaldt Kongen for sig og sine Efterkommere al Tiltale til de tydske Kjøbmænd i Bergen for de blodige Voldsgjerninger ved Oluf Nielsens og Biskop Thorlavs Mord i 1455. Det er sandt, at dette Afkald ikke rørte ved Slægtens eller ved Kirkens Ret imod Voldsmændene; men det opgav Norges Riges retfærdige Krav paa Straf og Godtgjørelse. Nu begyndte Underhandlingerne med de Svenske i den sidste

Halvdel af Oktober; men de førte ikke til noget Resultat, hvad vist
heller ingen af de stridende Parter har ventet, naar Lybekerne ikke
vilde fastholde den oprindelige Tanke, at afgive en Dom og saa
erklære sig imod den, der ikke vilde underkaste sig denne.   Da det
snart viste sig, at Hansestædernes Mægling ikke formaaede at
bringe de danske og svenske Paastande nærmere, idet de Svenske
satte Paastand paa Skaane og de skaanske Provindser imod Kong
Christierns Paastand paa Sverrigs Krone, saa nægtede Hanseaterne
at afgive nogen Voldgiftskjendelse, saa at Underhandlingerne af-
brødes som frugtesløse.   Det er tydeligt, at Lybek ikke længer havde
den samme Interesse som et halvt Aar tidligere i at fremtvinge en
Fred i Norden, efter at de havde draget Kong Christiern saaledes
til sig, at deres Fordringer til Danmark og Norge opfyldtes, og
at Blokaden af Sverrig for deres Vedkommende blev enten hævet
eller overholdt saa lempeligt som muligt.   Lybek tog sig derfor og-
saa paa Segeberg kun svagt af Ridderskabet, som heller ikke endnu
fik nogen Afgjørelse paa sin Sag, fordi, eller under det Paaskud,
at de i Kjøbenhavn udnævnte Voldgiftsmænd ikke kunde blive fær-
dige med Opgjørelsen af Kreditorernes og Kautionisternes indvik-
lede Fordringer, inden Kongen maatte forlade Fyrstendømmerne.
Afgjørelsen opsattes da til næste Aar, dog saaledes, at Kongen
lovede at formaa sin Broder til at lade Kautionisterne være ukræ-
vede imidlertid.   Han fik tillige — man kan næsten sige: indsmug-
let et Forbud til Ridderskabet mod at øve Vold og Uret imod
Borger og Bonde.

    Kongens Forhold til Lybek paa dette Punkt viser ret tydeligt
de pinagtige og farefulde Forviklinger, hvori den svenske Krig og
det slesvig-holstenske Ridderskabs Fordringer havde bragt Kong
Christiern.   Havde Hanseaterne forbundet sig med hvad der ellers
var ham fjendsk, var hans Skjæbne neppe bleven bedre end hans
Sønnesøns.   Forsigtigere end Christiern den Anden hindrede han
denne Forbindelse ved at drage Lybek over til sin Side; men dyrt
havde han maattet betale dette: Norges Krones Ære, Norges Riges
Ret, det norske Folks Fordel var bragt de voldsomme og gribske
Pebersvende i Bergen til Offer; og de hanseatiske Skipperes og
Kjøbmænds Erstatningskrav, der vistnok i mange Tilfælde ikke
havde Hjemmel i den da gjældende Folkeret, maatte Kongen aner-

kjende uden Prøvelse og tilfredsstille, hvor haardt det end faldt ham at ydmyge sig for Lybeks Borgermestere.

Grev Gerhard fulgte med Kongen paa denne holstenske Reise. Han har med Kongen hængt sit Segl under Overenskomsten med Lybek om Pantsættelsen af Kiel. Men der foreligger intet Bestemt om hans Stilling til Underhandlingerne med Ridderskabet. At Kautionisterne nu skulde i et Aarstid være fri for hans paatrængende Krav, var ham sikkert ikke tilpas, — vel overhovedet ikke, at Kongen indblandede sig i Forhold, som ved Landenes Pantsættelse til Greven jo vare lagte helt i hans Haand. Han mente at sikre sin Stilling ved at lade sig formelig hylde som Panthaver; — man siger endog, at han forlangte Hylding som Landsherre. I alt Fald lod han sig hylde af Bønderne i Almindelighed og af nogle Byer, saasom Slesvig, uden at oplyse det menige Folk om den subtile, men dog væsentlige Forskjel mellem de to Slags Hyldinger. Hans Mening har vel ikke just været at ville rykke Fyrstendømmerne rent ud af Broderens Haand og fordrive ham fra disse Lande, men vel at ville være hans Medregent og Ligemand i Herredømmet; thi Konsekventsen af hans Grundpaastand, at han som en af Hertug Adolfs Arvinger var født til Slesvig og Holsten, men kun var traadt tilside for Broderen ifølge Løfter, som ikke vare ham holdte, kunde ikke føre ham til at fordre Eneherredømmet.

Men Ridderskabet viste hans Fordring om Hylding helt fra sig. Det samledes atter den 1ste Mai 1470 ved Kiel og lod der læse Breve fra Kongen, som, tvertimod hvad Greven havde ladet forkynde, forbød at hylde ham, saa at Ingen vidste hvad eller hvem man skulde tro, eller hvis Breve der vare ægte, eller hvem der var Landets rette Herre. Nu blev Kongen urolig. Han sendte atter Dronningen til Holsten. Hun saa snart, at Kongens Herredømme i Holsten og Slesvig stod paa Spil, og at nu var Talen om Andet og Mere end Pengesager; derfor skrev hun til Kongen, at vilde han beholde Fyrstendømmerne, maatte han selv komme derover. Selv forblev hun imidlertid paa Segeberg Slot, som var et af dem, Greven havde vidst at bringe i sin Magt; og det kan neppe betvivles, at hun har havt et talrigt Følge eller beholdt en Del af Adelen hos sig under et eller andet Paaskud. Thi af det, der nu skete, er det umiskjendeligt, at hun har siddet paa

7*

Slottet ikke som Grevens Gjæst alene, men som den, der ogsaa selv havde Magt der. Kongen indfandt sig paa Segeberg saa hurtigt som muligt; og nu kom det til Forklaring imellem Brødrene. Kongen forlangte Regnskab over Grevens Oppebørsel og Udgift, og Dronningen forlangte Rendsborg tilbage, da hun Intet havde faaet af den betingede Afgift. Gerhard følte sig i Øieblikket ikke som Herre paa Segeberg; han var i Kongens og Dronningens Haand; saa lovede han at aflægge Regnskab om 14 Dage. Men om Natten saa han Leilighed til at komme bort og red til Rendsborg, som han paalagde sin Befalingsmand at lukke for Kongen; ligeledes vilde han sætte Gottorp, Flensborg og Sønderborg i Forsvarsstand mod Kongen, eller reise Undersaatterne imod ham, som Kongen siger. Men Kongen var ham for rask. Medens Dronningen nu fuldstændigt bragte Segeberg i sin Magt og anholdt Grevens Folk paa Slottet, ilede Kongen med den Adel, han havde hos sig, til Rendsborg, satte sig i Besiddelse af Byen, tilkaldte sin Ven Hertug Henrik af Meklenborg, hvem han tidligere havde hjulpet mod oprørske Undersaatter, og beredte sig til at tage Rendsborg Slot med Magt ved hans Hjælp.

Da Grev Gerhard saa, at det var Kongens Alvor, har han enten ikke følt sig ham voxen, eller har tænkt at komme længere med Ord end med Sværd. Han gav da saa vidt efter, at han den 11te Juli indfandt sig til et Møde ved Broen over Sorge, hvor Hamborgs tilstedeværende Sendebud i Forbindelse med Biskopperne af Odense og Slesvig mæglede et foreløbigt Forlig imellem Brødrene saaledes, at inden Udgangen af August Maaned skulde i Hamborg afgives en Voldgiftskjendelse om Retten til Segeberg og Rendsborg; imidlertid skulde de to Slotte betroes til navngivne Adelsmænd for efter Voldgiftsmændenes Kjendelse at overgives til den Herre, de tilbømtes. Dette var altsaa kun Afgjørelse af et enkelt Stridspunkt; men det kom ikke engang til Voldgift. Kongen havde Fordelen paa sin Side og vilde ikke opgive den. Gerhard fulgte med ham til Segeberg, enten fordi han maatte, eller i det Haab endnu engang at overtale sin „fromme Broder" med fagre Ord. Men denne Gang mislykkedes det. Ankommen til Segeberg, anvistes ham et eget Værelse, medens Kongen samlede sine medhavende danske og holstenske Raadsherrer, ialt 15, til et Møde den 16de Juli 1470, forklarede dem Broderens uforsvarlige Adfærd og sendte

dem over til ham med den Fordring, at han strax skulde opgive
til Kongen alle de Slotte, Stæder og Lande i Fyrstendømmerne,
han havde i sin Magt, løse Underfaatterne fra den Hyldingsed,
han havde taget af dem, og atter vise dem til Kongen som deres
eneste Herre; saa vilde Kongen ikke alene sikre ham hans virkelige
Tilgodehavende, men lægge 10,000 Mark til.   Greven gav intet
tilfredsstillende Svar; formodentlig har han gjentaget den Betragt-
ning, han overhovedet vilde gjøre gjældende i denne Krisis, at som
Arving til Fyrstendømmerne var han lige berettiget med Broderen,
og at han havde havt stort Arbeide og mange Udgifter for hans
Skyld, hvorfor han nu vilde blive ved Landene.   Ganske kan man
ikke give ham Uret i Sagen, om og i Maaden; thi baade Kongen
og Landstænderne havde gjentagne Gange anerkjendt de oldenborgske
Brødre som Hertug Adolfs Arvinger, og den Ene af dem var kun
kaaret til Eneherre, fordi han ved Løfte om store Pengesummer
under Ridderskabets Kaution havde formaaet de to Andre til at
give Afkald paa deres Ret; men Kong Christiern havde ikke holdt
sit Løfte og havde nu rakt Ridderskabet Haanden til at befri det
fra Kautionen: hvilken Sikkerhed havde da Greven for sit Tilgode-
havende?   Kong Christiern havde desuden selv været lige god med
ham i at hidføre hele Forviklingen i Fyrstendømmerne.   Men
disse og lignende Forestillinger havde nu ingen Magt paa Sege-
berg. Kongen skjød den for faa Dage siden vedtagne Voldgifts-
kjendelse i Hamborg ligefrem tilside og sendte flere Gange Raads-
herrerne over til Greven, der imidlertid ikke gav andet Svar; han
bad kun om, at han maatte selv faa Broderen i Tale.   Kongen
gik da med Raadsherrerne den femte Gang over til ham.   Men
da Greven kun mødte ham med Ord, ikke med Underkastelse,
brast Kong Christierns Taalmodighed.   Han greb Broderen med
egen Haand og overgav ham som Fange til Vagten, der førte
ham til et fast Stenkammer i Slottet, idet han erklærede, at for
at forebygge Blodsudgydelse og andre Ulykker fik Gerhard ikke sin
Frihed, førend Kongen atter var kommen i Besiddelse af sine Lande,
Slotte og Stæder.   Henved tre Uger holdt den fangne Greve sig
stiv; men da Kongen blev ubøielig, rimeligvis paavirket af Dron-
ningen, maatte han tilsidst falde tilføie.   Dog slap han ikke ud,
førend Kongen havde Slottene Segeberg, Rendsborg, Gottorp,
Flensborg og Sønderborg i sin Haand.   Saa maatte han den

21de September 1470 ſværge Orfeide, at han aldrig vilde hævne hvad der nu var ſfeet, paa Kongen, Hertugen af Meflenborg eller Kongens andre Hjælpere, erflære alle de Breve, Kongen havde givet ham paa Hertugdømmet og Grevſfaberne, for døde og mag=tesløſe, fvittere for alt Tilgodehavende hos Kongen med Undtagelſe af hvad der ſtod til Reſt af hans Affindelſesſum, og endelig løſe Underſaatterne fra Eden.   Desuden maatte Greven give Dronning Dorothea ſit Gjældsbrev for Alt hvad hun i disſe Aar havde be=talt Enfehertuginde Margarete, og ſom jo egenlig Greven ſfulde have betalt af Rendsborg, hvilfet Dronningen overbrog ham for to Aar ſiden med denne Forpligtelſe.   Saa aabnedes Fængſels=døren og Grev Gerhard funde drage til ſit Oldenborg.   .

Men endnu var Kongen ifke til Ende med hvad der var at gjøre for at ſifre ſin Stilling i Fyrſtendømmerne.   Det nærmeſt Foreliggende var Opgjørelſen med Ridderſfabet og Kautioniſterne, hvem man i forrige Aar havde lovet en Voldgiftsfjendelſe.   Alle Fordringerne vare blevne underſøgte.   Det vilde · være interesſant at fjende Voldgiftsrettens Principer for Beregningen af Forholdet mellem Renten og Nytten af Panterne; nu vide vi fun, at en Reduftion af Gjælden fandt Sted, ifølge hvilfen Totalſummen 140,000 Marf nedſattes til ca. 98,000 Marf, hvoraf en Del an=viſtes paa Panter i Slotte og Herregaarde, en anden Del ſfulde udbetales fontant, nemlig 16,000 Marf ſtrax, 40,000 Marf af næſte Aars Landſfat, ſom alene maatte anvendes dertil; og til Sifferhed overdroges Flensborg til Lybef og Hamborg paa det Vilfaar, at betaltes Pengene ifke, ſfulde By og Slot gaa over i Kreditorernes Beſiddelſe ſom et Fællespant.   Hvad der efter Re=duftionen tilfom Enhver blev nøje beſtemt, ſaavelſom de Panter, der ſfulde hefte for den Gjæld, der blev ſtaaende. — Til denne Opgjørelſe fnytter ſig ſaa i den nærmeſte Tid derefter lange Rækfer af nye Pantſættelſer, af hvilfe nogle vel nof fun er Omlægninger, men de fleſte uden Tvivl Sifferhed for nye Forſfrivninger, Kongen har maattet udſtede for at opdrive de nødvendige Summer, der ſtrax ſfulde udbetales.

Ved Bruddet med Broderen var Kongen atter fommen i ube=ſtridt Beſiddelſe af de vigtigſte faſte Pladſer; men han ſtod nu atter Anſigt til Anſigt med Ridderſfabet og maatte tage den tunge Byrde af Pantſættelſerne og alle Fordringerne paa ſine Sfuldre

og see paa, at Abelen traadte de lavere Stænder paa Nakken. Thi
vel havde han opnaaet en Nedsættelse i Gjældens Totalsum og
havde udtalt, at Ridderskabet ikke maatte forurette Borger og Bonde
— hvad man skulde tro forstod sig af sig selv; men saalænge For=
holdet i det Hele blev uforandret, saalænge Ridderskabet støttede
sig til Forbundet med Ditmarskerne, saa at Kongen ikke havde
virkelig Magt nok til at lade Abelen føle Herskerens faste Haand,
vilde den hele utaalelige Stilling vende tilbage, naar Skrækken for
Grev Gerhard var forsvunden. Kongen har meget godt indseet
dette; han har søgt at drage Ridderskabet ud af Forbindelsen med
Ditmarskerne og at lægge et Baand paa det, der tillige kunde
styrke hans egen Stilling saavel imod Abelen som imod Broderen
og overhovedet imod alt Fjendsk og Farligt i og udenfor Fyrsten=
dømmerne. — En saadan Støtte fandt han i det mærkelige Forbund,
man har kaldt de Segebergske Konkordater. Paa Segeberg
Slot sluttede Kong Christiern den 11te Oktober 1470 et Forbund
med Fyrstendømmernes Biskopper, Byer, Stallere og Landskaber,
samt med Stæderne Lybek og Hamborg. Disse Tre: Kongen,
Landstænderne og de to Stæder, forbandt sig som lige berettigede
Magter til fælles Bedste. Fyrstendømmernes Stænder, nemlig
Biskopperne af Slesvig og Lybek, Ridder= og Mandskabet, Byerne,
Stallerne paa deres Landskabers Vegne forpligtede sig til at yde
Kongen hvad de vare ham skyldige og staa ham bi til at bruge
den fyrstelige Herlighed, som tilkom ham med Rette i Hertugdøm=
met og Grevskaberne; hvorimod han forpligtede sig til, at holde
Biskopperne og Ridderskabet ved deres Friheder, samt Lybek og
Hamborg ved deres Privilegier i Fyrstendømmerne. Lybek og
Hamborg vilde hjælpe Kongen og Stænderne til deres Ret og
staa dem bi mod Uret. Alle tre Parter forpligtedes til at forsvare
Borgere og Bønder, til ikke at overfalde dem med Vold, ikke be=
svære dem med nye eller uvante Byrder, medens paa den anden
Side Borgere og Bønder forpligtedes til ikke at opsætte sig mod
Øvrigheden; skete det dog, skulde alle tre Parter staa hinanden bi
til Oprørets Undertrykkelse. Overfaldtes nogen af de tre Parter
af Fyrster, Herrer, Stæder, skulde de to andre Parter først for=
søge at opretholde Freden ved Underhandlinger; lykkedes det ikke,
da skulde de hjælpe den Angrebne med saa stor en Krigsmagt som
nærmere aftaltes; men dersom Kongen blev angreben i Fyrsten=

dømmerne, eller om nogen af de andre Parter angrebes saa hur-
tigt, at forudgaaende Aftale ikke kunde træffes, da skulde de to
Andre staa den Overfaldne bi med al Magt. Kun i Forening
maatte de slutte Fred, den Ene ikke sondre sig fra den Anden.
Reiste sig Strid imellem to af de tre Kontraherende, skulde den
tredie først arbeide paa at faa den bilagt; lod det sig ikke gjøre,
da skulde denne Tredie, og ingen Anden, afsige en Voldgiftskjen-
delse; men vilde den ene stridende Part ikke underkaste sig denne,
da skulde de to Andre med samlet Magt tvinge ham. Forbundet
sluttedes først for tre Aar, men saaledes, at det blev staaende,
dersom det ikke opsagdes af nogen af de tre Parter med et Aars
Varsel. Hvert Aar skulde holdes et Fællesmøde i Kiel, Søndag
Jubilate. Allerede den 9de Oktober havde Kongen sluttet en sær-
skilt Overenskomst med Lybek og Hamborg til nærmere Be-
grændsning af de da aftalte Konforbaters Omraade. De to
Stæder erklærede deri, at Forbundet ikke omfattede Kongens Riger
Danmark, Sverrig og Norge, medens Kongen undtog Kongerne
af England og Skotland samt Hertugen af Burgundien fra dem,
mod hvem han i paakommende Tilfælde skulde hjælpe Lybek og
Hamborg; med andre Ord: Stæderne vilde ikke indvikles i den
store skandinaviske Kamp, Kongen ikke i de mangfoldige Stridig-
heder med andre søfarende Folk, hvortil Lybeks og Hamborgs
Handel gav idelig Anledning.

Hvad vandt da Lybek og Hamborg ved dette Forbund? De
vandt større Sikkerhed for deres Virksomhed i Hertugdømmet og
Grevskaberne, og de vandt Bistand imod deres Nabofyrster og
Naboadel, som de laa i uafbrudt Strid med om Handelsveienes
Sikkerhed og Frihed. Kongen vandt ikke alene Stædernes Bistand
i indre Stridigheder, men ogsaa at Ridderskabet som tredie Del-
tager i det nye Forbund var mere bundet i sine Bevægelser end
efter det ensidige Adelsforbund fra forrige Aar, der støttede sig til
Ditmarskerne. Og alle tre Kontraherende vandt langt større Styrke
til at modstaa Forsøg af Greve Gerhard og Menigmand paa at
omstyrte det Bestaaende. Dette forklarer, at Kongen indgik et
Forbund med sine egne Undersaatter som med en lige berettiget po-
litisk Magt. Videre kunde han i Sieblikket ikke komme; thi at
bøie Adel og Almue med en stærk Herskerhaand havde han hverken
Midler eller Leilighed til, da Begivenhederne i Sverrig efter Kong

Karls Død hver Dag kaldte ham med høiere Røst bort fra Fyrstendømmerne.

Men endnu inden han forlod dem fik han Brug for den Hjælp, han havde sikret sig. ved de Segebergske Konkordater. Thi hvorvel Grev Gerhard havde sagt Landene Farvel, vare hans Tilhængere ikke bragte til Ro. Kongen forlangte strax Lybeks og Hamborgs Mægling mellem ham og Nordfriserne, der nægtede at hylde ham: de vilde blive ved Grev Gerhard, som de engang havde hyldet. Disse faldt dog tilføie uden voldsom Tvang; men haardere vare Bønderne i Wilster og Kremper Marsk. Kongen lod deres Hovedmænd kalde til sig i Itzehoe og krævede Hyldingen, men hele Skaren, 300 Mand, raabte med een Mund, at de havde hyldet Grev Gerhard, og saalænge han levede vilde de ikke hylde nogen Anden; med ham vilde de opsætte Liv og Blod. Tumulten stillledes vel i Øieblikket, da man fik Bønderne til at gaa hjem; men nu æskede Kongen den stipulerede Hjælp af Hamborg og Lybek. Lybek sendte 400 Skytter til Itzehoe, Hamborg til Skibs nedad Elben et Tusind Mand, der røvede og brændte langs med Floben. Saa maatte Marskbønderne bede om Naade, give Kongen en Skat og forpligte sig til ikke at optage i Landet de flygtede Hovedmænd for Opstanben. De mistede besuden deres gamle Landret, der gav bem større Frihed end de andre Bønder. Dette skete i November 1470, saa at Kongen paa mindre end et halvt Aar havde heldigen rykket Fyrstendømmerne ud af sin Broders Haand og hævdet sit eget Herredømme.

Man seer her Grunden til, at Kong Christiern ikke kunde optræde i Sverrig strax efter Karl Knudsens Død og understøtte sine og Unionens Tilhængere i det første Aars Kampe mod den nye Rigsforstander. Det var Grev Gerhards Færd i Fyrstendømmerne, der skaffede Sten Sture Tid til at sætte sig fast i Rigsforstanderskabet; saaledes er her atter Bevis paa indre Forbindelse imellem Kong Christierns Kamp om Sverrigs Krone og hans Stræben efter at fastholde Fyrstendømmerne. Denne Sammenhæng viste sig ogsaa efter Brunkebjergslaget; thi endnu havde Grev Gerhard Tilhængere i Hertugdømmet Slesvig, der mente, at et Opstandsforsøg imod Kong Christiern nu kunde lykkes bedre end forrige Gang; og Menigmand sørgede over at have mistet sin Forsvarer

og nu atter at maatte bære Adelsherrernes Aag.   Navnlig bare
Friserne det med Utaalmodighed.   Et Parti iblandt dem med Hen-
neke Wulff i Spidsen opfordrede Gerhard til atter at optræde i
Fyrstendømmerne.   Ærgjerrig, stridslysten, urolig som han var
gik han ind paa Planen.   I September 1472 landede Greven
uventet i Husum, der tog vel imod ham.   Husum havde for ikke
mange Aar siden faaet Kjøbstadsret og blomstrede op, især efterat
Hollænderne havde begyndt at søge Veien til Østersøen over denne
By og Flensborg.   Nu bragte Gerhard Tømmer og Redskaber til
Byens Befæstning, tilligemed et hundrede Mand.   Ridderskabet
foer op ved Synet af den gamle Fjende og kaldte ufortøvet Kon-
gen derover.   Med sin vante Raskhed indfandt han sig, kaldte i
Henhold til de Segebergske Konkordater Adelen med Lybek og
Hamborg til Vaaben og rykkede mod Husum.   Men til en Kamp
imellem Brødrene kom det dog heller ikke denne Gang, da Kongens
Overmagt var altfor stor.   Gerhard listede sig ved Nattetid tilfods
ud af Husum og undslap til Tydskland.   Oprørets Hovedanfører
Henneke Wulff undkom ligeledes til Ditmarsken, hvor han nogen
Tid efter blev ihjelslagen.   I Wewelsfleth Kirke findes — eller
fandtes — et Maleri, som skal forestille denne Mand, der her
gjøres til Hovedpersonen i den samme Historie, som har vandret
saa vidt om i Verden, om Skytten, som Tyrannen bød at skyde
Æblet af Sønnens Hoved.   — Men mod dem, der ikke undslap,
øvede Kongen en blodig Justits med Halshugning og Radbrækning
og Eiendomsindbragelse.   Ja Stalleren Edlef Knudsen blev som
en Hovedforræder levende firdelt.   Husum skulde egentlig have ikke
alene mistet sine Kjøbstadsrettigheder, men været brændt og jævnet
med Jorden, — det havde Hamborgerne forlangt for deres Hjælp
mod Opstanden; men Kongen lod sig dog formilde saa vidt, at
Staden slap med en svær Pengebod og en haard Skat, medens
saa mange af Beboerne som indviklede i Opstanden mistede deres
Eiendomme, at den halve By maa have faaet en anden Befolk-
ning.   Vi have endnu lange Rækker af kongelige Gavebreve til for-
skjellige Adelsmænd paa konfiskerede Huse og andre Eiendomme i
Husum.   — Fra nu af var Kong Christiern i rolig Besiddelse af
Landsherrens Stilling i begge Fyrstendømmer.   Grev Gerhard
havde vel endnu ikke forvundet sin Harme, men han havde intet
andet Middel til at lade Kongen føle den, end ved at sværte ham

faa godt han kunde hos Fyrster og Stæder. Længe varede det dog ikke, inden Brødrene atter forsonedes.

I nogle Aar var der for saa vidt Ro i Fyrstendømmerne, at der hverken fra Kongens eller Almuens Side skete noget Forsøg paa at trænge Adelen ud af den herskende Stilling, der paa en Maade var den sikret ved de Segebergske Konkordater. Men Kongen bar dog med stor Uvillie Trykket af sin Gjæld til Panthaverne og harmedes over de adelige Herrers Lovløshed, navnlig over de Mishandlinger, de tillode sig mod Menigmand. Denne Stemning kom endelig til Udbrud Aaret før hans Død og yttrede sig med en Styrke og Heftighed, der skræmmede Adelen. Kong Christiern indfandt sig personlig paa en Forsamling af Ridderskabet ved Kiel, hvortil han ogsaa havde kaldt Lybek og Hamborg. Her foer Kongen heftig løs mod Henning Pogwisch, en af Landraaderne, der havde Tønder Slot og Herred i Pant for 25,000 Mark. Kongen beskyldte ham for oprørende Tyranni imod Almuen: han havde ladet skjære Næse og Øren af en Bonde, taget Livet af en Anden, Alt for Pengesager; han havde lagt svær Skat paa Bønderne under Paaskud af at det var Kongeskat, og dog Intet givet til Kongen. Dette og Mere sagde Kongen aabenlyst i Marken for hele Forsamlingen og bad navnlig Lybeks og Hamborgs Sendebud at mærke hans Klager over Henning Pogwisch, hvis Sønner ikke vare mindre tyranniske imod Menigmand, end deres Fader. Kongen fortalte blandt Andet, at Wulff Pogwisch havde kaldt en ung Bondekone op paa Gaarden for at amme hans nyfødte Søn; men da Konen vægrede sig, forbi hun ikke vilde forlade sit eget spæde Barn, lod Adelsmanden hende gribe og skjære Brysterne af hende med de Ord: nu skal Du hverken amme dit eller mit Barn. Konen døde af denne Behandling. — Den gamle Ridder faldt Kongen tilfode og bad om Naade; men Kongen vendte sin Hest uden at ville høre ham, saa at han og hans Sønner flygtede ud af Landet, hvorpaa Kongen ikke alene inddrog hans Pantelen, men ogsaa indtog og nedbrød hans Eiendomsgaard Farwe. Det var velfortjent Ulykke, der kom over den mægtige Slægt; men man kan dog kun kalde Kongens Adfærd despotisk. En anden adelig Herre Joachim Rantzau til Ascheberg, der som Panthaver af Pløn havde tilladt sig lignende Ugjerninger, gik det ikke stort bedre. Der tales ikke om nogen Rettergang eller Dom over ham eller over Pogwischerne.

Disſe henvendte ſig nu til det øvrige Ridderſkab om Biſtand i
Henhold til det i Aaret 1469 ſluttede Adelsforbund; men det var
netop dette, Kongen vilde bryde. Han indkaldte en Forſamling af
Ridderſkabet til Rendsborg, i Juli 1480, hvor han i Overens-
ſtemmelſe med de Segebergſke Konkordater lod Hamborgs og Lybeks
Sendebud forebrage ſine Klager imod Adelen. Kongen klagede
over, at Adelen havde indgaaet et Forbund imod Enhver, der ikke
vilde ſætte ſin Ret i deres Vold, og ikke engang havde undtaget
Landsherren ſelv fra dem, mod hvem Forbundet var rettet; han
mente, at dette bevirkede, at Landraaderne ikke vilde raade Kongen
eller Dronningen til Rettergang eller Dom over nogen af Delta-
gerne i Forbundet; han klagede over, at Adelen opſkruede ſine
Pengefordringer til ham over alle Grændſer, hvorfor han nu paa
Segeberg vilde have en endelig Opgjørelſe med dem; han klagede
over, at de adelige Herrer anmasſede ſig den ene af Landsherrens
Rettigheder og Eiendomme efter den anden, Jagt, Fiſkeri, Græs-
gange, Landsbyer, Bønder oſv., — at hans Breve bleve ringeag-
tede, hans Tjenere haanede eller mishandlede oſv. — ligeſom der
for ham var kommet mange Klager fra Menigmand over Adelens
Vold og Thyranni. Ridderſkabet var aabenbart ſkræmmet ved Pog-
wiſchernes Skjæbne og kunde ikke lukke Øinene for den Fare, der
truede dem, naar Kongen i Forbindelſe med de to Stæder, med
Biſkopper og Prælater og med Menigmand vilde optage Grev
Gerhards Kamp mod Adelen. Det gav derfor nu i Rendsborg
et ydmygt Svar, hvori det langtfra at trodſe paa ſin anmasſede
Ret, tvertimod ſøgte at undſkylde ſig og lovede Kongen Underka-
ſtelſe og Afhjælpning af Klagerne. Om Adelsforbundet af 1469
navnlig erklærede de, at det kun havde været rettet imod Grev
Gerhards Overgreb og ſenere ikke havde været brugt. Ligeſaa yd-
mygt ſvaredes paa de øvrige Klager, ſaa at Kongen her i denne
Rendsborgſke Forſamling optraadte ſom Ridderſkabets virkelige
Herre, der trængte det et godt Skridt tilbage fra dets anmasſede
Stilling. Selv perſonlig forbød Kongen enhver Vold og Selvtægt;
han paalagde Byerne under Tab af deres Privilegier at forſvare
dem, der lede Vold og Uret m. m.
    Efter dette Møde i Rendsborg lod Kongen i Auguſt ſ. A.
paa Segeberg Slot foretage den Opgjørelſe med ſine Kreditorer,
han havde fordret i Rendsborg. Og her ſaa man da det Særſyn,

at en Gjæld, som efter Kreditorernes Opskrifter løb op til 465,000 Mark, skal være svundet ind til 20,000 Mark, hvorfor Kongen udstedte nye Forskrivninger *). Selv om mange af Kreditorerne havde beregnet sig høie Renter og slaaet dem til Kapitalen, bliver dog et saadant Udfald af Opgjørelsen vanskelig at forstaa, med mindre man forudsætter, at Kongen nu her i Hertugdømmerne har gjort den samme Ret gjældende som i Danmark og Sverrig, nemlig at alle de givne Panter, — alle de, der vare forundte som Løn eller Belønning, eller af Naade og Gunst, skulde falde tilbage til Landsherren, hvad der i Hertugdømmerne maatte indbefatte alle dem, der vare givne for de Summer, Kongen havde lovet ved sit Valg, og at ligeledes alle Panter for virkelig laante Penge skulde falde tilbage, naar de bevislig oppebaarne Indtægter af Pantet løb til eller over Hovedsummen. Dette, der støtter sig til den kanoniske Rets Forbud mod Aager, kan man vistnok saa meget mere antage er kommet til Anvendelse ved Regnskabsopgjørelsen paa Segeberg, som man seer, at Kongen ved denne Leilighed beraabte sig paa en pavelig Bulle af 1ste Juli 1474, hvori Sixtus IV i de heftigste Udtryk truer ublu Aagerkarle, af geistlig saavel som verdslig Stand og adelig Byrd, i Hertugdømmerne Slesvig og Holsten med Bandsættelse. Er det Geistlige i Hertugdømmerne, der gjøre sig skyldige heri, fratager Paven dem Embede, Værdighed, Beneficier; er det Verdslige, frakjender han dem Ære, Ret til at gjøre Testamente, Adgang til ethvertsomhelst Embede, eller enhver Værdighed, ogsaa verdslig, og deres Børn i andet Led erklæres inhabile til at opnaa nogen geistlig Grad eller noget kirkeligt Beneficium. Han bandlyser dem første, anden og tredie Gang og erklærer dem evig fordømte som Dathan og Abiram, hvem Jorden slugte, saa at de fore levende til Helvede, og som Judas Ischa-

---

*) Saaledes Joh. Petersen, Chronica der Lande zu Holstein ed. Kruse, II, p. 103. Dahlmann, Danmarks Hist. III, p. 288 og Christiani, I, 106; jfr. ogsaa Detmars Fortf. Grautoff, II, p. 415. Jeg kan iøvrigt ikke forene dette med den Segebergske Reces af 29de Aug. 1480 (Dipl. Chr. I, 364), som jeg rigtignok ikke ret forstaaer. Saameget er imidlertid vist, at de Summer, Kongen nu gav nye Forskrivninger for, kun var en Del af hans Gjæld til Adelsmænd i Hertugdømmerne. Recessen holder udtrykkelig en Mængde Pantebreve, hvis Paalydende ikke angives, udenfor dette Regnskab; og om Beløbet af flere Poster i Regnskabet kom man ikke til Enighed.

rioth, vor Frelſers Forræder, der revnede midt over, ſkjøndt han
angrede! — Denne tordnende Bulle nævner ikke Kong Chriſtiern,
den ſiger tvertimod, at Paven motu proprio, uden Nogens An-
modning, har udſtedt den; men der kan dog ikke være Tvivl om,
at det er Kongen, der paa ſin Romerreiſe har udvirket den, ihvor-
vel den er dateret mere end en Maaned efter hans Afreiſe fra Rom.
Men paafaldende er det, at Kongen har ladet 6 Aar hengaa inden
han gjorde Brug af Bullen. Dette maa forudſættes at have havt
ſin Grund i Forhold, der ere os ligeſaa ubekjendte ſom de, der
nu i 1480 ſatte Kong Chriſtiern i Stand til at ydmyge det ſtolte
ſlesvigholſtenſke Ridderſkab og nøde Blodiglerne til at give fra ſig
hvad de havde udſuget af ham og af Landet.

Men ret ſom om det var Kong Chriſtiern en Livsfornødenhed
at ſtifte Gjæld og at ſætte Pant, havde han neppe ſkaffet ſig Rid-
derſkabet fra Halſen, førend vi atter ſee ham pantſætte begge Her-
tugdømmerne hver for 100,000 Gylden, — dennegang dog til ſin
Dronning! At hun ſkulde virkelig have laant ham, eller kunnet
laane ham ſaadanne Summer, er uantageligt, ihvorvel hun var
en ganſke anderledes forſtandig Husholder end Kongen og bevislig
har ſkaffet ham Penge ved flere Leiligheder, faaſom til hans Tog
mod Sten Sture 1471; men da maatte hun pantſætte ſine Smykker
og Klenodier i Lybek og havde i det følgende Aar Vanſkelighed ved
at faa dem indløſte. Men denne Pantſættelſe af Hertugdømmerne
i 1480 har nok i det Væſenlige været en Form, under hvilken der
ſikredes Dronningen en rundelig Indtægt og en Indflydelſe i Her-
tugdømmerne, der rimeligvis ſkulde benyttes til Fordel for den
yngſte Søn Frederik.

Femte Afdeling.

Kong Christierns Afhængighed af Hanseaterne. Norge mister Orkenøerne og Shetlandsøerne. Romerreisen. Kong Christiern og Keiser Frederik. Ditmarsken. Kongens Død og Eftermæle.

Naar man har seet, hvor afhængig det ulykkelige Forhold til Sverrig og det næsten lige saa uheldige til Slesvig-Holsten gjorde Kong Christiern af Hansestæderne, navnlig af Lybek, vil det være let at forstaa, hvorfor han Intet kunde udrette til at hæve og sikre sine egne Rigers Næringsvirksomhed; og hvorfor de Forsøg, han dog gjorde derpaa, mislykkedes, naar de kom i Strid med Hanseaternes Fordel. Hanseaternes Handelsaag hvilede tungt paa Danmark, Hertugdømmerne og især paa Norge, hvor de Kontorskes overmodige Anmasselse virkelig var oprørende. — Men selv om ikke Kong Christierns store Politik havde bundet hans Hænder imod Hanseaterne, havde disses Handelsaag endnu dengang vanskeligt kunnet heelt afkastes. En Thrans eller et fremmed Folks Volds-herredømme bekæmpes med Vaaben; men et Handelsaag kan ikke brydes med Magt, fordi den Underkuede selv ikke kan undvære Undertrykkeren. Saalænge Lybeks og dets Forbundsfællers blom-strende Velstand endnu stod fast paa Middelalderens Samfærdsels-forhold, der førte en Hovedstrøm af Mennesker, Varer og Penge over disse Stæder, kunde Norden ikke undvære deres Kapital eller deres Kjøbmænd som Kjøbere og Sælgere. Hvad en Konge, der havde været nogenlunde Herre over sine Handlinger, kunde have gjort, var at begunstige andre Folks Handel med hans Under-saatter. Dette har Kong Christiern ogsaa forsøgt, men saa svagt og usammenhængende, at man maa sige, at han snarere fingere-rede ved disse Forhold, end at han tog ordenlig fat paa dem. Han har en Tid seet igjennem Fingre med Hollændernes Fart paa Bergen uden at lade sig rokke af de Kontorskes Klager; men saa nødte de svenske og slesvigholstenske Forviklinger i 1469 ham til at give efter for Lybeks Forestillinger. I det følgende Aar, da han traadte i venskabeligt Forhold til den mægtige Hertug Karl af Bur-gundien, formaaede denne ham til atter at aabne Bergen for Her-tugens Undersaatter i Amsterdam; men Hanseaternes Klager drev dem snart bort igjen. Forordningen af 15de Oktober 1469 stad-

fæstedes i Marts 1471: Hollænderne maatte kun komme med eet
eller to Skibe til Bergen, udlosse Ladningen og sælge den i Stort,
ikke i Stykketal. Ved denne Leilighed er det ret øiensynligt, at
Kong Christierns Lovgivning om Handelen i hans Lande bestemmes
af hans almindelige Politik; thi det var under Kongens Ophold i
Lybek til Forberedelse af det afgjørende Krigstog imod Sten Sture
at Lybekerne afnødte ham dette sidste Tilbageskridt, der ligesaa lidt
som de ældre Begunstigelser af Kontoret i Bergen havde været
Gjenstand for Overveielse med det norske Rigsraad.

Saavidt det lod sig forene med denne Afhængighed af Hansea-
terne har Kong Christiern dog ogsaa været betænkt paa den indre Ud-
vikling af Næringsforholdene i hans Riger selv, og da i Retning af
at bringe Kjøbstæderne i udelukkende Besiddelse af Handel og Haand-
værk ved at nøde Landboerne til at bringe deres Produkter tiltorvs og
hente deres Fornødenheder i Landets egne Byer. Det er den samme
Retning, som hans to nærmeste Forgængere paa Tronen vare slaaede
ind paa, og som ogsaa hans Eftermænd fulgte, og mere afgjort
end Kong Christiern, fordi de brøde med de Magter, der gjorde
hans Bestræbelser næsten virkningsløse: Hanseaterne og Adelen.
Thi disses Privilegier maatte gjøre det umuligt at opretholde al-
mindelige Lovbestemmelser saa længe og fast, at Beskyttelsen for
Kjøbstædnæringen kunde bringe Frugt og hæve Byernes Velstand.
Blandt Kong Christierns Forordninger om Handel skal jeg exem-
pelvis fremhæve den af 30te September 1475, fordi den ret paa-
faldende karakteriserer Tiden og Regeringens Anskuelser.

— — „Vider, kjære Venner", hedder det i det for Kjøben-
havn bestemte Exemplar, „at Vi for Vore Borgeres og Under-
saatters i Vore Riger Danmarks og Norges Bedste og Bestands
Skyld ere saa overens vordne med Vore elskelige Raad udi Dan-
mark og Norge, at saadant Forbud, som her efter følger, skal
stande og holdes. Først at tydske Mænd maa seile ind i Vort
Rige Danmark og ingen Danske til Tydskland med Kjøbmandskab,
og at de Danske maa seile inden disse tre Riger, den ene til den
anden. Tydske Mænd maa kjøbe og udføre allehaande Varer, uden
Honning og Heste yngre end fem Aar, undtagen i Ribe Marked,
og Hopper (Hors) bedre end 3 Mark og yngre end fem Aar.
Øxne maa drives af indenrigs Mænd til Falsterbod, Skanør,
Dragør og til andre Fiskerleier og Kjøbstæder; ligeledes til Asfens,

„Kolding og Ribe, og ikke længer af indenrigs Mænd sønderud. — Bønder maa kjøbe og sælge med Kjøbstædmænd, ei til Forprang, og ikke med Gjæsterne, og Gjæsterne med Kjøbstædmænd, og ikke med Bønderne; og at Ingen, mægtig eller umægtig, aandelig eller verdslig, Vore Embedsmænd eller Andre, skulle gjøre Landkjøb eller Forprang uden til deres Bords eller Gaards Behov, uden i frit Aarsmarked, der kjøbe og sælge hver efter gammel Sædvane. Hvo som her imod gjør, have forbrudt hvad han hanterer og dertil tre Mark. Tydske Kompagni skal aflægges, og hvo som vil af de Tydske maa være i det danske Kompagni. Ingen udenlandske Kjøbmænd skulle være i Vore Riger og Lande om Vinteren, men komme om Sommeren med første aabne Vand og fare bort igjen inden S. Andreæ Dag; og skulle de ligge med Vore Borgere i Kost og ingen anden Sted, og ei gjøre Borgerne noget Forkjøb eller Forfang. Ingen af Vore Borgere eller Undersaatter skulle tage fremmede Kjøbmænds Penge eller Gods, eller have Vederlag med dem og bruge til Kjøbmændenes Gavn eller Nytte. Hvo som herimod findes, have forbrudt de samme Penge eller Gods og dertil 40 Mark til Kongen og 40 Mark til Byen. Vore Borgere maa forfragte tydske Mænd deres Skib, at føre Kjøbmændenes Gods til Tydskland med, dog saa, at de ei selv sende noget deres Gods til Kjøbmandskab der ud med. Om Seiling udi Vestersøen skal være og blive som hidtil været haver efter gammel Sædvane. Hvo som tydsk Øl vil føre ind udi Rigerne til at sælge, skal give Kongen et Lod Sølv paa hver Læst til hans Fadebur, og ingen Tønde dyrere sælge end atten Skilling; og hvo som mindre fører end een Læst, give mindre af Sølvet efter Tallet, og ingen andre Varer at give istedetfor Sølv. Og saadant Sølv skal Kongens Embedsmand i Kjøbstaden eller Lenet, hvor det Øl indkommer, oppebære, og han gjøre Kongen der god Rede og Regnskab af udi hans Fadebur, og ingen Anden, hvad heller Kjøbstaden eller Lenet er udi Pant eller Forlening. Om nogen God Mand behøver til sit eget Behov Tydsk Øl, da maa han lade det hente uden forskrevne Sølvs Besværing. Alt andet Gods og Kjøbmands-Gods skal fortoldes efter gammel Sædvane. — Dette Forbud og Skikkelse skal paagaa S. Andreæ Dag nu næst kommende og standende blive, uden Vi med Vore menige Raads Raad det anderledes stikkende vorde".

8

Det er her tydeligt, at Regeringen vil indſkrænke Kjøbmæn-
denes, d. e. de tydſke Hanſeaters Handel og Indflydelſe til Fordel
for de Indfødtes Handel; men man ſpørger med Forundring, hvor-
ledes Konge og Raad er kommen til det paafaldende Forbud imod
ſine Underſaatters ſelvſtændige Handel paa Tydſkland: hvorfor maa
danſke Mænd nok udleie deres Skibe til de tydſke Kjøbmænd, men
ikke ſelv drive direkte Handel paa Tydſkland — ikke ſeile „med
Kjøbmandſkab" til Tydſkland?   Det er dog utænkeligt, at dette er
ment ſom en Begunſtigelſe for Hanſeaterne, da Forordningen
iøvrigt netop gaaer i modſat Retning.   Gaadens Løsning ligger
uden Tvivl i Paabudet af en Sølvtold paa tydſk Øl, og det
Maximum, der i Forbindelſe dermed er ſat for Priſen.   Kongen
har villet ſkaffe ſig en Indtægt af denne maaſke den betydeligſte
Indførſelsartikel, men ſaaledes, at Tolden faldt paa Kjøbmanden,
den tydſke Importør, ikke paa Forbrugerne, hans egne Underſaat-
ter; derſom diſſe nu førte egne Varer til Tydſkland, var det ikke
vanſkeligt at forudſee, at Hanſeaterne for at undgaa Tolden vilde
paanøde dem tydſk Øl i Betaling, ſaa at Kongens egne Under-
ſaatter blede Importørerne i de nordiſke Riger.   Og havde For-
ordningen ikke ſat baade en faſt Taxt for Varens Salg her i Lan-
det, og en Kontrol med Varens Godhed, ſaa vilde Sølvtolden
være bleven lagt til Priſen, eller Varen ſaa meget forringet, at
det dog var bleven Forbrugeren, der ad Omveie kom til at betale
den nye Told.   Iøvrigt er det kun til Tydſkland, d. e. til de ven-
diſke Stæder, at danſke Mænd ikke maa direkte føre deres Varer
tilſøes, hvad der maaſke ikke juſt var nogen ſtor Indſkrænkning,
ſaaſom aktiv Handel imellem de nordiſke Riger og de vendiſke
Stæder dog for ſtørſte Delen var i disſes Hænder.   Den inden-
rigſke Handel og Fart, ſamt den i Veſterſøen, altſaa ogſaa paa
de veſtlige Lande, var fri.

Jeg fremhæver denne Forordning ogſaa forbi det omtalte For-
bud behandles af vore danſke Hiſtorieſkrivere i Almindelighed ikke
alene ſom tyranniſk mod Kongens egne Underſaatter, men ſom ube-
gribeligt, ja taabeligt.   Det er det dog ikke, naar man forſtaaer
det ſom her er forklaret; Forbudet er i Virkeligheden rettet mod
Hanſeaterne, ſkjøndt det umiddelbart gaaer paa Kongens Under-
ſaatter.   Men det kunde rigtignok ikke gjennemføres.   Allerede dette,
at enhver „God Mand", d. e. enhver Adelsmand, maatte kjøbe

tydsk Øl uden Sølvtolden, nedsatte jo Toldens Beløb betydeligt og aabnede en Vei for grove Defraudationer; men endnu værre var det, at den hele Sølvtold ikke lod sig opretholde imod Hanseaternes kloge Benyttelse af Kongens politiske Forviklinger. I Aaret 1475, da Forordningen udkom, var der Stilstand med Sverrig og endnu Haab om en endelig og varig Fred. Da stod Kongen friere til Hanseaterne. Men disse kom i heftig Bevægelse over denne Sølvtold; de vendiske Stæder holdt Møder derom, og ved første gunstige Leilighed, nemlig da det svenske Folk i Aaret 1477 fuldstændig brød med Kong Christiern, hvorved det atter saa ud til Krig, faldt de over Kongen med paatrængende Fordringer om Sølvtoldens Ophævelse. Og nu, da Kongen ikke turde lade det komme til et Brud med dem, fik de atter deres Villie som i 1469 og 1471. Forordningen af 30te September 1475 udkom under 27de August 1477 i en ny Udgave, hvor Sølvtolden ophævedes og samtidigt den direkte Handel paa Tydskland atter frigaves for Kongens Underfaatter, hvilket beviser, at det virkelig var Sølvtolden, der havde fremkaldt det saa paafaldende Forbud, at danske Mænd ikke maatte seile til Tydskland med egne Varer, men nok maatte fragte deres Skibe til Tydskerne. Denne sidste Forordning er udstedt af Kongen alene uden Rigsraadets Deltagelse.

Det var især N o r g e, der kom til at lide ved denne Kong Christierns Afhængighed af Hanseaterne. Ikke alene i Bergen havde disse sat sig fast; men Rostokerne havde besuden særlige Privilegier for Handelen paa Oslo og Tønsberg. Ogsaa paa en anden Kant faldt Norges Ret som Offer for Kong Christierns Forlegenheder. Da han i Aaret 1468 trolovede sin eneste Datter, Margarete, med den unge Kong Jakob af Skotland, bestemtes Medgiften til 60,000 Gylden, hvoraf 10,000 skulde kontant udbetales, naar Bruden afhentedes fra Danmark, og Ørkenøerne pantsattes for de 50,000; besuden frafaldt Kongen Norges Krones Ret til den aarlige Afgift af Hebriderne og Den Man, og til den siden Aar 1426 resterende Afgift, samt til alle andre Fordringer for disse Øers Vedkommende. — Til Undskyldning for denne Overenskomst kan dog anføres, at Norges Fordring paa Afgiften, som Kong Christiern i Aaret 1460 søgte at gjøre gjældende, neppe kunde være gjennemført uden en Krig, der ligesaalidt var i Norges som i Kongens Interesse, og at Overenskomsten af 1468 om Medgiften

og Orkenøernes Pantſættelſe var truffen af Kongen i Forening
med Norges Riges Raad.   Orkenøerne vare i Virkeligheden ogſaa
tabte med Undergangen af Norges gamle Sømagt.   Den høieſte
baade verdslige og geiſtlige Magt var forlængſt i Skotters Beſid-
delſe, ſkjønt Skotlands Krone · endnu ikke havde afløſt Norges i
Høihedsretten.   Men at ogſaa Shetlandsøerne gik tabte ved dette
Ægteſkab havde alene ſin Grund i det Forhold, der griber ſaa
dybt ind i Kong Chriſtierns hele Hiſtorie, Forholdet til Sverrig;
thi da Kong Jakobs Sendebud ankom i Aaret 1469 for at afhente
Bruden og de 10,000 Gylden af Brudeſkatten, havde den fornyede
Krig med Sverrig 1468 og 1469 efter Kong Karls ſidſte Tilbage-
komſt medtaget den danſk-norſke Konges Finantſer ſaa ſtærkt, at
han ikke ſaa ſig i Stand til at erlægge kontant mere end 2000
Gylden af Medgiften; for de øvrige 8000 Gylden maatte han da
bekvemme ſig til at ſætte ogſaa Shetlandsøerne ſom et brugeligt
Pant, og her, ſaavidt vides, uden at indhente det norſke Rigs-
raads Samtykke.   At Skotland aldrig har villet give nogen af
disſe Øgrupper tilbage for Panteſummen, er bekjendt nok; men
mindre bekjendt er det, at det ſtrax har betragtet Øerne ſom en
endelig Erhvervelſe.   Dette maa man ſlutte deraf, at Orkenøernes
Biſpedømme løstes fra dets gamle og oprindelige Forbindelſe med
Norges Metropolitankirke og henlagdes under Biſkoppen af St.
Andrew's, da dennes Biſpeſtol ved Pave Sixtus den Fjerdes Bulle
af 14de Auguſt 1472 ophøiedes til Metropolitankirke for Skotland.
J denne Bulle anføres Biſkoppen af Orkenøerne ſom en af den
nye Ærkebiſkops Lydbiſkopper.

Kong Chriſtierns Romerreiſe i Aaret 1474 er et af de meſt
omtalte Optrin af hans Hiſtorie.   Man har været i Uvished om
Anledningen til denne koſtbare Reiſe, og om Kongens Henſigt med
den.   Almindeligſt hedder det, at Kongen engang i en ſtor Livs-
fare havde gjort et Løfte om at drage til Vor Frelſers Grav,
men nu ved en Pilgrimsfart til Rom vilde hos Paven ſøge Løs-
ning fra dette Løfte.   Noget Beſtemt vides imidlertid ikke herom,
og Reiſen ſelv havde aldeles ikke Præget af en Andagtsøvelſe, eller
noget andet religiøſt Præg end hvad der naturligt fulgte med et

Besøg hos Kirkens Overhoved ved de to Apostlers Grave. Tvert= imod skete den med saa stor Pomp og Pragt, at den snarere saa ud som et Triumftog end som en Pilegrimsfærd. Man har der= for ogsaa baade dengang og senere underlagt den andre Bevæg= grunde. I Hansestæderne frygtede man for, at den stod i Forbin= delse med skumle Planer imod de frie Stæder, som om Kongen under Skin af Andagt søgte Leilighed til Aftaler med Keiseren, Hertugen af Burgundien, Markgreven af Brandenborg og andre Fyrster, der saa skjævt til Stædernes Frihed. Andre mene, at Kongen har villet see at faa et Krigstog mod Tyrkerne istand. Men noget Holdbart er ikke kommet for Lyset, saa det rigtigste er at see hen til det, han udrettede paa denne Reise, og deri søge dens Hensigt.

Den 8de Januar 1474 drog Kongen med et talrigt Følge paa 150 Heste fra Reinfeld Kloster. Han havde flere lærde Mænd med sig, og til ham sluttede sig Hertug Johan af Sachsen=Lauen= borg samt flere tydske Grever og Herrer. — Den 8de Februar kom dette talrige Selskab til Rotenburg an der Tauber, hvor Keiser Frederik den Tredie da opholdt sig og modtog Kongen paa det Bedste. Over Innspruck, Brescia, Mailand, Mantua, Bo= logna og Siena gik Reisen til Pavens Lande, under lange Ophold og mange Festligheder paa Veien. Især modtog Hertug Galeazzo Maria Sforza af Mailand de Reisende med overordenlig Pragt og gav Kongen rige Gaver. Han ønskede nemlig at vinde ham, for at benytte hans almindelig bekjendte Venskab med Keiseren til en Forsoning med denne. Til Paven, Sixtus den Fjerde, havde Kongen meldt sin Ankomst og modtog ved Indgangen til Kirkens Lande i Aqua=pendente en meget hjertelig Velkomstskrivelse, over= bragt af to Kardinaler, der ledsagede ham til Rom. Her var Modtagelsen den 6te April fra Pavens Side saa prægtig, og Kon= gens Møde med ham saa høitideligt, at det stærke Indtryk paa de Tilstedeværende er kjendeligt i de forskjellige Beretninger. Som Ceremoniellet krævede knælede Kongen for den hellige Fader og kyssede først Fod, saa Haand. Den følgende Dag, Skjærtorsdag, gav Paven, med Kongen ved sin Side, fra Benediktions=Loggien for hans Skyld alle de tilstedeværende Bodfærdige Aflad for alle deres Synder. Paaskesøndag administrerede Paven for Kongen og hans Følge personlig den hellige Nadvere. Anden Paaskedag gav

Sixtus ham den indviede gyldne Rose, som Kongen bar i Proces-
sion gjennem Byen, fulgt af alle Kardinaler, Biskopper og Præ-
later. Desuden gav Paven ham rige Gaver og holdt ham med
Tyve af Følget frit paa sin Bekostning i Vatikanet. Til denne
pragtfulde Modtagelse svarede den Beredvillighed, hvormed Pave
Sixtus indrømmede Kongens Begjæring om kirkelige Begunstigelser
af forskjellig Art. Han stadfæstede Kongens Stiftelse af Helligtre-
kongers-Kapellet med den dertil hørende Messetjeneste ved Roskilde
Domkirke, og ligeledes det Broderskab, Kong Christiern havde sat
i Forbindelse med denne Stiftelse. Paven gav 50 af Broderskabet
et Privilegium, der ellers ikke let indrømmedes andre end fyrstelige
Personer, nemlig at de maatte vælge sig selv en Skriftefader, der
fik Magt til engang i en Livsfare efter Skriftemaal at afløse dem
fra alle deres Synder med apostolisk Magtfuldkommenhed. Dog
tilføier Paven ganske forsigtigt, at dersom de misbrugte dette Pri-
vilegium til at synde rask væk i Tillid til denne sidste Aflad, skulde
den ikke hjælpe dem. — Kongen, Dronningen og deres Børn
maatte to Gange, engang i Livet og engang paa Sottesengen,
modtage en saadan fuldstændig apostolisk Afløsning af en selvvalgt
Skriftefader. — To andre Gunstbevisninger omtales vel ikke i
Reiseberetningerne, men ere dog sikkert nok ogsaa erhvervede i Rom:
først Pavens ovenfor omtalte skarpe Bulle af 1ste Juli 1474 imod
Aagerkarle af geistlig og verdslig Stand i Slesvig og Holsten,
dernæst Tilladelsen til at oprette et almindeligt Studium eller Uni-
versitet med samme Rettigheder som det i Bologna. Bullen herom
er vel først udfærdiget den 19de Juni 1475 til Ærkebiskoppen af
Lund Jens Brostrup, men den omtaler Kongens bevægelige Bøn-
ner og Forestillinger som Pavens Motiv, saa der kan ikke være
Tvivl om, at det er under sit Ophold i Rom, Kongen har ud-
virket det apostoliske Samtykke. Han selv ansaa det som en Æres-
sag baade for ham og Landet at faa Bullen sat i Værk, hvad der
endelig ogsaa lykkedes ham ved Studiets høitidelige Aabning den
1ste Juni 1479. Til en anden Stiftelse behøvede han vel ikke
Pavens eget Samtykke, nemlig til Oprettelsen i Aaret 1475 af et
Helligaands-Hospital, oprindeligt for 20 Fattige, det samme Ho-
spital som fra Christian den Fjerdes Tid hedder Vartou Hospital.
Men ogsaa denne Stiftelse er en Frugt af Kong Christierns Romer-
reise, da han i Rom havde følt sig særdeles tiltalt af Pave Six-

tus' store Stiftelse, hans Xenodochium sancti spiritus in Saxia, der ogsaa er blevet Mønstret for lignende Hospitaler i andre Lande. Disse to Stiftelser ere varige Minder om Kong Christierns Romer- reise, der sætte den langt over andre Kongers Udenlandsreiser, saa- som Frederik den Fjerdes eller Christian den Syvendes.

Hvad der har forskaffet Kong Christiern saa stor Ære og Gunst i Rom har vel nærmest været den Glands, der omgav hans tre Kongekroner, hvor svag hans Magt end var, naar den saaes ret i Nærheden; thi Kong Christiern var unægtelig en Distance- blænder. Ogsaa det gjorde stort Indtryk i Rom, at han førte Titel af Goternes Konge; thi Goterne stode endnu for Romernes Fantasi som det vældige Folk, der engang havde omstyrtet det ro- merske Keiserrige og hersket i den evige Stad. Men uden Tvivl har dette dog ikke været Hovedsagen, der gjorde Kong Christierns Besøg til en Begivenhed af høi Vigtighed for Paven. Derimod var der i den hele kirkelig-politiske Situation Forhold og Tendent- ser, der maatte bringe den romerske Kurie til at modtage en af den latinske Christenheds mest ansete Fyrster med aabne Arme og villig komme hans Ønsker imøde, for at vinde ham for sine Anskuelser og Planer.

Kong Christiern havde tiltraadt sin Regering i Norden netop paa det Tidspunkt, da Pavemagtens Seir over Biskopperne og det frisindede Parti paa de store frie Kirkeforsamlinger i Kostnitz og Basel i det femtende Aarhundrede var afgjort. Roms Seir over Reformpartiet var vunden og hævdedes især ved at drage Fyrsterne fra Kirkeforsamlingen ved Indrømmelse af nogle Fordele, imod at Paven beholdt de Rettigheder og Indtægter, Baselerfor- samlingen saa kraftigt havde arbeidet paa at rykke ud af hans Haand for at lette den tunge Byrde af allehaande Pengeudpresninger, Rom da havde lagt paa Christenheden. Det var Nationalkirkernes Selvstændighed, Paven ved sin Seir fik Bugt med, det var Be- sættelsen af de høiere kirkelige Embeder, og gjennem dem af dem alle, det var de rige Indtægter af Annater, første Aars Afgifter, Kancelligebyrer, Palliumspenge o. m. fl., — men navnlig Adgangen til ad hundrede Veie og Omveie at drage Penge fra Fattige og Rige i alle den latinske Christenheds Lande, der var Seirens Frug- ter. Og endnu mere: Rom fik en Leilighed til at gribe ud over endog Konkordaternes Bestemmelser, saa at den romerske Kuries

Tryk paa Nationerne, dens Udſugelſer, dens vilkaarlige og for-
ſtyrrende Indgreb i Kirkens gamle Organiſation aldrig have været
større og mere oprørende, end netop i de ſidſte 70—80 Aar før
Reformationen.

Det Konkordat, der ſtyrtede Baſelerforſamlingen, var det,
Keiſer Frederik den Tredie egenmægtigen paa den germaniſke Na-
tions Vegne i Wien ſluttede den 17de Februar 1448 med Pave
Nicolaus den Femte, fornemlig ved den ſnilde Italiener Æneas
Sylvius Piccolomini's Underhandlinger, hvorved Paven atter fik
Bekræftelſen af alle Biſkopsvalg i ſin Haand og vandt ſine rige
Indtægter tilbage. Men det viſte ſig næſten umiddelbart efter dette
Konkordats Afſlutning, at Kurien kun vilde bruge det ſom et førſte
Trin til at vinde endnu ſtørre Magt over alle kirkelige Embeder.
I Bullen af 19de Marts 1449 Ad sacram Petri sedem, hvorved
Paven ſtadfæſtede Konkordatet med ſit Placet, optog han det helt,
men indliſtede paa et afgjørende Sted underfundige Vendinger i
Stil og Interpunktion, der forvirrede Meningen og derved gjorde
det uviſt, hvem der havde at bortgive de næſt Biſkopsværdigheden
høieſte Prælaturer i den germaniſke Nations Kirker, hvilke dog i
Konkordatets oprindelige Text tydeligt nok ere forbeholdte Ordina-
rierne, d. e. de almindelige lokale Myndigheder. Dette blev Mid-
let til at bringe Bortgivelſen af alle Kirkens Prælaturer, Dom-
provſtier, Dekanater, Arkidiakonater, Diakonater, Abbedier og hvad
de alle hedde, i Pavens Haand, ſaa at de trods Kapitlernes Valg-
ret maatte ſøges og betales i Rom. — Men disſe Anmasſelſer, og
andre Overgreb over Konkordatet, havde Kurien endnu kun faaet
Adgang til i den germaniſke Nation, medens andre Folk, ſaaſom
Bøhmerne og de Franſke, i mange Aar hævdede de Friheder, Ba-
ſelerkonciliet havde givet Nationalkirkerne.

Paa de to ſtore Kirkeforſamlinger havde det ſkandinaviſke Nor-
den været henregnet til den germaniſke Nation; og Rom handlede
nu, ſom om Wienerkonkordatet, eller rettere dets Bekræftelſe i Pa-
vens Bulle Ad sacram Petri sedem, ogſaa havde reguleret Ku-
riens Forhold til de nordiſke Riger, uden at nogen ſæregen Over-
enskomſt med disſe Riger var fornøden. Men Kong Chriſtiern,
hans Rigsraad og hans Rigers Prælater, ſynes i den førſte Pe-
riode af hans Regering ikke at have tænkt paa, at Wienerkonkor-
datet ſkulde gjælde ogſaa for Norden. Kongen ſtod da ſnareſt paa

Baselerkonciliets Standpunkt. Han hævdede Kirkens Valgfrihed og Kronens, i det mindste i Danmark, aldrig opgivne Ret til en Stemme ved Bistopsvalgene, og hans Skrivelser til Kurien vise en Modstand, der mere end een Gang truede med et Brud. Derfor støtte det ham saa stærkt, at møde Vrangvillighed hos Kurien til at føie ham i at antage Henrik Kalteisens frivillige Opgivelse af Trondhjems Ærkebiskopsdømme: Kongen gjaldt det kun om en Person, men i Rom tørnede han mod et Princip og en haandgribelig Interesse. Det var Kuriens Hovedopgave i det 15de Aarhundrede, at faa Besættelsen af alle kirkelige Beneficier i Christenheden ved pavelig Reservation i sin Haand, hvilken Reservation Paven dog var villig til i mange Tilfælde at anvende efter Kongernes Ønske, naar de opgave Kampen for Nationalkirkernes Ret og Frihed for at række Rom Haanden mod Episkopatet.

Noget mildere mod Rom blev Kong Christierns Stemning fra Aaret 1457, da han kom til at trænge til Kurien som Støtte for hans nylig vundne svenske Trone, og da Æneas Sylvius var optaget i Kardinalskollegiet, hvor han optraadte som Patron for Tydsklands og Nordens Sager. Denne kloge Mand, snart selv Pave under Navn af Pius den Anden, er det fornemlig, der har givet Kuriens Politik en Retning mod at vinde Fyrsterne ved at tilstaa dem Fordele, for ved deres Bistand at bryde Episkopatets Selvstændighed, som i de store Kirkeforsamlinger var bleven Rom saa farlig. Kong Christiern gik ind paa denne Politik, ogsaa uden at der sluttedes noget Konkordat mellem ham og Paven; han lod Baselerdekreterne falde, talte ikke mere om de pragmatiske Sanktioner, men lod Wienerkonkordatet faktisk gjælde, idet han støttede sig til dette, naar det var til hans Fordel; og Paven brugte det som Hjemmel for egenmægtig Bortgivelse af Prælaturer ogsaa i nordiske Kirker.

Dette var Situationen, da Kong Christiern foretog sin Romerreise. Derfor blev Kongens Besøg hos Paven, hvad der saa har været Kong Christierns Hensigt med den, et Haandtryk mellem Pave og Konge om at gjennemføre Æneas Sylvius' Tanke ogsaa i de nordiske Riger, — den samme Tanke, for hvilken endelig ogsaa Frankrigs pragmatiske Sanktion 42 Aar senere faldt som et Offer ved Leo den Tiendes og Frants den Førstes Konkordat af 1516: Pave og Konge række hinanden Haanden til at gjennembryde

den nationale Kirkes Selvstændighed, der hvilede paa Kapitlernes
frie Valgret; de dele Bortgivelsen af Prælaturerne og dermed
Magten over de enkelte Landskirker mellem sig.

Det var i denne Henseende ikke uden Betydning, at Kong
Christiern besøgte Keiser Frederik paa Reisen til Rom. Disse
to Fyrster stode i saa venskabeligt Forhold, og Keiseren viste Kon-
gen saa venlig og fuldstændig Imødekommen, at man tør forud-
sætte, at de i deres lange, hemmelige Samtaler have gjennemtalt
de Hovedtræk af den politiske Situation, der især interesserede
Kongen. Det er da tilladt at gjætte, at Keiseren ogsaa har sat
ham ind i sin Stilling til Paven og den romerske Kurie, navnlig
meddelt ham, hvilke Fordele han selv havde vundet ved at gaa ind
paa Wienerkonkordatet og opgive den tydske Nations pragmatiske
Sanktion. Disse Fordele bestode blandt Andet deri, at Paven
havde indrømmet Keiseren Præsentationsretten til en hel Del Præ-
laturer og mindre kirkelige Beneficier i hans Arvelande, ja endog
til nogle Biskopsdømmer. I Lighed hermed forlangte nu Kong
Christiern af Pave Sixtus Ret til at bortgive nogle af de vigtigste
Prælaturer næst Biskopsværdigheden i sine Riger, og erholdt virke-
lig under sit Ophold i Rom en Bulle af 22de April 1474, hvor-
ved der gaves ham Patronatsret, med Ret til at præsentere Mænd
af sit Valg, til 16 Domprovstier, Arkidiakonater og Dekanater i
Danmark og Sverrig. Indrømmelsen er motiveret omtrent som
den til Keiser Frederik ved Hensynet til at styrke Kongens Stilling
og give ham Midler til at lønne tro Tjenere. Om Kong Chri-
stiern tillige har faaet noget mere eller mindre bestemt Tilsagn om,
at der ved Besættelsen af Bispestolene i hans Riger skulde tages
Hensyn til hans Ønsker og Anbefaling, kan jeg ikke sige. Der
foreligger intet Aktstykke derom. Men Kongen har dog uden Tvivl
medbragt fra Rom Overbevisning om Imødekommen fra Kuriens
Side ogsaa i denne Henseende. Det er i det mindste utvivlsomt,
at han og hans Eftermænd have udøvet større Indflydelse paa
Udnævnelsen af Biskopperne, end ældre danske Konger, ihvorvel
der kan paavises Tilfælde, hvor Paverne ere gaaede Kongerne forbi.
Et Konkordat bestod jo ikke imellem Paven og Kongen, saa at
Sixtus's Efterfølgere ikke vare bundne ved skriftlige Forpligtelser
mod Danmarks Konger.

Kongemagtens større Indflydelse paa disse mægtige Embeders

Bortgivelse var tildels gavnlig for Landet; thi naar Kapitlernes Valgret og Landskirkens hierarkiske Orden dog ikke lod sig opretholde i den ældre Betydning mod Kuriens Overgreb, var det godt, at Kongens Indflydelse skaffede indfødte Mænd Adgang fremfor den Skare af Kurialister, hvormed Rom ellers vilde have oversvømmet Norden. , Men paa den anden Side maatte denne Bortgivelse af Prælaturerne efter Kongens og Pavens Gunst, altsaa i de fleste Tilfælde uden at der spurgtes om Dygtighed til det religiøse Livs Fremme, paaskynde Kirkens Verdsliggjørelse. Kongens og Pavens Forbund om at bryde Nationalkirkens Frihed til fælles Fordel blev derfor en af Aarsagerne til de næsten alene adelige Prælaters Raadløshed og aandelige Vanmagt i Reformationstiden, dengang Prædikanter fra de lavere Samfundsklasser reiste Aandens Fane ved at fremdrage den hellige Skrift til Troens Gjenoplivelse og den christne Kirkes Fornyelse efter Luthers Lære.

Man tillægger Kong Christiern den Yttring, at han havde fundet Rom langt mindre hellig, end han havde forestillet sig i Frastand. Det er muligt, endog sandsynligt, at han har dømt saaledes, ligesom saa mange Andre. Men han har dog sikkert ikke villet dermed udtale nogen Fordømmelse over Paven og Kardinalerne; thi han forlod Staden i den velvilligste Stemning imod dem, saa at han paa Rigsdagen i Augsburg, hvor han indtraf den 3die Juni og forblev til den 1ste Juli 1474, personlig tog dem offenlig i Forsvar mod de Thykses Beskyldninger for Ærgjerrighed, Rovsyge og Bestikkelighed*). Han maa have følt sig særdeles tilfredsstillet af sit Ophold i Rom.

Ogsaa Keiser Frederik den Tredie modtog Kongen paa det Bedste, saavel paa Udreisen som ved hans Tilbagekomst, og kom hans forskjellige Anmodninger villig imøde. Den følgerigeste af Keiserens Gunstbevisninger var Beleningen med Ditmarsken, som Kong Christiern naturligen maatte ønske for at vinde Magt over altid urolige Naboer, der besuden ved deres Forbund af 1469 med Lybekerne og det slesvigholstenske Ridderskab maatte lade Kongen forudsee en farlig Indblanding, naar Tiden kom for ham til at optage Kampen med Fyrstendømmernes mægtige Adel. Alle-

---

*) Kardinal Marcus' Yttringer i hans Beretning til Paven. Jos. Chmel i Monumenta Habsburgica, I, 1, p. CXXVI, Anm.

rede flere Aar maa han have tænkt herpaa; thi da han udvirkede
hos Keiseren et Forleningsbrev paa Ditmarsken af 26de Mai 1473,
Aaret før Romerreisen, kunne Forhandlingerne derom neppe være
begyndte længe efter Mødet i Segeberg, i Oktober 1470. Denne
første Forlening har Kongen dog ikke benyttet, sandsynligvis fordi
Uroligheberne i Efteraaret 1472 havde gjort det betænkeligt, at
bringe Ditmarskerne i Harnisk; men den bør dog ikke oversees,
forbi den gjør det begribeligt, at Kongen, da han i det følgende
Aar kom til Keiseren, paa et Par Dage opnaaede det Samme
under en anden Form. Som anført traf Kongen første Gang
sammen med Keiseren i Rotenburg den 8de Februar, og allerede
5 Dage derefter fuldførtes den vigtige Forandring med det nord-
albingiske Land, at Keiseren ophævede Holsten og Stormarn som
Grevskaber, men oprettede af disse Lande og af Ditmarsken et Her-
tugdømme, han nu personlig forlenede Kong Christiern, hvorom
Lensbrevet udstedtes allerede den 14de Februar 1474. En saadan
Hurtighed vilde under alle Omstændigheder været mere end paafal-
dende; men Keiser Frederiks og hans tungt arbeidende Kancellies
noksom bekjendte Langsomhed gjør den ligefrem utænkelig, dersom
man overseer, at Sagen har været overveiet og afgjort længe før
Kongens Ankomst. Ved denne Forlening med det nye Hertugdømme
vandt Kongen ikke alene en Adkomst til Herredømmet over Dit-
marsken, men han vandt ogsaa en anden Ret til Holsten, end
Ridderskabets Valg, hvorved dettes Valgret, der allerede fra først
af havde været indskrænket og betinget, yderligere svækkedes til For-
del for den kongelige Families Arveret. Og hverken Schaumburg-
gerne eller Kongens Broder havde, eller havde nogensinde havt,
Ret til et Hertugdømme Holsten.

Jeg skal ikke trætte mine Læsere med en Fortælling om Kong
Christierns frugtesløse Mægling imellem Keiseren og Hertug Karl
af Burgundien, eller om de ligesaa frugtesløse Underhandlinger
mellem Kongen og Ditmarskerne for at formaa disse til at under-
kaste sig det keiserlige Lensbrev. Det blev snart umiskjendeligt, at
kun en seirrig Krig kunde forskaffe Kongen Herredømmet over deres
Land. Ditmarskerne vilde paa ingen Maade opgive deres Frihed
og erklærede, at saa længe der var dem varmt om Hjertet, skulde
Kongen ikke faa sin Villie. Paa denne faste, mandige Beslutning
var det i Virkeligheden, at alle Underhandlinger strandede; men

ved disse er begge Parters Retsstandpunkt kommet frem paa en
Maade, der ikke er uden historisk Interesse. Keiserens Lensbrev
var af Kongen udvirket ved den Forestilling, at Ditmarsken tidli-
gere havde staaet under danske Konger — der maa være tænkt paa
Kong Valdemar den Andens korte Besiddelse — og holstenske Grever,
men nu i lang Tid havde været herreløst og som saadant hjem-
faldet til Keiseren. Herimod satte Ditmarskerne den Paastand, at
deres Land ikke var herreløst, men stod under Ærkebiskoppen af
Bremen, der havde faaet det skjænket som en Del af Grevskabet
Stade ved Keiser Frederik den Førstes Gavebrev af 16de Novem-
ber 1180. Denne Paastand forkastedes fra Kongens Side som en
tom Udflugt, da Ditmarskerne i Virkeligheden slet ikke adløde den
Herre, de nu skjøde frem for sig. Ditmarskerne fastholdt dog Paa-
standen, understøttede af Ærkesædets daværende Administrator, der
sagtens har haabet ved denne Leilighed at vinde nogen virkelig Ind-
flydelse i Ditmarsken. De skjøde sig ind under Paven som For-
svarer af Kirkens Rettigheder, fik ogsaa af Pave Sixtus en Stad-
fæstelse af det gamle Keiserbrev, hvad der dog ikke hjalp dem, da
det juridiske Hovedspørgsmaal netop var, om Ditmarsken i 1180
havde været en Del af Grevskabet Stade. Saa henvendte de sig
til Keiseren, der ogsaa tilsidst udstedte et Inhibitorium til Kong
Christiern af 20de Juni 1481, hvorved Forleningen af 1474 vel
ikke toges tilbage, men det dog paalagdes Kongen at standse Exe-
kutionen mod Ditmarsken og møde Ærkebiskoppen af Bremen for
den keiserlige Kammerret, da Keiseren ved Lensbrevets Udstedelse
ikke havde vidst Andet, end at Ditmarsken var et herreløst Land.
Betydningen af dette Inhibitorium har Hvitfeld angivet saaledes,
at han sammenstiller det med et Gjenbrev i den danske Rigens Ret.
Han betragter det altsaa ikke som et endeligt afgjørende Aktstykke,
men som et saadant, der skal sikre Modpartens Adgang til at
fremkomme med Indsigelser imod Sagsøgerens Paastand, det er:
Keiserens Inhibitorium var et Aktstykke i Processen, ikke en Afgjø-
relse af Sagens Realitet. Men Ditmarskerne gjorde ikke Brug
af dette Inhibitorium, der altsaa skulde været Indledning til en
Proces for Keiserens Domstol. De forfulgte ikke Sagen videre,
enten de, som den samtidige Alb. Krantz mener, have skyet Om-
kostningerne, eller Kongens Død har fremkaldt den Mening, at

den kongelige Fordring nu var bortfalden.   Følgen var, at det keiserlige Lensbrev af 14de Februar 1474 blev staaende usvækket.

Om Inhibitoriet overhovedet er forkyndt for den danske Regering, er saaledes tvivlsomt; i ethvert Fald kom det ikke Kong Christiern for Øie.   Endnu før det udgik fra det keiserlige Kancelli var Kong Christiern bortkaldt fra Skuepladsen.   Et halvt Aars Tid efter at han var optraadt med saa stor Kraft imod det holstenske Ridderskab ved Møderne i Rendsborg og Segeberg 1480, døde han paa Kjøbenhavns Slot den 21de—22de Mai*) 1481 i en Alder af 55 Aar.   Han blev begravet i sit Kapel ved Roskilde Domkirke, hvor man i vore Dage atter har fundet og undersøgt hans Grav.

Trods de unægtelige Svagheder i hans Regering fortjener Kong Christiern dog Navnet af en Mand.   Han var virksom og modig, en tapper Krigsmand, skaanede ikke sin Person.   Lykken har ogsaa i Meget føiet ham.   Var han død Aar 1461—62, da han havde lagt Gulland til Danmark, sat Norges og Sverrigs Kroner paa sit Hoved tilligemed Danmarks, og da han havde erhvervet Slesvig og Holsten, havde han rimeligvis staaet i vor Historie som en stor Mand.   Men saa kom Aarene efter 1463, der jo bragte ham Modgang nok, — dog ogsaa Fremgang i Hertugdømmerne og i Forholdet til fremmede Fyrster.   Men et skjæbnesvangert Misgreb dominerer denne første oldenborgske Konges Historie, — og ikke hans alene, men hans Eftermænds i lange Tider: ikke det, man almindelig lægger ham til Last, at han gik ind paa et Slesvigholsten; thi hvad Hvitfeld og Mange efter ham end sige, saa var dog dette i Virkeligheden det eneste Middel til at holde Slesvig ved Danmark, og det kunde ved klogere Benyttelse af Efterkommerne have ført fra en Union til en virkelig Gjenforening mellem det tabte danske Hertugdømme og det danske Rige; heller ikke dette, at han brød med den svenske Ærkebiskop Jens Bengtsen og derved fremkaldte Oprøret i Sverrig; thi engang maatte det dog komme til et Brud med den herskesyge, rænkefulde Prælat, der ikke vilde Andet end selv have Magten.   Men dette er Misgrebet, at Kong Christiern ikke forstod Unionens store Tanke, saa at han valgte at tvinge Sverrig med Magt for selv at strække sit Scepter

---

*) Angivelserne vakle mellem 21de og 22de; han er vel død om Natten.

saa vidt ud over Nordens Lande som muligt. Ikke bebreider jeg
ham, at han forsvarede sin svenske Krone, da den engang var sat
paa hans Hoved. Det vilde have været Feighed, om han ikke
havde gjort det, og jeg beklager, at han i denne Kamp ikke var
heldigere. Men endnu mere beklager jeg, at han overhovedet har
indladt sig i Kamp med Kong Karl, dengang han havde vundet
baade Gulland og Norge fra ham og dermed faaet sine berettigede
Ønsker opfyldte; jeg beklager, at han ikke greb den Mulighed
til engang at naa en sand Union, et sandt Broderskab mellem
Nordens Folk, der bødes ham ved Halmstadsunionen af 13de Mai
1450, at han ikke sluttede sig til det svensk-danske virkelige Unions-
parti, der enedes om denne Forbindelse, — at han i Avastær 1451
stødte Sverrig fra sig og gav Kong Karl et Paaskud til den Krig,
han søgte. Ved at fastholde Halmstadsunionen havde han vel selv
maattet vente i nogle Aar, inden han kunde naa Kongedømmet i
Sverrig, han havde maattet være beredt paa, maaske aldrig at naa
det for sin Person; men han havde beredt Veien for sine Efter-
kommere. Og i ethvert Fald havde han ført de tre Frændefolk hin-
anden nærmere i en fredelig og lykkelig Udvikling af Naturens
Gaver. Men Kong Christiern saa kun Unionen i Fælleskongen,
saa kun sin formente Ret til, og sin Lykke i, at blive denne fælles
Hersker over tre Folk. Vistnok kan dette Feilsyn snarere lægges
Tiden end ham personlig til Last. Hans Tid var Muhamed den
Andens og Karl den Dristiges og Rosernes Tid, — det var Lud-
vig den Ellevtes, Æneas Sylvius', Ferdinand den Katholskes Tid,
en Tid, da Rænker var Statskunst, raa Vold Kraft. Kong Chri-
stiern maatte aandelig have været et Hoved høiere end de samtidige
Statsmænd og Regenter, som han var det legemlig, dersom han
havde erkjendt og foretrukket Folkenes Vel for sin Høihed. Men
lige ulykkeligt blev hans Misgreb for Danmark og for Norden.
En Strøm af Blod og Had skilte fra hans Tid, — først fra
hans Tid det svenske Folk fra Danmark og dets Konger.

Tre Hovedopgaver efterlod han sin Eftermand: Sverrigs Gjen-
erhvervelse, Erhvervelsen af Ditmarsken, Ivar Axelsens Betvingelse.

Kong Hans.

1481—1513.

Kong Hans.

Første Afdeling.

Kong Christierns ældste Søn Johannes, eller som han altid
kaldes i danske Aktstykker og kaldte sig selv: Hans, var ved Fade-
rens Død en Mand, der strax kunde indtage hans Plads, saa at
Danmark nu for første Gang i et Aarhundrede kunde faa en fuld-
myndig, indfødt Konge.   Kong Hans er født i Aalborg Aar
1455, maaske den 2den Februar.   Han var altsaa ved Fade-
rens Død en Mand paa 26 Aar og valgt til Tronfølger i Dan-
mark formodenlig allerede i Aaret 1456, uden at det dog vides
hvor og under hvilke Former dette Valg er gaaet for sig.   Der-
imod er det sikkert, at han den 19de Januar 1458 i Skara valgtes
af det norske Rigsraad til Faderens Eftermand i Norge; og sam-
tidigt, paa samme Sted, af nogle svenske Rigsraader ligeledes til
hans Efterfølger paa Sverrigs Trone, et Valg, der tiltraadtes af
andre Rigsraader og af Byer og Landskaber, hvis Erklæringer vi
endnu have, og som stadfæstedes paa Rigsmødet i Stokholm, hvor
alle Lagmænd paa Almuens Vegne dømte ham til Sverrigs Krone
den 28de Mai 1458.   Hvad Hertugdømmerne angaaer, da havde
deres og Danmarks Raad i Unionsakten af 20de Mai 1466 er-
klæret, at han ved Faderens Død skulde baade i Kongeriget og

9*

Hertugdømmerne være hans Eftermand. Man skulde altsaa tro, at Kong Hans maatte være sikker nok paa alle tre Troner og paa de to Hertugdømmer. Men ikke at tale om, at Aktstykker og Overenskomster dengang tilsidesattes maaske endnu lettere end i vore Dage, saa vare de faktiske Forhold i Norden ved Kong Christierns Død i en saadan Stilling, at Sønnen alene i Danmark kunde være nogenlunde vis paa Tronfølgen. Denne var i Valgriger ikke afgjort ved Valget alene; der krævedes endvidere en almindelig Anerkjendelse og Hylding — en Antagelse, der betingedes af den Haandfæstning, hvorved den tilkommende Konge maatte sikre Stændernes Friheder og Privilegier; endelig Kroningen, som ingenlunde var blot en Ceremoni, men det sidste og nødvendigste Stykke af den hele Tronbestigelsesakt, der gav alt det Øvrige en religiøs Afslutning og stillede det under Guds Varetægt, saa at den, der brød de givne Løfter og Tilsagn, derefter stod som en Oprører imod ikke alene Kongens, men imod Guds Majestæt. En „krismet" og kronet Konge var en hellig Person, — naar da ikke Lidenskaberne omtaagede Blikket saa stærkt, at Glorien om hans Hoved ikke længer kunde sees.

Det danske Rigsraad fandt det nu ikke tjenligt, strax at skride til den udvalgte Konges Antagelse og Kroning, for ikke at give Sverrigs og Norges Raad Grund til at klage over Brud paa Overenskomsterne og et fælles Valg, eller rettere: for ikke at give Unionens Fjender i Sverrigs og Norges Rigsraad et velkomment Paaskud til at bryde „den kjærlige Bebindelse" mellem de tre Riger. Det svenske Folk havde vel i Aaret 1477 ikke villet gaa ind paa Rigsraadets Forslag om Kong Christierns Gjenindsættelse; men Forbindelsen mellem Rigerne var ligesaa lidt ophævet som Sønnens Valg var formelig kasseret. Og saavidt man kan slutte af Begivenhedernes Gang var den overveiende Del af det svenske Rigsraad stemt for at opretholde Rigernes Forbindelse, og ikke afgjort imod, at dette skete ved een fælles Konge for hele Norden nu, da der ikke længer var Tale om den Personlighed, der var bleven den svenske Almue saa forhadt. Men Rigsforstanderen Sten Sture var en altfor ærgjerrig og herskesyg Mand til at han overhovedet vilde have en Konge over sig. Og som Almuens Fører var han for mægtig til at Rigsraadets Flertal lettelig turde lade det komme til et Brud med ham. Raadet og Rigsforstande-

ren frygtede aabenbart hinanden.   Det kan ogsaa nok være, at
Sten Sture selv har baaret nogen Frygt for det mægtige Vaaben,
han havde i sin Haand, Almuens Reisning, saa at han ikke uden
i høieste Nød turde gribe til det.   Thi det er umiskjendeligt, at
han allerede dengang begyndte at betragte sig ikke som Rigsraadets
valgte Fuldmægtige, men som Sverrigs Hersker.

En Bemærkning paatrænger sig ved Betragtningen af de nu
aabnede Forhandlinger mellem de tre Rigers Raad: den Vaklen
baade i Norges og Sverrigs Rigsraads Beslutninger, der ikke
sjelden spores.   Der komme nu og da Beslutninger, man ikke skulde
have ventet, efter hvad der var gaaet forud.   Forklaringen maa
uden Tvivl ikke altid søges i vor mangelfulde Kundskab om de
bestemmende Forhold, men vist ogsaa i Raadets Sammensætning.
Rigsraadet var ikke noget altid samlet Regeringskollegium, men et
Samfund, hvis Medlemmer levede spredte paa deres Gaarde eller
Len rundt om i Landet og kun sjelden samledes fuldtalligt.   Sam-
linger af nogle Medlemmer vare de hyppigste i disse Lande med
de lange Afstande og de ufuldkomne Samfærdselsmidler.   Det kunde
derved let skee, at den Mand, der havde givet et partielt Raads-
møde dets Retning, enten ikke var tilstede eller ikke udøvede den
afgjørende Indflydelse i det næste Møde.   Naar da som i Sverrig
den ledende Mand maatte manøvrere for at dække den indre Uover-
ensstemmelse mellem hans og andre Raadsmedlemmers Anskuelse,
eller naar der som i Norge overhovedet manglede en ledende Mand
eller en bestemt Opfattelse, der deltes af et fast Flertal, kunde
Konsekvents i Raadets Beslutninger ikke fastholdes.   Danmarks
Stilling var i denne Henseende bedre end de to andre Rigers.   Det
danske Rigsraad stod i denne Sag fast om Kongen; Raad og Konge
vare endnu enige om at holde paa de tre Rigers Forening.   I
Sverrig derimod var der en indre Spaltning i Raadet, der vel i
lang Tid dækkedes ved Rigsforstanderens Snildhed, men dog førte
til Selvmodsigelser og Inkonsekventser; og i Norge stod Rigsraadet
uvis saavel om Maalet som om Midlerne.   Fra dette Standpunkt
faaer Historien om Kong Hanses Tronbestigelse Interesse som det,
der tydelig aabenbarer Partiernes og de fremragende Mænds Tanker.

Strax efter Kong Christierns Død foranledigede det danske
Rigsraad et Møde i Halmstad om Kongevalg.   Der ankom hertil
nogle Medlemmer af Sverrigs Raad; men da Sten Sture blev

syg paa Reisen i Vadstena, eller lagde sig syg, kunde eller vilde
de Mødte ikke gaa videre end til at stadfæste Freden og den „kjær=
lige Bebindelse", samt ansætte en ny Sammenkomst i Kalmar til
Sommeren 1482.   Fra dansk Side gjennemskuedes let Rigsfor=
standerens Plan, fremdeles at holde det gaaende med frugtesløse
Underhandlinger ligesom i Kong Christierns ti sidste Aar.   Da de
Danske kom tilbage fra Halmstadsmødet, i hvilket intet Medlem
af det norske Rigsraad havde deltaget, besluttede man nu ikke at
opsætte den unge Konges Antagelse i Danmark længer, og ind=
kaldte derfor det danske Rigsraad til en almindelig Herredag i
Kolding otte Dage efter Mikkelsdag 1481. Til Kolding var Sam=
lingen indkaldt sandsynligvis for da tillige at afholde det i Unions=
akten af 20de Mai 1466 bestemte Valgmøde med de tolv slesvig=
holstenske Landraader.   Men denne Herredag kom ikke virkelig istand.
Landraaderne fra Hertugdømmerne mødte ikke, — vi vide ikke af
hvilken Grund, eller mødte ikke i tilstrækkeligt Antal; og det Samme
var Tilfældet med de danske Rigsraader.   Nogle af disse modtoge
Indkaldelsen for sent til at kunne indfinde sig i Kolding til den
bestemte Tid, og de, der mødte, fik Betænkeligheder ved at lægge
Ansvaret for den nye Konges endelige Antagelse paa Rigsraadet
alene, da Ingen kunde forudsee, om dette vilde blive Løsenet til et
fuldstændigt Brud mellem de tre Riger.   Derfor bestemte man sig
nu i Kolding til at sammenkalde Stænderne til en Rigsdag i
Kalundborg den 1ste Mai 1482 for der at fuldbyrde den udvalgte
Konges Antagelse, hvilket ogsaa er skeet saaledes. Dog er Haand=
fæstningen og Kroningen udsat indtil nærmere Underhandlinger med
de andre Riger, som man ikke vilde give noget Paaskud til at af=
sondre sig.

Men imidlertid trængte ogsaa Spørgsmaalet om Efterfølgen
i Hertugdømmerne sig frem; og her truede det med at fremkalde
en Spaltning i den kongelige Familie selv, da Kong Christiern
havde efterladt sig en yngre Søn, Frederik, født formodentlig i
Aaret 1471, og da begge Brødre havde omtrent lige Afkomst til
at følge Faderen i Hertugdømmerne, i det mindste dersom Unions=
akten af 1466 kom til Udførelse. Det hed i denne Akt:

„Naar Gud har saa forseet det, at vor naadige Herre (Kong
Christiern) afgaaer ved Døden og alene hans Søn Junker Hans
er i Live, skullé og ville vi baade Kongerigets og Landenes Raa=

„der antage ham for vores Herre, dersom han vil stadfæste og be=
segle Rigets og Landenes og alle deres Indbyggeres Privilegier,
Breve og Friheder, og holde dem ved al deres Landsret. Men
blev der flere Brødre, eller døde samme Junker Hans, saa skulle
og ville tolv fuldmægtige Raadsherrer af Danmarks Rige og tolv
af Hertugdømmet Slesvigs og Landene Holstens og Stormarns,
med Fuldmagt fra samme Lande, inden de nærmest følgende fire
Maaneder komme sammen i Kolding for her selv endrægtig at
kaare deres Herre, eller her paa Stedet videre at overveie, om det
er bedre og nyttigere for Riget og Landene, og for deres Indbyg=
gere, at Riget og Landene har hver sin særskilte Herre; og hvad
de nævnte 24 fuldmægtige Raadsherrer her endrægtig beslutte, skal
staa ved fuld Magt. Og at hverken Rigets eller Landenes Raader
skulle antage eller kaare nogen Herre uden endrægtigt Samtykke af
saavel Rigets som Landenes Raader. Blive de da samtlige enige
om at have en egen Herre til Slesvig, Holsten og Stormarn, saa
skal denne Herre være pligtig at tage Forleningen med Hertug=
dømmet af Danmarks Konge, som Ret og Sædvane har været
fra gammel Tid".

En Deling af Hertugdømmerne er ikke forudseet i denne Akt;
det er forudsat, at Hertugdømmerne skulde have een Herre, enten
den samme som Kongeriget, eller en særskilt; og Valget saavel af
Forholdet mellem Landene som af Landsherrens Person er lagt ikke
i Hertugdømmernes Haand, men i et ligedelt dansk=slesvig=holstensk
Udvalgs Haand, dog indskrænket til Kong Christierns Sønner, om
han efterlader flere, eller til den eneste Søn, i hvilket Tilfælde
det ophører som Valg og bliver til en Antagelse betinget af Pri=
vilegiernes Stadfæstelse. Men det er gaaet med denne Unionsakt
som med saa mange andre fra Unionstiden. Et Møde i Kolding
af de 24 Fællesraader kom ikke istand, hverken i Efteraaret 1481
eller senere; dog er i Overensstemmelse med Akten den yngste Bro=
der, Frederik, eller rettere hans Moder Enkedronning Dorothea
paa den elleveaarige Søns Vegne, optraadt som Prætendent til
Hertugværdigheden ved Siden af den ældre Broder Kong Hans.
Dronningen kunde derved støtte sig ikke alene til Akten af 20de
Mai 1466, men ogsaa til Yttringer fra den slesvig=holstenske Adels
Side. I Kong Christierns sidste Levetid havde Medlemmer af det
slesvigholstenske Ridderskab, en Alefeld, en Rantzau, en Brokdorf

og en Sehested tilligemed Domprovsten i Slesvig Enevold Soven-
broder været i Kjøbenhavn og anmodet Kongen om at træde i
noget hyppigere og nærmere Forbindelse med Hertugdømmerne; og
var han forhindret deri, at han da vilde sende dem sin yngste Søn
til Ophold og Opdragelse i disse Lande, dem Alle til Trøst og
Nytte.   Det synes imidlertid tvivlsomt, hvorvidt disse Mænd have
havt en Fuldmagt fra Ridderskabet, eller i alt Fald, om denne
har været meent som en Tilkjendegivelse af Billighed til at vælge
den yngste Søn til Faderens Eftermand med Udelukkelse af den
ældre: Da Dronningen, der i Kong Christierns sidste Tid maa
betragtes som hans Statholder i Hertugdømmerne, og som fast-
holdt sine Sønners Arveret til disse, henimod Slutningen af Aaret
1481 havde flere Sammenkomster med nogle af Adelen om for-
skjellige Regeringssager, benyttede hun Leiligheden til at forestille
dem Frederik som den, Faderen anbefalede dem til sin Eftermand
i Hertugdømmerne.   Dog henstillede hun til Stænderne at hylde
hvilken af Sønnerne de vilde, eller dem begge, om de foretrak
dette; men hun fandt kun ringe Imødekommen hos de Forsamlede,
saa at hun maatte trænge stærkere paa med Opfordring til at frem-
skynde Afgjørelsen paa den ene Maade eller den anden, og med
det næsten truende Tillæg, at opsatte man det længer, nødtes hun
til at gjøre en Ende paa Sagen som hun bedst kunde. — Om en
Spænding imellem Dronningen og hendes ældste Søn Kongen fore-
ligger intet Paalideligt, end sige da, at hun skulde, som Hvitfeld
og efter ham andre danske Historieskrivere ville, have forsøgt ved
Rænker at bevirke Frederiks Valg til Eneherre bag Kongens Ryg.
Dette Paasagn har uden Tvivl sin Oprindelse fra Hertug Frederik
selv, der i den heftige Strid mellem ham og Christiern den Anden
bestandig paastod, at Forældrene havde bestemt ham til Arving af
begge Hertugdømmer og Moderen ført ham ind for at lade ham
hyldes som Eneherre; men enten har Hertugen selv ikke ret vidst
hvad der var foregaaet i hans Barndom, eller han fandt det tjen-
ligst til Retfærdiggjørelse af sit Angreb paa Brodersønnen at frem-
stille sig for Verden som den af den ældre Broder og hans Arving
høilig forurettede.   Hvad der nu ligger aabent for vore Øine viser,
at Dronning Dorothea har ikke handlet anderledes, end hendes
Stilling som den yngste Søns Formynder og som den, der i Mel-
lemriget førte Regeringen i Hertugdømmerne, naturligen maatte

medføre efter Tidens Anskuelser, hvorfor hun ogsaa raabede Land-
dagen, der samledes i Kiel ved Mortensdagstid 1482, og som
fastholdt sin Valgret, at kaare begge hendes Sønner til Lands-
herrer. Men ulykkeligt for Danmark blev det rigtignok, at dette
Raad efterfulgtes, saa at Landstænderne den 12te December 1482
ved Leventsau hyldede begge Brødre imod Bekræftelse af Privile-
gierne. Kong Hans som den Fuldmyndige beholdt foreløbig Ene-
regeringen paa sin egen og den umyndige Broders Vegne; men
henved otte Aar derefter, 1490, da Frederik havde naaet Myndig-
hedsalderen, foretoges en virkelig Deling af Landene. Denne De-
ling var det, og især dens Efterligning i senere Delinger, der har
gjort Dobbeltvalget saa ulykkeligt for vore Konger og vort Fædre-
land. Først dette, at Slesvig, der hidtil som et dansk Len aldrig
havde været delt, skjøndt Hertugerne af den danske Kongeslægt flere
Gange havde havt Brødre, nu deltes ligesaa vel som Holsten, der
lige siden Midten af det trettende Aarhundrede stadig havde været
delt imellem de forskjellige Linier af den schaumburgske Greveslægt.
Men dernæst, og fornemlig, dette, at Hertugdømmernes Deling
ikke gjennemførtes fuldstændigt. Den tydske Fyrsteret kjendte dog
ogsaa Totaldelinger, hvor Arvelandene helt adskiltes i særskilte
Fyrstendømmer. Havde Kong Hans og hans Broder kunnet dele
saaledes, at Frederik havde faaet Holsten, Kongen Slesvig, havde
Danmark ingen Grund til Klage over at have gjenfundet sin gamle
Rigsgrændse ved Dannevirke, Trenen og Eideren. Men man hører
Intet om, at en saadan Deling har været under Overveielse, og
sandsynligvis har den ikke været det, fordi Landstænderne, navnlig
Ridderskabet, ikke vilde vide af den at sige. For at begge Landene
skulde blive sammen, — for et Slesvigholsten — havde jo Ridder-
skabet kæmpet seirrig i Forbindelse med det gamle Fyrstehus i
halvandet Aarhundrede; og denne afgjorte Villie havde faaet sit
statsretlig anerkjendte, det nye Fyrstehus forpligtende, Udtryk ved
Kong Christierns Valg og Ribeprivilegiets: „evig sammen udelt"
af 1460. Da derfor Frederik havde naaet Myndighedsalderen og
Landene nu virkelig skulde skiftes imellem Brødrene, skete det ved
en Overenskomst af 10de August 1490 saaledes, at Slotte, Do-
mæner, Indtægter, den lavere Regeringsmyndighed deltes saavidt
muligt lige efter Indtægten, ikke efter Arealet, medens den høiere
Regering og Alt hvad der maatte afgjøres med Stænderne blev

udelt, saa at begge Brødre i Forening udgjorde Hertugdømmernes Fællesregering. Hertugdømmernes Enhed repræsenteredes af denne og Landstænderne, medens hver af de regerende Herrers Særrettigheder traadte frem i hans Dele af begge Lande; thi hver af dem var en Hertug i Slesvigholsten. Efter Hovedslottene kaldtes disse Dele den Gottorpske og den Segebergske. Delingsakten giver ingen fuldstændig Skildring af Delingen, da ikke alle Slotte, Herreder, Stæder, Landskaber og Klostre anføres; i Hertugdømmet Slesvig nævnes Gottorp med Staden Slesvig, Eibersted, Kampen, Ekernførde, Lytkentønder, Runtofte, Haderslev, Tile med Stapelholm, endelig Løgumkloster saavidt Jagt og Gæsteri angik; i Holsten: Slottet og Staden Kiel, Slottene Trittau og Steinburg, Itzehoe Stad, Osterhof, Hogenfeld, Slottet og Staden Pløen, Neumünster, Lütjenburg, Oldenborg og Neustadt, samt Jagt og Gæsteri af Klostrene Bordesholm, Cismar og Reinbeck. Til den Segebergske Del lagdes i Slesvig Staden Flensborg, Nordstrand, Sønderborg og Nordborg med Als og Ærø, Aabenraa, Femern, samt Rykloster; i Holsten Segeberg, Oldesloe, Kaden, Slottet og Staden Rendsborg, Slottene Hanerau og Haseldorp, Klostrene Reinfeld, Arensboeck og Preetz. Den Gjæld, der hæftede paa disse Besiddelser, skulde lignes saaledes, at Totalsummerne bleve lige store. Ridderskabet og Stænderne vare forpligtede til Huldskab og Troskab mod begge Hertuger i lige Grad. Delingen forudsatte saaledes Enighed i alt Væsenligt mellem de regerende Herrer; den er dog tvertimod bleven Kilden til Spaltning og Fjendskab i Kongehuset selv, især i Kong Christiern den Andens Tid. Men skadeligst for vort Fædreland er den bleven som Forbillede for den senere Deling af 1544, hvis fordærvelige Virkninger endog vi Nulevende føle saa smerteligt. Efter den i Tydskland herskende Sædvane var det den ældre Broder, der delte, den yngre der valgte. Frederik tog den Gottorpske Del, men mente siden, at han havde forregnet sig, endskjøndt Kongen efter Moderens Anmodning lagde det da endnu saa betydelige Nordstrand til hans Del; og da Valget fire Aar derefter atter stilledes til ham, foretrak han dog at beholde, hvad han havde. Men ret tilfreds blev han aldrig, og kunde ikke vel blive det, uden at man behøver med Dahlmann at tillægge ham en saa lav Tænkemaade, at han ikke kunde tilgive

Broderen hans Førstefødselsret*). I sin tidligste Barndom havde han modtaget Forestillingen om, at Faderen havde tiltænkt ham begge Fyrstendømmer; den, der mener at have Adkomst til det Hele, finder sig ikke let tilfreds med det Halve. Selve Delingen var dertil af den Natur, at den maatte fremkalde stadigt tilbagevendende Spørgsmaal og Efterregning, om han ogsaa havde faaet hvad der tilkom ham, hvilket dog var umuligt at besvare endeligt og afgjørende, naar en fuldkommen Lighed i Rettigheder og Indtægter skulde lægges til Grund. I Tydskland har saadanne Delinger og de Beregninger, der knyttede sig til dem, voldt mere end een Broderkrig. Og dertil kom, at Hertug Frederik, der ligesaa vel som Kongen førte Titel af Arving til Norge, mente at have Arveret ogsaa til eller i dette Rige. Denne Paastand kunde ogsaa været støttet til det Bergenske Unionsbrev af 29de August 1450, hvori det hedder, at de Kongesønner, der ikke antages til at bære Kronen, skulle forsørges i begge Riger tilbørligen, en Bestemmelse, der altsaa ogsaa gav den yngre Broder en Ret til Forsørgelse i Danmarks Rige; men det kan ikke spores, at Hertugen har taget noget Hensyn til dette Aktstykke, dengang han efter Christiern den Andens Fordrivelse paa det ivrigste forsvarede Paastanden paa Norge og paa et Len i Danmark. Han har dengang maaske end ikke kjendt dette Forbundsbrev, der nu ligger aabent for os i den klare Dag. Der skal ved Underhandlingerne om Hertugdømmernes Deling virkelig være fremkommet et Forslag om, at give Frederik Norge, Hans begge Hertugdømmer, hvilket dog blev afvist af Kongen med den Erklæring, at Norge nu var et Valgrige. Og en dansk Rigsdag mødte 1494 Hertugens Fordring om at forsørges med et større dansk Len, saasom Lolland, Falster og Møen, med en Afvisning grundet paa den samme Statsret, at Danmark var et Valgrige, der ikke kunde partes eller deles i flere Herrers Vold. Forholdet mellem Brødrene blev derfor aldrig som det burde været: de kunde ikke siges at have havt fælles Barndomsliv i Forældrenes Hus, da der var 16 Aars Forskjel paa deres Alder; den yngre Broder var den ældre besværlig, den ældre Broder uretfærdig mod den yngre efter dennes Opfattelse af Retsforholdet.

Danske Forfattere tage i Almindelighed Parti for Kong Hans

---

*) F. C. Dahlmann, Danmarks Historie, dansk Oversættelse, III, p. 301.

imod Hertug Frederik.   Gjøre de Kongen nogen Bebreidelse, er
det snareft den, at han ikke brød fuldstændigt med Broderen ved
at nægte en Deling af Hertugdømmerne.   Men hertil maa svares,
at efter Datidens Ret og Synsmaabe kunde Kongen ikke gaa Bro-
deren nærmere, selv om det havde staaet i hans Magt, naar Land-
stænderne erklærede sig for Delingen; han kunde ikke nægte at dele
hvad Kongehuset kaldte sine Arvelande, uden at fremkalde et Brud
i den kongelige Familie og gjøre Broderen til en langt farligere
Prætendent, end Grev Gerhard havde været for Kong Christiern,
en Prætendent, der efter de Dalevendes Mening havde Retten,
og upaatvivlelig ogsaa vilde have havt et Parti af Landstænderne,
paa sin Side.   Det var altsaa ikke svært at forudsee aldrig endende
Uroligheder i Hertugdømmerne, der vilde volde Kongen endnu flere
Bryderier, end de havde voldt hans Fader, og vilde hindre ogsaa
Kong Hans ved ethvert Skridt i hans store Politik.   Man kan
med Blikket paa de Ulykker, denne monstrøse Halvdeling bragte
middelbart og umiddelbart over vort Fædreland og dets Kongehus,
vel have Grund til at sørge over, at Nutidens Oplysning ikke
var født til Verden ved Christiern den Førstes Død; men naar
man ikke vil lægge den kongelige Familie til Last, at den ikke fulgte
Fremtidens Rets- og politiske Anskuelser, kan man ikke bebreide
Kong Hans og Hertug Frederik Delingen af Hertugdømmerne.
Feilen og Ulykken tør ikke tilskrives Brødrene, men Forholdene,
hvis Magt til alle Tider er større end Personernes.   At tillægge
Hertug Frederik saa svag Forstand og saa hadsk et Sind, at han
skulde baaret Nag til sin Broder, fordi denne var den Førstefødte,
er høist uretfærdigt.

Efter Hyldingen ved Leventsau den 12te December 1482 vendte
Kong Hans hurtigt tilbage til Kongeriget for at kunne være til-
stede ved det Fællesmøde af alle tre Rigers Raad, der skulde af-
gjøre hans fremtidige Stilling til Norge og Sverrig.   I Norge
havde der efter Kong Christierns Død vist sig en betænkelig Til-
bøielighed hos Rigsraadet til at sondre sig fra Danmark og søge
en Støtte i Sverrig.   Der gik Bud imellem begge Rigers Raad;
det norske Raad erklærede sig villigt til at indgaa et Særforbund
med det svenske og sendte dette et Udkast til et saadant, dateret
Oslo den 1ste Februar 1482.   Det er tvivlsomt, om et Forbund
virkelig sluttedes; men det svenske Rigsraad forlangte dog det norske

Raads Deltagelse som en Betingelse for at slutte med det danske. Derfor blev det Møde i Kalmar midt i August 1482, der var aftalt ved det første Halmstadsmøde, tildels frugtesløst, da det norske Raad, som havde undslaaet sig ved at følge det danske Raads Opfordring til et separat Møde i Løbese, ved Misforstaaelse af de krydsende Skrivelser afholdtes fra at møde i Kalmar, hvor det svenske Rigsraad derfor nægtede at afgjøre Hylbingssagen med de danske Rigsraader. Man indskrænkede sig til at aftale den Haandfastning for alle tre Riger, der skulde forelægges den unge Konge for, om han antog den, at anerkjende ham paa et Fællesmøde, som efter nogle Underhandlinger bestemtes til den 13de Januar 1483 i Halmstad. Men forinden var det nær kommet til et Brud mellem Danmark og Norge. Det norske Rigsraad viste sig i Tillid til Særforbundet med Sverrig meget umedgjørligt. Det havde opstillet Klagepunkterne imod Kong Christierns Regering og forlangte dem først afhjulpne; navnlig anmodede det Sverrigs Rigsraad om Bistand til at fratage Jørgen Larensson det norske Slot Bahus, forbi han var en Udlænding, hvem de beskyldte for at tyrannisere Almuen i det sydligste af Norge; ja uden at oppebie de Svenskes Svar eller agte paa det danske Rigsraads gjentagne Forestillinger, valgte det norske Raad en Rigsforstander, Jon Smør, og rykkede med en i Hast samlet Magt imod Bahus, som dog forsvarede sig saa godt, at de ikke kunde tage det i en Haandevending. Fra dansk Side advarede man dem imod en saadan „Opreisning", der var et Brud paa den „kjærlige Bebindelse mellem Rigerne"; men det norske Raad erklærede tilsidst i sine gjentagne Skrivelser til det svenske, at en evig Forbindelse imellem de tre Riger med een Fælleskonge ikke var tjenlig. Saaledes stod i Eftersommeren og Efteraaret 1482 ikke alene Kongevalget, men Forbundet i Norden paa Spil; og havde det svenske Raad nu fulgt Sten Sture, hvis Formel det jo aabenbart var at drage Norge bort fra Danmark over til sig, var dette vistnok ogsaa skeet. Men uden at vi kunne see, hvilke Tanker eller hvilken Indflydelse der gjorde sig gjældende hos Sverrigs Rigsraad, optraadte dette kun lunkent imod Nordmændene, sendte dem ingen Bistand mod Bahus, formanede dem tvertimod til at slutte en Baabenstilstand med Slottet og til at møde i Halmstad efter Bestemmelsen. Dette er ogsaa virkelig skeet. Det norske Rigsraad har ikke følt sig stærkt nok til med egne Kræfter at bryde Unionens Baand, det møtte i Halmstad den 13de Januar 1483, maaste i Haab om i det mindste her at faa de Svenskes Bistand ved de mundtlige Forhandlinger. Men Sagen vendte sig anderledes. I det svenske Rigsraad maa Sten Sture atter have faaet Overhaand; thi efter at have ladet vente længe paa sig ankom til Halmstad — ikke efter Aftalen det svenske Rigsraad, men fire af dets Medlemmer, der kun bragte Undskyldning for, at Raadet var hindret i at møde efter Aftale, og forlangte Kongevalget udsat til et nyt Møde. Havde Nordmændene nu sluttet sig hertil, var ogsaa dette Møde blevet frugtesløst; men formodenlig have de indseet, at ved en saa vaklende Partistilling i det svenske Rigsraad selv kunde dette ikke afgive nogen paalidelig Støtte for Norges Selvstændighed. Det norske Raad opgav da her i Halmstad Forsøget paa at bryde Unionen med Danmark, sluttede sig til det danske Rigsraad og anerkjendte Kong Hans for Norges Konge paa Betingelse af den fælles dansk=norst=svenske Haandfæstning, der for et halvt Aar siden var aftalt mellem Danmarks og Sverrigs Raad i Kalmar. Med de svenske Sendebud, hvis Instrux ikke tillod dem at tiltræde denne Beslutning, berammedes et nyt Møde i Kalmar midt i August samme Aar. Men det danske Rigsraad lod sig ingenlunde af det svenske drage ud paa en Skraaplan; uden at oppebie Kalmarmødet sluttede det for sit Vedkommende den hele Valgsag ved den 18de Mai at krone Kong Hans og hans Dronning i Kjøbenhavn som Danmarks Kongepar; og det norske Raad fulgte dets Fodspor. Den 20de Juli 1483 foregik Kroningen i Trondhjems Domkirke.

Denne Danmarks og Norges afgjorte Holdning, eller rettere: denne det danske Rigsraads og den danske Regerings Seir over Sten Stures Udflugter, bevirkede da atter et Omslag i Partistillingen i det svenske Rigsraad. De, der vilde gaa ind paa en fælles Konge for alle tre Riger, fik endnu engang Overhaand, saa at Kalmarmødet virkelig kom istand sidst i August Maaned 1483. Det svenske Rigsraads Fuldmægtige paa hele Rigsraadets Vegne, blandt dem Rigsforstanderen Sten Sture, enedes nu med fem danske Rigsraader paa Kongens og det danske og norste Raads Vegne om at forny og stadfæste det evige Forbund mellem Rigerne, samt antage og anerkjende Kong Hans for Sverrigs Konge „med saadant Vilkaar", hedder det, „at han samtykker, stadfæster og fuld=

„gjør alle de Artikler og Punkter, som han haver svoret, lovet og beseglet Sverrigs, Danmarks og Norges Rige og alle deres Indbyggere i Halmstad, hvilke Artikler vi samtykke i alle Punkter med nogen Forbedring efter Sverrigs Riges Leilighed, Nytte og Gavn. Og skal han os og alle Sverrigs Indbyggere fremdeles alle efterstrevne Artikler sværge, love, besegle fuldkommelig at holde uden al Modsigelse, som denne Reces og efterstrevne Artikler udvise og indeholde, med sit Sekret og Majestæts-Indsegl og høibaarne Fyrstindes Dronning Dorotheas og hans kjære Broders Hertug Frederiks Indsegl. Og skal Kong Hans personlig være saa ved Haanden Vor Frue Himmelfartsdag næstkommende (15de August 1484), og stikke nogle af Danmarks og Norges Raads Fuldmægtige til Møde med Sverrigs Raad for i Kalmar at fuldkomme Alt det, som aftalt og tilsagt er om Gulland, Skaardal og Svarte efter forstrevne Recesses Lydelse og Indhold; og deslige om Danmarks og Norges Riger have nogen Tiltale til Sverrigs Rige". Og til Slutningen hedder det: „Sverrigs, Danmarks og Norges Riges Raad og fuldmægtige Sendebud, som nu her tilstede ere, love og tilsige hverandre indbyrdes saavel for dem, som fraværende ere, som for de nærværende, fødte og ufødte, paa vor christelige Tro, Ære og Sandhed, at vi af al Troskab og Huldskab ville tilhjælpe hverandre i hvert Rige, at disse forstrevne Artikler, og hver enkelt for sig, maa og skulle ubrødelig holdes uden al Hinder, Gjensigelse eller nogensomhelst Udflugt i alle Maader som forstrevet staaer". — Recessen er beseglet i Kalmar Aar efter Guds Byrd 1483, Vor Frue Aften nativitatis (den 7de September). Disse Tilsagn og Forsikringer gjentoge de svenske Rigsraader med de samme her anførte Ord i et særskilt Forsikringsbrev til Kong Hans af samme Dag og Sted som Recessen selv.

Kong Hans var saaledes bleven Danmarks og Norges Konge paa Betingelse af en fælles svensk-dansk-norsk Haandfæstning, Halmstadsrecessen af 1ste Februar 1483, og han havde faaet et bindende Tilsagn om at antages til Sverrigs Konge i August 1484, imod særligt at forpligte sig til Sverrigs Rige ved den samme Haandfæstning med enkelte Tilføielser af Hensyn til svenske Forhold. Kalmarrecessen af 7de September 1483 er en særlig Forpligtelse til Sverrigs Rige, men da den er identisk med Halmstadsrecessen, har den ogsaa optaget Alt hvad der vedkommer alle tre

Riger.   Forholdet er derved fra første Færd blevet uklart og for=
viklet; thi lige efter Recessernes Ord havde hvert af Rigernes
Raad en Adkomst til at indblande sig i begge de andres Anlig-
gender. I Halmstadsrecessen lyder den 41de Artikel saaledes: „Item
skulle Vi og Rigets Raad af hvert Rige sende tre af Raadet, en
Biskop og to af Ridderskabet, hvert Aar til et Møde, saa at de
ni af alle tre Riger komme et Aar sammen i Kongsbakke, det an-
det i Nyløbese og det tredie i Kongehelle ved St. Olufsdagstid,
der at forhandle og overveie, om der findes nogen Sager, som
kunne føre til Ufred og Uro imellem Rigerne, det at aflægge, samt
at ramme og stadfæste hvad der kan tjene til Rigernes Enighed
og Bedste".   Hertil føier nu Kalmarrecessen, at disse ni Mænd
tillige skulde undersøge, om Privilegierne holdes i Rigerne i alle
sine Punkter og Artikler, som tilbørligt er!   Dette var altsaa at
sætte Nimands-Udvalget til et Eforat over Kongen og give alle tre
Rigers Raad Tilsyn med Kongens Forhold i hvert enkelt Rige,
saa det skulde være sært, om ikke f. Ex. det svenske Rigsraad skulde
kunne finde, at der om ikke i Sverrig, saa i Danmark eller Norge
kunde være Et eller Andet at klage over, naar det søgte et Paa-
skud til at bryde med Kongen som den, der ikke holdt sin Haand-
fæstning.

Overhovedet ere de Tilføielser, der nu i Kalmar gjordes til
Halmstadsrecessen, hvilken jo dog i 1482 var vedtaget i Udkast af
de Svenske selv som en Fælleshaandfæstning, af den Art, at man
undrer sig over Kong Hanses og de danske Fuldmægtiges Billighed
til at antage denne Haandfæstning, der ikke har sin Lige i Nordens
Historie.   Kalmarrecessen nøies ikke med at indskrænke Kongens
Myndighed ved de Privilegier, den indrømmer det svenske geistlige
og verdslige Aristokrati; men den tager for en stor Del Regerings-
myndigheden ud af Kongens Haand og lægger den i Rigsraadets,
naar Kongen ikke kan eller vil gjøre Sverrig til Hovedriget. Baade
i Halmstads og i Kalmarrecessen foreskrives, at Fælleskongen skal
være et Aar i hvert af Rigerne, med mindre det gjøres mærkeligt
Behov, at han kommer oftere eller bliver længer i et af Rigerne,
og det skeer med det vedkommende Rigsraads Raad.
Det stod altsaa i det enkelte Rigsraads Magt at vise ham ud af
Riget, naar han havde været Aaret om.   Men hertil føies i Kal-
marrecessen, at i Sverrig skal Kongen udnævne et Udvalg af fire

Rigsraader, der i Tilfælde af Vakance skal udfyldes ikke af ham, men af Rigsraadet. Dette Udvalg skal styre og regere Riget i Kongens Fraværelse, saa ofte han reiser fra det ene Rige i det andet, i to Aar altsaa, medens han kun skal regere i det tredie; thi „hvad disse fire Rigsraader i Kongens Fraværelse lovlig dømt og gjort have, det skal Kongen fast og ubrødeligt holde". De skulle endvidere have Fuldmagt til i Kongens Fraværelse at sammenkalde Rigsraadet. Adelen og Prælaterne ere berettigede til at befæste deres Gaarde og holde dem lukkede for Enhver, endog Kongen, som kun med Eierens Samtykke har Adgang til dem; derimod kunne Herrerne modtage hvem der flygter for Kongens Unaade og ikke tvinges til at udlevere dem, før Sagen er lovlig undersøgt. Hertil komme flere Kongen personlig nærgaaende Bestemmelser: ikke alene maa han forpligte sig i de mest bindende Udtryk til at forglemme Alt hvad Sten Sture, Ivar Axelsen, Niels Sture have gjort ham og hans Fader imod, og aldrig for nogen Ret drage dem til An= svar; han maa ogsaa forpligte sig paa sin Moders Vegne til at lade den Bandsdom falde, hun har erhvervet hos Paven over Sten Sture, fordi han forholdt hende Morgengaven i Sverrig, ja han maa i Kalmarrecessen lade det Forbehold i denne Henseende falde, han endnu havde fastholdt i Halmstadsrecessen, at Enkedronningens Ret skal være ved Magt, dersom Sverrigs Rigsraad ikke inden Vor Frue Dag nativitatis, d. e. den 8de September, 1483 havde „annammet og fuldbyrdet" ham til en fuldmægtig Konge og Herre i Sverrig. Af mindre Betydning, men maaske mest personlig krænkende, er det, at medens Halmstadsrecessen tilsteder Kongen, naar han kommer ind i et af Rigerne, at beholde efter sit Valg 12 Hoffinder af de andre Riger, da alle hans andre Hof- og Embedsmænd skulle være Indfødte i det Rige, han kommer ind i, saa tilsteder Kalmarrecessen ham kun 4 Hoffinder, d. e.: den til= steder ham ikke engang at have saa mange paalidelige Mænd om sin Person, at han kan sætte sig et Øieblik til Modværge mod den første den bedste svenske Adelsmand, der vil overfalde ham!

Gaaer man ud fra, at det er Rigsforstanderen og hans Parti, der har sat slige utaalelige Bestemmelser ind i Recessen, kan man kun betragte denne som et Led i den Kjede af Paafund, hvormed Sten Sture lige siden Brunkebjergslaget havde vidst at hindre Sverrigs Rigsraad i at slutte sig til Fælleskongen, der efter hele

Situationen ikke kunde være nogen Anden end den danske Konge. Rigsforstanderen havde nær tabt Spillet allerede i Kong Christierns Tid; da var det, at han i Aaret 1477 satte Almuen i Bevægelse for at hindre denne Konges Gjenindsættelse. Han havde efter Christierns Død ikke kunnet faa Sønnens Antagelse i Danmark udsat i det Uendelige, han havde ikke kunnet fastholde Norge i et Særforbund med Sverrig, han havde ikke kunnet forhindre det norske Rigsraads Tilslutning til det danske, eller Kong Hanses Antagelse i Norge, eller hans Kroning baade i Norge og i Danmark. Han havde heller ikke kunnet afholde det svenske Rigsraad fra at anerkjende Kongens Ret til Sverrigs Trone. Saaledes dreven fra den ene Stilling efter den anden, fik han nu det svenske Rigsraad til at opstille en Haandfæstning, han kunde haabe, at Kong Hans og det danske Raad ikke vilde ubetinget gaa ind paa og saaledes tage det paa sig, at give ham et Paaskud til ligeoverfor det svenske Folk at vælte Skylden for Brudet over paa Modparten. Men denne gjennemskuede det fine diplomatiske Spil, hvormed han vist heller ikke har tænkt paa at føre de Danske bag Lyset, men snarere har villet hindre et aabent Brud i det svenske Rigsraad, der vilde have stillet ham med Almuen alene ligeoverfor den dansk-norske Magt i Forbindelse med en Del af det svenske Aristokrati. Men den danske Konge og Rigsraad gjorde ikke Sten Sture den Tjeneste at give ham det ønskede Paaskud. Kong Hans antog uden Indvending Kalmarrecessen, saa at Sten Sture ikke kunde komme bort fra den, vilde han ikke bryde med det svenske Rigsraad. Dog gav han endnu ikke Spillet tabt. Da Tiden kom, at Kalmarreces skulde fuldbyrdes, og da Kong Hanses Fuldmægtige mødte i Septbr. 1484 med Stadfæstelsen paa alle Punkter, fremkom den svenske Rigsforstander med den Paastand, at førend Kong Hans sattes i virkelig Besiddelse af Sverrigs Krone, skulde han skaffe Sverrig Ret angaaende Gulland, i Henhold til Halmstads- og Kalmarreces. Recessernes Ord ere disse: „Desligeste (skulle Bi) Sverrigs Rige til Rette stede og hjælpe om Gotland, Skaardal og Svartekverne, naar de i Sverrig Os annammende vorde for Herre og Konge". I Danmark har man upaatvivlelig forudseet denne Paastand og beredt de fuldmægtige Rigsraader til at møde den; thi disse, Biskopperne af Aarhus og Ribe, Prioren i Dalum og tre verdslige Raader, toge det uden Betænk-

ning paa sig strax at forkaste denne Fortolkning; de forklarede Re-
cessens Ord saaledes, at Spørgsmaalet om Gulland skulde afgjø-
res, naar de i Sverrig havde annammet Kong Hans. Men Sten
Sture opnaaede sin Hensigt, at hindre Kongens Antagelse, trods
Recessen, og dog forebygge et Brud med Kongepartiet i det svenske
Rigsraad; thi Ingen af dette vovede at forkaste hans Fortolkning,
der syntes ganske at være til Sverrigs Fordel og kunde gjøre Reg-
ning paa at understøttes af Folkemeningen.

Kalmarrecessen, der skulde have fjernet alle Indvendinger imod
Kongens virkelige Tronbestigelse i Sverrig, gav saaledes Sten Sture
det bedste Paaskud til at hindre Kong Hanses Antagelse. At han
skulde have været imod den, er derfor svært at tro; og dog paa-
stod han 11 Aar senere, at Recessen gjordes imod hans Villie, og
at han kun nødigt, eller nødtvungen, havde hængt sit Sigil ved-
den*). Men dengang, i Aaret 1495, krævede det øvrige svenske
Rigsraad rigtignok af ham, at nu skulde Kong Hans antages i
Kraft af Recessen.

Kalmarreces blev imidlertid ikke omstødt paa dette Møde i
September 1484. Tvertimod stadfæstedes den paa det nær, at
Kongens Antagelse udsattes, indtil man var bleven enig om de
tvistige Punkter. Den evige Fred, ikke nogle Aars Stilstand, og
Forbundet mellem Rigerne blev paany bekræftet, idet Rigsraaderne
fra begge Sider gave hinanden Brev paa, „at efter den kjærlige
Bebindelse og Broderskab, som vi tilforn mange Gange have svo-
ret, bebrevet og beseglet mellem disse tre Riger, saa at de skulle
blive tilsammen i en evig Fred, Kjærlighed og Bebindelse under
een Herre og Konge til evig Tid . . . . . stadfæste og fuldbyrde
vi nu denne Fred i alle Maader og love den fast og ubrødelig at
holde i alle Maader". — Til Folkenes Underretning vedtoges til-
lige et saakaldt Bursprog, d. e.: en offentlig Bekjendtgjørelse for
Almuen ved Udraab, der angiver det Vedtagne saaledes: — „Gjøre
vi alle vitterligt, at vi have nu været her tilsammen, stadfæstet,
samtykt og fuldbyrdet den evige Fred og kjærlige Bebindelse, som
vi i disse forledne Herredage have svoret, bebrevet og beseglet mel-
lem disse tre Riger og deres Indbyggere i saa Maade, at disse

---

*) Handlingar rörande Skandinaviens Historia XVIII (Nya Handlingar VIII)
   p. 33—34.

tre Riger skulle blive tilsammen under een Herre og Konge til evig
Tid, med saadant Forord og Vilkaar, at vor forrige Kalmarreces
og Brev i alle sine Artikler og Punkter bliver fuldbyrdet, og at
Enhver i disse tre Riger maa og skal strax faa Sit igjen, Arve-
gods, Pantegods, Leiegods og Kronens Len. Og maa Alle, Fat-
tige og Rige, fare i deres retfærdige Ærinder og efter deres Næ-
ring, til Lands og Vands, i disse tre Riger, hvor dem tækkes".
Dette Bursprog er dateret Kalmar den 12te September 1484.
    Det svenske Folk maatte altsaa tro, at begge Landes Rege-
ringer vare enige, saa at Sagen dermed var endelig afgjort, hvor-
ledes saa Herrerne enedes om at fuldbyrde Bestemmelsen om en
fælles Konge. Tilstanden i Sverrig stod for Almuen som endelig;
desto roligere saa den paa, at Sten Sture, dens bedste Ven og
Fører, dog blev i Besiddelse af Magten. — Kong Hans derimod
kunde ikke være tilfreds; men dog har han anerkjendt Overenskom-
sten og virkelig holdt Freden, hvor god Grund han end kunde
have til at betragte og behandle det svenske Rigsraad som det, der
havde brudt sit Ord. Sværdet drog han ikke; men han slap heller
ikke Kalmarrecessen, saa at imellem begge Landes Regeringer stod
hele Kongesagen fremdeles uafgjort, opsat efter hvers Leilighed.
    Danske Historieskrivere betragte disse aarlange, frugtesløse Un-
derhandlinger som Beviser paa det svenske Rigsraads og navnlig
Sten Stures overlegne Klogskab, hvis Offer „den godmodige" eller
„trofyldige" — de mene: den enfoldige Kong Hans blev i en
lang Aarrække, fordi han lod sig bedrage af en overlegen Politik.
Men denne Dom er uretfærdig imod den danske Konge og hans
Raad; thi høiere er dog dens Statskunst, der uden at tabe Taal-
modigheden veed at fastholde Modstanderen ved hans givne Ord,
indtil det Øieblik kommer, da Sværdet med Nytte kan drages, end
dens, der med alle snilde Vendinger, Paaskud og Udflugter ikke
kan faa Modstanderen til at slippe det gode og faste Tag, han
har i hans Skulder, og som dog til Syvende og Sidst taber det
langt udtrukne Rænkespil. Kong Hans vidste af sin Faders
Erfaring, at Danmark-Norge ikke var istand til at tvinge det
svenske Folk, saa længe det var enigt — saalænge Rigsforstander,
Rigsraad og Almue stode sammen. Først da kunde der være Haab
om et heldigt Udfald af en Krig, naar Partierne i Sverrig selv
gik saa langt fra hinanden, at en dansk Hær kunde fare ind i

Spalten og sprænge Modstandskraften. Den Politik, der saaledes naturlig frembød sig for den danske Regering, maatte paalægge den taalmodig Udholdenhed, indtil Forholdene modnedes i Sverrig, og imidlertid at holde Øiet aabent for den indre Bevægelse i dette Land, understøtte den Misfornøielse med Rigsforstanderen, der i Tidens Længde ikke kunde udeblive, og aldrig lade Sten Sture eller det svenske Rigsraad slippe bort fra den engang udtalte Anerkjendelse af Kongens Ret og sine egne Forpligtelser. Og saa i rette Øieblik, om det end lod vente paa sig i mange Aar, træde op med en Krigsmagt, der formaaede at overhugge Knuden. Men dertil hørte, at man aldrig afbrød Underhandlingerne, og at man ikke drog Sværdet i Utide; thi begge Dele vilde have styrket Sten Stures Stilling og kastet Rigsraadet helt over i hans og Almuepartiets Arme, medens Rigsforstanderen nu ved allehaande Udflugter og Paaskud maatte see at afholde den stigende Misfornøielse i det svenske Raad fra et Udbrud, saa længe det lod sig gjøre ved slige Kunster.

Anden Afdeling.

Gulland. Ivar Axelsen. Spaltning mellem Magthaverne i Sverrig. Sverrigs og Danmarks Forhold til Rusland. Det svenske Rigsraad nærmer sig Kong Hans. Frugtesløst Møde i Kalmar 1495. Aaben Partistrid i Sverrig. Sten Sture i Krig med det svenske Rigsraad. Kong Hans i Forbund med det svenske Rigsraad. Kongens Seire. Forlig mellem Kongen og Sten Sture. Kong Hans og det svenske Rigsraad. Den unge Christiern valgt til Tronfølger i Sverrig. Sten Stures nye Forpligtelse.

Gulland havde afgivet Paaskudet til at nægte Kong Hans Kalmarrecessens Fuldbyrdelse. Det seer ved første Øiekast ud som en rent frivol Udflugt, da Sten Sture selv kort i Forveien havde sluttet en Overenskomst med Kongens erklærede Fjende Ivar Axelsen, som havde Gulland i Besiddelse; dengang Rigsforstanderen tiltraadte

Kalmarreces, vidste han altsaa, at Kong Hans ikke kunde overgive Øen til Sverrigs Rige. Men det er vel muligt, at hvad det svenske Rigsraad vilde have forlangt i August 1484 ikke just har været Øens øieblikkelige Udlevering til Sverrig; thi Recessens Ord kræve ikke dette, men kun at Kongen skal hjælpe Sverrig til Rette om Gulland; og senere formuleredes dette af Førerne for Modstandspartiet i det svenske Rigsraad saaledes, at der skulde sættes en svensk Mand til Lensmand paa Gulland, lige forpligtet imod Sverrigs og imod Danmarks Kroner, og begges Ret saa afgjøres ved en Voldgiftskjendelse. Dette kunde maaske været ud= ført 1484 derved, at Besidderen af Gulland, Ivar Axelsen, der som Medlem af Sverrigs Rigsraad ikke kunde vrages som svensk Mand, og som stadig erkjendte at have Gulland som et dansk Pantelen, havde af Kong Hans og det danske Rigsraad faaet Be= faling til at holde Lenet til begge Kroners Haand. Men det er rigtignok høist tvivlsomt, om Kongen og det danske Rigsraad vilde dette; thi da Kong Hans senere virkelig fik Øen i sin Magt, har han Intet foretaget for i dette Punkt at opfylde Kalmarreces. Og da han ved et nyt Oprørs Udbrud 1501 i det sidste Øieblik ind= rømmede at stille Spørgsmaalet til Afgjørelse af alle tre Rigers Raad, blev dette uden al Virkning paa dem, der kun søgte Paa= skud til at reise Oprørsfanen. Danmarks og Sverrigs Interesser stode her saa haardt imod hinanden, at Kongen vist ikke kunde formaa det danske Rigsraad til en virkelig Opfyldelse af Kalmar= reces i dette Punkt, og dette i Forbindelse med Recessens hele øv= rige Beskaffenhed gjør det sandsynligt, at dens hurtige og mod= standsløse Antagelse i 1483 fra dansk Side væsenlig er skeet for at drive Sten Sture ud af de Paaskud, hvormed han indtil da havde forstaaet at hindre Kongens Antagelse og dog at afvende et Brud med Flertallet i det svenske Rigsraad, der vilde opfylde Sverrigs Forpligtelse mod Kong Hans.

Ivar Axelsens Stilling var under alle disse Forhandlinger denne: Visborg og Gulland havde han som et dansk Pantelen, ind= til det blev ham afløst for de Summer, hvorfor Kong Christiern havde pantsat det til hans Brødre — først Oluf, saa Filippus; og han vedblev trods den fjendtlige Stilling til de danske Konger at erkjende sig som den danske Krones Lensmand. Men som svensk Mand havde han betydelige Len, saasom Stækeborg i Østergot-

land, af Sverrigs Krone, var derhos Medlem af Sverrigs Rigs=
raad og ved Familieforbindelser knyttet til de mægtigste Slægter
i Sverrig. Og ikke nok dermed; ogsaa i Finland havde han i de
senere Aar faaet en mægtig Stilling. Dengang han og hans Bro=
der Erik Axelsen havde i Forbindelse med Sturerne i Aaret 1467
sat Kong Karl tredie Gang paa Sverrigs Trone, fik Erik Axelsen
ved Nedlæggelsen af Rigsforstanderskabet og Overleveringen af
Stokholms Slot store Len i Finland paa Livstid, nemlig Rasa=
borg, Tavastehus, Viborg og Savolax, hvor han 1475 anlagde
den faste Grændsefæstning St. Olafsborg eller Nyslot. Han havde
saaledes i sin Haand hele Landet ved den finske Bugt, samt det
østlige Finland, som Len af den svenske Krone og var i Virkelig=
heden Regent i Finland, hvilket han kjækt og dygtigt forsvarede
imod Russernes gjentagne Indfald. Efter Kong Karls Død støt=
tede han Sten Sture som Rigsforstander; men han fastholdt sine
finske Len, hvor gjerne end Sten Sture vilde have havt dem i sin
Vold, og hvor meget han end bød ham for at oplade ham de
fire Slotte. Rigsforstanderen maatte lade sig nøie med det Løfte
af Erik Axelsen, at Slottene skulde efter hans Død komme tilbage
til Rigsraadet. Men dette skete ikke virkeligt; thi da Erik Axelsen
laa paa sit Yderste, forvandlede han „Slotslovene", d. e. Slots=
befalingsmændenes Forpligtelser mod den Herre, af hvem Slottene
vare dem overdragne, til sine Brødre Laurents' og Ivars Haand.
Ivar Axelsen, der overlevede Brødrene, havde saaledes omtrent ved
den Tid, da Underhandlingerne førtes om Kong Hanses Antagelse,
foruden Visborg med Gulland og sine Len i Sverrig, de fire store
finske Len af den svenske Krone og dermed Herredømmet i Finland.
Han var en Magt, med hvem der maatte underhandles, og han
forstod at benytte sin fordelagtige Stilling. Hverken Danmark eller
Sverrig vovede at angribe Gulland, for ikke at kaste Ivar Axelsen
helt over i Modstanderens Arme. Det var paa dette Vippebrædt,
Hr. Ivar holdt sig oppe. Hans Stræben maatte altsaa gaa ud
paa at nære Fjendskabet mellem Kongen og Rigsforstanderen, for
at vedligeholde Spændingen mellem Danmark og Sverrig og der=
ved hindre et samtidigt Angreb fra begge Sider paa Gulland, der
var den faste Grundvold for hans Magtstilling.

Finland var imidlertid altfor vigtigt til at Sverrig roligt kunde
see det i en saa usikker og tvetydig Stilling; Sten Sture maatte

derfor dog bekvemme sig til Underhandlinger med Jvar Axelsen. Han lod sig give Gidsler for sin personlige Sikkerhed og kom saa selv til Gulland, hvor der sluttedes en Overenskomst den 20de Juni 1483, ifølge hvilken Jvar Axelsen oplod ham Viborg i Finland, Nyslot og Tavastehus, men beholdt Rasaborg og fik Øland med Borgholm som Len af den svenske Krone. Hr. Jvars Stilling blev unægtelig sikrere ved at opgive Herredømmet i Finland; thi dette nødte ham til en anstrengende og trættende Krig eller Vagt imod Russerne, medens han nu i Besiddelse af Rasaborg Len, det sydvestlige Hjørne af Finland, i Forbindelse med Visborg og Borgholm, Gulland og Øland, blev en sand Søkonge, der beherskede Østersøen. Men denne Stillings Fristelser formaaede han i sit Overmod ikke at vise fra sig. Hans Krydsere opfyldte Østersøen til Plage for de Handlende. Klager over Vold og Sørøveri hørtes atter i Hansestæderne og fra Hollænderne, der ivrigt arbeidede paa at trænge sig ind i Østersøen. Sten Sture søgte paa den Tid Forbindelse med de vendiske Stæder; han stod nu fastere end i 1483, og i denne Sag om den frie Søfart til Sverrig støttedes han selvfølgelig af det hele Rigsraad saavelsom af Folket. I Aaret 1487 kom det derfor endelig til et Brud imellem de engang saa nøie forbundne Stormænd. Sten Sture forsøgte først Underhandlinger; men da Jvar Axelsen under forskjellige Paaskud unddrog sig for et personligt Møde, vendte Rigsforstanderen sig i Vinteren 1487 imod Øland og beleirede Borgholms Slot. Jvar Axelsen, der da selv opholdt sig paa Borgholm, forsvarede vel dette med sin vante Tapperhed og Duelighed, men fandt dog, at han ikke kunde lade sig indslutte her uden at udsætte sig for at miste Alt og falde i sin Fjendes Haand. Alene paa det faste Visborg kunde hans Stilling hævdes, da han der ikke kunde angribes uden at Danmark inddroges i Striden. I en mørk Vinternat undkom han heldigen til Gulland paa en aaben Baad, ubemærket af de blokerende Skibe. Forsvaret af Borgholm havde han overdraget sin Frue, Kong Karls Datter Magdalena, som ikke svigtede hans Tillid. Men da hans andre Besiddelser i Sverrig efterhaanden maatte overgive sig til Rigsforstanderen, og da samtidige Rustninger i Danmark lode ham vente et Angreb derfra paa Gulland, følte han det faste Bærepunkt under sit politiske Vippesystem forsvinde og kunde saaledes forudsee sin fuldstændige Undergang. For dog

at redde Livet og noget af sit Gods maatte han vælge imellem
Danmark og Sverrig. Valget var ikke tvivlsomt: Danmark var
hans Fædreland, i Skaane havde han sit Arvegods med den vel
befæstede Gaard Lilø, — han havde, som anført, altid erkjendt
Gulland og Visborg for Len af Danmarks Krone, deri bestyrket
af Fru Magdalena, der formanede ham til at opretholde sin Rid-
derære; og endelig var Breden imod den gamle Ven og nye Fjende
nu større end imod Kongen, som kun havde arvet den fjendtlige
Stilling til Hr. Ivar.

I Danmark havde man fulgt disse Begivenheder med en Op-
mærksomhed, som tydeligt viser, at man ingenlunde havde ladet
sig dysse i Søvn ved de skuffende Underhandlinger om Sverrigs
Krone. Det menige danske Rigsraad samledes i denne Anledning
i Vinteren 1487 hos Kongen i Kjøbenhavn, hvor det besluttedes
at tage Visborg fra Ivar Axelsen med det Gode eller med Magt.
Kong Hans havde i Foraaret en Flaade og en Krigsmagt samlet.
Da han laa ved Dragør, kom Hr. Ivars Bud med Forslag om
Overgivelse af Gulland og Visborg imod at faa sit Gods i Dan-
mark tilbage, idet han tillige søgte at bevæge Kongen til et Angreb
paa Sverrig. Tilbuddet om Gulland modtoges; men med Hensyn
til Sverrig blev Kongen den engang valgte afventende Politik tro.
Sidst i Mai seilede han til Gulland, modtog Øen og Slottet af
Ivar Axelsen og hyldedes af Øfolket i Begyndelsen af Juni 1487,
medens Sten Sture endnu var beskjæftiget med Beleiringen af
Borgholm. Den Lensmand, Kongen nu betroede Visborg Slot
med Gulland, den skaanske Adelsmand Jens Holgersen Ulfs-
tand, var en fuldkommen paalidelig dansk Mand, hvis Trofasthed
mod Konge og Fædreland gjør et velgjørende Indtryk ved Siden
af Axelsønnernes og saa mange svenske Aristokraters Overløberi.

Fra Gulland seilede Kongen til Øland, da han havde lovet
Ivar Axelsen at befri hans paa Borgholm indesluttede Frue. Det
var dog ikke Kongens Hensigt at udføre dette med Vaabenmagt.
Han traadte i venskabeligt Forhold til Sten Sture. Rigsforstan-
deren forlangte Leide og Gidsler. Det kom da til personligt Møde
og Underhandlinger, der selvfølgelig ogsaa kom til at dreie sig om
Kalmarrecessen. Rigsforstanderen viste sig villig til at oplade
Sverrigs Rige for Kongen og at ville arbeide paa, at Almuen
skulde antage ham, især dersom Kongen nu vilde skaffe Sverrig

Øland og Borgholm. Ivar Axelsen maatte da finde sig i at slutte en Overenskomst med Sten Sture om Borgholms Overgivelse; men han søgte at unddrage sig Opfyldelsen ved at forlade den danske Flaade for med sit Skib at seile til Kjøbenhavn. Kong Hans havde vistnok havt det i sin Magt at tage Øland og Borgholm for sig selv; men dette vilde have været et bestemt Brud af den Fred mellem Rigerne, der saa ofte var vedtaget, nu sidst i Kalmar 1484. Man dadler vel Kongen, som om han ogsaa ved denne Leilighed lod sig føre bag Lyset af sin Modstanders favre Ord. Men den større Klogskab var dog i Virkeligheden paa Kongens Side, der ved at holde sit Ord, trods Fristelsen til at bryde det, viste det svenske Folk, at det kunde forlade sig paa hans Løfter indenfor rimelige Grændser. Kongen nødte derfor Ivar Axelsen til at komme tilbage og efter Overenskomsten overgive Borgholm til Sten Sture, dog saaledes, at Fru Magdalena og de Beleirede droge bort i Sikkerhed med hvad der tilhørte dem. Ivar Axelsen maatte nøies med sine Godser i Skaane. Han døde sidst i Aaret 1487 eller i Begyndelsen af det følgende Aar. Saaledes endtes det dristige Forsøg af en Adelsmand paa at stille sig som en uafhængig Søkonge imellem Danmark og Sverrig, balancerende paa Spændingen imellem Kong Hans og Sten Sture.

Sten Sture holdt naturligvis ikke sine Løfter. Han vedblev at sværte og bagtale Kongen for den svenske Almue, medens han for Kongen undskyldte sig med, at han ikke kunde faa det svenske Folk til at antage ham. Det synes at have været Sten Stures Tanke, ved at holde Kong Hans borte fra Sverrig og ved stadig at fremstille ham som det svenske Folks „hadske Fjende", at afvende Folket fra Tanken om, dog engang at skulle have ham til Konge, og at vænne det til at betragte Rigsforstanderen som sin rette Herre. Tildels er dette lykkedes, i det mindste ligeoverfor Massen af det svenske Folk, medens Aristokraterne, navnlig Rigsraadet, med Mishag og Uro saa den Vending, Stures Adfærd og Folkets Stemning tog. Rigsforstanderen vante sig selv mere og mere til at betragte sig som Rigets legitime Hersker; og han kunde ikke modstaa de Fristelser, denne Stilling medførte: han blev vilkaarlig og egenmægtig, tilsidesatte Rigsraadet og begyndte at komme ind paa Kong Karls farlige Vei, at samle store Pengemidler i sin egen Haand. Vistnok vilde han ikke have Penge, fordi et pragtfuldt

Herrelevnet var hans Lyst; men han vilde have dem som Midler til at hævde sin Stilling imod enhver Modstand. Det blev ham af Vigtighed at have en Skare af Hustropper, der ikke alene kunde danne Kjærnen for en Hær til Rigets Forsvar, men ogsaa gjøre ham til Enhver af Aristokraternes Overmand, selv Ærkebiskoppens, Biskoppernes og de rigeste Adelsmænds, og i Nødsfald, i Forbindelse med Reisning af den ham hengivne Del af Almuen, til hele det øvrige Rigsraads Herre. Hertil behøvedes mange Penge, som Sten Sture søgte at tilveiebringe ved at drage flere og flere af Rigets Indtægter til sin Kasse. Det er det Samme i mindre Maalestok som Keiser Augustus tilsigtede med Adskillelsen af Imperatorens Fiskus fra Republikens Ærarium.

At det øvrige Rigsraad blev misfornøiet med ham, at Sten Sture stødte flere og flere af de svenske Aristokrater fra sig ved saaledes at rive Rigets gode Ting til sig og ikke unde dem ret indbringende Len, — at derfor dets Ønske om at see Kalmarrecessen gjennemført og Kong Hans virkelig sat i Besiddelse af Sverrigs Trone blev stærkere Aar for Aar, var kun den naturlige Følge af Omstændighedernes Udvikling. Især Ærkebiskoppen Jakob Ulffen og de andre Biskopper bleve Talsmænd for disse Ønsker, ikke fordi Geistligheden nærede nogen større Hengivenhed for en skandinavisk Union — thi deraf findes intet virkeligt Spor, — men fordi de dog følte større Forpligtelse til at holde Eder og Løfter, end de Verdslige, der næsten synes at have betragtet dem som Mundsveir. Et Unionsparti, et Parti, der vilde Unionen for dennes egen Skyld, et skandinavisk Parti fandtes ikke mere i Sverrig. Det sidste Livstegn af et saadant er Halmstadsrecessen af 1450. De svenske Mænd, der senere kæmpede for Fælleskongen, vare ikke Skandinaver, men Modstandere af Magthaveren i deres eget Land og derfor Tilhængere af de dansk-norske Konger. Saaledes i Christiern den Førstes Tid Oxenstjerner og Vasa'er, i Kong Hanses Sten Stures Modstandere i Rigsraadet. De svenske Biskopper vare ikke bedre Skandinaver end de verdslige Medlemmer af Rigsraadet og det øvrige Aristokrati. Trods Spændingen i Rigsraadet kunde det derfor ikke komme til et Brud, førend ydre Forviklinger hidførte Krisis.

Nærmest kom disse Forviklinger fra Forholdet til Rusland, hvis Grændser mod Sverrig vare altfor ubestemte til at Sammenstød kunde undgaaes, saasnart den russiske Kolos samlede sine store Lemmer og begyndte at vaagne til Bevidsthed om sine Jættekræfter. Dette skete som bekjendt, da Ivan Basiliewitsch løsrev Storfyrstendømmet Bladimir fra det tartarisk-mongolske Herredømme og betvang de andre slaviske Fyrstendømmer i Rusland, i den sidste Halvdel af det 15de Aarhundrede, altsaa i Sten Stures og Kong Hanses Tid. Dengang henlaa hele den nordlige Del af Finland, Sverrig og Norge uden bestemt Grændseadskillelse fra Rusland, saa at medens Norge betragtede alt Landet ved Ishavets Kyst indtil det hvide Hav som sit, hørtes russiske Paastande om, at Pyhajoki og Skelläfteån betegnede Grændsen mellem deres Land og Skandinavien*). I disse nordlige Egne kom det dog kun til mindre betydelige Sammenstød om Jagt og Fiskeri ved Streiferier fra begge Sider; men alvorlig blev Striden i det sydlige Finland, hvor Landskaberne langs den finske Bugt i et Par Aarhundreder vare blevne koloniserede dels af finske Stammer fra Dvinaegnen, dels af Svenske fra Søen, der fra de faste Pladser Viborg, St. Olafsborg eller Nyslot og Tavastehus satte en Dæmning imod Russernes Fremtrængen. Russerne betragtedes dengang som Hedninger og Christendommens Fjender, vel ligesaa meget paa Grund af den vilde Grusomhed, de viste i deres Kampe med deres katholske Naboer, og overhovedet deres hele barbariske Væsen, som fordi de tilhørte den græske Kirke. En Krig mellem Fyrst Georg Danilowitsch af Novgorod og Kong Magnus havde ført til den Nøteborgske Fred 1323**), der bestemte Grændsen mellem det svenske Finland og Rusland fra den lille Sestrafloð, 5 Mil nordvest for det nuværende St. Petersborg, „Systerbäcken", som de Svenske kalde den, indtil Havet, men som senere fik Tilsætninger, der atter gjorde Skjællet mellem Novgorods og Sverrigs Besiddelser ubestemt.

Da nu i Sten Stures Tid den vældige, omsiggribende

---

*) Saxorph, II, 345. Dette Sted har A. I. Europaeus overseet i sin Opsats om det „Nöteborgske Fredsfördraget", i Annaler for Nordisk Oldkyndighed og Historie, 1860, p. 14—26, navnlig p. 17. Det bestyrker netop hans egen Mening om den finsk-russiske gamle Grændse.

**) Trykt i Suomi, Tidskrift i Fosterländska ämnen. 1841. Häfta 1, p. 62— 68. Jfr.: B. E. Hildebrand, Om Nöteborgska Freden, i Kongl. Vitterhets-Historie- och Antiquitets Academiens Handlingar, XX, p. 171 ff.

Ivan optog de novgorodske Fordringer med Paastand paa, at de Svenske havde trængt sig ind over den rette Grændse, og at navnlig Nyslot var anlagt paa russisk Grund, tegnede det til et alvorligt Sammenstød i disse fjerne Egne. Dette kom Rigsforstanderen høist ubeleiligt. Han havde nu i 20 Aar efter Brunkebjergslaget behersket Sverrig i Fred, og havde al sin Klogskab og Kraft nødig til at udelukke Kong Hans fra Sverrig samt opretholde sit eget Herredømme imod det misfornøiede Rigsraad. Han søgte derfor at faa en Fred med Russerne, der dog kun vilde gaa ind paa en tiaarig Stilstand, naar Sverrig vilde anerkjende en for dem heldig Grændsebestemmelse. Dette vilde den svenske Regering naturligvis ikke; den kunde derfor ikke opnaa mere end en simpel Stilstand i 2 Aar, der vedtoges i Begyndelsen af 1493. I det samme Aar søgte ogsaa K o n g H a n s Forbindelse med Storfyrsten. Han sendte sin Kantsler, Domprovsten af Roskilde, over Gulland til Narva og sluttede et Venskabsforbund den 8de November 1493. I Sverrig blev man høiligen foruroliget ved Efterretningen herom; man troede strax paa skumle Planer af Kong Hans, at han hidsede Barbarerne løs paa det svenske Folk, Hedningerne mod Christne; og Sten Sture forsømte da ikke at benytte denne mægtige Løftestang til at reise Folkehadet imod Danmark og dets Konge endnu høiere. Da efter Udløbet af den toaarige Stilstand, som de Svenske selv jo ikke vilde havt længere, Russerne i 1495 begyndte et alvorligt Angreb paa Finland, fik Kong Hans Skylden derfor; og endnu en Mand som Olof Dalin i forrige Aarhundrede ikke alene gjentager denne Beskyldning, men ifølge sit Had til alt Dansk udvider han den udover alle Grændser, idet danske Rænker faa Skylden for alt det Onde, de forhadte Moskoviter tilføiede de Svenske.

Det svenske Rigsraad henvendte sig til det danske for at faa Oplysning om, hvad der virkelig laa paa Bunden af denne Tilnærmelse imellem Kongen og Storfyrsten. Det danske Rigsraad gav ikke noget tilfredsstillende Svar, men erklærede blot, at der for Norges Skyld var sluttet Fred med Storfyrsten, hvorved Norge havde vundet en omtvistet betydelig Strækning af det Nordlige. Og da man i Sverrig udbredte det Rygte, at Kong Hans havde lovet Storfyrsten Lisland og Finland for at faa et Ægteskab i Stand imellem hans Datter og Kongens Søn, henvendte Kong Hans sig til det svenske Rigsraad med Anmodning om, at faa Rygtesmeden afstraffet, idet han ikke uden Ironi fremhævede, at det vilde været et noget usikkert Løfte, om han virkelig havde bortlovet hvad han selv ikke var Herre over, og ikke uden Stolthed udtalte, at han haabede ikke at behøve at kjøbe Ægteskab til sin Søn.

Hvorledes det i Virkeligheden forholdt sig med dette dansk-russiske Forbund, er nu ikke let at sige, fordi vi kun kjende Traktaten i en meget ufuldkommen Skikkelse. Hvad man i danske og svenske Arkiver har derom, er en latinsk Afskrift, som Ivans Søn og Efterfølger, Storfyrste Basilius, 13 Aar senere sendte tilbage fra Rusland til Danmark som Udkast til en Fornyelse af Forbundet, men med saadanne Rettelser, som de efter Aar 1493 forandrede Forhold krævede. Lægge vi nu denne Udkast-Afskrift til Grund, saa ufuldkommen den er, saa seer man først, at Traktaten er sluttet imellem Kong Hans og Russernes Imperator Johannes (Ivan) den 8de Novbr. 1493 og gaaer ud paa et almindeligt Venskabsforbund. Fyrsterne love hinanden Bistand imod Sten Sture, Sverrigs Riges Forstander: naar En af dem vil begynde Trætte (— incipiet lites —) imod Sten Sture, skal han først tilkjendegive den Anden det, og denne da være ham til Hjælp efter Evne — „for at", som det hedder fra Kong Hanses Side, „Vi kunne gjenvinde og erholde Sverrigs Rige". Man seer, at Traktaten kun har været rettet imod Sten Sture, ikke imod Sverrigs Rige, dersom dette ikke gjorde hans Sag til sin; fremdeles, at Forbundet, for saa vidt det gaaer ud paa Hjælp imod den svenske Rigsforstander, ikke engang er et bestemt Krigsforbund, men et gjensidigt Løfte om Bistand i Tilfælde af en udbrydende Strid; Ordet Krig er netop undgaaet. Og denne gjensidige Bistand er afhængig af, at den Part, der vil i Strid med Sten Sture, forud underretter den anden derom. Der er slet ikke Tale om Landafstaaelse eller om nogen Angrebsplan. Den langt overveiende Del af Traktaten handler om Grændserne imellem begge Fyrsters Lande, der skulle blive uforandrede som fra gammel Tid, og om den fredelige Samfærdsel mellem Begges Undersaatter *). At denne Traktat

---

*) Traktatkonceptet er trykt i Jahns Unionshistorie, p. 569, og i Grönblad's Nya källor till Finlands Medeltidshistoria, I, 89; jfr. sammesteds 275, hvor Storfyrst Basilius' Skrivelse til Kong Hans af 17de Juli 1506, der mangler hos Jahn, ligeledes er aftrykt.

ikke kan siges at hidse Russerne løs paa det svenske Folk, er aaben=
bart, og det er tvivlsomt, hvorvidt den har havt nogensomhelst
anden praktisk Virkning end den, det danske Rigsraad sagde, at
skaffe Norge en bedre Grændse mod ~~Sverrig~~. Thi det vides ikke,
at Kong Hans har anmeldt sit senere Angreb paa Sten Sture for
Storfyrsten, eller forlangt hans Bistand i denne Krig.

Men naturligt var det, at det svenske Rigsraad blev uroligt
over denne Forbindelse mellem Sverrigs Naboer, som det altfor
vel vidste ikke kunde være dets Venner i den daværende Situation.
For at forebygge et samtidigt Angreb fra begge Sider, nærmede
Rigsraadet sig atter Danmark ved at gjenoptage Underhand-
lingerne som Kalmarrecessens Fuldbyrdelse og forlange et Møde
af fuldmægtige Sendebud i den svenske Grændseby Lødese ved Gøta-
elven. Dette Møde holdtes ved Pintsetid 1494. De svenske Fuld-
mægtige gik ind paa en Stadfæstelse af Recessen og et Møde i
Kalmar St. Hansdag 1495 imellem de tre Rigers Raad „af de
allerypperligste", til endelig Fuldbyrdelse „uden videre Forhaling",
hvorfor ogsaa Kongen selv skulde være i Nærheden. Iøvrigt be-
kræftedes atter den evige Fred og det kjærlige Forbund mellem
Rigerne; og de svenske Fuldmægtige, blandt hvilke Biskop Bryn-
julf af Skara og Danmarks Ven Arvid Trolle vare de betydeligste,
forpligtede sig til at sende inden Mikkelsdag Rigsraadets og Rigs-
forstanderens Stadfæstelse af denne Overenskomst. Der var her
ikke Tale om denne eller hin Fortolkning af Recessen som Betin-
gelse for dens Fuldbyrdelse: vil Kongen fuldbyrde den, vil Sver-
rig antage ham.

Nu forelagde Biskop Brynjulf og Arvid Trolle Lødese-Over-
enskomsten for det svenske Rigsraad til Stadfæstelse eller Forka-
stelse. Hvilke Debatter der forefaldt, er ikke kommet til os; men
saa meget er kjendeligt, at Spændingen imellem Rigsforstanderen
og hans Modstandere blev stærkere og rykkede en Krisis nærmere.
Thi vi see Raadets andre Medlemmer slutte sig sammen til Kal-
marrecessens Fuldbyrdelse i en Forening for Livstid, hvori de lo-
vede at ville understøtte hverandre, at ville Alle som En bære
Følgerne af dette Skridt, og at ville behandle Enhver, der svigtede
dette Løfte, som en Meneder og Forræder, der skulde forfølges paa
Liv og Gods. Dog tilføiedes, at denne Forening ikke skulde være
Sten Sture til Skade, om han vilde blive hos Raadet; „men",

lagde de dog til, „om han vil give sig fra os, det Gud forbyde, og beslutte Andet, hvoraf Fordærv kan komme, og nøde og trænge os fra sig og ikke følge vort Raad, saaledes som han haver lovet og svoret; da skal Gud vide, at det skal være os høiligen imod". Disse sidste Ord ere vel at mærke; thi de kaste klart Lys over Situationen, idet de vise baade hvad Rigsraadet vilde og hvad det frygtede for. Det vilde, at Sten Sture skulde følge dets Raad, d. e. det vilde forbeholde sig selv den høieste Magt og kun erkjende ham for sin Fuldmægtig; men det nærede aabenbar en Frygt for, at han opfattede sin Stilling anderledes, nemlig som Rigets og Rigsraadets rette Herre.

Da Rigsraadernes Forbund forelagdes Rigsforstanderen, tog han sig en Ugestid til Betænkning; men han maa dog have fundet det utilraadeligt at lade det komme til et Brud strax. Han tiltraadte altsaa Forbundet, lovede at fuldbyrde Kalmarreces, idet han dog stærkere end Rigsraadet betonede alle Recessens Punkter og Artikler, og „at Kong Hans fuldgjør Sverrigs Rige det, han bør". Han samtykte tillige det berammede Møde i Kalmar, hvor Recessen skulde fuldbyrdes „uden videre Forhaling", — „dog saa", tilføiede han, „at om Gud vil, at Kong Hans indkommer til Riget som Konge, at jeg da ei skal nødes eller trænges til at sige ham Huldskab og Mandskab imod min frie Villie". — Dette Forbehold var jo en god Bagdør, Hr. Sten holdt sig aaben. Overalt er dette Forpligtelsesbrev kjendelig sat paa Skruer; Rigsforstanderen lover ikke engang, at han vil personlig indfinde sig ved Kalmarmødet. Dog tog Rigsraadet mod hans Brev og udfærdigede nu under 29de August 1494 Ratifikation af det i Lødese Vedtagne, idet udtrykkelig fremhævedes, at Mødet skulde staa i Kalmar, St. Hansdag næstkommende, imellem de tre Rigers Raad for at fuldgjøre Kalmarrecessen paa Kong Hanses og de tre Rigers Indbyggeres Vegne uden yderligere Opsættelse. Sten Stures Navn findes vel i denne Ratifikationsakt ved Siden af de andre Rigsraaders; men hans Bagtanke og tvetydige Holdning viser sig deri, at han ikke har hængt sit Segl med de Andres under Akten, altsaa ikke vedkjendt sig den; thi dengang traadte Sigillet i den egenhændige Underskrifts Sted. Han paastod ogsaa i det følgende Aar 1495 i en varm Samtale med Ærkebiskoppen, der foreholdt ham hans eget Samtykke til de andre Rigsraaders Beslutning, at han aldrig havde givet Brev eller Segl derpaa. Men Rigsraadet lod sig ikke længer holde tilbage paa den engang betraadte Vei; det lod i Januar 1495 i Varberg Ratifikationsakten udlevere til Kong Hans, som modtog den uden at opholde sig over Mangelen af Sten Stures Sigil, og tillige lovede efter Rigsraadets Anmodning at tilskrive Storfyrsten om Stilstand med Sverrigs Rige. Kongen har holdt dette Løfte; han sendte sit Bud til Keiseren af Rusland, som han kaldte ham, med følgende Brev: „Kjære Broder, Vi have forfaret, at imellem Eder og Sverrigs Rige er nogen Uvillie om den Tiltale, som I mener at have til nogen Del i Finland i Aabo Bispsdømme, og Stilstanden mellem Eder og dem er nu ubleven. Da maa I vide, at Sverrigs Riges Raad har nu med Os vedtaget et Møde i Kalmar ved St. Hansdag næstkommende, for der og da at annamme Os for Herre og Konge, saaledes som de Breve, de Os derpaa givet have, ydermere indeholde. Thi bede Vi Eder kjærligen, for Vor Skyld som en konfedereret Broder at ville med dem i Sverrig og Finland lade Alting bestaa i Fred paa et Aars Tid eller to. Naar Gud vil, at Vi komme til Sverrigs Rige eller Finland, ville Vi gjerne lade besøge et Møde med Eder om den nævnte Tiltale at høre i Rette. Hertil forlade Vi Os vesselig og ville det gjerne med Eder forskylde; og begjære herpaa Eders gode skriftlige Svar med dette Vort Bud". — Der er i dette Brev Intet, som tyder paa nogen Overenskomst med Storfyrsten om et forenet Angreb paa Sverrig; det er jo tvertimod saa velvilligt imod Sverrigs Rige som de Svenske selv kunde ønske. Men netop derfor passede det ikke i Sten Stures Planer. Da Kong Hanses Sendebud lagde Veien over Stokholm for at gjøre den svenske Regering bekjendt med Skrivelsens Indhold, tog Sten Sture Brevet til sig med den noget haanlige Erklæring, at han selv havde Magt nok til at forsvare Sverrig. Han meddelte ikke det øvrige Rigsraad Brevet; og først i det følgende Aar erfarede dette Sagen af en Skrivelse fra det danske Rigsraad. Kong Hanses Forbindelse med Moskoviten benyttede han fremdeles til at hidse Folkestemningen imod ham: hvad vidste Almuen dengang om Herrernes Forhandlinger i Raadskammeret? Erkebiskoppen havde Ret, naar han bebreidede Sten Sture, at han ikke fulgte Rigsraadets Raad, men prædikede for den uskyldige Almue, som Intet vidste af Sandheden.

11

Den danske Regering og det dansk-norske Rigsraad har holdt sig Løbese-Overenskomsten nøiagtig efterrettelig: St. Hansdag 1495 mødte i Kalmar Ærkebiskoppen af Lund, Biskopperne af Bergen, Odense, Viborg og Oslo, Provsterne af Oslo og Dalby, Danmarks Riges Hovmester og Marsk, Ridderne Povel Laxmand og Eskil Gøje, samt Rigsraaderne Erik Ottesen, Sten Bille, Henrik Krummedige, Niels Henriksen, Niels Høegh, Henrik Knudsen Gyldenstjerne samt Væbnerne Peder Gris og Niels Eriksen. Disse vare uimodsigeligt „af de Allerypperligste" af Danmarks og Norges Raad. Kong Hans selv kom ogsaa efter Bestemmelsen i Nærheden, uden at vi kunne sige, hvor han har opholdt sig. Formodentlig har det været i en af de nærmeste Havne i Smaaland eller Bleking, da han havde en lille Flaade med sig. Men det svenske Rigsraad udeblev aldeles. Det sendte kun Biskoppen af Skara, Arvid Trolle og tre andre Medlemmer af Raabet til Kalmar uden Fuldmagt til at afgjøre Noget og, som det synes, blot for at formaa de dansk-norske Raader til at vente fra Dag til Dag. Disse ventede og ventede lige til den sidste Dag i Juli Maaned, over fem Uger, med stor Bekostning og Ubekvemmelighed. Kongen selv tabte ikke Taalmodigheden, endskjøndt han var saa uheldig at miste flere af sine Skibe, dels ved tilfældig Ild, dels ved Stranding. De Danske protesterede og toge Notarialattest om deres Møde. Men de Svenske bleve haardnakket tause.

Først efter at de Danske endelig havde forladt Kalmar, ankom Sten Sture med de svenske Rigsraader, men nu naturligvis til ingen Nytte. Man foregav, at Modvind havde opholdt dem: et elendigt Paaskud, da de visselig ikke behøvede fem Uger til at komme fra Stokholm til Kalmar, tillands hvis de ikke kunde tilvands. Men der kan ikke være Tvivl om, at i det sidste Øieblik har Sten Sture gjort alle de Vanskeligheder, han kunde paafinde, og dermed lammet Rigsraadet fuldstændigt, da det jo aabenbart var til ingen Nytte, at de reiste uden ham. Men saaledes stod rigtignok det svenske Rigsraad som det, der uden Undskyldning, ja uden endog et taaleligt Paaskud, havde ligefrem brudt sit Æresord og paa den haanligste Maade havt — ikke Kong Hans alene, men de „Allerypperste" af deres danske og norske Medbrødre til Bedste. Dog lode de Danske sig bevæge til at sende tre Rigsraader tilbage til Kalmar, som med det svenske Raad, Sten Sture medregnet, fornyede Freden mellem Rigerne den 1ste September og berammede et nyt Møde i Lødese St. Hansdag 1496. Upaatvivlelig har Grunden til denne Føielighed været, at Kong Hans ikke var forberedt paa at slaa løs strax, saa at han maatte have nogen Tid til at samle sine Kræfter. Der kan ikke være Spørgsmaal om, at efter dette Kalmarmøde var han bestemt paa at drage Sværdet; thi foruden den aabenbare Forhaanelse var det nu blevet klart, at Sten Sture var til Ende med sine Udflugter, og at han overhovedet slet ikke vilde udføre Kalmarreces eller under nogen Betingelse stede Kong Hans til Sverrigs Trone. Og ligesaa klart var det blevet, at det svenske Rigsraad ikke var istand til at fuldgjøre Recessen uden ham. Nu at opgive Sagen vilde have været det Samme som at opoffre det svenske Rigsraad for Sten Sture, der saa vilde blevet Sverrigs virkelige Herre og Danmark en frygtelig Fjende, med hvem Krigen kun opsattes til hans Fordel og Danmarks Skade.

Hertil kommer, at Kongens Moder Enkedronning Dorothea døde den 25de November 1495. Historieskriverne ville, at det var hende, der holdt Sønnen tilbage fra Krig. Om dette er rigtigt veed jeg ikke; men i ethvert Fald er det sikkert saaledes at forstaa at hun fraaraadede Krig, saa længe Partikampen i Sverrig ikke var vidt nok fremskreden til at afsplitte Sverrigs Modstandsmagt.

Imidlertid var Krigen med Rusland udbrudt 1495 efter Udløbet af den toaarige Stilstand. Den tappre Knud Posse indlagde sig udødelig Ære ved Forsvaret af Viborg, navnlig ved det uforfærdede Mod, hvormed han afslog Hovedstormen den 30te November 1495. Derimod var Sten Stures Adfærd Alle paafaldende. Han samlede vel et betydeligt Tal Folk, men kom først over til Finland sent paa Aaret og lagde strax Tropperne i vidtspredte Kantonnementer, medens han selv forblev i Aabo, Sverrig saa nær som muligt, for at holde Øie med sine Modstandere. Følgen blev, at Russerne atter faldt ind og hærjede det ulykkelige Finland lige til Tavastehus uden at finde Modstand, da de Svenske ikke kunde samles hurtigt nok. Rigsforstanderen gik atter tilbage til Sverrig for at hente flere Folk, og kom atter for sildigt til Landets Forsvar. Tilsidst overgav han i 1496 Befalingen til sin gamle Medkæmper Niels Stures Søn Svante Nielsen Sture, dog saaledes, at denne med Rigsraadets Samtykke kun forpligte-

11*

des til at forblive i Finland en vis bestemt Tid. Medens nu Rigsforstanderen selv holdt sig og sine Hustropper tilbage, førte Svante Sture og Knud Posse Krigen kraftigt med de smaa Midler, der vare stillede til deres Raadighed. Fra Finland gjorde de i Sommeren 1496 et rask Tog over den finske Bugt til Narva, stormede og plyndrede den af Storfyrsten nyanlagte Fæstning Ivangorod, men kunde med deres faa Folk ikke holde den besat, saa at de atter vendte tilbage til Finland, misfornøiede over at være ladt i Stikken af Rigsforstanderen. Da Svantes Tid var udløben, forlangte Sten Sture, at han skulde vedblive at føre Kommandoen mod Russerne; men han afslog det, hvorover det kom til heftige Scener. Sten Sture foer løs imod ham med ærerørige Ord, kaldte ham en Rømningsmand, der havde ladet Rigets Banner i Stikken m. m. Fra nu af stod Svante som hans afgjorte Fjende og blev nu den Fører, om hvem hans Modstandere samlede sig.

At Sten Sture skulde have holdt sig tilbage af Frygt for sin Person, tør ikke paastaaes. Hans personlige Mod er hævet over enhver Tvivl. Men naar man opmærksom gjennemlæser den Brevvexling, som i disse Aar 1495—97 førtes mellem ham og Rigsraadets Formand Ærkebiskoppen, paatrænger sig uvilkaarligt den Tanke, at Rigsforstanderen har villet benytte Krigen til at samle og fastholde i Finland de andre svenske Stormænds Hustropper tilligemed Svante Sture og andre Modstandere blandt de svenske Aristokrater. Han selv vilde da holde sin egen stærke og veløvede Krigsmagt, blandt hvilken synes at have været to Fænniker hvervede tydske Landsknegte, tilbage i Aabo for derfra, eller fra Stokholms Slot, at beherske Situationen og holde Rigsraadet i Tømme. Bruddet med Svante Sture, og dennes Tilbagegang, forstyrrede denne Plan. Han maatte nu selv til Stokholm og opgive Tanken om et stort Krigstog mod Rusland; men for dog ikke at give Finland til Pris for Russernes Indfald, søgte han Stilstand med disse. Det lykkedes ham ogsaa at faa om ikke en Fred med Storfyrsten, saa dog en sexaarig Stilstand imellem Novgorod og Viborg, ifølge hvilken Kommissærer fra begge Parter skulde undersøge Grændseskjellet som det var bleven fastsat mellem Fyrst Georg og Kong Magnus*). Dette var altsaa en Anerkjen-

---

*) Schirren, Nachricht von Quellen zur Geschichte Ruslands vornehmlich aus

delse af den Nøteborgske Fred af 1323, som Sverrig netop ikke vilde vide af, forbi Finlands Kolonisation navnlig ved Savolaxernes Indvandring siden den Tid var skreden betydeligt fremad i disse sydøstlige Egne af Landet. Og det var en langt bestemtere Anerkjendelse af hin Fred end den i den dansk-russiske Traktat af 8de November 1493, da Kong Hans i denne kun i Almindelighed indrømmede, at Grændserne skulle blive uforandrede som fra gammel Tid. Netop for ikke at anerkjende den Nøteborgske Fred var det jo ogsaa, at de svenske Underhandlere i Aaret 1493 ikke vilde indgaa en længere Stilstand end paa to Aar (S. 157). Altsaa for at kunne vende sig mod sine Modstandere i Sverrig opoffrede Sten Sture nu Finlands Interesse. Men det synes rigtignok, at Traktaten ikke er meddelt det svenske Folk; i det mindste findes der i Datidens historiske Skrifter og Aktstykker intet Spor efter den, saa at dens Tilværelse først er bleven bekjendt i vore Dage. Rimeligvis har det heller ikke været Rigsforstanderens Hensigt at lade den komme til Udførelse; thi han sendte ikke de svenske Kommissærer, der med de novgorodske skulde opgaa Grændseskjellet. Novgoroderne ventede forgjæves paa dem*). Sten Sture har med denne Traktat upaatvivlelig kun villet vinde Tid.

Hvad der derefter skete i Sverrig vil jeg helst lade den svenske Krønikeskriver Olaus Petri fortælle. Han stod Datiden nær, og han har havt Adgang ikke alene til Samtidiges Beretninger, men ogsaa til Aktstykker og Brevvexling imellem de stridende Parter, som man seer ved at sammenholde hans Fortælling med de i vore Dage trykte Brevskaber. Hans Fortælling lyder oversat saaledes: „Da Rigsforstanderen var kommen til Stokholm, stævnede han strax Rigsraadet sammen til et Møde den første Søndag i Fasten (12te Februar 1497). Rigsraaderne kom efter hans Skrivelse; Svante kom der ogsaa. Da dette skete, havde Hr. Sten ikke sine Folk ved Haanden, dog vare de paa Veien fra Finland. Saa laa Rigens Raad længe i Stokholm, og Hr. Sten vilde ikke komme

---

schwedischen Archiven, Petersburg 1860, S. 61—73. Allen, I, 641. Anm. 58. Jfr. Grønblad, Nya Källor, S. 121, andet Stykke og Erik Turesons Brev af 18de Juli 1553, ib. 145—46. Jfr. ogsaa Skand. Handl. XVIII, p. 91.

*) Grønblad, Nya källor, I, p. 103.

„paa Raadet, med mindre han fik Hr. Erik Trolle og Hr. Niels Boosen til Gidsler for sig. Men Rigens Raad svarede, at det var ikke sømmeligt, at han som deres Høvedsmand skulde tage Gidsler af dem. Men Leidebrev gave de hinanden paa begge Sider og komme saa tilhobe i Raadstuen Tirsdag efter Midfaste (7de Marts 1497). Der opsagde da Rigsraadet Hr. Sten Huldskab og Mandskab, med Venskab og Kjærlighed, og æskede Slotslovene og Høvedsmandsdømmet igjen af ham paa Kronens Vegne. Han var og da dermed tilfreds, eftersom han lod sig mærke, og rakte dem Haanden derpaa, og de lovede ham at ville holde ham for deres kjære Medbroder og afværge hans og hans Venners Skade og Fordærv med Liv og Magt. Og blev da for godt anseet, at Ærkebiskoppen, Arvid Trolle, Knud Eskildsen og Svante Nielsen skulde staa for Riget og alle Slotslovene holdes dem til Haande; men da de æskede Slotslovene af Hr. Sten" (d. e. da de forlangte, at han skulde løse Slottenes Befalingsmænd fra deres Forpligtelse til ham og vise dem til Firmands-Udvalget paa Rigsraadets Vegne) „tog han det i Beraad til næste Dag. Og da han gik fra Raadstuen, kom han ved en Lift alene igjen op paa Slottet, saa at de af Rigets Raad, der havde agtet at gaa op med ham, ikke kom derop. Saa kom og da hans Folk fra Finland, og da fik han et større Mod. Men Dagen derefter skrev Rigets Raad ham til og æskede atter Slotslovene og opsagde ham igjen Huldskab og Mandskab. Men Hr. Sten vilde da ikke følge deres Villie, idet han skjød sig ind under hele Rigsraadet, hele Adelen og den menige Mand i Riget: af dem Alle havde han i Villie og Venskab annammet Riget, saa vilde han og, naar de endrægtig paaæskede, antvorde dem det igjen med Villie og Kjærlighed; men nu var han ikke saa til Sinds at antvorde det fra sig. Og beklagede han sig høiligen, at ham skete for nær for den store Umage, alt det Slæberi og den store Livsfare, som han havde havt for Rigets Velfærds Skyld . . . . .

Medens Rigets Raad var saaledes samlet og havde disse Sager for Haanden, kom dem til Haande Kong Hanses Brev, i hvilket han forlangte, at paa St. Hansdag næstkommende skulde et almindeligt Møde skee i Lødese, og da skulde uden al længere Forhaling Kalmarreces fuldgjøres og han annammes til Riget. Derpaa svarede Rigets Raad ham saa, at de gjerne vilde holde

„ham det, de ham lovede, saafremt han vilde holde det, han lovede, og var det ikke deres Skyld, at det forhalebes saalænge dermed; men nu kunde de ikke saa haftigt give et endeligt og afgjort Svar derpaa, efter den Leilighed, som nu paa Færde var. Og kort Tid derefter kom Kong Hanses Undsigelsesbrev, hvori han fortyndte Riget Feide, og begyndte strax derefter at gjøre Angreb paa Riget i Vestergotland og ved Kalmar. Men efterdi Hr. Sten vilde nu holde Regeringen imod Rigens Raads Villie, derfor bleve han og de forligte om en Stilstand indtil Olsmesse (den 29de Juli); da skulde der holdes en almindelig Herredag, og dertil skulde komme alle Lagmænd, og hver af dem skulde have sex fribaarne Mænd med sig og sex Bønder af hvert Lagsogn, og da skulde det endes om Hovedsmandsdømmet. Men imidlertid begyndte Kong Hans at trænge ind i Riget paa Fjendevis, især ved Kalmar. Derfor begyndte da Ærkebiskop Jakob og nogle Andre af Rigsraadet at have deres Bud til Hr. Sten, og begjærede at være i venlig Handel med ham til at overveie hvad Middel og Lempe der kunde findes til, at saadant Angreb maatte blive afvendt. Men Hr. Sten vilde til ingen Samtale med dem, med mindre de vilde holde ham for Rigets Hovedsmand som tilforn. Ikke vilde han heller tilstede, at de skulde komme til Stokholm stærkere end med 30 Karle, og lod lægge sin Pram og sine Jagter op igjennem Strømmen ved Stokholm imod dem. Saa begjærede de, at han skulde komme til dem, men det vilde han ikke. Og saaledes forløb det sig i nogle Uger, at de havde Bud til hinanden og kom dog ikke sammen; men Rigsraadet klagede høit og lydeligt over, at de ikke maatte komme ind i Kronens Stad og forhandle Rigets Ærinder. Og voxte Uvillien mere og mere imellem Hr. Sten og Rigets Raad.

„Medens dette forløb sig saaledes, var Arvid Trolle, som havde Befalingen i Kalmar, til Samtale med Povel Laxmand, Hovmesteren, og Eskil Gøje, Marsken i Danmark, og dette skete ved Lykaa (i Bleking) nogle Dage efter Pintse. Der tilsagde han dem paa Rigsraadets Vegne, at dette vilde gjerne holde hvad de Kong Hans lovet havde; men at de nu ikke strax kunde fuldgjøre deres Løfte, det var ikke deres Skyld; thi Hr. Sten forhindrede dem, og havde de for længe siden gjort en Ende dermed, havde det ikke været dem forment af ham. Saa gav ogsaa Arvid Trolle

„tilkjende, at Rigsraadet havde opsagt Hr. Sten Huldskab og Mand=
skab, og at han holdt Riget under sig imod deres Villie; dog vilde
de aldrig efter den Dag kjende ham for deres Herre, og formo=
bede, at Kong Hans skulde komme dem til Undsætning imod Hr.
Sten. Og begjærede Arvid Trolle, at Kongens Folk ikke skulde
forarge paa dem (— behandle dem som Fjender —), der vilde an=
namme ham for Herre; men de, som stode ham imod, maatte staa
deres egen Fare. Og forpligtede han sig, at hans Søn Erik Trolle,
Niels Boosen og flere hans Venner aldrig skulde holde Hr. Sten
for deres Herre". —
    Saavidt Olaus Petri.
    Striden blev bestandig heftigere imellem Rigets Herrer. Ærke=
bispoppen ansaa sig ikke længer personlig sikker, saa at han tog
Ophold paa sit velbefæstede Slot Stæke — eller, som det til For=
skjel fra andre Stæke'r i Riget da kaldtes: Almare=Stæke, som
laa paa en Ø i den Arm af Mælaren, der strækker sig mod Nord
op imod Upsala. Hertil samlede sig efterhaanden Sten Stures
andre Fjender, blandt dem Svante Sture, og herfra fortsatte
Ærkebispoppen som Rigsraadets Formand den bestandige Brevvex=
ling med Rigsforstanderen i Stokholm. Ærkebispoppen bebreider
ham blandt Andet, at han forsømmer Rigets Forsvar mod Russer
og Danske, thi med den Prædiken, Hr. Sten og Andre nu føre
rundt om i Riget for Almuen, kan Sverrig ikke forsvares*), hvor=
til Rigsforstanderen svarede, at det var bedre, at de, der havde
lært at prædike, toge det vare og opgave hvad der ikke tilkommer
dem at haandtere. Tilsidst, da Rigsforstanderen ansaa Almuen for
tilstrækkelig gjennemagiteret, og havde ved Forbund og skriftlige
Forsikringer forpligtet Almuen til Troskab imod sig og Bistand
imod hans Fjender, brød han Stilstanden og gik ved Midsommers
Tid sidst i Juni fra Stokholm løs paa Ærkebispoppen. Stiftets
Gaarde og Gods plyndrebes og ødelagdes; Biskop Henrik af Lin=

---

*) Han sigter til Rigsforstanderens Omreise i Landskaberne i Øvre=Sverrig,
hvor han ikke alene fremstillede Striden efter sin Leilighed, men formanede
dem til Forbund om at forsvare ham som deres rette Herre og Hoveds=
mand. See Westmanlændingernes Brev af 14de April 1497 til Bergsmænd
i Dalarne og Norbland i Diplomat. Dalekarlicum, I, 159. — item Ind=
byggerne i Roslagen og flere Landskaber af 15de—30te April 1497, ib.
ib. p. 160—164; og Fjædringeland 3bie Mai.

løbing fangedes; Ørebro Slot beleiredes; det var Svante Stures Len, men selv var han hos Ærkebiskoppen. Den befæstede Bispegaard i Upsala blev taget, plyndret og næsten ganske ødelagt, og nu rykkede Hr. Sten mod Almare-Stæke. Havde han strax kunnet tage Slottet, da havde han i eet Garn fanget alle de betydeligste af sine Modstandere og kunde da haabe med sin egen Krigsmagt og Almuens Bistand at modstaa Kong Hans. Men Slottet var for vel befæstet til at kunne tages i en Haandevending; en lang Beleiring kunde det imidlertid heller ikke udholde, da det ikke var tilstrækkelig forsynet med Levnetsmidler. Alt kom altsaa an paa, om Kongen itide kunde komme de Beleirede til Hjælp.

Kong Hans havde imidlertid samlet en betydelig Krigsmagt, kraftig understøttet af det danske Aristokrati. I Juni Maaned lod Kongen Elfsborg angribe af sine norske Lensmænd, og i sidste Halvdel af Juli rykkede Hovedhæren, der angives til 30,000 Mand udkommanderede Borgere og Bønder, Adelens Rytteri, Kongens egne Hustropper og hvervede tydske Landsknegte, fra Bleking mod Kalmar. Kongen mødte ingen Modstand i de sydlige Landskaber, hvor Almuen ikke var saaledes opægget som i Egnene om Mælaren, og hvor Sten Stures afgjorte Modstander Arvid Trolle var den betydeligste Mand. Saaledes kom allerede i den sidste Halvdel af Juli Kalmar, Øland og Borgholm, samt Stækeholm i Østergotland, uden Sværdslag i Kongens Magt. Og da Elfsborg holdtes indesluttet, medens Rigsraadets Tilhængere ogsaa i Vestergotland gik Kongens Mænd til Haande, var Intet til Hinder for at kaste ad Søveien en betydelig Styrke op i Upland til Almare-Stækes Undsætning. Kong Hans fulgte derfor de Beleiredes Opfordring og sendte fra Kalmar en Del af sin Hær op med Niels Boosen og Ture Jensen, der havde overbragt ham de indesluttede Rigsraaders Anmodning om Hjælp. Sten Sture blev angreben og med stort Tab dreven tilbage til Stokholm, hvor nu han blev beleiret af de kongelige Tropper, der sloge deres Hovedleir paa Brunkebjerg. Medens Kong Hans i Kalmar ordnede alt Fornødent og sendte Alt hvad han kunde mod Stokholm, var Sten Sture i fuld Virksomhed for at reise Dalekarlene. Det lykkedes ham at bringe en talrig Hær paa Benene — man siger 30,000 Mand, men dette Tal kommer saa ofte igjen, at det ikke kan antages for mere end den ganske almindelige Benævnelse for en stor Hærskare.

Ved Bud fra Stokholm, som let kunde naa Dalarne gjennem
Mælaren, aftaltes et forenet Angreb paa de Kongelige. Men denne
Gang lykkedes Planen ikke. I al Stilhed Kl. 2 om Morgenen
den 28de September brøde de Kongelige op fra Leiren og mødte
Bondehæren, som allerede havde naaet Rotebro, et Par Mil
nordfor Stokholm. Bønderne vare gaaede over Aaen, men
gik nu tilbage over denne, afbrøde Broen og sendte Landsknegtene
en Hagl af Pile, — et farligt Vaaben i saa kraftige og øvede
Skytters Haand. Da sprang Kongens Folk i Aaen og vadede
igjennem med Vandet indtil op under Armene. I en Nærkamp
med de krigsvante Landsknegtes sluttede Rækker kunde Bønderne
trods al Tapperhed ikke holde. Stand. De bleve med Tab kastede
tilbage; flere Hundrede druknede i en nærliggende Sø, gjennem
hvilken de søgte at frelse sig. Til ganske at sprænge Bondehæren
og bibringe den et fuldstændigt Nederlag, blev Tiden dog den
kongelige Hær for knap; den maatte vende om for at møde Sten
Sture, der sent paa Dagen maa have faaet Nys om Bondehærens
Fremrykning og derfor tidligt den næste Dag, Mikkelsdag den
29de September, rykkede ud fra Stokholm med 3000 Mand, sine
svenske og tydske Hustropper og Stokholms Borgere. Da mødte
han den seirende Fjende. En Fortrop af nogle hundrede Mand
angreb og opholdt ham saa længe, indtil Hovedstyrken ankom og
nu let kastede hans Skare tilbage mod Staden i vild Flugt. Den
svenske Rimkrønike fortæller, at Kongens Hær førte Faner, den
havde frataget Dalekarlene, foran sig, og at Sten Sture derfor
ansaa den fremrykkende Skare for Bondehæren, som han ilsomt
drog imøde, saa at det var den overraskende Skuffelse, der voldte
Nederlaget. Men man har en aldeles samtidig dansk Vise, der
maa være digtet ganske faa Dage efter disse to Slag, og som ikke
omtaler en saadan Krigslist, der overhovedet ikke er sandsynlig,
forbi tagne Faner vidne om en fuldstændig Sprængning af hele
Afdelinger, men Dalekarlene ikke lede noget saadant Nederlag ved
Rotebro, at deres Faner kunde været dem fratagne; tvertimod bleve
de staaende en Milsvei bag Kamppladsen. Og dernæst er det vist,
at Kongehærens Fortrop kæmpede med Skaren fra Stokholm, saa
denne vist ikke kan være flygtet af Overraskelse. Men hvad enten
det nu dog var en pludselig Skræk, der drev den paa Flugt, eller
den veg for Fjendens Overmagt, saa kom den i Forvirring tilbage

til Broen, hvor der opstod en forfærdelig Trængsel, som kostede Mange Livet i Bølgerne. Sten Sture selv kastede sig i Vandet, da han saa det umuligt at komme igjennem Stadsporten, og slap igjennem en Lønport ind i Slottet. Samme Dag havde ogsaa Elfsborg maattet overgive sig til Henrik Krummedige og Ebbe Munk. Kongen deltog ikke personlig i Kampen. Han ankom tilsees fra Kalmar faa Timer efter det sidste Slag. En kjøbenhavnsk Raadmand, Anders Nielsen, bragte ham den lykkelige Efterretning om Seirene. Endnu samme Aften tog Kongen sit Kvarteer i St. Klara Kloster ved Brunkebjergets vestlige Fod, der hvor hans Fader for 26 Aar siden havde havt saa varmt et Møde med den unge Rigsforstander.

Men endnu var Sagen ikke til Ende. Sten Sture havde jo den store Flerhed af det svenske Folk paa sin Side; trak Krigen i Langdrag, kunde Kongen komme i den største Forlegenhed, da Vinteren stod for Døren, hans Pengemidler slap op, og Hæren manglede Fødemidler. Blev der ikke hurtigt Fred, var en fortvivlet Kamp imellem Kongens Hær og det svenske Folk at forudsee, — en Kamp, der selv med det heldigste Udfald vilde paaføre hans nye Undersaatter de største Lidelser og gjøre ham til deres bittreste Fjende. Kongen foer tilbage for denne Udsigt. Han tillod Biskop Niels Glob og Andre af det danske Rigsraad som af sig selv at indlade sig i Tale med Hr. Sten. Det kom da til et personligt Møde i St. Klara Kloster mellem Kongen og Hr. Sten Fredag den 6te Oktober 1497 i Overværelse af Ærkebiskoppen af Upsala, Svante Sture og de andre Rigsraader, der havde været hans Modstandere. Kongen indrømmede Sten Sture Forglemmelse af alt det Skete; der skulde ikke afkræves ham Regnskab enten for Kronens Indkomst eller for Indtægterne af Dronning Dorotheas Morgengave; han skulde forsynes med Kronens Len efter sin Stand. Alle Fanger paa begge Sider skulde frigives. Kong Hans skulde være Sverrigs virkelige og regerende Konge, Kalmarreces fuldbyrdes i alle Maader. Denne Overenskomst erklærede Ærkebiskoppen og de andre Rigsraader i et Aktstykke af 12te Oktober 1497 at være sluttet efter deres Raad og med deres Samtykke. Da Sten Sture saaledes var forsonet med Kongen, red han med dennes Samtykke til de Bondehobe, der endnu stode i Nærheden af Rote bro, den 7de og 8de Oktober og formaaede dem til at gaa hjem, hvorefter Kongen den 11te Oktober holdt sit Indtog i Stokholm. En almindelig Bekjendtgjørelse fra Rigsraadet underrettede syv Dage derefter det svenske Folk om den skete Forandring — „og dermed", hedder det videre, „skal al Uvillie, Tvedragt, Fordærv og Skade, som stet er mellem disse tre Riger, deres Indbyggere og alle andre, hvis Medhjælpere de end have været i Hans Naades kjære Faders Kong Christierns, hvis Sjæl Gud have, og siden i Hans Naades Tid indtil denne Dag, med Rov, Brand, Mandslet, Fængsel og al anden Overlast, Lidet eller Meget ihvad det helst er eller være kan, Intet undtaget, være og forblive en fuldkommen aftalt Sag til evig Tid imellem høibaarne Fyrste Kong Hans, os Sverrigs Raad, Stokholms Stad, disse tre Rigers Indbyggere og alle Andre, ihvis Medhjælpere de have været, for os, alle vore efterkommende Sverrigs Raad, Stokholms Stad og menige Sverrigs Indbyggere, og for alle dem, som for vor og deres Skyld ville og skulle gjøre og lade, ved vor Ære, Sandhed og christelige Tro. Og Kalmar Reces med Hans Naade at forbedre efter Hans Naades, vor, Danmarks og Norges Riges Raads Raad, Hans Naade, de tre Riger og deres Indbyggere til Bedste og Bestand. Og hermed skulle alle Fanger paa begge Sider være kvit og løse". — Det er værd at lægge Mærke til de Ord, her ere indkomne, at Kalmarrecessen skal forbedres med alle tre Rigers Raads Raad. Der havde hidtil bestandig fra svensk Side, Rigsraadets saavel som Rigsforstanderens, været fastholdt, at Kalmarreces skulde holdes i alle sine Punkter og Artikler; nu forberedes Folket forsigtigt, men tydeligt paa Ændringer i Recessen — Forbedringer hedder det — og det Ændringer, hvorved alle tre Rigsraad skulde tages paa Raad med. Baade Sten og Svante Sture have medbeseglet dette Aktstykke, der senere er tiltraadt af de fraværende Medlemmer af det svenske Rigsraad. Dette havde tillige sammenkaldt et almindeligt Rigsmøde i Stokholm, hvor Kong Hans af alle Lagmænd og Almuens Fuldmægtige den 25de November dømtes til Sverrigs Krone efter Sverrigs Lovbog, hvorefter „Sverrigs Rigsraad, alle Lagmænd, Kjøbstædmænd og al Menigheden, som der tilstede var, paa menige Sverrigs Riges og dets Indbyggeres Vegne svore og sagde Hans Naade Huldskab,

Mandskab og Troskab, efter som Sverrigs Lov*) udviser". Den paafølgende Søndag, den 26de November, kronedes Kongen i Stokholms Storkirke, da Upsala, og navnlig Bispegaarden, var plyndret og ødelagt i Feiden mellem Rigsforstanderen og Rigs-raadet.

Hvad der var lovet Sten Sture i St. Klara Kloster den 6te Oktober blev trolig holdt. Efter at han først i en Skrivelse til Ve-steraas Len og Dalarne den 30te November havde underrettet dem om, at han til Kong Hans havde opladt alle de Len, han havde af Sverrigs Krone, og derfor raadet dem at være den nye Konge hørige og lydige, blev han den tredie December forlenet med alle Kronens Len i Finland: Viborg, Nyslöt, Tavastehus, Rasaborg, Aabo, Kastelholm med Aaland, Nørrebotn og Korsholm med alle Kjøbstæder, og desuden med Nyköping Slot og flere Len i Sver-rig, for sin Livstid, dog at holde Slotslovene til Kongens Haand og efter hans Død til de fire Rigsraaders Haand, der ifølge Kal-marreces skulde føre Rigsforstanderskabet under Tronens Ledighed. Men efter hans Død skulde hans Hustru Fru Ingeborg, om hun overlevede ham, beholde Tavastehus i sin Levetid. Det manglede iøvrigt ikke paa Efterstræbelser mod den faldne Rigsforstander fra hans svenske Fjenders Side; navnlig stod Ærkebiskoppen haardt paa sin Fordring om Skadeserstatning; ja Svenskeren Olaus Petri siger, at en Part af de Svenske gik Hr. Sten saa haardt efter, at de vilde have Halsen af ham, saa at mange af de Danske undrede sig og badlede de Svenske, som stode saa haardt efter den Mands Liv og Velfærd, der saa længe havde været deres Herre og Hø-vedsmand. Kongen viste med Fasthed alle Forlokkelser fra sig, ret som om han vilde lære Hr. Sten, hvorledes en Mand skal holde sit Æresord og sine Eder.

Endnu inden Slutningen af Aaret gjennemdrev Kong Hans to vigtige Foranstaltninger. I et Aktstykke af 5te December 1497 erklærede Rigsraadet, — Sten og Svante Sture med, som i alle disse Akter — at da de tre Riger ere evig forbundne under een Konge, og da Danmark og Norge have valgt Kong Hanses ældste

---

*) Konung Christoffers Landslag: ed.: Schlyter, Lund 1869, Konungs Balk. cap. III, § 1: Huilkin een aff inrikis föddom, oc helzt af konunga synom æn the til æra etc.

Søn Christiern til Faderens Eftermand, saa samtykker Rigsraadet ham nu til Tronfølger i Sverrig og lover at indkalde et almindeligt Rigsmøde for at stadfæste dette Valg. Og den 17de December indrømmede Rigsraadet, at til Stokholms Slot, og de andre Slotte og Len, „der laa til Kongens Fadebur" — d. e. de Slotte og Len, der ikke gaves Adelen i Slotslov paa Tjeneste eller Afgift, men forblere umiddelbart under Kongen, saa at han oppebar alle Indtægter og havde hele Bestyrelsen, — at paa disse Fadebursen maatte han sætte Fogeder efter eget Valg af Svenske, Norske eller Danske. Dette var altsaa strax en af de Forbedringer af Kalmarreces, Rigsraadets aabne Brev af 18de Oktober viste i Perspektiv. Thi Kalmarreces holder skarpt paa, at Slotte og Len ikke maa gives til Andre end indfødte svenske Mænd; den gjør ingen Undtagelse for Fadebursslotte. En anden Forbedring, i det mindste en stiltiende indrømmet, har sagtens gaaet ud paa at lade Spørgsmaalet om Gulland hvile for det Første. Thi hverken fra Kongens eller fra Rigsraadets Side findes et eneste Ord om denne Hovedsag, der havde spillet saa vigtig en Rolle i Underhandlingerne om Kongens godvillige Antagelse. Kongens Taushed er let forstaaelig; thi han kunde ganske vist ikke fuldgjøre Kalmarreces i dette Punkt imod det danske Rigsraad, der aldrig vilde have givet sit Samtykke. Mere paafaldende er det, at det svenske Rigsraad taug stille. Sagtens har det følt, at det i Grunden havde tabt som Magt, saa Ret til at kræve Kalmarreces strengt gjennemført, da det ikke havde efterkommet, eller kunnet efterkomme, sin ubestridelige Forpligtelse til at sætte Kongen i Besiddelse af Tronen, saa at han havde maattet tage den med Vaabenmagt. Rigsraadet maatte være tilfreds med, at Kongen ikke ligefrem sønderrev Recessen, men i det Hele respekterede dens Bestemmelser. For de følgende Tiders Historie er det af Vigtighed at gjøre sig dette Forhold ret klart.

Inden Kongen forlod Sverrig, udstedte han den 10de December 1497 et Amnestibrev, der svarede til det svenske Rigsraads nysomtalte Freds- og Forsoningsbrev af 18de Oktober, og som tillige lovede Sverrigs Raad, at naar han var kommen tilbage til Danmark, skulde han sende det en ny Udfærdigelse, beseglet til yderligere Tryghed af Danmarks og Norges Rigsraader, hvilket han ogsaa virkelig har udført. — Den 2den Januar 1498 tiltraadte han Tilbagereisen gjennem Sverrig til Danmark, dvælende paa flere Steder for at see og vise sig for sine nye Underfaatter. Men efter knap et Aars Fraværelse vendte han tilbage til Stokholm og medbragte sin Dronning og ældste Søn. Dronningen kronedes nu i Upsala Domkirke den 3die Februar 1499, og den samme Morgengave, som Dronning Dorothea havde havt, overdroges Dronning Christina, nemlig Ørebro Slot med Nerike, Væermeland, Dal og Nora Bergslag. I Slutningen af Mai 1499 samledes saa et Rigsmøde i Stokholm, hvor nøiagtigt efter Bestemmelserne i Sverrigs Landslov alle Lagmænd, der vare mødte med 12 Mænd fra hvert Lagmandsdømme, hvert Lagsage som det hed, dømte Kongens ældste Søn til Sverrigs Krone efter Faderens Død. Dette kundgjordes for det hele Folk, og Kongen indførte sin Søn for det paa en Maade, der var vel skikket til at vinde Almuens Stemning for ham, idet han ledsagede Bekjendtgjørelsen med Lettelse i Byrderne og Tilsagn imod Misbrug, der havde indsneget sig.

At Kong Hans endnu havde mange Vanskeligheder at overvinde forstaaer sig af sig selv. Han har aabenbart godt kunnet see, at det mere var Vreden imod Sten Sture end Hengivenhed til Unionen og Respekt for Eder og Løfter, der havde banet ham Veien til Sverrigs Trone; og det maatte blive en Hovedopgave for ham, at fastholde de levende Mænd ved de Resultater, der nu vare vundne: — hvorledes da stille sig til Sten Sture og hans Modstandere? Offrede han den faldne Rigsforstander for deres Had og Fordringer, tilfredsstillede han dem vel i Øieblikket; men var Rigsraadet selv saa en paalidelig Støtte? Vilde Stures Fald Andet end bane Veien for en ny Ærgjerrighed, f. Ex. Svante Nielsen Stures? Kong Hans ansaa det ikke alene for hæderligt at holde sit Ord imod Sten Sture, men ogsaa for det klogeste, at opretholde ham imod de Andres Lidenskab og drage ham, der dog var den, der havde Almuen i sin Haand, over til sin Side. Han udnævnte ham derfor til sin og Rigets Hovmester, den første verdslige Plads i Riget næst Kongens, men overdrog samtidigt Rigsmarskens Embede til Svante Sture, som derved sattes i Spidsen for Rigets Forsvarsvæsen og tillige fik det Hverv at opretholde Sikkerhed og Orden i Riget. Og da Sten Stures Fjender trængte paa Erstatning for den Skade, han havde tilføiet dem, vilde Kongen ikke afsige nogen Retskjendelse, saaledes som

Sagsøgerne forlangte, men mæglede et Forlig, ifølge hvilket Sture skulde udrede en Erstatningssum og de Andre lade sig nøie dermed. Kongen benyttede Leiligheden til at lade sig give af Sten Sture en ny Troskabsforsikring i de mest bindende Udtryk: — „saa haver jeg lovet", siger han, „og med dette mit aabne Brev lover og tilsiger, at jeg aldrig skal gjøre Opreisning eller nogen Forsamling med Rigens Almue eller nogen anden Indenlandsk eller Udenlandsk imod min kjæreste naadige Herre eller Hans Naades ældste Søn Hr. Christiern, som udvalgt er for Herre og Konge over disse tre Riger; og om jeg, hvad Gud forbyde, saa gjorde med forskrevne Opreisning, da skal jeg have forgjort dermed Ære og Redelighed og forbrudt Friheder, Privilegier og Naader, som jeg haver af Konger, Herrer og Kronen". Et lignende Forsikringsbrev gav ogsaa det øvrige Rigsraad Kongen, med den samme Frastrivelse af Ære og Redelighed og alle Friheder og Naader i Tilfælde af, at de gjøre Opreisning tiere. At Kongen saaledes opretholdt og begunstigede Sten Sture gjør det tvivlsomt, hvorledes man skal forstaa et Mageskifte imellem dem, hvorved Hr. Sten afstod til Kongen Viborg og Nyslot med nogle af sine finske Len imod andre Len i Sverrig. Hvitfeld mener, at dette er skeet for at svække Stures store Magt, at det altsaa er fremgaaet af en Mistro hos Kongen, og at det har efterladt en Uvillie i Sten Stures Hjerte, der senere viste sin Virkning. Men det kan med ligesaa god Grund forstaaes som en Billighed af Kongen imod et Ønske af Hr. Sten, der som Besidder af disse finske Len var bunden til en evig Vagt eller en idelig fornyet Kamp mod Russerne. Trods de mange Aktstykker fra Datiden, der endnu ere os levnede, kjende vi dog nu for lidt til Forholdene til at vi overalt kunne gjætte Personernes hemmelige Tanker.

Saavidt mundtlige og skriftlige Eder og Løfter, Breve og Segl kunde betrygge Kong Hans, var han ved sin Afreise fra Sverrig sikker paa dets Besiddelse. Han lod ogsaa sin Søn, den udvalgte Tronfølger, i nogen Tid blive tilbage for at gjøre sig bekjendt med Landet og Folket. Men netop i disse Forsikringsbreves Mængde, i denne Gjentagelse af Løfterne, er der Noget, som viser, at Kongen ikke ret har stolet paa dem. Han skulde da ogsaa snart nok erfare, at en Mur af Ord, Skrift og Pergament

omkring de heftige Lidenskaber i Partimænds Hjerter er et svagt
Værn imod nye voldsomme Udbrud.

Tredie Afdeling.

Ditmarskerkrigen. Meldorf indtages. Slag ved Hemmingsted 1500. Stilstand.
Albert Krantz.

To af de Opgaver, Kong Christiern efterlod sin Søn, havde
denne nu løst heldigen. Gulland var atter i Danmarks Besiddelse,
og alle tre nordiske Riger løde atter en og samme Konge. Den
tredie Opgave, Ditmarskens Forening med Hertugdømmet Holsten,
stod endnu tilbage; men saa snart Kongen havde ordnet de svenske
Sager, vendte han sig strax imod Ditmarskerne, saa meget mere
som disse atter havde vist sig som urolige og farlige Naboer til
Holsten. De laa i Strid med Hertug Frederik om Øen Helgo-
land, hvor Hertugen havde anlagt en ny Told, der var ikke Dit-
marskerne mindre imod end Hamborgerne og Bremerne. Fra begge
Sider havde man brugt Magt, Ditmarskerne vare faldne ind i
Eibersted og havde ført Fanger bort, Hertugen havde overrumplet
og fanget de Folk, de havde efterladt paa Øen, saa at en af disse
ødelæggende Grændsefeider var ret godt i Gang. En Overenskomst
om Fangernes Udvexling og en kort Stilstand bragte vel i 1499
et Øiebliks Ro i denne Strid; men Kongen kom det nu ret vel
tilpas, at Ditmarskerne selv gave Anledning til at frembrage det
Lensbrev, hans Fader for 25 Aar siden havde erhvervet hos Keiser
Frederik den Tredie. Da Kongen i Juli Maaned 1498 kom til-
bage fra det seirrige Felttog i Sverrig, drog han strax til Her-
tugdømmerne, hvor han og hans Broder Frederik holdt et Møde
med Ditmarskernes fuldmægtige Sendebud i Itzehoe og forlangte,
at de nu skulde underkaste sig Lensbrevet og erkjende begge Hertu-
ger for deres Herrer. Ditmarskerne svarede som hidtil. De havde
forsynet sig med en Kanonikus fra Bremen, der udviklede den bre-

miste Kirkes og Ditmarsternes gamle Paastand, at de ikke vare
herreløse, men stode under Ærkebiskoppen af Bremen. Mødet hæ-
vedes altsaa uden Resultat, og Kongen, som endnu ikke var fær-
dig med de svenske Sager, maatte opsætte det paatænkte Angreb
endnu et Aarstid. Først henimod Slutningen af Aaret 1499 kunde
han vende hele sin Opmærksomhed til denne Opgave. I November
kom han atter til Holsten og tilfredsstillede sin Broder ved at ud-
betale ham en betydelig Pengesum, denne paastod tilkom ham efter
Forældrene. Tilsyneladende havde han alle Tanker henvendte paa
Fester og fredelige Idrætter; i Kiel vedtog han den 5te Februar
1500 Ægteskabskontrakten imellem hans Datter Elisabeth og Kur-
fyrste Joakim af Brandenburg; og Forberedelserne til store Faste-
lavnsgilder paa Segeberg gave Paaskud til at samle nogle danske
og en stor Del slesvig-holstenske Adelsmænd. Imidlertid havde
han i al Stilhed truffet Foranstaltninger til at drage en Hær sam-
men, hvis Overmagt var stor nok til at knuse Marskbøndernes
Modstand ved et Felttog paa nogle Uger. Vintertiden valgtes, for
at Frosten kunde gjøre det lille Land tilgængeligt; thi det bedste
Værn var dets talløse Vandgrave. Hovedsagen var at faa Gar-
den i sin Tjeneste saa hurtigt og hemmeligt, at Ditmarskerne ikke
fik Tid til at træffe Modanstalter. Denne Garde var en stor Fri-
skare af nedertydske Landsknegte og Løsgængere fra mange Lande,
der under selvvalgte Anførere tjente i Nordtydsklands og Nordens
aldrig endende Feider. Den anførtes for Øieblikket af en Adels-
mand Junker Thomas Slentz eller Schlenitz, og havde tjent Kong
Hans meget vel i den svenske Krig: disse Landsknegte var det for-
nemlig, der vandt ham Seirene ved Rotebro og Stokholm. Men
ingen Regering beholdt slige leiede Skarer længere end nødvendigt
i Tjeneste. Garden var efter Kong Hanses Seiersaar 1497 sendt
tilbage til Tydskland, hvor den i Hertug Albrecht af Sachsens
Tjeneste havde betvunget Friserne i Nederlandene, og nu tjente
Hertug Magnus af Lauenborg imod Ærkebiskoppen af Bremen og
Andre, der ikke vilde unde ham Landet Hadelen ved Elbens syd-
lige Munding, som han mente at have Ret til. Garden havde
besat Hadelen; men den fik en Advarsel om, at Marskbønder, an-
grebne i deres eget Land, ingenlunde vare foragtelige Modstandere,
da den fra Hadelen forsøgte et Anfald paa Vorsaterne, et lille
Folk i Marsklandet Vursten ved Veserflodens Udløb. Bønderne,

med en ung Jomfru som deres Fanebærerske, satte sig kjækt til
Modværge og drebe den frygtede Bande tilbage med Tab. Thi
Andet end en Røverbande var denne Garde i Virkeligheden ikke,
frygtelig ved sit Antal, sin Orden og sin Krigsøvelse, og især ved
sin Rovsyge, der gjorde den til en sand Landeplage for de Egne,
hvor den huserede. Garden kjendte ingen Skaansel, hverken imod
Værgeløse eller imod væbnede Modstandere; man kan da vel vide,
at naar Bønderne engang havde Fordelen paa deres Side, ned-
sloge de Landsknegtene uden Barmhjertighed. Denne Garde toge
Kongen og Hertugen nu i Sold; den brød i al Stilhed op fra
Hadelen, gik over Elben i Nærheden af Bergedorf og stod i Hol-
sten inden man vidste, hvorhen den rettede sin Marsch. Ved Møn-
stringen viste det sig, at Garden da talte omtrent 2,700 Mand i
otte Kompagnier. Desuden hvervedes særskilt flere mindre Skarer
af tydske Landsknegte; et Udbud af Almue i Hertugdømmerne og
Nørre-Jylland sluttede sig til dem. Den slesvigske og holstenske
Adel, i Forbindelse med Kongens danske Hoffane og nogle andre
danske Adelsmænd, afgav Datidens andet Hovedvaaben, det svært-
rustede Rytteri, saa frygteligt navnligt imod et Folk som Ditmar-
skerne, der kun kæmpede tilfods. For Artilleri efter Tidens Lei-
lighed, og anden Krigsfornødenhed til en Hær paa 12 til 15,000
Mand, var der sørget. — Man skulde tro, at denne Styrke var
meer end tilstrækkelig til at erobre Ditmarsken, et Land af ikkun
syv Miles Længde mellem Elbens og Eiderens Mundinger og tre
til fire Miles Brede fra den holstenske Grændse til Vesterhavet;
men baade Landets og Folkets Natur og Art gjorde det dog til
et vanskeligt Foretagende, der 60 Aar senere krævede Johan
Rantzaus hele Talent og Erfarenhed for at gjennemføres. Fra
Holstens Midte skyder Gesten sig ind i den østlige Del af Dit-
marsken, dengang mest Hede og Mose, som kun frembød saa Ad-
gange for en Hær. Og fra Gestens Fod strækker sig den lavtlig-
gende Marsk, som kun ved Diger imod Hav og Floder, og ved
et uendeligt Net af dybe og brede Vandgrave, er beboeligt, men
som ogsaa lønner Folket rigeligt for den aldrig afbrudte Kamp
imod den faretruende Natur, — lønner det ikke alene med rige
Afgrøder og herlige Græsgange, men med at udvikle modig Ud-
holdenhed og altid øvet Kraft hos Beboerne. Hvor vanskeligt det
er for en fremtrængende Fjende at udvikle sin Styrke paa de smale

Jordstrimler mellem de talløse Vandgrave, og hvor svært under
Fjendens Ild at gaae frem over disse, det saa vi ved Slesvighol-
stenernes Angreb paa Frederiksstad i Efteraaret 1850, da Forsva-
rernes lille Skare ikke lod sig bortskræmme af Artilleriilden og det
ikke blev muligt at overvælde den med en Overmagt af samlet
fremstormende Fodfolk.   Dertil har Ditmarsken et eiendommeligt
Forsvarsmiddel i sine Sluser, der vel ere bestemte til at udlede
det indre Vand og holde det ydre udenfor Diget, men selvfølgelig
ogsaa kunne bruges i modsat Retning, naar det gjælder om Lan-
dets Forsvar.   Vi vide Alle, hvorledes Nederlænderne frelste Lei-
den ved at sætte Landet under Vand, og vi saa jo ligeledes i vor
egen Krig, at de Sluser ved Frederiksstad, gjennem hvilke Trenens
Vand udgyder sig i Eideren, ved at aabnes, naar denne Flod stod
høit nok, og lukkes, naar den stod lavere end Trenen, forandrede
Landet lige op mod Hollingsted til en Sø, der afgav en saa god
Dækning for den danske Forsvarslinies høire Fløi, at Fjenden ikke
engang forsøgte paa at overskride den. . Ditmarskerne ringeag-
tedes vel af den slesvigholstenske Adel som grove Bønder, og hade-
des som de, der baade i det 14de og 15de Aarhundrede havde
overvundet deres Forfædre og skaanselløst nedhugget de Overvundne;
men de vare fuldkommen Adelens Ligemænd i Stridbarhed og
Vaabenbrug, ja mellem deres Diger og Grøfter langt dens Over-
mænd i Brugen af de i et saadant Land hensigtsmæssigste Vaaben,
der fra Barndommen af havde været i hver Mands Haand.   De
besjæledes af en levende Kjærlighed til deres Land og til deres saa
ofte og saa tappert hævdede Frihed.   Hvor haardt og farligt det
er, at angribe et saadant Folk i dets eget Hjem, som overalt frem-
byder Støttepunkter for Modstanden, det har Historien tilstrækkelig
lært: Rom brugte 20 Aar for at tvinge Ligurerne, Russerne i
vore Dage 30, inden de fik Bugt med Tscherkesserne; og hvor
mange af de svære russiske Batailloner have ikke fundet Undergan-
gen i Kaukasus' kaudinske Passer!   Ditmarskerne vare derhos vel
forsynede med Datidens Forsvarsmidler, og skjøndt de ikke udgjorde
en Hær, havde de dog saa megen Øvelse som en Landmilits, at
Kræfterne ikke splittedes, og at de forstode at følge deres Førere i
Kampen.   Deres Selvfølelse udartede ofte til Overmod, deres
haarde Væsen til blodig Grumhed imod Overvundne, deres Stridsly-
lyst til evige indre Feider mellem Slægter og Enkelte; men selv

disse Skyggesider af deres Væsen styrkede deres Kraft i Kampen mod den indtrængende Fjende.

Alle Historier ere fulde af Fortællinger om Adelens og Gardens Overmod, Ringeagt for Fjenderne og glubske Begjærlighed efter det rige Bytte, man ventede hos de velhavende Marskbønder. Der er fuldt op af Anekdoter om især de adelige Herrers Pralerier, deres Seirsvished og deres Trusler om blodig Hævn for deres Forfædres Nederlag. De Fleste see heri en Hovedgrund til Nederlaget. Men Intet viser, at Hærens Kraft var svækket eller dens Orden opløst. Ulykken var ikke Hærens, men Kongens Skyld, forbi han ikke havde sørget for en virkelig Krigsmand til Anfører og saaledes selv, uerfaren som han var, — thi det er ikke ham personlig der har seiret over Dalekarlene og Sten Sture — maatte tage de afgjørende Beslutninger. At en duelig Fører var vel saa vigtig i en Krig mod det daværende Ditmarsken som en talrig og slagfærdig Hær, det viste Johan Rantzau 1559, da han som Feltmarskalk ledede Felttoget, uagtet de tre Fyrster selv vare nærværende. Hvor beundringsværdigt forstod han ikke at forene den omhyggeligste Forsigtighed i alle Bevægelser med knusende Kraft i Kampene. Han vogtede sig vel for at kaste sig blindt ind i Marsken, han gik hellere lange Omveie ad Gesten, end han søgte den korteste Vei gjennem Marsken, han forstod at dele Modstanden, at omgaa de farligste Punkter; han satte aldrig hele Udfaldet paa eet Kort, lod det aldrig komme til Kamp andensteds end der, hvor han havde fast Bund under Fødderne og Plads til at udfolde sin Styrke, — og saa paa Kampdagene lod han med aldrig slappet eller trættet Energi Slag følge paa Slag uden at give Fjenden Tid til at drage Aande og atter samle sine Kræfter. Ja sin egen Person skaanede denne uforlignelige Krigsmand ikke; det er opløftende at see den gamle Helt ved Stormen paa Meldorf at ile selv foran for at rive de nølende Landsknegte med sig, og at seire. — At en saadan Anfører manglede var ikke Hovedaarsagen, men den eneste virkelige Aarsag til Ulykken i Aaret 1500.

Kong Hanses Ditmarskerkrig er baade i Felttogets Hovedtræk og Udfald almindelig bekjendt. I enhver af vore større Historiebøger kan man læse, hvorledes Hæren gik løs paa Meldorf, bemægtigede sig Byen næsten uden Modstand, da den ikke var befæstet og de hvervede Landsknegte, Ditmarskerne havde lagt der,

toge Flugten med den allerstørste Del af Beboerne. De faa Til-
bageblevne dræbtes ubarmhjertigt. Kongen lettede Byens Erobring
ved en fingeret Bevægelse mod Windbergen, hvor man saa lidet
ventede Fjenden, at der samme Dag holdtes et stort Bryllup, me-
dens Hovedstyrken over Wolmersdorf naaede Byen uden Modstand.
Ved denne heldige Erobring af Meldorf, den samme Bevægelse,
hvormed Rantzau aabnede Felttoget 1559, havde Angriberne strax
sat sig fast i Hjertet af Landet og vanskeliggjort Forbindelsen mel-
lem Beboerne af Ditmarskens sydlige og nordlige Halvdel. I
Virkeligheden blev det ogsaa kun de Sidste, der kom til at kæmpe.
Mod Nordremarsken vendte Kongen sig nu. Dettes betydeligste
Sted, det rask opblomstrende Heide, maatte være det næste An-
grebspunkt. Veien mellem Meldorf og Heide er knap 1½ Mil
lang; omtrent midtveis ligger den store Kirkeby Hemmingsted, over
hvilken den umiddelbare Forbindelsesvei mellem de to Byer gik.
Meldorf, Hemmingsted og Heide ligge alle paa Gesten; men Veien
fra Meldorf til Hemmingsted gaaer gjennem Marsken. Det var
dengang et eneste smalt Dige, indfattet mellem dybe og brede Side-
grøfter, som netop for nogle Maaneder siden vare oprensede, hvor-
ved den udgravede fede og seige Klæg var kastet op paa Veien.
Hvor seig denne Klæg er, i hvor høi Grad den under ugunstige
Omstændigheder vanskeliggjør Færdselen, vil man see deraf, at
endnu kan en firspændt let Vogn undertiden tilbringe en Timestid
paa en Strækning af en Fjerdingvei. Og Veien imellem Meldorf
og Hemmingsted var dengang i den sletteste Forfatning. Dog be-
stemte Kongen sig til ad denne Vei at bryde op til Heide Mandag
efter St. Valentins Dag, den 17de Februar 1500. Det havde
hidtil været Frostveir; den Dag slog Veiret om til Tø, med Slud
og Storm af Nordvest. Man kan da tænke sig Veiens Tilstand!
Enkelte Stemmer fraraadede Opbruddet under saadanne Omstæn-
digheder; men saa stor var Mængdens Overmod saavelsom Kon-
gens Seirsvished og hans Utaalmodighed efter at bringe Krigen
til Ende, for snarest muligt at kunne aftakke de hvervede Tropper,
at han ikke vilde høre de advarende Røster, skjøndt efter paalidelige
Efterretninger selv Gardens Oberst Thomas Schlenitz var En
af dem, der raabede til Opsættelse. Hæren rykkede da ud igjen-
nem en eneste snever Port, ad en eneste smal og elendig Marskvei,
omgiven af en Labyrint af opbløbte Agerstrimler mellem fyldte

Vandgrave — under disse Omstændigheder en farligere Snevring end det Maupertuis, hvor den franske Adel fandt Nederlag og Undergang 1356 og Kong Johan Fangenskab, eller Bjergpasset i Gudbrandsdalen, hvor Lars Gram og Gudbrand Seiglestad med deres norske Bønder nedlagde Oberst Sinklar og hans hvervede Skotter i Aaret 1612. Foran drog Garden og de andre hver-vede Landsknegte, saa kom Udbuddet fra Jylland og Hertugdøm-merne, endelig det talrige Ridderskab tilhest, blandt hvilke Mange ikke engang havde iført sig deres Rustninger, saa lidet ventede de en alvorlig Kamp. Og med en Uforsigtighed uden Lige lod man en Række af Vogne følge efter Rytteriet ad samme eneste Vei, ikke alene Hærens Rustvogne, men mange tomme private Vogne, der skulde modtage det forventede rige Bytte! Langsomt og med største Besvær bevægede denne lange, tyndtudstrakte Kolonne sig fremad, Fodfolket gik i Dynd undertiden over Anklerne, Hestene indtil Knæene, Veiret stod Mandskabet i Øinene, Alle længtes efter at naa Hemmingsted og Gesten. — Da standsede pludselig Toget mellem Eppenwörden og Husene ved Dehling paa det værste Stykke af Veien, ved det saakaldte Dusentdüwelswarff. Man stod bogstavelig aldeles fast og kunde hverken komme frem eller tilbage. Thi her havde Ditmarskerne med rigtigt Blik valgt deres Forsvars-stilling og rask udført de fornødne Arbeider i den foregaaende Nat, saa at Hæren ikke anede, at den vilde støde paa nogen Modstand. Ditmarskerne vare ikke samlede i een Hær; Hovedstyrken synes at have staaet ved Wörden; Andre havde besat andre Indgange til Landet; der fangede de nogle af Kongens Speidere, dræbte dem paa en Friser nær, som for at frelse sit Liv meddelte, at han havde hørt, at Kongen næste Dag agtede at drage ad denne Vei. Hurtigt samledes Mandskabet fra de tre Sogne Hemmingsted, Ol-denwörden og Nienkerken under Anførsel af Wolff Isebrand fra Hemmingsted, en af Landets valgte 48 Oldermænd eller Regenter. Ved et kraftigt Arbeide om Natten lykkedes det at faa en Skandse opkastet paa en lille Høi nedenfor Hemmingsted, og at faa den besat med Skyts. Herfra beherskedes Veidiget, der sandsynligvis ogsaa har været overskaaret; og samtidigt bestemte man sig til at ty til den sikreste, men rigtignok ogsaa kostbareste Hjælper: Vandet. Barsflether-Slusen aabnedes, Vandet steg i de dybe og brede Grøf-ter, der efterhaanden fyldtes til Randen, maaske endog under Kampen steg over flere af de lave Marker. Hvor stort Ditmarskernes Antal i og ved Skandsen har været, er ikke let at sige. Albert Krantz taler om flere tusinde Mand, Andre vide kun af 300; med andre Ord: Ingen veed det, og sandsynligvis kunde Ingen vide det, fordi Antallet steg under Kampen, da Mandskab strømmede til under Kirkeklokkernes Kald. Men Stillingen var en Thermopylæstilling, hvor en lille Skare har alle Fordele paa sin Side. Ligesaa ubestemte ere Angivelserne om den kongelige Hærs Størrelse. Ditmarskernes Kroniker og Viser tale om 20—30—40 Tusinde, da det dog er vist, at paa den halve Mil mellem Meldorf og Eppenwörden, hvor Kolonnen standsede, ikke er Plads til 10,000 Mand Fodfolk og Ryttere, selv om Mænd og Afdelinger have sluttet tættere sammen end det kan antages ved en saaban Marsch, i et saabant Uføre og et saabant Veir, især da Slutningen af Kolonnen dannedes af en Vognrække. Hertil kommer, at en Besætning efterlodes i Meldorf, og at hvad der endnu er tilbage af Lønningsregnskaber taler for, at Kongens hele Styrke i Kolonnen og andensteds ikke kan anslaaes til mere end 12—15,000 Mand*).

De første Kanonkugler, der sloge ind i Gardens Rækker, underrettede den om Skandsens Tilværelse. Den gik da til Angreb. Paa Spyd, der lagdes over Grøften, og ved Faskiner og Brædder, Garden som vel bekjendt med Kamp i Marskegne havde ført med, gik den ned fra Veien for at omgaa Skandsen, da Veiret hindrede Brugen af de Kanoner, den medbragte. Men nu indvikledes og standsedes den i et Net af Grøfter, saa at den ikke kunde udfolde sine Rækker i Slagorden. Ditmarskerne faldt ud af Skandsen, da de saa Gardens Forlegenhed. De sprang ved Spydskafterne som Springstokke let over de brede Grøfter og anfaldt Garden med blanke Vaaben. To Gange kastedes de tilbage; men Garden kunde dog ikke komme til Storm paa Skandsen. Tredie Gang kom Ditmarskerne igjen, talrigere og i voldsommere Anløb end tidligere. Gardens Rækker gjennembrødes, Junker Thomas selv faldt, om

---

*) Jahns Unionshistorie, p. 878. — I (Johan Rantzaus) Wahrhaftige und kurze Verzeychnis des Krieges 1559 wiber die Ditmarsen, Strasburg 1569, regnes Blad CIV verso, at 1500 var der, 2000 Herrer, Ridbere og Adelsmænd, 6000 Landsknegte, og omtrent et lige Antal af Landfolk og Indvaanere i Danmark, Holsten, Slesvig og andre Fyrstendømmer; altsaa c. 14,000 Mand. Kolster-Dahlmann, p. 296.

et ordnet Tilbagetog kunde ikke være Tale; Alt opløste sig i vild
Flugt, men det var langtfra alle Flygtninge, der over Grøfter og
gjennem det stigende Vand undløb Ditmarskernes Kugler og Helle-
barder. Garden var opløst, ikke Halvdelen af Mandskabet frelste
Livet. Ditmarskerne toge ikke Fanger, — og hvo tør laste de sei-
rende Bønder, fordi de blodigt straffede alle de Ugjerninger, denne
leiede Røverbande havde begaaet mod værgeløse Standsfæller i de
Egne, de havde hjemsøgt!

Med Gardens Nederlag var Kampen endt. Hvad der nu
fulgte paa var et Slagteri. Ditmarskerne angrebe fra begge Sider
af Veien først det Fodfolk, der fulgte efter Garden, saa det adelige
Rytteri. Med deres lange Spyd saarede de Hestene, der styrtede
med Rytterne, eller sloge vildt ud og forøgede den forfærdelige
Forvirring, Skræk og Raadvildhed. De Yderste og Forreste trængte-
tes ind paa de Andre, der ikke kunde røre Haand eller Fod. Dam-
pen af Hestene stod som en Røg op af denne frygtelige Klemme,
Regn og Slud pidskede Rytterne i Ansigtet. Vige tilbage ad den
Vei, de vare komne, var umuligt, da Vognene havde kjørt sig
fuldkommen fast især ved frugtesløse Forsøg paa at vende; mange
Kudske spændte Hestene fra og søgte at frelse sig selv. Her faldt
mangen stolt og tapper Adelsmand uden at kunne drage sit Sværd,
og Flere, end der faldt for Ditmarskernes Haand, fandt deres
Død i de dybe Grøfter, der nu ukjendelige, da Vandet steg, aab-
nede sig som Ulvegrave for de Flygtende. Nordens Historie kjen-
der ingen lignende Scene. Hvorledes Kongen og Hertugen ere
undkomne, veed Ingen. Heller ikke kan Nogen angive, ad hvilke
Veie de, der ellers slap derfra med Livet, ere komne bort. En Lykke
var det, at Ditmarskerne fandt saa rigt et Bytte paa Valpladsen
og i Meldorf, at de glemte Forfølgelsen. Hvor stort Mandefaldet
har været angives ganske forskjelligt. Det rimeligste Tal er c. 4
Tusinde eller vel en Trediedel af Kongens Hær*), altsaa forholds-
vis endog mindre end Kong Christierns Tab paa Brunkebjerg.
Men dog kunne disse to Nederlag ikke sammenlignes: paa Brunke-
bjerg kæmpedes mod en dobbelt Overmagt; der kæmpedes, ved
Eppenwörden slagtedes. Især led den slesvigholstenske Adel for-

---

*) Wahrhaftiger Verzeychniß, Blad D recto regner „bis in die vier Tau-
send".

færdeligt. Enkelte Familiers Tab viser det. Der omkom, foruden
2 Grever af Oldenborg, Grev Gerhards Sønner, som frivillig
havde taget Del i Krigen, og mindst 14 navngivne danske Adels-
mænd med flere unavngivne, af den slesvigholstenske Adel 11 Ale-
felder; mindst 5 Pogwischer — blandt dem dog ogsaa den
Wulff Pogwisch, Hennings Søn, der havde behandlet den unge
Bondekone saa skændigt, — 4 Brødre af Slægten v. d. Wisch;
4 Rantzau'er, blandt dem Joakim Rantzau til Ascheberg, et Side-
stykke til Wulff Pogwisch; 4 Buchwalder; 7 Sehesteder; 4
Ratlow'er o. s. fremdeles. Disse ere de laveste Angivelser. Dit-
marskerne nægtede at udlevere de Omkomnes Lig, ja vilde ikke en-
gang unde dem Begravelse. Saa haardt var disse Bønders Sind
imod Adelen, at de Slagne, udplyndrede og nøgne, bleve liggende
for Hund og Ravn. Mange Aar efter saaes Skeletterne i Dit-
markens Grøfter. Sorgen og Harmen paa Hertugdømmernes
Herresæder er lettere at tænke end at beskrive. Jeg finder det meget
troværdigt, naar den samtidige Albert Krantz, Hovedforfatteren om
disse Begivenheder, siger at den opvoxende Ungdom i Hertugdøm-
merne udstødte blodige Trusler mod Seirherrerne om Hævn, saa-
snart de kunde bære Vaaben*); og jeg omtaler dette her, for til-
lige at minde om, at den holstenske Adelsmand, der virkelig blev
Hævneren, Johan Rantzau, dengang var en Dreng paa 7—8 Aar.

De umiddelbare Virkninger af denne saa store Begivenhed
bleve langt mindre, end man skulde have ventet. Kongen samlede
vel strax hvad der var frelst af Hæren, satte Mod i de Slagne
og truede med at fornye Angrebet; men han fik Andet at tænke
paa. De seirende Ditmarsker kastede sig over den holstenske Borg
ved Tilebækken, der tilhørte Hertug Frederik, toge og nedbrøde den,
fordi den laa i Ditmarsken, ved Eiderens venstre Bred. De gjorde
ogsaa et Par mindre Indfald i Holsten, af hvilke det ene blev til-
bageslaaet af Indbyggerne i Wilster og Kremper Marsk; men Er-
obringer udenfor deres eget Land kunde de ikke gjøre, og synes de
heller ikke at have tænkt paa. Al deres Styrke var Modstands-
kraft til Landets og Frihedens Forsvar. Da derfor de tre Stæder
Lybek, Hamborg og Lüneborg optraadte som Fredsmæglere, kom
et Forlig i Stand i Hamborg allerede den 15de Mai 1500, hvor-

---

*) Alb. Krantz, Dania libr. VIII, cap. 41.

ved der sluttedes en Vaabenstilstand indtil Mikkelsdag f. A., inden
hvilken Tid Voldgiftsmænd, udnævnte af de tre mæglende Stæder,
skulde afgjøre alle Stridsspørgsmaal om Kongens og Hertugens
Rettigheder til Ditmarsken, Ditmarskernes Fordringer paa Helgo-
land og Toldfrihed i Holsten. Ditmarskerne skulde beholde det er-
obrede Tilenhamme, men aftræde til Hertug Frederik et lignende
Stykke nordfor Eideren, saa at denne Flod herefter dannede Grændse-
skjællet mellem deres og Hertugens Land i Slesvig. Kunde Vold-
giftsmændene ikke enes, skulde Afgjørelsen overlades den hamborgske
Domherre Dr. Albert Krantz, — et mærkeligt og hædrende Vid-
nesbyrd om den Anseelse og Høiagtelse, denne Nordens og Nord-
tydsklands berømte Historieskriver dengang nød. Hans Beretninger
om Ditmarskerkrigen ere endnu Hovedkilden til vor Kundskab om
Nederlaget ved Eppenwörden. Ved denne Vaabenstilstand er Sagen
bleven staaende i Kong Hanses og Christiern den Andens Tid.
Voldgiftsmødet kom ikke i Stand, men Krigen fornyedes heller ikke.

Desto betydeligere bleve de middelbare Virkninger af Kongens
Nederlag, som Rygtet forstørrede ud over alle rimelige Grændser.
Gjennem hele Norden gik som et Jordskjælv, hvis Stød da selv-
følgelig stærkest rystede den skrøbelige Bygning, Kongen nylig havde
faaet opført i Sverrigs Rige. Dette veed Enhver af denne Bogs
Læsere fra sin historiske Børnelærdom. Interessen ligger derfor
mindre i, at det skete, end i Maaden hvorpaa det skete. Det er
nok værd at see, hvorledes de ledende Mænd i Sverrig snoede og
vendte sig for at komme løs fra de Løfter, Æresord, Eder, hvor-
med de nu saa ofte havde bundet sig til Kongen og hans Søn.

Fjerde Afdeling.

Kong Hans i Sverrig 1501. Russiske Sendebud i Stokholm. Uroligheder blandt de svenske Stormænd. Hemming Gad. Sammensværgelse og Oprør. De Svenskes Beskyldninger mod Kongen ugrundede. Kongen tilbage til Danmark; Dronningen i Stokholm. Stokholms Slot overgivet 1503. Dronningen troløst tilbageholdt. Dronningen frigiven. Sten Sturet Død og Eftermæle.

I Efteraaret 1500 var Grændsefeiden mellem Finner og Russer atter udbrudt; fra begge Sider streifede man ind i hinandens Land, skændte og brændte. Kong Hans sendte fra Danmark sin Sekretær Jens Andersen til Storfyrsten for at faa Stridspunkterne udjevnede. Et russisk Gesandtskab ankom til Kalmar, hvor det opholdt sig indtil Kongens Ankomst[*]; thi det svenske Rigsraad, eller de fire svenske Rigsraader, der i Kongens Fraværelse førte Regeringen, havde opfordret ham til i denne Anledning at komme til Sverrig. Kongen begav sig i Januar 1501 paa Reisen til Stokholm; ogsaa Dronningen var med. De havde kun et lille Følge, blandt dem ingen af Danmarks Raad, og Kongen vilde ikke modtage et Tilbud af sin tro Mand, Ridder Henrik Krummedige paa Bahus, om at lade en Krigsstyrke derfra ledsage ham ind i Sverrig. Sten Sture som Kongens Hovmester i Sverrig havde bedet ham ikke at føre noget stort Følge med, da der herskede Dyrtid og smitsom Syge i Landet. Han mødte for Resten Kongen ved Grændsen og ledsagede ham op igjennem Landet. I Stokholm samledes nu Kongen med Rigsraadet i Februar, hvor der fremførtes mange Ytringer af Misfornøielse, og hvor Striden mellem Sten Sture og hans Fjender i Raadet atter udbrød i gjensidige Klager. Kongen fik dog disse Stridigheder dæmpede, blandt Andet ogsaa ved selv at paatage sig en Gjæld, Ærkebiskoppen manede Sten Sture for[**]. Overhovedet havde han endnu det langt

---

[*] Grønblad, I, 296; thi der maa være Tale om dette Gesandtskab. Brevet hører til 1505, ikke til 1506 («terciis elapsis annis»).

[**] I Reuterdahls Svenska Kyrkens Hist. III, 1, p. 343 omtales efter haandskreven Kilde, som Aarsag til Sten Sturet ny Brede mod Kong Hans, et Dombrev af 14de Marts, hvorved der paalagdes ham en Erstatning til Svante Nielsen, Sten Turesen og Erik Trolle for Tab, de havde lidt i Finland 1496. Hvorledes dermed forholder sig har jeg ikke kunnet finde.

overveiende Flertal af Rigsraadet paa sin Side. Men nu netop
til samme Tid ankom det talrige russiske Gesandtskab til Stokholm,
hvor det vakte en for Kongen meget ugunstig Opsigt blandt Al-
muen. Det svenske Folk hadede og afskyede Moskoviterne som Fjen-
der og „Hedninger"; allerede det, at Kong Hans stod i Forbund
med Storfyrsten, at han modtog hans Gesandter, at han lod disse
fra Kalmar reise gjennem Landet og „besee al Leiligheden", som de
svenske Oprørere siden klagede over, gav de Urolige Anledning til
at lægge ham for Had; men endnu mere det Budskab, Gesandterne
forebragte paa Raadhuset for Kongen og Rigsraadet. Thi Stor-
fyrsten havde deri givet Forbundet af 8de November 1493 en Ud-
tydning, der stillede Kongen i det ugunstigste Lys, ja næsten som
sammensvoren med Arvefjenden mod Sverrigs Rige. Storfyrsten
bad ham at mindes det Forbund, der var stadfæstet imellem dem
med Korskysning om i Forening at feide paa Sverrigs Rige, for
at de Lande og Vande atter skulde komme til den Herres Rige,
som de fra gammel Tid havde ligget til, Karelien, Savolax, St.
Olufsborg (Nyslot) m. m. Storfyrsten forsikrer Kongen, at han
skal holde sit Løfte om at være hans Venners Ven og hans Fjen-
ders Fjende, og han venter det Samme af Kongen. Han frigiver
vel efter Kongens Anmodning ved Jens Andersen nogle svenske
Fanger, men erindrer derhos om, at efter Aftalen var Sverrigs
Rige Begges Fjende, saa han mener, at Fangerne ere tagne lov-
ligen, og at de ere tagne for Kongens Skyld. Disse Storfyrstens
Paastande vilde man fra Kongens Side viselig ikke indrømme
kunde udledes af Traktaten af 1493; de ere den ene kontraherende
Parts Fortolkning, som han finder sin Fordel ved at fremsætte,
maaske blot for at nøde sin Medkontrahent til nogen Eftergivenhed.
Men de maatte gjøre det værste Indtryk paa de Svenske; og un-
derligt seer det ved første Øiekast ud, at Kongen lod disse russiske
Artikler forebrage for sig saa godt som offenligt i Raadets Nær-
værelse paa Stokholms Raadhus. Sandsynligvis har hans Tanke
dermed netop været, at gjøre det svenske Folk bekjendt med Sagens
rette Sammenhæng og at benytte Leiligheden til at modsige en saa-
dan Fortolkning, fralægge sig enhver fjendtlig Tanke imod Sver-
rig, imødegaa den Folkesnak, han ikke kunde være ubekjendt med,
og i ethvert Fald nu løse det Baand mellem ham og Storfyrsten,
der var knyttet under ganske andre Forudsætninger. Kong Hans

har uden Tvivl givet det svenske Rigsraad Udsigt til en Kamp for
Sverrigs Ret med hele Nordens Kræfter; thi det svenske Rigsraad
siger i sin Skrivelse til det danske efter Kongens Afreise, at det
havde været samlet med ham „for at overveie om den Skade, Rus-
serne daglig gjøre i Finland; for hvilke Sager", vedblive de, „Hans
Naade gav sig hasteligen paa Veien til Danmark for at raade med
Eder og flere Hans Naades Venner om ydermere Hjælp og Trøst".
Naar man opfatter Situationen saaledes, bliver det ogsaa begribe-
ligt, at det svenske Rigsraad senere ikke dvælede ved denne russiske
Sag.   Men hvilket ypperligt Emne for Kongens hemmelige, —
og snart aabenbare Fjender til at lægge ham for Had hos Almuen!
     Kong Hans ilede altsaa i Marts 1501 tilbage til Danmark
ledsaget af Sten Sture; men han kom ikke længere end til Vadstena,
hvor han modtog Efterretninger, der bevægede ham til at vende
tilbage til Stokholm.   Sten Christersen (Oxenstjerna) til Salestad
i Upland, der var vred over, at et Laxefiskeri, han gjorde Paa-
stand paa, var dømt til Kronens Gods, havde overfaldet og saaret
Kongens Foged, dræbt nogle af hans Svende og brændt Kongens
Gaard ved Upsala.   Dette var vel egenlig ikke et politisk Oprør,
men en Selvtægt, hvoraf der da forefaldt saa mange; men under
Øieblikkets Stemning kunde enhver betydeligere Voldsgjerning unæg-
telig blive meget farlig.   Hertil kom, at Kong Hans underhaanden
havde modtaget Advarsler om forræderske Planer af Sten Sture,
der, saa sagde man ham, havde samlet 3000 Bønder til at over-
falde ham et Par Dagreiser længere frem.   Kongen troede det —
om det var sandt, veed jeg ikke.   Han kunde paa Tilbagereisen til
Stokholm ikke skjule sin Misstemning, saa at Sten Sture forlod
ham uden Tilladelse.   I Stokholm sammenkaldtes nu en Herredag,
men som Sture ikke vilde besøge, medmindre Kongen vilde stille
Gidsler for hans personlige Sikkerhed, saa spændt var nu Forholdet.
     Striden med Sten Sture havde imidlertid neppe kostet Kong
Hans Sverrigs Krone, saalænge Rigsraadet stod paa dennes Side.
Men nu fremstod en Mand, der i de følgende Aar spillede en
Hovedrolle i Sverrig og som brændte af Had til Kongen og alt
Dansk, Østgoten Dr. Hemming Gad, Domprovst i Linkøping,
der kaldte sig udvalgt Biskop til Linkøpings Stift.   Denne kloge,
veltalende og virksomme Mand havde i mange Aar som den svenske
Regerings Agent opholdt sig i Rom fornemlig for at modarbeide

det danske Hofs Bestræbelser hos Kurien til Sverrigs og Rigsfor-
standerens Skade. Han havde just ikke været heldig; han kunde
ikke forhindre Sten Stures Bandlysning. Hjemkommen til Sver-
rig 1499 var han af Linkøpings Domkapitel bleven valgt til Bi-
skop, men kunde ikke komme til Besiddelse af Stiftet eller faa Pa-
vens Bekræftelse, altsaa heller ikke blive ordineret, fordi Pave
Alexander den Sjette strax havde kommenderet den ledige Bispestol
til en Kardinal under Form af at gjøre ham til Bispestolens be-
standige Administrator, og havde lyst Band over Hemming Gad
for hans Modstand. Havde Kong Hans villet tage sig af dennes
Sag, kunde han vel have bragt den i Lag; men det var saa langt
fra Tilfældet, at Kongen endog viste Dr. Hemming afgjort Ugunst.
Desto heftigere blev da dennes Had; og nu paa dette Tidspunkt,
hvor det næsten var kommet til Brud mellem Kongen og Hr. Sten,
traadte Hemming Gad ved dennes Side som hans vigtigste Raad-
giver og Hjælper. Det gjaldt fornemlig om, at bringe den gamle
Rigsforstander ud af den isolerede Stilling som Fjende af de mæg-
tigste Rigsraader; og her lykkedes det virkelig Dr. Hemming at
vinde Svante Nielsens Øre og at tilveiebringe en Forsoning mel-
lem ham og Hr. Sten, idet han viste Svante Udsigten til Rigs-
forstanderskabet efter den gamle Mands Død som Løn for, at han
nu rakte denne Haanden imod Kong Hans. Med dem forbandt
sig tre andre svenske Rigsraader og den norske Magnat Knud Alf-
sen. Rigtignok havde de endnu Flerheden af det svenske Raad
imod sig; men baade vare de selv mægtige Herrer, og Sten Sture
kunde ikke tvivle paa, at Bondealmuen vilde følge hans Røst. Det
øvrige Rigsraad manglede en Fører; thi dets første Medlem, den
gamle Ærkebiskop Jakob Ulfsen, havde aldrig været nogen Hand-
lingens Mand.

Da nu Herredagen aabnedes i Stokholm den 20de April 1501,
vare de Forbundne ikke mødte; de kom først efter at Kongen paa
Rigsraadets Anmodning havde udstedt et formeligt Leidebrev til
dem. Men de kom med et væbnet Følge af ikke mindre end 700
Ryttere. Kongen traf selvfølgelig alle fornødne Anstalter til Slot-
tets Forsvar, hentede Skyts fra Flaaden, som han havde ladet
komme op fra Danmark, og trak Søfolk derfra ind paa Slottet.
Og meer end engang var det nær ved at komme til Blodsudgydelse.
Imidlertid foregik Forhandlingerne paa Herredagen; Kongen kla-

gebe over Sten Stures Anflag mod hans Liv; Sten Sture nægtebe naturligvis paa det Bestemteste, og Kongen lod sig ved nogle Rigsraaders Mellemkomst bevæge til at lade Sagen falde. Men Hr. Sten og hans Tilhængere lode dog ikke Kongen i Fred; de klagede over, at Kalmar Reces ikke blev holdt, navnlig i to Punkter: Kronens Fadeburslen vare betroede til danske Fogeder, og om Gulland havde Kongen ikke skaffet Sverrig Ret. Hvad det Første angaaer kunde Kongen lettelig møde Klagen, idet Rigsraadet, Sturerne indbefattede, jo under 17be December 1497 havde indrømmet Kongen Ret til at sætte Danske, Norske eller Svenske til Fogeder paa disse Len; og om Gulland erklærede han sig villig til at forelægge Spørgsmaalet for en Samling af alle tre Rigers Raad. Desuden fremkom der en Syndflod af Klager, saa over Et, saa over et Andet: de danske Fogeder tyranniserede Almuen, paalagde den ulovlige Afgifter, hængte og beskattede Folk for Ingenting osv. osv.; men den eneste positive Klage, der er kommen til os, er over Jens Falster, Dronning Christines Foged paa Ørebro, der skal have hængt en Mand fra Noraskov Harald Pleting — uben Skyld, sige de Svenske, med hvad Ret veed jeg ikke. Men som Stemningen i Øieblikket var, kunde Kongen ikke gjøre be Misfornøiede tilpas: havde han faaet en Foged fra Himlen paa et af sine Fadebursslotte, skulde Hemming Gad snart have udfundet, at der dog var en Fold paa Englekaaben, som Sverrigs Rige ikke uden Haanhed kunde taale. Betydeligere end disse Klager paa Rigets Vegne vare de ublu Fordringer om Len. Sten Sture vilde nu ikke nøies med det Vederlag, han ved Mageskiftet 1499 havde med Rigsraadets Samtykke faaet og havde modtaget for sine finske Len, han vilde tillige have Kastelholm. Svante Nielsen vilde til det store Stækeborg Slotslen have Søderkøping og Norrköping med Tolden, — og saaledes alle de Andre. Svante fik virkelig Søderkøping; men selv om Kongen havde villet, kunde han jo ikke tilfredsstille alle Fordringer og Ønsker; thi den egenlige Grund til Misfornøielsen var, at man slet ikke vilde tilfredsstilles, med mindre Kongen vilde snøre sin Randsel og lade dem skalte og valte med Riget og dets Len efter Behag. Og endda havde hverken han eller Danmark faaet Fred, thi saa havde de reist Opstandspartiet i Norge, saa havde de forlangt Gulland, Skaane, Halland, Bleking — med andre Ord: i den Situation, som nu forelaa, var

der for den danske Konge intet Andet at gjøre end at forsvare sin
svenske Krone, saa godt han kunde, eller at berede sig paa en Kamp
om alle tre Kroner. Dog endnu i Foraaret 1501 havde han Fler-
tallet af det svenske Rigsraad paa sin Side, saa at Herredagen
endte i Juli Maaned med, at alle tvistige Punkter skulde afgjøres
paa et Fællesmøde af de tre Rigers Raad i Kalmar 1502. De
Sammensvorne selv lode som om de vare tilfredse med dette Ud-
fald. Men neppe havde de forladt Stokholm, førend Hemming
Gad fik dem samlet i Vadstena; og her bestemte han dem nu til
at reise Oprørsfanen. Det var de syv Mænd: Hemming Gad,
Electus til Linkøping, Sten Sture Hovmester, Svante Nielsen
Marsk, Niels Klausen, Knud Eskildsen, Bengt Rynning, Riddere,
og Johan Månsen Væbner, Medlemmer af Sverrigs Riges Raad,
der i Vadstena den 1ste August 1501 forbandt sig — som det
hedder: i den hellige Trefoldigheds Navn, til at vove Liv og Gods
og al Velfærd for den hellige Kirkes, Christendommens, Rigets,
Kronens, Ridderskabets og det menige Lands Bedste og Bestand,
for at Sverrigs Riges Lov, gamle gode Sædvaner og Kalmar
Reces i alle sine Punkter og Artikler skulde fuldgjøres og ved Magt
holdes over „disse tre Riger, hvad enten Kong Hans bli-
ver deres Konge eller ei". De af Kronens Slotte og Len,
de fratoge Kong Hans, skulde deles imellem dem; Nordmanden
Knud Alfsen forsynes med et svensk Len paa Norges Grændse;
døde nogen af dem, skulde deres Hustruer og Børn beholde de
Slotte og Len i deres Livstid, som de Afdøde havde havt. Da
de forudsee, at de ikke kunne undgaa en aabenbar Feide, forpligte
de sig til at staa Fast og Brast med hverandre. Sten Sture for-
kyndte nu strax offenlig for den i Vadstena samlede Almue hvad
Herrerne havde besluttet, og opfordrede dem til at falde fra Kon-
gen, mod hvem ingen onde Ord sparedes. Breve udgik til Almuen
i de forskjellige Landskaber, Opsigelsesbrev sendtes Kongen, og nu
adskiltes de sammensvorne Herrer for at reise Folket hver i sin Egn.
Sten Sture og Knud Alfsen, der, skjøndt Nordmand og Medlem
af Norges Riges Raad, i alt dette optræder forenet med de sam-
mensvorne svenske Herrer og taler til og om Kongen i ligesaa hadsk
og giftig en Tone som disse, ilede til Dalarne og fik da snart
bragt denne urolige Almue paa deres Side. Svante Sture virkede
i Østergotland og Smaaland, han lod Arvid Trolle beleire paa

13

hans Gaard Bergquara, — og saaledes de Andre i andre Egne.
Stokholms Stad, som denne Gang viste en paafaldende Troskab
mod Kongen, opfordredes til at slutte sig til de Sammensvorne,
efter at flere Biskopper og verdslige Medlemmer af Raadet i Løbet
af September havde forenet sig med disse, saa at den endnu i
August tro Flerhed af Rigsraadet nu var opløst.   Kort, Intet blev
forsømt for at gjøre Kongen saa sort, sig selv saa hvid som mu-
ligt og at ægge Almuen til Modstand, hvad der kun lykkedes alt-
for godt.

Naar man seer denne Opstand af Mænd, der for saa kort
Tid siden havde frakrevet sig Ære og Redelighed, dersom de nogen-
sinde brøde de Eder, de havde svoret Kong Hans, eller gjorde
nogen Opreisning imod ham; og naar man hører dem, umiddel-
bart efter at de havde med det øvrige Rigsraad forenet sig med
Kongen paa den sidste Stokholmske Herredag om at stille alle Kla-
ger til et fælles nordisk Rigsraadsmødes Afgjørelse, at udraabe
over al Verden, at alle deres kjærlige og indtrængende Forestillin-
ger kun mødtes af Kongen med Foragt: saa spørger man forbau-
set, om enten de virkelig vare saa æreløse Edsbrydere, som de her
optræde, eller om Kongens Tyranni mod det svenske Folk dog ikke
har været saa oprørende, at hver Mand maatte fordømme Kongen
og række dem Haanden, der reiste sig imod ham, saaledes som vi
Alle, Danske som Svenske, bifalde Gustav Vasa, da han rev Blod-
øxen ud af Christiern den Andens Haand.   For at svare herpaa
skal jeg nu ikke indlade mig paa en nærmere Prøvelse af de enkelte
Ankeposter, end hvad jeg alt har berørt, men alene anføre to
svenske Vidnesbyrd, der ikke kunne mistænkes for Partiskhed. Det
første er det ovenfor berørte Brev af 13de August 1501 fra det
svenske til det danske Rigsraad, altsaa efter Oprørets Udbrud og
efter at Kongen havde forladt Stokholm.   Det lyder saaledes:

„Værdigste, Værdige Fædre, Ærlige Herrer, Brødre og gode
Venner, Vi formene, at Eders Herredømme vel vitterligt er, hvor-
ledes høibaarne Fyrste Vor kjære naadige Herre Kong Hans hid
til Sverrig nu kom i Vinter næstforleden (1501), at overveie og
forhandle om de umilde Russer, som daglig Skade og Mord gjorde
ind paa Christendommen i Finland; for hvilke Sager, efterdi de
Christenheden og Hans Naades Land paarørte, gav Hans Naade
sig hasteligen paa Veien til Danmark, for at raade med Eder

„og flere Hans Naades Venner om ydermere Hjælp og Trøst. Siden Hans Naade paa Veien var kommen, kom nogen Tvedragt, „Skørl og Parlement" imellem Hr. Sten Christersen og en Hans Naades Foged, at Hr. Sten Christersen lod gribe og slaa Fogeden og sig aldeles opsatte imod Hans Naade uden ærlig Forvaring. Efter hvilke Tidender Hans Naade sig tilbage gav til Stokholm og lod forskrive tilsammen menige Rigets Raad at forhandle om de Sager og andre Rigets Ærinder. Og efter lang Dagtingning var en endelig Forening gjort, og aabenbar paa Bursproget forkyndt, imellem Hans Naade og Rigens Raad, at alle Sager skulde staa til Rette og til Fred, og til god Endragt, undtagen Hr. Sten Christersens Sager, hvilken ingenlunde sig til Ydmyghed eller nogen Forligning vilde give. Nu finde vi Alle i Sandhed, at der ere Nogle af dem, som med os paa den Tid lyste Fred og Endragt, der tilskynde forskrevne Hr. Sten Christersen og ere hans Medhjælpere med Raad og aabenbare Ord og Gjerninger, og som vende den menige Almue imod vor kjære naadige Herre og os Alle, Hans Naade til stor Skade og os Alle til Fordærv; hvorfor, kjære Herrer og Brødre, gjøre Vi Eders Herredømme vitterligt, at Vor naadige Herre og os Alle saadan Uret og jammerligt Fordærv paarører, bedende Eder, og formanende efter vort eget Forbund og Kalmar Recesses Indhold, vor kjære naadige Herre og os at være behjælpelige og til Trøst, denne Skade og Fordærv at afvende. Og tykkes os det raadeligt at Eders Herredømme ville være grangivelig her udi fortænkte, at saadan Tvedragt og Opreisning ei skeer til ydermere Exempel i disse tre Riger. Var og i vor naadige Herres og Rigens Raads Nærværelse samtykt og berammet, paa Eders Behag, et venligt Herremøde i Kalmar paa St. Laurentii Tid nu næstkommende 10 August 1502 imellem disse tre Rigers Raad, paa alle deres Bedste og Bestand. Bede vi Eder, at I ville her udinden være fortænkte, at saadant Møde skee maatte og ville os byde betimelig til derom. Hvor vi kunne Eders Herredømme til Kjærlighed og Bistand være, ville vi altid lade os velvillige findes til, Eders Herredømme hermed Gud i Himlen og S. Erik Konge befalende".

En saa bestemt, om og i maadeholdne Ord udtrykt, Misbilligelse af Oprørspartiets Færd havde det svenske Rigsraad jo visselig ikke frivillig og af egen Drift udtalt, eller forlangt det danske

Raads Bistand derimod, og advaret for det farlige Exempel, havde
Kong Hans givet nogen virkelig Grund til Klage.

Det andet svenske Vidnesbyrd er Historieskriveren Olaus Petri'.
Han siger: „Saa forløb sig Regimentet under Kong Hans, og i
Landet blev god Fred og god Tid; og var han selv en from og
redelig Mand. Men en Part af hans Fogeder vare arge og gjorde
megen Overvold, som var Jens Falster paa Orebro, hvilken uden
Ret og Skæl lod hænge Harald Pleting, som Foged var paa
Noraskov, og nogle Flere lod han komme om Halsen, mere af
Had end Ret. Flere saadanne Fogeder havde Kong Hans og, som
var Anders Pedersen og andre hans Lige, som deres Herre vare
mere til Skade end Gavn med deres Strenghed". — Da i dette
for Kongen og hans Regering ellers saa hæderlige Vidnesbyrd atter
Klager over Fogederne paa hans Fadebursslotte forekomme, skader
det ikke at gjentage, at i Beretningerne fra hin Tid ikke findes
noget andet Faktum anført som Bevis for deres Tyranni, end
netop det ene om Harald Pleting, hvis Brøde eller Uskyldighed
ikke kjendes. Naar man seer det Had og den Heftighed, hvormed
Opstandspartiet sammensankede Alt hvad der kunde ægge Stemnin-
gen mod Kongen og retfærdiggjøre deres egen Adfærd, tør man
nok slutte, at de ikke have kunnet finde andre-Fogedbedrifter, der
tjente til at stemples som tyranniske. Det er Fogedernes danske
Herkomst, der — for at bruge et af Hvitfelds Udtryk — sad de
Svenske som Sennop udi Næsen. Hvad hjalp det saa, at Kongen
havde en fuldkommen lovlig Adkomst til at handle som han gjorde?
Han fik det at fornemme hvad det betyder for en Konge at staa
ved et af disse mærkelige Gjennemgangspunkter i Folkenes Liv,
hvor en ny Tingenes Orden arbeider sig frem gjennem Vold og
Oprør i Kamp med den lovgrundede Ret.

Kongen havde modtaget Opsigelsesbrevet den 9de August. Han
havde ingen anden Krigsmagt hos sig end Besætningen paa Stok-
holms Slot og Mandskabet paa Krigsskibene. Endnu holdt Stok-
holms Stad fast ved ham; men det forstaaer sig af sig selv, at
Kongen ikke kunde lade sig indeslutte i Stokholm. Den 11te Au-
gust gik han ombord paa den danske Flaadeafdeling, der laa ved
Stokholm, gjennem Skærgaarden, hvorfra han lod Sten Stures
Gaard Hæringe afbrænde, til Gulland og Danmark. Men sin
trofaste Hustru Dronning Christina overdrog han Stokholms

Forsvar. Hun viste sig denne Tillid værdig. Staden kunde hun dog ikke hævde; Forræderi aabnede dens Porte den 10de Oktober. Den svenske Rimkrønike siger selv, at Sten Sture fik Staden ved Borgernes Falskhed. En Maanedstid derefter blev Sten Sture atter udraabt til Rigsforstander. Krigen førtes nu levende omkring i Sverrig imod de Slotte, Kongens Mænd endnu havde inde. Det ene efter det andet faldt med Undtagelse af Kalmar og Borgholm. Stokholms Slot holdt sig indtil Foraaret 1502. Kong Hans havde ingenlunde været ledig i dette halve Aar; men foruden Vanskelighederne ved at samle en tilstrækkelig Krigsmagt, fastholdt og hindrede Oprør i Norge og Strid med Lybek ham saaledes, at først tre Dage efter Overgivelsen af Stokholms Slot ankom Kongen tilsøes med Undsætning. Dronningen havde udholdt det Yderste. Hun havde fra først af en Besætning af 1000 Mand. Forsvaret førtes med Kraft imod Hemming Gad, hvem Rigsforstanderen havde betroet Ledelsen af Beleiringen, medens han selv færdedes hvor hans Nærværelse var nødvendig. — Ud paa Foraaret vare Forraadene paa Slottet opbrugte; en pestagtig Sygdom bortrev 900 Mand af Besætningen[*]); tilsidst formaaede kun 70 Mand, skjøndt for det meste ogsaa angrebne af Sygen, saavidt at bære Vaaben, at de nødvendigste Vagtposter kunde besættes. Den stærke Dødelighed i det snevre Rum, Umuligheden af at begrave Ligene ordenlig, Uddunstningerne, der forpestede Luften, endelig Hungeren — Alt dette tvang Dronningen til at opgive Forsvaret, efterat Besætningen endnu den 29de April havde med Opbydelse af de sidste Kræfter afslaaet en Storm; thi nu var der kun 10 Mand paa Slottet, som kunde gjøre Modstand. Den 6te Mai 1502 kapitulerede den heltemodige Dronning paa Betingelse af, at hun med sine Hoffolk og sine Tjenere maatte drage ud med Alt hvad der tilhørte dem personlig; hun og hendes Følge skulde være fri for Fængsel og „Beskatning" (Løsepenge), kun at hun opholdt sig i Sortebrødre Kloster saa længe, indtil det Følge var bestemt, der skulde ledsage hende ud af Riget. — Besætningen, Svenske, Danske og Thydske, blev Krigsfanger paa Æresord. Folkene maatte medtage hvad der tilhørte dem personlig, ikke de Af-

---

[*]) Dronning Christines Brev til Kong Jacob af 13de Marts 1506, i Aarsberetninger fra Geheimearchivet, I, p. 53.

døbes Efterladenskaber. Hvad disse havde givet til Kirker og Klostre
for Sjælemesser, skulde udleveres efter de Afdødes Bestemmelse.
De Svenske paa Slottet skulde have deres inddragne Eiendomme
tilbage og overhovedet fuldkommen Forlig med deres Landsmænd;
dog at de, blandt Andet, forpligtedes til at paasee, at deres Folk
ikke i Ølsmaal forbrøde sig med overdaadige Ord mod Sverrig
eller deres Overvindere! Ærkebiskop Jakob Ulffsen, der under Be-
leiringen havde opholdt sig paa Slottet, maatte senere indgaa et
særskilt Forlig, hvorved han opgav at søge Erstatning for sin lidte
Skade enten ved verdslig eller geistlig Ret.

Den 9de Mai drog Dronningen og Besætningen ud af Slottet,
— den 12te ankom Kongen med Flaaden. Han forsøgte nu i det
mindste at faa Dronningen sendt ud til Flaaden; men dette afslo-
ges. Sten Sture bluedes ikke ved at give Kapitulationen en Be-
tydning, Dronningen og hendes Underhandler vist ikke havde drømt
om, og at holde hende tilbage 1½ Aar som Fange først i Stok-
holm, saa i Vadstena Kloster. Det var det uforsvarligste Ordbrud
mod det danske Kongehus, og det blev sikkert kun det sidste, fordi
der ikke oftere bødes ham Leilighed til at bryde det. Dronningen
behandledes ikke engang tilbørligt under Fangenskabet; hun og hen-
des ringe Følge savnede undertiden Mad og Drikke. Sten Stures
Adfærd imod Dronningen sætter en hæslig Plet paa hans Ridderære.

Kong Hanses Arm var saaledes lammet. Den fangne Dron-
ning var en Gidsel i Oprørernes Haand. Med Pennen gjorde
han og det danske Rigsraad hvad de formaaede. De Svenske for-
søgte i November 1502 at knytte Underhandlinger med det danske
Rigsraad; men dette svarede dem ganske tilbørligt:

— — — „I haver selv at betænke, at det stander os aldrig
til at forsvare at gjøre nogen Dagtingning med Eder om nogen
Sag, førend I skikke Eders og vor viede og krismede Dronning
ubi hendes Frihed, helst fordi det er endnu altid uhørt og useet,
at christne Undersaatter haver nogen Tid grebet og fanget deres
egen viede og krismede Dronning og holde hende saa uhørlig imod
hendes Villie fra hendes rette Herre og kjære Husbonde, som I
nu gjøre desværre. Vilde I nu betænke Eder selv og Eders egne
Gjerninger, hvor ilde og haanligt de lyde for Eder og Eders
Efterkommere til evig Tid, og hvad Skade og evig Fordærv saa-
danne Eders Gjerninger efterfølger, da tvivle vi ikke, at I jo

„ftrax ftille hende hid efter hendes Villie. Naar I saa gjort haver, er Eder da at tale om nogen Fred og Bestand imellem Rigerne, da haver vor kjæreste naadige Herre aldeles sagt os til, at vi skulle være Hans Naade fuldt mægtige at forhandle med Eder om alle de Sager, Hans Naade anrørende er baade paa Eders og Riger= nes Vegne; og agte vi saa at bevise os herudi, at ingen Brøst hos os skal findes. Gud give, at I ville gaa til Eders Samvit= tighed og redeligen gjøre saa paa Eders Side, da haabes os med Guds Hjælp at komme Alting endnu til en fuldkommen god Ende". — Det var strenge, men velfortjente Ord, det danske Rigs= raad her udtalte; men de bleve aldeles frugtesløse. Mere udrettede heller ikke fremmede Fyrster af Dronningens Slægt, som Kongen satte i Bevægelse. De svenske Magthavere kunde ikke møde disse Bestræbelser og al den Forargelse, deres Adfærd vakte i Udlandet, med Andet end Bagtalelser om Kongens private Levnet, der efter deres Sigende viste, at han ikke brød sig om sin Dronning, — eller med haardnakket Taushed. Kun ad en Omvei bevirkede Kong Hans endelig Dronning Christines Frihed. Da den pavelige Legat Kardinal Raimond Perault i April 1503 kom til Lybek for at prædike Korstogsaflad og stifte Fred i Norden, mæglede han en Stilstand imellem Kongen og Lybekerne blandt Andet ogsaa paa den Betingelse, at Lybekerne skulde sende deres Bud med Kardi= nalens til Sverrig for at udvirke Dronningens Frihed, uden hvil= ken der intet Haab kunde være om Fred i Norden. Kongen, som da for Underhandlingernes Skyld opholdt sig paa Segeberg, trængte ogsaa paa Lybekerne, saa at disse i Juni 1503 sendte et smukt ud= rustet Skib med to Raadsherrer og Kardinalens Bud til Stokholm. For de svenske Magthavere var det dengang af høieste Vigtighed at fastholde Forbindelsen med den mægtige Hansestad, uden hvilken de ikke turde haabe at gjennemføre deres Uafhængighedskamp. Sag= tens har ogsaa Udsigten til en ny Strid med Rom, hvis de slet ikke agtede paa Legatens Forestillinger, gjort noget Indtryk paa dem. Men de lybekste Krønikeskrivere paastaa, at Hr. Sten Sture og hele det svenske Rigsraad lod paa Burfprog i Stokholm offen= lig udraabe, at de havde givet den danske Dronning fri ikke af Frygt for noget Menneske og ikke for nogen Fyrstes eller Prælats Skyld, men alene af Føielighed for Raadet og Borgerskabet i Ly= bek. Da imidlertid Underhandlinger, ikke alene om denne Sag,

men om den hele politiske Stilling, traf temmelig længe ud, me-
dens Krigen imidlertid fortsattes, vilde Dronningen ikke vove sig
tilsøes saa seent paa Aaret. Hun foretrak Landreisen fra Vadstena;
og nu viste den gamle Rigsforstander hende en næsten ironisk Op-
mærksomhed, idet han personlig og med et talrigt Følge førte hende
til Grændsen, hvor hendes Søn Christiern i December modtog
hende i Halmstad og ledsagede hende gjennem Skaane til Kjøben-
havn. Hun forblev imidlertid ikke længe der; tidligt paa Foraaret
1504 foretog hun en Reise til Tydskland, dels for at see sin Datter
Elisabeth, der under hendes Fangenskab var bleven formælet med
Kurfyrst Joakim af Brandenburg, dels for at tilbede det hellige
Blod i Vilsnak, der da var et fra Norden stærkt besøgt Valfarts-
sted. Thi ligesaa ædel, høihjertet og standhaftig en Kvinde, Dron-
ning Christine var, en sand Prydelse for Danmarks Trone, lige-
saa gudfrygtig var hun efter Tidens Leilighed, hvorom vi endnu
have et saa høist karakteristisk Mindesmærke som Altertavlen i Vor
Frue Kirke i Odense. I Tydskland gik der dengang et Rygte om,
at hun var kjed af Danmark og aldrig vilde vende tilbage dertil;
men Dronningen svigtede ikke sin trofaste Hengivenhed imod sin
Ægteherre og sine Sønner.

Dronning Christines Hjemreise fra Sverrig blev for dette
Land middelbart epokegjørende derved, at den gamle Rigsforstander
blev syg i Vernamo paa Tilbageveien og døde i Skillingarød eller
i Jønkøping den 13de December 1503. I Sverrig troedes det,
at han var bleven forgivet. Den store svenske Rimkrønike indfører
Hr. Sten selv fortællende, hvorledes Dr. Carl, Dronning Chri-
stines Livlæge, efter at Rigsforstanderen havde sagt Dronningen
Farvel, under et Paaskud kom tilbage og ved Aftensmaaltidet gav
ham Gift, der voldte hans Død. Andre give den danskfødte Fru
Mærete Ivarsdatter, den norske Ridder Knub Alfsens Enke,
som strax efter ægtede Hr. Svante Sture, Skylden for at have
ryddet Rigsforstanderen af Veien for at bane Svante Veien til
den første Post i Riget. Skulde de to Kvinders moralske Karak-
terer afgjøre Sagen, kunde der ikke være mindste Tvivl om, at
Fru Mærete maatte have Skylden; men der foreligger Intet til
Bestyrkelse for disse Rygter, dem Historien kun kan betragte som
Fostere af Lidenskabernes Oprør. Det har til alle Tider været
karakteristisk for Partivæsenet, at det ene Parti troer fuldt og fast

alt Ondt om dem paa den anden Side og ikke taaler, at de onde Rygter gjendrives.

Rigsforstanderens Død gjorde ingen Forandring i den politiske Situation i Norden. Hemming Gad havde lige siden 1501 været Sjælen i Sverrigs offenlige Liv og vedblev længe at være det. Hr. Stens Død blev holdt hemmelig, indtil Alt var forberedt for Svante Nielsen Stures Valg til Rigsforstander, der gik for sig den 21be Januar 1504 i et Rigsraadsmøde i Stokholm. Et Kongeparti var der ikke længer i det svenske Rigsraad. De, der som den gamle Ærkebiskop vilde have holdt deres Eder og Løfter til Kong Hans, eller de, der som Trolleslægten nærede Sympathier for Danmark, vare ganske vanmægtige. Selvstændighedspartiet, Krigspartiet, der aandede Had og Fjendskab til Kong Hans og Danmark, havde fuldkommen Overhaand.

Sten Sture begravedes med al Pragt i det af ham selv stiftede Kloster Mariafred paa Gripsholm. Det er umuligt ved denne Grav at afvise modstridende Følelser. Ingen kan miskjende, at Sten Sture manglede Intet uden Fødselsretten til at være en Konge. Han forstod at regere et saa uregerligt Folk som det svenske da var; og han arbeidede ikke alene for sin egen Høihed, men ogsaa for sit Fædrelands Vel og Ære. Men saa villig jeg anerkjender hans udmærkede Egenskaber, saa meget jeg bifalder hans Ungdoms trofaste Hengivenhed for Kong Karl, hans rette Konge, det Heltemod, hvormed han kæmpede for ham, og saa paa Brunkebjerg for sit Lands Selvstændighed, saa kan jeg dog ikke tillukke Øinene for den lange Række af Rænker og Ordbrud, hvortil Herskesygen senere henrev ham. Og især finder jeg hans Adfærd i de tre sidste Aar oprørende. Han havde ingen virkelig Klage over Kongen, hvem han med dyre Eder, med Fraskrivelse af Ære og Redelighed, havde atter og atter lovet Troskab; og dog brød han sit Æresord. Vil man sige, at han i det mindste i Edens Øieblik har ment hvad han svor paa, men senere, da Situationens Fristelser bleve for stærke, af menneskelig Skrøbelighed bukkede under for sin Lidenskab, saa vil jeg lade Ham, der prøver Hjerter og Nyrer, dømme derom. Men i Forhold til Dronning Christine ligger det aabent for Dagen, at han har beseglet Forliget af 6te Mai 1502 med det Forsæt at bryde det. Han har her selv heller ikke kunnet finde paa nogen Undskyldning.

Men selv om dette indrømmes, kan det tænkes, at man fra
svensk Side vil gjøre Situationen i dens Helhed gjældende som
gyldig Grund til Reisningen mod Kong Hans og som tilstrækkelig
Modvægt mod det Brud paa Tro og Ære, hvormed Sverrigs
Fører ryddede Veien for dets høiere Ret.   Jeg læser i et af de
nyeste svenske Historieværker, hvis Forfatters ædle Sind og Kjær-
lighed til Ret og Sandhed er hævet over min Roes, at det er
svært at sige, om Foreningstanken haanedes mest fra svensk eller
fra dansk Side, naar man erindrer, at Sverrig i Aarrækker vægrede
sig ved at underkaste sig den Konge, hvis Kongeret det ei kunde
nægte, og at Danmark, istedetfor at behandle Sverrig som et med
sig forenet Rige, ansaa det for et Lydrige, det havde fuld Ret til
at underkue, naar Undergivenhed savnedes *).   Men hertil maa
svares, at Danmark, d. e. det danske Folk, ikke har tragtet efter
at herske over Sverrig; thi hvilke Skridt foreligge af Danmarks
Rigsraad, Adel og Prælater som Bevis paa Stræben efter Rege-
ringsmyndighed i Sverrig? hvilke Danske have i de to Oldenbor-
gers Tid sat sig paa svenske Bispestole? hvilke andre danske Adels-
mænd paatvang sig Sverrig, end de, der som Axelsønnerne, Thotter
og Gyldenstjerner ogsaa uden en Fælleskonge vilde ved Ægteskab
og Slægtskab have fundet Landet aabent for sig, og som derefter
ganske sluttede sig til det nye Fædreland?   For den danske Adel
og det danske Rigsraad have Standsfællerne i Sverrig altid været
Ligemænd.   Norges Klage over dansk Undertrykkelse af det
gamle Riges Selvstændighed under Oldenborgerne er ikke ugrundet:
danske Mænd bleve Biskopper i Norge, dansk Adel giftede sig ind
i Norges Godser, Len og Rigsraad, det danske Rigsraad absor-
berede det norske, indtil det helt tilintetgjorde det — hvad der dog
kun var den naturlige Afslutning af Norges indre Historie i de
to sidste Aarhundreder.   Men Danmark har Sverrig altid været
en Ligemand.   Hvad Sverrig med Grund kan klage over er Kong
Christierns ulykkelige Valg af Krig istedetfor Union og det deraf
fremgaaende unaturlige Forhold til Kongen, hvis Ret ikke kunde
nægtes, men som dog havde Folkets fjendske Følelser imod sig; det
kan klage over den falske Stilling, det trængtes ind i ved den
„kjærlige Bebindelse", den sønderrivende Partistrid, de ublu Brud

---

*) Reuterdahl, Swenska kyrkans historia, IV, p. 1.

paa Ord og Ære, der blev denne Stillings Frugter og skæmmede Sverrigs Historie. Men det kan ikke retfærdiggjøre Oprøret mod Kong Hans med en Henvisning til, at det ikke vilde være et Lydrige under Danmark; thi dette er aldrig forlangt. Kong Hans havde netop været Manden til at løse Forviklingerne, udsone Folkehadet, styrke Baandet mellem to selvstændige Nationer, havde ikke Sten Stures, Hemming Gads, Svante Stures personlige Had og Ærgjerrighed undergravet den Retsgrund, hvorpaa Sverrigs lovlige Konge var ifærd med at gjenopbygge den nordiske Union til begge Folks Fred og Lykke. At det svenske Folk endnu efter fire Aarhundreder vil have svært ved at indrømme denne Opfattelse, fordi det seer med aabne Øine paa den gamle Hr. Stens ubestridelige Fortjenester af Sverrig, med halvlukkede paa hans Feil, i Glæden over Sverrigs berømmelige Historie efter Unionen, det viser den samme ellers saa billigtdømmende Forfatter, der ikke kan bringe noget strengere Ord over sine Læber, end at Sten Sture ikke var nøieregnende i Valget af Midler til at opnaa sine Hensigter!*) Men den, der staaer udenfor Strømmen af det svenske Folks Følelser, kan ikke dømme den gamle Rigsforstander anderledes, end at det kun er Udfaldet af den Strid, han uden Ret og Grund fremkaldte i Aaret 1501, der har omgivet hans Minde med en Ærekrands.

---

*) Reuterdahl, anf. Skrift, III, 1, p. 357.

Femte Afdeling.

Svante Sture Rigsforstander. Stilstand af 18de Mai 1504. Kalmarmødet 1505. Dom over de Svenske af 1ste Juli 1505. Kalmardommen prøvet. Dommen forelægges Keiseren. Dommen stadfæstes af Keiseren. Keiseren dømmer de ti Svenske i Rigets Acht. Krig mellem Danmark og Sverrig. Hemming Gads Klage for Paven. Stilstand sluttes i Kjøbenhavn 1509.

Efter Svante Nielsens Valg til Rigsforstander var Situationen denne, at han og hans nærmeste Tilhængere vare i aaben Krig med Kong Hans, og at de havde faaet Overmagten over det svenske Rigsraad, der repræsenterede Sverrigs Rige, saa at ogsaa dette var i Krigstilstand med Kongen. Da denne understøttedes af sit danske og norske Rigsraad, maatte Forholdet opfattes som Krig imellem Sverrig og de to andre Riger, endskjøndt det egenlig var et Oprør af nogle Svenske imod Sverrigs Konge. Men Forbindelsen imellem Rigerne var dog ikke opsagt fra nogen af Siderne, og heller ikke var Kalmarrecessen af 7de September 1483 kasseret af de Svenske. Den dannede jo netop Udgangspunktet for Beskyldningerne mod Kong Hans. Men Kalmarreces var ikke blot Kong Hanses svenske Haandfæstning, den var ogsaa en Mellemrigsakt i Norden, der foreskrev Fremgangsmaaden i Tilfælde af Opstand i noget af Rigerne, eller af Strid imellem Rigerne selv. Naar det svenske Rigsraad ikke trøstede sig til at nægte Kalmarrecessens Gyldighed, og naar Rigsforstanderen ikke formaaede at afholde det fra at handle i Overensstemmelse dermed for alene at føre Krig paa Kniven med alle Sverrigs Kræfter mod Kong Hans, saa maatte det komme til en Henvendelse fra det svenske Rigsraads Side til det danske om at træde imellem Kongen og Insurgenterne enten ved en Mægling eller en Dom af alle tre Rigers Raad. Dette er ogsaa virkelig skeet. Det svenske Rigsraad sendte i Foraaret 1504, et Fjerdingaarstid efter Svantes Valg, to af sine Medlemmer, Biskop Matthias af Strængnæs og Ridder Bengt Ryning, med uindskrænket Fuldmagt til Kjøbenhavn, hvor den 18de Mai 1504 sluttedes følgende Overenskomst mellem Kong Hans og det danske Rigsraad paa den ene, det svenske Rigsraad paa den anden Side:

Der skal samles et Møde af alle tre Rigers Raad i Kalmar 14 Dage før St. Hansdag (altsaa den 10de Juni) 1505.

Indtil dette Møde faaer sluttet sine Forhandlinger, skal der være Stilstand mellem Rigerne fra den 17de Juni 1504.

Kong Hans, som er i Besiddelse af Kalmar Slot, der beleires af de Svenske, Borgholm Slot med Øland, Visborg Slot med Gulland, skal forvandle Slotsloven paa Kalmar Slot saaledes, at Befalingsmanden, Ridder Niels Gedde (en af de Kongen troblevne svenske Adelsmænd) holder Slottet baade til Kongens og Sverrigs Riges Haand, indtil de tre Rigers samlede Raad have i Kalmar enten „til Minde eller til Rette" d. e. enten ved Mægling eller ved en Dom afgjort alle de Klager, Kongen har mod Sverrigs Riges Raad, eller dette mod ham.

Kalmar Stad og Len, som nu er i Kongens svenske Fjenders Vold, skal overgives til Slottets Befalingsmand paa de samme Betingelser, og Beleiringen af Slottet ophæves. Hvem de tre Rigers Raad tildømme Slot, Stad og Len, den skal Befalingsmanden overlevere dem; men skilles Forsamlingen ad i Tvedragt, skal han give Slottet tilbage til Kongen, Stad og Len til Sverrigs Rigsraad.

Borgholm Slot og Len, som Ridder Niels Boosen Grip, ligeledes en Kongen tro svensk Mand, har i Slotslov til Kongen, skal han fremdeles holde i samme Slotslov, indtil Dommen er fældet, da der saa skal skee med dette Slot som med Kalmar.

Ligeledes underkaster Kong Hans sig de tre Rigsraads Dom om Gulland og Visborg, som den danske Adelsmand Jens Holgersen Ulfstand nu holder til hans Haand.

Alle Fanger paa begge Sider have Dag og Frihed; alt beslaglagt Gods tilbagegives Eieren; selv Knud Alfsens Arvinger beholde i den Tid deres dræbte Faders Gods, endskjøndt Kongen har Dom paa det som forbrudt til ham. — Alt saalænge Stilstanden varer og indtil de tre Rigsraad have dømt.

Denne Overenskomst vidner om Kong Hanses Forsonlighed. Den aabnede Udsigt til en virkelig Fred. Det eneste Punkt, hvori hans svenske Rebeller havde nogen Ret i deres Klage over Brud paa Kalmarrecessen, det om Gulland, stiller han nu atter ligesom paa den sidste stokholmske Herredag i Mai 1501 til de tre Rigers Raad, saa at han nøiagtigt efter Recessens Ord hjalp Sverrigs

Rige til Rette om Gulland.   Men Alt kom rigtignok an paa, om
det svenske Rigsraad vilde staa fast ved Aftalen, eller om Rigsfor-
standeren og Hemming Gad atter fik Overhaand i Raadet.

Vaabenstilstanden blev kun maadelig holdt fra begge Sider;
og de Breve fra Svante Sture, Hemming Gad, Erik Turesen
Bjelke, vi endnu have, ere saa fjendske mod de Danske, og røbe
en saa dyb Mistro til alle disses Løfter og Tilsagn, at det seer
ud som om det var Kongen og det danske Rigsraad, der uden
Grund havde brudt deres Ord, ikke de svenske Herrer, der havde
reist Oprørsfanen uden nogen forsvarlig Grund.   Man faaer her
ret Stadfæstelse paa det gamle Ord, at Fornærmeren langt vanske-
ligere tilgiver end den Fornærmede.   Svante og hans Tilhængere
vidste, at de selv havde brudt alle Eder, trukket Sværdet og bort-
kastet Skeden; derfor sagde deres Samvittighed dem, at de ikke
turde vente Andet end Ordbrud og lumsk Overfald fra Modstan-
derens Side.   Og denne Sindsstemning fik Overhaand i det
svenske Rigsraad: det udeblev fra Kalmarmødet ganske som i
1495.   Det danske og norske Rigsraad mødte til bestemt Tid
den 14de Juni 1505, men ventede forgjæves i de aftalte otte Dage.
Af hvilken Grund de Svenske udebleve er ikke klart.   At Kong
Hans havde Orlogsskibe med, som de maaske ikke kunde stille en
ligesaa stærk Magt imod, er sagtens brugt som Paaskud af dem,
som ingen Dom og ingen Fred vilde have; men Rigsraadet i sin
Helhed kan ikke have troet Kongen og de to andre Rigers Raad i
Stand til et forrædersk Angreb paa deres Liv eller Frihed.   I se-
nere Aar, da Strid udbrød mellem Rigsraadet og Rigsforstande-
ren, fik denne Bebreidelser at høre, fordi han havde ved forsættelig
at uddrage Tiden spildt denne gode Leilighed til at faa en varig
Fred i Norden og derved voldt mangen Mands Død, da dog de
andre Rigsraader havde været villige og beredte til at møde.   Det
øvrige Rigsraad har altsaa ikke seet nogen Fare ved at møde i
Kalmar.   Men at Svante og hans nærmeste Tilhængere ikke vilde
møde for de tre Rigers Raad er begribeligt nok, da de vel kunde
vide, at i et Fællesmøde vilde de Medlemmer af det svenske Rigs-
raad, der altid havde villet holde de indgangne Forpligtelser, støtte
sig til deres danske og norske Medbrødre og saaledes slippe det
herskende Mindretal ud af Hænderne, saa at Dommens Udfald ikke
var vanskelig at forudsee.

De Svenskes Udeblivelse umuliggjorde ethvert Forsøg paa at forlige Stridspunkterne „til Minde"; det danske og norske Rigs= raad maatte altsaa nødvendig efterkomme Kongens Forlangende om at afgjøre dem „til Rette". De to Raad samlede sig derfor Dagen efter St. Hansdag paa Raadhuset i Kalmar som en Høiesteret og tilstedede i Henhold til Overenskomsten af 18de Mai 1504 Kon= gens Fuldmægtig, Ridder Niels Høg, at fremføre Kongens Klage og at udtage Stævning over Sverrigs Riges Raad for Udeblivelse, og over Sten Stures Arvinger, Svante Nielsen, Niels Klausen, Sten Christersen, Trotte Mogensen, Erik Turesen, Aage Hansen, Peder Turesen, Erik Johann= sen og Tønne Eriksen*) med deres Tilhængere som deres Kon= ges aabenbare Rebeller, der havde fortrængt ham fra Sverrigs Rige, samt besmittet og beklikket hans Navn og Rygte og saaledes gjort sig skyldige i Majestætsforbrydelse. — Efterat Stæv= ningen var udtagen, lod Retten ved offenligt Udraab det svenske Rigsraad opfordre til at møde og fuldgjøre Overenskomsten under den Straf, deri var bestemt, nemlig Tab af Tro og Ære. Retten udsatte derefter Dommen indtil den 1ste Juli for at give det svenske Raad Tid til at møde, og gjennemgik imidlertid Sagens Akter. Da nu hverken Rigsraadet kom til Mødet, eller de ti navnlig Indstævnte indfandt sig efter Stævningen, samledes Retten atter den 1ste Juli og erklærede Anklagens Rigtighed baade for bevist og for notorisk — „klar som Dagen". — I Henhold hertil af= sagdes følgende Dom: — „hvorfore, paakaldende Gud Almægtigste, vi Danmarks og Norges Raad, siddende paa Domstolen, Intet havende for Øie uden Gud Almægtigste og Retfærdighed, gran= skende, forfarende, overveiende Alt i dette Anklageskrift, dømme og forkynde, Sten Sture, Svante Nielsen o. s. v. (— de ovennævnte ti Mænd —) med deres Anhang foruden al Dom, Ret og Sagens

---

*) Erik Johannsen og Tønne Eriksen nævnes vel ikke i Dommen hos Hvit= feld VI, 219; men dette kan kun være en Skjødesløshed hos ham eller hans Kilde, da de udtrykkelig nævnes i det dansk=norske Rigsraads Skrivelse til Keiseren af 16de Juli 1505 (Hvitfeld VI, p. 222—231) og i Keiserens Achtsdom af 2den Oktober 1506 (Hvitfeld VI, p. 236—242), ligesom ogsaa i den keiserlige Stadfæstelse af 13de November 1505 paa Kalmardommen (Aarsberetn. fra Geheimearch. IV, p. 320—323), samt i det keiserlige Exe= kutorialbrev af 20de Oktober 1506 (sammesteds 330—332).

„Bevisning at have af deres Ondskab med væbnet Haand og Gjerning sat sig imod Kongl. Majestæt, deres og vores Naadige Herre, og utilbørligen fortrængt Hans Majestæt fra Sverrigs Rige, som de endnu indeholde, hvilket dem ikke vel sømmer.   Derfor af vor yderste Sententses Kraft da dømme vi Danmarks og Norges Raad Hans Majestæt fremfor Alt igjen at skulle indsættes i sit Rige Sverrig, i en fuldstændig Besiddelse. Og herved tildømme og indføre vi ham i al fornævnte Riges Indkomst i Kraft af dette vort Brev, saaledes som han havde det, førend det blev Hans Majestæt berøvet, med Stæder, Slotte, Byer, alt Herskab, Indkomst, som han det haver havt og brugt. — Vi tildømme i lige Maade Hans Majestæt forskrevne Sten Stures, Svante Nielsens (osv. de ti Ovennævnte) deres Gods, rørende, urørende, hvor det er beliggende, til Kongl. Majestæts Kammer, til evig Tid, som forbrudt Gods. Ydermere dømme vi, vor naadigste Frue, Fru Christine, Danmarks, Sverrigs og Norges Dronning, fremfor Alt at skulle indsættes i dette Brevs Kraft i rolig Besiddelse af Ørebro Slot med alt dets Tilbehør, Intet undtaget, som er Hendes Majestæt forundt og forskrevet hendes Livstid til Morgengave efter Sverrigs Riges Raads Brevs, derpaa udgivet, Lydelse, med al Skade og Forfang, Hendes Naade derimod er skeet.

Og vi efterskrevne Niels Høeg, Pridbjørn Podbusk" osv. (— alle de tilstedeværende verdslige danske og norske Rigsraader) „dømme fornævnte Sten Sture, Svante Nielsen" osv. (— de ti svenske Mænd) „deres Anhang og Tilhængere i Kraft af dette Brev at have mistet Ære, Friheder, Privilegier, Naader, som de nogen Tid havt have eller have kunde af nogen Herre eller Konge. Og udslukke vi al deres gode Ihukommelse, og sige dem at være faldne i den Straf, som de, der gjøre imod deres Herres Stand og Høihed".

Dette var den navnkundige Kalmardom, der selv er bleven saa ulige bedømt af Historieskriverne, baade danske og svenske. Jeg skal ikke trætte med en Prøvelse af disse de senere Bedømmelsers Værd, men alene hidsætte nogle Bemærkninger om Processen. Først er da at mærke, at Dommen rammer to Partier. Det svenske Rigsraad dømmes for Udeblivelse imod Æresord. Dette var nødvendigt for at hævde det danske og norske Raads Ret til at dømme. Thi da Intet var bestemt om, at Dommen skulde af-

siges af tre kollektive Stemmer, en for hvert Raad, maatte i Lig-
hed med, hvad der hidtil altid havde fundet Sted i de tre Rigs-
raads Fællesmøder, Afgjørelsen skee i et eneste samlet Dommer-
kollegium, altsaa af de flefte Stemmer. Retten kunde ikke blive
inkompetent ved at nogle af dens Bisiddere forsømte at give Møde.
Dette maatte slaaes fast i Form af en Kjendelse.

Den anden Del af Dommen gjælder de ti navngivne Hoved-
mænd for Oprøret. Disse dømmes for Majestætsforbrydelse,
crimen læsæ majestatis. De dømmes ikke efter dansk Lov; det
kunde de allerede af den Grund ikke, at med Undtagelse af Gaards-
retten, som her slet ikke kunde komme i Betragtning, har ingen
ældre dansk Lov Bestemmelse om Høiforræderi eller Majestætsfor-
brydelse. Kong Erik Glipping havde forsøgt at ordne en Maje-
stætsproces overensstemmende med nordiske Retsforestillinger ved at
overgive Dommen til Nævninger; men Forsøget var strandet paa
Abelens Modstand mod Kongens Forslag om Nævningernes Ud-
vælgelse. Sverrigs Landslov af 1442 sætter Halshugning som
Straf for saadan ond Omtale, der rører ved Kongens Ære; om
anden Majestætsforbrydelse taler den ikke umiddelbart; kun mid-
delbart antyder den baade Livsstraf og Konfiskation af alt Gods
som Straf for Misgjerning mod Kongen. Vare de svenske Dom-
mere mødte, og vare de blevne enige med de Andre om, at de ti
Mænd virkelig havde forgrebet sig paa Kongens Ære og Høihed,
vilde de sagtens have forlangt deres egen Lov bragt til Anvendelse
med Hensyn til Straffen. Thi at de skulde have tyet til Kalmar-
akten af 1438, som i Dommen over Kong Karl Knudsen af 1458,
er ikke sandsynligt. — Ogsaa Norges Love mangle ikke Bestemmel-
ser mod Høiforræderi eller om Landraadesag. Men hvorledes skulde
de anklagede svenske Mænd kunne dømmes efter norsk Lov? Det
dansk-norske Rigsraad maatte da tye til Keiserloven, den ro-
merske Ret, der ogsaa tidligere var kommen til Anvendelse baade i
Sverrig og i Danmark i Majestætssager, saa at de danske Rigs-
raader ikke kunde nære Betænkeligheder ved at lægge denne Rets
Bestemmelser om crimen majestatis et perduellionis, Majestæts-
forbrydelse og Høiforræderi, til Grund for Dommen. Og alle
Deltagerne, overhovedet hele Samtiden, laa det nær, at betragte
Romerretten som gjældende Lov, naar Landets egne Love ikke strakte
til, uagtet Justinians Lovbog ikke var udtrykkelig anerkjendt som

14

Landslov i de nordiske Riger.   Datiden var endnu ikke kommen ud af Forestillingen om Christenheden som et Samfund, der stod paa en og samme Retsgrund baade i verdslig og i kirkelig Henseende. Derfor betragtedes Statens og Kirkens store almindelige Lovbøger, Romerretten og den kanoniske Ret, Keiserloven og Kirkeloven, som vedkommende alle Christenhedens Folk, hvor forskjellige de enkelte Staters Lov og Retsforfatning end kunde være. Denne Forestillings egenlige Bærere vare þe lovlærde Jurister her i Norden, navnlig Biskopper og Prælater, der havde studeret ved fremmede Universiteter eller arbeidet i de pavelige og andre Kirkefyrsters Kancellier, hvor Dekretalerne og Corpus juris fulgtes som almindelige Lovbøger. Som Keiser og Pave repræsenterede Stat og Kirke, vare Keiserloven og Kirkeloven almindelige Retskilder, hvor Landsloven enten taug eller ikke kunde anvendes.

Efter nordiske Retsforestillinger skulde Dommen om de Anklagedes Brøde snarest været afsagt af nu dertil udtagne Nævninger; ikke saaledes efter Keiserloven. Efter dennes Bestemmelser er det endvidere ganske korrekt, at den for 2½ Aar siden afdøde Sten Stures Arvinger indstævnes, men at dog den døde Mand selv dømmes; thi Romerretten siger, at medens andre Anklagede, der dø før Dom falder, betragtes som udenfor Sagen (integri status), saa baade anklages og dømmes den Afdøde i Tilfælde af Majestætsforbrydelse og Høiforræderi, og Dommen gaaer ham imod til Godsets Forbrydelse, dersom hans Arvinger ikke mobbevise Anklagen[*]). Dette have de lovlærde Prælater i Raadet sikkert nok forklaret de ulærde Medlemmer af Retten; man forstaaer da, hvad der har forundret Historieskriverne saa meget, at der gik Dom ikke alene over de Fraværende, uden at disse havde havt Leilighed til at forsvare sig, men at ogsaa den for længe siden afdøde Mand dømmes med den praktiske Virkning, at hans Gods nu fradømmes hans Arvinger. Det blev altsaa disse, det kom til at gaa ud over, idet de mistede det Gods, der fra Arveladerens Død var deres, ikke hans. Efter nordiske Retsbegreber var dette urimeligt og uretfærdigt, da her ikke var Tale om hans Gjæld eller om Erstatning; thi Arvingerne dømtes jo ikke skyldige i den Afdødes Brøde. Men

---

[*]) Corp. jur. civil. Instit. IV—18—3; Digesta XLVIII—4—11; Codex IX—8 ad legem Juliam majestatis.

efter Keiserloven og de daværende Lovlærdes Lære var det netop fuldkommen rigtigt. Og dette Punkt var det, der gav denne Kalmardom dens store praktiske Betydning, idet Kongen nu fik Ret til at konfiskere alt det Gods, der havde været den afdøde Rigsforstanders, saavelsom de levende Mænds, der med ham dømtes for Høiforræderi, hvor dette Gods laa, i Danmark og Norge, eller i Sverrig, en Sag, der strax paaførte Flere af dem føleligt Tab, men vilde faa en frygtelig Betydning, dersom det lykkedes Kongen at gjenvinde sin svenske Krone.

Det tager sig i Dommen noget underligt ud ved første Øiekast, at Kongen og Dronningen frem for Alt dømmes til Krone og Morgengave. Vilde Nogen kalde denne Del af Dommen en intetsigende Formalitet uden al praktisk Betydning, saa kan dette være sandt nok. Men en Domstol skal jo tilkjende den Forurettede hvad der tilkommer ham, henstillende til andre Magter, om han kan komme i Besiddelse deraf. Denne Del af Dommen er kun Efterlevelse af den Retsgrundsætning, der spiller en Rolle i mange af Datidens Retssager, at den, der med Vold er berøvet Sit, skal gjeninbsættes i sin Besiddelse, førend Voldsmanden maa høres med sin Klage over Modstanderen. —

Et Træk af Middelalderens egen Retstilstand er det, at de geistlige Medlemmer af Retten træde tilside og lade de verdslige, adelige Medlemmer alene dømme deres anklagede Standsfæller fra Æren, hvad de med disses tidligere Forskrivninger for Øie ikke kunde undslaa sig for, naar de Anklagede ikke beviste, at Kongens tyranniske Adfærd retfærdiggjorde Oprøret.

Men om nu ogsaa Kalmardommen lod sig nok saa godt forsvare, naar Romerrettens Majestætsproces skulde lægges til Grund, kunde Rigsraaderne neppe lukke Øinene for, at det dog var en mislig Sag, hvori de her vare blevne indbragne som Dommere. Thi vilde man ikke i den øvrige Christenhed finde det latterligt, at de havde tildømt Kongen Riget uden at besidde Magt til at faa Dommen efterlevet, saa at den kun blev et tomt Mundsveir, og at de havde udtalt en Fordømmelsesdom over Mænd, der befandt sig ganske udenfor deres og Kongens Magtomraade? og vilde man ikke kalde Dommen en Frugt af nationalt og politisk Had? De Svenske og deres Venner i Hansestæderne vilde ganske vist gjøre denne Betragtning gjældende. Dette kunde ikke være de dansk-

14*

norske Rigsraader ligegyldigt, mindst i en Tid, da man var meget
ømtaalig mod ond Omtale, der rørte ved Ridderæren, selv om
den var fortjent. Og Kongen maatte ønske at give Dommen, som
umiddelbart i det mindste ikke fuldstændigt kunde udføres mod hans
Rebeller, saa stor Virkning som muligt ved at fjerne de Domfældtes Venner udenfor Sverrig fra dem. Saaledes faldt man paa
den Tanke, der har sin Grund i den Ret, som ved Dommen kom
til Anvendelse, og i de nysomtalte Forestillinger om Christenheden
som et Samfund med den romerske Keiser i Spidsen, — den Tanke,
at søge Dommen stadfæstet af Keiseren som en lovkyndig Myndighed af høi moralsk Betydning, og derved tillige formaa ham som
Tydsklands Overhoved til at give den Retsvirkning i det tydske
Rige. Det danske og norske Rigsraad henvendte sig derfor den
16de Juli 1505 med en udførlig Fremstilling af den hele Retssag
til Keiser Maximilian, de tydske Kurfyrster, Fyrster og Rigets øvrige Stænder, med den Bøn, at „Eders Keiserlige Majestæt og
Eders Kjærligheder denne vores Dom og affagte Sentents vilde
konfirmere, laudere, ved Magt dømme; og at Eders Keiserlige
Majestæt med alle dem, som ere under det hellige romerske Rige,
og alle andre christne Mennesker siden derefter ville alvorligen og
strengeligen byde og befale, at ikke Nogen i nogen Maade skal
komme de Svenske til Hjælp eller Bistand med Raad eller Daad,
og ikke med dem enten hemmelig eller aabenbar Handel have. Om
nu En eller Flere sig vilde understaa at handle herimod, at den
Samme udi det hellige romerske Riges Acht maatte være og blive.
Eders Keiserlige Majestæt ville herudi vor naadigste Herre og Retten komme til Hjælp, paa det at ikke i lige Maade ogsaa Nogen
af Eders Keiserlige Majestæts og Eders Kjærligheders Undersaatter skulle tage sig et Exempel derefter".

En saadan Henvendelse til Keiser og Rige om Stadfæstelse af
en i Norden, af det danske Rigsraad, affagt Dom var ikke noget
Nyt og Uhørt. Den første Del af Rigsraadets Andragende har
Keiseren virkelig efterkommet, idet han under 13de November 1505
i Egenskab af „romersk Konge" — Maximilian var ikke af Paven
kronet romersk Keiser —, „Christenhedens Hoved og Regerer, ifølge
den ham af Gud forlenede Magt til at haandhæve Fred og Ret",
stadfæstede Kalmardommen. Naar Sagen forelagdes ham, der
nødvendig maatte bedømme den efter Keiserloven, dersom han ikke

mente at burde afvise den som sig uvedkommende, kunde han ikke
handle anderledes; thi han maatte erkjende baade Dommens Ret-
færdighed i Realiteten, og Processens Korrekthed i Formen.

Men den anden Del af Rigsraadets Anmodning, nemlig at
lyse Rigets Acht over Enhver, som derefter indlod sig i Forbindelse
med de domfældte Svenske, har han ikke fuldstændig indrømmet,
idet han kun i Henhold til denne Stadfæstelse har i Almindelighed
forbudt sit Riges Stænder og Undersaatter under Mulkt og Trusel
om sin Unaade at hjælpe med Raad og Daad de Domfældte.
Videre kunde Keiseren heller ikke vel indlade sig paa; thi at lyse
Rigets Acht, d. e. Fredløshed, Rigets allerhøieste Straf, over sine
Undersaatter, dersom de traadte i nogensomhelst Forbindelse med
de Svenske eller, som det hedder i Rigsraadets Skrivelse: hemme-
lig eller aabenbar havde Handel med dem, der umiddelbart kun
vare domfældte af Danmarks og Norges Rigsraad, ikke af Keise-
ren selv, det gik dog ikke an. Men da han saaledes kun havde
forbudt Hjælp med Raad og Daad, ikke enhver Forbindelse med
de Svenske, og ikke under Straffetrusel af en Achtserklæring, op-
naaedes Kongens Hensigt med denne keiserlige Bekræftelse af Kal-
mardommen slet ikke; thi derved afholdtes Lybekerne og de andre
vendiske Stæder ikke fra Handel paa Sverrig, saasom de altid
kunde indvende, at de drev den for deres egen Nærings og For-
dels Skyld, ikke for at hjælpe de svenske Insurgenter imod Kongen.
Upaatvivleligt var det Kong Hanses Svigersøn, Kurfyrsten af
Brandenburg, som i Kongens Interesse, sagtens ogsaa efter hans
Opfordring, har trængt paa en kraftigere Erklæring og derved for-
anlediget et meget paafaldende Skridt af Keiser Maximilian.
Denne lod nemlig nu de ti i Kalmar domfældte svenske Rebeller,
den afdøde Sten Sture, Svante Nielsen og deres otte navngivne
Medhjælpere, indstævne for sin og det tydske Riges Kam-
merret, hvor de efter en formelig Proces af Keiseren selv den
2den Oktober 1506 dømtes som de, der havde brudt det hellige
romerske Riges Landefred, og som saadanne Fredsbrydere
erklæredes i Rigets Acht. Grundet paa denne Dom udgik un-
der 23de Oktober 1506 et keiserligt Mandat til alle det tydsk-ro-
merske Riges Stænder om at afholde sig fra enhver Forbindelse
med de domfældte Svenske, som have brudt det hellige Riges
Landefred ved deres Oprør mod Kong Hans, ja at nedlægge dem,

hvor de findes i Riget, under samme Straf, som de fredløse Ægtere nu selv ere ifaldne*).

Dette var ligefrem at behandle de nordiske Riger som henhørende under det hellige romerske Riges, — under Tydsklands Jurisdiktion. Det var i sig selv en retlig Nullitet, som de svenske Rebeller for saa vidt kunde lee ad som sig uvedkommende; men i det tydske Rige maatte det unægtelig være af stor Betydning, om ellers Dommen blev holdt i Kraft. Thi nu var enhver Forbindelse med dem, der vare lyste i Rigets Acht, forbudt alle Rigets Underfaatter under samme Fredløshedsstraf. Det danske og norske Rigsraad har ved sin oprindelige Begjæring til Keiferen af 16de Juli 1505 ikke gaaet de nordiske Rigers Selvstændighed for nær efter Tidens Forestillinger. At anmode om et laudum af deres Dom var ikke det samme som at indføre denne for en høiere Dommer, og en Achtserklæring over de i Kalmar domfældte Svenske have de ikke forlangt af Keiferen, der jo heller ikke erklærede disse i Rigets Acht ved sit laudum af 13de November 1505. Men den, der har bevirket Achtsdommen af 2den Oktober 1506, har vel gjort Kong Hans en stor, men de nordiske Riger en meget ringe Tjeneste. Til Lykke var det tydske Riges Forfatning og Forhold dengang ikke af den Beskaffenhed, at Riget kunde drage de naturlige Konfekventfer af denne Dom ved at anmasse sig en Dommermyndighed, og gjennem denne tillifte sig et Overherredømme over de skandinaviske Riger.

Kalmarmødet havde taget en Vending, der ikke var forudfeet i den kjøbenhavnske Overenskomst af 18de Mai 1504: de tre Rigers Raad havde hverken været samlede i Kalmar eller vare adskilte i Tvedragt. Kong Hans ansaa sig derfor ikke bunden ved den Bestemmelse, at om Mødet afskiltes i Tvedragt, skulde Kalmar føres tilbage til den Tilstand, hvori det havde været før Overenskomsten, nemlig Slottet forblive i Kongens Besiddelse, Byen og Lenet gives tilbage til det svenske Rigsraad. Kongen beholdt

---

*) Dommen i Rosæfontani (Joh. Svaningii) Chronicon sive historia Joannis Regis Daniæ, Fol. G. g. 6; og derefter hos Hvitfeld VI, 236—241. Keiferligt Exekutorialmandat af 23de Oktober 1506 i Aarsberetn. fra Geheimearchivet, IV, p. 330. Exemplarerne af dette Mandat ere verificerede af Kurfyrsten af Brandenburg.

Byen og behandlede Borgerskabet med stor Strenghed; han lod
Borgermestere og Raad henrette som Forrædere, fordi de efter hans
Paastand havde uden Nødvendighed overgivet Byen til hans Re-
beller. At man i Sverrig ikke forsømte at udlægge dette som Be-
vis paa Kong Hanses Troløshed og paa det Thyranni, det svenske
Folk kunde vente af ham, dersom det tog ham tilbage som sin
Konge, er let at forstaa. Kalmar By og Slot betroedes til den
danske Adelsmand Jakob Trolle; Niels Gedde, der som svensk
Mand ikke ret passede paa denne Post i den Krig, som nu maatte
forudsees, forsynedes med et Len i Danmark.

Foruden Kalmar var Kongen fremdeles i Besiddelse af Øland
med Slottet Borgholm, og af Gulland med Visborg. Han for-
stod meget godt den Overmagt i Østersøen, disse Besiddelser maatte
kunne give ham. Og da han ved Nederlaget i Ditmarsken var
saaledes svækket, at han ikke formaaede at opstille baade en Land-
hær og en Sømagt, stærke nok til et samlet Hovedangreb paa
Sverrig, som dette ganske vist ikke kunde have modstaaet, saa vendte
Kongen sine Anstrengelser fornemlig paa sin Sømagt for at svække
og tvinge Rebellerne ved at afskjære dem al Forbindelse med Ud-
landet, navnlig med de sex vendiske Hansestæder, samt Danzig,
Reval og Riga. Visborg paa Gulland blev atter Hjørnestenen i
dette strategiske System, og Lensmanden Jens Holgersen Ulfs-
tand Hovedmanden i denne Krigsførelse. Hans Opgave blev det,
at forsyne og undsætte Kalmar og Borgholm, at blokere Sverrigs
vidtstrakte Kyster ligefra Blekings Grændse indtil Nevas Udløb, og
at optage ikke alene svenske Skibe og svensk Gods, hvor han kunde
overkomme det, men ethvert Skib, der seilede til eller fra Sverrig.
Den Krig, som nu udbrød i Norden og førtes med Afbrydelse af
et Par smaa Vaabenstilstande indtil 1509, udmærkede sig derfor
ikke ved store og rystende Hovedslag; den førtes fra dansk Side i
Hovedsagen med Kaperier, Plyndringer langs Kysterne, Overfald
paa enkelte Punkter, og fra svensk Side med ødelæggende Streif-
tog i de østlige danske Lande, hvis vidtstrakte Grændser det var
umuligt at forsvare paa alle Punkter.

De Mænd, der meest afgjort stode paa Rigsforstanderens
Svante Nielsens Side og kraftigst understøttede ham i denne
for Sverrig saa udmattende og pinlige Krig, vare Hemming
Gad, som havde Befalingen imod Kalmar, Aage Hansen Thott

i Vestergotland, hvorfra denne utrættelige og uforfærdede Riddersmand førte Krigen mod Bahus og det sydlige Norge, Varberg og Halland, samt foruroligede Skaane, — og som tredie Hovedmand Erik Turesen Bjelke, en Søn af den Ture Turesen, der i Kong Christierns Tid havde været Kongens tro Tilhænger. Erik Turesen var Lensmand paa Viborg og Statholder i Finland, hvor han med stor Virksomhed gjorde hvad han formaaede for at forsvare Kysterne mod de danske Sømænds idelige Anfald og holde et vaagent Øie med de urolige Naboer i Øst. Finlands Kyster hjemsøgtes idelig af Jens Holgersen og hans Underanførere, blandt hvilke nu den fynske Adelsmand Søren Norby træder frem og begynder den Heltebane, der har ført ham til uforglemmelig Navnkundighed for Tapperhed og Troskab. Den tredie danske Helt er Otto Rud, der først som Lensmand paa Bahus tumlede sig med Aage Hansen, og senere afløste Niels Boosen paa Borgholm og Øland, hvorfra han nu i Forbindelse med Jens Holgersen førte den efter vor Tids Forestillinger barbariske Ødelæggelseskrig i Østersøen. Thi med et forfærdeligt Barbari blev denne Krig som oftest ført. Erik Turesen fortæller saaledes, at to af Kongens Skibe, der laa ved Nargø udenfor Reval, havde taget tolv finske Skibe, hugget Hænder og Fødder af Fangerne og saa kastet dem overbord! De Danske gjorde et meget rigt Bytte ved disse Kaperier, saa at denne Søkrig ikke alene har født sig selv, men ogsaa lønnet sig godt for Kongen.

Af større Foretagender ere kun at anføre, at Søren Norby i Juli 1507 angreb og opbrændte Kastelholm Slot, bortførte Lensmanden Sten Turesen Bjelke som Fange og brandskattede Aalandsøerne; men han holdt dog sit Ord at skaane Indbyggerne for Ødelæggelse, da de betalte den paalagte Brandskat, og han frigav Lensmandens Frue, der ligeledes var falden i hans Haand ved Slottets Indtagelse. Langt værre og vildere gik det til, da Otto Rud den 2den August 1509 overfaldt Aabo Stad om Natten med Mord og Rov, udplyndrede Staden og dens Kirke og bortførte et overordenligt rigt Bytte*). Otto Rud gjorde det saa galt, at

---

*) Biskoppens Brev til Rigsforstanderen af 16de August 1509, i Grønblads Nya Källor, p. 434. — Porthans Skrifter (ed. 1862), II, p. 589. 593—94. (Juustenii Chronicon Episc. Finlandensium cum notis Porthan). Jfr. Koskinen, Finnische Geschichte. Leipzig, 1874, p. 89.

han selv synes at have følt sin Samvittighed foruroliget derover, — nemlig vist ikke over de Mennesker, han havde ihjelslaaet eller over Byens Plyndring, men over Kirkernes Vanhelligelse. I det mindste see vi ham siden lave sig til Pilegrimsgang til Jerusalem! Han kom dog ikke længere end til Landsberg i Baiern, hvor Døden 1510 overraskede denne vilde Krigsmand.

Imidlertid anvendte de Svenske fornemlig deres Kræfter mod Kalmar. Her førte Hemming Gad Befalingen, og ham lykkedes det ogsaa den 23de Oktober 1506 at indtage Staden med stormende Haand; men Slottet forblev i Kongens Besiddelse i denne Krig, trods alle Hemming Gads og Rigsforstanderens Anstrengelser. De maatte indskrænke sig til at afspærre det ikke alene fra Landsiden, men saavidt muligt ogsaa fra Søen ved Forsænkninger; dog kunde de ikke ganske forhindre dets Forsyning fra Øland og af Kongens Mænd i Østersøen.

Rigsforstanderen og hans Nærmeste kæmpede med den yderste Anstrengelse imod en Overmagt, der ikke var stor nok til at bringe en hurtig Afgjørelse. Almuen, der mere og mere forvildedes i disse Krigsaar, havde han i det Hele paa sin Side, i det mindste i de øvre Landskaber. Dette Parties Had til Kongen steg til en Høide, vi nu forbauses over, naar vi læse deres indbyrdes Brevvexling; især kjendte Hemming Gads Forbittrelse ingen Grændser. Der kan af hans Breve samles en mærkelig Urtekost af Tidsler og Gift= planter, som han slynger imod Kongen, hvor han kan; — thi han hader ham af inderste Hjerte og anseer ham for sin Dødsfjende; og dog har han intet andet Faktisk at bebreide ham, end hvad der er paavist i det Foregaaende og der stillet i det rette Lys. Man seer det allerbedst deraf, at da i Pave Julius den Andens Tid Alexander den Sjettes Bånd over Hemming Gad fornyedes som over den, der uden Ret indtrængte sig i Linkøpings Biskopsembede, appellerede han fra den belegerede Dommer til Paven selv. I denne Appel giver han Kongen Skyld for al den Modgang, han har lidt, og frembrager derfor Alt hvad han kan finde paa for at sværte hans gode Navn og Rygte. „Da der fordum" — siger han — „førtes Proces for Pavens Domstol imellem Kong Hans, Danmarks Konge, og Sverrigs Rigsforstander Sten Sture om Sverrigs Rige og andre Sager, saa greb Kongen til Vaaben, in= den Dom var falden, og paaførte Sten Sture Krig i Forbindelse

„med be ffismatiffe Russer, ben katholffe Troes Fjender.   Og en-
belig opnaaebe han efter flere Neberlag veb Overenskomst Rigets
Besibbelse paa ben Betingelse, at han ffulbe labe Rigets Indbyg-
gere beholbe beres gamle Friheb, samt ubrøbelig holbe Kalmarre-
cessen i alle bens Punkter og Artikler.   Dette lovebe han meb Eb
og Brev Rigets Store og ben menige Almue; men kort berefter
unbsaa han sig ikke veb at hanble imob sine ebelige Forsikringer,
til ikke ringe Fare og Skabe for sin Sjæls Saligheb, ibet han
imob Landets Sæbvane og Overenskomsten meb Foragt for Rigets
inbføbte Mænb satte Fremmebe og Ublænbinger til Fogeber over
Slottene og Lenene.   Disse plagebe ben menige Manb paa bet
Grusomste og beskattebe Rigets Indbyggere uskjelligen meb Bolb,
ja Nogle pinte be meb uhørte Marterrebskaber og lobe bem hen-
rette imob Lov og Ret, uben at be enten havbe bekjenbt eller vare
overbeviste om nogen Brøbe.   De skaanebe hverken Kvinber eller
Børn.   Og hvab ber er enbnu affkyeligere og forbømmeligere:
Kongen, ber havbe faaet Riget som anført og labet sig vælge og
krone imob Landets Lov, arbeibebe paa at ubrybbe Evangeliets
Forkynbelse og Christenbommen af bette berømte Rige, hvisaarsag
han sluttebe og meb sin Eb bekræftebe et evigt Forbunb meb ben
romerske Kirkes ulybige Skismatikere Russerne, Christenbommens
Fjenber.   Derefter kalbte han Russerne til sig inb i Riget, viste
bem større Ære enb rette Christne og Rigets inbføbte Mænb; og
for at vinbe beres Gunst, skilte han Sverrigs Krone veb to hun-
brebe Mile Lanb i Længben og tyve i Brebben.   Kronens Rente
førte han ub af Riget og lovebe at give sin Datter til ben mo-
skovitiske Storfyrst Basilius' Søn, at Forbunbet imellem bem kunbe
blive besto fastere.   Meget Anbet gjorbe han og lob sine Mænb
gjøre, ber til sin Tib og Steb skal blive gobtgjort meb Bibner og
skriftligt Bevis.   Over bisse og flere grovere Stykker klagebe ben
menige Almue for Rigets Store og erklærebe gjentagne Gange, at
be herefter ikke mere vilbe eller kunbe libe Saabant, og at om
Rigens Raab ikke fanbt paa Mibbel til at afvenbe bet, vilbe be
selv veb Leilighed see bertil.   Da Folkets Klager kom for Rigets
Raab, gik bette til Kongen og bab ham meb al Beskebenheb og
Ybmyghed, at han vilbe holbe Recessen og regere Riget meb inb-
føbte Mænb.   Men Kongen foragtebe saaban kjærlig Paaminbelse
og forlob sig paa sin egen Magt og be skismatiske Russers Bi-

„stand, saa at han forlod sin egen Ægtehustru i Sverrigs Rige
og slog sig i Selskab med en offenlig Skjøge, med hvem han sei-
lede til Danmark for at samle en Hær, at han kunde tvinge Rigets
Indbyggere til at gjøre sin Villie. Kort derefter kom han tilbage
med en Flaade og hjemsøgte Riget med Rov, Brand og Mord,
paa samme Vis som hans Fogeder, skaanede Ingen, hverken Kvin-
der eller Børn".

Det vilde være at vise al denne Løgn og disse vitterlige For-
dreielser for megen Ære, om man vilde indlade sig paa en Gjen-
drivelse. Kun dette er værd at fremhæve, at selv et saa lidenska-
beligt Had som denne Mands ikke har andet Faktisk at fremføre
mod Kongen, end at han satte danske Mænd til Fogeder paa sine
Regnskabslen, hvad Rigsraadet jo udtrykkelig havde berettiget ham
til, at disse Fogeder plagede Folket utilbørligt, hvad der intet gyl-
digt Bevis er for, og at han havde sluttet Forbund med Russerne,
hvilket Hemming Gad her giver den Vending, at Alt, hvad de
russiske Sendebud sagde paa Stokholms Raadhus til Kongen, bliver
til dennes virkelige Gjerninger og Indrømmelser; ja deres Paa-
stand paa de „gamle Grændser" fordreies til, at Kongen har af-
staaet dem et Par hundrede Mile af svenst Land. At Kongen
tvertimod ifølge det svenske Rigsraads ovenfor anførte Skrivelse
var paa Veien til Danmark for at søge Hjælp og Raad mod Rus-
serne, da Sten Christersens Oprør nødte ham til at vende om,
kan ikke have været Hemming Gad ubekjendt; men i Appellationen
kom det ham kun an paa at gjøre Kongen saa sort for Paven som
muligt ved at fremstille ham som en Forræder ikke alene imod sit
eget Folk, men imod Christendommen, som han ved de skismatiske
Rusers Hjælp vilde udrydde af det rettroende Sverrig!

Denne Mand var Sjælen i det Mindretal, der beherskede det
svenske Rigsraad og ledede Almuen; det var hans Mod, der holdt
hans Medforbundne opret under alle Savn og Farer, hans Liden-
skab, der drev dem fremad. Det kan ikke have været Andet, end
at al denne Vrede og dette Had fra svenst Side har vakt tilsva-
rende Følelser i Kongens og hans tro Mænds Sind, saa at man
maa kalde det en Lykke for Kong Hanses Minde i Historien, at
han ikke mere kom til Magten i Sverrig. Den blodige Katastrofe
viser sig tydeligt i Perspektiv. Og om det end ikke tør antages,
at Kong Hans vilde have anrettet et stokholmst Blodbad, saa vilde

dog vist mere end eet Hoved være faldet; thi at Kongen paany
kunde eller vilde optræde saa mildt og forsonende i Stokholm som
efter Seiren i 1497, det er mere end man kan tro om et Menneske.

Men et Folk kan ikke leve af lidenskabeligt Had alene. Fire
Aar efter Kalmardommen var det svenske Folk saa træt af Savn
og Lidelser, at Fredspartiet i Rigsraadet et Øieblik fik Overhaand,
især da Sverrig mistede det Tilhold i de vendiske Stæder, det
hidtil havde havt. Det kom da til nye Underhandlinger, der ende=
lig førte til en Fredstraktat, vedtagen i Kjøbenhavn den 17de Au=
gust 1509 mellem Kong Hans med det danske Rigsraad paa den
ene, de sex fuldmægtige svenske Rigsraader paa den anden Side.
Vilkaarene vare i Hovedsagen, at Sverrig skulde af Kronens Ind=
tægter aarlig give Kongen 12,000 stokholmske Mark i Kobber,
Jern, Sølv og Penge efter en bestemt Pengeværdi af de tre Me=
taller, og Dronningen 1000 Mark. Denne Afgift skulde erlægges
paa Kalmar Slot inden hvert Aars St. Hansdag saa længe, ind=
til Sverrigs Riges Raad bestemte sig til at holde et Møde med
de to andre Rigers Raad og da indtage enten Kong Hans som
Konge over Sverrigs Rige eller hans Søn Christiern. Vil Sver=
rigs Raad holde dette Møde St. Hansdag 1510, skal det anmelde
det for Kongen inden Jul, paa hvilket Møde da alle Klager og
Ærinder mellem Kongen og de Svenske skulle endelig afgjøres,
navnlig om Kalmar, Borgholm og Adelens konfiskerede Gods; men
indtil dette Møde er sluttet, skal Kongen beholde Kalmar Slot,
Øland med Borgholm, Sverrigs Rige derimod Kalmar By og
Len, saaledes at begge Parter have uhindret Adgang med Tilførsel
og Udførsel. Kommer det til Feide imellem Kong Hans og Ly=
bekerne, maa der ikke gjøres disse nogen Tilførsel fra Sverrig,
saalænge Feiden varer. Men om de nu vedtagne Fredsbetingelser
ikke holdes, da skal Kongens Ret og Rettergang, som han har til
Sverrig og dets Indbyggere, være ukrænket i alle Maader, —
det vil sige, at Kalmardommen med Keiserens laudum og Achts=
erklæringen da skulle blive ved Magt. I et særskilt Aktstykke af
19de August 1509 paatoge de svenske Fuldmægtige sig desuden den
Forpligtelse at søge udvirket hos Sverrigs Rigsraad, at om det
kom til Feide imellem Kongen og Lybek, skulde alle lybske Kjøb=
mænd, ethvert lybsk Skib og alt lybsk Gods, der kom til Sverrig,
arresteres Kongen til Bedste. Intet viser tydeligere, hvor stærkt

de svenske Sendebuds Ønske om at bringe en Fred tilbage med sig har været, medens de dog ikke have vovet at optage et saadant Tilsagn i Traktaten selv. Nogen Virksomhed af Sendebudene for at opfylde dette særskilte Løfte spores iøvrigt ikke. Selve Freden var Flertallet af det svenske Rigsraad tilbøieligt til at antage og traf allerede Anstalter til den første Udbetaling. Men inden denne skete, vexlede atter Partistillingen i Raadet og dermed Forholdet mellem Rigerne.

●

Sjette Afdeling.

Povel Laxmands Sag. Knub Alfsen og Henrik Krummedige. Hertug Christiern i Norge. Biskop Karl af Hammer. Erik Valkendorp Ærkebiskop i Nidaros. Hertug Christiern som Regent i Norge.

Rystelsen fra Nederlaget i Ditmarsken sporedes ogsaa i Danmark, skjøndt svagest i dette Land. Povel Laxmands Sag hænger sammen med dette Nederlag, i det mindste som et Tilbageslag af Oprøret i Sverrig, der fremkaldtes ved Ulykken i Ditmarsken. — I sine Hovedtræk er denne cause célèbre bekjendt nok, især efter at Allen har gjort den til Gjenstand for en udførlig Fremstilling og Drøftelse i 1ste Del af sit store Værk*). Men jeg anseer det dog ikke for overflødigt, at tage Sagen for endnu engang.

Povel Laxmand var i Kong Hanses Tid den mest ansete Mand af Danmarks Adel; thi han var den rigeste og den, der beklædte det høieste Embede i Landet som Rigets Hovmester. Om hans Rigdom siger Hvitfeld: „Hr. Laxmand var en rig Mand, der samlede og kjøbte meget Gods; derover blev han forhadet af Høi og Lav, som gjerne skeer. Og havde ikke de Gode Mænd,

---

*) Allen, De nordiske Rigers Historie, I, 280 ff.; 651—655.

som Gjerningen gjorde, vidst Kongens Ugunst imod ham, havde de dem ikke den Gjerning understaaet".

Laxmand eiede, efter Hvitfeld, fem Sædegaarde, Sandholt og Nielstrup i Fyen, Asserbo i Sjælland, Balden i Halland og Aagerup i Skaane; endvidere ni hundrede Bøndergaarde og fjorten Møller, saa at han af Jordbogen havde aarlig omtrent 4000 Tønder Korn efter nuværende Tøndemaal, endvidere mellem tre og fire hundrede Tønder Mel, henved ni Læster Smør, syv og tredive Svin, elleve hundrede og en og tyve Faar og Lam, tre hundrede og en Gaas, sex hundrede og fire og tredsindstyve Høns, elleve Køer, elleve(?) Lax, en Læst Salt, 1833 Mark, der svarer til henved 3,700 Tønder Korn, da Vurderingsprisen i Begyndelsen af det 16de Aarhundrede var 8 Skilling eller ½ Mark for Tønde Rug eller Byg. Dette var hans aarlige Indtægt af Bøndergodset, foruden de 5 Hovedgaarde. Desuden havde han i Pant Solvesborg for 1300 Mark, Gøngeholm for 900 Mark. Dertil Besætningen paa Sædegaardene, og paa hans Len Krogen (nu Kronborg) og Solvesborg. I Kjøbenhavn, Helsingør, Malmø, Landskrone, Lund, Solvesborg, Halmstad, Helsingborg og Faaborg havde han en Gaard i hver Stad. Han eiede et Mærsskib og tre mindre Skibe. — At denne fyrstelige Rigdom maatte vække Misundelse og saa vidtstrakt Godsbesiddelse indvikle ham i mangfoldige Retstrætter, der fremkaldte Vrede og ond Omtale, var naturligt. Den almindelige Mening var ikke hans Uegennyttighed og Retfærdighed gunstig. Som Rigets Hovmester blev han brugt i de vigtigste Sager, baade i Fred og i Krig. Vi finde ham som den Ordførende paa Kongens og Rigsraadets Vegne ved Kalmarmødet 1495, han underhandlede med Arvid Trolle ved Lykaa 1497 og var en af Hovedanførerne paa Krigstoget i samme Aar mod Sten Sture; og ham tillige med Niels Boosen Grip, Jørgen Parsberg og Hans Bilde havde Kongen tidligt paa Foraaret 1502 betroet Anførselen over den Krigsmagt, han da vilde sende til Dronningens Undsætning paa Stokholms Slot. Ligeledes var han med som Næstbefalende paa Kongens eget frugtesløse Søtog til Stokholms Undsætning i Mai 1502 og førte Overbefalingen paa Flaaden, efter at Kongen paa Hjemreisen havde forladt den for at gaa forud til Kjøbenhavn. Strax efter finde vi ham i Kjøbenhavn. Han var Onsdag den 22de Juni hos Kongen paa

Slottet. To Abelsmænd, Ebbe Strangesen og Bjørn Andersen, holdt Øie med ham i det da endnu tilværende Høibrostræde. Da de saa ham komme gaaende fra Slottet, ilede de ham imøde paa Høibro; Ebbe Strangesen stødte ham sin Daggert i Livet, hvorpaa de styrtede den halvdøde Mand fra Broen med de haanende Ord: „da Du hedder Lax, saa svøm nu som Din Art er". Uantastede gik Gjerningsmændene bort, og heller ikke senere bleve de dragne til Ansvar. Mordet skete paa Høibro, eller paa Slottets Grund; var det skeet inde i Høibrostræde, i Byens Retskreds, vilde Bor= germestere og Raad sikkert have forfulgt Gjerningsmændene med al Iver. Thi Byernes Magistrater vaagede nidkjært over Byprivi= legierne, og Borgerne toge Brud paa Byfreden som en Fornær= melse imod Alle. Men nu blev Gjerningen gjort udenfor Byens Grund, saa Forfølgelsen skulde være udgaaet fra Befalingsmanden paa Slottet; her forholdt man sig imidlertid ganske stille. Dette viser, at om Kongen ikke har befalet eller tilskyndet Morderne, saa har hans Vrede imod Laxmand dog bengang været bekjendt i det mindste paa Slottet og blandt Adelen, — med andre Ord: Kon= gens Vrede imod den tidligere saa høitbetroede Mand maa hænge sammen med det sidste Tog til Stokholm. Ældre tør man ikke gjøre den, thi vel maatte Laxmands Fætter Oluf Stigsen (Krognos) i Oktober 1501 med tre Tylvter Ed rense sig for Rygtet om, at han i det foregaaende Aar, strax efter Nederlaget i Ditmarsken, havde paa Sølvesborg deltaget i Stemplinger mod Kongen*). Men Laxmand nævnes ikke ved denne Leilighed; og om dog nogen Mistanke bengang er falden paa ham, maa Kongen antages at have opgivet den, siden han i Foraaret 1502 betroede ham en saa vigtig Tillidspost. Men selve Gjerningen, Stedet, Gjerningsmæn= denes uantastede Fred gjør den Paastand høist usandsynlig, at Kongens Vrede først skulde være opkommen efter Laxmands Død. Strax efter Gjerningen skal Kongen dog ikke have viist nogen Uvillie imod den Dræbte, men tvertimod ved Begravelsen i Hel= singørs Kirke have gjort ham al sømmelig Ære, efter hvad Lax= mands Datter sagde i et mange Aar derefter skrevet Indlæg. Men efter Begravelsen fremtraadte Kongen som Povel Laxmands Ankla= ger. Han mødte personlig paa Sjællandsfar Landsthing den 29de

---

*) Brasch, gamle Eiere af Bregentved, Bilag 3, p. 552.

Juli 1502 og lod forkynde sin Klage over, at Povel Laxmand „havde med Brev og Bud opreist Sverrigs Riges Indbyggere imod Hans Naade og alt Danmarks Rige med Avindskjold, og beskyldte ham for et fuldt Forræderi". Derfor havde Kongen, som Landsthingsbrevet siger, allerede lagt Beslag paa alt hans Gods, indtil Dom var faldet; og nu tilbød han lydelig paa Thinge, „at vilde Povel Laxmands Arvinger eller Nogen paa hans Vegne staa Hans Naade til Rette for den store Skade og Forbarv, som Hans Naade og Danmarks Rige havde fanget af saaban Opreis-ning", saa vilde Kongen hæve Beslaget.   Derefter standsede Sagen for Landsthinget, og Kongen indbragte den for Rigsraadet, som man seer af det følgende Aktstykke, der nok fortjener at kjendes i sin Helhed:

„Vi Hans, m. G. N. Danmarks, Sverrigs, Norges Konge o. s. v., Børge, af samme Naade Ærkebiskop i Lund, Sverrigs Primas og Pavens Legat, Johan Jepsen, Niels Stygge, Niels Clausen, Jens Andersen, af samme Naade Biskopper i Roskilde, Børglum, Aarhus og Odense, Sten Bilde, Niels Eriksen, Henrik Knudsen, Niels Høegh, Markvard Rønnov, Predbjørn Podebusk, Jørgen Parsberg, Rid-dere, Jørgen Marsvin, Peder Brockenhus, Oluf Mor-tensen, Niels Hack, Jørgen Rud, Henrik Aagesen og Hans Bilde, Væbnere, Danmarks Riges Raad, gjøre Alle vit-terligt, at Aar efter Guds Byrd Tusind Fem Hundrede paa det Andet, St. Wilhadi episcopi et confessoris Dag (8de November 1502) næst efter at Hr. Povel Laxmand, som Vor Hovmester var, død og afgangen var, da vare vi forsamlede paa Raadhuset i Kjø-benhavn at traktere og forhandle i Rette de Gjerninger, som for-nævnte Hr. Povel Laxmand haver gjort imod Os Kong Hans og beslige imod os Hans Naades Raad og menige Danmarks Ind-byggere.   Og afspurgte Vi først fornævnte Hr. Povel Laxmands næste Frænder, som vare Os elskelige Hr. Oluf Stigsen, Rid-der, Herman Fleming og Abraham Eriksen, som forskrevne Hr. Povel Laxmands Datter da fæstet havde;   da svarede de, at de ei vilde forsvare Hr. Povel Laxmands Gjerninger i nogen Maade; men kunde de svare noget Godt for hans Børn, da vilde de det gjøre.   Siden toge vi Sagen for os, i Rette at forhandle; og forfore vi først, at han havde stemplet os Kong Hans paa

„for alt Sverrigs Riges Raad, at de ei skulde være Os hørige
og lydige, eftersom dem burde at være deres rette Herre og Konge.
Dertil forfore vi, at han havde sendt og skikket Os Kong Hans
under Vine og til det Argeste sit Bud hemmelig ind udi Stok=
holm til Vore Fjender og utro Undersaatter. Desligeste forfore
vi og, at fornævnte Hr. Povel Laxmand havde stemplet og sagt
iblandt Vore gode og tro Mænd her i Danmark, at Vi skulde
være Danmarks Rige en skadelig Herre og Konge, med andre flere
uhørlige Gjerninger, som ingen tro Mand bør at gjøre sin rette
Herre og Konge og sit eget fædrene Rige. For hvilke Sager Vi
Kong Hans begjærede Lov og Ret, paa det at Ingen efter denne
Dag skulde saa djærves til at gjøre imod sin Herre og Konge, som
fornævnte Hr. Povel Laxmand gjort havde. Da sagde vi for=
nævnte Børge etc., og alle vore kjære Medbrødre Danmarks
Riges Raad, at vor kjæreste Naadige Herre høibaarne Fyrste
Koning Hans etc. haver været os og alt Danmarks Rige en tro
og huld Herre, og at det er uhørligt, at vi skulde tilstede og lide,
at saadanne Gjerninger, som Hr. Povel Laxmand gjort haver imod
Hans Naade, skulde blive upinte, saa at Hans Naade skulde der
ingen Vandel fange for; og derfor have vi Alle endrægteligen fuld=
byrdet og sagt af for Rette, at for saadan stor fordærvelig Skade,
som fornævnte Hr. Povel Laxmand haver gjort og tilvendt vor
kjæreste naadige Herre og alle Danmarks Indbyggere, som før er
rørt, bør Hans Naade at nyde og beholde til Opretning alt Hr.
Povel Laxmands Gods, Jord og Løsøre, i hvad det helst er eller
nævnes kan, saa langt som det kan række, til evig Eiendom, endog
det er ikke nær Fyldest for saadanne Gjerninger, Skade og For=
bærv, som fornævnte Hr. Povel Laxmand gjort haver og forskrevet
stander. Givet Aar, Dag og Sted, som forskrevet staaer, under
Alles vores Sekreter og Indsegl“.

Efter denne Rigsraadsdom optoges atter Sagen for alle Her=
redsthing i Sjælland, derefter for det første Landsthing efter Paaske,
den 26de April 1503. Adelsmanden Niels Henriksen førte Sagen
paa Kongens Vegne; han havde tilbudt paa alle Herredsthing og
gjentog det nu paa Landsthinget, at Kongen vilde give Povel Lax=
mands Gods fri, dersom den Afdødes Arvinger, Frænder, eller
nogen Anden vilde paatage sig Forsvaret og stande Kongen til Rette
for saadanne Sager. Navnlig rettede han paa Landsthinget sin

Opforbring til Herluf Skave og Oluf Daa, som da tilstede vare; men Ingen vilde svare eller gjøre Ret paa Laxmands Vegne, hvorfor Kongens Prokurator forlangte Dom. Denne kunde efter Rigsraadsdommen ikke komme til at lyde anderledes, end som Landsthinget nu afsagde den: „Da, efter saadan Rettergang og lovlig Forfølgning, mæltes Freden af fornævnte Hr. Povel Laxmand for Avindskjold og Forræderi imod sin rette Herre og Konge". — En lignende Retsforfølgning maa være foregaaet baade i Fyen og i Landene østfor Øresund med Hensyn til Laxmands Gods i disse Landskaber; men vi have nu kun Domsakten fra Sjællandsfar Landsthing. Den praktiske Virkning af Dommen blev, at det hele rige Arvegods konfiskeredes til Skadeserstatning for Kongen, saa at Laxmands Søn og Døttre af første og andet Ægteskab mistede Alt, endog deres Mødrenegods, forbi Laxmand sad i uskiftet Bo med sine Børn, medens hans tredie Hustru, med hvem han ikke havde Børn, beholdt sit Gods. Datteren Elsebe siger: „den Tid, min Faber døde, var jeg 16 Aar gammel; da havde en God Mand af Sverrig, som hed Abraham Eriksen (Gyldenstjerne), fæstet mig; — — — og lagde Kong Hans ham for, at han skulde overgive mig; thi Kong Hans havde selv været hans Bud til min Faber, medens jeg var rig. Men han vilde ikke forsmaa mig i min Fattigdom. Siden havde min Broder og jeg ikke mere, end han (Abr. Eriksen) klædte baade ham og mig i, af Alt det, vi havde i Danmark, saa længe han levede, Gud glæde hans Sjæl i den evige Salighed".

Disse Ord forekomme i det omtalte Indlæg til, formodenlig, Kong Christian den Tredie af Fru Else Laxmand, Abraham Eriksens Enke, altsaa vel en 40 Aar efter Faderens Død. At Datteren mener, at hendes Faber var uskyldig, Kong Hanses Klage urigtig og Rigsraadets Dom uretfærdig, kan man ikke undres over, og heller ikke over hendes og hendes Slægts Bestræbelser for at vinde i det mindste noget af Faderens rige Gods tilbage. Dette mislykkedes i Kong Hanses og Christiern den Andens Tid; men da Kong Frederik den Første havde fortrængt sin Brodersøn fra Danmarks Trone, var Stemningen hos de nye Magthavere gunstigere for Laxmands Arvinger. Faderens Gods kunde Kong Frederik vel ikke skaffe Sønnen Povel Laxmand og Fru Else tilbage: at omstøde Rigsraadets Dom lod sig ikke gjøre, og Godset var for største Delen solgt eller bortskænket af Kong Hans; men da Rigsraadets Dom ikke udtrykkelig taler om Arvingernes Mødre-negods, og da dettes Konfiskation unægtelig var det, der haardest stødte an mod danske Retsbegreber, gav Kong Frederik Laxmands Børn Asserbo Gaard og Gods som Erstatning for Moderens Gods; og ved Kongens Dom af 13de December 1526 tildømtes det mødrene Gods, hvor det laa i Danmark, formelig Arvingerne, imod at disse gav skriftlig Afkald paa deres Faders Gods. Rets-trætter om dette Laxmandske Gods forefaldt endnu langt hen i Kong Frederik den Andens Tid.

Rigsraadets og Kongens Forhold i denne Sag har nu snart i fire Aarhundreder været ganske ulige bedømt her i Danmark. Den hele Fremgangsmaade mod Laxmand er angreben som lovstridig og som uretfærdig; men den har ogsaa bestandig fundet dem, der, støt-tende sig til Kong Hanses bekjendte Ærlighed og Mildhed, ikke have villet tro ham i Stand til en saa himmelraabende Uretfærdighed som at opdigte Beskyldningen for Høiforræderi og ved en Ed at aftvinge eller aflokke Rigsraadet en aabenbar uretfærdig Dom, saa-ledes som den hidsige katholske Kamphane Poul Eliesen beskylder ham for *). — Det er om to Spørgsmaal, Striden dreier sig: var Fremgangsmaaden tilbørlig? og var Povel Laxmand virkelig skyldig? At Anklagen først reises efter Mandens Død, at der, saavidt man kan see, ikke føres noget egenligt Bevis for dens Sandhed, men at Arvingerne opfordres til at mobbevise den og staa til Rette i den Afdødes Sted, om de vilde beholde Godset, og at Rigsraadet dømmer efter Anklagen, da ingen af Arvingerne tør paatage sig Forsvaret paa saadanne Vilkaar, synes os at være

---

*) Dersom det var sikkert, at den Ebbe Strangesen, der i et Aktstykke af 1502 nævnes som Medlem af Rigsraadet (Aarsberetn. fra Geheimearch. IV, p. 309) var Povel Laxmands Banemand, vilde hans Optagelse strax efter Dom-men være et Tegn paa, at Kongen og Raadet virkelig have været overbe-viste om Laxmands Brøde. Havde man ikke anseet Drabsmanden for fuld-kommen retfærdiggjort, havde han ikke faaet en saa høi Tillidspost. Navn-lig havde vel Oluf Stigsen, Laxmands nærmeste Slægtning og Værge for hans Børn, ikke fundet sig i, at Banemanden sattes ved hans Side i Raa-det, havde han ikke erkjendt Retfærdigheden af Raadets Dom over den Drabte. Hvilken Anden end Banemanden kan den Ebbe Strangesen være, der her nævnes som den Sidste i Raadet?

en bagvendt, ja oprørende Proces. Men det er vel at mærke, at her var Tale om en Majestætsforbrydelse, der er behandlet ikke efter dansk Lov og Ret, men efter „Keiserloven", saaledes som tre Aar senere Sagen imod de svenske Rebeller ved Kalmardommen af 1ste Juli 1505. Efter denne Lov var Fremgangsmaaden imod Povel Laxmands Arvinger korrekt, som den ogsaa erklæredes for ved et Laudum af det tydsk-romerske Riges Kammerret, hvem den forelagdes til Prøvelse. Det er imidlertid ikke at undre sig over, at Romerrettens Majestætsproces, der var indrettet paa at finde den Anklagede skyldig og at straffe den Dømte, levende eller død, paa det Strengeste, ikke kunde forenes med dansk Retsbevidsthed, især da Romerretten ikke udtrykkelig nævnes i Dommen. Men saaledes er det gaaet ved alle Majestætsprocesser her i Landet. Og nu her i Laxmands Sag, at Anklagen reises mod den døde Mand, og Straffen rammer hans uskyldige Arvinger! — Kong Hans har i denne Sag ligefrem fulgt sine studerede Juristers Raad, vistnok navnlig sin Sekretærs eller Kantslers Jens Andersens, der fik Del i Byttet, fordi han skal have hjulpet Kongen i denne Sag, og som omtrent ved samme Tid blev ved Kongens Hjælp Biskop i Odense, i hvilken Egenskab han sad i Rigsraadet, da dette fældede Dommen af 8de November 1502.

Dog, Hovedspørgsmaalet er ikke det om Processens Forsvarlighed, men om Dommens Retfærdighed i og for sig. Var Povel Laxmand virkelig skyldig i de tre Forbrydelser? havde han virkelig opægget det svenske Rigsraad imod Kongen? — havde han havt sit hemmelige Bud i Stokholm hos Kongens Fjender? — havde han sagt, at Kong Hans var en skadelig Herre for Danmark, altsaa vist et fjendsk Sind imod ham? — Det Første er det vanskeligt at tro, i det mindste i den Almindelighed, som Dommen antyder. Der er et Vidnesbyrd af 16de Juli 1512 af de svenske Biskopper Matthias af Strængnæs og Otto af Vesteraas, at Laxmands Svigersøn Abraham Erikssen nu i Stokholm havde adspurgt det samlede svenske Rigsraad, om Nogen af dem havde hørt af Sten Sture, at Povel Laxmand havde været i Raad, Daad eller Stempling med ham til at opsætte sig mod Kong Hans, hvortil der svaredes, at de tvertimod havde hørt Hr. Sten edelig forsikre Povel Laxmands Uskyldighed i denne Henseende. Og Aaret efter, da de samme to Biskopper vare med syv andre Medlemmer af

Sverrigs Rigsraad i Kjøbenhavn som Sendebud i Anledning af Fredsunderhandlingerne, forlangte og fik Abraham Erikfen en ny Erklæring af 9de Juli 1513, hvorved de bevidnede, at de aldrig kunde formærke Andet, end at Povel Laxmand var Kong Hans en tro Mand, og at de ofte havde fornummet, at Hr. Sten og hans Medfølgere satte hverken Tro eller Love til ham i Henseende til Opstanden mod Kongen. Disse Vidnesbyrd gjøre det uantageligt, at der skulde have været nogen ligefrem Aftale mellem Laxmand og Sten Sture, hvad Dommen af 8de November jo heller ikke siger. Mistænkeligt er det vistnok, at i de syv sammensvorne svenske Herrers Forbundsbrev i Vadstena af 1ste August 1501 (oven= for S. 193) forpligtede de sig til, at Kalmar Reces skal „holdes ved Magt over disse tre Riger, hvad enten Kong Hans bliver vor Konge eller ei", — ret som om de ogsaa tænkte at udvide deres Virksomhed til Danmark. Thi dette forudsætter, synes det, at de formodede sig Samstemning derfra. Men dette Vink er dog for ubestemt til at omstøde de to ovennævnte Vidnesbyrd. Indtil nærmere Oplysning findes, bør det altsaa antages, at den første Klagepost ikke har været tilstrækkelig begrundet. Anklagen har maaske sin Grund i uforsigtige Ord af Povel Laxmand ved en af de mange Underhandlinger, Ord, som Svigersønnen mistænkte Erik Trolle og Ærkebiskop Jakob Ulffen for at have meddelt Kongen, hvad Erik Trolle dog bestemt fralagde sig. Derimod drister jeg mig ikke til, at frikjende Povel Laxmand for den anden og tredie Anklage. Bevis foreligger vel ikke; men to Omstændigheder vække Mistanke: Laxmand udnævntes den 13de Marts 1502 til Be- falingsmand over den Styrke, der skulde afgaa til Stokholms Undsætning; men dog førte Kongen selv først Undsætningen i Mai — og kom da for sildigt! Har Laxmand gjort et mislykket For- søg i Marts? har han forhalet Undsætningen saa længe, indtil det blev for sent? — og har han ikke virkelig givet Hemming Gad, der kommanderede mod Stokholms Slot, et Vink? Fra Hemming Gad have vi ingen Udtalelse i denne Sag. Hans Had til Kong Hans var saa heftigt, at selv om han har faaet et Bud fra Lax- mand, saa at han kunde kjende Retfærdigheden af Kongens Klage, gaaer man ham ikke for nær ved at tro ham istand til at tie, for at der kunde blive en Plet heftende paa Kongens Ære. Men især vækker den overilede Storm paa Stokholms Slot den 29de April

1502 Mistanke. Hemming Gad kunde da ikke være ubekjendt med, at Slottet laa paa det Yderste, saa at dets Dage og Timer vare talte. Det seer virkelig ud, som om Nogen havde ladet ham vide, at han maatte skynde sig, da Undsætningen ikke kunde forhales længer.

Og hvad den sidste Anklage angaaer, de onde Ord og det fjendske Sind imod Kongen, da er der ingen Grund til at tvivle om dens Rigtighed. Rigsraadets Medlemmer kunde ikke være uvidende om hvad der, som det hedder i Dommen, var sagt af Laxmand mellem de Gode Mænd i Danmark, saa at Dommen selv her bliver et Vidnesbyrd imod ham. Disse to Anklager røre det svenske Rigsraads Vidnesbyrd fra 1512 og 1513 slet ikke ved; men hvor Romerrettens Proces i Majestætssager fulgtes, vare de to Punkter, ja alene det sidste, tilstrækkelige til at fælde Laxmand; thi efter Romerretten er det Majestætsforbrydelse ikke alene at føre Vaaben imod Staten, men ogsaa at sende Fjenden Bud eller Brev, eller give ham Tegn, ligesom det ogsaa er Majestætsforbrydelse, om Nogen viser et fjendst Sind imod Staten eller Fyrsten.

Den almindelige Mening strax efter Laxmands Død og Dom var ogsaa for Kongen, imod den Dræbte. Ikke alene i Danmark*), men ogsaa i Udlandet gik der Rygte om dennes Brøde. Den navnkundige Hædersmand Albert Krantz, der jo stod uden nogensomhelst personlig Interesse i denne Sag og sluttede sit historiske Skrift om Danmark med Dronning Christines Sammenkomst med Kurfyrstinden, altsaa i Aaret 1504, er den Historieskriver, hvis Fremstilling staaer Laxmands Undergang nærmest. Krantz siger: „Snart blev det Kongen bekjendt, at der var en hemmelig Forstaaelse imellem Stormænd i begge Riger" (Danmark og Sverrig 1502), „der sendte hinanden Bud og lagde Planer om et stort Forræderi mod Kongens Liv og Stilling (caput). Da han erfarede dette, lod han som om han Intet vidste, men sørgede dog med større Forsigtighed for sin Sikkerhed ved Vagt om sin Person.

---

*) Erik Ottesen (Rosenkrandses) Brev til Kong Hans d. b. Mariager 5te September 1502: — — „er der nogen Skyld paa Færde med Hr. Laxmand, som det siges og Rygtet gaaer, da haaber jeg til Gud, at hun (hans Enke) er der uskyldig udi". Vedel Simonsen, Samlinger til Elvedgaards Historie, I, p. 60.

Deraf opkom en heftig Strid mellem Kongens Hovmester, der sagdes at være Medvider, ja Hovedmand i Forræderiet mod Kongen, og en anden Adelsmand. Denne havde faaet Nys om Kongens Mistanke imod Hovmesteren, og troede at gjøre Kongen en stor Tjeneste ved at rydde den Mand af Veien, paa hvem der hvilede en Anklage for saa stor en Forbrydelse. Han dræbte ham derfor ved Slotsbroen. De, der saa det, forbausedes ved en saa høitstaaende Mands Fald, men vidste ikke, om det skete efter Befaling, eller om Gjerningsmanden handlede af egen Drift. Men da Kongen ikke længe efter gav Drabsmanden Sikkerhed, troede Alle, at Gjerningen ikke var gjort uden Kongens Vidende og Villie. Den Dræbtes Slægt kom i heftig Bevægelse; men da de mærkede, at den almindelige Mening erklærede ham for dræbt med Rette, sloge de sig til Ro ved hvad der var skeet. Derefter fulgte saadanne Bevægelser i Rigerne, at det synes ikke utroligt, at Ridderen har staaet i Ledtog med" (sensisse cum) „Fjenderne om at styrte den Konge, hvis Hovmester han var". — Saavidt Albert Krantz.

Man fortæller, at da Kong Hans elleve Aar derefter laa paa sit Yderste, skal han tre Gange have udraabt Laxmands Navn; og man har udtydet dette som et Tegn paa Anger, altsaa som et Tegn paa, at han har baaret paa Bevidsthed om en Brøde i denne Sag. Men om og Anekdoten er sand, kan Udraabet ligesaa godt forklares som en fornyet Anklage mod Laxmand. Har det hele stormfulde Liv gaaet forbi den døende Konges Blik, og har han da med Smerte tænkt paa, at var Stokholm bleven undsat i rette Tid, vilde Nordens Historie have vendt sig anderledes end det skete, da kan en bitter Følelse imod den Mand, han gav Skyld for Ulykken, let have afpresset ham Udraabet. — Man tør derfor i denne Sag ikke saa afgjort, som det ofte er skeet, tage Parti mod Kongen og Rigsraadet. Dettes Dom maa have Formodningen for sig, indtil man godtgjør Anklagens Grundløshed i alle tre Punkter.

* * *

Stærkere var Rystelsen efter Nederlaget i Ditmarsken i Norge. Ogsaa der kom den som et Tilbageslag af den voldsomme Bevægelse i Sverrig. I Norge havde altid været et svensk Parti. Vi saa det, da Kong Christiern stred med Karl Knudsen om Norges

Krone; og efter Kong Christierns Død var det fra Norge der ud-
gik Forsøg paa fuldstændigt at sprænge Unionen. Denne Fare
afvendtes vel, og Halmstadsrecessen af 1ste Februar 1483 sikrede
Kong Hans Besiddelsen af Norges Krone; men det kan ikke undre
os, at det nationale Parti i Norge var misfornøiet over Meget
af det, der skete i Kong Christierns Tid, og at de indfødte Stor-
mænd saa skjævt til de Fremmede, der fik Len og vandt Gods i
Norge. Vi mindes, hvor grusomt Hanseaterne huserede i Bergen
1455, uden at Norges saa dybt krænkede Statshøihed fik nogen
Opreisning; vi mindes, at Norges Krone mistede sine Skatlande
Ørkenøerne og Shetlandsøerne; vi glemme ikke, at Norges Næ-
ringsvirksomhed var et Bytte for de fremmede Kjøbmænd fra de
vendiske Stæder, og at Kongen i sin Afhængighed af disse ikke
var i Stand til at aabne Norges Hovedhavne for de andre hand-
lende Folk; og heller ikke til at opretholde Ro og Sikkerhed i de
norske Farvande. Disse Klager vare vel grundede; men det menige
Folk savnede maaske allermest en øverste Regering i Landet selv,
saa at det var overladt til Lensmændenes, de fremmedes og de
indfødtes, og deres Fogeders Vilkaarlighed. Thi at bringe Kla-
gerne for Kongen, som maatte søges et eller andet Sted i hele
Norden, kunde selvfølgelig kun skee i ganske enkelte Tilfælde; og
den norske Almue fandt ingen Engelbrekt, ligesaa lidt som denne
vilde have fundet en saa talrig og sammensluttet Almue at reise i
Masse som Dalekarlene og den øvrige svenske Bondestand. Mis-
fornøielse manglede ikke i Norge; men den viste sig hos Almuen
langt mindre som en politisk end som en social Løftestang, idet de
hyppigt forefaldende steblige Uroligheder, de mange Drab og andre
Voldsomheder især gik ud over Fogederne, naar de krævede Bon-
dens skyldige Ydelser. Især i det sydlige Norge spores denne Mis-
nøie, der, naar den æggedes fra Sverrig og fandt en anseet Fører,
nu og da vel kunde slaa ud i Lue, men aldrig fandt Brændstof
nok til at blive en saaban fortærende Brand som i Sverrig.

Maaske var dog den for Kong Hans saa kritiske Periode strax
efter Nederlaget i Ditmarsken gaaet hen uden almindelig og farlig
Bevægelse i Norge, havde ikke det personlige Fjendskab mellem de
to mægtigste blandt de verdslige Stormænd, Knud Alfsen og
Henrik Krummedige, aabnet de svenske Insurgenter Leilighed
til at berede Kongen alvorlige Farer ogsaa i Norge og saaledes

sprede hans Kræfter. Begge disse Mænd vare fødte i Norge, alt-
saa Nordmænd; men Begges Slægter havde kun fra henimod
Midten af det 15de Aarhundrede havt Plads i Norge. — Knud
Jensen af den svenske Adelsslægt, der førte tre Roser i Vaabenet,
var først ved et rigt Giftermaal dragen til Norge. Hans Søn
Alf Knubsen var i Christiern den Førstes Tid en heftig og mæg-
tig Modstander af den Hartvig Krummedige, der var Hovedmanden
for det danske Parti og den, Kongen fornemlig kunde takke for sin
norske Krone. Alf Knubsens Søn, Knud Alffen, var nu i
Kong Hanses Tid maaske den største Godseier i Norge og ved sin
første Hustru, Datter af den i Sverrig indvandrede danske Adels-
mand Erik Erikfen Gyldenstjerne, Datterbatter af Kong Karl Knub-
sen, tillige Godsbesidder i Sverrig; i hans Sønners Aarer blan-
bedes saaledes norsk, svensk og dansk Blod. Knud Alffen, der ind-
til Kong Hanses Seirsaar nød Kongens Gunst og i nogle Aar
havde Norges Hovedslot Agershus med de tilliggende Landskaber
som Len af Kronen, havde arvet sin Faders Had til Krummedi-
gerne og stod nu som en Fjende af Hartvig Krummediges Søn
Henrik. Krummedigernes oprindelige Hjem var Holsten; derfra
havde de erhvervet Gods og Stilling i Slesvig. Erik Krumme-
dige stod i den lange Kamp om Slesvig mellem Kong Erik af
Pommern og de sidste schaumburgske Grever paa Kongens Side.
Eriks Søn var Hartvig, hvis Søn Henrik nu som Lensmand paa
det stærke Bahus blev Forkæmperen for Kong Hanses Herredømme
i Norge. Henrik Krummedige havde ved sit første Ægteskab er-
hvervet stort Jordgods i Norge, og blev ved sit andet Ægteskab,
med Anna Jørgensbatter Rub, tillige Herre over betydelige Gob-
ser i Danmark, saa at han gjaldt for en af de rigeste Herrer i
Norden. Ved sin Rigdom, som han stadig forøgede ved Erhver-
velse af nyt Jordgods, var han fra sin Plads paa Bahuses Klippe-
fæstning fuldkommen Knud Alffens Ligemand, og i Forstand, Virk-
somhed — man kan maaske tilføie: Beredvillighed til at bryde sit
Ord, naar det hindrede ham i at benytte det gunstige Øieblik, —
upaatvivlelig hans Overmand. Begge vare de tappre Krigsmænd,
i Besiddelse af stor Indflydelse paa Almuen, lige villige til at tale
den tilrette og til at tvinge den med blodig Vold.

Agershus staaer endnu; bengang laa intet Christiania ved
Fæstningens Fod, men kun Byen Oslo i dens Nærhed, en mindre

By end Bergen og Trondhjem, men dog som Biskopssæde
den vigtigste i det Søndenfjeldske. Bahus ligger nu i Rui-
ner ved Toppunktet af Gøtaelvens Delta Hisingen. Tæt ved
Slottet ligger Byen Kongehelle, dengang endnu paa Norges
Grund; thi Gøtaelvens sydlige Arm gjorde saa godt som helt
Grændseskjæl mellem Sverrig og Norge. Kun ved en smal Land-
strimmel langs med Elvens sydlige Arm berørte Sverrig dengang
Havet ved Elvens Udløb. Ved den sydlige Flodarms venstre Bredde
havde Sverrig sit Grændseslot Elvsborg, hvorfra Afstanden ikke
var lang til den nordligste danske Fæstning, Varberg i Halland.
Den nærmeste svenske By var tidligere Løbese — Gøteborg var
endnu ikke anlagt — eller Gammel-Løbese ovenfor Bahus ved El-
vens venstre Bred, hvorfra Indbyggerne efterhaanden flyttede ned
til Ny-Løbese ved Elvsborg, efter at Bahus var anlagt i det 14de
Aarhundredes Begyndelse til Herredømme over begge Elvens Arme.
Paa Vestsiden af den dybe Indskjæring i det sydlige Norge, vi nu
kalde Christianiafjorden, var det betydeligste Sted Tønsberg, til-
ligemed Oslo det andet Hovedpunkt for de vendiske Stæders Han-
del, især Rostokernes. Disse Egne bleve Skuepladsen for den hef-
tige Kamp i Norge, der udbrød samtidigt med Sturernes Oprør
i Sverrig og nær havde kostet Kong Hans Norges Krone.

Indtil 1498 havde Knud Alfsen nydt Kongens Tillid; der-
efter svækkedes denne, — vi vide ikke af hvad Grund. Kongen
fattede Mistro til ham; Knud Alfsen maatte overgive Agershus
til den danske Adelsmand Peder Griis, medens Henrik Krummedige
paa Bahus fremdeles var Kongens høitbetroede Mand, den faste
Støtte for hans Herredømme søndenfjelds og i det tilgrændsende
Vestergøtland. Knud Alfsen, der ogsaa havde Gods i Sverrig,
vendte sig til dette Land og traadte i nøie Forbindelse med Stu-
rerne og deres Tilhængere. Vi finde ham ved deres Side paa
Kong Hanses Herredag i Stokholm i Foraaret 1501, samt i Vad-
stena i August, hvor han indtraadte i Hemming Gads Sammen-
sværgelse og fik Tilsagn om et svenskt Len ved Norges Grændse.
Han var med at undsige Kongen, hvorfor denne paa Hjemreisen
befalede Henrik Krummedige at lægge Beslag paa alt Knud Alfsens
Gods og behandle ham som Kongens Fjende. Ogsaa i Dalarne
see vi ham ved Sten Stures Side virksom for at opægge Almuen
mod Kongen. Endnu i samme Aar forsøgte han et Indfald i

Norge, men maatte vige for den forenede Modstand fra Bahus, Agershus og Tønsberg. Næste Aar gjentog han Angrebet, nu kraftigt understøttet af de svenske Insurgenter, navnlig af A a g e H a n s e n i Vestergøtland. Peder Griis maatte overgive Agershus, og Henrik Krummedige indesluttte sig paa Bahus, som han kun med yderste Nød forsvarede imod den fjendtlige svenst-norske Over- magt. Stillingen blev saa meget farligere som Befalingsmanden paa Elvsborg Erik Erikfen Gyldenstjerne, Knub Alffens Svoger, efter nogen Vaklen ogsaa svigtede Kongens Tillid og med sin vig- tige Grændsefæstning gik over til Insurgenterne. Kongen selv fast- holdtes i Danmark ved Forberedelserne til sit Søtog for at und- sætte Stokholm, og i Mai og Juni ved dette Tog selv. Saa mislig var Stillingen, at han tilbød sin Broder Frederik, der jo ogsaa var og kaldte sig en Arving til Norge, Halvdelen af dette Rige, om han nu vilde staa ham bi til Opstandens Underkuelse; men Hertugens Fordring om Halvdelen af den Indtægt fra Norge, Kongen havde oppebaaret i de sidste ti Aar, var for stor, ja umu- lig for Kongen at indrømme i et Øieblik, hvor han maatte samle alle Kræfter imod de Farer, der allevegne omgave ham. Kong Hans overdrog derfor til sin Søn Christiern at bekæmpe Op- røret i Norge, medens han selv søgte at undsætte Dronningen. Den unge 21aarige Kongesøn førte da i Sommeren 1502 en Del af den i Danmark samlede Magt til den vestlige Krigsstueplads, undsatte det haardt betrængte Bahus, angreb Elvsborg, som Erik Erikfen overgav saa godt som uden Modstand, og tilbageslog hel- bigen et Angreb af Aage Hansen og Knud Alffen, der ved Elvs- borg overfaldt hans Leir, hvor Vagttjenesten blev uforsvarlig slet besørget, saa at Aage Hansen med sit Rytteri først vakte de Danske af deres dybe Søvn. Og havde den ridderlige Aage Hansen ikke i Overrumplingens Øieblik ladet sin Trompeter blæse, fordi det, som han sagde, ikke sømmede sig at overfalde en Kongesøn sovende, er der al Grund til at tro, at Seiren var bleven Angribernes. Nu bleve de efter en haard og blodig Kamp drevne ud af Leiren igjen og formaaede ikke at hindre Prindsen, der afbrændte og øde- lagde Elvsborg, i at falde ind i Vestergøtland og ligeledes øde- lægge Slottet Oresten. Mytteri mellem de hvervede Krigsfolk nødte ham til at vende tilbage. — Da Henrik Krummedige saale- des havde faaet Luft og var sat i Stand til at gaa over til An-

greb, vendte han sig mod Tønsberg, som strax faldt i hans Hæn-
der, og angreb derefter Agershus.   Med ham var blandt andre
Høvdinger Biskop Johan Jepsen af Roskilde.   Knud Alfsen ilede
til for at undsætte Agershus; men han maa ikke have følt sig stærk
nok til at vove et Slag; thi han søgte Underhandlinger og for-
langte Leide til en Samtale med de kongelige Anførere.   Dette
Leide fik han af Biskopperne af Roskilde og Oslo, Provsten ved
Mariekirken i Oslo, der ifølge sit Embede var Norges Riges
Kantsler, Henrik Krummedige og flere tilstedeværende danske og
norske Rigsraader.   Sammenkomsten fandt Sted den 18de August
1502 paa et af Henrik Krummediges Skibe; men i Stedet for at
underhandle, kom de i Skænderi; det ene Ord tog det andet; Knud
Alfsen tillod sig nærgaaende Ord om Kongen; snart vare Svær-
dene af Skeden, — og Enden blev, at Knud Alfsen med nogle af
hans Medfølgere nedhuggedes.   Kort efter overgav Agershus sig
til de Kongelige.

Gjerningsmændene følte, at de maatte forsvare dette Drab.
Derfor foranstaltede de en Rettergang over den dræbte Mand og
hans Medfølgere, hvorved Norges egne Love kunde lægges til
Grund; thi disse manglede ikke Bestemmelser om Høiforræderi, der
i Kong Hakon Hakonsens og Magnus Lagabøters Retterbøder be-
tegnes som den største verdslige Forbrydelse og det første Nidings-
værk, for hvilket Gjerningsmanden frradømmes „Fæ og Fred, Land
og Løsøre, og jævnel sin Odelsjord“*).   Det er det eneste Ni-
dingsværk, hvorpaa Loven sætter Forbrydelse af Odelsjorden, det
arvelige Jordgods.   Kong Magnus's Bylov foreskriver ogsaa Pro-
cessen: Lovretten skal bestaa af to Tylvter Mænd, 12 Borgermestere
og Raadmænd i Byen som selvskrevne Nævninger og 12 af Lag-
manden blandt Borgerne udtagne Nævninger**).   Ifølge disse
Lovsteder sattes nu Lovretten i Oslo den 26de August, otte Dage
efter Drabet, af Lagmanden i Oslo og Lagmanden i Tønsberg,
hvilket formodenlig er Aarsagen til, at Retten sattes med tre Tylv-
ter eller 36 Mænd, saa at hver Lagmand har medbragt sine 12

---

*) Hakon Hakonsens Retterbod, 2den Artikel; Magnus Lagabøters nyere By-
    lov, Mandhelgebolk, 3die Kap.   Norges gl. Love, II, p. 175. 211.
**) Magnus Lagabøters Nyere Bylov, Thingordningen, Kap. 2 og 3; Norges
    gl. Love, II, 188.

udtagne Nævninger. Som Anklager fremstod Henrik Krummedige med sex andre Adelsmænd. Der fældedes to Domme. Den første, dateret Oslo Fredag næst for Ægidii Dag (den 26de August 1502), er en Dom over Knub Alffens Drab*). Han findes skyldig i flere Brud paa Leidets Betingelser, saasom at han kom til Mødet med 150 Mand, medens Leidet kun tillod ham at medtage 100 eller færre, osv., hvorfor han og alle hans Medfølgere dømmes at have brudt Leidet uærligen, d. e. de dømmes fra Æren og som Følge deraf fra Fred og Fæ, samt Knub Alffens Lig i Kongens Vold; hvorimod hans Drabsmænd kjendes fri for al Skyld.

Den anden Dom, af samme Dag, skjøndt anderledes betegnet, er over Knub Alffen som Landraademand, det vil sige som Høiforræder mod Kongen. Loven siger: „det er det høieste Nibingsværk, om Mand raader Land og Thegne fra sin Konge". Da den Anklagedes Brøde var notorisk, dømte Lovretten efter Norges Lov, at han som en sand Landraademand havde forgjort Fæ og Fred i Land og Løsøre og ligeledes sin Odelsjord. I denne Domsakt, der var bestemt til Kongens Brug, optoges tillige et Udtog af den førstnævnte Dom, naturligvis til Gjerningsmændenes Retfærdiggjørelse**). Al Knub Alffens Eiendom i Norge indbro-

---

*) Hvitfeld, VI, p. 189.

**) Dipl. Norveg. V, p. 712. D. Mag. 3die Række, 2det B. 48. Er der senere dømt af Norges Riges Raad? Kongen taler 1506 om en saadan Dom af Rigsraadet (Dipl. Norv. I, 735). Naar og hvor er det skeet? maaske i Kalmar 1505 samtidigt med Dommen over de svenske Rebellers Gods? Mærkes maa, at i Dommen over de Svenske nævnes ikke Knub Alffen, der dog havde staaet med dem. Er der fældet en Rigsraadsdom over ham, da er den ikke forelagt Keiseren til Prøvelse. Maaske hænger Sagen saaledes sammen, at de Svenske kun kunde dømmes fra deres Gods (ogsaa den Døde) efter Romerretten, ikke efter Landsloven, som sætter Livsstraf for ærerørig Tale om Kongen og vel i Analogi hermed for Høiforræderi; derfor forelægges Dommen over dem for Keiserlovens øverste Fortolker, Keiseren. Men for Knub Alffens Vedkommende var det hverken fornødent eller tilstedeligt at gaa denne Vei, saasom Norges egen Lov var fuldkommen klar, og Mandens Forbrydelse notorisk. Knub Alffens Proces er behandlet som en udelukkende norsk Sag. Det er da rimeligt, at det norske Rigsraads Dom (eller Stadfæstelse af Lagrettens Dom fra 1502) er fældet af de norske Rigsraader (Ærkebiskop Gaute, Carl elect. til Hammer, Joen Paalsen Provst, Niels Henriksen og maaske Flere (Hvitfeld VI, 214) i Kalmar.

ges derefter i den kongelige Fiskus; men det synes, at Kongen ikke
strax har begyndt at afhænde dette saaledes som Laxmands Gods,
maaske fordi han har forudseet, at om det kom til Forlig med
hans svenske Rebeller, vilde disse forlange Knud Alfsens Gods
tilbagegivet hans Børn, hvilket ogsaa virkelig skete. I den kjø-
benhavnske Overenskomst af 18de Mai 1504 om den store Retsdag
i Kalmar ved St. Hansdagstid 1505, hedder det, at „Kongen i
en god Mening har undt og tilladt Knud Alfsens Børn at an-
namme alt deres fædrene og mødrene Gods igjen, ihvor det helst
ligger i Norges Rige, endskjøndt han har Dom paa, at Godset
skal være forbrudt til Kongen og Norges Krone, indtil de tre Ri-
gers Raad komme sammen", — altsaa medens den Stilstand va-
rede, som nu vedtoges den 18de Mai 1504, og som skulde vare
indtil de tre Rigers Raad havde dømt i Kalmar imellem Kongen
og hans svenske Rebeller ved Midsommertid 1505. Da dette Møde
ved de Svenskes Udeblivelse fik et uventet Udfald, ansaa Kongen
sig derefter ikke bunden ved Tilsagnet fra 1504.

Ved de to Domme over Knud Alffen er ikke meget at ind-
vende imod Processens Form. Norges Love vare tydelige nok og
ere virkelig fulgte. Det Eneste, der i denne Henseende kunde ind-
vendes, var maaske, at der gik Dom over en død Mands Gods.
Lovbestemmelserne om Landraadesag lyde saaledes, at Lovgiveren
ikke synes at have tænkt sig Sagen anlagt imod Andre end den
levende Gjerningsmand. Muligt er det, at i dette Punkt har den
romerske Majestætsproces udøvet nogen Indflydelse ogsaa paa Knud
Alfsens Sag. Men det sees ikke, at der har været Tale om noget
Forsvar for den Anklagede fra Arvingernes Side. Saavidt Høi-
forræderisagen angaaer, har dette sin Grund i Gjerningens Noto-
rietet. Knud Alfsens Høiforræderi var klart som Dagen. Der er
derfor heller Intet at indvende imod den anden Doms Retfærdig-
hed. Men hvad Dommen om Leidet angaaer, da savner man
Forsvaret; man hører kun Anklagen og seer Lovretten dømme efter
denne. Og et stort Spørgsmaal er det, om Retten har havt sin
fulde Frihed. Henrik Krummedige, Anklageren, der havde den
høieste Interesse i at faa Leidets Brud kastet over paa Knud Alf-
sen, havde sine Krigsfolk i Oslo, hvor Retten sattes: kunde Lov-
rettemændene da dømme uden Frygt for deres personlige Sikkerhed?
Den almindelige Mening, ogsaa i Danmark, lod sig ikke berolige

af Dommen; den vendte sig afgjort imod Henrik Krummedige og Biskoppen af Roskilde; deres Ære er aldrig bleven fuldstændig renset for Blodpletten fra det brudte Leide. Den underlige Tilsætning i Dommen, at Knud Alffens Lig kjendes i Kongens Vold, maatte have den Retsvirkning, at det ikke kunde begraves i Kirke eller viet Jord uden Kongens Tilladelse, — at det altsaa beroede paa denne, om de sædvanlige Sjælemesser kunde læses ved hans Grav, — med andre Ord: om hans Sjæl skulde kunne faa den Husvalelse i Skjærsildens Pine, som det var en Æres- og Pietetssag for Arvingerne at forskaffe den Afdøde ved Kirkens Magt.

Kongen var vel tilfreds med den Iver og Dygtighed, Henrik Krummedige havde lagt for Dagen. Da denne havde indsendt sin Beretning, takkede Kongen ham i en Skrivelse af 27de September 1502. Men den Gjæring i det sydlige Norge, der fulgte paa Knud Alffens Drab, og den ugunstige Dom over Leidets Brud, der snart viste sig at være almindelig, har dog gjort saa meget Indtryk paa Kongen, at han fjernede Henrik Krummedige fra Bahus og Norge, idet han overdrog denne vigtige Post til den danske Adelsmand Otto Rud, der var en i alle Maader ligesaa paalidelig tro Mand som Henrik Krummedige, men ogsaa ligesaa lidet betænkelig i Valget af Midlerne, som denne. Det er den samme Otto Rud, der senere som Lensmand paa Borgholm tog saa væsenlig Del i Søkrigen i Østersøen og i denne overfaldt og mishandlede Aabo saa haardt. Henrik Krummedige blev forflyttet til et Len i Danmark. Den gjærende Misnøie i det sydlige og østlige Norge sporedes imidlertid ogsaa efter Henrik Krummediges Afgang, da de mangfoldige Forbindelser med Sverrig i Grændselandskaberne ligefra Gøtaelven indtil Dovre gjorde det umuligt, at hindre allehaande Opæggelser og Forsøg paa at vække Opstand i Norge fra de svenske Magthaveres og deres Medhjælperes Side. Det er den samme Stræben efter at drage Norge bort fra Danmark, der har vist sig ikke blot i Krigene mellem Danmark og Sverrig, men ogsaa i Fredstider langt ind i Nutiden. Man tænke blot paa de Rænker og Forlokkelser i Gustav den Tredies, hans Søns og Broders Regeringstid, der i vore Dage ere blevne bragte for Lyset ved Offentliggjørelsen af de Gustavianske Papirer, de Adlersparriske Brevskaber m. Fl. Tilsidst er det da ogsaa lykkedes

at spænge den gamle Forbindelse mellem Danmark og Norge.
Nordmænd og Svenske billige i det Hele disse ældre Bestræbelser,
der jo tilsidst have faaet Retfærdiggjørelse af det endelige Udfald;
men den staaer Ret og Sandhed nærmere, der dømmer Rænkerne
fra hver Tids eget Retsstandpunkt. De norske Mænd, der i Kong
Hanses Tid vilde drage Norge over til Sverrigs Side, vare ikke
mindre Oprørere end Sten og Svante Sture og deres svenske Til-
hængere. Skaansells Krig og blodige Straffedomme over saadanne
var efter Datidens Lov og Anskuelse kun hvad Retten krævede.
Det var ikke Knud Alfsens Død, men Leidets Brud, der lagdes
Kongens Mænd til Last.
   Kong Hans kunde ikke selv komme til Norge for at nedslaa
de Urolige, tilfredsstille det norske Folks berettigede Fordringer og
afhjælpe de grundede Klager over Norges Behandling i hans Fa-
ders Tid. Han besluttede derfor at overdrage Norges Regering
til sin Søn Hertug Christiern, ikke som en sædvanlig Stat-
holder, der havde at forelægge Kongen i det mindste de vigtigste
Sager, men snarere som selvstændig Herre, uden dog at afstaa
ham Riget helt. I Aaret 1506 ankom den unge Fyrste til Norge
og gav snart Kongemagten nyt Opsving der i Landet, rigtignok
saaledes, at han efterhaanden betroede de vigtigste Poster til danske
Mænd og trængte det indfødte norske Aristokrati tilbage fra al
virkelig Indflydelse. Endnu sad den norske Adelsmand Knud
Knudsen af Slægten Baad som Slotsherre paa Agershus; han
blev afløst af en dansk Adelsmand Jørgen Westeny, medens
Niels Bild traadte i Otto Ruds Sted som Befalingsmand paa
Bahus. Den ledige Bispestol i Oslo var nylig bleven besat med
en dansk Geistlig, Provst Anders Mus, med Forbigaaelse af
Terkel Jonsen, som Domkapitlet havde valgt. Thi fra den Tid,
den romerske Kurie havde allieret sig med Kongerne imod National-
kirkernes Episkopat, — i Norden navnlig efter Kong Christierns
Romerreise, føiede Paverne vel ikke altid, men dog Aar for Aar
villigere Kongernes Ønsker om Besættelsen af de ledige Bispestole,
især saadanne Paver, som de, der beklædte St. Peders Stol i det
sidste halve Aarhundrede før Reformationen. Thi dem og deres
Kardinaler og Kurie var Kirkens væsenlige Bestemmelse og Inter-
esse ligegyldig; de vilde kun de kirkelige Institutioners Opthol-
delse som Betingelse for deres egen Magt og for de rige Penge-

midler, de med stigende Frækhed udpressede af Christenheden. Ka- pitlernes Valgret blev sat tilside, Paven reserverede sig Embedernes Besættelse, og Kongen fik i Reglen sin Villie, selvfølgelig ikke uden større eller mindre Pengesummer til Kurien og dens Embeds- mænd. Følgen blev, som ovenfor viist, Bishoppernes stadigt vox- ende Afhængighed af Kongemagten. Længe før Reformationens fuldstændige Seir i Danmark og Norge var den katholske Natio- nalkirke og dens Bishopper mindre sikre, mere retløse, end det verdslige Aristokrati; de skulde have deres Støtte hos Paverne, hvem Kongerne nu vare langt vigtigere end Bishopperne; men disse kunde ikke ty til Rigsraadet, der ikke havde Kirken og dens Sager under sin Dom og Afgjørelse. Bishoppernes Magt stod nu væsen- lig paa den underordnede Geistligheds Lydighed, saa længe den varede, paa det store Gods, de efterhaanden havde samlet, deres rige Indtægter, deres faste Borge og talrige Krigsfølge, deres Plads i Rigsraadet og deres Slægtskab med den mægtige Adel, — mindre paa den almindelige Kirkes eller Nationalkirkernes aandelige Magt over Samvittighederne. Denne Magts sidste Levning havde forskandset sig i Messen; saa længe Troen paa Skærsildens Pine og paa Sjælemessernes Kraft til at lette denne endnu stod fast, vovede dog Ingen et fuldstændigt Brud med Kirkens Nøglemagt. Da ogsaa denne Tro faldt, kunde Kongers og Adels Begjærlighed efter det rige Kirkegods ikke længer holdes tilbage. Den katholske Kirkes Fald i Norden, den verdslige Magts Seir, er ikke ene et Værk af Reformationen og dens Talsmænd, men den naturlige Frugt af Romanismens Eneherredømme i den latinske Kirke.

Den unge Fyrste, som nu i sin Fader Kongens Navn greb Regeringens Tøiler i Norge sidst i 1506, gjennemskuede denne for- delagtige Situation og drog dens Konsekventser for Dagen. Men da han dog endnu stod paa den gamle Kirkes religiøse Grund uden at støtte sig til et nyt Princip i Aandslivet, altsaa ikke havde paa sin Side den høiere Sandheds Ret og Kraft imod Kirkens Vild- farelser i Menneskets høieste Anliggender, fik hans Brud paa den gamle Ret og den endnu gjældende Lov og Forfatning i Samti- dens Øine Præg af Uretfærdighed, i den praktiske Gjennemførelse af Vold og Anmasselse. Han agtede ikke derpaa i Følelsen af Fremtidens Luftning om sit Hoved; men han agtede heller ikke paa den Magt, Reaktionen endnu kunde udfolde, naar han ved revolutionære Overgreb drev Biskopper og Prælater til Fortvivlelse. Han fik snart nok i Norge Leilighed til at lade Kirkemændene vide hvad der ventede dem.

Et af Hertug Christierns første Skridt i Norge var at sammenkalde et Møde af Rigsraader og Lovkyndige i Oslo i Marts 1507, til at forkynde Kongemagtens lovlige Ret mod ulydige Underfaatter og Rebeller. De granskede Norges Lov og fandt, at de, der ikke adløde Kongens Bud og Breve, havde forbrudt deres Fred og Fæ med Undtagelse af Odelsgods, men de, der raabte „Land og Thegne" fra Kongen, havde forgjort Fred og Fæ og Odelsjord, og deres Liv i Kongens Haand. Hertugen havde saaledes sikret Lovens Grund under sine Fødder i den forudseelige Kamp. I Vinteren 1507—8 udbrød en Opstand blandt Bønderne paa Hedemarken, i det østlige Grændselandskab. Anføreren var en Bonde eller Adelsmand Herluf Hudfat. Hertugen drog strax imod dem, omgik deres Forhugninger i Skovegnen og bibragte dem et stort Nederlag. Hovedmændene førtes til Agershus, forhørtes og henrettedes. Deres Hoveder saaes endnu 24 Aar derefter paa Stager udenfor Slottet. Hurtigt og blodigt var saaledes dette Opstandsforsøg slaaet til Jorden. Men det førte videre. I Forhøret havde Rebellerne bekjendt, at den egenlige Ophavsmand var Biskop Karl af Hammer. Ved Mjøsen havde denne Prælat sin faste Bispegaard, der tillige var en Grændsefæstning mod Sverrig, men ogsaa kunde blive et for Norges Konge yderst farligt Punkt, om det faldt i Fjendens Haand. Det var der god Grund til at frygte for; thi Biskop Karls Forbindelser i Sverrig stillede ham unægtelig i et tvetydigt Lys. Det er ogsaa vist nok, at de svenske Insurgenter regnede paa ham i deres Planer mod den danske Konges Herredømme i Norge. Hertug Christiern saa Faren. Han indbød gjentagne Gange Biskoppen til sig under Paaskud af at behøve hans Raad. Biskop Karl begav sig endelig paa Veien; men Hertugen fik Nys om, at han ikke agtede sig til ham, men over Grændsen ind til sine svenske Venner. I det mindste fremstillede han det senere saaledes. Han udsendte da Folk, der opsnappede Biskoppen og førte ham fangen til Agershus. Hertugen selv satte sig ved en List i Besiddelse af Hammer Bispegaard, som han betroede til Knud Knudsen Baad, der skulde styre Gaard og Gods i Forbindelse med Stiftets Domkapitel. Men dette var i Virke-

ligheden kun en Form for Hertugens vilkaarlige Greb over Kirkens
Eiendom. Dette ſkete ſidſt i Februar 1508. Denne Voldsgjerning
ſatte naturligvis Kirkemændene baade i Norge og Danmark i le-
vende Bevægelſe. Den gamle Ærkebiſkop Gaute i Trondhjem ſkrev
til Kong Hans med Fordring om Biſkop Karls Frihed og Gjen-
indſættelſe, at han kunde ſtilles for ſine tilbørlige Dommere. Ærke-
biſkop Birger af Lund og Biſkop Jens Anderſen af Odenſe raa-
bede Kong Hans at tage Sagen til ſig, hvad denne ogſaa ſynes
at have været tilbøielig til. Det ſkete dog ikke; Sønnen har ſag-
tens overtydet Kongen om Nødvendigheden af det Skete. Biſkop
Karl forblev i Chriſtierns Fængſel, hvor han ſkal være behandlet
haardt; et mislykket Flugtforſøg, der voldte ham et Benbrud, for-
mildede ikke hans Skjæbne. Hertugen vendte ſig til Rom med ſin
Fremſtilling af Sagen; han ønſkede ſaaledes Kirkelovens Form
ſtaaet, derfor havde han en Intereſſe i at faa Fangen tagen i
Forvaring af en anden Biſkop; men de norſke Biſkopper undſloge
ſig. Da Hertugen paa en Herredag i Varberg, hvor Kong
Hans ſelv var tilſtede, opfordrede de danſke Biſkopper til at mod-
tage og faſtholde Biſkop Karl, erklærede vel Biſkop Jens Anderſen
af Odenſe ſig villig dertil; men det har viſt ikke været Chriſtierns
Alvor at lade Fangen komme til Danmark, da han ſaa ikke kunde
forhindre, at Sagen kom ud af hans Haand. Førſt da Ærkebi-
ſkop Gaute var død og Chriſtiern havde faaet den Mand, han
vilde, paa Nidaros Ærkebiſkopsſtol i Auguſt 1510, ſlap han den
fangne Biſkop ud af ſine Hænder for at overgive ham til den nye
Ærkebiſkops Forvaring; men Biſkop Karl kom ikke længere end til
Oslo, hvor han blev ſyg og døde hos Biſkop Anders Mus for-
modenlig engang i Aaret 1511*). Tre paa fjerde Aar har han

---

*) Det hedder ellers, at Biſkop Karl døde 1512; men Jzard Gravius's Afløs-
ningsbrev af 17de December 1512, D. Mag. IV, p. 189, hvori hans Død
omtales, maa dog viſt være fra 1511. Tidsbeſtemmelſerne i dets Datering
ſynes ligefrem at modſige hinanden: anno ab incarnatione domini mille-
simo quingentesimo duodecimo, die vero XVII mensis Decembris; se-
dente sto d. n. domino Julio div. provid. Papa secundo, anno pon-
tificatus sui nono; thi det angivne Pontifikataar gaaer fra 1ſte November
1511 til 31te Oktober 1512. Men da Tidsbeſtemmelſerne ere angivne i
Ord, ikke med Tal, er det rimeligſt at antage, at Nuncien har brugt den
piſanſke Incarnationsſtil, altſaa regnet Aaret 1512 fra den 25de Marts
1511 til den 24de Marts 1512.

16*

i det mindste tilbragt i Hertug Christierns vistnok ikke milde
Fængsel.

Hertugen var ved Forgribelse paa en Biskop selvfølgelig, „eo
ipso", falden i Kirkens Band, — selvfølgelig siger jeg; thi man
skal til Forstaaelse af vor ældre Historie i de katholske Tider vel
erindre, at efter den kanoniske Ret har den katholske Kirke ikke
alene to Grader, men ogsaa to Arter af Bandsættelser: excommu-
nicatio judicis, naar Band forkyndes ifølge Indstævning, Proces
og Dom, og excommunicatio canonis eller latæ sententiæ, det
Band, som Loven forud har sat paa visse Gjerninger, og som af
sig selv indtræder, naar Gjerningen er gjort. Denne sidste Art af
Band er tidligere bleven frygtelig misbrugt, idet mangen Gang
en Biskop eller anden Kirkemand uden Undersøgelse eller Dom
har udslynget Erklæring om, at denne eller hin Mand, Konge eller
anden Lægmand, Biskop eller anden . Klærk, var falden i Band,
fordi han havde gjort dette eller hint, som mentes at være Bands-
gjerning.   Men senere, da selv Paven betænkte sig to Gange, in-
den han udtalte Kirkens Band, skulde denne Art Bandlysning lige-
som endnu i vore Dage tjene til at forurolige Gjerningsmandens
Samvittighed og drive ham til at søge Absolution, hvorved hans
Skriftefader fik Leilighed til at bøie ham under Kirkens Myndig-
hed; thi Kirken nægter Ingen Gjenoptagelse i sit Skjød, der søger
Afløsning og underkaster sig den paalagte Bod. Band er forbun-
den med Interdikt, saa at de vedkommende Geistlige efter Rettens
Fordring ere forpligtede til at ·udelukke Bandsmanden fra Guds-
tjenesten og Sakramenterne.   I Tilfælde af excommunicatio latæ
sententiæ, hvor der ikke foreligger en offenlig bekjendt Dom, trykke
Biskopper og Præster Diet til, saalænge den Skyldiges Samvit-
tighed selv lader ham i Ro. Vi see det paa de nuværende Magt-
havere i Kongeriget Italien, der synes aldeles uanfægtede af det
Band, de ere ifaldne*).   Men i det 16de Aarhundredes Begyn-
delse kunde Ingen her i Norden endnu sætte sig rent ud over Band

---

*) At minde det nye Italiens Mænd og Kong Viktor Emanuel derom har
sikkert været et af Motiverne til Pave Pius den Niendes Constitutio qua
censuræ latæ sententiæ limitantur, af 12te Oktober 1869, der publicere-
des kort efter Batikanerconciliets Aabning den 8de December 1869. De
kunne der selv læse deres Dom i Art. 12 blandt de excommunicationes
latæ sententiæ, der særligt ere Paven reserverede.

og Interdikt, uden at Folket vendte sig fra ham som fra en Hedning og Christi Kirkes Fjende, hvad selv Kongen ikke kunde vove. Hertug Christiern maatte derfor søge Absolution, fik den ogsaa let nok af en pavelig Nuncius Jzard Gravius, der just opholdt sig her i Landet. Men da voldsom Haandspaalæggelse paa en Biskop alene kunde forlades af Paven selv, har vel den nye Ærkebiskop i Trondhjem gjort Hertugen opmærksom paa, at Nunciens Absolution var utilstrækkelig. Kongen og hans Søn henvendte sig derfor til Rom selv. Pave Julius den Anden beskikkede langt om længe Kommissærer i Sagen, men døde inden Afgjørelsen. Eftermanden Leo den Tiende brød da overtvers og lod Biskop Lage Urne i sit Navn foreløbig, ad cautelam som det hedder, afløse Christiern, som da nylig havde besteget Faderens Trone, imod at han edelig forpligtede sig til at underkaste sig Kirkens Lov og Dom i Sagen. Det var altsaa kun en Udsættelse af Sagen og en betinget Afløsning, Christiern fik; men den hele Absolutionssag var et Spilfægteri for at skaane Lovens Former: aldrig havde Paven tænkt paa, at fare løs for Alvor med Vatikanets Lyn imod en Konge for saaban en Bagatel som en Smule Biskops Mishandling, mindst en Pave som Leo den Tiende. Sagen blev aldrig optagen paany, Christiern var og blev fri for enhver kirkelig Censur i denne Anledning, da han knælende for Lage Urne havde aflagt Ed paa at ville underkaste sig Kirkens Dom, „stare juri", som det hed, og derefter modtaget Afløsningen.

Der kan ikke tænkes nogen bedre Illustration til de ovenfor givne Skildringer af Kirkens Stilling i vore sidste katholske Kongers Tid: hvor svag viser sig ikke her den katholske Kirke imod den verdslige Magt, og hvor forsvarsløs stod ikke en Biskop ligeoverfor et dristigt Greb af en hensynsløs Konge! Christiern var ret Manden til at give denne Lærdom den videste Anvendelse.

Endnu langt vigtigere for Norge og for Hertug Christiern end Afløsningen for Biskop Karls Sag var den Føielighed, Paven til samme Tid viste imod ham og hans Fader ved Besættelsen af Norges Ærkebiskopsstol, da denne blev ledig ved Ærkebiskop Gautes Død i Mai 1510. Uden at oppebie eller bekymre sig om Domkapitlets Valg, sendte Hertugen strax sin Kantsler Erik Valkendorf til Rom, og Kongen skrev for ham til Paven og til den Kardinal, der i Rom førte hans Ord hos den hellige Fader. Paven var føielig: Erik Valkendorf blev ved pavelig Provifion i Rom udnævnt til Ærkebiskop af Nidaros den 16de Auguſt 1510, da Paven, ſom hans Kancelli lader ham ſige i Udnævnelſesbullen, allerede i Gautes Levetid havde forbeholdt ſig Beſættelſen af dette Ærkebiskopsdømme, naar det blev ledigt. Paven fulgte heri kun ſine Formænds Fodſpor, der lige ſiden Klemens den Sjettes Tid i det 14de Aarhundrede havde benyttet deres ſelvtagne Proviſions= ret ved dette Kirkeembede, ofte vel nok kun ſom en Form for Stad= fæſtelſe af den Mand, Domkapitlet havde valgt, men flere Gange dog ogſaa med Forbigaaelſe eller Tilſideſættelſe af Kapitlet, ſaale= des ſom Nikolaus den Femte gjorde, da han providerede denne Ærkebiskopsſtol med Henrik Kalteiſen i Chriſtiern den Førſtes Tid. Dengang var der dog endnu ſaa meget Liv tilbage i Norges Na= tionalkirke, at Kongen og Kurien tilſidſt vege for Menighedens Modſtand. Nu hører man ikke en eneſte Indvending fra nogen Side imod den danſke Prælats Anſættelſe i Norges førſte Embede. Derved var tillige Valkendorfs Provſti bleven ledigt; og nu be= nyttede Kong Hans den Ret, Sirtus den Fjerde havde i Bullen af 22de April 1474, under Kong Chriſtierns Beſøg i Rom, til= ſtaaet denne til at præſentere en ham behagelig Mand til det le= dige Provſti og det dermed forbundne Kanonikat ved Roskilde Domkirke. Kong Hans takkede tillige ved ſamme Leilighed Paven, fordi han hidtil altid havde opfyldt hans Ønſker. Men vi have atter her et Bevis til de mange andre ovenfor berørte paa den Lethed, hvormed de høitideligſt beſvorne Statsakter dengang tilſide= ſattes eller ligefrem ignoreredes, ſom om de aldrig havde været til. Thi Kongen havde i ſin Haandfæſtning, baade den danſk=norſke, Halmſtadsreceſſen af 1ſte Februar 1503, og den ſvenſk=danſk=norſke, *1483* Kalmarreceſſen af 7de September 1503, fuldſtændig fraſagt ſig al *1483* Indblanding i Kapitlernes Valgret, „med Skrivelſe eller Bud til Rom“, ja udtrykkelig tilføiet, at de Breve eller Privilegier, der til Skade for den frie Valgret, vare erhvervede i Rom, ingen Magt ſkulde have og aldrig bruges efter denne Dag!

Ved et ſaadant Forbund mellem Kurien og Kongemagten, ſaa ſtor Føielighed af Paven imod Kongerne, var det aabenbart umu= ligt for Nationalkirkerne at hævde deres kanoniſke Ret og Frihed, eller at undgaa en Verdsliggjørelſe, der tilſidſt maatte føre til deres Opløsning.

Man seer, at Hertug Christiern har forstaaet at hævde Konge= magten i Norge imod alle Rørelser af et Selvstændighedsparti, der nødvendig maatte hælde til de svenske Insurgenters Side. Oslo og Nidaros Bispestole, de to betydeligste Poster baade i Norges Kirke og Norges Stat, havde han besat efter sin Villie; be norske Prælater og det norske Nationalparti havde han ydmyget ved Bi= skop Karls Undergang: de saa hvad der ventede dem, dersom de vovede at røre sig. Norges Hovedfæstninger havde han givet i danske Mænds Hænder. En farlig Bondeopstand havde han slaaet til Jorden, — og ladet Hoveder falde i Mængde.

Men Christiern forstod ogsaa at bruge den Kongemagt, der var lagt i hans Haand, til Almuens, navnlig da Kjøbstædborger= nes Vel, og han havde Villien dertil. Vi have i Kong Chri= stiern den Førstes Historie tilstrækkelig seet, hvorledes Pebersven= dene i Bergen undertrykte Nordmændene, og hvorledes deres Prin= cipaler i Hansestæderne forstode at faa ethvert Forsøg af Kongen paa at aabne Bergens Havn navnlig for Hollænderne taget til= bage eller gjort virkningsløst. Kong Hans havde bestandig viist Hanseaterne langt mindre Føielighed, end hans Fader. Han havde længe opsat at stadfæste deres Privilegier, og han havde aabenbart billiget og begunstiget Axel Oluffsens private Hævnkrig for Fade= rens Mord, idet Kongen havde aabnet sine Havne for ham imod at faa Del i det Bytte, han vandt fra Lybekerne. Nu kom Her= tug Christiern i Eftersommeren 1507 til Bergen; han havde nogle Orlogsskibe med sig, saa han ikke behøvede at frygte for Haandgribeligheder; men da der just nylig var sluttet Fred imel= lem hans Fader og Lybekerne i Nykjøbing paa Falster, kunde han ikke umiddelbart angribe Hanseaternes Stilling i Bergen. Men han gik endnu kraftigere end Faderen fremad paa den Vei, denne allerede havde betraadt i Aaret 1490, da Kong Hans havde ind= rømmet de hollandske Stæder de samme Handelsrettigheder i Norge, som Hansestæderne nøde. I videre Udvikling heraf tilstod Her= tug Christiern under 13de September 1507 Amsterdam Ret til at handle i Bergen og andensteds i Norge, idet han præciserede de Begunstigelser, han nu indrømmede dem, og i Strandingstilfælde gav han dem Sikkerhed imod Vold og Fornrettelser fra Befolk= ningens Side. I denne humane Strandingsret fik ogsaa Hansea= terne Del. Endnu langt mere gjennemgribende optraadte Hertugen i det følgende Aar, da Oslo Borgere klagede over den Skade, de lede ved de Handelsprivilegier, Rostokerne havde erhvervet hos ældre norske Konger*). Da den Afgjørelse, han under den 7de Januar 1508 traf i denne Sag, er høist betegnende for hans Anskuelser om den indre Styrelse og den Retning, han ikke alene i Norge, men ogsaa som Konge i Danmark fulgte i sin Regeringstid, skal jeg her gjøre nærmere Rede for Indholdet af dette Aktstykke. Det har Formen af en Dom imellem Borgermestere, Raad og Menigheden i Oslo paa den ene, og nogle rostokske Kjøbmænd paa den anden Side, angaaende disses Privilegier og Trafik i Oslo. Klagerne paastaa, at de og andre indfødte Mænd i Norge kunne Intet faa tilkjøbs af Bønderne, der altid svarede dem, at hvis Tydskerne ikke vilde have Varerne, skulde de faa dem, men ville Tydskerne tage dem „faa I Intet deraf". Tydskerne gjorde „Gaardkjøb", d. e. handlede med Bønderne omkring i Huse og Gaarde, ikke paa Torvet, imod Norges Lov**); men paalagdes Skat eller Tjeneste, vilde de ingen Hjælp gjøre, forbi de hørte hjemme i Rostok. Havde de samlet Rigdom, droge de hjem til Tydskland og lode Armod efter sig i Norge. Derfor var nu Byen gaaet saa stærkt tilbage, at førend Tydskerne saaledes reve endog hele Detailhandelen med Bønder og andre fremmede Kjøbmænd til sig, havde Oslo fem til sex hundrede velhavende Borgere, der kunde gjøre Norges Rige Hjælp og Trøst, medens der nu ikke var over tresindstyve til firsindstyve husarme fattige Mænd tilbage. De bade derfor Hertugen med Raadet for Guds Skyld at afværge deres Skade. „Da", vedbliver Hertugen, „efter Vort elskelige Rigsraads Raad og Samtykke, Vor kjære Faders, Vor og Norges Krones Kjøbstad Oslo og Vore kjære Underfaatter Borgermestere, Raad og Menigheder der sammesteds til varig Gavn og Be-

---

*) Se herom C. Lange i Norsk Tidsskrift for Videnskab og Literatur, Aarg. 1847, p. 268—286.

**) Rostokerne have altsaa givet Privilegierne en Udtydning, der gik langt ud over deres Ord, idet de have tillagt sig Forkjøbsret. Det er overhovedet umuligt at forstaa Hanseaternes merkantile Stilling i Norden alene af Privilegierne; Udtydningen af disse, de Paastande, der knyttede sig dertil, de Handelssædvaner, der udviklede sig af dem, og hvad der overhovedet efterhaanden kom frem ved Privilegiernes Gjennemførelse i Praxis, har for de nordiske Rigers Handel været af større Betydning end Privilegierne selv.

„stand, tilbagekalde Vi alle de Friheder og Privilegier, som tydske Kjøbmænd hidtil have nydt og brugt Bore kjære Underfaatter i Oslo til stor Skade og Armod. Og af Bor synderlige Gunst og Naade, og for Troskab og villig tro Tjeneste, som de Bor kjære Herre Faber, Os og Norges Krone hidtilbags gjort have og fremdeles gjøre skulle, da have Vi annammet og undfanget Bor og Kronens Kjøbstad Oslo og alle dens Borgere med hvad deres er i Bor fyrstelige Hegn, Bærn, Fred og Beskjærmelse, at være og forblive til evig Tid under Bort og Bore efterkommende Konger i Norges eget Fadebur, saa at de herefter Ingen skulle svare uden Os selv og Bore efterkommende Konger i Norge, uden saa skete, at noget Anfald kom paa Riget i (Bor og) Bore efterkommende Kongers Fraværelse; da skulle de være Bore Fogeder her paa Agershus følgagtige og afværge efter deres yderste Magt Norges Riges og deres egen Skade og Forbærv". — Dernæst giver han Byen følgende Privilegier: ingen fremmed tilreisende Kjøbmand maa handle umiddelbart Gjæst med Gjæst (d. e. den ene fremmede Kjøbmand med den anden) eller med Bønderne, eller holde Gjæsteri, men skulle ligge i Kost hos Borgerne i Oslo og alene have Tilladelse at handle med Biskopper, Prælater, Ridddermændsmænd (Adel), Kjøbstadmænd, og tillige Præstemænd, dog saa, at de ikke misbruge denne Tilladelse til Landprang under Straf af Barernes Forbrydelse og Bøder til Kongen og Byen. Brud paa Byens Fred straffes ligeledes med Bøder til Kongen, Byen og tillige den Skadelidte. Borgerne i Oslo og deres Husfolk skulle ikke staa Andre til Rette end for Borgermestere og Raad sammesteds. Ingen Kjøbmand maa drive Handel med Tømmervarer andensteds end i Byen selv. Kongens Mønt skal uvægerlig tages i al Handel. Intet Skib tør begynde Opskibning, før det er meldt Byfogden, som ikke maa forhale Tiden til den Handlendes Skade. Bille Tydskere eller andre Udlændinger blive Borgere i Oslo og skatte og skylde som andre Borgere, skulle de nyde Byens Friheder, dog at de inden to Aar derefter fæste sig Ægtehustruer, indenlandske eller udenlandske Kvinder. — Kjøbmændene fra Stralsund, Rostok, Bismar, Greifswalde og andre tydske Stæder maa frit seile til Oslo og Tønsberg og drive deres Handel med Kongens Underfaatter sammesteds, imod at svare Told efter Norges Lov, og ei berøver besværes af de kongelige Fogeder og Embedsmænd. —

Borgerne i Oslo maa ligesaa vel som Præsterne bruge alt Fiskeri i Fjorden. De skulle beholde Halvdelen af Sagefaldet til Byens Forbedring. Paa Landet maa Ingen drive Handel, men skulle flytte til Oslo.

Af lignende Beskaffenhed maa det Privilegium have været, hvorved den udvalgte Konge under sit andet Ophold i Bergen den 24de Juni 1509 gav denne Byes Borgere Forkjøbsret paa Torvet fremfor de Kontorske *).

Det er den samme Grundtanke, der gaaer igjennem disse Statuter af 7de Januar 1508 og 24de Juni 1509, som ogsaa tidligere Regeringer have hyldet, men langtfra altid overholdt, og som Hertug Christiern senere som Konge stræbte af al Magt at gjennemføre i sine Lande, — den Grundtanke, at al Næringen af Handel og Kunstflid skulde samles i Kjøbstadborgernes Hænder. Det er intet Under, at Kjøbstæderne bleve ham hengivne med Liv og Sjæl. I Oslo og Bergen er vist tømt mangt godt Krus Øl paa den unge Herres Velgaaende.

Inden jeg forlader Hertug Christierns Regering i Norge, maa berøres et Forhold, der fik afgjørende Indflydelse paa hans senere Skjæbne: Forholdet til Sigbrit og Dyveke. Saavidt nu vides, var det ved Hertugens Ophold i Bergen 1507 han blev bekjendt med disse To. Dyveke indtog ham ved sin ualmindelige Skjønhed og Ynde, Moderen, „en slem led gammel Kvinde", som Hvitfeld siger, solgte hende for Guld og grønne Skove; saaledes blev hun hans Frille. Da han drog tilbage til Agershus, hvor han havde sin sædvanlige Residents, byggede han dem et Stenhus i Oslo **).

---

*) Behrmann, Christian den Andens Historie, pp. LXIX, Nr. 32 og 84.
**) Hvitfelds ganske jævne Fremstilling af Bekjendtskabet mellem Christiern og Dyveke er paa et Par Enkeltheder nær ikke andet end Gjengivelse af Svannings Roman (Svaningii, Vita Christiani II, liber: 1, cap. 5 p. 54 sq.); men ligeoverfor en Roman kan historisk Kritik ikke tilfredsstilles ved at Enkeltheder rettes, naar hele Skildringen, hvori de enkelte Feil forekomme, er et Foster af Forfatterens Fantasi, ikke Historie; ligesom paa den anden Side Feil i Enkeltheder ikke berøve den Værdighed af Historie, dersom den i sit inderste Væsen er dette. Walter Scotts Ivanhoe eller Quentin Durward bliver ikke Historie, om man end fjerner de Brud paa det Faktiske, Digteren af æsthetiske Grunde med fuld Ret har tilladt sig; og Hvitfelds Bog bliver ikke en Roman, fordi man kan paavise Feilene i den. Men Svannings Skildring af Christierns og Dyvekes Bekjendtskab er en Roman og bliver ikke Andet, om og nogle af Grundtrækkene ere faktiske.

Hans Tilbøielighed for Dyvele var stærkere og varigere end en almindelig Balinklination; men underligt er det at see, at Moderen efterhaanden vandt større Magt over hans Forstand og Villie, end Datteren over hans Hjerte. Det er derved, at denne Forbindelse er bleven saa skjæbnesvanger.

Christiern var 25 Aar, da han kom til Norge og viste sig som den allerede modne Regent. Man seer her alle Hovedtrækkene af Kong Christiern den Anden i Godt og i Ondt. Det er dette, der fra denne Bogs Standpunkt, hvor ikke det Enkelte i sig selv, men dets Betydning for den hele Udvikling er Hovedsagen, giver hans norske Regentskab saa megen Interesse.

Syvende Afdeling.

Kardinal Raimund Perault. Forviklinger mellem Kongen og Lybek. Overenskomst i Nykjøbing 1507. Søretten i Kong Hanses Tid. Ny Strid med Lybek. Lybek opsiger Nykjøbingsrecessen. Krig imellem Kong Hans og Lybek. Hemming Gads Besteraas-Forbund 1510. Det svenske Rigsraad forkaster Kjøbenhavnerfreden. Krigen i Norden 1510—1512. Det svenske Rigsraad imod Rigsforstanderen. Svante Stures Død 1512. Fred med Lybek, Stilstand med Sverrig. Sten Svantesen Sture Rigsforstander. Det svenske Rigsraads Tanker. Kong Hanses Død.

Endnu engang maa jeg vende tilbage til Kongens Nederlag i Ditmarsken for at følge en Begivenhedsrække, der blev af stor Betydenhed for Nordens Historie: Striden imellem Kong Hans og de vendiske Stæder, navnlig Lybek. Lybekerne vare forbundne med Ditmarskerne; de havde dog ikke vovet at yde dem nogen virkelig Hjælp, da Kongen angreb dem med saa stor Overmagt. Men hans Nederlag glædede dem saa meget, at de ikke kunde holde sig indenfor Grændserne af det Sømmelige. Efterretningen ankom netop kort før Fastelavn og gav Anledning til allehaande raabe og nærgaaende Løier, der dybt krænkede Kongen. Alvorligere blev Sagen, da Oprøret udbrød i Sverrig; thi nu kom strax Spørgs-

maalet om Søretten i Bevægelse. Kong Hans, der havde Over-
magten til Søes, vilde blokere hele Sverrig, medens Lybekerne som
Neutrale ikke vilde finde sig i Standsning af deres Handel og
Skibsfart. Strax efter Stokholms Slots Overgivelse den 9de
Mai 1502, da Dronningens Fangenskab afholdt Kongen fra umid-
delbart Angreb paa Sverrig, sendte han sin hidtilværende Sekre-
tær, Biskop Jens Andersen til Lybek med Anmodning om, at
Lybekerne vilde midlertidig afholde sig fra al Handel med Sverrig;
men Raadet afslog Forbringen, hvorfor Kongen maatte opretholde
sin Blokade med Magt. Hans Krydsere opbragte i Slutningen
af Aaret et stort lybsk og to stralsundske Skibe, der agtede sig fra
Riga til Sverrig. I Lybek kom den menige Mand i Bevægelse,
saa at Raadet maatte lægge Beslag paa al dansk Eiendom og an-
holde alle Danske i Staden. Underhandlinger frugtede ligesaa lidt
som et Mæglingsforsøg af Kongens Broder Hertug Frederik. Det
tegnede til Krig imellem Danmark-Norge og Hansestæderne.

Imidlertid havde Pave Alexander den Sjette udsendt Rai-
mund Perault, Kardinalpresbyter af Sta Maria in Cosmedin,
som sin Legat a latere, d. e. som den, der forestillede Pavens egen
Person og indenfor visse Grændser havde hans Myndighed, til
Tydskland og Norden for at tilveiebringe en almindelig Sammen-
slutning mod Tyrkernes Magt. Kardinalen skulde derfor i sin
Legation virke for en Udjævning af alle Stridigheder mellem de
Christne indbyrdes, og for at tilveiebringe Midler til den hellige
Krig ved Afladshandel, hvis Udbytte alene maatte anvendes dertil.
Til Norden kom han ikke selv; men hans Kommissærer gjennem-
reiste og beskattede Hertugdømmerne og Kongeriget. Dog blev Folket
denne Gang ikke uden videre givet til Pris for disse Rovfugle, der
tvertimod maatte affinde sig med Fyrsterne paa en Maade, som
giver et mærkeligt Vidnesbyrd til de ovenfor berørte om den verds-
lige Magts allerede nu noget forandrede Stilling til Kirken. Vi
have en Overenskomst imellem Hertug Frederik og den ene af Kar-
dinalens Afladskræmmere, Dr. Johannes Speglin, fra Aar 1501,
hvorved denne faaer Hertugens Tilladelse til at prædike og sælge
Aflad i Slesvig, Haderslev, Husum, Kiel, Itzehoe, Tønder, Ei-
dersted og Nordstrand, men ikke andre Steder. Alt hvad der kom-
mer ind af Penge, Smykker, Guld og Sølv skal lægges i en
Kiste, hvortil Hertugen skal have den ene Nøgle; naar Handelen

er til Ende, skal Kistens Indhold eftertælles, og hvad der ellers
er modtaget, saasom Forskrivninger, levende Kreaturer o. desl.,
beregnes, Hertugen forlods have den ene Trediedel, det Øvrige
opbevares i Landet, indtil Hertugen erfarer, at andre Fyrster til-
lade Pengenes Udlevering; dog at der udbetales et bestemt Beløb
til Afladskræmmerens og hans Følges Underhold. Ved den ende-
lige Opgjørelse skal derhos udredes til Hertugen en Kjendelse og
leveres ham retskraftige Erklæringer fra Kardinalen og Paven selv,
der sikre ham mod alt Efterkrav. — Hvad der er blevet af disse
Syndepenge, veed jeg ikke. Rimeligvis ere de ligesaalidt fra Sles-
vig og Holsten, som fra Sachsen, komne til Rom, da der ikke blev
noget af Tyrkekrigen.

Medens nu Kirkens Syndsforladelse udhøkredes i Nordtydsk-
land og de nordiske Lande i Kardinal-Legatens Navn, kom han
selv til Lybek for at udføre den anden Del af sit Hverv ved at
stifte Forlig mellem Hanseaterne og Kong Hans. Raadet i Lybek
erklærede sig villigt til at holde inde med Fjendtligheder, saalænge
Mæglingen varede, skjøndt der allerede var gjort betydelige Ud-
rustninger. Kong Hans lod Biskoppen af Odense og Ridderen
Hans Rantzau møde paa sine Vegne; og Karpinalen indbød de to
nærmeste Fyrster, Hertugerne Frederik af Holsten og Magnus af
Meklenborg, til at staa ham bi ved Mæglingen. Saaledes kunde
denne begynde den 24de April 1503. De stridende Parters Paa-
stande støde haardt imod hinanden, da Biskoppen ifølge sin Instrux
ikke kunde samtykke i nogen Pengeudbetaling, medens Lybekerne be-
stemt fordrede Erstatning for kaprede Skibe og Gods. Umiddel-
bart mellem de Stridende kunde intet Forlig tilveiebringes. Efter
nogle Underhandlinger udstedte Kardinalen et Aktstykke, hvori han
erklærede, at efter hans Anmodning havde Hertugerne Frederik og
Magnus mæglet mellem Kongen og Staden, og til den Ende for-
handlet Følgende med de kongelige Kommissærer og Lybeks Raad:
Stæderne skulle nyde deres gamle Privilegier i Kongens Riger og
Lande, — de vare nemlig ophævede under Striden, — de fem
kaprede Skibe og Ladningerne skulle tilbagegives eller erstattes, de
Renter, der for ældre Gjældsforskrivninger vare anviste Kongens
Kreditorer i Lybek paa holstenske Domæner, atter udbetales tillige-
med Restancerne. Lybek skal arbeide paa en Udjævning af Striden
mellem Danmark og Sverrig; indtil et Fredsmøde kommer i Stand

afholder det sig fra Seiladsen paa Stokholm. Kommer intet Møde i Stand, eller endes det uden Forlig, vil Lybek dog, Kongen til Ære, holde sig borte fra Sverrig indtil dette Aars Ende. J Mellemtiden træffes Overenskomst med de andre Stæder om Farten paa Sverrig derefter. Hertug Frederik, Biskopperne af Odense, Lybek og Slesvig, og syv navngivne slesvig-holstenske Adelsmænd, gaa i Kaution for Erstatningssummen; er den ikke betalt af Kongen til den 17de Januar, forpligtes Kautionisterne til at indfinde sig personlig i Lybek og ikke at forlade Staden, før Betaling er skeet. Kongen skal ratificere denne Overenskomst inden 14 Dage efter St. Hansdag, det danske Rigsraad inden Mikkelsdag.

Det var unægtelig paafaldende, at Hertug Frederik forpligtede sin Broder til at betale Erstatning for de tagne Skibe, og endnu mere, at han paatog sig Kautionen. Thi Kongens Kommissær, Biskoppen af Odense, havde i Tide forevist ham Kongens Instrux, der forbød at forpligte ham til nogen Udbetaling; og om Kautionen havde Kongen slet ikke anmodet ham. At Jens Andersen ogsaa laverede, vedkom heller ikke Kongen; det blev hans egen Sag; men at han forpligtede Kongen til at ratificere Traktaten inden den bestemte Tid, var et Bovestykke, hvis Udfald kunde blevet ham betænkeligt nok, havde Kongen nægtet sin Ratifikation paa en Overenskomst, der stred imod hans bestemte Instrux. Da Kardinalen imidlertid lovede at virke for Dronningens Frihed, antog Kongen dog Overenskomsten. Han var selv kommen til Segeberg, hvor han den 24de Mai havde en Sammenkomst med to Borgermestere fra Lybek og formaaede Staden til at virke i Forbindelse med Kardinalen for Dronningens Befrielse. Denne Sag laa Kongen meget paa Hjerte; han tog den som en Æressag og har ikke været uberørt af al den onde Snak om hans sene Ankomst til hendes Undsætning. Lybekerne lovede at opfylde hans Ønske, og holdt Ord, saaledes som ovenfor er viist. Kongen ratificerede efter dette Løfte Kardinalens Forlig den 17de Juni 1503, hvorved navnlig Biskop Jens Andersen befriedes fra det Ansvar, han havde paadraget sig ved Underhandlingerne, men selvfølgelig ikke fra Kautionen, der var et Kongen uvedkommende Tillæg til Forliget.

Men Lybekerne havde ikke kunnet tilveiebringe et Fredsmøde mellem de Danske og Svenske under Stædernes Mægling i Stralsund; og da Stædernes Sendebud alene derefter samledes i Rostok, sluttedes et nærmere Forbund imellem dem mod Enhver, som vilde krænke deres Privilegier eller hindre den frie Handel og Søfart. Dette var ensbetydende med, at Farten paa Sverrig skulde gjenoptages. Saaledes udbrød Striden med Kongen atter; og da Dronningen nu var udfriet af det svenske Fangenskab, og Kongen som Følge af Stæbernes indbyrdes Forbindelse og dennes Betydning ikke betalte Lybekerne til den 17de Januar 1504 efter Karbinalens Fred, indmanede Lybeks Raad Kautionisterne. Paa Biskop Jens Andersen nær, der var indesluttet paa Ørkel Slot i Fyen af nogle Adelsmænd, han laa i Feide med, indfandt de andre Kautionister sig i Lybek strax efter Paaske 1504. Dronning Christine forsøgte paa sin Reise til Tydskland forgjæves at faa dem fri, saa at Hertug Frederik tilsidst saa sig nødsaget til at betale Lybekerne hele Erstatningssummen og de resterende Renter, dels med rede Penge, dels med at overdrage Staden Slottet Trittau som brugeligt Pant for Resten. Det var et Beløb af henved 57,000 Mark. Men Hertugen skal ikke have anvendt den tilbørlige Forsigtighed ved Prøvelsen af de enkelte Poster, ligesom det ogsaa er paafaldende, at han betalte Biskop Jens Andersens Part af Kautionen, saa at denne ikke blev holdt tilbage i Lybek, da endelig ogsaa han indstillede sig efter Indmaningen.

Hertug Frederik forlangte nu sine Penge erstattede af Broderen; men denne ansaa sig ikke forpligtet til at betale hvad han ikke mente Lybekerne berettigede til at kræve, og hvad han ikke havde anmodet Hertugen om at love dem. Var Forholdet tidligere ikke just broderligt, blev det endnu koldere ved denne Pengetvist, som Kongen paa et Møde i Kiel i Juni 1506, hvor han og hans Broder samledes med Kurfyrsten af Brandenborg, Hertugerne af Brunsvig, Lauenborg, Lüneborg og Meklenborg, forelagde de forsamlede Fyrster. Disse gave Kongen Ret og erklærede, at han ikke var forpligtet til at erstatte Hertug Frederik hvad denne havde betalt Lybek.

Herved blev denne Sag staaende i Kong Hanses Tid; men den kom op igjen i Christiern den Andens Tid og fik da betydelige Følger.

Da nu Lybek havde paa Mødet i Rostok forbundet sig nærmere med de andre Stæder og gjenoptog Farten paa Sverrig, medens Kongen fortsatte Blokaden, vilde det dog være kommet til

Krig mellem ham og Staden, dersom ikke den kjøbenhavnske Stil-
stand af 18de Mai 1504 mellem Kongen og hans svenske Rebeller
havde skaffet Fred paa Søen indtil det vedtagne Dommermøde i
Kalmar ved St. Hansdagstid 1505.   Men da dette Møde tog saa
uhelbig en Vending formedelst det svenske Rigsraads Udeblivelse og
det dansk-norske Raads Dom af 1ste Juli, udbrød Krigen i Øster-
søen igjen og dermed reistes paany hele Stridsspørgsmaalet om
Neutrales Handel.   Kong Hans lod forkynde i Lybek og de andre
Stæder ved Østersøen, at Ingen maatte seile til Sverrig eller drive
Handel med hans Rebeller; blev noget Skib taget i denne Fart,
vilde det ikke blive givet tilbage.   Jens Holgersen paa Wisborg og
Kongens andre Udliggere sørgede for, at Forbuddet virkelig udfør-
tes, saavidt det efter Sagens Natur lod sig gjøre; thi en fuld-
stændig Afspærring af Sverrigs og Finlands Kyster var umulig.
Saaledes ankom i Efteraaret 1506 tyve Skibe fra Danzig, Reval
og Riga, ladede med Humle, Salt, Vin, Klæde, Lærred og flere
for Sverrig uundværlige Varer.   Men Enhver begriber dog, hvor
besværlig og skadelig Blokaden maatte være for de Neutrales Han-
del.   Havde Lybek ikke været haardt betrængt ved en Feide med
Meklenborg, og havde ikke den keiserlige Kammerrets Stadfæstelse
af Kalmardommen, og dens egen Achtsdom over Kongens svenske
Rebeller, været ledsagede med strenge Forbud og haarde Straffe-
trusler imod enhver Forbindelse med de Svenske, saa var det sikkert
dog kommet til Krig med Kongen.   Nu bekvemmede Staden sig
til at lade møde i Kiel ved den Sammenkomst af nordtydske Fyr-
ster, der dømte i Tvisten mellem Kongen og Hertug Frederik i
Juni 1506.   Her udrettedes dog Intet i Sagen; men mere paa
et Møde i Segeberg, hvor Hamborg og Lyneborg den 7de Sep-
tember 1506 mæglede et foreløbigt Forlig, der forpligtede Lybek
og de med dette nærmere forbundne Stæder til Forsøg paa at
bringe de Svenske til at antage Kongen, og til imidlertid at af-
holde sig fra Farten paa Sverrig.   Lykkedes det dem ikke, skulde
Forbuddet opretholdes, indtil Sverrig forligte sig med Kongen.
Derimod lovede Kongen at tilbagegive det beslaglagte Gods i Dan-
mark, frigive de anholdte Kjøbmænd og Søfolk, tilstede Handelen
paa Danmark og Norge, fornye Privilegierne og atter udbetale
Renterne, som vare anviste paa holstenske Domæner.   Alle andre
Tvistepunkter, saasom om Erstatning for opbragte Skibe, skulde

opsættes til et nyt Møde paa Femarn eller i Nykjøbing paa Falster.

Skjøndt nu Lybekerne gjorde hvad de kunde for at tilveiebringe Fred imellem Kongen og hans svenske Rebeller, vare alle deres Anstrengelser frugtesløse. Hemming Gad, Svante Sture, Aage Hansen — Krigspartiet overhovedet, som endnu dengang beherskede Rigsraadet, vilde ikke Fred; tvertimod fortsattes Krigen til Lands heftigere ved svenske Indfald i Grændselandskaberne, medens Aktstykker og Proklamationer fra svensk Side talte et Sprog, som viste, at man ikke vilde lægge Baand paa sit brændende Had til Kongen og de Danske.

Imidlertid holdtes den vedtagne Kongres i Sommeren 1507. I Nykjøbing paa Falster mødte Kongen og det danske Rigsraad paa den ene, Lybek, Vismar, Stralsund og Rostok paa den anden Side som de stridende Parter, Hamborg og Lyneborg som Mæglere, og besuden Sendebud fra Kongerne af Frankrig og Skotland, der stode paa Kongens Side og understøttede hans Fordringer med god Virkning. Det kom da her til en Overenskomst af 7de Juli 1507, der ganske var til Kongens Fordel. Lybek og dets Medforbundne paatoge sig at tilskrive de Svenske om at underkaste sig Kongen; de vilde afholde sig fra Sverrig og ikke styrke de Svenske med Til- eller Afførsel, indtil disse viste Kongen tilbørlig Lydighed. Deres Skibe maatte overhovedet i ingen Havn indlade Gods, der kom fra Sverrig; den, der handlede herimod, skulde straffes. Til Danzig, Riga, Reval skulde sendes baade Kongens og Stædernes Bud herom. Efter en Advarsel til de Svenske om denne Artikel vare Lybek og dets Forbundne forpligtede til at beslaglægge hvad svensk Gods der ankom i deres Havne; dog maatte Lybekerne føre de dem allerede tilhørende svenske Varer, der laa i Danzig, Reval og Riga, over Søen. Hanseaternes Skibe forpligtedes til at stryge Seil, naar de mødte Kongens Udliggere i Søen, og forevise deres Skibspapirer; fandtes disse i Orden, maatte de ikke hindres eller Varer fra Rusland og Livland fratages dem. Til Gjengjæld lovede Kongen at være dem en naadig Herre, lade dem nyde deres Privilegier og Sædvaner i sine Riger, tilbagegive eller erstatte to opbragte Skibe og lade sin Amtmand paa Segeberg udbetale de paa kongelige Domæner i Holsten anviste Renter, der tilkom Stiftelser eller Enkelte i Lybek.

17

Man seer her de indviklede Spørgsmaal om de Neutrales
Skibsfart og Handel i en Søkrig afgjorte ganske til den af de
krigsførende Magters Fordel, der havde Overmagten paa Søen.
Kongens Ret til at blokere hele Sverrig anerkjendes i allervideste
Omfang, idet al neutral Fart til og Handel paa det fjendtlige
Land forbydes, saa at Adskillelsen mellem tilladt og forbudt Han-
del, der i vore Dage har givet Regeringer og Domstole saa meget
at varetage, slet ikke kunde reises.   De Neutrale indrømme i denne
Nykjøbingske Reces, at deres Flag ikke dækker fjendtligt Gods, lige
modsat det Princip, Danmark som Deltager i de væbnede Neutra-
litetsforbund af 1780 og 1800 saa stærkt har hævdet i nyere Tider;
ja Lybek paatager sig endog at anholde i den ene krigsførende
Magts Interesse alt det Gods, som kaldes fjendtligt, naar det
kommer indenfor dets Magtomraade.   Og endelig underkaste de
Neutrale sig for saa vidt den Krigsførendes Visitationsret, at deres
Skibspapirer skulle prøves af hans Krydsere; det næste Skridt, at disse
foretoge en virkelig Visitation af Skib og Ladning selv, kunde ikke
have ladet længe vente paa sig, dersom denne Reces var kommen
til Udførelse.   Interessant er det at see alle de Paastande, vore
Historiebøger fremstille som utaaleligt Overgreb fra Englændernes
Side imod alle søfarende Nationer i den nordamerikanske Friheds-
krig og Revolutionskrigene, — dette Tyranni paa Havet, den store
Napoleon bekæmpede med sit ligesaa tyranniske Kontinentalsystem,
— at see disse Paastande hævdede af Danmark, dengang Magten
paa Søen var i dets Haand.   Det er, som bekjendt, først Pari-
serfreden af 30te Marts 1856, der har forskaffet Verden et Til-
sagn om en menneskeligere og billigere Ret paa Havene i Krigstider.

Det var dog, vel at mærke, ikke Kong Hans alene, som i
det sextende Aarhundrede opstillede denne voldsomme Søret; enhver
krigsførende Sømagt forlangte dengang det Samme, naar den selv
havde Overmagten, og raabte høit over Sørøveri, naar den var
den Svagere.   Lybek handlede ganske paa samme Maade i sine
Krige.   Der falder derfor et eiendommeligt Lys paa Hanseaternes
forbittrede Udraab imod Kong Hanses og Christiern den Andens
„Sørøvere", og den blodige Grusomhed, hvormed Lybek og Ham-
borg lode Hoveder falde i Snesevis, naar de fik saadanne i deres
Vold.

Men ikke alene med mere oplyste Tibers Folke- og Søret var
Nykjøbingsrecessen af 7de Juli 1507 i Strid; den gik ogsaa alt-

for haardt imod de Neutrales væsenlige Interesser, greb altfor
ødelæggende ind i Hanseaternes hele Næringsvirksomhed, til at den
lod sig gjennemføre. Den vakte strax en levende Misfornøielse
blandt Borgerne i de vendiske Stæder, og Lybeks Borgermestere
og Raad, der havde afsluttet den, kunde eller vilde ikke foretage
noget Alvorligt imod deres Medborgere for at holde den i Kraft;
især saasnart de Omstændigheder, der havde bevæget dem til at
gaa ind paa Recessen, forandrede sig til deres Fordel. Lybek
havde faaet Fred med Meklenborgerne; og Keiseren, hvis Achtser-
klæring over Kongens svenske Rebeller med dertil knyttede Mandat
om at afholde sig fra al Forbindelse med disse havde øvet et stærkt
Tryk i Lybek, lod sig drage over paa Stadens Side. Han op-
fordrede Kongen til at afholde sig fra Vold imod Lybek: han burde
betræde Rettens Vei, havde han Klage imod Lybek. Tillige op-
fordrede han nordtydske Fyrster og de tydske Stæder ved Østersøen
til at staa Lybek bi mod Vold. Dette Omslag af Keiserens Po-
litik vil man hos os gjerne tilskrive Bestikkelser fra Lybeks Side.
Det er ogsaa vist nok, at de keiserlige Breve have kostet Staden
store Penge til Kancelliet. Men juridisk var Keiserens Fordring i
Overensstemmelse med Dommen og Mandatet af 1506. Thi var
Keiseren de nordiske Rigers saavelsom Tydsklands høieste Dommer,
— og det havde jo den danske Regering selv gjort ham til ved at
fremkalde Achtserklæringen af 1506 over de Svenske — saa var
det ogsaa baade hans Ret og hans Pligt at hindre Kongen i at
tage sig selv til Rette. Keiseren maatte da forlange, at Kongen
skulde gaa Rettens Vei ved at indstævne Lybek for hans Dom og
bevise, at det havde forbrudt sig mod Mandatet af 1506. Kon-
gen kunde ikke have Ret til at benytte Dommen og Mandatet af
1506 alene som Midler til at hindre Lybeks Samfærdsel med
Sverrig. Han kunde ikke paa engang søge Retsbeskyttelse hos Kei-
seren og dog bruge Magt som en uafhængig Fyrste. Men det
selvmodsigende i den Situation, hvori han havde indviklet sig ved
at drage Keiseren ind i sine Stridigheder med de svenske Insurgen-
ter, kom nu for Dagens Lys. Kongen maatte gaa tilbage til sin
sande Stilling ved at føre Striden med Sverrig og Lybek som en
Suveræn. Glad maatte han da være, at Keiserens egen Stilling
og det tydske Riges Forfatning ikke tillode at give Konsekventsen
af hans Feilgreb praktisk Virkning.

17*

Thi nu blev Kongens Stilling i Norden betænkelig, da Spændingen med Lybek blev stærkere Dag for Dag. Kjøbmænd og Søfarende i de vendiske Stæder agtede hverken Nykjøbingsrecessen eller Kongens Blokade; de seilede dog til Sverrig, eller førte svensk Gods til de vendiske Stæder fra Reval og Riga og andre østlige Stæder, hvorhen ingen Magt kunde hindre det i at komme fra Finland. Følgen var naturligvis, at Kongens Krydsere atter opbragte Skib og Gods, og at Kongen paa flere Maader hindrede og indskrænkede Hanseaterne i Nydelsen af deres Privilegier i Danmark. Fra begge Sider beskyldte man hinanden for Brud paa Recessen. Striden luede saaledes atter op i 1507 og 1508, saa at Lybek endelig i Foraaret 1509 tilsendte Kongen en Erklæring, hvis Indhold Hvitfeld angiver saaledes: de ere Kjøbmænd; al verdslig Lov og Ret medfører, at der skal være Handel og Samfærdsel mellem Folkene; deres Privilegier og Friheder af Danmarks og Norges Konger lyde paa, at de uhindret maa søge deres Næring i begge Riger. Vel medfører Recessen, at de skulde afholde sig fra al Handel paa Sverrig, indtil det kommer i bedre Leilighed; men Tiden uddrages saa langt, at deres Borgeres Næring derved mærkelig forsømmes. De ville derfor have Recessen opsagt, især fordi mange af deres Borgere have lidt stor Skade paa Skib og Gods af Kongens Udliggere.

Dette var vel endnu ingen egenlig Krigserklæring, men dog en Erklæring, der maatte føre til fjendtligt Sammenstød. En dansk Flaadeafdeling under Otto Rud krydsede om Sommeren 1509 i Østersøen for at oppasse en lybsk Konvoi af 8 Skibe fra Reval, som vidstes at have svensk Gods ombord. Han traf dem mellem Warnow og Darserort formodenlig engang i Juli Maaned og tog fire af Skibene; Resten undslap til Travemynde. Nu blev alt dansk Gods og danske Personer i Lybek arresteret, hvad der gjengjældtes med en lignende Forholdsregel i Danmark.

En Krig imellem Kong Hans og Lybek stod saaledes lige i Brudbet; netop da var det, at det svenske Rigsraad søgte Fred med Kongen, og at dets fuldmægtige Sendebud sluttede den kjøbenhavnske Traktat af 17de August 1509, uagtet de kjendte Situationen; thi dette er indlysende af den Artikel, der forpligter de Svenske til at afholde sig fra Handel med Lybek, hvis det kommer til Feide imellem denne Stad og Kongen. Dette er det tydeligste

Bevis paa, hvor træt Sverrig følte sig efter fire Aars Krig med sin saa haardt forurettede Konge, der dog ikke havde kunnet udføre noget større Angreb paa Landet. Det var Søkrigen, enkelte Ødelæggelser paa Kysterne som Kastelholms og Aabo's, men fremfor Alt Blokaden og Forstyrrelsen af Handel og Samfærdsel, der havde bøiet — visselig ikke Hemming Gad og dem, hvis Øre han havde, men det svenske Rigsraad og Hovedmassen af det svenske Folk. Lybek gjorde sig al Umage for at reise Stemningen og drage Sverrig over paa sin Side, især da Svante Sture og Andre af Krigspartiet hemmeligt havde deres Bud i Lybek, der beskyldte Biskopperne og andre Medlemmer af Rigsraadet for at have taget Bestikkelser af Kongen. Man vidste altsaa i Lybek, at selv om det svenske Rigsraad var stemt for Fred, kunde man dog gjøre Regning paa Rigsforstanderen og hans Tilhængere. En fortræffelig udrustet lybsk Flaade paa 18 Skibe gik i Søen den 14de September under Anførsel af to lybske Raadsherrer, med Befaling til at gjøre Kongen Skade hvor de kunde. De gjorde Landgang og øvede Strandhug paa Bornholm og Gulland og ankom til Stokholm i Oktober 1509. Dog lykkedes det ikke Førerne at faa Rigsraadet til at forkaste den nys sluttede kjøbenhavnske Fred; men en Handelstraktat blev sluttet den 14de Oktober, hvorefter Flaaden blev liggende til sent paa Aaret for at indtage saa stor en Ladning af svenske Varer som muligt; thi dengang var der endnu ikke den skarpe Adskillelse mellem Orlogsskibe og Handelsskibe, som i vore Dage. Imidlertid havde Kongen til Gjengjæld for Lybekernes Voldsgjæstning paa Bornholm ladet Søren Norby foretage fra Sydfalster et Tog mod Travemynde og Lybeks nærmeste Omegn, hvor Landsbyer brændtes og godt Bytte bortførtes. Kongen var selv med nogen Forstærkning kommen over til Holsten. Slesvigholstenerne saa sig nu inddragne i en Forvikling, der slet ikke var i deres Interesse. Derfor kom det ogsaa til Underhandlinger mellem Lybek og Hertug Frederik, der naturligt og pligtmæssigt søgte fortrinsvis sine Landes Bedste, og som i Forbindelse med Hertugdømmernes Stænder sluttede en Overenskomst om Neutralitet for Slesvig og Holsten med Lybek, ikke uden Betænkeligheder fra Stadens Side, fordi den kunde haabe at ramme Kongen føleligt i hans holstenske Lande. Kongen kunde heller ikke være synderlig tilfreds med at see en Del af sin Magt bunden i det Øieblik, da

Krigen allerede var begyndt, skjøndt ikke erklæret. Da imidlertid Hertugen støttedes af Landstænderne, og da Neutraliteten ogsaa dækkede Kongens Lande i Hertugdømmerne, bekvemmede han sig dog til at godkjende Overenskomsten den 15de November 1509 i Rendsborg.

Men i Østersøen fortsattes Fjendtlighederne, og Kong Hans udstedte i Slutningen af Aaret Kaperbreve imod Lybekerne og deres Hjælpere; den samme Forholdsregel toges fra Lybekernes Side. En stor Ulykke havde imidlertid ramt disse, idet deres Flaade, som sent forlod Stokholm, blev overfalden af en heftig Storm, saa at nogle af de største Skibe forgik, andre maatte med svært Havari ty ind til Danzig. Af 18 Skibe kom de to Raadsherrer kun med 6 tilbage til Lybek.

Denne Krig har havt en varig Indflydelse paa Handelsforholdene i Østersøen derved, at den bevirkede en Spaltning i den Del af Hanseforbundet selv, der endnu holdt sammen; Danzig, Reval, Riga og andre østlige Stæder stilte sig fra de vendiske Stæder for ikke at see den indbringende Handel med Danmark forstyrret, og for at drage Hollænderne til sig. Thi ogsaa disse bleve indviklede i Søkrigen i Østersøen, da Kong Hans begunstigede deres Seilads paa dette Farvand og deres Handel i hans Lande. Lybekerne betragtede med Harme Hollændernes tiltagende Indtrængen i de Handelsveie, de kaldte deres: Farten paa den indre Østersø. Det er denne Krig, der bringer Lybek det første Budskab om, at Christenhedens almindelige Forhold ere i Færd med at tage en Vending til deres Skade. Opdagelsen af den nye Verden og af Søveien til Indien, Aabningen af Søfarten over de store Verdenshave, de vestlige Landes stærke Opsving i Slutningen af det 15de og den første Halvdel af det 16de Aarhundrede, drog efterhaanden Handelens store Strøm fra Italien, Mellemeuropa og Østersøens Hansestæder over til de vestlige Lande. Som Venedig følte Lybek Strømmen vende sig og kæmpede med al Kraft og stor Heftighed for at holde den i det gamle Leie. Dette er den dybere Grund til Lybeks tre blodige Krige imod Kong Hans, Christiern den Anden og Christian den Tredie, indtil det i Grevens Feide havde udtømt sine Kræfter i frugtesløs Anstrengelse imod de nye Forholds ustandselige Magt. Om man i Lybek allerede under Feiden med Kong Hans har forudseet denne Handelsveienes Forandring, veed jeg ikke. En Mand var der dog i Hansestæderne, der anede det Nye, som maatte komme: Hamborgs kloge Borgermester Herman Langenbek, som derfor ogsaa saavidt muligt holdt sin Stad udenfor Lybekernes Krig og benyttede Hamborgs Beliggenhed til at drage Fordelene af de vestlige Folks Opsving. Men om og hverken Kong Hans eller Lybekerne have havt vidtskuende Blik nok til at fatte den hele Betydning af Hollændernes voxende Handel paa Østersøen, eller at skue en ny Tid drage ind over Norden i Forbindelse med de hollandske Skibe og Kjøbmænd, saa begrebe de dog Begge den umiddelbare Virkning af disses Kappestrid med Hanseaterne. Derfor begunstigede Kong Hans den paa alle Maader, medens Lybekerne bekæmpede den med Opbydelse af alle Kræfter. Denne Krig imellem Kong Hans og Lybekerne fik derved en langt større Betydning end blot som en Kamp for at hindre og for at tiltvinge sig den frie Fart paa Sverrig: den blev en Kamp om at aabne og om at lukke Østersøen for Hollænderne, en Kamp for og imod en ny Tid i Norden.

Forstaaer man Situationen saaledes, vil man finde det naturligt, at paa den Hansedag, Lybek havde sammenkaldt i Januar 1510 for at faa de andre Hansestæders Bistand i Krigen, sluttede kun Bismar, Rostok, Stralsund og tildels Lyneborg sig til det, da de havde Interesse fælles med Lybek, medens hverken Danzig eller Hamborg vilde tage Del i Krigen, der vel allerede i Virkeligheden havde været ført et Aarstid, men som Lybek dog nu først vedkjendte sig ved en formelig Krigserklæring af 21de April 1510 imod Kong Hans. I Holland, Brabant, Seland, Antverpen, Amsterdam lod Lybek tillige bekjendtgjøre, at de skulde holde sig fra Kongens Strømme og ikke gjøre ham Hjælp eller Tilførsel, da de i modsat Fald vilde blive behandlede som Fjender.

Med spændt Opmærksomhed havde Krigspartiet i Sverrig fulgt Begivenhedernes Udvikling. Det havde i Efteraaret 1509 ikke kunnet faa det svenske Rigsraad videre end til en Handelstraktat med Lybek; men det formaaede dog ved sine Indvendinger imod den kjøbenhavnske Fredstraktat af 17de August 1509 at forsinke dennes Fuldbyrdelse. Og nu lykkedes det Hemming Gad paany at tilvebringe en Sammensværgelse af samme Art og med samme Virkning som Vadstena-Forbundet af 1501. I Vesteraas forbandt sig den 2den Marts 1510 Rigsforstanderen Svante Nielsen

Sture, Hemming Gad, Niels Boosen, Sten Christersen, Aage Hansen, Trotte og Johan Mogensen imod Fuldbyrdelsen af Freden under det Paaskud, at Rigsraadets Sendebud havde i Kjøbenhavn overskredet deres Fuldmagt ved at forpligte Sverrig til Betaling af den aarlige Afgift til Kongen, forinden denne havde tilbagegivet Riget Kalmar Slot, Øland og Borgholm. De ville derfor aldrig tilstede, at en saadan Afgift svares til Kong Hans, Sverrigs aabenbare Fjende, Riget til Haan og Skændsel, og de ville straffe Enhver, Verdslig eller Geistlig, der vil modsætte sig dette deres Forbud. „For Øie er", tilføie de, „at Almuen over alt Riget aabenbarlig har nægtet og undsagt med Ja og oprakte Hænder Kong Hans og alle hans Efterkommere, og at den ei er tilsinds, at Riget skal nogen Pengesum udgive til en Anerkjendelse, menende, som i Sandhed er, at det er os og dem for nær baade til Ære og Rygte, hvor det spørges blandt christne Herrer og Fyrster, helst forbi han endnu bestræber sig for med al List og Lempe at indbrage de Tyranner, Hedninger og Kjættere, hans svorne Brødre de afskaarne (d. e. skismatiske) Russer ind paa Riget og Christendommen igjen, som han tilforn gjort og stemplet haver, og derfor haver sin Herold Mester David aarlig liggende hos Storfyrsten af Rusland, stemplende alt Ondt ind paa dette fattige Rige og Christendommen, saa at vi vide os ingen Stund fri for de afskaarne Russer!"

I dette Forbundsbrev gjenkjendes Hemming Gads Tanker og Pen saavelsom hans henfynsløse Omgang med Sandheden. Det er ligefrem opdigtet, at de svenske Sendebud have i Kjøbenhavn overskredet deres Fuldmagt. Vi have endnu denne, medbeseglet af Rigsforstanderen, Niels Boosen, Sten Christersen, Aage Hansen og Trotte Mogensen; de Sammensvorne vidste altsaa, at Fuldmagten var holdt i ganske almindelige Udtryk, uden nogetsomhelst Paalæg om at betinge den aarlige Udbetaling af Kalmars, Ølands og Borgholms foregaaende Udlevering. De kunde heller ikke være uvidende om, at den svenske Almue bevislig var træt af Krigen, og at den slet ikke havde havt Leilighed til at udtale nogen Mening om den kjøbenhavnske Traktat. Og hvad Anklagen for Ophidselse af Russerne angaaer, da var den et tomt Paaskud, saasom Sverrig siden 1504 havde en tyveaarig Stilstand med Rusland, hvilken den daværende Storfyrste Vasilius var saa langt fra at vise nogen Tilbøielighed til at bryde, at han i de samme Dage, i Marts 1510, fornyede den paa 60 Aar.

Støttet til denne Sammensværgelse fik Svante Sture atter Overmagten i Rigsraadet, saa at den kjøbenhavnske Fred for det Første ikke blev bekræftet. Men det synes dog, at Flertallet ikke er veget for det krigslystne Mindretal uden betydelig Modstand; thi først hen i Juni Maaned bekvemmede Rigsraadet sig til at bryde med Kongen. Vi have endnu to Skrivelser, der røbe Parti- kampen i Raadet: en af 8de Juni 1510 til det danske Rigsraad, fuld af Klager over al den Uret, Kongen har tilføiet Sverrig, men endnu dog uden bestemt Opsigelse af den kjøbenhavnske Fred; og en to Dage yngre, ligeledes fra Rigsraad til Rigsraad, hvori nu Vesteraas-Foreningens Grundpaastand er helt optaget, nemlig at de svenske Fuldmægtige have i Kjøbenhavn gaaet udenfor deres Bemyndigelse deri, at de ikke havde betinget Kalmars og Borg- holms Slotte med Øland tilbagegivne Sverrigs Rige førend den aarlige Pengeafgift udbetaltes. Man seer det svenske Rigsraad vride og vende sig saa længe som muligt, inden det vil underkaste sig Rigsforstanderen og uretfærdig kaste Ansvaret for det nye Brud med Kongen og Danmark-Norge fra ham og hans Medsammen- svorne over paa de sex ansete Medlemmer af Raadet selv, der havde underhandlet Freden i Kjøbenhavn. Men Rigsforstanderen gik med saa meget mindre Betænkning fremad paa den betraadte Vei, som han nu kunde være vis paa de vendiske Stæders kraftige Bistand.

Lybeks Krigserklæring traf ikke Kong Hans forsagt eller ufor- beredt. Det danske Folk stod fast ved hans Side i denne dobbelte Krig, der krævede Anspændelse af alle Kræfter. Paa en Herredag i Kalundborg, i Marts 1510, hvortil ogsaa Udsendte fra Kjøb- stæderne var tilkaldte, bevilligedes der Kongen et Skattepaalæg paa Borgere og Bønder. Kongen stræbte fornemlig at hæve sin Sø- magt for at møde Lybekerne i Østersøen; thi dette var Hovedkam- pen. Til Lands gjaldt det om at føre en Forsvarskrig til at fast- holde Kalmar og Borgholm og afværge ødelæggende Indfald i de østlige danske Landskaber. Men saa vel rustet Kongen end var til at fylde Søen med Krydsere og holde Sverrig blokeret, saa var dette dog ikke tilstrækkeligt til at optræde imod en Sømagt af den Betydenhed som Lybek og de tre andre vendiske Stæder. Danmark

og Norge havde øvede Sømænd og udmærkede Førere; men der
skal Tid til at fremskaffe det umaalelige Materiel, en Storflaade
kræver. Derfor kunde Kongen trods al Virksomhed endnu i Aaret
1510 ikke hævde Østersøen imod Lybekerne, der vare i Søen ved
Paasketid og efter at have indtaget en Skare hvervede Landsknegte
angrebe de danske Øer, først Lolland, som Bønderne kjækt og hel-
bigt forsvarede, saa i Mai Møen, hvor det aabne Land hærjedes.
Men da Landsknegtene den 1ste Juni 1510 angrebe Stege, som
dengang havde et fast Slot, og hvor Lensmanden Anders Bilde
havde truffet meget gode Forsvarsanstalter, bleve de ved Slotsher-
rens og Borgernes forenede Anstrengelser slaaede tilbage med stort
Tab og ilede at indskibe sig paany; deres Anfører Stolterbole blev
dødelig saaret. De gik derpaa ind i Øresund, hvor en talrig
Flaade af danske og hollandske Handelsskibe ved Helsingør ventede
paa en føielig Vind; og her begyndte nu Lybekerne Krigen med
Hollænderne, idet de toge 11 af disses Skibe, medens Resten flyg-
tede ud i Kattegat. Efter at have beskudt Helsingør, satte Flaaden
Seil til for Travemynde, hvor den længe opholdtes ved fortræde-
lige Underhandlinger med Landsknegtene, hvis Fordringer Lybeks
Raad maatte underkaste sig med stor Bekostning.

Forstærket fra Rostok, Wismar og Stralsund løb Flaaden atter
ud i Begyndelsen af Juli Maaned, nu til Bornholm, der blev brand-
skattet. Medens den laa her, kom Bud fra Rigsforstanderen om at
række ham Haanden ved Kalmar, hvor han havde angrebet Slottet
ligesom ogsaa Borgholm paa Øland. Da Kongen vel betænkt endnu
holdt sin utilstrækkelige Sømagt i Havn, hindrede Intet Foreningen
af Lybekerne og de Svenske sidst i Juli. En foreløbig Aftale blev
truffen imellem dem; ni svenske Skibe forenede sig med den lybske
Flaade. Et anseeligt Gesandtskab af svenske Rigsraader med Hem-
ming Gad og Sten Christersen i Spidsen, samt Svantes Søn,
den unge Sten Sture, gik ombord for at deltage i Flaadens
Bedrifter, der ikke kunde være andet end Ødelæggelse paa de danske
Kyster, og for at slutte et endeligt Forbund imellem de vendiske
Stæder og Sverrig. Den forenede Flaade stod altsaa Syd ud af
Kalmarsund tilbage til Lybek; men paa Veien hærjede den Ble-
kings, Skaanes og Lollands Kyster, hvor Landsbyer og de aabne
Smaakjøbstæder hjemsøgtes. Avaskær lagdes i Aske og reiste sig
ikke mere, Ystad i Skaane, Røbby og Nakskov, Aalevad Bispe-

gaard og et stort Kloster paa Lolland, Halsted eller Maribo, ud-
plyndredes; men til Lollands Forsvar havde Kongen sendt sin høit-
betroede Mand Henrik Krummedige, der bibragte Lybekernes Lands-
knegte et føleligt Tab og drev dem tilbage til Flaaden. Nu kunde
de to lybske Raadsherrer, der havde Overbefalingen, ikke formaa
dem til flere Foretagender. Landsknegtene mente, at de iaar havde
brændt Bøndergaarde nok for deres Sold; der maatte ogsaa være
noget at brænde til næste Aar, de vilde tilbage med deres Bytte.
Raadsherrerne maatte give efter: den 23de August 1510 laa Flaa-
den atter ved Travemynde, hvor Landsknegtene bleve udskibede,
men voldte Lybeks Raad saa store Bryderier der og i Staden, at
man maatte see at faa dem afstedigede. De traadte strax over i
Kongens Tjeneste. Imidlertid førte Underhandlingerne mellem de
svenske Sendebud og Lybeks Raad til en Forbundstraktat af 17de
September 1510, vedtaget paa et Møde af de sex vendiske Stæder,
men kun beseglet af Lybek. Hanseater og Svenske forbandt sig her
til at føre Krigen til Lands og til Vands med alle Kræfter og
ikke slutte nogen Stilstand eller Fred uden efter fælles Overlæg.
Hemming Gad forblev i Lybek for at gjøre Kongen og Danmark
al den Skade, han formaaede, medens de andre Sendebud og den
unge Sten Sture om Efteraaret vendte tilbage med den svenske
Flaadeafdeling, forstærket med 12 lybske Orlogsskibe. Paa Veien
jagede denne Flaade 8 danske Skibe ind til Visborg og forhindrede
saaledes det beleirede Borgholms Undsætning. Dette tredie Kryds-
togt af den lybske Flaade benyttede Kjøbmændene i de vendiske
Stæder til at sende Skibe og Gods til og fra Sverrig, Livland
og Preussen; men den største Del deraf faldt siden i Hænderne
paa Kongens Krydsere.

Samtidigt med Søkrigen havde Rigsforstanderen ført Krigen
til Lands med vexlende Held. Naturligvis rettedes hans Anstren-
gelser fornemlig mod Kalmar Slot og Borgholm, der ikke kunde
faa tilstrækkelig Bistand fra Danmark, da Østersøen ikke længer
beherskedes af Kongens Udliggere. Derfor faldt Kalmar Slot alle-
rede i September, Borgholm med Øland den 24de November;
Sverrig havde saaledes endelig efter 13 Aars Forløb tilbagevundet
sit hele Land. Derimod havde det mistet en af sine bedste Mænd,
sin Bayard Aage Hansen. Han skulde fra Vestergøtland angribe
Skaane. Da han fra Markaryd drog gjennem en Snevring, kaldet

Fantehullet, fandt han den besat af den danske Befalingsmand i Skaane Tyge Krabbe, Lensmand paa Helsingborg. Aage Hansen vilde bane sig Vei med Sværdet, men fældedes af Lars Frost, en af Ærkebiskop Birgers Huskarle. Hans Død voldte de Svenskes fuldstændige Nederlag den 27de August 1510. Hele Sverrig sørgede over denne prægtige Riddersmands Fald, der knap opveiedes af Glæden over Kalmars og Borgholms Erobring. Det forandrede desuden Sagernes Stilling i Sverrigs sydlige Landskaber; thi medens Vestergøtland i hans Tid havde været Udgangspunktet for jevnlige Angreb paa Bahus og Vigen, Halland og Skaane, laa det nu aabent for Hertug Christiern, som i Norge havde i Slutningen af 1510 samlet en ikke ubetydelig Krigsmagt af Danske, Norske og Skotter, hvormed han strax efter Nytaar brød ind i Sverrig og uden Modstand hjemsøgte Vestergøtland og Smaaland, først Skara, sidst Jønkøping i Januar og Februar 1511. Svante Sture havde ikke truffet tilstrækkelige Anstalter til disse Egnes Forsvar efter Aage Hansens Død, skjøndt der gik Rygter nok foran Hertugens Tog, og skjøndt Ture Jensen, af tre Roser, der førte Overbefalingen i Vestergøtland, raabte høit nok om Bistand. Det synes, at Rigsforstanderen har frygtet et Angreb paa Stokholm og Øvresverrig fra Søsiden, saa at han ikke har vovet at forlade disse Egne eller at svække den Styrke, han der havde samlet. Hertug Christierns Tog medførte iøvrigt ingen varige Følger. Han besatte ingen fast Plads, men nødte Almuen til at hylde Kongen paany og betale Skat og Brandskat til ham. Da han ingen Modstand fandt og holdt nogenlunde god Krigstugt efter Tidens Leilighed, mishandledes Almuen ikke slet saa hensynsløst som ellers sædvanligt i Datidens Krige. Dog forefaldt ogsaa Plyndringer, saasom i og om Jønkøping. Dette Togs vigtigste Virkning var imidlertid, at det rystede Rigsforstanderens hele Stilling ved den almindelige Misfornøielse over, at to Landskaber kunde saaledes gjennemstreifes og brandskattes uden Modstand.

At Hertug Christiern ikke udrettede Mere paa dette Krigstog var betinget af Kongens hele Krigsførelse, der krævede, at nu efter Kalmars og Borgholms Fald skulde Landkrigen træde tilbage, medens Søkrigen blev Hovedsagen. Paa Sømagten skulde Kræfterne anvendes. Lybek, ikke Sverrig, var Hovedfjenden, at hævde Østersøen Hovedopgaven. Lykkedes dette, maatte Sverrig dog tilsidst bøie fig. Men dertil udkrævedes, at Kongen holdt fin Søemagts Hovedstyrke tilbage, indtil den var bleven stor nok til at kunne maale fig med Fjendens. Vi fee derfor ogfaa kun Krydfere og mindre Afdelinger i Søen i Aaret 1510. Men imidlertid var Kong Hans og hans Mænd i ftørfte Virkfomhed for at tilveiebringe en ftor Flaade. I Kjøbenhavn, i Kalundborg, i Sønderborg byggedes nye Skibe, af hvilke Engelen og Maria vare ftørre og ftærkere end noget Skib, fom hidtil var feet i Øfterføen. Hvert af dem fik foruden Søfolkene en Befætning af 500 Skytter og et talrigt Artilleri. Skibe kjøbtes i England og Skotland; Kongens Søfterføn og trofafte Ven, Kong Jakob den Fjerde af Skotland, fendte baade Skibe og Krigsfolk. Bifkopperne, de ftore Lensmænd og Kjøbftæderne maatte ogfaa ftille bemandede Skibe; men Hovedfagen var dog Kongens egne Skibe, der bleve Grundvolden for den nyere danfte Flaade, hvis Skaber Kong Hans med Føie kan kaldes. Saaledes vel forberedt kunde han træde ind i Foraaret og Sommeren 1511, hvor Afgjørelfen maatte falde. Denne forftandige Krigsførelfe har Kongen felv al Æren for. Vi vide ikke, at enten hans Søn eller nogen Anden har havt væfenlig Indflydelfe paa Planerne og Overledelfen. Hertil, til en Konges Gjerning, har Kong Hans været mere fkikket end til en Hærførers. Med Undtagelfe af Fufentafteriet i Ditmarften er der Forftand, Ro, Udholdenhed baade i hans Politik og hans Krigsførelfe; og navnlig ftod han høit over Faderen i Styrelfen af fine Pengemidler. Vi høre fra Kong Hanfes Tid Intet om de pinlige Forlegenheder, der hvert Øieblik hindrede Chriftiern den Førfte og gjorde ham faa afhængig af Hanfeaterne. Derfor havde Sønnen nu Midler til at ftaffe Danmark den koftbarefte af alle Datidens Statsinftitutioner, en Flaade, der fatte ham iftand til at møde Øfterføens hidtilværende Herfkere og aabne den for Veftens Handel.

Ogfaa Lybek ruftede fig i Vinterens Løb af al Magt for at hævde fit Herredømme i Øfterføen. Raadet havde dog Intet imod en Stilftand paa et halvt Aar, derfom derved Farten paa Sverrig kunde blive fri faa længe. Men uagtet baade Keiferen; hvem Øfterføens Frihed og Sikkerhed var vigtig for de habsburgfke Nederlandes Skyld, og Kurfyrft Joakim af Brandenborg i Marts 1511 ftræbte at tilveiebringe en midlertidig Standsning i Krigen, vilde Kong Hans ikke høre tale derom. Fri Fart paa Sverrig

var han fast bestemt paa ikke at tilstaa, og fra Holland var ham
lovet kraftig Bistand, da Lybek selv i forrige Aar havde begyndt
Fjendtlighederne imod Amsterdam, Seland og Vestfriesland ved at
borttage deres Skibe i Øresund og formene dem Farten gjennem
Sundet. Lybekerne havde altsaa kun Valget imellem at gaa til-
bage til Nykjøbingsrecessen af 1507 og bryde det nys sluttede For-
bund med Sverrig, eller at ruste sig til et nyt Krigstog, end-
skjøndt Byrderne næsten oversteg deres Kræfter. De søgte derfor
Bistand hos de andre Hansestæder, som kaldtes til et Møde i
Lybek ved Pintsetid; men her fik de kun ringe Trøst. Bismar,
Rostok og Stralsund bleve dem vel tro; men Danzig nægtede at
blande sig i Krigen, og Hamborg lod ligeledes Søsterstaden i
Stikken. Især for Danzig var Enehandelen paa Danmark ind-
bringende. Ogsaa Sildefiskeriet ved Skaanes Kyster havde denne
Stad i Krigsaarene næsten ene for sig. De tre vendiske Stæders
Bistand svækkedes betydeligt ved Kongens Forbindelser med Hertu-
gerne af Meklenborg og Pommern, som gjerne grebe Leiligheden
til at kue Borgere, der saa godt som kun af Navn vilde erkjende
dem for Overherrer. Stralsund lovede at lade tre Skibe forene
sig med Lybeks Flaade. Denne Stad vilde selv beholde sin Krigs-
magt i sin egen Haand, medens Bismar og Rostok gave Penge til
Lybek, der dog ogsaa med denne Hjælp maatte tage den største Del
af Byrden paa sine Skuldre. Først i Juli 1511 kunde det lade
en stor og vel udrustet Flaade gaa i Søen for at forene sig med
Stralsunderne. To Raadsherrer, Fritze Gravert og Herman Falke,
førte Overbefalingen.

Men i dette Aar var Kongen nu saa vidt færdig med sine
Forberedelser, at hans Flaade kunde være tidligere i Søen end
Fjendens. I Slutningen af Mai 1511 laa ved Refshalen en
Flaade, hvis Lige Danmark ikke havde havt i flere Aarhundreder.
Den bestod af 20 Skibe af forskjellig Størrelse. Admiralskibet
var Engelen, det næststørste Maria. Befalingen førtes af Jens
Holgersen Ulfstand; under ham af Søren Norby og Ti-
leman Gisler. Og ret som om Danmark, Lybek, Østersøen
skulde faa Øinene aabnede for, at langt større Ting end en blodig
Sommerkrig, — at en ny Tid var i Frembrud, ankom en stor
hollandsk Handelsflaade paa 250 Skibe, ledsaget af fire Krigsskibe,
for i Forbindelse med den kongelige Flaade at gaa ind i Østersøen

fra Kjøbenhavn. Hollænderne vendte sig derefter mod Øst, til Livland og Preussen, Jens Holgersen imod Vest, hvor han den 1ste Juni 1511 angreb Travemynde, som dog var altfor vel forvaret til at Noget kunde udrettes. Derimod overraskede han den 5te Juni Vismars Havn, tog eller opbrændte de derliggende Skibe, gjorde Landgang, brændte Landsbyerne i Stadens Omegn og tilbageslog et Udfald fra Staden. Efter Vismar hjemsøgtes Barnemynde og Rostoks Omegn; endelig Stralsunds Besiddelser paa Rügen, der helt ødelagdes, og hvor en Troppeafdeling fra Staden blev fuldstændig slaaet. Herfra vendte Jens Holgersen sig mod Øland, hvor hans Folk dog bleve tilbagedrevne af de Svenske; derimod ødelagde de 14 Landsbyer paa Kysten sydfor Kalmar. Efter dette første Krydstog ankrede Flaaden atter ved Kjøbenhavn.

Nu kom Lybeks store Flaade ud. Den bestod af 23 Skibe, men opholdtes længe ved Jasmund af Stralsunderne, der endnu ikke vare færdige med deres tre Skibe. Kjede af at vente, og da deres lette Fartøier meldte fra Sundet, at Kongens Flaade var gaaet i Havn og ikke mere vilde komme ud i denne Sommer, satte Lybekerne alene Kursen til Bornholm. De have sikkert allerede dengang havt Øiet paa denne Ø som en høist beleilig Post for deres Magt og deres Handel i Østersøen. De begyndte allerede Landgangen og agtede at bestorme Hammershus; da saaes den danske Flaade for fulde Seil. Den 9de August 1511 stødte Flaaderne sammen. Slaget var langvarigt og blodigt. Om Aftenen skilte en heftig Sydostvind dem ad; de Danske ankrede op under Bornholm, Fjenden gik til Søes. Ingen af dem havde seiret, derfor tilskreve begge Parter sig Seiren. I Lybek anordnede man en Taklefest; men det havde fornummet, at efter et saalænge ubestridt Herredømme som Østersøens første Sømagt havde det nu fundet sin Ligemand. Det er i det Mindre hvad den gigantiske Søkamp var i Midten af det følgende Aarhundrede mellem Hollands Tromp og Englands Blake: den hidtilværende Hersker vil ikke lade sig fortrænge fra den første Plads af en ny Magt og nye Mænd, som have baade Mod og Dygtighed til at fravriste ham Seirskrandsen.

Lybekerne vare efter Slaget gaaede dybere ind i Østersøen. Her fik de Efterretning om, at den store hollandske Koffardiflaade, som imidlertid havde i Reval, Riga og Königsberg indtaget en rig

Ladning, laa mellem Danzig og Hela. Med Rovfuglens Gridsk-
hed kastede de sig over de Værgeløse. De fire konvoierende Krigs-
skibe undslap lykkeligt til de Danske under Bornholm. Handels-
flaaden blev for en Del brændt; 18 af de bedste Skibe, ladede
med Rug, Kobber og Vox, toge de med sig, nogle spredtes i Søen,
eller landsattes, eller kom ind til Danzig. Nu gjaldt det at bringe
det rige Bytte i Sikkerhed. Kursen sattes ad Travemynde til.
Den danske Flaade ved Bornholm havde imidlertid ogsaa havt sit
Held. De tre stralsundske Orlogsskibe vare endelig blevne seilklare
og stode over mod Bornholm for efter Aftalen at forene sig med
Lybekerne. Nu kom de seilende lige ind i den danske Flaade. De
to bleve tagne, det tredie undslap. Da ankom de fire Hollændere
med Melding om Ulykken ved Hela. Strax lettede Jens Holger-
sen og stod over mod Danzig. Under Pommerns Kyst traf han
atter sin Fjende den 14de August om Morgenen. Lybekerne kæm-
pede kjækt og forstandigt for at bringe Byttet i Havn, og det lyk-
kedes dem. En Del af deres Orlogsskibe lode de seile videre med
Priserne, medens Raadsherrerne med de 10 største Skibe optoge
Kampen med den danske Flaade. Denne Gang blev Jens Holger-
sen heller ikke slagen; men han havde det Uheld, at i Admiralski-
bets yderst heftige og blodige Kamp blev Roret bortskudt, hvorfor
han maatte lade sine Seil falde, da Skibet ikke længer kunde na-
vigeres. De andre Skibe, som ikke vidste hvad der var steet paa
Engelen og antoge det for et Tegn til at standse Kampen, lode
ligeledes Seilene falde; inden Misforstaaelsen opklaredes, havde
Fjenden benyttet Standsningen til at trække sig ud af Kampen og
staa ad Travemynde til, hvor den anden Afdeling med de tagne
Priser allerede var ankommen. Ogsaa denne Gang var Seirsjub-
len i Lybek stor; dets Flaade havde dog kun undgaaet Ødelæggelse.
Da Fjenden var undsluppen, gik Jens Holgersen til Hela og sam-
lede de i Søen adspredte tiloversblevne Hollændere, der saaledes
bleve frelste for deres Eiere. Om Efteraaret sendte Lybek endnu
18 Skibe fuldt ladede til Sverrig, hvor de bleve meget velkomne.
Uagtet disse paa eet nær skulle være komne lykkelig tilbage til Ly-
bek, forblev Kong Hans dog i det Hele Herre i Østersøen.

Men naar det saaledes var indlysende, at Lybek ikke længer
kunde blive det, saa var denne Krig altfor ødelæggende for Sta-
dens Velstand til at den kunde udholdes ret længe. Ja havde

Lybek og Sverrig i Forening overvundet Kong Hans, da havde
de store Offere bragt en rig Høst.   Herredømmet i Østersøen havde
muliggjort Lybeks endelige Maal, at tvinge de østlige Landes vig-
tigste Varer, Stapelgods som de kaldte dem, bort fra Øresund til
Lybek, hvorfra de saa enten umiddelbart til Søes, eller over Land
og videre ad Elben og Nordsøen, skulde tilføres de vestlige Lande;
da kunde Fordelene meer end opveie Tabene ved en midlertidig Ude-
lukkelse fra de nordiske Riger, som desuden snart vilde været nødte
til at bortlægge Vaabnene og atter taale det hanseatiske Aag paa
deres Næringsvirksomhed.   Men formaaede Lybek, ladt i Stikken
af Danzig og Hamborg, svagt understøttet af Vismar, Rostok og
Stralsund, ikke med de største Opoffrelser andet end netop at maale
sig med den danske Flaade, medens det ved Røveranfald paa Ne-
derlænderne havde paadraget sig en Krig med disse, saa var det
mere, end selv saa rig en Stad kunde udholde, at see sig udelukket
fra Norden, see al Fordelen af Handelen ikke alene med Danmark
og Norge, men med de vestlige Lande, i sine Fjenders og Rivalers
Hænder, og at faa Skibe og Ladninger opbragte, Gods og Penge-
fordringer i Kongens Lande konfiskerede.   Lybek selv anslog sit Tab
ved Kaperier o. desl. til ikke mindre end een Million Gylden*).
Kunde Sverrig ikke gjøre mere for at kaste Kong Hans og hans
Søn til Jorden, end det havde gjort siden Aage Hansens Fald,
saa var Forbundet snarere til Byrde end til Hjælp for Lybek. For-
gjæves vare derfor alle Hemming Gads gløbende Philippiker mod
Kong Hans.   Han maatte endda være glad ved, at Kongen ikke
fik Paven til at behandle ham som en Oprører mod Kirken og
— hvad Kongen virkelig anmodede Julius den Anden om, — lade
ham af Lybeks Biskop fængsle og sende til Rom til Strafs Lidelse.
I Lybek forblev han vel personlig fri; men her var han dog ikke
paa den samme Grund af gløbende Folkehad som i Sverrig.
     Lybek maatte tænke paa Fred: at det ikke havde seiret i 1511,
fik den samme Virkning, som om det havde lidt et Nederlag. Om
det er Lybeks Raad, der har henvendt sig til Kurfyrst Joakim, eller
denne, der atter har tilbudt sin Mægling, faaer staa uafgjort;
men henimod Aarets Slutning sendte Kurfyrsten sit Bud til Kong

---

*) H. Handelmann, Die letzten Zeiten Hansischer Übermacht im skandi-
     navischen Norden, p. 29. 261 efter Utrykt.

Hans for at faa ham til at indgaa en Stilstand paa 3, 4 eller 6 Aar, imod at Lybek strax betalte en Pengesum og siden hvert Aar en Afgift, dog at det derimod fik sine Privilegier og Friheder i Danmark og Norge tilbage. Men Kongen, som forelagde Sagen for Rigsraadet, svarede Kurfyrsten den 9de December 1511, at han ikke kunde antage dette Forslag. Kongen vilde selvfølgelig ikke forspilde Stillingens Fordele ved at samtykke i en Stilstand, der hævede Sverrigs Blokade og Lybeks øieblikkelige Forlegenhed og saaledes satte dem istand til efter nogle Aars Forløb at optage Kampen med nye Kræfter.

Men hvad havde da Sverrig foretaget sig, medens Lybek førte den blodige Kamp? Intet, eller saa godt som Intet. Ved Kalmars og Borgholms Indtagelse havde det endelig tilbagevundet sit hele Land. Folket var tilfredsstillet og træt. Partistriden udbrød paany; og Rigsforstanderen, der ingenlunde var en Mand som den gamle Hr. Sten Sture, havde mistet sine vigtigste Støtter. Med Erik Turesen i Finland, som misbilligede Forbundet med Lybek, var han kommen i Strid; og denne Finlands udmærket dygtige Regent døde inden Udsoningen, i Foraaret 1511. Aage Hansen var falden; en anden Mand som ham havde Sverrig ikke. Hemming Gad fortærede sig i Lybek med at modarbeide Kong Hans. Med den urolige, lidenskabelige Sten Christersen Oxenstjerne var Svante kommen i Strid. I Juli 1511 stod Sten Christersen i Vaaben mod ham. Det undertrykte Flertal i Rigsraadet begyndte atter at reise Hovedet. Ved Rigsforstanderens Side stod kun hans Søn, den unge Sten Sture. Denne havde nu naaet den Alder, at han kunde optræde handlende paa egen Haand. Den unge Mand førte den svenske Krigsmagt i Vestergøtland efter Aage Hansens Fald. En Kamp stod der den 15de Juni 1511 mellem ham og Besætningen paa Bahus, vi vide ikke med hvilket Udfald. Gribende er det at see de to unge Mænd, Hertug Christiern og Sten Sture, hver som sin Faders Støtte, allerede nu mødes i den Kamp, de ni Aar efter skulde udfægte under endnu mere rystende Forhold.

Rigsforstanderen blev bestandig omgiven af større og større Vanskeligheder. Hvad han havde gjort imod den gamle Sten Sture i Aarene 1496 og 1497 kom nu over hans eget Hoved. Den stigende Misfornøielse med hans Regering førte atter Ærkebiskoppen Jakob Ulfsen som Rigsraadets Formand frem paa den politiske

Kampplads; og til ham sluttede sig flere og flere af de andre Rigs-
raader, endog nogle af dem, der havde været med i Svantes og
Hemming Gads Vesteraas-Forbund af 2den Marts 1510. En
Herredag samledes i Strængnæs i September 1511, uden Rigs-
forstanderen; snart enedes man om, at fjerne Svante fra Regerin-
gen. Hvad man klagede over sees af de mellem ham og Rigsraa-
det vexlede Breve. Raadet klager høit over, at Riget er i hans
Tid kommet i meget Forbærv, imod dets Raad og Villie. Man-
gen God Mand, hvem hans Gods i Danmark og Norge var til-
sikret ved Dagtingningen i Kjøbenhavn 1504, mistede det, fordi
Kalmarmødet blev forsømt. Det bærer Rigsforstanderen og hans
Raadgivere Skylden for. Derfor har ogsaa mangen Mand mistet
sit Liv. Mange andre Fredsmøder har han forhindret og forstyr-
ret, navnlig den i Kjøbenhavn sidst sluttede Fred (1509). Vel
vandt Sverrig derefter Kalmar og Borgholm; men saa mistede det
den gode Mand Aage Hansen og mangen anden brav Mand; Kir-
ker og Klostere og Kjøbstæder betyngedes med Skatter, og hvad
værre er: der er ingen Udsigt til, at Riget kan komme i Ro og
Fred igjen. Sverrig har faaet langt større Skade, end den Penge-
sum var værd, som i Freden lovedes Kong Hans. Svante har i
mange Maader brudt Sverrigs Lov og de Eder, han svor ved sin
Antagelse til Regeringen, især deri, at de Gode Mænd, der efter
hans og Raadets Befaling have været udsendte paa deres egen
Bekostning i Rigets Ærinder, har han imod sin Ed og Raadets
Villie frataget deres Forleninger og givet et ondt Rygte, dem til
Foragt, med sin hadske Tale. Rigets Mønt er i hans Tid saa-
ledes forringet, at Kronen, Kirken og Ridderskabet har mistet hver
femte Penning af deres aarlige Rente, mange ulovlige Skatter ere
paalagte, Almuen forurettet med utilbørligt Gjæsteri, ja selv Rigs-
raadernes Bønder, der ligge til Dagsværk, ere betyngede. Raadet
havde henvist Linkøpings Bispestols Rente til Domkapitlet; men
Rigsforstanderen har tvertimod forsvaret Hemming Gad i Oppe-
børselen, medens Raadet havde forbudt ham den; han har for-
vandlet Slotslovene anderledes end tilbørligt er, han har sat Lag-
mænd og Herredshøvdinger imod Loven baade i Finland og i
Sverrig o. fl. fremd.

At Rigsforstanderen ikke blev Svar skyldig paa dette Synde-
register, kan man vel vide; men Raadet blev ham ikke gunstigere,

18*

det besluttede at tage Regeringen i sin egen Haand og forskaffe Landet Fred. En Henvendelse til det danske Rigsraad førte til Aftale om at mødes i Halmstad i Januar 1512. Ogsaa dette Møde havde Svante vistnok enten forhindret eller vidst at gjøre frugtesløst, havde Døden ikke overrasket ham i en Forsamling med Bjergmændene i Vesteraas den 2den Januar 1512. Han havde endnu ikke endt sin Tale, da han pludselig blegnede og sank tilbage, ramt af et Slagtilfælde, og kort efter opgav Aanden. Derved faldt Magten i Øieblikket til Fredspartiet, der i Februar sendte sine Fuldmægtige til Halmstad, hvor de mødtes med Hertug Christiern og nogle danske Rigsraader. Kongen selv var ikke tilstede; han holdt paa samme Tid et Fredsmøde med Lybekerne i Flensborg, der imidlertid ikke førte til noget Afgjørende, fordi Lybekerne forlangte de Svenskes Deltagelse i Underhandlingerne, ligesom de Svenske i Halmstad Lybekernes. Saa stærkt var dog nu Alles Ønske om Fred, at man enedes om en Kongres i Malmø, der ogsaa virkelig samledes i April. Og her kom det da til Fred mellem Danmark og Lybek, og til en Overenskomst imellem Kong Hans og det svenske Rigsraad. Der sluttedes ialt f i r e Traktater: tre mellem Kongen og de sex vendiske Stæder Lybek, Bismar, Rostok, Stralsund, Hamborg og Lyneborg, en mellem Kongen, hans Søn Christiern samt det danske Rigsraad paa den ene, og fire fuldmægtige Sendebud fra Sverrig paa den anden Side; alle fire Aktstykker af 23de April 1512. I Hovedtraktaten med de vendiske Stæder fornyedes i Almindelighed disses ældre Rettigheder i Danmark og Norge, og Kongen lovede at bekræfte de enkelte Privilegier, nogen af Stæderne ønskede særligt stadfæstede, vel at mærke, naar Privilegie-Brevene forelagdes ham, saa at han kunde gjøre sig bekjendt med deres Indhold. Opkommer ny Uenighed, afgjøres den ved Voldgiftskjendelse af otte Mænd, fire valgte af hver Part. I Lybekernes Feide med Holland, Seland og Friesland staa Danmarks og Norges Strømme, Havne og Toldsteder begge Parter aabne; men ingen af dem maa i Farvandet under Norge eller mellem Skagens Rev og Falsterbo Rev, eller under Skaane, Bleking og Gulland øve Fjendtligheder mod den anden Part. Disse Dele af Nordsøen og Østersøen anerkjendtes altsaa at staa under den dansk-norske Konges Høihed.

    Til denne Hovedtraktat sluttede sig en hemmelig Traktat med

be sex Stæder, og en ligeledes hemmelig med Lybek alene.
I den første forpligtede Stæderne sig til at afbryde al Handel med
Sverrig, dersom dette paa det forestaaende Møde i 1513, som
strax skal nærmere omtales, ikke vilde underkaste sig Dom af 24
Rigsraader; og Stæderne vedtoge i saa Fald at standse Handelen
paa Sverrig ikke alene strax, men saa længe, indtil Sverrig var
kommet til fuldstændigt Forlig og Enighed med Kong Hans og
hans Søn.   Ved den anden hemmeligholdte Traktat forpligtede
Lybek sig til at betale Kongen, hans Søn eller deres nærmeste
Arvinger og efterfølgende Konger i Danmark 30,000 Gylden, 2,500
otte Dage efter Helligtrekonger Aar 1513, og saa fremdeles i hvert
af de paafølgende 11 Aar.

Kong Hans havde saaledes sat sin Villie igjennem: de ven-
diske Stæder bøiede sig under Hovedbestemmelsen i Nykjøbingsre-
cessen af 1507, og Lybek maatte betale Krigsomkostninger. Kon-
gen havde al Grund til at være tilfreds med sine kjække Sømænd;
at han ogsaa virkelig var det, see vi af et Vidnesbyrd fra det
foregaaende Aar om Jens Holgersen Ulfstand, hvilket endnu i for-
rige Aarhundrede opbevaredes paa Glimminge i Skaane, Jens
Holgersens faste Stenhus. Det lyder saaledes:

„Vi Hans, med Guds Naade D.-S.-N. Konge etc. gjøre
vitterligt, at Os elskelige Jens Holgersen, Vor Mand, Raad og
Embedsmand paa Visborg, haver hertil troligen tjent og bevist
sig mod Os, og endnu dagligen tjener og troligen sig mod Os
beviser udi alle Maader som en ærlig, trofast dansk Mand, at Vi
og alle de, for Vor Skyld ville og skulle gjøre og lade, ere plig-
tige saadan Troskab imod ham og hans Børn kjærligen at for-
skylde. Var det saa, det Gud naadeligen forbyde, at Os Noget
tilkom eller forstakket vorde, førend Vi forskyldet og belønnet finge
den tro Tjeneste og Fasthed, han Os gjort haver og endnu dag-
ligen gjør og beviser, da bede Vi Vor kjære Søn, Høibaarne
Fyrste Hr. Christiern, udvalgt Konge til Danmark og Sverrig
etc., at han efter Vor Død betænker ham og hans Børn og ei
lader ubelønnet den tro og villige Tjeneste med Trohed, han Os
gjort og bevist haver. Var det saa, det Gud forbyde og afvende,
at Nogen vilde Os paa Halsen træde eller fortrænge Vor kjære
Søn, da er han den Mand, og saa tro og fast, at Vor kjære

Søn maa fuldkommelig sætte og have sin Tro og Love til ham og ikke tvivle, at han undfalder eller sviger ham i nogen Maade".

Overenskomsten med Sverrig var af samme Art som de mange andre fra de foregaaende Aar. St. Hansdag Midsommer 1513 skal holdes et Møde i Kjøbenhavn mellem 24 Rigsraader fra alle tre Riger, 12 dansk-norske, 12 svenske, der skulle have en uigjenkaldelig Fuldmagt til at fuldgjøre den Reces, der sidst sluttedes mellem Kongen og det svenske Rigsraads Sendebud (Freden af 17de August 1509), nemlig at indtage Kong Hans som Konge over Sverrigs Rige, eller hans Søn Christiern paa Kongens Vegne, eller give Kongen aarlig en saadan Sum Penge af Sverrigs Krones Indtægter, som de 24 Rigsraader kunne enes om. Kunne de ikke enes, skulle de vendiske Stæder mægle dem imellem, dog at de ikke gaa ned under den kjøbenhavnske Reces. Den Part, som vil holde sig tilbørlig i denne Sag, skulle Stæderne falde til, og den anden Part fra, saa at de ikke gjøre denne nogen Bistand eller Hjælp med Tilførsel eller Afførsel. — I samme Møde skal handles om det konfiskerede Gods og om alle andre Sager mellem Rigerne. Sverrig skal tilstede de Vesterlandske, Nederlænderne, fri Seilads. Døer Kongen inden alt dette er fuldgjort, da skulle de tre Rigers Raad dog komme sammen i Kjøbenhavn ved St. Hansdagstid og da fuldgjøre Kongens Søn Christiern det nu Vedtagne. Indtil Mødet er kommet istand og endt, skal der være Fred til Lands og Vands mellem de tre Riger.

Denne Overenskomst løb jo ogsaa fordelagtigt for Kongen og hans Søn. Sverrig maatte nu gaa tilbage til den kjøbenhavnske Reces af 17de August 1509, som det i Foraaret 1510 havde kastet Vrag paa. Det kom rigtignok an paa, om Malmørecessen vilde blive holdt bedre end de andre, — det er, om Fredspartiet i det svenske Rigsraad kunde fastholde den Overmagt, der for Øieblikket var i dets Haand.

Men Rigsraadet formaaede det ikke. Strax efter Rigsforstanderens Død og Begravelse samledes Flertallet i Arboga, hvor det ikke alene udstedte Fuldmagt for sine Sendebud til Fredsmødet i Halmstad, men ogsaa talte om Besættelsen af Rigsforstanderposten. De Tilstedeværende erklærede sig for Erik Trolle, en Søn af Arvid Trolle, hvis Forkjærlighed for Danmark var gaaet i Arv til Sønnen. I Fuldmagtsbrevet af 19de Januar 1512 kaldes

Erik Trolle Rigsforstander. Men hverken Erik Trolle selv, eller Rigsraadets Formand Ærkebiskoppen, eller nogen Anden af de i Arboga tilstedeværende Raadsherrer, var en stor og farefuld Situation voxen. Og imidlertid havde Svante Nielsens Søn, Sten Svantesen Sture, der dengang vel kun har været en Snes Aar gammel, men allerede havde paa Flaaden 1510 og i Vestergøtland 1511 vist Mod og Duelighed, udfoldet en betydelig Virksomhed og sikret sig nogle af Rigets faste Pladser. Ørebro Slot havde Faderen givet ham selv til Len efter Aage Hansens Død. Bjergmændene, der vare tilstede ved Faderens pludselige Død, havde strax ved List bemægtiget sig Vesteraas Slot og overgivet det til Sønnen, som de hidkaldte fra Ørebro; og idet de holdt Rigsforstanderens Død hemmelig en Dags Tid, udfærdigede de Breve omkring i Landskaberne i Hr. Svantes Navn med Opfordring til at antage Sønnen i hans Sted, da han selv var syg. Ogsaa Befalingsmanden paa Stokholms Slot erklærede sig for den unge Hr. Sten, og saaledes flere Slotte baade i Sverrig og Finland. Paa hans Side stode af Raadet og den høiere Adel Gyldenstjernerne, fordi Sten Sture havde fæstet Christine Nielsdatter Gyldenstjerne, en Datters Sønnedatter af Kong Karl Knudsen, til sin Brud, med hvem han holdt Bryllup i samme Aar 1512; og tillige stod nu, underligt nok, paa hans Side den urolige og ustadige Sten Christersen, Lensmand paa Nykøping Slot, den Samme, der havde reist Oprørsfanen mod Faderen. Den lavere Adel, der saa sig tilsidesat af de store Herrer i Rigsraadet, holdt i det Hele ogsaa med Sten Sture; og at Almuen i det øvre Sverrig, Sturernes gamle Parti, stod paa hans Side, forstaaer sig af sig selv. Mod en saadan Styrke vovede Rigsraadet ikke at gjøre sin paastaaede Ret til ene at vælge Rigsforstander gjældende. Det forsøgte at vinde Almuen paa et Møde ved St. Eriks Tid (18de Mai) i Upsala; men medens Ærkebiskoppen under megen Modsigelse talte paa Torvet for Erik Trolle, holdt Sten Sture Møde med en anden Del af den samlede Almue paa Engene udenfor Byen og fik godt Svar af dem. Intet afgjordes. Valget opsattes til en almindelig Rigsforsamling i Stokholm, hvor begge Parter mødte talrigt og med betydelig Krigsmagt, saa at det nær var kommet til Blodsudgydelse. Dette afvendtes dog; men Folkets almindelige Stemning for Sten Sture var saa afgjort, at Rigsraa-

det maatte give efter. Den 23de Juli 1512 valgtes Sten Svan=
tesen, almindelig kaldet unge Hr. Sten eller Sten Sture den
Yngre, til Sverrigs Riges Forstander.

Hvad Rigsraadets Flertal paastod som sin Ret, hvad det dømte
om Svante Sture og hans Regering, og hvad det frygtede for under
Sønnens, det sees tydeligt af et for hele Situationen høift beteg=
nende Forbund, Herrerne sluttede indbyrdes den 30te Juni, nogle Uger
før den nye Rigsforstanders Valg. „Gjøre vitterligt", sige de, „at
nu vi her forsamlede vare i Stokholm for Rigets mærkelige Ærin=
ders Skyld, have vi overveiet hvad drabelig Skade med Mord,
Brand og Blodsudgydelse Sverrigs Riges Indbyggere have havt
af denne langvarige Feide imellem Rigerne. Og efterdi den al=
mægtige Gud har givet Naade til, at det er kommet til Opslag,
Fred og Rolighed, om vi selv see os viselig for og foretage Sagen
rettelig, findes gode Udveie til at komme fremdeles i en god, be=
standig og evig Fred. Vi have og grandelig overveiet og i Sand=
hed formærket, at denne Krig mest for den Skyld har varet saa
længe, at Nogle saa til Sinds have været, Somme for deres egen
Nyttes Skyld, Somme af Uforstand og Halsstarrighed, at de ofte
have forstyrret mange gode Dagtingninger, som imellem Rigerne
skete ere nu i de næst forledne Aar, Riget og dets Indbyggere til
stor Forsmædelse, at Ord, Ære, Brev og Segl ikke ere blevne
holdte, den menige Mand baade fattige og rige til en ubodelig
Skade og Fordærv. Derfor ere vi nu Alle i den Hellige Trefol=
digheds Navn saa overens vordne, og hverandre det love og tilsige,
at denne Dagtingning og evige Freds Begyndelse, som nu nylig
gjordes i Malmø St. Jørgensdag næst forleden (23de April 1512),
ville vi Alle og hver for sig fast og ubrødelig holde, og med Liv
og Magt tilhjælpe, at hun skal blive holden i alle sine Punkter
og Artikler. Var det saa, det Gud forbyde, at Nogen var i Ri=
get, fattig eller rig, der sig herimod vilde sætte og forstyrre denne
Fred og Dagtingning, eller og trænge Rigets Raad fra Friheder,
Magt og Vælde, som de og deres Forfædre havt have efter Sver=
rigs Lov og gode gamle Sædvaner af Arilds Tid, at stille
Styrelse og Regimente i Riget, som dem tykkes bedst
og nyttigst være efter Tidens Leilighed, besynderlig naar
kronet og salvet Konge ikke er i Landet, da have vi hverandre lovet
og med vor Ed bepligtet, og med dette vort aabne Brev love og

„bepligte os, ikke at tilstede Saadant, men ville det afværge og vedergjøre med Liv og Magt. Var det saa, at Nogen af os herfor Overvold skete, Skade eller Fordærv paa Gods og Eiendom, Rørligt eller Urørligt, da love vi paa vor Sandhed og christelige Tro at komme hverandre til Hjælp og Trøst og vove Livet paa hverandres Velfærd" — —. „Vi ville vide hverandres Bedste og Bestand, beskytte og ved Magt holde hverandres Friheder og Privilegier efter vor yderste Formue. Vilde Nogen af os fornævnte her imod gaa med Ord eller Gjerning, Stempling eller Argelist, da skal han dermed forbrudt have, som Loven indeholder, Liv, Ære og Kronens Forlening, og hans Gods under Kronen til evig Tid", osv.

Dette Forbund tiltraadtes et Par Dage derefter af syv andre Rigsraader, som ikke havde været tilstede i Mødet den 30te Juni. Men saa stærkt dette Forbund saa ud, saa bestemte og truende Ordene løbe, sees det dog ikke, at det har udøvet nogensomhelst Indflydelse paa Begivenhedernes Gang. I denne Henseende er det kun et Bevis mere til de mange foregaaende paa den Magt, Sverrigs Almue udøvede paa Rigets almindelige Ærinder, naar den var enig og sammensluttet om en Fører. Men som en Udtalelse af det høie Aristokrati kaster Forbundet klart Lys baade over dettes Stemning og over de indre Forhold i Sverrig, der fik saa betydelig en Indflydelse paa de to andre Rigers og deres Kongers Skjæbne.

———

Kong Hanses Dagværk var endt. Han havde endnu kun nogle Maaneder tilbage. Efter Malmøkongressen var han i Begyndelsen af 1513 med sin Dronning og sin Søn reist til Jylland, hvor Kongefamilien i Ribe deltog i en kirkelig Høitid, da Dr. Lage Urne, som Paven efter Kongens Ønske havde udnævnt til Biskop af Roskilde, blev ordineret af Ribe Stifts Biskop Ivar Munk, ved hvilken Leilighed denne selv sang sin første Messe, skjøndt han allerede blev Biskop i Aaret 1499, — et talende Exempel paa, hvor lidet Datidens katholske Biskopper bekymrede sig om deres egentlig kirkelige Embedsgjerning. En Stormflod fra

Vesterhavet satte under dette Besøg hele Omegnen under Vand,
saa at Kongen og hans Familie var indespærret i flere Dage.
Da han endelig kunde give sig paa Veien til Aalborg, Reisens
Maal, havde han det Uheld ved at ride over det opsvulmede Ta-
rum Kjær ved Lundenæs at styrte med Hesten, saa at han gjen-
nemblødt og forstødt blev med Møie bragt i Land.   Han sporede
strax Feberanfald, men vilde dog ikke opsætte Reisen, fordi han
havde indkaldt et Møde af jydske Rigsraader til Aalborg.   Hertil
ankom han imidlertid i en saadan Tilstand, at han maatte søge
Sengen og døde efter otte Dages Sygeleie Søndag Aften den
20de Februar 1513. Hans Søn Christiern var hos ham og mod-
tog hans sidste Ord og Raad.

Kong Christiern den Anden.

1513—1523.

Kong Christiern den Anden.

Første Afdeling.

Kong Christierns Tronbestigelse. Haandfæstningen. Stilstand med Sverrig.
Overenskomst med Hanseaterne. Kongen hyldes i Hertugdømmerne.

Christiern var allerede som en sexaars Dreng bleven af det
danske Rigsraad valgt til Faderens Efterfølger paa Danmarks
Trone den 16de Mai 1487 og derefter hyldet paa de vigtigste
Landsthing *). Da Hertug Frederik som myndig havde i Aaret
1490 modtaget sin Halvdel af Hertugdømmerne, har Kong Hans
nok ment at have Grund til at frygte for, at der maaske kunde
vise sig Tilbøielighed hos det danske Aristokrati for Broderen, som
jo ogsaa var en dansk Kongesøn; der er i det mindste Spor efter,
at han 1491 tog en yderligere Forsikring om at fastholde Sønnens
Valg **). Og endnu to Gange har Kong Hans sørget for at faa
Valget bekræftet: 1497 og 1512 ***). Disse paafaldende Gjenta-
gelser, i Forbindelse med enkelte andre Vink, saasom Udtrykkene i
Vidnesbyrdet for Jens Holgersen, tyde paa, at Kong Hans har
mistænkt nogle af Danmarks Stormænd for hemmelig Ugunst imod
ham og hans Søn, — hvad der maaske hænger sammen med Povel
Laxmands formodede Planer og ulykkelige Skjæbne.

---

*) Valgbrevet blandt Bil. til Allen, II, p. 573.
**) Allen, II, p. 4. 521. Bilag p. 574; jfr. Danske Mag. 3die R. 3. p. 10.
***) Det danske Rigsraads Forsikringsbrev af 13de Juli 1512, Bilag hos
Allen, II, p. 574.

Kong Hans havde ogsaa sørget for at sikre Sønnen Norges Krone ved en Erklæring af det norske Rigsraad paa et Møde i Kjøbenhavn den 25de Juli 1489[*]), senere tiltraadt af endel ansete Mænd af geistlig og verdslig Stand, navnlig Lagmænd i de vigtigste Kjøbstæder. Udtrykkene i denne Erklæring ere valgte saaledes, at man ikke ret veed, om man skal kalde den et Valg- eller et Hyldingsbrev. Raadet siger, at det har „keist, fuldbyrdet og samtykt" Christiern til Norges Konge efter hans Faders Død. Rimeligvis er det Norges ubestemte Statsret, der her har gjort sig gjældende; thi Kongefamilien paastod Arveret til Norge, der ogsaa efter Folkets almindelige Anskuelse gik i Arv; men Forbindelsen med de to Valgriger Danmark og Sverrig havde medført, at ogsaa Norges Konger maatte underkaste sig et Valg af Rigsraadet, saaledes som vi have seet baade ved Christiern den Førstes og hans Søns Tronbestigelse.

Hvad Sverrig angaaer, da er det ovenfor viist, at Christiern var 1498 og 1499 valgt, hyldet og anerkjendt som Faderens Eftermand i de Former, Sverrigs Landslov foreskrev. Men skjøndt dette Valg aldrig var formelig kasseret af det svenske Folk eller af Rigsraadet, ligesaa lidt som Kong Hans var egenlig afsat, men vel fortrængt, saa var dog dets Betydning svækket med Kong Hanses og Christierns eget Samtykke ved de senere Overenskomster. Den kjøbenhavnske Reces af 17de August 1509 og den malmøske af 23de April 1512 gave jo Sverrig Valget imellem at antage enten Kong Hans eller hans Søn, eller at svare en aarlig Afgift af Sverrigs Krones Indtægter. Opfyldte Sverrig Recessen, og valgte det Betalingen, var det berettiget til at udsætte Kongens Antagelse i en ubestemt Tid, hvilket var det Samme som at ophæve Valget. Men behandlede Sverrig Malmørecessen som den kjøbenhavnske Reces, og som alle de ældre Overenskomster, saa traadte Christierns Valg og hans juridiske Ret til Sverrigs Krone atter i Kraft. Om han kunde og vilde gjennemføre denne Ret, blev et andet Spørgsmaal.

Saavidt Løfter kunde sikre Christiern de tre Troner, havde han Intet at frygte; men hans Faders og hans Farfaders Historie havde altfor tydeligt lært ham, at byggede han sit Hus paa denne

[*]) Dipl. Norv. II, p. 703.

Grund, byggede han paa Sand. Af langt større Betydning var
det, at Slotslovene baade i Danmark og i Norge vare i hans
Haand. Lensmændene vare forpligtede til at holde de faste Plad-
ser og Lenene til Kong Hanses Haand og efter ham til hans Søns.
Holdt de deres Æresord, havde Christiern Landets Krigsmagt paa
sin Side. Der foreligger heller ikke tilstrækkelig Grund til at tro,
at Rigsraad og Adel vilde gjøre alvorlige Vanskeligheder; dog har
der gaaet Rygte om, at nogle af de i Aalborg tilstedeværende
Rigsraader allerede kastede Øinene til Hertug Frederik. Biskop-
perne af Børglum og af Ribe, Ridderne Niels Høg og Predbjørn
Putbusk, nævntes som de, der nærede slige Tanker og vægrede sig
ved nu strax i Aalborg ved Faderens Ligbaare at anerkjende Søn-
nen for Herre og Konge, idet de først vilde erklære sig, naar det
hele Rigsraad havde været samlet og taget sin Beslutning. Dette
Sammenstød imellem Kong Christiern og de jydske Magnater er
dog aldrig blevet til mere end et Rygte, der ikke er kommet til os
fra danske Kilder, men kun kjendes af et Brev fra den svenske
Ridder Ture Jensen til Sten Sture. Dette Brev er ogsaa
i en anden Henseende mærkværdigt. Det opfordrer Sten Sture
med de nærmeste svenske Rigsraader til at skrive til Danmark,
førend der vælges en Konge til Danmark og Norge, „at der maatte
blive godt Naboskab imellem Rigerne, og Kalmar-Reces og
Dagtingen blive holden ved Magt, fordi Røsten gives nu
os, som I finde det i Recessen, naar I ville lade den overse.
Maatte Gud saa føie det, efterdi Røsten er dette Rige til-
falden, at disse tre Riger maatte regeres af en indfødt Mand i
dette Rige og ikke altid af danske Mænd, som før skeet er".
Disse Ord er det første Spor, jeg har fundet, efter den underlige
Mening, der 1547 udtaltes offenlig af Sverrigs Rigsraad og
Stænder*), at Kalmarunionen af 1397 bestemte et mellem
Rigerne omskiftende Valg af Fælleskongen; thi med Bre-
vets Kalmarreces kan umuligt være ment Kong Hanses Haandfæst-
ning af 1483, som var altfor ofte drøftet og gjennemgaaet af Ture
Jensen og de andre svenske Rigsraader til at saa grov en Misfor-
staaelse er tænkelig. Han maa tro, at der i Sverrig virkelig var

---

*) Stiernmann, Alla Riksdagars och Mötens beslut, Bihang p. 80 ff. — Jfr.
min Doktordisputats, p. 88.

et Exemplar af et oprindeligt Forbundsbrev; men selv seet et saadant har han dog ikke, da han heller ikke i dette vilde have funbet mindste Antydning af et alternerende Kongevalg.   Men mærkelig er hans Yttring som den, der aabner et Indblik i selve de Regerendes uklare og forvirrede Forestillinger om Unionens Natur.   Hvad Rygtet om Vanskeligheder ved Kong Chriftierns øieblikkelige Anerkjendelse angaaer, da skal ogsaa Hertug Frederik i et utrykt, en Snes Aar yngre Stridsskrift tale om, at strax efter Kong Hanses Død blev Danmarks Krone ham tilbudt, men at han afslog den*).

At Chriftiern ikke var rolig, og at han beredte sig paa at møde Vanskeligheder ved sin Tronbestigelse, synes vist nok.   Han ilede derfor med Faderens Begravelse.   Liget blev ført til Odense og bisat i Graabrødrenes Kirke, som forud var udseet til denne Kongeslægts Hvilested, og hvor to Aar tidligere Kong Chriftierns yngre Broder Franciskus var nedsat.   Enkedronningen tog nu sit Ophold paa Næsbyhoved Slot ved Odense, der var en Del af hendes danske Morgengave og Enkegods.   Her levede hun beskjæftiget med Andagtsøvelser, Velgjerninger, Anlæget af et Kloster for Klarissenonner og Udførelsen af betydelige, endnu tilværende Kunstværker til Prydelse for den Kirke, hvor hun vilde hvile ved sin Husbonds og sin Søns Side.   Hun døde den 8de November 1521 og fortjener at mindes som en ædel og høisindet Dronning, der ærlig stræbte at opfylde sin Stillings Krav og blev en Prydelse for Kongehuset og Riget.

Strax efter Begravelsen samledes Danmarks og Norges Rigsraad i Kjøbenhavn, hvor ogsaa Sendebud fra det svenske Rigsraad og fra de vendiske Stæder indfandt sig overensstemmende med hvad der var afgjort i Malmø.   I dette Møde blev Kongens Haandfæstning vedtaget den 22de Juli 1513.   I Indledningen, der giver en god Udsigt over Stillingen, siger det forenede dansk-norske Rigsraad, at de nu vare samlede i Kjøbenhavn til det Møde, „som berammet var mellem disse tre Riger at stande St. Hans Baptistæ Dag Midsommer næst forleden (b. e. den 24de Juni 1513); og efterdi høibaarne Fyrste Hr. Hans, D. S. og N. Konge, hvis

---

*) Bidensk. Selsk. Oversigt fra 1859, p. 132 ff. — Ture Jensens Brev af 10de April 1513 trykt som Bilag hos Allen, II, p. 587.

„Sjæl Gud naade, som samme Møde berammet havde, nu død og afgangen er, vare vi til Ords og Samtale med Hr. Mathias af Strængnæs, Hr. Otto af Vesteraas, Biskopper, Hr. Erik Trolle, Hr. Ture Jensen osv. (ialt 7 verdslige Herrer), Sverrigs Riges Raads fuldmægtige Sendebud, om at fuldbyrde og samtykke en Herre og Konge over disse tre Riger efter den kjærlige Bebindelse, Rigerne imellem gjort er, og som Sverrigs Riges Raad strax efter Kong Hanses Død af os Danmarks Riges Raad med vort Brev og Skrivelse derom advaret og paaæsket bleve. Hvilket de ingenlunde paa denne Tid indgange vilde og sagde sig dertil ingen Magt at have. Thi have vi forskrevne Danmarks og Norges Riges Raad overveiet disse Rigers Leilighed og deres menige Indbyggeres Bedste og Bestand, og ere vi Alle saa endrægtelig overens vordne, at vi nu paa det Nye *) med vort frie Kaar i den Hellige Trefoldigheds Navn have samtykt og fuldbyrdet, og med dette vort aabne Brev samtykke og fuldbyrde høibaarne Fyrste Hr. Christiern, Kong Hanses Søn, en fuldmægtig Herre og Konge at blive og være over alt Danmarks og Norges Rige; og haver Hans Naade derpaa lovet og tilsagt os paa menige Rigernes Indbyggeres Vegne paa sin kongelige Ed og gode Tro alle disse efterskrevne Punkter og Artikler". —

Haandfæstningen indeholder mest Bekræftelse, Udvidelse og nærmere Bestemmelse af de to herskende Stænders, Geistlighedens og Adelens Særrettigheder, navnlig Prælaternes og Rigsraadets. Som Artikler af almindeligere Betydning fremhæver jeg først dem, der vedrøre Biskoppers og Prælaters Valg. Her hedder det (Art. 5), at Kongen aldrig vil hindre eller lade hindre noget Kapitels eller Klosters Valg, og aldrig trænge nogen Prælat eller Formand ind med Urette imod Kapitlets eller Konventets Villie eller Samtykke. — Sammenholder man denne Artikel med den tilsvarende i Kong Hanses Haandfæstning, da vil man finde den langt tammere baade i Indhold og Udtryk. Kong Hans maatte love, at han aldrig vilde blande sig i nogen Biskops eller anden Prælats Valg, med Skrivelse eller Brev til Rom. Var der erhvervet Breve derpaa, eller erhvervedes der saadanne, skulde de ingen Magt have og ikke bruges efter denne Dag, men hver Kirke

---

*) Altsaa femte Gang!

og Kloster beholde sit frie Valg.   Det er umiskjendeligt, at de
danske Prælater nu, da Kong Christierns Haandfæstning skulde
vedtages, vare komne til Erkjendelse af det Frugtesløse i deres
Kamp for Valgrettens kanoniske Frihed, naar Pave og Konge vare
enige om det ledige Prælaturs Besættelse; og de maa have indseet,
at Kongen som den nærmeste Herre dog egenlig var den, der ene
formaaede at hævde Indføbtes Adkomst til de høie Kirkeembeder
imod romerske Kurialister, der ellers vilde have oversvømmet den
danske Kirke. Roms Egennytte, dets Pengegriskhed og dets Abso-
lutisme drev dem til mere og mere at søge deres Støtte hos Kon-
gen og i deres Forbindelse med den verdslige Adel og Rigsraadet.
Derfor anerkjende de her i Kong Christierns Haandfæstning stil-
tiende den Magt, Kongerne havde vundet over Kirken ved Forbin-
delsen med Paven, og forbeholde sig kun endnu et Valg. Thi og-
saa dette stod Kapitlerne Fare for rent at miste, som det da i
mange Tilfælde er bleven tilsidesat baade af Konge og Pave. Den
anførte Bestemmelse i Kong Christierns Haandfæstning maa ikke
forstaaes som sigtende til et virkelig frit, kanonisk Valg, uafhæn-
gigt af Pave og Konge, men alene som et Forbehold af Valgfor-
men, der i værste Tilfælde gav Kapitlet et Veto imod den, man
vilde paanøde det, og i alle Tilfælde nødte den, Kongen vilde have
til Biskop, til at lade sig formelt vælge af Kapitlet og derved give
dette Leilighed til at underhandle om Betingelserne. Kapitlerne
beholdt Muligheden af at sikre sig Friheder og Fordele ved at lade
sig give en Haandfæstning af den nye Biskop. Dette er Betyd-
ningen af den 5te Artikel i den kongelige Haandfæstning af 22de
Juli 1513. Den viser, at Kongemagten mere og mere nærmede
sig det Supremat over den danske Nationalkirke, vi saa i Perspek-
tiv, da Pave Sixtus den Fjerde og Kong Christiern den Første
rakte hinanden Haanden i Rom 1474. — Det var da ogsaa ganske
naturligt, at Geistligheden i Haandfæstningen dog sikrede sig Ud-
øvelsen af flere af Kirkens Rettigheder, der vel kunde været udsatte
for Indgreb fra Kongens Side, saasom den biskoppelige Jurisdik-
tion, Besiddelsen af det Bøndergods, Kirken efterhaanden havde
erhvervet, og at Prælaterne kun skulde dømmes af deres tilbørlige
Dommere indenlands, d. e. af deres Standsbrødre i Danmark og
Norge (Art. 7, 8, 18).
    Med Hensyn til Statsretten erkjendtes Danmark og Norge

for Valgriger, eller rettere: for et Valgrige; thi det er umiskjen=
deligt, at Haandfæstningen gaaer et Skridt fremad i Retning af
Rigernes Forening. De to foregaaende Konger havde erkjendt
Norges Selvstændighed, om de end langtfra altid havde agtet den
tilbørligt i Gjerningen; ved Christiern den Andens Tronbestigelse
optraadte begge Rigers Raad som eet Samfund; Haandfæstningen
var een for begge Riger, og deres Magtforhold er karakteristisk
betegnet ved Antallet af danske og norske Medlemmer i det sam=
lede Raad: 20 danske, 7 norske Raadsherrer; og blandt Nordmæn=
dene vare to Biskopper danskfødte Mænd! Og Kongen hævdede een
Indfødsret for Danske og Norske, medens de norske Rigsraader
kun vilde have de i Norge Fødte tillagt Indfødsret i Norge. Kong
Christiern har vistnok i denne Henseende været enig med sit danske
Rigsraad; men han maatte til Gjengjæld finde sig i den 26de
Artikel, hvorved han erklærede, at han annammede alle Slotslove
i Danmark og Norge af Danmarks og Norges Rigsraad og skulde
forlene dem til indfødte Adelsmænd, at holde dem til Kongens og
efter hans Død til Rigsraadets Haand; ligesom han ogsaa maatte
fraskrive sig Ret til at forlange en Tronfølger valgt i sin Levetid,
med mindre, tilføies der dog, han kunde formaa Raadet godvilligt
dertil.

Adelen erkjendtes i denne Haandfæstning som en sluttet
Stand: Kongen maatte ikke optage nogen Uadelig i Adelstanden,
alene med Undtagelse af dem, der udmærkede sig ved Tapperhed i
Krig, og hverken han eller hans Dronning maatte erhverve adeligt
Jordgods, hvilket ogsaa blev forbudt Uadelige. Kom en Uadelig
ved Arv eller paa anden Maade i Besiddelse af „frit" Gods,
skulde han inden Aar og Dag sælge det til en Adelsmand *).
Adelen vilde altsaa have alt sit Jordgods betragtet som et stort
Fideikommis for den hele Stand, idet dog hver enkelt Adelsmand
kunde gjøre med Sit hvad han vilde, blot at det ikke kom ud af
Standsfællers Besiddelse. Kongen maatte derhos tilstaa de geistlige
og verdslige Medlemmer af Rigsraadet al kongelig Ret over deres
egne „Tjenere og Undersaatter", og Ridderskabet, som ikke er i
Raadet, alle Fyrretyvemarksager og Fredkjøb af dem. Det vil
sige, at medens næsten alle Lovovertrædelser sonedes med Bøder

---

*) Art. 29. 39.

til den Forurettede og til Kongen ſom høieſte Øvrighed og Lovens Haandhæver, gik nu endog de høieſte af disſe Bøder over til de adelige Godseiere for deres egne Bønders Vedkommende, hvorved Godsherren fremſtilledes ſom disſes Øvrighed, foruden at han vandt ikke ubetydelige Indtægter*).

Isvrigt forſtaaer det ſig af ſig ſelv, at Kongen med Henſyn til Krig og Fred, nye Skattepaalæg, Forbud mod Udførſel og Forbuddets Ophævelſe var forpligtet til at indhente Rigsraadets Samtykke.

Haardeſt for en Karakteer ſom Chriſtierns har viſtnok Slutningsbeſtemmelſen været, at om Kongen handlede imod ſin Haandfæſtning og ikke vilde lade ſig underviſe af Raadet, da ſkulde alle Rigets Indbyggere hjælpe til at afværge det uden dermed at forbryde ſig mod den Ed og Troſkab, de ſkyldte Kongen, — en Beſtemmelſe, der under almindelige Forhold ikke havde nogen praktiſk Betydning, men ſom ſtillede Kongen under en trykkende Kontrol og kunde give dem, der ellers · maatte være tilbøielige til, eller beſtemte paa, at reiſe ſig mod ham, et velkomment Paaſkud til at drage Sværdet.

Man kjender endnu de Forhandlinger, der gik forud for Haandfæſtningens Vedtagelſe og ſeer deraf, at Rigsraad og Adel dog i meget har nedſtemt ſine førſte Fordringer**). I det Hele kan man heller ikke ſige, at denne Haandfæſtning er overſpændt, naar det engang var givet, at Riget var et indſkrænket Valgrige, — minbſt i Sammenligning med Faderens danſk-norſk-ſvenſke Haandfæſtning. Det er kjendeligt nok, at de tre Folks Forening i Unionens Tid har havt ſtor Indflydelſe paa de indre Forhold i Danmark i Retning af at udvikle Adelen ſom en herſkende Stand, forbi den ſvenſke Adel, der nu traadte den danſke ſaa nær, allerede var ſtrebet vidt frem i Forhold til Kongemagten og ved ſit Exempel drog den danſke efter ſig. Men til en ſaadan Uregerlighed ſom den, vi have ſeet i Sverrig i de to foregaaende Kongers Tid, var den danſke Adel dog ikke naaet, væſenligſt viſtnok, forbi her ikke fandtes den nationale Modſtand mod de fremmede Konger, ſom i Sverrig. Kong Hanſes Kalmarreces bør mindre betragtes

---

*) Art. 62.
**) Bilag til Allen, II, p. 586 ff.

som en alvorlig ment, end som et fjendsk Forsøg paa at skræmme Kongen bort fra Sverrig, eller, om dette ikke lykkedes, at binde ham saaledes, at han hverken kunde røre Haand eller Fod; den var forud beregnet paa at give Rigsforstanderens Parti formel Ret til at erklære ham for Meneder og til at reise sig imod ham, saasnart der tilbød sig en gunstig Leilighed. Thi Paaskud kunde altid hentes fra denne Reces, der ikke kunde opfyldes af nogen Konge. Ikke saaledes Kong Christierns dansk-norske Haand-fæstning; med den kunde der nok have været regeret, forudsat, at Konge, Rigsraad og Adel bevarede et saadant Forhold til hver-andre, uden hvilket Regering overhovedet er umulig. Neppe kan der da have været nogen almindelig Uvillie imod Christiern hos de to herskende Stænder, saa at det kun har været et ringe Min-dretal af Rigsraadets Medlemmer, der har tænkt paa at drage Hertug Frederik frem, — hvis der ellers er nogen virkelig Grund i det ovenfor omtalte Rygte. Værd at mærke er det, at de fire Mænd, Biskopperne Niels Stygge og Ivar Munk, Ridderne Niels Høg og Predbjørn Putbusk, der udpeges som Kongens Modstan-dere, Alle vare med paa den kjøbenhavnske Herredag og have med-beseglet Haandfæstningen, da det jo dog havde staaet til dem, at holde sig borte, dersom Christierns Tronbestigelse var dem imod.

Ogsaa det bør erindres, at en Haandfæstning ikke var en Grundlov i vor Tids Betydning. Haandfæstningen skabte ikke Kongedømmet, den var ikke Grundvolden for Kongens Magt og Stilling, men kun Betingelsen for Kongemagtens Brug i visse Forhold. Selve Kongedømmet stod i Alles Bevidsthed som et forud Givet, næsten kunde man sige: som en Naturgjenstand, over Haandfæstningen, med en fri Myndighed i Alt, hvor Haandfæst-ningen ikke udtrykkelig indskrænkede den. Og Kroningen gav Kon-gen en Sanktion, der efter Tidens religiøse Anskuelser var vel skikket til at lægge et ikke svagt Baand paa fjendske Lidenskaber. Føier man hertil, at Rigsraadet ikke var et altid samlet Kollegium, men at de enkelte Medlemmer almindelig levede hver for sig i deres Forleninger, at det var Kongen, der sammenkaldte dem, og ham, der besatte Pladserne i Raadet, bliver det indlysende, at en forstandig og findig Konge, der i det Hele var i Overensstemmelse med sit Folk, ogsaa med en Haandfæstning som Christiern den An-dens havde Magt nok til en heldbringende Virksomhed, ihvorvel

Folket, og navnlig da de herskende Stænder, ikke var forpligtet til ubetinget Lydighed.

Til denne kjøbenhavnske Herredag var ogsaa mødt Sendebud fra Sverrig og Lybek med de andre vendiske Stæder. Det var jo i Malmørecessen af 23de April 1512 vedtaget, at ved St. Hansdag 1513 skulde i Kjøbenhavn endelig afgjøres, om Sverrig vilde antage Kong Hans eller hans Søn Christiern for Konge, eller betale de 13,000 Mark aarlig. Hanseaterne havde forpligtet sig til at mægle mellem Parterne, om der viste sig Vanskeligheder, og til at falde den Part til, der vilde opfylde Recessen, den fra, der ikke vilde det. Da Partistillingen i Sverrig var efter Malmø-kongressen atter slaaet om ved den unge Sten Stures Valg til Rigsforstander den 23de Juli 1512, saa at Sturepartiet, det svenske National- og Krigsparti, havde faaet Overhaand over det Parti, hvis Sendebud havde sluttet Malmørecessen, har Kong Christiern og hans Rigsraad neppe gjort sig nogen Illusion om Recessens Opfyldelse; i ethvert Fald fik de betimeligt nok et Vink om, hvad de kunde vente. Thi da Rigsraadet den 30te Marts 1513 sendte den svenske Regering Leide for de 12 Sendebud til Møde i Kjøbenhavn St. Hansdag i Henhold til Malmøre-cessen, forlangtes et nyt Leide til at møde i Kjøbenhavn for at forhandle om alle Sager, der angaa de tre Riger, dem til Nytte og Fred. Et saadant Leide udfærdigede det danske Rigsraad virkelig under 16de Juni 1513, hvori Malmørecessen slet ikke er nævnt. Og som til Tegn paa, at disse Sendebud ikke skulde handle om Fuldbyrdelsen af denne Reces, mødte kun et An-tal af ni svenske Rigsraader som Underhandlere, ikke tolv som Dommere efter Recessen. Den danske Regering har meget vel for-staaet dette; men det kunde jo ikke være Kongens Leilighed nu lige i sin Tronbestigelse at staa stivt og strengt paa Malmørecessen, hvad der vilde være ensbetydende med at gjenoptage Krigen og dermed reise alle de samme Spørgsmaal, som havde gjort de sidste elleve Aar af hans Faders Regeringstid saa stormfulde. Det tør ogsaa antages, at det dansk-norske Rigsraad ikke vilde Krig. Har der virkelig været Frygt for Christiern og Tilbøielighed for Hertug Frederik hos nogle af Rigsraadets Medlemmer, da har det snarest været en Frygt for, at Christiern skulde gjenoptage Fade-rens Politik, saa at der aldrig blev Ende paa Krig i Norden.

Thi der ſynes ingenlunde at have været nogen Misſtemning i Danmark imod Chriſtierns Perſon i Faderens Levetid, om og maaſke hans Regering i Norge har vakt den Foreſtilling, at han vilde blive en myndig Herre; tvertimod hedder det i Joh. Svannings Chriſtiern den Andens Hiſtorie, der ellers er Kongen høiſt ugunſtig, at den unge Mands forſtandige Optræden i Danmark i Faderens ſidſte Aar, den Dygtighed og Retfærdighedskjærlighed, han lagde for Dagen navnlig ved Afgjørelſen af vanſkelige Retsſager, havde vundet almindelig Anerkjendelſe, ſaa at der ikke i hele Riget var Nogen, i det mindſte ikke nogen Mand af Anſeelſe og Betydning, der ønſkede Kong Hans anden Eftermand end Sønnen.

At vi under ſaadanne Omſtændigheder Intet høre om ſtormfulde Forhandlinger med de ſvenſke Sendebud i Kjøbenhavn, maa findes ganſke begribeligt. Begge de Parter, der i Øieblikket havde Magten i Sverrig og Danmark, vare forud enige med ſig ſelv om hvad de vilde, — eller rettere: hvad de ikke vilde; de Svenſke vilde ikke deltage i noget fælles Kongevalg, og ikke opfylde Malmøreceſſen, men vel have Fred med Danmark og Norge; det danſke Rigsraad vilde ikke gjenoptage Krigen, men heller ikke binde ſig for Fremtiden. Saaledes enedes man ſnart om at udſætte Opfyldelſen af Malmøreceſſen til Midſommer 1515 og forlænge Stilſtanden mellem Rigerne til Paaſke 1516. St. Hansdag 1515 ſkulde ſaa tolv danſk-norſke Rigsraader ſamles med tolv ſvenſke med Fuldmagt til at udføre Receſſen. Det bør ikke overſees, at denne Overenskomſt ſluttedes den 15de Juli 1513, altſaa ſyv Dage før Haandfæſtningens Udfærdigelſe, hvilket ſtemmer vel med Rigsraadets formodede Tanker: Raadet har villet være ſikker paa, at Kongen ikke modſatte ſig Stilſtanden eller ſtod ſkarpt paa Malmøreceſſen, inden det valgte ham paany og anerkjendte ham endelig ſom Konge ved Haandfæſtningen. Kongen maatte finde ſig deri, og har i Øieblikket, ſom antydet, maaſke ſelv været ret vel tilfreds med denne Vending af Sagen. I to paa tredie Aar var Roligheden i Norden ſaaledes ſikret.

For de vendiſke Stæders Sendebud blev altſaa ingen Leilighed til Mægling. De kunde ikke Andet end være tilfredſe med, at, om der ikke kunde blive en endelig Fred, der ſaa dog blev en Stilſtand paa halvtredie Aar, i hvilke altſaa Farten paa Øſterſøen blev fri. Mindre tilfredſe have de viſtnok været med, at Kongen og Rigs-

raabet, Svenske og Danske, vare fuldkommen enige — vel det eneste
Punkt, hvori de vare det*), — i at opretholde og begunstige Ne-
berlændernes Handel og Søfart til de nordiske Lande. Ligesom
fri Fart og Handel uhindret af de Svenske udtrykkelig var stipu-
leret af Kong Hans i Malmø, saaledes optoges et nyt Tilsagn
derom i Stilstandsakten af 15de Juli 1513; ja Kongen lovede,
at han vilde tilskrive de Vesterlandske om at lade de Svenske have
deres Seilads uhindret af disse. Lybekerne fandt det under disse
Omstændigheder ogsaa raadeligt at forlige sig med Nederlænderne;
med hollandske Sendebud, som vare tilstede i Kjøbenhavn, sluttede
de den 27de Juli 1513 en Stilstand paa et Aar. Uagtet derfor
ikke alle Tvistepunkter mellem Kongen og Hanseaterne bleve udjæv-
nede, erholdt de vendiske Stæder dog til Gjengjæld deres Privile-
gier bekræftede; men de maatte endnu i samme Aar forny den
Malmøske Fredsakt: kom det dog til Krig mellem ham og Sverrig,
vilde Kongen have Hanseaterne fastholdte ved deres Forpligtelse til
at afholde sig fra al Handel paa Sverrig, medens disse vilde ud-
tyde den saaledes, at den kun bandt dem saa længe, indtil det i
Malmørecessen bestemte kjøbenhavnske Møde 1513 var kommet
istand.

I samme Aar anerkjendtes Kong Christiern som Landsherre i
Hertugdømmerne. Her var han vel ikke som i Kongerigerne
hyldet som Faderens Eftermand endnu i dennes Levetid; men som
eneste Søn kunde den Arveret, Christiern den Førstes Efterkommere
paastode, og den betingede Adkomst, Stænderne indrømmede det
hele Kongehus, ikke bestrides ham. Og at Christiern ogsaa i Her-

---

*) Man havde nu i Sverrig faaet Øinene op for Sandheden af Erik Ture-
sens ovenfor (S. 274) berørte Yttringer om det Utilraadelige i Forbund
med Lybek. I en Skrivelse af 24de Juni 1513 til Rigsforstanderen og
andre Rigsraader trænger Ærkebiskop Jakob Ulfsen paa, at de svenske
Sendebud i Kjøbenhavn skulde sætte sig i Forbindelse med de hollandske
Sendebud sammesteds og tilsige dem Beskyttelse for deres Handel i Sverrig.
Lybeks Enehandel er fordærvelig for de Svenske: hvad Lybek sælger dem,
maa de betale med urimelige Priser, hvad det kjøber af dem, betales under
dets Værdi. Et Stykke Klæde, der i Lybek koster 19 Mark, maa i Sverrig
betales med 28 Mark; Kobber gjælder 2 Mark mere i Sverrig, end man
faaer for det i Lybek, saa og Jern og andre svenske Varer. Ingen tager
større Skade end Sverrig, om Hollænderne udelukkes fra Østersøen. Grøn-
blad, Nya källor, p. 595.

tugdømmerne havde de faste Pladser i den kongelige Del i sin
Haand, maatte være afgjørende. Der nægtedes ham derfor ikke
Hylding, da han i Oktober 1513 samledes i Flensborg med sin
Farbroder og de slesvig-holstenske Stænder; men den knyttedes til
to Betingelser, som Christiern maatte underkaste sig: først Stad-
fæstelsen af Privilegierne, som Kongen i Begyndelsen af Forhand-
lingerne skal have søgt at skyde tilside; dernæst at han forligte sig
med sin Farbroder om den Fordring, denne mente at have paa
Kong Hans for hvad han havde udbetalt Lybekerne ifølge Kardinal
Raimunds Forlig af 1503. Kong Hans havde aldrig villet er-
kjende sig forpligtet til at erstatte Broderen de 32,000 Gylden,
denne som Kautionist for Kardinalens Forlig havde maattet er-
lægge; men da flere af Ridderskabet vare Deltagere i Kautionen,
var dette for stærkt interesseret i Sagen til at det ikke skulde have
understøttet Hertug Frederiks Fordring. Kongen maatte derfor til-
fredsstille denne ved en Forskrivning for en rund Sum af 30,000
Gylden. Nu blev han hyldet som Landsherre i Forbindelse med
sin Farbroder Hertug Frederik*).

Christiern havde saaledes lettere og hurtigere end Faderen
overvundet Vanskelighederne ved sin Tronbestigelse. Han modtog
Norden i Ro og egenlig kun et eneste stort og farefuldt Spørgs-
maal uløst: det om Sverrigs Krone. Men det stod til ham selv,
hvorledes han vilde søge det besvaret. I det følgende Aar foregik
hans Kroning, den 11te Juni 1514 i Kjøbenhavn, og i samme
Aar i Oslo, sandsynligvis den 29de Juli.

_____

*) Foruden de almindelige Kilder see om denne Flensborgske Landdag Allen
II, p. 84. 526 efter utrykte Kilder.

Anden Afdeling.

Dyvefe. Kong Christierns Ægteskab. Dronningens Slægt søger forgjæves at fortrænge Dyveke. Herbersteins Reise. Hans Faaborgs, Dyvekes og Torbern Oxes Død.

Dyvekes og Torbern Oxes Død er saa ofte behandlet, at Alt, hvad der kan findes til dette skjæbnesvangre Sørgespils Opklaring, allerede er gaaet over i den almindelige Kundskab. Tillige er det saa ofte gjennemarbeidet af Kritiken, at der vanskeligt kan afvindes den nye Synsmaader. Jeg skal vel vogte mig for at forøge det Bjerg af Gjætninger, hvormed de faa faktiske Omstændigheder ere overvældede; men hvad jeg kan gjøre, og med Nytte, mener jeg, er at frembrage dette Faktiske paany ved at udskille det Sikre fra det Usikre, Efterretninger fra Rygter og Formodninger.

Strax efter sin Tronbestigelse lod Kongen Dyveke og hendes Moder komme fra Norge til Sjælland, hvor de i Begyndelsen fik Ophold paa Hvidøre, mellem Taarbæk og Skovshoved, hvor der dengang var et Kongen tilhørende Hus. Men samtidigt med at give sin personlige Tilbøielighed denne Tilfredsstillelse, tænkte han paa at formæle sig standsmæssigt og havde i denne Anledning flere Overveielser med Rigsraadet og med sin Moder og Morbroder, Kurfyrst Frederik den Vise af Sachsen. Ved dennes Mellemhandling blev en af de østerrigsk-burgundisk-spanske Prindsesser udseet til Christierns Brud. Helst havde Kongen valgt den deilige Eleonore; men hun var allerede bestemt for det portugisiske Kongehus; Søsteren Isabella blev derfor valgt for Danmark. Formynderen, deres Farfader Keiser Maximilian, sluttede i Linz den 29de April 1514 Ægteskabskontrakten med Kongens Sendebud, blandt hvilke Biskop Gotskalk Alefeld af Slesvig og den danske Ridder og Rigsraad Mogens Gøie vare de fornemste. Fra Østerrig droge disse til Nederlandene, hvor Isabella og hendes Søskende levede under deres Faster Enkehertuginde Margarete af Savoiens Tilsyn og Opdragelse. I Bryssel fuldbyrdedes Forlovelsen og Vielsen paa Kong Christierns Kroningsdag den 11te Juni 1514, hvorved Mogens Gøie forestillede Kongens Person; men da Bruden endnu ikke

havde fyldt sit fjortende Aar, opsattes hendes Reise til Danmark
et Aarstid. Ved de Underhandlinger, denne Formæling medførte,
mærker man endnu Intet til, at Kong Christierns Forhold til Dy-
veke har enten været Isabellas Slægt bekjendt eller valt Anstød
hos den. I sig selv var en saadan illigitim Forbindelse noget saa
Almindeligt hos Datidens Fyrster, baade geistlige og verdslige, at
den maatte antage en Karakteer af stødende Offenlighed og vække
Skandale for at blive af Vigtighed. Er et Rygte kommet til det
burgundiske Hof, har man der vel forudsat, at Dyveke vilde blive
fjernet ved Kongens Formæling. Men dette skete ikke, og da et
nyt dansk Gesandtskab med Ærkebiskop Erik Valkendorf i Spidsen
ankom til Nederlandene i Sommeren 1515 for at afhente Isabella,
stod Sagen anderledes. Man var bleven opmærksom paa Dyveke
og vilde have hende bort fra Kong Christiern. Der er Grund til
at tro, at hendes Broder Ærkehertug Karl har skrevet derom til
Kongen; men han var dengang kun 16 Aar gammel, saa at hans
Ord jo ikke kunde have den Vægt som nogle Aar senere, da han
som Keiser Karl den Femte, i Spidsen for Tydskland, Østerrig,
Spanien, Italien og Nederlandene, talte som Verdens mægtigste
Mand. Ogsaa Erik Valkendorf, hvis endnu bevarede Breve røbe
den ængsteligste Omhu for at berede Isabella en god Modtagelse,
skrev til Kongen om Dyveke efter hendes Slægts Anmodning.
Men Alt forgjæves: hun og hendes Moder bleve hvor de vare.
Den 9de August 1515 holdt den unge Dronning sit Indtog i Kjø-
benhavn, den 12te August viedes hun til Kongen og kronedes.
Men Kong Christierns Hjerte var hos Dyveke, og over hans For-
stand vandt hendes Moder Dag for Dag større Magt. Christiern
synes i det første Par Aar af Ægteskabet slet ikke at have faaet
Øinene op for Værdien af den Perle, han havde vundet i sin
Hustru, eller at have bekymret sig om at see det. Isabella følte
sig ikke lykkelig. Man kan skjønne det gjennem Uddrag af hendes
Brevvexling med Søsteren Eleonore om den gjensidige Tilbøielighed
mellem denne og Pfalzgreve Frederik. Isabella priser hende lykke-
lig, at hun har fundet virkelig Tilfredsstillelse for sit Hjertes Fø-
lelser, medens hun klager over det Tomme og Nedtrykkende i en
Dronnings glimrende Trældom. Blandt Andet klager hun ogsaa
over, at Kongerne, — dog saavidt man kan see: uden at nævne

fin Husbonde — ofte under Paastud af Jagtpartier eller nødven-
dige Reiser gaa efter deres Lyster og Fornøielser*).

    Forholdene ved det danske Hof kunde nu saa meget mindre
blive skjulte for Isabellas Fostermoder Regentinden i Nederlandene
og hendes Omgivelser, som Dronningen havde beholdt hos sig flere
af de burgundiske Damer og Tjenere, der havde fulgt hende til
Danmark. Saa bekjendt blev Kongens forargelige Levnet, at det
paadrog ham nærgaaende Ydmygelse. Hans Svoger Ærkehertug
Karl havde som Chef for den gyldne Blies's Orden i Januar
1516 foreslaaet Kongerne af Danmark, Ungarn og Portugal op-
tagne som Medlemmer af det saa høit ansete Riddersamfund; men
Ordenskapitlet nægtede at antage Kong Christiern, „der anklagedes
for at leve offentlig i Ægteskabsbrud og at behandle sin Dronning
meget slet". Man begriber da let, hvor travlt Rygtet og Slad-
deren fik i Bryssel, og kan ikke undre sig over, at der faldt mange
onde Ord om Keiseren selv, der havde bortgivet den ene Sønne-
datter til en saa uværdig Mand, den Anden til et Barn, Kong
Ludvig af Bøhmen og Ungarn. Denne Snak kom henimod Slut-
ningen af Aaret 1515 Maximilian for Øre og ærgrede ham be-
tydeligt. I et Brev af 1ste Januar 1516, han tilskrev sin Datter
Regentinden, og hvori han forsvarer hvad han har gjort, siger
han: Isabella og Maria ere vel og godt forsørgede; de nordiske
Riger og Ungarn ere store, gamle, ansete Kongeriger, Christiern
og Ludvig ere smukke Fyrster, dydige Personer, begavede med ædle
Egenskaber og Sæder, saa at Prindsesserne komme i stor Værdig-
hed og Ære, Lykke og Glæde. — Keiseren kan altsaa dengang ikke
have vidst hvad det var, der stod i Veien for Isabellas Lykke og
Glæde; men ret mange Dage har det ikke varet, inden han fik
fuldstændig Oplysning derom. Thi allerede den 17de Januar 1516
udfærdigede han en mærkværdig Instruktion for den Gesandt, han
afsendte til Kong Christiern for at forlange Dyveke fjernet, og den
18de Januar tilskrev han sin Sønnesøn Karl, Isabellas Broder,

---

    *) — fingere reges sæpe venationes, per regnum profectiones et hujus-
modi pleraque, dum voluptates suas sectantur et genio indulgent heb-
ber det i det Uddrag af Isabellas Breve, der meddeles i Huberti Thomæ
Leodii annales de vita et rebus gestis Friderici II electoris Palatini
Francof. a. M., 1624, libr. III, pr. 54.

følgende Brev: „Det stødende og forargelige Liv, Vor Broder og Svoger Kongen af Danmark fører med en Elskerinde, til stor Sorg og Mishag for Vor Datter Eders Søster, lastes af alle hendes Slægtninge. For at drage ham ud af dette uordenlige Levnet og formaa ham til at behandle Vor Datter mere loyalt, have Vi besluttet at sende til Kongen Hr. Sigismund Herberstein; desuden have Vi aftalt med Hertug Frederik af Sachsens Gesandt, at denne som Kongens nære Slægtning, og som den, der har virket til at bringe Ægteskabet i Stand, ogsaa skal sende en af sine Tjenere. Nu anmode Vi Eder om, ligeledes uopholdelig at sende en Mand af Anseelse blandt Eders Omgivelser, for i Forening med disse Sendebud at udføre samme Ærinde og formaa Kongen til at styre sig efter Fornuft, Ære og Guds Bud, og at lade sin Frille fare, at han kan tilfredsstille os Alle, hans Slægt og Svogerskab.

Keiseren arrangerede saaledes et helt Stormløb paa Kong Christiern for at fravriste ham Dyveke, der kun havde sin Elsker og sin Moder at sætte mod det halve Europa. Thi Keiserens Plan blev virkelig udført. Herberstein afgik fra Augsburg den 31te Januar 1516 med følgende Instruktion. Efter at have overbragt Kong Christiern Keiserens Hilsen skal han sige ham, at det er kommet Keiseren for Øre, at Kongen endnu holder offentlig hos sig sin gamle Frille, som han havde førend sit Ægteskab, og lader hende regere. En saadan usømmelig og uredelig Adfærd strider mod hans egen Ære og kan ikke taales af Os, Erkehertug Karl af Østerrig, Prinds af Spanien, og alle Vore Venner. Navnlig tilkommer det Os som Faderen, som har Sønnens Ære kjær, at lægge sig imellem, for at sligt uredeligt, usømmeligt og ukongeligt Væsen bliver afskaffet. Desaarsag er det Vor faderlige, kjærlige og alvorlige Formaning til Vor Søn, Kongen af Danmark, at han ganske frasiger sig merbemeldte Elskerinde og sender hende tilbage til Holland til hendes Fader eller Venner. Svarer Kongen, at han forlader hende og vil gifte hende med en Mand i sine Kongeriger, saa skal Gesandten derimod sige, at Vi og Vore Venner ingenlunde ville være tilfredse dermed, men formane ham paa det Høieste til at sende hende hjem igjen og skaffe hende en Mand der. Thi bliver hun i Landet, vil den gamle Kjærlighed lettelig fornyes, saa at det Sidste blev værre end det Første. Kongen bør

heri førft have Gub for Øie, dernæft fin egen Ære, Os og alle
fine Venner, faa at han holder fig fom bet en chriftelig Konge vel
egner og anftaaer. Vi ville berimod have ham befto tjærere og
bevife ham al faberlig og broberlig Kjærligheb, Troftab og Ven=
ftab. Gefanbten ftal ogfaa tiltjendegive Kongen, at han har Vor
Befaling til at blive hos ham og ingenlunde venbe tilbage, førenb
han feer, at hun er fendt bort til fit Hjem. Gefanbten ftal op=
træbe og hanble i Forening meb Hertug Frederik af Sachfens og
Ærkehertug Karls Senbebub, fom Keiferen venter, at be ville fenbe
til Kongen.

At bringe en faaban Hilfen til en uafhængig Konge, og til
en Manb fom Chriftiern ben Anben, var visfelig ikke nogen let
Opgave. Dog har Herberftein ubført fit Ærinbe, — vel ikke meb
gob Virkning, men bog fom fin Herres tro Tjener. Vi have enbnu
hans Dagbog om benne hans banfke Reife; ba ben ikke kan anta=
ges at være almindelig bekjendt, vil bet maaffe interesfere at høre
ben Del af ben, ber angaaer Reifen i Danmark og Forhanblin=
gerne meb Kongen.

Den 2ben Marts 1516 feilebe Herberftein fra Femarn til
Lolland. Han kom ilanb veb Landsbyen Røbby, hvor han maatte
vabe en halv Mil i bet flabe Vanb og ben vaabe Sanb. Saa
reb han fire Mile gjennem Lolland og kom til Falfter, fom et
fmalt Sunb ftiller fra Lolland. Paa Falfter ligger Nykjøbing
Slot og By. Til Nykjøbing var Dronningen ankommen kort før
ham; ber traf han ogfaa Hertug Karl af Burgunbiens Senbebub,
Hr. de Bulon og Mefter Jan Bennik af Amfterbam. „Dron=
ningen", vebbliver Herberftein, „fendte os ftrax fin Hofmefter og
Kjøgemefter til Mobtagelfe. Den næfte Dag ankom Kongen. Han
fendte fin Kammertjener Antonius til Selftab indtil Aubientfen.
Den 1fte April blev jeg af Kantsleren afhentet til Barføbbermun=
kenes Klofter, ber laa tæt veb mit Herberg. Derhen var Kongen
kommen fra Slottet. Kongen hørte mig ftaaende. Da jeg maatte
ubtale be fkarpe Orb, læfte jeg bem op af en Sebbel, for ikke at
fige enten for meget eller for libt. Imiblertib ftob Kongen meb
fammenlagte Hænber og faa ofte over Skulberen. Hertug Karls
Senbebub ftobe veb min Sibe og fagbe, at hvab jeg havbe fore=
braget var ogfaa beres Herres Begjæring. Kongen tog fig Tib
til at betænke Svaret og lob mig lebfage tilbage til mit Herberg.

Efter Bordet blev jeg ført til Dronningen. Hun var klædt paa Nederlandsk og i Sorg"*). Efter at have fremsagt sin Hilsen overrakte Herberstein sine Krebitiver. „Jeg maatte sætte mig ned hos Dronningen paa et Hynde. Saaban Ære var jeg ikke vant til. De nederlandske Herrer knælede for Dronningen og berettede, i hvilket Ærinde vi vare sendte. Derefter blev jeg med megen Ære ledsaget fra Slottet til mit Herberg. Der var ogsaa henved 16 Fruer og Jomfruer, alle hvidklædte; men ingen af dem, der vare komne med Dronningen. Da vi atter bleve kaldte til Under-handling, fik vi et Svar, som kunde forstaaes paa mere end een Maade. Vi gjentoge det berfor saaledes, som det bedst stemte over-ens med vort Hverv, og spurgte, om dette var Meningen? Men da dette ikke var Tilfældet, sagde jeg paa Alles Vegne: „Et saa-bant Svar havde Keiseren og Prindsen af Spanien ingenlunde ventet. Deres Majestæter ville heller ikke tro os paa Ordet, at Hans kongelige Naade agter sin Samvittighed, Guds Bud, sin egen Ære, christelig Skik og Orden, og deres Venskab, ringere end en gemen Kvinde. Derfor begjære vi, at Svaret, hvis vi ikke kunne faa noget bedre, gives os skriftlig under det kongelige Segl". Men det vilde han ikke. Han lod os sige: det var ikke Skik og Brug, at give Senbebub, der underhandlede paa Kredenz-breve, skriftligt Svar. Alt hvad vi formanede hjalp Intet; han blev omtrent ved den Mening: „han vilde holde sig kongeligt som ogsaa hans Faber og Forfæbre". — Kongens Hofmester Hr. Al-bert Jepsen forærede mig en Hest med Sabel paa Kongens Vegne. Der paa Stedet gjorde jeg ogsaa Bekjendtskab med Søren Norby, Kongens Kapitain paa Havet, der gjorde alle sine Gjerninger i Djævelens Navn og i den følgende Tid har udført mange vidun-derlige Ting, tilsidst begivet sig med sit Selskab til Moskov, hvor-fra Keiser Karl bad ham fri; han er skudt for Florents. — Den 10de April reiste vi fra Nykjøbing to Mil over Land, en Mil til Søes, til Sjælland, en Ø, hvor den kongelige Hovebstab Kjøben-havn ligger. Vinden var imod; vi fik Herbergs i et Slot Vor-bingborg, hvorom man fortæller, at ind i dette Slot, ligesom i Slottet Gora, tør ingen Konge komme, hvorfor der er indrettet

*) Henbes Morfaber Kong Ferdinand af Aragonien var bøb ben 23be Januar 1516.

et Bærelſe for Kongen udenfor Slottet. Man ſiger ogſaa, at i et
Bærelſe paa Sønderborg Slot ſeer man en Jomfru med Taſke og
Roſenkrands. I det Bærelſe tør Ingen komme. Det ſkal være
en Kongedatter, der har ihjelſtukket ſig ſelv*). Den anden Dag
reiſte vi fire Mil til Byen Næſtved. Det er en ſmuk, god Stad
med mange Kirker, men ubefæſtet. Derfra fire Mil til Antvorſkov,
et Kloſter af St. Hans Orden, ſaa to Mil til Korſør. Det er
en By og et Slot. Der gik vi atter til Søes, fire Mil fra Sjæl-
land til Øen Fyen. Vi havde daarlig Vind og en beſværlig, fare-
fuld Reiſe; kom ſaa til Nyborg, en Stad med et Slot; der bleve
vi om Natten. I Slottet viſer man Fremmede et Horn, ſom en
Adelsmand ved Navn Saltzer har revet af Djævelens Hoved. Mig
ſyntes det var et Kohorn. Derfra kom vi fire Mil over Land til
Odenſe, en meget velbygget Stad med ſkjønne Kirker. Der er et
Biſkopsſæde. Der boer Kongens Moder. Hun laa ſyg, men lod
os dog komme for ſig, liggende i Sengen. Der tog ogſaa de bur-
gundiſke Sendebud tre Jomfruer med ſig, ſom vare komne ind i
Riget med den unge Dronning; dem ſendte Kongen bort, forbi de
altid førte Snak om hans Uſtikkelighed. Fra Odenſe fire (sic) Mil
til Asſens, en lille By ved Søen. Om Morgenen atter ombord
og med ſtor Møie og Fare to Mil over til Sønderjylland. —
Saavidt Herberſtein. Man ſeer blandt Andet heraf, at det ikke
er efter det keiſerlig burgundiſke Geſandtſkab, men før det, at
Kongen har ſendt Dronningens burgundiſke Ledſagerinder bort fra
hende for Dyvekes Skyld. Og ret ſom om han vilde viſe det
fornemme Svogerſkab, at han trodſede dem, kjøbte han den 30te
Marts, to Dage førend han gav Herberſtein Audients i Nykjøbing,
Mogens Gøjes Gaard paa Hjørnet af Amagertorv og Lille Hel-
liggeiſtſtræde, og flyttede Sigbrit og Dyveke til Byen fra
Hvidøre. Nu ſkulde hans Forbindelſe med Dyveke være aaben-
bar for Alverden — juſt nu ſkulde Alle vide, at han ikke agtede
ſin herlige Dronning og hendes høie Slægt, ſom han og hans
Rigsraad dog ſelv havde ſøgt Forbindelſe med, og af hvem han
forlangte nøiagtig Opfyldelſe af den indgaaede Kontrakt, det aller-
mindſte Henſyn værd!

---

*) Dette er aabenbart det ſamme Sagn, der fortælles hos Müllenhoff, Sagen,
    Märchen und Lieder der Herzogthümer Schleswig, Holſtein und Lauenburg,
    p. 49. Jfr. Alb. Krantz, Svecia, I, cap. 46.

Ved denne Tid, eller ikke længe efter, maa det ogsaa have været, at Kongen bortjagede Fru Anna Meinstrup, Holger Rosenkrandses Enke, Dronningens danske Hovmesterinde, fordi hun bebreidede ham Dronningens Tilsidesættelse. Fru Anna forlod Landet og tog Ophold i Lybek.

I Aaret 1516 var det, at Slotsskriveren Hans Faaborg blev hængt. Hovedkilden til vor Kundskab om denne Sag er Hans Svanings Beretning. Svanings Christiern den Andens Historie er et ukritisk Arbeide, men som dog navnlig gjennem Hvitfeld har udøvet stor Indflydelse paa det danske Folks Opfatning af Christiern den Andens Karakteer og Færd. Saadan som Svaning giver Historien om Hans Faaborg, maa vi lade os nøie med den, dog uden at stille den i Paalidelighed ved Siden af hvad der grunder sig paa sikre Aktstykker; der foreligger hidtil ingen tilstrækkelig Grund til at betvivle dens Rigtighed. Svaning fortæller, at i Aaret 1516, den 10de November, blev Skriveren paa Kjøbenhavns Slot Hans Faaborg hængt udenfor Kjøbenhavn efter Foranstaltning af Torbern Oxe, Slotsbefalingsmanden. Denne Hans Faaborg havde indyndet sig hos Kongen ved sit flittige Arbeide, saa at Kongen villigt opfyldte hans Begjæringer. Deraf blev Manden opblæst, foragtede Andre, navnlig Torbern Oxe, hvem han bagtalte hos Kongen og beskyldte for at have gantedes altfor frit med Dyveke i Kongens Sovegemak. Faaborgs Dristighed hos og Anmodninger til Kongen blev imidlertid stadigt mere nærgaaende; tilsidst bad han Kongen om et Kanonikat, der var blevet ledigt ved Roskilde Domkirke. Kongen gav ham et halvt Løfte; og da han just laa paa Reise, tog han ham med til Roskilde, hvor han vilde udfærdige Bevillingen. Men paa Veien betænkte Kongen sig, blandt Andet ogsaa fordi man havde hvisket ham i Øret, at ogsaa Skriveren havde staaet i hemmelig Forbindelse med Dyveke. I Roskilde lod Kongen sin Kancellist skrive et Brev til Torbern Oxe, hvori det paalagdes ham, strax at forlange Rede og Rigtighed for Slottets Regnskaber af Hans Faaborg, i hvilket Brev, som Rygtet gaaer, Kongen befalede, at fandtes Regnskabet ikke i Orden, skulde Slotshøvedsmanden gaa frem med Lovens Strenghed imod Skriveren. Med dette Uriasbrev sendtes Faaborg tilbage til Slottet. Da nu Torbern Oxe fordrede Regnskabet, fandtes det aldeles utilfredsstillende, hvilket Faaborg vilde undskylde

20

med, at nogle Blade vare ubrevne af Bogen. Han blev da fæng=
slet, dømt og hængt. Med Svanings Fortælling stemmer i Hoved=
sagen den meget kortere, der skyldes Kong Christierns og Dyvekes
Samtidige, Povel Eliesen. Den tilføier det mærkelige Træk, at
Dyvekes Had var Skyld i Faaborgs Ulykke. Hun holdt nemlig
virkelig af Torbern Oxe og var vred paa Skriveren for hans Op=
førsel mod denne. Derfor blev hun ogsaa meget bedrøvet, da hun
i Helsingør erfarede, at Faaborg var hængt, slog sig hulkende for
Brystet med de Ord, at hun havde stor Skyld i denne Henrettelse:
„Gud være mig naadig derfor". Dette vilde altsaa forudsætte, at
det var hende, der havde vakt Kongens Vrede mod Skriveren; men
Beretningen staaer alene paa Povel Eliesens Ord, der ikke ere alt-
for meget at stole paa, naar det gjælder om Kong Christierns
Tyranni.

I det følgende Aar 1517 døde Dyveke, formodentlig engang
i Juni Maaned. Hurtigt udbredte sig det Rygte, at hun var død
af Gift, bibragt hende med nogle tidligt modne Kirsebær, Torbern
Oxe havde sendt hende. Om Torberns Karakteer vide vi altfor
Lidt til at kunne sige, om han kan antages i Stand til en saadan
Forbrydelse. Der er vel overgaaet ham en Dom af 27de Juli
1513, hvorved han frakjendes Næsby, fordi hans Adkomstbreve
fandtes urigtige og aftvungne Sælgeren, hvem han med Voldsom=
hed havde bragt i sin Magt. Men denne Sag kan dog neppe
have gaaet hans Ære for nær, siden han derefter har faaet saa
anseelig en Post som Befalingen paa Kjøbenhavns Slot, hvilken
bragte ham i Kongens umiddelbare Nærhed. I alt Fald er det
ikke nok til at kaste fuldt Lys over hans Tænkemaade. Og den
lidenskabelige Povel Eliesens Dom kan heller ikke gjøre det. I den
første Tid efter Dyvekes Død synes Kongen ikke at have næret
nogen Mistanke imod ham. Der er endnu et Forleningsbrev paa
Lindholm Slot i Skaane til Torberns Gunst, dateret 17de Juni
1517, altsaa vel i de første Dage efter Dyvekes Død.

Nogen Tid derefter, fortælle Hans Svaning og Hvitfeld, var
der Fest og Dands paa Slottet. Kongen var munter, kaldte
Torbern hen til sig og sagde: Sig Os nu Sanden, er det saa,
som din Skriver, der blev hængt, sagde for Os, at Du skulde
have havt med Dyveke at gjøre; Vi vilde gjerne vide det for visse
Aarsagers Skyld". De Omstaaende gave Torbern Vink og Tegn,

at han skulde vel betænke sig; han svarede — „af en god Consci-
ents" sige Svaning og Hvitfeld — at det var usandt. Men da
Kongen vedblev at fritte ham, sagde han, at han vel havde baaret
Kjærlighed til hende, men aldrig opnaaet nogen Gunstbevisning af
hende. Kongen blev øieblikkelig taus, hans Ansigt røbede en stærk
Bevægelse, saa at der hviskedes Torbern i Øret, at han skulde
give Meget for, at han ikke havde sagt disse Ord. — Jeg gjenta-
ger det, Svaning er Hjemmelsmanden; men hidtil foreligger Intet,
der giver os Ret til at forkaste eller forbigaa denne Fortælling.

Engang i Efteraaret 1517 lader Kongen Torbern Oxe og
hans Frænde Knud Pedersen Gyldenstjerne fængsle paa Kjøben-
havns Slot og optræder nu selv som Anklager i Rigsraadet, der
var Adelens Værneting i Livs- og Æressager. Hvad Klagen har
gaaet ud paa, veed man ikke Jeg er ikke engang berettiget til at
udtale en Formodning i denne Henseende. Thi Hvitfelds Ord, at
det var for Scenen i Kongens Soveværelse, bestyrkes ikke ligefrem
af hans Kilde Svaning, og er vist ikke mere end Hvitfelds egen
Forklaring, saaledes som han ved hundrede Leiligheder har knyttet
sine Tanker til sine Beretninger uden at det er muligt at adskille
dem. Klagen maa have gjældt enten Dyvekes Død, eller Torberns
Efterstræbelser, eller maaske begge Dele. Men der foreligger kun
saa svage Hentydninger, at her, hvor netop det Hjemlede skal ud-
stilles fra det Uhjemlede, er det utilstedeligt at drage den hele Sky
af Rygter, Gjætninger, Formodninger, Paastande for og imod
ind i den objektive Fremstilling. Altsaa: Kongen optraadte
selv som Klager. Men Rigsraadet fandt ikke Torbern fældet; det
fordømte ham ikke. Kongen fortørnedes og skal have udtalt de
haarde Ord: havde jeg havt saa mange Venner og Fættere i Raa-
det som Torbern, havde jeg nok faaet en anden Dom; men om
den Oxe har en Hals saa tyk som en Thyrehals, skal han dog
miste den! Man paastaaer, at Kongen har sagt disse Ord i selve
Raadet, men dette er ikke tilstrækkelig godtgjort*).

Saa lod Kongen sætte en Ret af tolv Bønder fra de nær-
meste Byer om Kjøbenhavn paa Slotspladsen; der lod han Tor-

---

*) Paastanden støtter sig til et Udtryk i et ti Aar senere skrevet Brev fra Hans
Michelsen til den da landflygtige Christiern den Anden. Allen, Breve og
Aktstykker, I, p. 475.

bern indføre, og lod Profossen anklage ham — Svaning siger ikke for hvilken Brøde, Hvitfeld derimod: med samme Beskyldning som for Raadet. Bønderne afsagde da for Ret, at de ikke dømte ham, men hans Gjerninger dømme ham. „Hvilket", tilføier Hvitfeld, „var en uendelig Dom og løb hverken til eller fra".

Rigsraadet, den pavelige Legat Arcemboldus, Dronningen med hendes Damer gik til Kongen for at bede om Torberns Liv. Dronningen gjorde Knæfald for ham. Men Nei! Hvorledes skulde ogsaa den haarde Mand, der for Dyvekes Skyld havde traadt sin Hustrues Ret og Hjerte under sine Fødder, — som havde trodset hendes mægtige Frænder, og som maaske netop ved deres nærgaaende, i haarde Ord udtalte Fordringer var bragt til at trodse dem og hende og hele Verden, — hvorledes skulde han nu kunne dæmpe sit Hjertes Lidenskab. Torberns Hoved faldt den 29de November 1517. Knud Gyldenstjerne blev noget efter løs-ladt og sendt bort med det Paalæg, aldrig at komme for Kongens Øine.

Dette er hvad jeg veed om disse tragiske Optrin, og tillige hvad jeg ikke veed. Jeg veed ikke om Dyveke virkelig er bleven ryddet af Veien med Gift; jeg veed ikke, for hvilken Anklage Torbern Oxes Hoved maatte falde. Nu vil jeg blot tilføie et Par Bemærkninger. At Rygtet havde uhyre travlt i Kjøbenhavn med disse Historier, i de største og de mindste Huse, behøver ikke at siges. Mærkeligst er det Rygte, at Sigbrit, ja Kongen selv, har villet prakke Dyveke paa Torbern; Torbern har indladt sig for dybt med hende til at han eller hans Slægt og Venner saa anden Udvei end at skaffe hende af Veien! At dette Rygte har gjort i det mindste Kongen Uret synes mig indlysende. Hans Adfærd lige-overfor Keiserens og Karl af Burgundiens Gesandter, hans Vrede efter Torberns naive Aabenmundethed, hans Haardhed mod Rigs-raadets, Legatens, Dronningens Bønner forudsætte den heftigste Lidenskab stormende i hans Hjerte: hvor skulde han kunne have gjennemført en saadan Forstillelse, havde hans Vrede mod Torbern været paataget! Og hvad Sigbrit angaaer, da synes hendes Tan-ker at have havt en ganske anden Retning. Hun sagde siden, at ingen Anden paa Jorden havde voldt hendes Datters Død, end Erik Valkendorf, Ærkebiskoppen i Trondhjem, og hun forfulgte siden denne Mand med et brændende Had, indtil hun saa ham styrtet. Men hine Ord kunne ikke have anden Betydning, end at hun har søgt Grunden til Dyvekes Undergang ved det burgundiske Hof, hvorfra Valkendorf først havde forlangt hende fjernet fra Kongen. At Sigbrit skulde have betragtet Torbern som Redskab for Valkendorf og Hoffet i Brüssel, er tomt Gjætteri.

Min anden Bemærkning gjælder Retssagen mod Torbern. At Kongen selv optræder som Anklager for Rigsraadet lader formode, at han har villet have Sagen behandlet som Majestætssag, altsaa paa samme Maade som hans Fader fik Povel Laxmands Sag behandlet, det er: han har villet have Torbern dømt efter Klagen, hvis denne ikke gjendreves. Men Rigsraadet har ikke villet gaa ind paa at tage den saaledes; det har forlangt den behandlet som en almindelig Misgjerningssag, altsaa ikke villet dømme Torbern uden Bevis for Klagens Rigtighed. Efter denne Opfattelse har Raadet ikke frikjendt Torbern, men afvist Sagen som urigtig stævnet, indtil Kongen stævnede ret. Kongen har altsaa ikke indanket Rigsraadets Dom for Bonderetten, hvilket vilde have været en uhørt Forhaanelse af Raadet og af al Rettergang, saa at han meget hellere maatte have ladet Hovedet hugge af Torbern uden al Dom; men han har optaget den af Rigsraadet afviste Sag fra ny, og nu ladet den paadømme efter Gaardsretten, der gjaldt paa Kongens Slotte, og som Torbern i Egenskab af Kommandant paa Slottet kunde antages at være undergiven. I den gamle Gaardsret er der sat Dødsstraf paa Voldtægt, Æresløshed, Tab af de Fingre og Tungen, hvormed Troskab er svoret, samt Landflygtighed paa Forførelse af Kvinde i Kongens Gaard. Rimeligvis er det for en af disse Bestemmelser Torbern er fældet af den Tolvmandsret, Kongen lod sætte af Slottets Bønder, altsaa dets tilhørende Mænd. Et andet Spørgsmaal er det, hvorledes Profossens Bevisførelse mod Torbern har lydt. Retssagen, baade for Rigsraadet og for Slotsretten, har uden Tvivl kun været ført mundtlig. Dette er sagtens Grunden til, at der aldrig er fundet noget Skriftligt om Torberns Proces. Hvad jeg her har sagt om denne, er ikke Andet end min Formodning, udgiver sig ikke for Andet. Om den kan være rimelig, henstilles til Læsernes Afgjørelse.

Torbern Oxes Død blev skjæbnesvanger for Kong Christiern; thi fra den Tid skriver sig det indre Brud mellem ham og Adel-

standen.   Kongens Lidenstab var vakt, hans naturlige Tilbøielig-
hed til voldsomt at gjennembryde alle Hindringer viste sig Dag
for Dag stærkere, og han vidste det i sit Hjerte, at Rigsraadets
og dets Standsfællers Sind var vendt fra ham.   Desto mere støt-
tede han sig til dem, der delte hans Følelser eller som trængte sig
paa ham som Tjentjenere.   Fra nu af vandt Sigbrit en Magt
over ham, Samtiden ikke vidste at forklare anderledes end som
en virkelig Troldbom.   Og da Kongens Lidenstab først paa eet
Punkt havde gjennembrudt sine Skranker, kom han dybere og dy-
bere ind i Forviklinger af mange Slags, der ikke lode hans liden-
skabelige Sind komme i Ro, men tvertimod opæggede det paa det
Stærkeste.   Dyvekes Død var altsaa i een Henseende en Ulykke for
ham.   Men i en anden havde den gavnlige Følger; den førte ham
den herlige Hustru nærmere, saa at han vandt et af de ædleste
Kvindehjerter, hvis klippefaste Hengivenhed i onde som i gode Dage
søger sin Lige i Historien.   Hun fødte ham den 21de Februar 1518
den ældste Søn, der kom til at bære sin Farfaders Navn.

Tredie Afdeling.

Indre Strid i Sverrig.   Sten Sture mod Gustav Trolle.   Krig mellem Dan-
mark og Sverrig.   Gustav Trolles Fald.   Sammensvorgelsesbrevet af 23de No-
vember 1517.   Arcemboldus som Aflabshandler og Fredsmægler.   Kong Chri-
stierns Tog mod Stokholm 1518.   De svenske Gidsler bortførte som Krigsfanger.
Arcembolds Færd i Sverrig 1518 og 1519.   Arcembold efterstræbes af Kong
        Christiern.   Didrik Slaghæt.   Beskyldningerne mod Arcembold.

Ved den kjøbenhavnske Overenskomst af 15de Juli 1513 var
Udførelsen af Malmørecessen udsat indtil Midsommer 1515, og
Stilstanden mellem Rigerne forlænget til Paaske 1516.   I Som-
meren 1515 mødte dog ikke efter Aftalen 12 fuldmyndige svenske
Sendebud til Malmørecessens Fuldbyrdelse, men kun Tre uden
Fuldmagt dertil, alene bemyndigede til at slutte Fred eller søge

Stilstandens Forlængelse. Kong Christiern havde utvivlsomt Ret til at see heri et nyt Brud paa Tro og Ed til de utallige foregaaende, og til nu at drage Sværdet; men han var ikke forberedt paa at gjenoptage Krigen strax, og havde formodentlig heller ikke kunnet formaa sit Rigsraad, der i stort Antal var forsamlet i Kjøbenhavn i Anledning af Formælingen, til at gaa ind herpaa. Da nu tillige Pave Leo den Tiende havde skriftlig raadet ham til Fred og i den Anledning sendt Biskoppen af Reval som Mægler, kom en ny Overenskomst istand den 29de Juli 1515, hvorved Malmørecessens Udførelse endnu engang udsattes indtil et Herremøde i Halmstad ved Kyndelmesse Tid (2den Februar) 1517, og den bestaaende Vaabenstilstand forlængedes til Paaske samme Aar. Kongen iagttog dog den samme Forsigtighed som tidligere, at lade de mødte hanseatiske Sendebud forny deres Forpligtelse til at stille sig paa hans Side, om Sverrig brød Malmørecessen*). Men før Halmstadsmødet udbrød atter i Sverrig den heftigste indre Strid, der rev Danmark med i sin Malstrøm. Olaus Petri fortæller det saaledes:

„Nogen Tid efter at Kong Hanses Søn Christiern var kronet til Danmarks Konge, begyndte Erkebiskop Jakob at handle med Hr. Sten Sture og nogle Andre af Rigets Raad om Gustav Trolle, at han maatte komme til Erkebiskopsdømmet efter ham. Thi han gav fore om sin Alderdom, at han ikke længer formaaede at forestaa Stiftet; saa lovede han og med Haand og Mund, at samme Gustav Trolle skulde være Hr. Sten en tro Mand især ogsaa af den Grund, at de vare nære Slægtninge. Og efterdi det saa høiligen udlovedes, at han skulde være sin Høvedsmand og sit Fædreland huld og tro, da samtykte Hr. Sten Erkebiskop Jakobs Begjæring, skrev ogsaa til Paven for samme Gustav Trolle, at han maatte faa Konfirmation paa Stiftet, gjorde ham derhos anden Hjælp til at udrette sit Ærinde i Rom; thi Gustav var dengang selv i Rom. Saa sendtes da To af Upsala Domkapitel, Mester Jon Eriksen og Mester Henrik Sledorm, til Rom til Gustav Trolle med Brev og anden Del, som den Sag krævede; og han kom hjem som en ordineret Erkebiskop anno domini 1515.

---

*) Lybeks Forpligtelsesbrev af 17de September 1515 omtales efter Arkivalier af Allen, II, p. 542, Not. 77.

„Og da Hr. Sten fornam, at han var kommen i Stokholms
Skærgaard, lod han haſtig berede for ham i Stokholm og agtede
at modtage ham ſom Leiligheden tilſagde. Men Ærkebiſkop Guſtav
vilde ikke komme til Stokholm til Hr. Sten; han lod ſig ſætte
i Land til Biſkopstuna og foer ſaa over Land til Upſala og lod der
ſtrax mærke, hvorledes han var til Sinds imod Hr. Sten. Thi han
ſkrev ham ſtrax til, at han vilde gjøre dem Ondt, ſom havde været
hans Formand Ærkebiſkop Jakob og hans Venner imod. Hertil
ſvarede Hr. Sten, at fandtes Saadanne, ſkulde de ſtaa derfor til
Rette. Af ſaadan hans Skrivelſe kunde vel mærkes, hvorledes
han var til Sinds; han vilde heller ikke vedgaa at have Noget af
Hr. Sten: Paven alene vilde han kjende for ſin Herre. Mange
mente ogſaa, at Kong Chriſtiern havde ladet handle med ham i
Lybek, da han kom fra Rom, og afvendt ham fra Hr. Sten*).
Men den ſtørſte Aarſag, hvi han var ilde tilfreds med Hr. Sten,
var vel, at denne havde trængt hans Fader Hr. Erik Trolle fra
Regimentet; thi meſte Parten, og alle de Ældſte, af Rigens Raad
havde kaaret Hr. Erik Trolle til Høvedsmand over Riget, hvilket
Hr. Sten tilintetgjorde. Deraf er vel den ſtørſte Uvillie kommen“.

„Efterdi Ærkebiſkop Guſtav ikke vilde komme til Hr. Sten,
ſom ventet var, heller ei tilſagde ham ſaadan Huldſkab og Mand-
ſkab, ſom af Ærkebiſkop Jakob ublovet var, tog Hr. Sten det
fortrydeligt op og begyndte ſaa at fatte Miſtanke om, at han
ſkulde have Ondt i Sinde imod ham og Riget. Og ved Diſtings-
markedet næſt efter (Februar 1516) kom Hr. Sten ſelv til Upſala
og var til Ords med Ærkebiſkop Guſtav i Sakriſtiet i mange Gode
Mænds Nærværelſe; men han fik lidet behagelige Svar af ham.
Han forekaſtede der Hr. Sten flere Stykker, ſom Hr. Sten ſagde
han aldrig ſkulde beviſe. Derover voxte Uvillien og Miſtanken jo
længer deſto mere. Saa begyndte og Ærkebiſkop Guſtav at un-
derhandle med Nogle af Adelen og ſine Venner, efterſom det al-
mindelige Rygte gik, at de ofte ſkulde komme ſammen paa Stæket,

---

*) Dette er troligt nok; thi Kong Chriſtierns-Sendebud i Rom Provſt Hans
Hanſen af Tofte (Gamtofte) havde givet Kongen Underretning om, naar
Guſtav Trolle paa Reiſen fra Rom til Sverrig vilde være i Lybek, og an-
tydet Henſigtsmæsſigheden af at træffe Aftale med ham der. Allen, II, 190,
538 Note 47 efter Utrykt.

„hvad Hr. Sten vel kunde mærke ikke just var paa hans Bedste. Derfor stævnede han om Sommeren anno domini 1516 et Herremøde sammen til Telge for at handle om Rigets Sager, og hvorledes man skulde tage det for med det almindelige Herremøde, som ved Kyndelmesse Tid næst efter skulde holdes i Halmstad imellem alle tre Riger. Til dette Herremøde i Telge blev Ærkebiskop Gustav flere Gange kaldt, at han skulde komme der, gjøre sin Raadsed og tilsige Hr. Sten Huldskab og Mandskab, som han burde, og dele siden sine Raad med de Andre. Men han og nogle Andre vilde ikke besøge samme Møde, saa at klarlig mærkes kunde, at han havde noget Skadeligt i Sinde. Derfor vilde han aldrig tilsige Hr. Sten Huldskab og Mandskab, men begyndte at befæste sig paa Stæket. Hr. Sten Christersen, som indehavde Nyköping, sagdes ogsaa at være i Raad med Ærkebiskoppen; thi vilde han heller ikke komme til Mødet i Telge. Da Hr. Sten og de tilstedeværende Rigsraader havde udrettet hvad de kunde gjøre, foer Hver hjem til Sit; men Hr. Sten gav sig med sit Folk hemmelig til Nyköping, kom der uforvarende og begyndte at storme til Slottet, og indtog det. Hr. Sten Christersen førtes fangen til Stokholm og blev død i Fængslet. Dette skete Vor Frue Tid Dyre (15de August 1516).

„Da nu Hr. Sten Christersen var fangen, bekjendte han, at Ærkebiskop Gustav med Flere havde nogen hemmelig Stempling under Hænder paa Kong Christierns Vegne. For dette kom og Hr. Peder Turesen i Mistanke. Han havde da Stegeholm inde, hvorfor Hr. Sten tog Slottet fra ham og antvordede det til Johan Arendsen. Og da Hr. Sten havde saaledes faaet Nyköping ind, foer han til Vesteraas til Mormesse (den 8de September 1516) og klagede høilig for den menige Mand, at Ærkebiskop Gustav med nogle Andre havde i Sinde at drage Kong Christiern ind i Riget, saa mangen Mand til Skade og Fordærv; det havde Hr. Sten Christersen, som havde været i Raad med Ærkebiskoppen, bekjendt i mange Gode Mænds Nærværelse. Da nu Ærkebiskop Gustav var saaledes beført for den menige Mand i Vesteraas, lod han Brev udgaa til En og Anden, saa og til Raadet i Stokholm, gjorde sin Undskyldning, at saadant var sagt ham paa med Uret, og begjærede, at Borgermestere og Raad i Stokholm skulde være Mæglere mellem Hr. Sten og ham. Det Samme begjærede og

„Ærkebiſkop Jakob af dem i ſin Skrivelſe.   Hr. Sten ſkrev der-
imod til Kapitlet i Upſala, at be ſkulde raade deres Biſkop fra de
Anſlag, hvoraf kunde komme Uroligheder.   Saa ſkreve og Biſkop-
perne af Skara, Strængnæs, Veſteraas og Aabo Ærkebiſkop Gu-
ſtav til og raabede ham alvorligen at forene ſig med Hr. Sten og
ikke volde Uroligheder, baade han ſelv og hele Riget maatte komme
i Skade for.   Saa var og ved ſamme Tid Brev kommet fra Rom,
i hvilket Pave Leo raabede ham at ſtaa efter det, ſom førte til
Fred.   Nogen Tid tilforn havde Biſkop Hans (Braſk) i Linkøping
været til Ords med Hr. Sten paa Stegeborg og formanet ham høi-
ligen, ſom han og ſiden ſkrev ham til, at han ſkulde ikke forgribe
ſig paa Ærkebiſkoppen, men at Gode Mænd burde lægge ſig der-
imellem og forlige dem.   De burde vel forliges, ſagde han, efterdi
de vare ſaa nær i Slægt; thi Hr. Stens Moder og Hr. Erik
Trolle vare føbte af to Søſtende.   Hr. Sten gav ſaa til Svar,
at han allerhelſt vilde Fred og Venſkab, om han det maatte nyde.
Det Samme ſagde Ærkebiſkoppen og forlangte Gode Mænds Mæg-
ling mellem ham og Hr. Sten.   Dog kom det ikke dertil; thi der
var en Ulykkesdæmon over dem Begge, ſaa at Skjæbnen maatte
have ſin Gang.   Ærkebiſkop Guſtav var en ſtiv og egenſinbig
Mand, vilde ingen Mands Raad lyde, men gjøre Alt efter ſit
eget Hoved.   Det blev baade hans og Rigets Fordærvelſe.

„Da Uvillien ſaaledes voxte og Ærkebiſkoppen begyndte at
ſamle Folk og befæſte Slottet, og da Rygtet gik over hele Landet,
at han med ſit Anhang vilde drage Kong Chriſtiern her ind i Riget,
ſaa lod Hr. Sten Ærkebiſkoppens Faber Hr. Erik Trolle fange og
holdt ham i Fængſel paa Stokholms Slot; og om Efteraaret 1516
lod han Stæket beleire.   Ofte blev handlet i ſamme Beleiring med
Ærkebiſkoppen, at han ſkulde bøie ſig til Forlig.   Men han vilde
ikke og ſtyrkede ſine Tjenere og dem, der med ham vare beleirede,
dermed, at de ſkulde faa Undſætning fra Kong Chriſtiern".

Denne Olaus Petri's Fortælling af Stridens Gang er
grundet paa en Fremſtilling, ſom Sten Sture har ladet udar-
beibe, formodentlig for at forelægges det Rigsmøde i Stokholm,
der ſkulde afgjøre Ærkebiſkoppens Skjæbne i Slutningen af Aaret
1517.   Upartiſk kunde denne Fremſtilling viſtnok ikke være; men
Olaf Petri's Skildring er dog den roligſte, jeg kjender, og den,
der er gaaet over i den ſenere Hiſtorieſkrivning.   Derfor har jeg

hellere villet give den, end selv uddrage en Fortælling af Sten Stures trykte Brevskaber, for at Læseren kan faa det umiddelbare Indtryk af Gustav Trolles og Sten Stures samtidige Landsmænds Opfattelse af deres skjæbnesvangre Strid. Men det maa ikke forties, at i et Indlæg af 1ste September 1519 fra Gustavs Advokat i Rom antydes, tvertimod Rigsforstanderens Fremstilling, at Sten Sture var misfornøiet med Gustav Trolles Udnævnelse af Paven, og at der er andre Tegn til, at han snarere har ved Rænker modarbeidet den, end, som han selv siger, ærligt fremmet den. Og ligeledes maa man efter Prokuratorens Indlæg tro, at det er Sture, der har yppet Striden ved at inddrage til Kronen Stækets Len, ikke Gustav ved uden Grund at vise Rigsforstanderen Uvillie og Ringeagt strax ved sin Ankomst til Riget. Var dette rigtigt, kastede det unegteligt et andet Lys over Stridens Begyndelse, end Olaus Petri udbreder over den efter Sten Stures egen Fremstilling; men naar vi saaledes kun have ensidige Indlæg for os, ikke tilstrækkelige Midler til en retfærdig Dom, maa Rigtigheden og Retfærdigheden af den hidtil gjældende Fremstilling staa ved sit Værd.

Ved samme Tid som Gustav Trolle ankom fra Rom, var Rigsforstanderen indviklet i en Familietvist, der ogsaa fik Indflydelse paa hans tragiske Skjæbne. Svante Stures sidste Hustru, Sten Stures Stedmoder, var Fru Mette Ivarsdatter af den danske Slægt Dyre, fra Tirsbæk i Jylland. Som tidligere berørt havde hun været gift med den norske Rigsraad Knud Alfsen, der mistede Livet i Sammenkomsten med Henrik Krummedige ved Oslo 1502. Da Knud Alfsen reiste sig i Oprør mod Kong Hans, havde han bragt sin Familie i Sikkerhed i Sverrig, — sin Hustru og sine to Sønner af første Ægteskab, Karl og Erik Knudsen. Mellem Fru Mette og den unge Sten Sture havde altid været et spændt Forhold, og Karl Knudsen kunde fra Ungdommen af heller ikke forliges med Svantes Søn. Denne gjensidige Stemning kom til Udbrud efter Svante Stures pludselige Død den 2den Januar 1512 og førte til en heftig Strid, hvor Sten Sture gik haardt imod Stedmoderen; der fandt Understøttelse hos den anden Stedsøn, Karl Knudsen. Sten Sture fratog hende blandt Andet den Morgengave, hun havde faaet af hans Fader, og nødte hende til et yderst ufordelagtigt Forlig. Tilsidst blev Opholdet i Sverrig hende

og Karl Knudsen utaaleligt.   De gik til Danmark, hvor Kong
Christiern tog vel imod dem.   Karl Knudsen traadte i hans Tje-
neste og overlod det til Kongen at tilveiebringe en Udsoning med
Henrik Krummedige for Faderens Død.   Fru Mette blev Forstan-
derske for St. Agnetes Klofter i Roskilde og besuden forlenet med
Gods i Sjælland; Karl Knudsen fik Løfte om sit Fædrenegods i
Norge.   Men i Sverrig, hvor han havde levet sin Ungdoms Tid,
kaldte man ham en Landsforræder.

Fru Mette Jvarsbatters Tvift med Sten Sture blev nu i
Efteraaret 1516 Anledningen til fjendtligt Sammenstød mellem
Rigsforstanderen og Kong Christiern.   Denne havde tilladt hende
at søge Erstatning for sit Tab ved at lade opbringe Sten Stures
Gods, hvor hun kunde overkomme det, kun at hun ikke øvede
Fjendtligheder i danske og norske Farvande.   Virkningen af denne
Tilladelse blev, at i Efteraaret 1516 overfaldt Kongens Skibskapi-
tain Tile Giseler et stort Skib paa Lybeks Reed med en meget
kostbar Ladning, der tilhørte Sten Sture.   Det skulde hedde, at
det var Fru Mette, der lod Skibet borttage, og Kongen vilde
virkelig have Folk til at tro, at det ikke var ham, men hende, der
bar Ansvaret.   Men man troede det naturligvis dog ikke, saa
meget mindre, som Skipperen paa det tagne Skib strax gik over i
Kongens Tjeneste.   J Sverrig saa man i denne Voldsgjerning
med Rette et Brud paa Stilstanden, og Sten Sture klagede i
haarde og bitre Udtryk derover.   „Saa skulle J vide", skriver han
til Almuen fra Arboga, „at Rigens Raad og jeg, med Abelen,
Kjøbstædmænd, Bergmænd, Dalekarle og anden Almue, som her
nu med os forsamlede ere, ere saa ens vordne, at vi ingenlunde
ville have Kong Christiern til Herre og Konge her i Riget, forbi
han holder os ingen Dagtingning og ei heller Ord, Brev eller
Segl; besynderlig som han nu gjort haver i den Stilstand, som
skulde have standet til Paaske.   Løverdag før St. Matthæus Dag
i Høst lod han stjæle mit Skib om Nattetider i Havnen for Lybek,
da det var ladet med allehaande Varer og laa rede til at løbe
hjem til Stokholm.   Hvor skulde han holde os Ord, Brev og
Segl, om han kom herind for fuldmægtig Herre og Konge i Riget,
som han begjærer, da han holder ikke nu sine Breve og Segl ved
Magt, førend han til Riget kommer".   Det var i Birkeligheden
Kong Christiern der havde taget Skibet og dermed brudt Stilstan-

den. Det havde været sømmeligere, at han havde opsagt Stilstanden eller aabent havde vedgaaet sin Gjerning og henvist til, at ham holdtes aldrig Brev og Segl fra svensk Side i langt betydeligere Ting, hvorfor han nu vilde bryde Stilstanden efter sin Leilighed. Men han forlangte, at Folk skulde tro Paafundet om Fru Mettes Krig med Sten Sture, der med god Grund skriver til Stedmoderen: „det gjøres ikke Behov, at I lader Eder bruge til Dække og Skjul for en anden Mands Gjerning". — Men det er overhovedet et uædelt Træk i Christierns Karakteer, at han ved Siden af fuldstændig Ringeagt for Andres Ret, hvor den stod hans Planer eller Lidenskaber i Veien, altid søgte Retspaaskud for sine Overgreb og vilde, at Alle skulde lukke Øinene for de virkelige Forhold og tro paa de Luftspeilinger, han foreviste.

At Mødet i Halmstad i Februar 1517 under saadanne Omstændigheder maatte blive frugtesløst, er let at forstaa. Det maatte i alle Tilfælde være blevet det, naar Kong Christiern ikke vilde lade Malmørecessen og sit Krav til Sverrig falde; thi det er vist nok, at de svenske Magthavere utvungne aldrig gik ind paa at tage ham til Konge eller gjøre Sverrig skatskyldigt til ham. Altsaa maatte der blive Krig, hvis ikke Rigsraadet paa begge Sider kunde holde Herskerne tilbage. Men det danske Rigsraad, eller saa Mange som vare samlede, nægtede ikke Kongen Midler til Krigen, da han forlangte dem paa en Herredag i Kalundborg den 29de Marts 1517. Og Sten Sture tænkte alene paa at bryde Ærkebiskop Gustavs Trods for at kunne samle Rigets Kræfter mod Kongen. Han fortsatte altsaa Beleiringen af Stæket med al Magt, saa at Ærkebiskoppen dog blev betænkelig og forlangte ved Midsommers Tid en Samtale med ham; og Rigsforstanderen, som hver Dag ventede et Angreb fra Danmark, greb denne Udsigt til Forlig med begge Hænder. Han kom selv med nogle af Rigsraaderne til Stæket og holdt udenfor Slottet; men Ærkebiskoppen, som imidlertid havde faaet Underretning om, at den danske Hjælp nærmede sig, udeblev fra Mødet. Imidlertid var en dansk Flaade med 4000 Mand Landgangstropper ombord løbet ud og skjændte og brændte paa Sverrigs Kyster. Søderkøping blev brandskattet, Vestervig brændt, Stegeholm bestormet, Befalingsmanden Jon Arendsen fangen, men Slottet dog brændt med dem, der vare derinde, blandt dem ogsaa Jon Arendsens Hustru og Børn; en lille

Dreng søgte ud af Branden, men Landsknegtene stak ham med deres Spyd og drev ham tilbage i Luerne! Saa barbarisk førtes denne Krig. Tillige opsloges allevegne et aabent Brev fra Kong Christiern til det svenske Folk, hvori det opfordredes til at underkaste sig ham, der var Sverrigs rette Herre og Konge. Men man sporer ingen Virkning af denne Opfordring. Sværdet maatte dømme mellem de Stridende.

I August nærmede den danske Krigsmagt under Joakim Trolle (Gustav Trolles Farbroder), Karl Knudsen og Søren Norby sig Stokholms Skærgaard for at undsætte Ærkebiskoppen. Endnu engang forsøgte Sten Sture at bevæge Gustav Trolle til Forsoning og til at slutte sig til ham og hvad han kaldte Fædrelandets Sag, men forgjæves; i Tillid til Hjælpen vilde Ærkebiskoppen ikke høre om Forlig. For Rigsforstanderen var altsaa intet Andet at gjøre, end at møde Fjenden med den Magt, han kunde samle. Og Lykken var ham gunstig. Da Karl Knudsen gjorde Landgang ved Bebla, tæt ved Stokholm, den 13de eller 14de August, kom det til en Kamp, der endte med stort Tab for de Kongelige og de Overblevnes Tilbagekastelse til Skibene.

Dette Nederlag rystede dog Gustav Trolles Standhaftighed. Han tilbød Rigsforstanderen, at opgive Stælet, vende tilbage til sin Domkirke og forblive ved sit geistlige Embede. Men Svaret løb, at det skulde han have gjort tidligere, saa havde mangen Mand levet, som nu for hans Skyld var død. Der forlangtes Overgivelse paa Naade og Unaade. Dertil kunde Ærkebiskoppen endnu ikke bekvemme sig, saa at Beleiringen fortsattes. Sten Sture indkaldte da et Rigsmøde af alle Stænder til Stokholm i November, hvortil ogsaa Ærkebiskoppen fik Leide for at forsvare sig; men hans faste og stolte Forsvar gjorde kun Ondt værre, saa at Forsamlingen efter Rigsforstanderens Klage besluttede, at man vel vilde holde ham Leidet, men aldrig efter denne Dag erkjende ham for Ærkebiskop. Gustav vendte altsaa tilbage til Stælet; men da Besætningen her saa, at der ingen Frelse var, vægrede den sig ved at lyde ham længer. Slottet maatte da overgive sig; Ærkebiskoppen blev som Fange indsat i Vesteraas Kloster, hvor han maatte frasige sig sit Ærkebiskopsdømme og nedlægge sit Embede*). Stælet blev jævnet med Jorden.

_____

*) — maatte; thi at det er skeet ved Tvang, ligger ikke alene i Situationen,

Da Rigsmødet i Stokholm havde fattet denne Beslutning, der jo var et voldsomt Indgreb i Kirkens Ret, hvilken man vel kunde indsee vilde finde mægtige Forsvarere, forbandt Deltagerne i Dommen, med de fire Biskopper Hans Brask i Linkøping, Matthias i Strængnæs, Otto i Vesteraas og Arvid i Aabo i Spidsen, sig til at staa Last og Brast med hverandre for Følgerne af dette Skridt. De sammensvore sig i et Aktstykke af St. Clemens Dag (den 23de November 1517) saaledes: „Alle ere vi samdrægtig overens vordne, at for den drabelige Skade og Fordærv, Sverrigs Rige og dets Indbyggere have fanget af Stækel Slot, siden det blev bygt, i Ærkebiskop Jenses Tid til Kong Christierns Indtagelse, i Ærkebiskop Jakobs Tid til Kong Hanses Indtagelse, og nu i Ærkebiskop Gustavs Tid til unge Kong Christierns Indtagelse, os Alle, fødte og ufødte, til evig Forbærvelse, skal Stækel Slot plat i Grund nedbrydes og tilintetgjøres, saa at herefter indenrigske Forrædere ei deres Tilflugt dertil skulle i nogen Maade have, som tilforn skeet er . . Og for de foranskrevne Sagers Skyld" (anførte i Klagen mod Gustav Trolle) „og efter Sverrigs skrevne Lov, saa og fordi han haver ført Avindskjold imod sin og vor kjære Herre og Hovedsmand, Sverrigs Riges Forstander, have vi Alle med Ja og oprakte Hænder svoret og lovet, ham aldrig at ville eller skulle have for Ærkebiskop her i Riget i alle vore Livsdage; men han skal nyde sin Leide, som ham vor kjære Herre og Hovedsmand givet haver, komme i sit fri Behold igjen ind paa Stækel, og ei slippe derfra, førend han gjør saadan Forvaring for sig, at han efter denne Dag aldrig skal være Riget til Skade i nogen Maade. Var det og saa, at Nogen indenlands eller udenlands, eller Nogen af Upsala Kapitel hans Staldbrødre ham til Villie, os til Skade, have oplagt Raad om at paaføre os Alle, eller Nogen af os, Rige eller Fattige, inden Raads eller uden, Bønder eller Bokarle, nogen Skade, Band eller Bandssag eller nogen Besværing af Romergaard herefter, for denne Undsigelse, eller for Beleiringen, eller for Stækel Slot, da forbi vi Alle ere sammensvorne i denne Sag, ville vi, Geistlige og Verdslige, trolig med Liv og Magt Alles vores Skade og Fordærv indbyrdes afværge, naarsomhelst denne

men antydes ogsaa af Hans Brask i en Skrivelse til Sten Sture af 19de Januar 1518. Handlingar rör. Sk. hist. XXIV, p. 148 nederst.

„Sag foretages i vor hellige Faber Pavens Gaard eller andenſteds. Vil og Nogen forurette de værbige Fædre og Herrer Biſkopper og Prælater, der med os ere indtraadte eller herefter indtræde ville, da ville vi med Liv og Magt dem hjælpe og Biſtand gjøre, i og udenfor Riget. Dette love vi Alle ubrødelig at holde ved vor Ære og chriſtne Tro, ſaa længe · vi leve".

Da dette Brev fik forfærbelige Birkninger for alle Deltagerne, vil jeg her ſtrax bemærke, at Originalen ikke kjendes, men kun Afſkrifter eller Aftryk. Navnlig vides det ikke, hvor mange og hvilke der have hængt deres Segl ved, eller, ſom vi nu vilde ſige, have underſkrevet og vedtaget det. I Brevet ſelv anføres foruden de fire ovennævnte Biſkopper af Linkøping, Strængnæs, Veſteraas og Aabo, Hemming Gad med ni verdslige Rigsraader, „menige fribaarne Frelsemænd over alt Riget, Borgermeſtere og Raadmænd i Stokholm med den menige Mands og Almuens Fuldmægtige for ſig og dem, der ſidde hjemme". Men disſe kunne ikke Alle have beſeglet det, ſkjøndt det ſiges i Aktſtykkets Slutning, at det er udfærdiget under Alles Segl og Rigets Klemme. Var dette at forſtaa bogſtaveligt — hvad der dog er umuligt allerede af den Grund, at en ſaaban Masſe Segl ikke kunde hænges ved et Stykke Pergament, — ſaa maatte Brevet og bets Indhold have været almindelig bekjendt i hele Riget, altſaa ogſaa udenfor det; men det var ikke Tilfældet. I en Bekjendtgjørelſe af 25de November, ſom Rigsforſtanderen medgav Rigsmødets Medlemmer hver til ſin Egn, ſiges ogſaa kun, hvad der var vitterligt for Alle og ikke kunde ſkjules, at de aldrig ville have Guſtav Trolle for Ærkebiſkop her i Riget, og at Stækket Slot ſkal nedbrydes; men der tales ikke om, at Rigsmødet har ſammenſvoret ſig om at trobſe Paven, hvis han vil antaſte Nogen berfor. Dette er Hovedpunktet, og det blev tre Aar derefter det Afgjørende; men hvem af de i Brevet Navngivne der virkelig bandt ſig med ſit Segl til denne Sammenſværgelſe, og hvis Segl der manglede ved Pergamentet, vide vi ikke. Den kloge Hans Braſk af Linkøping, ſom · maatte hænge ſit Segl ved, kjendte Kirkens Lov og Forfatning altfor godt til ikke at vide, hvad der kunde følge efter en ſaadan Sammenſværgelſe imod Pavens Myndighed. Han holdt ſig derfor i al Stilhed en Bagdør aaben, idet han inden i Voxbullen, hvori hans Segl var indtrykt, ſkjulte en lille Seddel med de Ord: bertil er

jeg nødt og tvungen, hvad. Olaus Petri kalder, ikke uden
Grund, et listigt Romerstykke.

I de samme Dage, da Christiern den Anden blev Danmarks
og Norges Konge, satte Kardinal Johan af Medici den tre-
dobbelte Krone paa sit Hoved. Kong Hans døde den 20de, Pave
Julius den Anden den 21de Februar 1513. Den 11te Marts
1513 valgtes Kardinalen af Medicis til dennes Eftermand og an-
tog som Pave Navnet Leo den Tiende. Blandt anden Arv fra
sin Forgænger modtog han et uhyre Byggeforetagende, der netop
var begyndt af Formanden, og nu nødvendig maatte fortsættes af
ham. St. Peters over tusindaarige Basilika i Rom var bleven
saa brøstfældig, at den maatte helt fornyes. Med sin vante vold-
somme Heftighed havde Julius den Anden nedrevet den. Nu skulde
den opbygges paany. Men Leo fandt en tom Kasse: hvorfra hente
Midler til et saa stort Værk ved Siden af Pavestolens andre
umaalelige Udgifter? Da bevilligede den just forsamlede femte
Lateransynode Paven Tiende af alle Christenhedens Kirker; en al-
mindelig Afladshandel skulde tilveiebringe det øvrige Fornødne.
Leo tog ikke i Betænkning at benytte dette nu allerede saa ofte
brugte Middel, hvor farligt og i sig selv forkasteligt det end maatte
vise sig ikke alene for ethvert religiøst Sind, men ogsaa for ethvert
politisk Skarpblik. Men al Historie, lige indtil den nyeste, viser,
at en ubøielig Skjæbne forblinder de Magthavere, der staa lige
foran en Revolution, som skal opsluge dem.

Tilsagn om Syndernes Forladelse er den christne Kirkes uaf-
viselige Ret og Pligt. Ogsaa vor Folkekirke giver Aflad ved hvert
Skriftemaal. Men den katholske Kirke havde i Middelalderen ud-
dannet Læren om Aflad i Sammenhæng med sit øvrige Lærebegreb
paa en Maade, der gav den en uhyre Magt, men tillige udsatte
dens Styrere for saa stærke Fristelser, at Mennesker ikke kunde
modstaa dem. Saaledes som Læren om Syndsforladelse var ud-
formet af den hellige Thomas Aquinas i det 13de Aarhundrede og
senere videre udviklet, hvilede Kirkens Ret til at afløse fra Synden

21

paa den uendelige Skat af guddommelig Naade, der var den be-
troet til de Christnes Frelse.　Der er noget Storartet i Kirkens
Stilling som Naadens Uddeler.　Den katholske Kirke stod dengang
for Alles Bevidsthed som en guddommelig Stiftelse, der forbandt
Himlen og Jorden, hvor de Troende i mystisk Forening med Frel-
seren kom Gud imøde; og Paven som Christi Statholder uddelte
til de Enkelte den uudtømmelige Naadeskat til Frelse for Levende
og Døde.　Hans Magt strakte sig ikke over de Saliges Paradis
eller de Fordømtes Helvede, men vel over Menneskelivet paa Jor-
den og de Afdøde i Skærsilden.

　Denne høie, ideale Stilling har det femtende og sextende Aar-
hundreders Paver, især efter Seiren over Biskoppers og National-
kirkers Modstand i Kostnitzer- og Baselerkoncilierne, med stigende
Frækhed draget ned i Støvet ved deres Afladshandel.　Hvad der
efter Ideen var en ansvarsfuld Fordeling af guddommelig Naade,
blev til en Lønning for slavisk Underkastelse under Kirkens Bods-
øvelser, — og derfra tilsidst til en Vare, der udhøkredes for klin-
gende Mønt og for Alt hvad der kunde gjøres i Penge.　Aflads-
handelens Frækhed staaer i nøieste Forbindelse med den Bortdunsten
af Religion, den stigende Gridskhed efter verdslig Herlighed, efter
Magt og Nydelser, og al Magts og Nydelses Midler: Penge, der
dengang i stigende Grad tog Overhaand hos Paver og Kardinaler,
indtil den kulminerede i et Afskum som Alexander den Sjette.

　Hvorledes stillede Fyrster og Folk sig til Afladshandelen?
hvorfor taalte Kongerne den i deres Riger? hvorfor bar Folket sit
Guld til Afladskræmmernes Kiste?　De gjorde det, fordi der ingen
Tvivl opkom om Rigtigheden af Læren om Kirkens uendelige Naade-
skat.　Lærens Misbrug have Mange nok seet; og de have sikkert
i deres Hjerter følt sig forfærdede over Pavens Ansvar for de aaben-
bare Misbrug.　Men det blev hans egen Sag at forsvare dem for
Gud: Kirkens Lære stod fast, Kirkens Aflad blev lige kraftig til
at berolige de Levendes Samvittigheder og udfri de Afdøde fra
Skærsilden, enten det var en værdig eller uværdig Haand, der
uddelte den.　Kritiken maatte gaa løs paa Læren selv, om Verden
skulde befries fra denne aandelige Pest; det er Luthers udødelige
Fortjeneste, at han har trængt ind til dette Punkt.　Gjennem Kamp
med Afladshandelens Misbrug er han naaet til Afladens Brug og
derigjennem til Syndsforladelsens Idee; og her har han fundet det

Arkimedespunkt, hvorfra han kunde standse den fremadskridende For-
dærvelse.

Men ogsaa før Luther har der været Modstand i Kraft af
Kritik over det Ufornuftige i den hele Handel. Den maatte af
Alle, som enten ved deres Stilling eller deres Dannelse havde et
friere Omblik, tilsidst opfattes som en pur og bar Pengeudpres-
ning, der saa godt som Intet havde med Religion at gjøre, eller
hvor den hellige Straalekrands ikke længer formaaede at dække den
mobbydelige Smudsighed. De maatte betragte den med stigende
Mishag; navnlig kunde Fyrsterne ikke uden Misfornøielse see deres
Undersaatter plyndrede ved en Handel, hvis Mangel paa indre
Berettigelse de vel ikke gjennemskuede, men hvis Fremtrædelsesfor-
mer paatrykte den et frastødende Præg af Lavhed, Egennytte, ja
Bedrageri. Vi see dem derfor ogsaa gribe stærkere og stærkere ind
i Afladskræmmernes Færd; skulde deres Folk plyndres, vilde de
have deres Part af Byttet, — enten som en Kjendelse for Sam-
tykket til at drive denne Slags Kramhandel i deres Land, eller
som en Kvotadel af det hele Udbytte, eller som Laan, der aldrig
blev tilbagebetalt, eller ligefrem som Rov, der maatte undskyl-
des med den fyrstelige Kasses Tomhed! Dette var vel ikke stort
bedre, end naar en asiatisk Despot afpressede sin Satrap det Guld,
han som en mindre Despot havde afpresset Folket; men Brøden
og Dadelen kommer vel saa meget paa den hellige Faders Regning
som paa Kongens. Det er sandt, at efter den da gjældende juri-
diske Ret var Pengene Pavens; men naar den Styrende med sin
juridiske Ret slaaer Sandhed og Ret lige i Ansigtet, tør han ikke
beklage sig over, at en Anden uden juridisk Ret giver ham Slaget
tilbage. Og der vare Fyrster, som tiltoge sig et Tilsyn med den
hele Handel, vi ikke kunne misbillige. Den tydske Rigsregering
havde i Overensstemmelse med Ordlyden i Pavens Instruktion paa-
lagt Kardinal Raimund Perault indskrænkende Betingelser for Til-
ladelsen til at sælge den Aflad, der skulde skaffe Midler til en Krig
mod Tyrkerne. Derfor havde Kong Christierns Morbroder, Kur-
fyrst Frederik den Vise af Sachsen, taget de i hans Lande ind-
samlede Penge i sin Forvaring, indtil de skulde anvendes til det
Brug, hvortil de vare samlede. Han vilde ikke udlevere dem i
Roms Haand til fri Brug, og nægtede siden ganske at udlevere
dem, da det aldrig blev Alvor med en Tyrkekrig. Endelig an-

21*

vendte han Pengene til sit nyoprettede Universitet i Wittenberg.
Paa samme Maade stillede Hertug Frederik af Holsten, — og vist-
nok andre tydske Fyrster — sig til denne Afladshandel. Fra Nord-
tydskland og Norden har Rom neppe faaet Meget af denne Handel.

Leo den Tiende, en Søn af Lorenzo den Prægtige, hvis
Sind alene stod til Kunst og Videnskab og verdslige Sager, var
ingenlunde Manden til at tage sit Standpunkt som Pave i Kirkens
Idee. Han fandt jo Alt i Kirken roligt; den sidste Fare, Keiser
Maximilian og Kong Ludvig af Frankrig havde beredt Pavestolen
ved deres Pisanske Koncilium, var jo lykkelig afvendt ved det tro
og lydige lateranske Koncilium. Der kunde ikke være nogen Fare
ved nu at oversvømme Christenheden med en ny Skare Aflads-
kræmmere. Den germaniske Nation blev velsignet med ikke
mindre end tre Kommissioner: en for Sydtydskland og Schweitz,
en for Ærkebispedømmerne Maintz og Magdeburg, som den fælles
Ærkebiskop Albrecht af Brandenburg forpagtede af Paven, en for
de øvrige Rhinlande, Nordtydskland og Sverrig, der overdroges
den pavelige Referendar Johan Angelus Arcemboldus ved
en Bulle af 2den December 1514. Danmark og Norge vare
dengang anviste en anden pavelig Nuncius, den Biskop Johan af
Reval, vi have seet som Mægler ved den kjøbenhavnske Overens-
komst af 29de Juli 1515 om Forlængelse af Stilstanden mellem
Kong Christiern og Sten Sture. Men da han traadte tilbage,
efter at hans Tid var udløben, eller ikke virkede til Pavens Til-
fredshed, udvidedes Arcembolds Myndighed ogsaa til disse to Riger.

Arcembolds Kommission løb oprindelig paa to Aar; men som
dens Omraade udvidedes, forlængedes efterhaanden dens Varighed
og forøgedes Antallet af de kirkelige Begunstigelser, han kunde til-
staa. Dette skete navnlig ved flere pavelige Buller og Dekreter af
September 1516 samtidigt med at han sendtes til Danmark. Han
havde da mange Slags Varer at udbyde*); først det store Aflad,
der bestod i fuldstændig Eftergivelse af alle begangne Synder, og
af alle de Straffe i Skærsilden, man med Rette der skulde lide
for: den, der havde erhvervet dette store Aflad, om han døde i

---

*) See hans Avisamenta, instructiones et statuta for hans Subkommissærer
m. Fl. hos J. E. Kapp, Kleine Nachlese nützlicher Urkunden zur Refor-
mations-Geschichte, III, p. 176—213.

samme Stund, gik han uhindret over i den himmelske Herlighed
rent udenom Skærsilden, og om han levede længer, var det dog
kun de derefter begaaede nye Synder, han havde at bøde for. Det
store Aflad var betinget af, at Synderen angrede, skriftede, besøgte
syv Kirker, læste fem Fadervor og fem Ave-Mari'er i hver af dem,
og saa selvfølgelig gav et efter hans Stand og Vilkaar afpasset
Bidrag til Peterskirkens Bygning.   Men foruden dette det egenlige
Aflad solgtes en Mængde kirkelige Naadesbevisninger uden at være
knyttede til Betingelsen af Anger, Skriftemaal eller Kirkebesøg.
Der kunde kjøbes Tilladelse til at vælge sig selv en Skriftefader,
som fik Fuldmagt til at afløse for alle Synder een Gang i Livet og
i Dødsstunden, samt til at løse fra alle geistlige Løfter, Klosterløf-
tet og Løftet om Pilgrimsgang til Jerusalem undtagne; der kunde
faaes Delagtighed for dette og det andet Liv i den hele Naadeskat,
Kirken erhvervede ved de Troendes gode Gjerninger; for de Af-
døde, der nu pintes i Skærsilden, kunde kjøbes fuldstændig Synds-
forladelse og dermed Befrielse fra Pinen, saa at den Arving var
ugudelig og utaknemlig, der ikke lod en Del af Arven komme den
forrige Besidder til Gode.   Dog, det vilde blive altfor vidtløftigt
at opregne alle de Herligheder, man kunde erhverve efter Aflads-
kræmmerens Taxt, Konger og Dronninger, Ærkebiskopper og Bi-
skopper for mindst 25 Gylden, Fattigfolk for een Gylden, der som
vore Lotterilodder kunde deles i fire Kvartlodder.   Kun en af Dis-
pensationerne for Norden skal jeg fremhæve, fordi den sikkert har
skaffet mangen god Skilling fra vore Landsmænd: i de befalede
Fastetider, navnlig i Langefaste mellem Fastelavn og Palmesøndag,
maatte efter Kirkens Lov ikke spises Kjødmad, Mælkemad eller
Æggemad; men hos Arcembolbus kunde faaes Dispensation til at
nyde Smør, Ost, Kjød, Æg ogsaa i Fasten, saasom Paven havde
erfaret, at i disse Lande groede ingen Olietræer, og at Rødde-
eller Roeolie ikke var Sundheden tjenlig!

Forsynet med saa kurrante Varer kunde Arcembold vente at
gjøre meget gode Forretninger i Norden.   Men han fik tillige et
vanskeligere politisk Hverv at udføre.   Pave Leo havde faaet
Underretning om den heftige Strid, der i Sverrig var udbrudt
mellem Rigsforstanderen og Ærkebiskoppen, og paalagde nu i et
Dekret af 3die eller 6te September 1516 Arcembold, inden Udlø-
bet af en Maaned efter at han havde modtaget Befalingen at be-

give sig paa Reisen til Sverrig som Mægler — som en „Fredens
Engel". For at han kunde optræde med desto større Birkning, til-
lagde Paven ham i denne Sendelse Magt og Myndighed som le-
gatus a latere, saa at han forestillede Pavens egen Person.
Dengang bestod endnu den ved Bistoppen af Reval forlængede
Stilstand mellem Danmark og Sverrig; men efter at den var brudt
i Efteraaret 1516, maatte Legatens Fredstifterhverv i Sverrig nød-
vendig udvides til en Mægling mellem Rigerne.

Bar Arcembold rast og kraftig gaaet til Udførelsen af sin
Herres Befaling, havde han maaste endnu kunnet dæmpe Branden
i Sverrig; i Efteraaret 1516 havde Striden ikke et saadant Præg
af Bitterhed, at jo en Forsoning var tænkelig; de svenske Bistopper
mente endnu at kunne udrette noget hos begge Parter ved Forma-
ninger. I Forbindelse med disse skulde man tro at Legatens Ord
vilde faa Ørenlyd; men endnu den 30te November 1516 var han
i Lybek; da var hele Situationen i Norden allerede ganske foran-
dret ved Borttagelsen af Sten Stures Skib og det derved foran-
ledigede Brud af Stilstanden. Og uheldigvis valgte Arcembold,
eller maatte paa denne Aarstid vælge, Veien igjennem Danmark,
saa at han først kom til Kong Christiern, ikke til Sten Sture.
Som Sagerne nu stode, var hverken Kongen eller Rigsforstanderen
tilbøielig til at antage Legatens Mægling. Det var umuligt at
finde en Mellembestemmelse, hvorved de stridende Parters Paastande
og Fordringer kunde udjævnes mod hinanden; thi det, Sten Sture
vilde, var ikke ene at hævde Sverrigs nationale Selvstændighed,
men at sikre sit eget Herredømme og føre det et virkeligt Konge-
dømme imøde. Det er aabenbart af de mange Skrivelser, vi endnu
have fra ham, at han ansaa sig, og vilde af Andre ansees for,
Sverrigs rette Herre, der havde en arvelig Magt og Ret til
at kræve Lydighed af Alle, ikke blot en midlertidig Fuldmagt til
at styre Riget, indtil en endelig Overenskomst med Fælleskongen
kunde komme istand. Endnu i disse Aar var han vel ikke kommen
helt ud over Fuldmægtigens Standpunkt ind i Kongens; men han
stred for at komme over Bjergaasen, og derfor var det især, mere
end for Sverrigs Skyld, at Gustav Trolles Vægring ved at sværge
ham Troskabseden satte hans Sind i lidenskabelig Bevægelse. Dette
en Ligemands Kongedømme, der i de tre Sturers Tid gjennem et
Tidsrum af 45 Aar arbeidede sig i stadigt skarpere Træk op af

Rigsraadet selv, var det der frastødte saa mange af Rigsraadets Medlemmer, som fastholdt det ældre aristokratiske Standpunkt, hvor Regeringsmagten. laa i Rigsraadets Haand. Alle Parter erkjendte, at Striben om Sverrigs Krone nu stod ved den afgjørende Krisis: Kong Christiern og Gustav Trolle, at kastede de nu ikke Sten Sture til Jorden, saa satte han Sverrigs Krone paa sit Hoved og kuede med Almuens Hjælp Aristokratiet, — Sten Sture, at han maatte seire eller gaa under og see Stureslægtens Kongekrone op- løse sig i blaa Dunst. Hvorledes skulde da fredelige Forestillinger kunne udrette Noget imod Forholdenes overvældende Krav? Ar- cembold som Mægler var derfor begge Parter uvelkommen; men som den hellige Faders Legat vilde Begge dog nok vinde ham for sig, saa at de viste ham al Imødekomnen i hans andet Hverv, — det der upaatvivleligt laa ham og hans Herre mest paa Hjerte: Afladshandelen. Da Legaten nu, fra Lybek uden Tvivl, meldte Sten Sture sit Hverv, svarede denne paa det Høfligste, men frem- hævede de mange Farer, der i Øieblikkets kritiske Situation vare forbundne med en Reise til Sverrig. Og da Legaten selv kom til Kong Christiern, tog denne godt imod ham som Afladskommissær og gjorde ingen trykkende Betingelser for sin Tilladelse til at drive Handelen, ja lod sig nøie med en Kjendelse af 1120 Gylden, der kan kaldes en Bagatel i Sammenligning med hvad andre Fyrster havde taget; men han opholdt Legaten hos sig, vi vide ikke ved hvilke Forestillinger eller Hindringer, saa at Arcemboldus slet ikke kom til Sverrig i 1517 og de første Maaneder af 1518. Mægl- lingen kunde han først begynde ved Skrivelser til Rigsforstanderen efter Kong Christierns mislykkede Sommerkrig i 1517 til Stækets Undsætning, og efter Gustav Trolles Fald, da den seirende Rigs- forstander var rykket sit Maal saa meget nærmere, og da hans og det svenske Folks Stemning imod Christiern var bleven saa meget bittrere ved Krigens Fornyelse og den barbariske Maade, hvorpaa den var ført. Nu kunde paa den anden Side Kong Christiern ikke have Noget imod, at Legaten forsøgte sig i Sverrig baade som Mægler og som Afladskommissær. Arcemboldus sendte derfor to Gange sin Famulus Mester Didrik Slaghæk til Rigsforstan- deren, sidst i Aaret 1517 og først i 1518, og udvirkede dog saa meget, at Sten Sture samtykkede i en Vaabenhvile, som de svenske Befalingsmænd i Vestergøtland foreløbig havde vedtaget mellem

Sverrig og Danmark indtil den 23de April 1518, altsaa i Vinter-maanederne, hvor Danmark kunde udrette mindst til Søes og var mest udsat for ødelæggende Indfald i Landskaberne østfor Sundet. Vel forsynet med Kong Christierns Befalinger om fri Befordring og al forekommende Behandling af ham og hans Følge afgik Legaten den 10de April 1518 fra Malmø paa denne svenske Reise, medens Sture var i travleste Virksomhed med at befæste Stokholm og ruste til Modstand, Kong Christiern ikke mindre virksom med at samle Kræfterne til et nyt Angreb i Sommeren 1518.

Didrik Slaghæk, der nævnes første Gang i den danske Historie som Legatens famulus paa Sendelsen til Sverrig 1517, var en Klerk fra Stiftet Münster i Vestfalen, der betegnes som en Kurtisan*), d. e. en Arbeider i Kuriens Kontorer, hvem Arcembolbus maa have taget med sig som brugelig i Tydskland og Norden, og som skal have været i Slægt med den almægtige Moder Sigbrit. Didrik Slaghæks Herkomst var af den Art, at den efter den kanoniske Ret udelukkede ham fra at blive Geistlig; han var nemlig Søn af en Præst og en ugift Kvinde. Men den katholske Verden var fuld af slige uægte Præstesønner og Paverne ingenlunde sparsomme med Dispensationer, der hævede den kanoniske Mangel ved deres Fødsel. En saadan Dispensation havde ogsaa Didrik Slaghæk erhvervet. Han havde studeret og var Magister eller Doktor; men her optraadte han fornemlig som en lykkesøgende Eventyrer, der ikke skyede noget Middel for at skaffe sig Penge og Indflydelse. Dog jeg behøver ikke at karakterisere ham, da hans Færd i Norden har gjort det saa fuldstændigt, at det danske Folk aldrig kan glemme hvad Mand han var.

Legaten selv havde tilbragt Aaret 1517 i fuld Virksomhed og uden Tvivl ret behageligt i Danmark. Kongen viste ham Velvillie og lagde ingen Hindringer i Veien for Afladshandelen, og Legaten gjorde ingen Vanskeligheder ved at modtage Landets Varer i Stedet for rede Penge, som navnlig Almuen ikke havde mange af, — vist

---

*) D. Mag. 3die R. 3die B. p. 13. Hvitfeld, VII, p. 107. Har Didrik Slaghæk virkelig været en Kurtisan, begriber man lettere hans Indflydelse og Historie. Arbeidere fra Pavens Kancelli vare søgte i Norden til Kongernes Kancelli som kyndige, øvede, i Kirkeloven og i Kirkens Praxis drevne Mænd, der efter nogle Aars Tjeneste aflagdes med et høiere Prælatur. Jens Andersen og Joh. Vesalius vare saadanne Kurtisaner.

ikke flere end Kongen, Jordbrotten og Kirken forlangte af dem.
Det kan ikke have været ubetydelige Varelabninger, han efterhaan-
den sendte til Nederlandene for at gjøres i Penge, som ved Vexler
overførtes til Rom. Men da han nu, efter Kong Christierns
mislykkede Krigstog i Sommeren 1517 og Gustav Trolles
Fald i Efteraaret, havde ved sin Mægling forskaffet Kongen den
for ham fordelagtige Vaabenstilstand indtil 23de April 1518 og
inden dens Udløb afgik til Sverrig baade som Mægler og som
Afladskommisfær, da skal Kong Christiern have indviet ham i sine
Planer og faaet gode Løfter af ham om at understøtte deres Ud-
førelse. Hvad Kongen har meddelt Legaten, og hvad denne har
lovet ham, vide vi ikke; det maa efter Sagens Natur have været
Hemmeligheder; men et Blik paa Situationen synes at vise, at
det ikke kan have gaaet ud paa Andet end at virke til Gunst for
den fangne Ærkebiskop. Kong Christiern maatte jo vel naturligen
ønske, at Legaten vilde med al Pavens og Kirkens Myndighed
gjennemdrive Gustavs Gjenindsættelse og styrte den seirende Rigs-
forstander tilbage fra den Stilling, han nu havde vundet; men
Intet foreligger om, at han forlangte, eller at Legaten lovede, slige
Umuligheder. Ved saadanne Løfter vilde Legaten jo ogsaa have
traadt sin Herres Befaling og Interesse ganske under Fødder; thi
begge de Hverv, Paven havde givet ham, Afladshandelen og Mæg-
lingen, krævede nødvendigt god Forstaaelse med Rigsforstanderen.
Tog han Parti, optraadte han i Sverrig i Kong Christierns
Ærinde som Sten Stures Fjende, forraadte han sin Herre Paven.
At Arcembold nu optraadte som Fredsmægler, synes han heller
ikke at kunne være opfordret til af Kongen, der netop rustede sig
til et nyt Krigstog; først efterat ogsaa dette var mislykket, kom
Arcemboldus frem for Sten Sture med Kongens Fuldmagt til
Underhandling. Og naar man siger, at Kong Christiern har be-
troet Legaten Navnene paa sine hemmelige Tilhængere i Sverrig,
saa havde han i denne Henseende ingen Hemmelighed at betro ham,
efter at Sten Sture havde i aaben Kamp overvundet de Konge-
ligsindede og sikret sig deres Personer. Af disse Grunde er det
ikke troligt, at Aftalen imellem Kong Christiern og Arcemboldus
ved dennes Afgang til Sverrig i April 1518 har gaaet ud paa
Andet end et Tilsagn om at udvirke en mildere Behandling af
Gustav Trolle og hans Fader, hvad der kunde være saa meget

ftærkere Opfordring til, som Sten Sture i sine Svarstrivelser til
Legaten havde viist en saa brændende Vrede imod den faldne Mod-
stander, at endog dennes Liv maatte betragtes som stærkt truet.

Kong Chriftiern ruftede sig i den første Halvdel af 1518 til
et nyt Angreb paa Sverrig. Der maatte staffes Penge; hvorledes
de tilveiebragtes sees af en lang Række af Kvitteringer fra Slut-
ningen af 1517 og den første Halvdel af 1518 for Skatter, Ud-
budspenge, Laan hos Stæder, Kirker og Kloftre, rige Adelsmænd
og Vorgere, viftnok meft Tvangslaan, med eller uden Pantsættelse
af Kronens Gods. De minde langt mere om Kong Christiern den
Førstes Finantsnød end om Kong Hanses ordenlige Husholdning.
Og med alt dette fik Flaaden og Hæren, som afgik i den sidste
Halvdel af Juni Maaned 1518, kun en utilstrækkelig Forsyning.
Kongen tog personlig Overbefalingen, seilede ind i Stokholms
Skærgaard og landsatte Tropperne den 29de Juni paa Brunke-
bjerg, beredt til at modtage et Slag. Men Sten Sture vilde ikke
kæmpe her, og Stokholms Vorgere havde arbeidet saa kraftigt paa
Stadens Befæstelse, at Intet kunde udrettes ved et Angreb nordfra,
hvor Slottet og Helgeaandsholmen udgjorde Forsvarets største
Styrke. Derfor satte Kongen tre Dage derefter Tropperne over
til Søbermalm, der syntes lettere angribelig. Men heller ikke her
havde Angrebet Fremgang. Kongens Artilleri var dog ikke stærkt
nok til at ødelægge Forsvarsværkerne saaledes, at de kunde tages
med Storm. Og efter tre Ugers Forløb rykkede Sten Sture frem
paa Sydsiden af Mælarn til Stadens Undsætning. Kongen efter-
lod da 6 Fænniker af Fodfolket i Leiren og drog med den øvrige
Hær imod den fremrykkende Fjende. Ved Brennkyrka, en Halv-
milsvei fra Leiren, støbte de sammen engang i den sidste Uge af
Juli Maaned. Der kæmpedes i Begyndelsen ikke uden Held for
de Danske; men Lykken vendte sig, saa at Kongen maatte trække
sig tilbage til Leiren og nu atter fortsætte Beskydningen, hvad
Rigsforstanderen ikke saa sig istand til at forbyde ham. Men da
heller ikke Kongen havde Fremgang paa sin Side, nødte Mangel
af Levnetsmidler og Mytteri blandt de tybske Landsknegte ham til
at hæve Beleiringen i Midten af Auguft Maaned og gaa tilbage
til Flaaden, hvorved et Udfald paa Vagtropperne voldte ham ikke
ubetydeligt Tab. Kongen seilede dog ikke strax tilbage til Danmark.
Endnu en Maanedstid laa han med Flaaden i Skærgaarden. Et

Plyndringstog til Upsala gav godt Bytte, men ikke Levnetsmidler, saa at Kongen saa sig nødt til at forsøge Underhandlinger med den forhadte Fjende. Han sendte Rigsraad Niels Høeg ledsaget af Hans og Anders Bilde til Stokholm med en Instruktion, der ikke kunde stille større Fordringer, om han havde vundet en fuldstændig Seir. De skulde forlange Kong Christiern sat i virkelig Besiddelse af Sverrigs Rige i Henhold til den Ret, hans Valg gav ham, eller, om dette ikke kunde skee nu, saa en aarlig Skat af Sverrig. Det var altsaa Malmørecessen, han forlangte gjennemført. Og dertil fordrede Kongen Erstatning af Krigsomkostninger, Gustav Trolle, Erik Trolle og deres fangne Tilhængere ikke alene satte i Frihed, men Ærkebiskoppen gjenindsat og Upsala Stifts lidte Skade erstattet.

Kongen kan ikke have ventet, at slige Fordringer skulde blive ham indrømmede efter et tabt Slag og et frugtesløst Angreb paa Stokholm; men de gave dog Anledning til Underhandlinger, der virkelig førte til en Stilstand fra Midten af September indtil St. Knud Konges Dag, den 10de Juli, 1520 saaledes, at i Mellemtiden skulde der 1519 holdes et Møde i Varberg af 12 dansknorske, 12 svenske Rigsraader til endelig Afgjørelse af alle Tvistepunkter og til en evig Fred mellem Rigerne. Mod en saadan Stilstand kunde Sten Sture ikke have Noget at indvende, da den skaffede ham næsten to Aars Ro til at befæste sit Herredømme. Kongen vandt øieblikkelig Leilighed til ved Handel med Landboerne at skaffe sig hvad han manglede fra Sverrig selv. Dermed var han imidlertid ikke tilfreds; han tænkte paa intet Mindre end at bringe Rigsforstanderen i sin Vold. Derfor lod han ham opfordre til en Sammenkomst paa sit Skib og sendte ham til Stokholm Gidsler for hans personlige Sikkerhed. Sten Sture skal efter de svenske Beretninger have været tilbøielig til at modtage Indbydelsen; men Stokholms Borgermestre og Raad modsatte sig saa heftigt af Mistro til Kongen, at Rigsforstanderen opgav Tanken og sendte Gidslerne tilbage. Kongen opgav imidlertid ikke sine Rænker. Han foreslog en Sammenkomst i Land; han vilde komme til Øster-Hanninge Kirke, vilde Rigsforstanderen sende ham Gidsler til Flaaden. Dette Forslag modtog Sture, sendte sex af sine første Mænd: Hemming Gad, den unge Gustav Eriksen Vasa, der havde udmærket sig i Slaget ved Brennkyrka, Lars og Jørgen Siggesen

Sparre, Olaf Ryning og Bengt Nielsen, ud til Flaaden, og mødte selv ved Hanninge Kirke, hvor han i to Dage ventede forgjæves paa Kongen. Thi saa snart denne havde faaet de svenske Gidsler ombord, lettede han Anker den 27de September, lagde sig ved Djurhamn og opsagde derfra den nys sluttede Stilstand den 2den Oktober 1518, under et intetsigende Paaskud af forskjellige Smaabrud — ikke engang begaaede af den svenske Regering selv. Mod Sten Sture havde han intet Andet at anføre, end at denne efter Kongens Paastand skulde have brugt nogen haanlig Tale om hans Person. De sex Gidsler bleve erklærede for Krigsfanger og som saadanne medførte til Danmark. Den 12te Oktober var Kongen atter i Kjøbenhavn.

At der reiste sig et Vredesskrig fra Sverrig over Kongens Troløshed, er let at forstaa. Man maa virkelig ogsaa forbauses, ikke endda saa meget over, at han traadte Ret og Retfærdighed aabenlyst under Fødder, thi det havde han allerede vænnet Folk til at see, men at han ikke saa, hvorledes han modarbeidede sig selv ved disse svigefulde Underhandlinger og det æreløse Ordbrud imod Gidslerne, der vare sendte i god Tro efter hans eget Forlangende. Han maatte jo derved tilintetgjøre hos det svenske Folk den sidste Rest af Tillid til hans Redelighed og Tro paa hans Ord, altsaa gjøre Kløften mellem sig og dem, han vilde være Konge over, endnu større, saa at han berøvede sig selv ethvert andet Middel til at naa sin Hensigt end Sverrigs fuldkomne Undertvingelse ved Vaabenmagt, — i samme Øieblik, som han nu anden Gang havde været uheldig i Krigen. Der hørte dog kun ringe Omtanke til for at indsee, at han ved en saadan Adfærd forværrede Gustav Trolles, hævede og styrkede Sten Stures Stilling, altsaa lagde sig selv Hindringer i Veien — og det alene for at have den Tilfredsstillelse at bringe sex Fanger med tilbage til Danmark! Heller ikke som Anfører har Kong Christiern indlagt sig Ære paa dette Tog, der kun bragte ham Tab maaske ved hans egen militære Feil.

Imedens Krigen saaledes rasede ved og om Stokholm, opholdt Arcemboldus sig i Sommeren 1518 i andre Egne af Sverrig, beskjæftiget med sin Afladshandel, der dreves ganske heldigt, saasom han ogsaa her villig tog mod Landets Varer, naar han ikke kunde faa rede Penge. Først efter at Kong Christiern i Oktober var

vendt tilbage til Danmark, ankom Legaten til Stokholm, hvor han
ben 20de November 1518 modtoges med be tilbørlige Æresbevis-
ninger som ben, der forestillede Pavens Person. Rigsforstanderen
var da ikke selv tilstede; men da han kort efter ankom, viste han
sig meget forekommende mod Legaten, der frit fik hans Samtykke
til Handelen. Om Mægling kunde der i Øieblikket ikke være Tale
som Stemningen i Sverrig var strax efter Sommerkrigen. Legaten
vidste ikke engang, om Kong Christiern selv ønskede Mægling for-
søgt, og sendte derfor sin Broder Antonellus til Danmark. Nu
havde Kongen dog Intet imod Underhandlinger, siden han havde
havt saa ringe Held i Krig. Arcembolbus kom da paa en Herre-
dag i Arboga, i December 1518, frem med Kongens Fuldmagt;
men Rigsforstanderen og hans Parti, opbragte over Kongens sidste
Troløshed, vilde aldeles ikke høre paa Arcembolds Forslag i denne
Henseende. Kongen opnaaede herved ikke Andet end et bittert og
nærgaaende skriftligt Svar fra Sten Sture, dateret Arboga den
18de December 1518. Rigsforstanderen kan ikke tænke sig, hvor-
ledes han skulde kunne sætte Tro til nogen af de Artikler, Kongen
har sendt Legaten som Grundlag for Underhandlinger, eller kunne
slutte nogen fast Overenskomst paa en saadan Basis, „for de ure-
delige og uchristelige Stykker, der svedes imod be Gode Mænd,
der paa Hans Naades Tro, Love og Ære vare udsendte som Gid-
sler for hans personlige Sikkerhed, og det i den Stilstand og Fred,
Kongen paa sin Ære, Sandhed og Tro havde med Brev og Segl
tilsagt ham og Sverrigs Indbyggere. Af saadanne og flere urede-
lige Stykker, som og tilforn under Stilstand og christelig Fred
skeet er, kan nok formærkes, at Hans Naade ikke i nogen Maade
er tilbøielig til Fred eller Rolighed. Vil Hans Naade tilbagesende
be Gode Mænd, der i god Tro, imod Gud, al Ære og Redelig-
hed her af Riget førte ere, og holde Ord, Brev og Segl ved
Magt, som christne Fyrster og Herrer bør at gjøre, da ville Sver-
rigs Raad og han selv, Sten Sture, bevise sig tilbørlig i alt
hvad der kan tjene til Fred og Enighed imellem Rigerne". — Saa
skarpe vare Ordene; og i en næsten ligesaa heftig Skrivelse af
samme Dag fra det svenske Rigsraad i Arboga til det danske Raad
svares i samme Mening: før de uredelig bortførte Gidsler ere til-
bagesendte, kan der ikke tales om Underhandlinger.

Men Arcembolbus var ikke alene pavelig Kommissær for Af-

ladshandelen og Mæglingen;. som legatus a latere kunde han ikke
undgaa at tage Gustav Trolles Affættelse og Upsala Stifts under-
trykte Tilstand til sig som høieste geistlige Myndighed. J Arboga
blev Sagen undersøgt; det synes som om Ærkebiskoppen selv er
mødt for Legaten og for ham har maattet gjentage sin Beslutning
om at neblægge sin Bærdighed. Men da en Biskop ikke kunde
resignere uden Pavens eget Samtykke, saa kunde Arcembold selv-
følgelig ikke gjøre Andet end at optage Sagen til Referat for Pa-
ven. Derimod maatte han nødvendig træffe Foranstaltninger til
Styrelsen af Upsala Stift baade med Hensyn til Administration og
til de egenlig geistlige Sager, ea quæ sunt ordinis, der alene
kunde bestrides af en ordineret Biskop. Dette har Legaten ud-
ført i Begyndelsen af Aaret 1519; ved et aabent Brev af 5te Fe-
bruar 1519 bekjendtgjorde han, at han havde formaaet den gamle
Ærkebiskop Jakob Ulfsen til at besørge disse Forretninger, — per-
sonligt saavidt hans Helbred tillod det, eller ved en af de andre
Biskopper. Saaledes blev den gamle Mand, der allerede havde
trukket sig ud af Verdens Larm og Strid til Klosterets Stilhed,
atter braget frem paa Skuepladsen.

Hvorledes Arcembold stillede sig til Rigsforstanderen i denne
Sag, er ikke klart. Sten Sture havde vist ham al Belvillie med
Hensyn til Afladshandelen; men der er albeles ikke Tvivl om, at
han var falden i Kirkens Band ved sin Voldsomhed imod Ærke-
biskoppen og hans Stift. Arcembold kunde saa meget mindre trykke
et Øie til derfor, som den i Aaret 1514 sluttede romerske Kirke-
forsamling havde fornyet og indskærpet den kanoniske Rets ældre
Bestemmelser imod dem, der forgrebe sig paa Biskopper og andre
høie Prælater; de kunde alene afløses af Paven selv. Arcembold
havde vel i Norden Myndighed som en legatus a latere, saa at
han kunde give Afløsning endog i saadanne Tilfælde, der ellers
vare Paven forbeholdte; men voldsom Haandspaalæggelse paa en
Biskop var undtagen fra denne hans Bemyndigelse. Han har ikke
kunnet afløse Sten Sture fra den Band latæ sententiæ, hvori
han var falden, anderledes end ad cautelam, altsaa kun mid-
lertidigt, indtil Sagen var paadømt af Paven selv, og under Be-
tingelse af Underkastelse under en saadan Dom, saaledes som Lage
Urne tidligere havde afløst Kong Christiern for hans Voldsom-
hed mod Biskop Karl af Hammer. Om Arcemboldus virkelig har

givet Sten Sture en saaban Afløsning, er ikke klart; men det er sandsynligt nok, da han jo baade for sin Handels Skyld og som den af Paven sendte Mægler maatte træbe i megen Forbindelse med ham og stille sig i et velvilligt Forhold til ham.

Om Kong Christiern kunde være tilfreds med benne Legatens Optræden i Sverrig, beroer paa, om han havde Ret til at for- lange og vente, at Arcembold skulde tage Parti for ham og arbeide i hans Interesse, hvilket atter maatte afgjøres af de hemmelige Aftaler mellem dem i Danmark, om saadanne ere trufne. Dette bliver dobbelt tvivlsomt, naar man seer, at Kongen efter det mis- lykkede Tog mod Stokholm lader Legaten anmode om at optræbe som Mægler og Fredsunderhandler, og sender ham Fuldmagt her- til. Thi det kan dog ikke have været Kongens Tanke, at Legaten paa engang skulde mægle mellem ham og Sten Sture, og modar- beide denne i Kongens Interesse. Det vilde jo være en aabenbar Selvmodsigelse.

Legatens pavelige Fuldmagt var udløben den 23de Januar 1519 og, saavidt vi vide, endnu ikke udtrykkelig forlænget. Han forlod Sverrig med den indsamlede Skat, saavidt han kunde føre den med sig, og gik tilbage til Danmark; men da han i Marts 1519 kom til Lund, fandt han her Dibrik Slaghæk, sin forrige Famulus, ber nu optraadte som den, ber var gaaet i Kong Chri- stierns Tjeneste, og som bragte ham Kongens Bud, at han skulde blive tilstede i Skaane, indtil Kongen var kommen tilbage fra Jyl- land, da han ønskede nærmere Oplysning om hvad ber var skeet i Sverrig. Og nu fulgte den ene Hiobspost efter den anden. De Kister og Kasser, han havde sendt fra Sverrig, bleve anholdte, hans Broder Antonellus arresteret, og hvad Gods han endnu ikke havde faaet afsendt fra Danmark, blev ber beslaglagt. Den ulykke- lige Mand stræbte i en lang Skrivelse til Kongen fra Lund den 8de April 1519 at vise det Uretfærbige og Utilbørlige i denne Be- handling; men snart kunde han ikke være i Tvivl om, at det var lagt an paa hans fuldstændige Undergang, hvorfor han fra sit Herberg hos Ærkebiskop Birger drog tilbage til Sverrig. Her maatte han forblive indtil Oktober, da Østersøen var fuld af Kon- gens Krybsere. Den 10de Oktober 1519 kom han til Lybek. Bro- beren blev berimod flere Aar i dansk Fangenskab; og det beslaglagte Gods saa Arcemboldus ikke mere. I Lybek læste han opslaaet paa

Kirkebøen Indstævningen for Paven til Sten Sture og hans Medhjælpere, der snart fulgtes af Bandbullen.

Hvorfor har Kong Christiern behandlet Arcemboldus saaledes? Hvad har vakt hans Vrede i den Grad, at han tilsidesatte ethvert Hensyn til Legatens Egenskab af Pavens Ambassadør og optraadte imod ham som mod en Misdæder blandt sine egne Underfaatter? Fuldkommen sikkert kunne vi ikke sige det; men der kan dog neppe være Tvivl om, at det er Didrik Slaghæks forræderske Øretuderi, der har fat først Moder Sigbrit og gjennem hende Kongen i heftig Bevægelse. Slaghæk gik, som anført, over i Kongens Tjeneste og blev nu strax sendt op til Rom for at modarbeide Legatens let forudseelige Fremstillinger af sin Færd og den Behandling, Kongen havde viist ham. Og gjennem Sigbrit gik Kongens Ordrer i denne Sag. Det var Sigbrit, der lod Dronningen vibe, at hun ifølge den fraværende Konges Villie skulde paalægge Ærkebiskop Birger at holde Legaten tilstede; og Sigbrit var virkfom for at faa Beflag lagt paa Legatens Gods fra Sverrig. Hvad det var, Didrik Slaghæk havde fagt om Legaten, erfarer man af det, han udrettede i Rom. Her udvirkede han nemlig det (S. 315) omtalte Monitorium med Indstævning af 1ste September 1519. I Notarialinstrumentet om Retshandlingen[*]) er indført den Klage, der paa Gustav Trolles Vegne forelagdes Paven. Dertil brugtes en vis Johannes Duncan, Klerk fra Glasgow Stift. I hans Indlæg fremstilles Arcembolds Adfærd nu saaledes. Da Sten Sture havde fanget Gustav Trolle og nedrevet Upsala Stifts Slot Almarestæket, havde han først tvunget Domkapitlet i Upsala til at postulere Biskop Matthias af Strængnæs til Ærkebiskop, ret som om Upsala Stift virkelig var ledigt; men Biskop Matthias betænkte sig og vægrede sig tilsidst ved at modtage Postulationen. Saa kom Arcemboldus til Sverrig. Ham paalaa det jo at bringe Pavens Anordninger til Udførelse og at forsvare de Prælater, det apostoliske Sæde havde ansat, mod Lægmænds Forurettelser; men han

[*]) Utrykt Aktstykke i Diplomat. Langebek; Protokol No. XLI. an. 1517—1521 i Geheimearkivet. — At Didrik Slaghæk var faa heldig paa denne Romerreise viser ham som vel bekjendt med Forholdene i Rom og styrker faaledes Efterretningen om, at han har været Kurtisan, der som faaban havde arbeidet ved Kurien og derfor kjendte Personer og Forhold i Rom.

traf tvertimod Aftale med Sten Sture om, at Gustav Trolle paany skulde frasige sig Ærkebiskopsdømmet i Upsala og Arcembold udvirke Pavens Samtykke dertil. Fremdeles skulde Arcembold udvirke hos Paven, at denne gjorde ham selv til Ærkebiskop i Upsala. Til de hertil fornødne Udgifter forpligtede Sten Sture sig til at lade ham udbetale i Lybek tre Tusinde ungarske Dukater eller deres Værdi; naar Paven havde beforbret Arcembold til Ærkesædet, og Pavebrevene vare udfærdigede, skulde Sten · Sture oppebære Embedets Indtægter og deraf betale Arcembold 500 Dukater aarlig, saa længe den gamle Ærkebiskop Jakob Ulfsen nød sin Pension; men derefter aarlig 700 Dukater. Da denne Overenskomst var sluttet mellem Arcembold og Sten Sture, tvang denne Gustav Trolle til endnu engang at resignere og at forpligte sig edelig til, ingen Indvending at gjøre mod de Foranstaltninger, som nu bleve trufne angaaende Stiftet. Sture og Arcembold i Forening tvang ligeledes Upsala Domkapitel til at underskrive og besegle Breve til Paven, hvori de anmodede ham om at antage Trolles Afkald og sætte Arcemboldus til Ærkebiskop i hans Sted, da han vilde være meget nyttig for Upsala Stift. Arcembold gav saa Sten Sture Afløsning fra de Kirkestraffe, han var ifalden, ligesom han ogsaa gav en Anden Fuldmagt til at afløse Knud Skonning, der havde overfaldet Gustav Trolle i Fængslet og bibragt ham et farligt Saar.

Dette er Prokuratorens Fremstilling i Klagen, hvilken naturligvis grunder sig paa Didrik Slaghæks Meddelelser. Vi kunne altsaa med temmelig Sikkerhed antage, at det er denne Beretning, han har bragt Moder Sigbrit og Kong Christiern om sin Herre Legaten, dengang han gik over fra dennes Tjeneste til Kongens. At Didrik Slaghæk skulde selv ligefrem have digtet det Hele, tør jeg ikke paastaa; det er muligt, at der i Stokholm virkelig har gaaet Rygte om en saadan Overenskomst; men det er ingenlunde givet, at Rygtet medførte Sandhed. Efter Sagens Natur maatte Aftalen mellem Rigsforstanderen og Legaten have været hemmelig. Prokuratoren i Rom anfører ingen Beviser, han fortæller det simpelthen. Og at Arcemboldus, der vel kunde vide, at Kong Christiern vilde betragte en saadan Adfærd af ham som en fjendtlig Handling, sendte sit Gods fra Sverrig til Danmark og selv personlig begav sig derhen, taler stærkt imod, at han var sig et saa dant Rænkeſpil imod Kongens Intereſſer bevidſt. Baade ældre og yngre Hiſtorikere tro imidlertid paa Arcembolds Forræderi mod Kongen, — de, der ere Chriſtiern fjendſte, ikke mindre end de, der ere velvilligt ſtemte imod ham: de Sidſte naturligen, forbi de gjerne ville ſee Kongens Handlinger i det gunſtigſte Lys, og de Ældre af Uvillie imod Papismen og ſærlig mod Afladshandelen. Thi efter Reformationens Seir i vort Land har vor Hiſtorie været fremſtillet af det da ſeirende Parti efter dets proteſtantiſke Anſkuelſer og dets Domme over Modſtanderne. Der har manglet Aandsfrihed til at opfatte Perſoner og Forhold i et hiſtoriſk Lys, ſom navnlig i denne Sag maa føre til at ſtille Afladskommisſærens Sag fra hans Perſon. At Arcemboldus har udført Pavens Hverv i god Tro paa dets Berettigelſe, er der ingen Grund til at betvivle; og om hans Forhold foreligger der ikke nok til at ſtemple ham ſom en lav og æreløs Perſon. Der er langt ſtærkere Grund til at tro paa Løgn og Forræderi fra Didrik Slaghæks, end fra Arcembolds Side.

Men at Moder Sigbrit begjærlig ſtrakte Hænderne ud efter Legatens Gods, og at Kong Chriſtiern blev vred paa ham, naar han maatte tro, at Legaten havde ladet ſig kjøbe af hans aabenbare Fjende til at undertrykke Kongens Venner og Tilhængere i Sverrig, er meget begribeligt. At han bemægtigede ſig det Udbytte af Afladshandelen, der endnu var tilſtede i Danmark, var vel et Rov, da Pengene unægtelig ikke tilhørte Kongen; men jeg for min Del kan dog ikke bekvemme mig til at lægge ham det meget til Laſt, hvad enten jeg ſeer hen til den Trafiks Natur, hvorved Pengene vare ſammenſkrabede, eller til andre Fyrſters, f. Ex. Kong Chriſtiern den Førſtes Exempel, eller endelig dertil, at disſe Penge eller Varer, fraliſtede Folket ved en i ſit Væſen uforſvarlig Handel, i Kongens Haand ſatte ham iſtand til at ſkaane Menigmand noget i det Skattepaalæg, der ſkulde give Midlerne til Krigen. Men det maa afgjort misbilliges, at ogſaa de i Sverrig ſamlede Penge bleve konfiſkerede, og meget naturlig var det ſvenſke Folks Harme over, at deres egne Penge ſkulde tjene til Kongens Ruſtninger imod dem ſelv. De Svenſkes Vrede over Gidſlernes troløſe Bortførelſe forøgedes ikke lidet ved Borttagelſen af Arcembolds ſvenſke Penge, der ſaaledes ikke alene var en uberettiget, men en upolitiſk Gjerning af Kong Chriſtiern.

Fjerde Afdeling.

Kong Christierns nye Rustninger. Sten Sture banlyses. Krigen 1520. Sten Stures Død. Det svenske Rigsraad underkaster sig Slaget ved Upsala den 6te April. Stokholms Beleiring og Overgivelse. Sverrig et Arverige. Kroningen den 4de November. Blodbadet.

———

Aaret 1519 hengik uden betydelige Krigsforetagender. Kong Christierns Flaade var i Østersøen, Borgholm med Øland blev taget af Søren Norby, men Kalmar forsvaret af den kjække Johan Mogensen, indtil Sten Sture selv kom Staden til Undsætning og drev de Kongelige bort med Tab.

Kongen havde i dette Aar al sin Virksomhed og Kraft nødig for at samle Pengemidler og Tropper til et tredie, afgjørende Angreb paa Sverrig. Han anspændte sine Rigers og Landes Kræfter til det Yderste, udpressede ved Skatter, Told, Accise, saakaldte frivillige Bidrag, Laan Alt hvad han formaaede; han fik endelig en Del af de 250,000 Gylden, der vare ham tilsagte af det burgundiske Hus som Medgift med Dronning Elisabeth. Kongen hvervede tydske Landsknegte, skotske Eventyrere, fik 6 Skibe og 2000 Mand franske Tropper fra Kong Frants den Første, udskrev sin Adel fra Kongerigerne og Hertugdømmerne, fik Folk af sin Farbroder Hertug Frederik, og havde saaledes i Slutningen af Aaret saa stor og stærk en Hær samlet, som hans Fader og Farfader vel neppe nogensinde havde havt. Dog skal jeg vel vogte mig for at tale bestemtere om dens Størrelse, da Tallet angives ligesaa vaklende, som ved de tidligere Leiligheder. Det var i ethvert Fald en Hær, der ikke kunde føres til Skibs til Stokholm. Kongen tænkte at gribe Sagen anderledes an, end i 1517 og 1518. Erfaring havde lært ham, at der ikke lod sig opdrive Transportmidler nok til at føre over Havet en saa stor Hær med alle dens Fornødenheder, at den kunde tage Stokholm eller underkaste sig nok af Landet til at føde sig selv. Denne Gang skulde altsaa Angrebet skee til Lands. Til Anfører bestemtes den danske Adelsmand Otto Krumpen, en ny Mand, der først nu træder frem som betydelig nok til at indtage saa høi og ansvarsfuld en Plads. Ved hans Side stod Karl Knudsen; flere af de høie Officerer ville blive nævnte i det Følgende.

22*

Men ſaa vel ruſtet Kongen nu var, forſømte han ikke at for=
ſyne ſig ogſaa med Kirkens Vaaben, ſom, vare de end magtesløſe
i Øieblikket imod Almuens Lidenſkab, ikke kunde blive uden Virk=
ning paa Biſkopperne og den øvrige Geiſtlighed, hvis Stemme
dog tilſidſt vilde trænge igjennem hos Menigmand. Rigsforſtan=
deren og hans Medholdere vare faldne i Band latæ sententiæ
ved Angrebet paa Upſala Stift og Ærkebiſkop Guſtav; men Folket
vidſte det enten ikke, eller brød ſig ikke derom, ſaalænge Guds=
tjeneſten gik uforſtyrret.   Den danſke Ærkebiſkop Birger i
Lund havde vel i Februar 1517 advaret Sten Sture og, ſom næſt
Paven øverſte Dommer i Egenſkab af Sverrigs Primas, truet med
Band; men Sture havde mødt hans Truſel ved at ſkyde ſig ind
under Paven, og han faſtholdt, at kom Sagen for tilbørlige
Dommere, maatte hver læg og lærd Mand kaſte Skylden paa
Guſtav Trolle ſom den, der vilde ødelægge og forraade ſit eget
Fædreland.   Denne Indſigelſe kunde virkelig ſtøtte ſig til Kirke=
loven, der forbyder Geiſtlige Vaabenbrug*).   Og Birger vovede
ikke at drage den for Pavens Domſtol indſtævnede Sag over til
ſig, altſaa ikke at begynde en Proces imod Sten Sture og fælde
en Bandlysningsdom over ham.   Kong Chriſtiern har forlangt det
af Birger; der er ogſaa et aabent Brev af denne, dateret 30te
Mai 1517, hvori han erklærer, at Rigsforſtanderen er ved ſine
Gjerninger i Band, og advarer Sverrigs Indbyggere om ei at
paadrage ſig ſamme Straf ved at holde med ham.   Men dette
Brev tilfredsſtillede ikke Kong Chriſtiern, der tre Uger derefter for=
langte, at Ærkebiſkoppen ſkulde bruge ſit Primat til formelig at
lyſe Sten Sture i Band**).   Det er i Virkeligheden heller ikke
nogen Dom, men et Hyrdebrev, Birger i ſin Primatværdighed
kunde finde Ret til at udfærdige, men ſom neppe nogenſinde er
bleven offentliggjort i Sverrig, i det mindſte ikke i forpligtende
Form, da den ſvenſke Kirke allerede i Aarhundreder ikke erkjendte
det lundſke Primat.   Det kunde ikke engang bekjendtgjøres retsgyl=
digt af Andre, end af hver Biſkop i ſit Stift; thi Stiftets Kirker
ſkulde rette ſig efter Domkirken, ſaa at de ingen Bandbulle be=

---

*) Saaſom Decretal. Greg. 5—39—25.
**) Kong Chriſtiern til Ærkebiſkop Birger, dateret ex Hafnia X mll. martir.
      (22de Juni) 1517.   Original paa Papir i Geheimearkivet.

kjendtgjorde og intet Interdikt holdt uden det, Biskoppen og hans
Kirke holdt og bekjendtgjorde. Ja en seirende Hær kunde opslaa
en Bandbulle, hvor den trængte frem, og saaledes er det ogsaa
senere skeet med Pavens Bandbulle; men 1517 og 1518 blev
Sverrig jo ikke underkastet af nogen seirende dansk Hær. Det er
overhovedet meget tvivlsomt, om Birgers aabne Brev er kommet
udenfor hans eller Kongens Kancelli, — om det ikke snarere er
bleven liggende der som et kasseret Udkast, der et Par Menneske-
aldere senere blev fundet af Hvitfeld og optaget i dennes Christiern
den Andens Krønike. Dette Forsøg paa at fremstille for det svenske
Folk Sten Sture som bandlyst efter Kirkeloven er faldet til Jorden
uden al Virkning. Og de Betænkeligheder, der kunde opstaa hos
Sten Sture selv eller Andre om hans Forhold til Kirken, fjerne-
des i alt Fald ved Arcembolbus's Aflad og Afløsning.

Men Kong Christiern lod sin Modstander ikke i Fred, hverken
paa Kirkens eller paa Statens Omraade. Som vi have seet sendte
han Didrik Slaghæk, der nu var hans Sekretær, op til Rom i
Sommeren 1519 ikke alene for at stille Kongens Adfærd mod Ar-
cembolbus i det gunstigste Lys, men ogsaa for at hidse Paven selv
imod Sten Sture. Og det lykkedes ham. Da Gustav Trolle var
i Fængsel, kunde denne ikke selv optræde som Klager; men man fandt
paa den Udvei, at lade en slotsk Prokurator træde frem som Gustavs
Ven og „En af Folket" med en Klage, som Paven modtog. Saale-
des fik man den ovenfor (S. 315, 336) omtalte Retssag i Gang. Sten
Sture og hans Medskyldige blev stævnede; da de ikke mødte, ud-
stedtes under 1ste September 1519 det sædvanlige Monitorium,
som gav dem 30 Dage til at møde, derefter 120 Dage til at rette
for sig. Selve Bandbullen udfærdigedes ligeledes i alle Former.
I Tilfælde af Ulydighed lystes Interdikt over Sverrigs Rige,
og om fornødent gjordes, skulde den verdslige Arm paakaldes*).
Denne Bulle sendtes til Danmark tilligemed et pøveligt Kommis-
sorium til Ærkebiskop Birger og Biskop Lage Urne af Ros-
kilde, hvorved det paalagdes disse at bekjendtgjøre Bullen, hvis
Sten Sture ikke underkastede sig og søgte Absolution. Bullen kan
ikke være traadt i Virksomhed tidligere end sidst i December 1519,

---

*) Bullen selv haves ikke. Indholdet angives kortelig i Spegels skriftl. Bevis
p. 71, i Pave Leos Breve af 13de Mai 1520.

efter Ærkebiſkop Birgers Død, ſaa at den maa være offenliggjort af Lage Urne ſom eneſte Kommisſær.   Den hele langvarige Er= kommunikationsproces, der ſikkert har koſtet Kong Chriſtiern ſvære Penge, var altſaa bragt til Ende netop i de ſamme Dage, da Hæren ſtod færdig til Indbrud i Sverrig, ſaa at det nu kunde gjøres vitterligt for det ſvenſke Folk, at Paven ſelv havde lyſt Kir= kens Band over Rigsforſtanderen og hans Tilhængere.

Saaledes er det gaaet til med denne ſibſte Bandlysning af en Regent i Norden. Jeg fremhæver det ikke alene for denne Band= bulles egen Betydning, men forbi vore nordiſke Hiſtorier ſiden Reformationen, det er da: ſiden der er bleven en egenlig Hiſtorie= ſkrivning i Danmark, ſaa godt ſom ikke kjende den katholſke Kirkes ældre Lov og Forfatning og derfor ere fulde af Misforſtaaelſer og Feil, naar Talen bliver om Middelalderens kirkelige Forhold. Og= ſaa Fremſtillingerne om Sten Stures Bandlysning ere af denne Grund forvirrede og vildledende.

Om ſelve Krigen kan jeg fatte mig i Korthed; jeg har intet Nyt at føie til Allens Fremſtilling, Intet at fremſtille i en ny Belysning. Jeg kan kun anbefale Læſerne at gjøre ſig bekjendt med den tredie Bog i 2det Bind af Allens Chriſtiern den Anden, navnlig den 3bie Bogs førſte og andet Afſnit. Ikke alene ere disſe Dele det Bedſte i det hele ſtore Værk, men de ere noget af det Bedſte i danſk Hiſtorieſkrivning overhovedet. Jeg troer ikke, at Nogen kan læſe disſe Afſnit uden at gribes baade af Indholdets egen Interesſe og af Forfatterens klare, livfulde og bevægede Frem= ſtilling. Navnlig ere Skildringerne af Landet, hvor Begivenhederne foregik, ſande Meſterſtykker. At rivaliſere med Allen heri, kan ikke falde mig ind; jeg ſkal alene ſtræbe at drage Grundlinierne ſaa korrekt og tydeligt ſom muligt.

Ved Hellig-Trekongerstib 1520 brød den førſte Afdeling af den danſke Konges Hær op fra Helſingborg, ſnart efterfulgt af'den anden. Toget gik gjennem Halland, ind i Veſtergøtland. Om Sten Stures Modanſtalter i det foregaaende Aar høre vi ikke meget; nu mødte han midt i Veſtergøtland ved Bogeſund. — nu Ulrikehamn — med en Hær af Krigsmænd og Bønder. Han tog Stilling paa Aaſundſøens Is og det tilſtødende Land, bækket med Skandſer og fældede Træſtammer. Her angreb Otto Krumpen ham den 19de Januar, og ſaaledes vendte Lykken ſig, at en af de førſte danske Stykkugler slog op fra Isen eller fra en Bjælke, saarede Sten Sture meget haardt i det ene Laar og dræbte hans Hest. Han maatte bæres bort. Om en nogenlunde ordenlig Lægebehandling kunde der ikke være Tale; han kunde ikke engang standse, førend han naaede Strængnæs ved Mælarn. Anførerens Fald forvirrede den svenske Hær; den trak sig tilbage og spredtes. Men Almuen tænkte dog at standse Fjenden i Tivedens Bjergskov, hvor den befæstede sig med Forhugninger. Den 1ste Februar angrebe Kongens Tropper disse, hvorved navnlig Franskmændene gjorde udmærket god Tjeneste. Forhugningerne bleve tagne eller omgaaede, og Hæren drog nu brændende og hærjende over Ørebro og Arboga vest om Hjelmarn og Mælarn til Vesteraas paa Søens Nordside, hvor den rastede i 10 Dage.

Den døende Rigsforstander laa i Strængnæs. Herfra sendte han Biskop Matthias til Gustav Trolle paa Ekholm til endnu et Forsøg paa at drage ham over til sit og Sverrigs Selvstændighedsparti. Ærkebiskoppen skal have svaret imødekommende og lovet at tilsige Rigsforstanderen Huldskab og Troskab. Men det var for silbigt. Samme Dag som denne Aftale skal være truffen paa Ekholm, den 3die Februar 1520, forsøgte Sten Sture at naa Stokholm for ikke at falde i den fremrykkende Fjendes Hænder; men han udaandede sit sidste Suk i sin Slæde paa Mælarns Isflade. Da var han i en Alder af omtrent 27 Aar. Med ham døde ikke alene Sverrigs Regent, men Stureslægtens ærgjerrige Haab om Sverrigs Krone; thi vel efterlod han sig Sønner, men alle saa unge, at ingen af dem kunde træde frem i Faderens Plads. Deres Moder, den modige og faste Christine Gyldenstjerne, holdt endnu Sturebanneret opreist fra Stokholms Slot, som hendes Husbonde havde betroet hende, da han selv drog mod Fjenden. Hun svigtede ingenlunde; men der kunde ikke være Tale om, at hun skulde kunne finde nogen Støtte hos sine Smaadrenge, tvertimod maatte Frygten for disses Skjæbne forøge hendes Sorger. Den ældste, Niels Stensen Sture, sendte hun med Husets tro Tilhænger Kantsleren Peder Jakobsen i Tide, inden Stokholm blev indesluttet, bort til Polen for at søge Hjælp hos Kong Sigismund. Selv beredte hun sig ubøiet og uforfærdet til at møde Uveiret i Haab om Hjælp af Sverrigs Almue og Sverrigs Vinter. Ved sin Side havde hun blandt sine tro Mænd Ridderen Magnus

Gren, en Sønnesøn af den Mand af samme Navn, der havde
været Kong Chriſtiern den Førſtes Tilhænger.   Og Stokholms
Borgere ſtode urokkeligt med hende, ledede af, blandt Andre, Raad-
manden Lambert Madſen.   Desuden var Nyköping, Stægeholm,
Kalmar under Johan Mogenſens Enke Anna Bjelke, Veſteraas
under Mogens Jenſen, endelig hele Finland paa hendes Side.
Og den nu i ſaa lang en Aarrække opæggede Bondealmue navnlig
i Øvre-Sverrig, krigerſk, hærdet og forſøgt i ſaa mange Kampe,
vant til Nederlag og Seir og vilde Blodſcener — ogſaa den ſtod
med Fru Chriſtine, hendes Børn og Nationalpartiet.   Overalt var
Almuen i en frygtelig Gjæring, dobbelt forbittret ved de Konge-
liges Gruſomheder og Ødelæggelſer.

Ved Rigsforſtanderens Død var det Baand løſt, der bandt
de Store til Troſkab og Lydighed imod ham.   Nu maatte Spørgs-
maalet blive: hvad tjener os og Landet bedſt?   Hos Biſkop Mat-
thias, paa Strængnæs Biſpeſtols faſte Slot Tynnelſø i Mælarn,
ſamledes den 20de Februar 1520 en Del af Landets Stormænd.
Biſkoppen raadede til Fred og Underkaſtelſe.   Det beſluttedes at
ſøge en Vaabenſtilſtand for at hæmme Mord og Brand og ſamle
Rigsraadet til Overveielſe.   Fra Veſteraas var Kongens Hær, ri-
meligvis over den frosne Sø, rykket over til Strængnæs for at
ſprede en truende Samling af Adel og Landfolk.   Biſkop Matthias
ſøgte og fik Leide til en Sammenkomſt i Strængnæs og ſluttede
der den 21de Februar en Vaabenſtilſtand paa otte Dage, for at
Rigsraadet kunde ſamles et Sted i Upland.   Hæren brød nu der-
efter op fra Strængnæs til Upſala, hvor dens tredie Afdeling for-
enede ſig med den.   Denne Hærafdeling under Junker Simon af
Wittmund og Eſens var ſidſt brudt op, havde gaaet Jønköping
forbi, øſt om Vettern over den farlige Bjergvei Holaveden, gjen-
nem Øſtergøtland, og ſtødte nu til Hovedhæren i Upland.   At Gu-
ſtav Trolle kom frem af ſit Fangenſkab paa Ekholm og forenede
ſig med Seirherrerne, behøver vel ikke at ſiges.

Den 2den Marts 1520 mødte ti ſvenſke Rigsraader i Upſala
og enedes i et Par Dage med de Kongelige om følgende Overens-
komſt:

„Vi efterſkrevne Otto Krumpen, Kay von Alefeld, Karl Knud-
ſen, Dibrik Bramſted, fuldmægtige Høvedsmænd for høibaarne
Fyrſtes Kong Chriſtierns Folk i Hans Naades Land Sverrig,

„Gjøre vitterligt, at vi have nu været til Møde og Samtale med værdigste, værdige Fædre, ærlige Herrer og Gode Mænd Sverrigs Riges Raad, som ere Hr. Gustav, m. G. N. Ærkebiskop i Upsala, Hr. Mats i Strængnæs, Hr. Otto i Vesteraas, med samme Naade Biskopper, Hr. Sten Turesen, Hr. Holger Karlsen, Hr. Erik Abrahamsen Riddere, Johan Arndsen, Bent Gylte, Knud Bengtsen og Knud Nielsen Væbnere, Sverrigs Riges Raad og Mænd, paa menige Sverrigs Riges Raads og Indbyggeres Begne, i Nærværelse af disse efterskrevne Gode Mænd: Junker Simon, Herre til Esens og Wittmund, Siwert v. Melen, Hans Sathener Bohem, Stephan Weberstedt, Hans Kraffe, Claus Rantzau, Magnus Bilde, Claus Bilde, Christiern Rønnov, Benediktus von der Wisch og Jørgen von der Wisch. Og efterdi at fornævnte Sverrigs Riges Raad have velvillig ganget vor kjæreste naadige Herre til Haande og tilsagt os paa Hans Naades Begne Huldskab, Troskab og Mandskab paa deres og menige Sverrigs Indbyggeres Begne, som deres Brev, de os givet have, ydermere indeholder og udtrykker: Da love vi dem nu igjen og tilsige paa den Fuldmagt, som os medgiven er af vor kjæreste naadige Herre, at al Ugunst og Mistanke skal tilgives og aldrig arges paa Nogen af dem efter denne Dag.

„2. Og skal Hans Naade styre og regere Sverrigs Rige efter Sverrigs Lov, gode gamle Sædvaner med Sverrigs Riges Raads Raad, dem ved Magt holde og dem Alle, og alle Andre, Aandelige og Verdslige, ved deres Privilegier og Friheder, som dem af fremfarne christne Konger og Herrer undte og givne ere; og ingen Mand fattig eller rig ud af Landet forsende at bo i andre Lande mod deres Villie, uden lovlig forbrudt, efter denne Dag.

„3. Og alle nyttige Breve og Recesser, ihvor de gjorte ere, i Kalmar eller andensteds, hvilke vor naadige Herre og disse tre Riger nyttige og bistandige ere, ved Magt holde og fuldgjøre efter disse tre Rigers Raads Raad, Samtykke, Overveielse og Forbedring".

„4. Deslige alle Slotte og Len, som nu Sverrigs Krone tillyde, til vor naadigste Herres Bedste, Sverrigs Krone og Sverrigs Riges Raad at holde. Elvsborg og Borgholm, som vor naadigste Herre nu i Hænder haver, skulle for Sverrigs Riges

„Raads Velvillgheds Skyld, naar Hans Naade krismet og kronet Konge bliver i Sverrig, antvordes med alle andre Slotslove til Sverrigs Riges Raads Haand og Krone.

„5. Ingen uvanlig Tynge skal paalægges med Accise, Skat eller Andet uden med Rigets Raads Raad og Ædelinges Samtykke.

„6. Og paa det at Alle i disse tre Riger skulle klarligen formærke, at de have en gunstig Herre i Hans Naade, som alle deres Bedste gjerne vil vide, da skal Hans Naade dem mildelig igjen give deres Gods og Arvedel, som de ubi denne Feide mistet have, i hvilket Rige det ligger, dog undtagen de Godser, som Hans Naade af tvende Rigers Raad tildømte ere lovligen. Dog skal Hans Naade efter disse tre Rigers Raad derudi sig lade velvillig findes.

„7. Og dermed skal være en stadig og evig Fred til Lands og Vands imellem disse tre Riger.

„8. Og alle Fanger skulle løsgives paa begge Sider.

„9. Var det og saa, at Stokholms Slot og Stad, eller nogen anden i Sverrigs Rige vilde sig drage fra fornævnte Sverrigs Riges Raad, siddende dem overhørig og ikke indgaa denne Dagtingning, da skulle de staa deres egen Fare, og fornævnte Sverrigs Raad og Ædlinge skulle tilhjælpe, dem at straffe med Liv, Gods og Magt, og holde dem for vor naadigste Herres og Alles deres aabenbare Fjende, som Sverrigs Riges og den menige Mands Skade og Fordærv ville vide.

„Dette Forskrevne love vi fast og ubrødelig holdes skal paa vor naadigste Herres Side, paa den Fuldmagt, som vi have, som forskrevet staaer. Og derudover til ydermere Stadfæstelse skulle vi inden en kort Tid, den os mulig er, uden al Forhaling derpaa forhverve fornævnte Sverrigs Riges Raad og Indbyggere vor kjæreste naadige Herres Brev med Hans Naades Majestæts og Danmarks Riges Raads Indsegl.

„Til ydermere Vissen og høiere Forvaring, at vi dette paa Hans Naades Vegne, paa det Magtebrev, vi derpaa have, have udlovet, lade vi hænge vore Signeter for dette vort Brev. Datum Upsaliæ feria tertia post dominicam Reminiscere anno 1520 (6te Marts)".

Denne Overenskomst er antaget og bekræftet af Kong Christiern og elleve danske Rigsraader, der da vare tilstede hos Kongen i Kjøbenhavn, samt forsynet med baade Kongens og Rigsraadernes Segl, Palme Løverdag den 31te Marts 1520.

Dette Aktstykke har jeg meddelt helt, fordi det var Grundlaget for den hele offenlige Retsstilling i Sverrig: som Kongen var bunden ved dette Tilsagn, vare de, der vedtoge Akten og sluttede sig til den, forsonede med ham og skulde skjærmes af hans Magt, men ogsaa tjene ham som Undersaatter; hvorimod de, der ikke vilde underkaste sig, skulde baade af hans nye svenske Undersaatter og hans Krigsmagt forfølges som Fjender. Kongen betragtede Akten som Sverrigs Riges, ikke blot Deltagernes, Underkastelse, saa at de, der ikke vilde antage den, ikke alene vare hans Fjender, men bleve hans Rebeller, der skulde straffes som Majestætsforbry= dere. Om han vilde vise Naade, var hans Sag.

Fru Christine med Stokholm vilde ikke slutte sig til denne Overenskomst. Det svenske Rigsraad i Upsala sendte under Be= dækning af danske Tropper Bud med Opfordring til Stokholm, blandt dem Bistop Matthias's Kantsler Olaus Petri, Historieskri= veren, hvis Ord vi saa ofte have hørt; Magnus Gren drev dem tilbage med Kanonskud. Heller ikke de andre Stæder og Borge lode sig drage fra Sturepartiet, og Bondealmuen samlede sig til en frygtelig Storm. Efter flere mindre Træfninger kom det til et Hovedslag Langfredag den 6te April ved Upsala. Bønderne, un= derstøttede af en Afdeling under Lambert Madsen fra Stokholm, angrebe i ondt Veir, der som ved Hemmingsted stod de Kongelige i Øinene med Slud og Sne. Anfaldet var saa voldsomt, at Kon= gens Hær vaklede, og dens Rækker begyndte at opløse sig under stor Blodsudgydelse. Men en øverste Leder manglede Bønderne. Nogle af dem faldt ind i Byen for at plyndre, Andre stode uvisse om hvad de nu skulde gjøre. Dette Ophold skaffede de Kongelige Pusterum; de samlede og ordnede sig paany, og nu vendte Lykken sig. Bondehæren blev slagen og afsplittet. Mandefaldet var stort paa begge Sider; Langfredagsslaget var det største ikke alene i denne, men i de foregaaende Unionskrige. Ogsaa de Konge= lige havde lidt smertelige Tab; Otto Krumpen selv havde to Saar, tre af de høie Officerer, der ere nævnte i Aktstykket af 6te Marts, laa døde paa Valpladsen: Junker Simon af Esens, Sivert von Melen og Kay v. Alefeld; man kan da tænke, at det ikke har været en lille Skare af Underordnede og Menige, der fulgte dem

i Døden. Nær var endog Kongens Hovedbanner faldet i Bønder-
nes Hænder. Det førtes i Slaget af den danske Adelsmand Mo-
gens Gyldenstjerne. Omkring ham gik det varmt til; han blødte
af tre eller fire Saar og hængte vanmægtig paa Hesten, da to
fjendtlige Karle grebe ham og slæbte afsted med ham. Da kom en
af disse haandfaste Jyder til, det er godt at have ved sin Side,
hvor Kampen er hedest, en Helt, vi ofte ville nævne i det Følgende:
Peder Skram, dengang en Snes Aar gammel Svend i Henrik
Gøjes Tjeneste. Han fældede den Ene, drev den Anden paa Flugt
— Mogens Gyldenstjerne og Danebrog vare frelste.

Seiren blev de Kongeliges; men det er umuligt at nægte
Bøndernes Kraft og Mod den høieste Beundring. Kong Christi-
erns Hær kunde overvinde dem, men Danmarks og Norges Magt
var ikke stor nok til, at holde et frihedselskende Folk med denne
Dødsforagt under Aaget. At en saadan Almue ogsaa vilde tale
et Ord med i Landets Sager, — at den vidste at gjøre sin Stemme
gjældende blandt Biskopper og Rigsraader, begriber Enhver. Der-
for sagde Gustav Vasa: „med Gud og Sverrigs Bondestand!"
Kun med Sorg kan man tænke paa, at den første Kong Christiern
kunde have rakt dette Folk Haanden til et nordisk Broderskab, men
foretrak at kue det med Vaabenmagt' — og fyldte derved sin og
sin Søns og sin Sønnesøns Tid med Blod og Ulykke!

I Mai 1520 ankom Kongen selv med Flaaden for Stokholm.
Han havde da med sig Hemming Gad, en af de sex Gidsler,
han saa uredelig havde bortført i September 1518. Men nu var
denne livenskabelige Mand bleven en hel anden; i Stedet for Dan-
marks hadske Fjende see vi ham nu som Kong Christierns tro
Mand og ivrige Hjælper, hvad enten nu hans gamle Had har
gjældt ikke saa meget Danmark som Kong Hans personlig, eller
hans Vrede over Tilsidesættelse af den unge Sten Sture har vakt
hans Hævngjerrighed. I Sverrig optraadte han nu som den, der
søgte at dæmpe Folkets Heftighed og føre det i Armene paa Kong
Christiern. Og som han virkede navnlig Biskop Matthias af
Strængnæs ufortrøden i samme Retning.

Samtidig med Kongens Ankomst i Mai begyndte Beleiringen
af Stokholm, der foruden fra Søsiden blev indesluttet med to Leire,
paa Notr- og Søbermalm. Beleiringen varede indtil September;
under den blev den tappre Karl Knudsen skudt. Imidlertid ved-

blede Urolighederne i hele Landet om Mælarn, hvor Besteraas un-
der Mogens Jensen gjorde Kongens Tilhængere det varmt nok.
Tilsidst maatte Kongen sende en større Magt fra Leiren mod
Besteraas, som han ogsaa var heldig nok til at indtage engang i
August Maaned, hvorved Mogens Jensen blev hans Fange. Der-
ved blev Modet noget mindre hos Stokholmerne. Først i Begyn-
delsen af September var imidlertid Stemningen blandt de Inde-
sluttede moden til at høre paa fredelige Forestillinger; og den 5te
September kom det til Forlig, hvorved Fru Christine og Staden
ingenlunde overgave sig paa Naade og Unaade, men tvertimod be-
tingede sig og deres Medholdere al mulig Sikkerhed og store For-
dele. Stadens Privilegier stadfæstedes og fuldkommen Amnesti til-
stodes; og i Brevet til Fru Christine lovede Kongen, 1. at al
Udillie, Skade og Fordærv, der er skeet i den lange Feide i hans
Farfaders, Faders og hans egen Tid, af Fru Christine selv, hen-
des afdøde Husbonde Sten Sture, deres Medhjælpere og Tjenere,
baade Geistlige og Verdslige, skulde være en klar „aftalen Sag til
endelig Ende"; saa skulde og 2. Alt hvad der var gjort imod Ærke-
biskop Jakob Ulffsen, Gustav Trolle, Biskop Otto af Besteraas og
andre Prælater med Flere, navnlig Stækets Slots Nedbrydelse, være
en klar, aftalen Sag, der ikke drages hverken for geistlig eller
verdslig Ret. — 3. Fru Christine fik for sin Livstid Tavastehus
og Kymenegaard med de tilliggende Len i Finland og flere Besid-
delser i Sverrig. 4. Under Forliget af 6te Marts skulde alle de
være indtagne, der havde med hende og hendes Husbonde staaet i
denne Feide, m. m. Kort, Alt var bestemt saa nøie, at de Paa-
gjældende vare sikre — saa længe Kongen ikke ligefrem vilde bryde
sit Ord. Disse Breve vare forsynede med Rigets, Kongens, Gu-
stav Trolles, Biskop Ottos og de øvrige Rigsraaders Segl. Fre-
dag den 7de September 1520 holdt Kongen sit Indtog i Staden;
men trods alle gode Ord viste han sig strax i en truende Skikkelse
for Stokholmerne, idet han lod opreise Galger paa Stortorvet og
Jerntorvet, og nogle Dage derefter lod den tappre Forsvarer af
Besteraas Mogens Jensen hugge i fire Dele paa Stortorvet. Fru
Christine havde udtrykkelig faaet tilsagt, at i denne Kontrakt og
Reces, som i sidste Vinter gjort var i Upsala (d. e. Overenskom-
sten af 6te Marts) skulde ikke alene nogle navngivne Mænd være
indbefattede, men alle Andre, Fattige og Rige, Ingen undtagne,

som med hendes afdøde Husbonde og Herre og hende vare indtraadte
i denne Krig. Det seer ud, som om man har brugt den lidet
hæderlige Udflugt, at Mogens Jensen kunde Recessen af 6te Marts
ikke komme til Gode, fordi han ikke havde underkastet sig i Tide
og altsaa var falden under dens Straffetrusel; og fangen var han,
førend Fru Christines Kontrakt sluttedes, saa at heller ikke denne
kunde hjælpe ham: — et, som mig synes, uværdigt Lovtrækkeri,
dobbelt frastødende i det Øieblik et helt Kongerige kastede sig for
Christierns Fødder.

Efter Stokholms Overgivelse faldt de faste Pladser, der havde
forsvaret sig med Fru Christine, efterhaanden tilføie; og lidt efter
lidt kom ogsaa Almuen til Ro, især paavirket af Biskop Matthias,
der siden han traadte over paa Kongens Side havde udfoldet stor
Virksomhed for at vinde ham Tilhængere og rydde Vanskeligheder
af Veien. Ogsaa Finland kom i Kongens Vold. Her var Hem-
ming Gad virksom.

Kong Christierns Seir var langt fuldstændigere end hans Fa-
ders i 1497. Baade Christiern den Første og Kong Hans havde
væsentlig Partistriden i Sverrig at takke for deres svenske Krone.
J Christiern den Andens Tid havde der vel ogsaa været Partistrid,
og han har jo ogsaa forsøgt at benytte den, som hans Fader havde
gjort. Men Sten Sture havde seiret, kastet Modstanderen til
Jorden og samlet Sverrigs hele Magt i sin Haand, saa at det
1520 var ikke Kongen i Forbindelse med Rigsforstanderens Anta-
gonister der fik Overhaand, men Sverrigs hele Magt under en
kraftfuld og duelig Fører der blev overvunden af Danmarks og
Norges Magt. Det er sandt nok, som svenske Forfattere ville, at
uden svenske Mænds Understøttelse havde Christiern dog ikke faaet
Landet bragt til Ro under sig; men dette var Seirens Frugt, ikke
dens Frø; og naar de mange gode Ord, de mange løfterige Skri-
velser, den karesserende Behandling af Bønder, der kom til Kon-
gen, fremhæves som det, der mest bestemte Folket til Underkastelse,
saa er dette vel ikke aldeles urigtigt, men overdrevent og vildle-
dende. Paa Grundlag af Seire som de ved Bogesund, i Tiveden,
ved Upsala kunde Ord og Forestillinger blive meget virksomme,
uden dem havde de været afviste med Haan. Kong Christiern havde
overvundet sin Modstander.

At han vilde benytte denne Seir, at han vilde sætte sig fastere paa Sverrigs Trone end Faderen, at han ikke vilde lade sig binde ved en Haandfæstning som dennes Kalmarreces, dette var kun naturligt. Og vel var han ved sin Ære og sine Ord, baade mundtlige og skriftlige, forpligtet til at forglemme Alt, hvad der var gaaet forud; men da Upsala Dagtingning af 6te Marts ikke havde bevirket Sverrigs Underkastelse, saa at han endnu et halvt Aar maatte kæmpe haardt for at erholde hvad denne Overenskomst skulde have skaffet ham, kunde Kong Christiern ikke ansee dens Til= sagn om at styre og regere Sverrigs Rige efter Sverrigs Lov, gode gamle Sædvaner og Rigsraadets Raad, med Opretholdelse af Privilegier og Friheder, med Forvandling af Slotslovene til Raadets Haand, og hvad der ellers i denne Dagtingning indskræn= kede hans kongelige Myndighed — han kunde ikke ansee disse Be= stemmelser for Helligdomme, han ikke maatte røre ved. Det var altsaa at vente, at der vilde foregaa en Ombannelse af de offen= lige Forhold i Retning af en udvidet Kongemagt, og det synes, at de Svenske selv have indseet Uundgaaeligheden heraf. Men Be= tingelsen for at kunne gjennemføre dette, — for overhovedet at kunne forsvare Seirens Frugter, maatte være at holde den seirende Krigsmagt længe nok sammen, saa længe, indtil alle Landets egne Kræfter vare virkelig samlede i Kongens Haand. Hvorfra tage Pengemidlerne hertil? hvad kunde Sverrig selv yde? hvad endnu udpresses af Danmark, Norge og Hertugdømmerne? hvor meget af Brudeskatten fra det burgundiske Hus?

Disse Spørgsmaal har det nok været, der bestemte Kongen til en Kjøbenhavnsreise allerede otte Dage efter Indtoget, hvor øiensynlig farligt det end var at forlade sin Plads i dette Øieblik. Han havde saaledes samlet sit hele Finantsvæsen i Sigbrits Haand, at han kun hos hende kunde oversee sin Stilling. Den 15de September afseilede Kongen fra Stokholm; først midt i Ok= tober kom han tilbage dertil. Og nu skred han til Gjennemførel= sen af sit Enevoldsherredømme. Den 30te Oktober 1520 samledes i Graabrødrekloster Rigsraadet „med alle dem, der til Kongens Kroning bør efter Loven at kaldes". Paa Kongens Vegne traadte den keiserlige Gesandt Dr. Johan Sucket og Biskop Jens Andersen af Fyen frem for Raadet. Biskoppen førte Ordet. Han forkla= rede for Raadet „S. Eriks skrevne Lov", som det hed. Efter denne, sagde han, skulle Lagmændene udvælge til Kongedømmet en

af Kongens Sønner, om flere Kongesønner ere til; i Overensstem=
melse hermed er Kong Christiern **valgt i sin Faders Tid**, da der
vare flere Kongesønner; men nu er han alene som eneste Søn sin
Faders Arving og, da Arv og Valg saaledes falde sammen, og=
saa **Arving til Sverrigs Rige.**   Forsamlingen erklærede der=
efter, at Sverrigs Rige bør at tilhøre Kong Christiern, Kong
Hanses eneste Søn, „af ret Arv og lovlig Efterfølgning, og ikke
efter nogen Udvælgelse, besynderlig anseende, at Hans Naade af
S. Eriks, vor hellige Patrons, rette Blod sandelig er kommen.
Og derover love vi at krone og keise Hans Naade for vor og
Sverrigs rette Arveherre og Konge, ikke efter nogen Udvælgelse,
naar Hans Naade kræver det".
     Altsaa: Sverrig skulde være et Arverige.   Det kunde være
værd at vide noget nærmere, hvorledes Jens Andersen har faaet
S. Eriks Lov saaledes udtydet; thi ved S. Eriks skrevne Lov kan
ikke forstaaes Andet end Sverrigs almindelige Lovbog, der i den
Skikkelse, hvori den da siden 1442 var gjældende Landslov, ud=
trykkelig siger, at Kongen er til Riget vælgende, et arvende. Bi=
skoppens Dialektik var jo imidlertid ikke det afgjørende, men Kon=
gens Magt.   Og at Keiserens Sendebud stod ved Jens Andersens
Side, maatte give hans Ord dobbelt Vægt; thi at Forestillingen
om Keisermagten og Keiserloven som al verdslig Rets Kilde endnu
dengang var virksom i de nordiske Folks Forestillingskreds, have vi
i det Foregaaende tilstrækkelig seet.   Der er heller ingen Tvivl om,
at Europas Fyrster billigede denne Statsforandring, navnlig da
Keiser Karl: han og hans Søn Philip den Anden har hele deres
Liv tragtet efter den Enevoldsmagt, Kong Christiern nu havde
naaet under Form og Navn af et arveligt Kongedømme.   Thi for
Datidens Mennesker, der endnu ikke kjendte kontraktmæssige Grund=
love, var et arveligt Kongedømme det Samme som et Enevolds=
herredømme, da det ikke kunde indskrænkes ved en Haandfæstning
som Betingelse for Valg og Kroning. — To Dage derefter, Tors=
dag den 1ste November, lod Kongen alle dem, der fra Rigets for=
skjellige Egne vare komne eller kaldede til Stokholm, samles uden=
for Staden paa Brunkebjerg, hvor et Stillads var opreist.   Fra
dette talte Jens Andersen til Folket: Kong Christiern havde fuld=
kommen Ret til den svenske Krone; han var kaaret til den i sin
Faders Tid; han var født til den efter Sverrigs Lovbog; Ingen

kunde med Rette sige, at han trængte sig uretfærdigt til Riget; men de gjorde Uret, som vilde trænge ham fra hans Ret, hvilket han ikke vilde lide. Derfor spurgte han den menige Mand, om de vilde kjende ham god for Herre og Konge? Svaret lød natur- ligvis Ja: Kongens Krigsfolk stode i Ring omkring Bjerget!

Søndag den 4be November kronedes Kongen i Stokholms Storkirke. Salving og Kroning udførtes af Ærkebiskoppen, under- støttet af Biskopperne Matthias af Strængnæs og Vincents af Skara. I Kirken overrakte Dr. Suket ham fra Keiseren det gyldne Blies og optog ham i Ordenens Broderskab. Selv optraadte Kon- gen som de Svenskes alvorlige Herre, der vel nu var forsonet med dem, men holdt sig for god til at forstille sig, som om den hele Fortid var udslettet af hans Sind. Han slog flere af sine tro danske Mænd til Riddere: Otto Krumpen, Søren Norby, Klaus Bilde, Niels Lykke, Mogens Gyldenstjerne; desuden nogle af de høie tydske Officerer; men han lod udraabe, at han denne Gang ikke kunde vise nogen svensk Mand denne Ære; en anden Gang vilde han betænke dem.

Efter Kroningen fulgte Fest og Banket paa Slottet indtil Onsdag Middag den 7be November. Da lod Kongen Gjæsterne samles i den store Sal. Slottets Porte lukkedes. Gustav Trolle traadte frem for Kongen med en haard Klage over den afdøde Rigsforstander, Fru Christine og deres Medhjælpere for al den Vold, de havde øvet imod ham og Upsala Stift: de havde ødelagt det, nedbrudt Stækets Slot, fanget Ærkebiskoppen selv og holdt ham fangen i to Aar, mishandlet ham i Fængslet, afsat ham fra sit Embede. Derfor fordrede han, at Stæket skulde opbygges igjen og al hans Skade erstattes ham. Fru Christine Gyldenstjerne reiste sig og fremlagde det Aktstykke af 23de November 1517, hvor- ved Rigsraadet med Stokholms Borgermestere og Raad havde sam- mensvoret sig om Ærkebiskoppens Afsættelse og Stækets Nedbrydelse samt om at staa Ryg mod Ryg mod Alt hvad deraf kunde følge. Da Kongen havde faaet dette Sammensværgelsesbrev i sin Haand, bleve de Tilstedeværende adspurgte, om de kjendtes ved deres Segl, der hængte under Brevet, — først Biskop Hans Brask, som sva- rede, at vilde man bryde hans Segl, skulde man finde hans Und- skyldning; Seblen med den Erklæring, at han kun tvungen havde samtykt, laa da ganske rigtigt i Voxbullen. De andre Sigiller

23

kunde ikke fragaaes. Kongen reifte fig og gik ub af Salen. Noget
efter kom Klaus Bilbe og Søren Norby inb meb Bagt og Fakler,
— ben 7be November, i Stokholm, maa bet have været mørkt
kort efter Mibbag. De ubtoge af Gjæfterne fom Fanger hvem be
havbe Orbre til. Ogfaa be øvrige Gjæfter maatte blive tilftebe
paa Slottet om Natten. Torsbag Morgen ben 8be November
Kl. 9 blebe be tilftebeværenbe Prælater og Geiftlige, fom ikke vare
arrefterebe, forfamlebe i ben ftore Sal, hvor Bifkop Jens Anber=
fen kom frem for bem meb bet Spørgsmaal, om be, ber havbe
fammenfvoret fig imob ben hellige Kirke og Paven, ikke burbe an=
fees for Kjættere? Dette befvarebes efter nogen Overveielfe meb
Ja. Derefter viftes Forfamlingen tilbage til bet Bærelfe, hvor
ben havbe tilbragt Natten. Neppe var Mibbagsmaaltibet tilenbe,
altfaa vel omtrent Kl. 1, før be fik at høre, at nu førtes Bifkop=
perne Matthias og Vincents ub af Slottet. Bifkop Jens Anber=
fen bab Forfamlingen ikke tro benne Løgn og Skvalber: bet var
ikke muligt, at Kongen vovebe at tilføie faabanne Mænb noget
Onbt. Kort efter kom et anbet Bub meb famme Beretning; men
Bifkoppen gjentog fin Forfikring. Men faa kom atter en Manb
meb høit Raab og Graad: nu var bet paa bet Nærmefte, be fkulbe
række Halfen unber Sværbet. Da fik Forfærbelfe og Sorg Over=
haanb. Meb Bifkoppen i Spibfen ftyrtebe Alle ub for at ile til
Kongen og om muligt afvenbe ben forfærbelige Gjerning; men
Dibrik Slaghøk møbte bem og vifte bem tilbage meb be barfke
Orb: „Seer vel til, at J ikke faa famme Skjæbne fom be anbre
Forræbere!"

Imiblertib foregik Morbet paa Stortorvet. Niels Lykke, en
af be nye Ribbere, talte til Folket og bab bet ikke forfærbes over
bet, ber fkulbe ftee; Kongen havbe været faa høiligen opforbret af
Ærkebifkop Guftav, ber tre Gange havbe ftaaet paa fine Knæ og
forlangt, at ben Uret, han havbe libt, maatte vorbe ftraffet. Da
raabte Bifkop Vincents af Skara imob ham, at bet var ufanbt,
og at Kongen hanblebe meb Løgn og Forræberi mob be Svenfke;
han forlangte at faa en Dom, hvorfor be fkulbe bø. Han talebe
flere mægtig haarbe Orb imob Kongen og fagbe, at Gub fkulbe
ftraffe faaban Overvolb og Uret. Saa raabte ogfaa be ftokholmfke
Raabmænb Anbers Rub og Anbers Karlfen, ber ftobe i Ringen:
fvenfke Mænb fkulbe lære af beres Skabe at labe fig ikke faa fkam=

melig forraade med falske Breve og Dagtingninger, som nu skeet var, og at de skulde hævne saadant Tyranni, om de kunde; de raabte Hævn i Himlen.

Først blev Biskop Matthias af Strængnæs afhugget — den samme Biskop Matthias, der mer end nogen anden svensk Mand havde arbeidet for Kongen siden Vaabenstilstanden i Strængnæs den 21de Februar 1520. Dernæst Biskop Vincents af Skara, Erik Abrahamsen Leyonhufwed, Erik Knudsen, Knud Alffsens Søn, Broder til den faldne Karl Knudsen, saa Erik Johansen Vasa, Gustav Vasas Fader, Erik og Eskild Nielsen Gyldenstjerne, Fru Christines Brødre*), Bengt Gylte, Jakob (Joachim) Brahe, Gustav Vasas Svoger, Mogens Gren, Erik Kuse, der ved Fru Christines Side saa tappert havde forsvaret Stokholms Slot og havde modtaget de høitideligste Forsikringer ved Slottets og Stadens Overgivelse for to Maaneder siden; saa Oluf Valravn, Gunnar Galle, Bengt Eriksen. Efter Adelen fulgte Stokholms tre Borgermestere og 14 af Stadens Raadmænd; endelig en Del Borgere. Hvor mange Hoveder der ere faldne denne første Dag, tør jeg ikke bestemt sige. Profossen, den tydske Officer Jørgen Homuth, der forestod Henrettelsen, sagde nogle Aar senere, at 82 bleve henrettede paa den første Dag; Andre give et andet Tal. Naar man betænker, at der til den hele Exekution kun var omtrent 1½ Time Dag, saa at Alt maa være gaaet tumultuarisk til og har mere lignet et Slagteri end en offenlig Justitshandling, saa der maaske har været flere Bødler i Arbeide paa engang, — naar man tænker sig Tilskuerne halv bevidstløse, lamslaaede af Skræk eller ude af sig selv, medens Blodet bankede voldsomt i alle Aarer, er det let at forstaa, at Ingen har kunnet tælle roligt og sikkert. Ingen af Slagtofferne fik Lov til at skrifte og modtage Kirkens Absolution, saa at man sagde, eller tænkte, at Kong Christiern vilde myrde Sjælen med Legemet. Ogsaa dette Træk viser det utrolige Hastværk, hvormed Mordet udførtes; thi der kan ikke have været anden Grund til at nægte dem Skriftemaal, end at saa dog hver Henrettelse maatte medtage en halv Snes Minuter!

Den næste Dag fortsattes. Da henrettedes Ketil Skriver og

*) Strinnholm, Sver. hist. i sammandrag 1,783, siger, at Erik Nielsen var en Banér.

ſex eller otte med ham.   Blod og Vand og Skarn blandede løb
ned ad Rendeſtenene og over Torvet.   De døde Kroppe bleve lig-
gende paa Torvet indtil Løverdag den 10de November.   Da lod
Kongen reiſe et ſtort Baal paa Søbermalm og der brændte de
Døde.   Tillige lod han Sten Stures Legeme opgrave, tilligemed
et ſpædt Barn, der var død kort før Faderen, og kaſte paa Baa-
let.   Ærkebiſkoppen lod en Præſt Morten Jonſens Lig opgrave og
brænde.   Naturligvis maatte de ſom Bandsmænd ikke hvile i Kir-
kens Jord: Ilden ſkulde fortære dem og Kirkegaarden indvies paany.
Henrettelſerne vedbleve.   De ſom paa Stortorvet hængtes Dag efter
Dag, ſiger Olaus Petri, vidſte man ikke nøie Tallet paa; Galgen
var ofte fuld og ſjelden tom.   De Hængte vare meſt af de hen-
rettede Herrers Tjenere, og Mange bleve hængte med Støvler og
Sporer, ſom de kom indridende i Staden, ned af Heſten og op i
Galgen.   Alene Søren Norby var ſaadanne Hofmænds Tilflugt.
Saa udbredte Blodsudgydelſen ſig fra Staden over Riget, førſt
til Finland, hvor blandt Andre Hemming Gads Hoved faldt; og
paa Kong Chriſtierns Tilbagereiſe til Kjøbenhavn i December 1520
betegnedes hans Vei af blodige Spor.   Der forefaldt oprørende
Gruſomheder, ſaaſom Drukningen af Abbeden og Munkene i Ny-
dala Kloſter i Smaaland.

Femte Afdeling.

Kongens Bevæggrunde til Blodbadet.   J. H. Schlegels Mening.   Prøvelſe af
den ſædvanlige Fremſtilling.   Aktſtykket af 8de November 1520.   Jørgen Ture-
ſens m. Fl. Relation.   Sammenſtilling af Aktſtykket og Relationen.   Olaus Petri
om Blodbadet.   Sammenſvorgelſesbrevet af 23de November 1517 og dets Virk-
ning.   Didrik Slaghoks Brøde.

Jeg har gjort Fremſtillingen af Blodbadet ſaa knap ſom mu-
ligt og holdt mig alene til nogle Hovedtræk af det uomtviſtelig
Faktiſke.   Der er heri intet Nyt.   Men jeg forbeholder mig nu

denne Afdeling for at fremstille og begrunde min Dom over Kongens Færd.

Naar jeg her taler om en Dom, da tænker jeg ikke paa en Dom fra et ethisk Standpunkt, en Dom over Gjerningens Moralitet. En saaban Dom ligger saa aabent for Haanden, at det er unødvendigt at spilde Ord derpaa. Men jeg søger en begrundet Mening om, hvorledes det var muligt, at Kong Christiern kunde komme til en Gjerning, der endnu dengang stod uden Lige i Christenheden, og først 52 Aar derefter blev overgaaet af Blodbryllyppet i Paris. Med andre Ord: jeg søger Svar paa det Spørgsmaal, om Kongen den 8be November 1520 handlede efter Plan og Overlæg, eller om han overrasket handlede i et Øieblikfs Delirium.

Hos svenske Historieskrivere kan man ikke vente en rolig og upartisk Dom over Christiern den Anden. Det var at forlange, at de skulde kunne hæve sig over alle Nationalfølelsens Strømninger; men dette er ikke givet nogen Historieskriver. Med større Ret kan Fordringen stilles til danske Historikere; dog tvivler jeg paa, at man kan paavise Nogen, der har givet en virkelig objektiv Skilbring af Begivenheden, ublandet med egne Følelser og Tanker. De søge Alle meer eller mindre at skue ind i Kongens Sind og komme derved til Resultater, hvori der vel ikke kan andet end være nogen Sandhed, men som dog altfor meget bære Præget af, at Forfatterne snarere have lagt deres Tanker ind i hans Sjæl end gjennem en nøiagtig Prøvelse læst hans Tanker ud af den.

Mine Landsmænds almindelige Dom over Kong Christierns Bevæggrunde finder jeg kortest og roligst udtalt af Johan Heinrich Schlegel i hans „Geschichte der Könige von Dänemark aus dem oldenburgischen Stamme", 1ste Del (Kjøbenhavn 1769), S. 103. „Kongen havde eftertænkt" — siger Schlegel — „sin Faders og Farfaders Skjæbner i Sverrig. Begge havde de opnaaet Besiddelsen af Riget med uendelig Møie og Omkostning, Begge mistet den tumultuarisk i en pludselig opkommen Bevægelse, saa snart de begyndte at gjøre nogen Brug af den Magt, der var dem betroet. Og Begge havde seet alle Midler slaa feil, ethvert Haab svigte om at gjenerhverve det Tabte. Han overveiede, at hans egen Skjæbne hidtil i Alt stemte overens med deres, at han kunde formode, at den heller ikke vilde føre ham til nogen anden Udgang,

„derfom han ikke anvendte overordentlige Midler. Omstændigheberne
vare unægtelig faadanne, at de maatte fætte enhver Herre i For-
legenhed, Menneskevennen faavel fom den, der agter fine Medskab-
ninger blot for fin Høiheds Redskaber, deres Blod ikke bedre end
Band. Den fandefte Menneskeven vilde maafke ikke have fundet
nogen anden Udvei, end hellere at frafige fig fin aabenbarefte Ret
og lade fig nøie med at ftyre de to Kongeriger, Forfynet havde
tildelt ham, end at ftræbe efter Befiddelfen af det trebie, naar
Midlet dertil vilde faare Menneskeligheden altfor dybt uden at dog
Andet opnaaedes, end at hverken de gamle eller de nye Underfaatter
bleve lykkelige.

„Christiern vilde ubetinget fuldføre den lagte Plan, at gjen-
oprette de tre Rigers Forening og gjøre den uopløfelig under en
frygtelig Magt. Det fikrefte Middel dertil fyntes ham at være en
Udryddelfe af de Store, der nu ydmygt bøiede fig for ham, da
han ftod væbnet iblandt dem, og fom maafke atter vilde reife fig,
faa fnart han havde forladt dette Riges Grændfer. Da vilde der
i lange Tider mangle de Ulydige en Fører, og Enhver vilde fkjælve
for at træbe i Forgængernes Fodfpor. Desuden havde Krigsom-
koftningerne udtømt Kongens Skatkammer. Tabet fkulde erftattes
af det Rige, der havde voldt det. Bare de Mægtigfte i Landet
dræbte, turde Ingen modfige de Paalæg, der maatte indføres; og
Konfiskation af deres Gods vilde udgjøre en anfeelig Skat.

„En Bloddom blev derfor befluttet i Christiern den Andens
Hjerte. Kun over de Grunde, der fkulde fkaffe ham et Skin af
Retfærdighed, var han i Tvivl. Af de fvenfke Store havde Mange
hjulpet ham op paa Tronen; Andre, der havde ført Baaben imod
ham, havde førft underkaftet fig efter fkriftligt Tilfagn om For-
glemmelfe af det Skete, men vifte nu fuldkommen Lydighed. Til
at drage Hine og Diffe for Domftolen fyntes ethvert Paaftud at
mangle. Men dette fandt en Mand paa, der havde ftuderet de
geiftlige Videnfkaber i Rom og haabede at ftige til de høiefte Vær-
digheder i denne Stand, Didrik Slaghæk. Ved ftrækkelig Mis-
brug af Religionen, der havde taget Overhaand ved en Række For-
vanfkninger af oprindelig rigtige Sætninger, tjente dengang Kirke-
loven og de vaklende Begreber om Kjætteri og Band til Retfær-
diggjørelfe for de ftrafværdigfte Uordener og Umenneskeligheder.
Ærkebifkop Birger havde bandlyft de Svenfke, der halsftarrigen

nægtede at anerkjende Christiern for deres Herre. Pave Leo havde bekræftet dette Band og tillige lyst Band over dem, der havde havt Del i Ærkebiskop Trolles Afsættelse, — ja han havde overdraget Christiern Fuldbyrdelsen af denne Bandlysning. Hans Mening var ikke, at gaa videre end at nøde de Bandlyste til Lydighed mod Kirken og til at tilfredsstille Ærkebiskoppen. Men fordi dette Paaskud syntes det bekvemmeste, gav man Bandsdommen en videre Udstrækning; og man kan ikke nægte, at saadan haard Udtydning tidligere ogsaa er brugt af Andre, naar deres Lidenskaber dreve dem dertil, og at Romerhoffet mangen Gang ikke har misbilliget det. Bandlyste og Kjættere vare for Et at agte, og Kjætterens Del er Sværd og Ild. Kongen har vel tilgivet som Konge, men nu straffer han som Pavens Fuldmægtig. Disse Distinktioner fandt Didrik Slaghæks Spidsfindighed paa, og Biskop Jens Andersen har i det mindste ikke modsagt dem".

Saavidt Schlegel. Jeg forbigaaer her hans Feil og Misforstaaelser angaaende Bandlysningen og bemærker blot om det Ræsonnement, han tillægger Kongen, at upaatvivlelig har Kong Christierns Tanker ogsaa gaaet i denne Retning, fordi de ikke kunde andet. Hvor Situationen ligger saa klart for Dagen, træde dens Forhold og Krav nødvendig ind i Mandens Hoved og forme sig til hans Tanker over Situationen. Hans Tanke er da ikke fri. Enhver der staaer hans Standpunkt nær nok til at overskue den samme Kreds som han, kan med Vished kjende nogle af hans Tanker, — men ogsaa kun nogle af dem. Andre Tanker, der komme fra andre Regioner, krydse dem, der udspringe af Situationen. Andre Hensyn tale ogsaa med — hvo veed da, hvad der tilsidst har været det Bestemmende? Mangen Gang er end ikke Gjerningsmanden selv istand til at sige det; thi det er kun sjelden, at Beslutninger ere det endelige Facit af en lang, bevidst Regning med Grunde og Modgrunde; oftest bryder især hos lidenskabelige Naturer Beslutningen pludselig frem af Sjælens Dyb, vel nok opægget af Tankerne, men længe førend disse ere færdige med deres Arbeide. Hvoraf kan Schlegel og de andre Historikere da vide, at Tanker, de selv læse ud af Situationen ind i Kongens Hoved, ere hos ham modnede til en bevidst Plan? hvoraf kunne de vide, at han har handlet efter Overlæg, af de Grunde, der forekomme dem som de afgjørende?

Meget taler netop imod, at det svenste Blodbad er fremgaaet af en Plan og er udført planmæssigt. Først det Oprørende i en saadan Fremfærd. Er Kong Christiern kommen paa Sverrigs Trone med det almindelige Blodbad i Hjerte og Villie, saa ere de værste Navne ikke for haarde til ham, — saa maa man søge et Sidestykke paa de mørkeste Blade af Siciliens og Roms Thranhistorie. Blodsudgydelsen træder da for Moralens Domstol i Skygge af den Troløshed, hvormed alle Tilsagn brødes, og selve Troløsheden bliver langt overgaaet af den dæmoniske Falskhed, hvormed Kongen lokker sine nye Underfaatter i Undergangen: han ind- byder dem til sin Kroningsfest, han gjør sig glad med dem i tre Dage i den Hensigt og med det Forsæt, paa den fjerde at falde over dem med Morderkniven. Saaledes seer en Slagter med Til- fredshed paa, at den Gris, der skal stikkes om nogle Dage, æder dygtig af Truget; men er det muligt, at en Konge kan sidde med slige Tanker blandt sine Underfaatter? — førend jeg troer det, vil jeg see andre utvivlsomme Tilfælde. I Bartholomæusnatten gik det ikke saaledes til. Historien har for længe siden erkjendt, at Hugenotterne ikke ere lokkede til Paris med Beslutningen om at myrde dem, men at det almindelige Blodbad først er besluttet i det sidste Øieblik. Hvad har Nero og Karakalla gjort værre end Christiern, dersom han har gaaet med den færdige Mordplan i sine Kroningsdage? Og har han det, hvorfor optræder han da i disse med den frastødende Mine mod sine udsete Slagtoffere? Hvortil denne Rigsraadsbeslutning om Arveligheden, naar han om faa Dage vil drukne baade Rigsraadet og Rigets Selvstændighed i Blod? hvorfor støder han de Svenske fra sig ved selve Kronin- gen? Sverrigs Rigsklenodier bæres kun af Danske og Tydske, ikke en svensk Mand er med; ja Kongen siger det ved Rid- derslaget aabenlyst, at han endnu kun er halv forsonet med de Svenske. Efter Forudsætningen maatte han jo skjule sin Misfor- nøielse og forstille sig for at lokke dem til sig, ikke forud advare dem ved mørke Miner og saarende Adfærd. Det mislykkede Mord- forsøg paa Admiral Coligny Fredag den 22de August 1572 er med Rette anerkjendt som et Bevis paa, at der endnu dengang ikke var lagt nogen Plan om en almindelig Massakre, fordi det maatte opskræmme og advare Hugenotterne, altsaa modarbeide Planens Udførelse. Men i Stokholm skulde Christiern have frastødt de

Samme, han vilde lokke til sig! — Hvorfor nøler han i tre Dage? Han havde dem jo i sin Magt strax den første Dag, og naar han lod Slottets og Stadens Porte staa aabne i to Dage derefter, maatte han vente, at En og Anden listede sig bort. Og hvorfor haster han saa om Torsdagen saa stærkt, da han først begynder Slagteriet efter Middag og knap har et Par Timer Dag for sig? Han havde jo slet Intet at haste efter, naar Slagtofferne først vare i hans Magt; Professen og Krigsfolket vare ligesaa villige om Fredagen, Løverdagen, — de følgende Dage og Maaneder; og ingensteds viste sig Nogen, der kunde eller vilde lægge ham Hindringer i Veien. Kongens Adfærd synes mig selvmodsigende under Forudsætning af en overlagt Plan.

Tvivl kunne imidlertid kun rokke Tilliden til den hidtil gjældende Anskuelse, ikke begrunde en ny; det kunne alene de historiske Monumenter, ret forstaaede. Men saa mange Fremstillinger vi have af Blodbadets ydre Historie, af det, der gjorde det skrækkelige Indtryk paa Sandserne, saa faa have vi af den indre Historie, — af det, der berettiger os til at dømme om Kongens bestemmende Tanker. I denne Henseende er det fornemlig to Beretninger af Deltagere og Øienvidner, der komme i Betragtning: den ene et Aktstykke, udfærdiget af de Geistlige, der Torsdag Formiddag den 8de November umiddelbart foran Henrettelsernes Begyndelse afgave Erklæringer om Kjætteri, den anden en Relation, forfattet af tre Upsalske Domherrer, der vare med paa Stokholms Slot den 7de og 8de November. Da det er paa disse Dokumenter, især paa det indre Forhold imellem dem, Svaret paa vort Spørgsmaal beroer, bør jeg forelægge dem begge for Læserne, for at de selv kunne fælde Dommen i Sagen.

Det førstnævnte Aktstykke er et Pergaments Folioblad, hvorpaa er skrevet en Fremstilling af hvad der forefaldt paa Slottet Onsdag den 7de og Torsdag den 8de om Formiddagen. Sproget er svensk, det er forsynet med otte hængende Sigiller: Gustav Trolles, Biskop Hans Brasks, Biskop Jens Andersens, Biskop Ottos (alle i rødt Box), Domprovst Jørgen Turesens og tre andre Geistliges (i grønt Box). Paa Dansk lyder det saaledes:

„Vi Gustav m. G. N. Ærkebiskop i Upsala, Jens i Odense, Hans i Linkøping, Otto i Vesteraas, med samme Naade Biskopper, Mester Jørgen Turesen, Domprovst i Upsala, Ber-

„ner, Ærkedegn i Linkøping, Lorents Andersen, Ærkedegn i Strængnæs, Jøns, Degn i Skara, Doktor Peder Galle, scholasticus i Upsala, Doktor Erik Getingh, Officialis i Upsala, Doktor Lorents af Prædikerorden i Stokholm, Mester Matthias, Mester Henrik, Kanniker i Upsala, og Mester Sven, Kannik i Skara, gjøre vitterligt, at Aar efter Guds Byrd 1520, Torsdagen næst efter omnium sanctorum vare vi efter vor kjæreste naadige Herres Kong Christierns etc. Bud og Villie tilhobe kaldede paa Stokholms Slot i store Salen; og da kom hos os i Rette hæderlig Mand Mester Jon, Kannik i Upsala, og lagde frem en Skrift med Klagemaal imod døde Hr. Sten Svantessen og Andre i samme Skrift benævnte, lydende Ord fra Ord som herefter følger":

„Høimægtigste Herre Hr. Christiern, m. G. N. Sverrigs, Danmarks, Norges Konning etc.! Kjæreste naadige Herre, jeg Gustav, af Guds Naades Forsyn uværdig Ærkebiskop i Upsala, formaner Eders Høimægtighed paa Eders Naades kongelige Ed, som Eders Naade svor mig paa den hellige Kirkes Vegne nu paa Søndag næst forleden, da jeg, uværdig, krismede og viede Eders Naade til Sverrigs kongelige Krone, at Eders Naade ville hjælpe mig, Ærkebiskop Jakob, Biskop Otto udi Vesteraas, og vore Kirker, Klærkeri og al Christendommen Ret over disse efterstrevne aabenbarlige Kjættere, som er først den døde Kjætter Hr. Sten, Fru Sigrid, Fru Christine, Mogens Gren, Michel Nielssen, Erik Ryning, Christiern Bengtsen, Olaf Valram, Erik Kuse, Claus Kyle, Olaf Bjørnssen, Bengt Eriksen, Erik Nielssen, Eskil Nielsen, Peder Skræder, Jochim Bragde, Svend Høk, Peder Smed, Borgermestere, Raad og Stokholms Stad, hvilke jeg holder Alle lige gode og lige store i Kjætteri. Og staaer det mig dem ingenlunde til at annamme til nogen venlig Forligelse af saadan aabenbart Kjætteri, som saa aabenbar have kastet sig op imod al Christendommen med saadanne ubekvemme, aabenbare uærlige Gjerninger. Disse alle og hver for sig med den døde Kjætter Hr. Sten havde først bestallet mig i ellleve Uger og eet Aar; og siden førte de mig her ind paa Stokholms Raadhus og udraabte mig for en Forræder for den menige Mand; og anskrigede desligeste mig til et evigt Fængsel, og holdt mig siden udi to Aar fangen, saa længe (indtil) Eders Naades Høimægtigheds Magt her ind i Riget kom,

„der mig da friede af mit Fængsel, og til min Kirke og Frihed igjen, som en christen Fyrste. Desligeste saarede de mig i mit Fængsel dødelig, som endnu for Øien er. Det enlige, den hellige Kirkes Slot Stæket have de afbrændt og nedbrudt i Grunden. Desligeste have de der udtaget, og af Upsalas Domkirke, og af Bistopsgaarden, alle mine og den hellige Kirkes Klenodier, Guld, Sølv, Penge, Harnisk, Bøsser og Værger, Boskab og Eiendel. Hvilke Klenodier, item min og Stiftets Rente i fire Aar, hvilket Alt, baade Klenodier, Guld, Penge, Bo og Boskab og Rente skal løbe over sex Maal hundrede tusinde løbige Mark Sølv, altid til godt Regnskab og Likvidats. Den Skade, som gjort er paa Stæket og min Person, regner jeg for fire hundrede tusinde Maal løbige Mark Sølv, altid til en redelig Moderats. Item, de min kjære Herre Hr. Ærkebiskop Jakob have grebet paa Arnøgaard og førte ham bunden til Stokholm som en Tyv og Forræder; Arnøgaard have de røvet og afbrændt, udtaget der Guld og Sølv, rede Penge og Boskab meer end til sex tusinde løbige Mark Sølv, og Gaarden kan ikke opbygges som han var med to tusinde løbige Mark Sølv; hans Hovmod og Fængsel paa hundred tusinde løbige Mark Sølv, altid til en redelig Moderats. Item, Biskop Otto grebe de anden Dag Paaske i hans Domkirke og slæbte ham af Kirken til Slottet som en Tyv og en Forræder, og der holdt de ham fangen saa længe (indtil) Eders Naades Magt slog Slottet ned og tog ham der ud og kom ham til hans Kirke og Frihed igjen, som en christelig Fyrste og Konge. Mester Jon min Kannik i Upsala, have de i tre Aar holdt her paa Stokholms Slot udi Fængsel, røvet og skøvlet fra ham Alt det, han eiede, desligeste og al hans Rente i fire Aar annammet og oppebaaret. Item alt mit Klærkeri, Prælater, Kanniker, Vikarier og Præster i Upsala og deslige paa Landsbyerne, saa mange Sognepræster som de kunde overkomme, have de røvet og plyndret, saaret og grebet, og taget over Alt hvad de havde i Verden, saa at alt mit Klærkeri, Prælater, Kanniker og Præster, som de kunde overkomme, lode de ikke staa saa meget igjen, som de paa en Tid æde kunde. Item, alle mine Prælater og Præster over alt mit Stift, desligeste alle Prælater, Kanniker og Præster i Vesteraas Stift, truede de til at sige Messe, imod al Christendommens Forbud og Skikkelse, den Stund jeg og Biskop Otto vare grebne. Høimægtigste Fyrste og christne

„Konge, hjælper os og al Chriſtendommen Ret over disſe fornævnte aabenbare Kjættere, og vort og den hellige Kirkes Gods igjen og Skadebøder, ſom forſkrevet ſtaaer.   Og begjærer jeg Behindring paa alle deres Perſoner, ſaa længe (indtil) Eders Naade faaer be- raadet ſig, hvad Ret Eders Naade er os pligtig over dem, tagende Løn af Gud og Lov over al Chriſtendommen for Straf, Eders Naades Høimægtighed lader overgaa ſaadanne aabenbare Kjættere".

„Hvilken Skrift og Klagemaal Dagen næſt tilforn fremſatte vare af ſamme Meſter Jon for fornævnte Vor kjæreſte naadige Herre og menige Rigens Raad, der tilkaldte, og nærværende meſt alleſammen, ſom i fornævnte Skrift benævnte vare.   Og endda at de Ugjerninger, ſom derudi ſamme døde Hr. Sten og fornævnte hans Parti tillagdes, vare nok aabenbarlig udaf ſig ſelv, ſaa at hver Mand dem vidſte, vorde de da alligevel derudover lyslige beviſte med deres egen Bekjendelſe og frembaarne Brev.   Og ſatte fornævnte Meſter Jon i Rette for os, om ſamme Misgjer- ninger ikke vare aabenbart Kjætteri imod Romerkirke.   Da annam- mede vi det Ærinde til os og overveiede det grandelig udi alle Punkter.   Og efter det Hr. Sten og fornævnte hans Tilhængere findes i flere Aar at have været beſmittede med den hellige Kirkes høieſte Band og ſtandet der haardt og ilbhedſte*) udinden, ſaa at de ingen Raad eller Formaning agte eller tage vilde af Nogen, enten af os eller andre Biſkopper og Prælater her i Riget, eller af de Dommere, ſom vor helligſte Fader Paven i den Sag be- ſynderligen ſtikket havde, men ellers truede, forſmælede og forar- gede dem, ſom ſamme vor helligſte Fader Pavens Lydelſe, Inter- dikt og Bud holde vilde, og ligeledes (iamvel) ſig derover bebandt, beſeglede og beſvore, at jeg forſkrevne Guſtav, Ærkebiſkop, aldrig ſkulde komme til min Frihed og Domkirke igjen, men blive udi et evigt Fængſel, ybermere bepligtende ſig at ſtadfæſte med hverandre i ſaadant ukriſteligt Forbund, ihvad derefter gaa kunde med Band eller Interdikt af romerſke Gaard, i hvilke fornævnte Stykker oft- nævnte Hr. Sten og andre Benævnte, der ham vidlige og utrængte tilfaldne ere i fornævnte ukriſtelige Forbund, klarligen traadt ere fra den hellige romerſke Kirkes Lydighed, det vi ikke Andet finde

---

*) Dette er vel kun en ældre Form for „ilſk", hvad der i høieſte Grad røber ond Villie; „illſten" malignus. Jhre, Glossarium Svio — Gothicum.

„kunne efter den hellige Kirkes, Keiserens og Sverrigs Lov, end det er aabenbart Kjætteri; og skulle baade han og de for aabenbare Kjættere holdes og kaldes. Dets til ydermere Visheb, at vi saa lovkundet og afsagt have, lade vi fornævnte Ærkebiskop og Biskopper og andre Fornævnte hænge vore Indsegl for dette Brev, som givet og skrevet er paa fornævnte Stokholms Slot, Aar og Dag som forskrevet staaer".

Dette er det førstnævnte Aktstykke. Trykt findes det i Hvitfelds Christiern den Andens Historie, p. 149—153, Kvartudgave, men der meget ukorrekt.

Den anden Beretning er trykt i den svenske Aktstykkesamling Handlingar rörande Skandinaviens historia, 2det Bind, S. 3—12, ogsaa enten meget ukorrekt eller efter et maadeligt Haandskrift; men saaledes som det er, maa vi nøies med det. Den begynder med den Oplysning, at de tre Upsala-Kanniker, Domprovsten Jørgen Turesen, af Slægten med tre Roser i Vaabenet, Peder Galle, scholasticus, og Erich Geting, Kantor, have forfattet dette Vidnesbyrd om hvad de saa og hørte ved Kong Christierns Kroning paa Stokholm Slot, efter Opfordring af Gustav Erichsen (Vasa), „Sverrigs Riges Høvedsmand og Gubernator", altsaa imellem August 1521 og Juni 1523. Disse tre Mænd fortælle, at Aar 1520 den 28de Oktober kom de til Stokholm, tilkaldte af Ærkebiskop Gustav med Flere for at staa ham bi ved Messen i Kongens Kroning Søndag næst efter Allehelgens Dag. Derefter bleve de af Ærkebiskoppen kaldte til at følge ham op paa Slottet Onsdagen næst efter. Her opholdt de sig, indtil Klokken slog Et efter Middag; da bleve Slottets Porte tillaasede, alle Tilstedeværende saaledes indelukkede, saa at Ingen kunde komme ud, men vel Nogen ind. Tilsidst, vedblive de, „da Kongen sad paa Domstolen i den store Sal, kom Ærkebiskop Gustav og klagede ganske haardelig imod dem, som havde molesteret og bedrøvet Upsala Domkirke, da Stælet blev beleiret, og dem, der havde nedbrudt det, først og fremmest Hr. Sten, den Tid Rigets Gubernator, og hans Efterleverske Fru Christine, deres Hjælpere og Styrkere i denne Sag, hvis Navne han og lod præsentere og aabenbart udraabe for Kongen, begjærende af Kongen paa den Ed, han gjorde, da han kronedes, at han for Guds Retfærdigheds og Kirkens Skyld skulde lade ham skee Fyldest for den Uret og Skade,

„dem var gjort mangelunde.   Ham ſvarede Kongen ſaa: Hr. Erke-
biſkop, lyſter Eder ikke at have Fremgang i denne Sag med Minde
og Forligelſe, efterſom Gode Mænd kunde ranſage, eller ville I
det alene med Loven beprøve?   Da bad Erkebiſkoppen inderlig,
at de, ſom der vare nærværende, ſkulde arreſteres og hver og En
gjøre ham Fyldeſt i allehaande Maade, idet han fremhævede, at
ſaadan Sag tilforn, uden at Kongen havde modſat ſig, var paa
Erkebiſkoppens Vegne fremmet i Rom.   Men Kongen vilde ikke,
at Sagen ſkulde fremmes eller endes i Rom.   Da bød han Erke-
biſkoppen, at ſaadan Sag ſkulde ranſages her i Riget, lovende at
ham ſkulde ſkee Fyldeſt for hans Skade og Uret i allehaande Maade.
Dermed lod Erkebiſkoppen ſig nøie.   Paa det ſidſte derefter blev
der fremtaget nogle Breve for Kongen og læſte; men vi agtede ikke
paa hvad de indeholdt; kun af Kongens Spørgsmaal kunde vi ſiden
giſſe, at de løde mod geiſtlige og adelige Herrer, ſom da vare nær-
værende og ſom havde forſeglet det nævnte Brev.   Det førſte
Spørgsmaal var til Biſkoppen af Linkøping, om han havde be-
ſeglet Brevet, hvilken dertil ſvarede Ja, men han vilde forvare ſig
mod tilkommende Fald og Spørgsmaal; da bekjendte han at have
gjort en Proteſtation; og blev hans Undſkyldning og Proteſtation
fremtaget og læſt aabenbart.   Der næſt efter blev enhver af Bi-
ſkopperne og Rigens Raad ſaadant Spørgsmaal gjort, hver efter
ſin Stilling, og hver lagde Vind paa at gjøre ſin Undſkyldning
og aabenbare ſin Retfærdighed i de Sager.   Da ſaaledes Mange-
haande blev anført og Tvedragt ogſaa opkom mellem dem, der
havde Meget at anbringe, da bekjende vi for Gud, at vi ikke ag-
tede paa hvad ſammeſteds blev ſagt og handlet, forbi det ſyntes
ikke at gjælde os paa; men vi gik og talede indbyrdes, om deres
Proteſtationer vare beſtemte, og at ſaa mange Mænd vare beredte
i deres Vaaben, hvorfor vi ogſaa tænkte paa, hvorledes vi ſkulde
komme bort; thi vi vare meget forfærdede over ſaadan Sag.   Saa
gik Kongen ud efter en liden Stund og Raadet blev ſiddende at
ranſage og ende allehaande Sager, indtil Mørket paafaldt; derefter
blev Lys indhentede, og ligervis ſom Judas Iſkarioth vilde gribe
Chriſtum og forraade, kom Klaus Bilde og Søren Norby efter
den umilde Konges Bud med Lygter, Blus og en ſtor Hob Væb-
nede for og bag ſig og beſaa hele Salen om og ledte flittigen efter
dem, de ſkulde tage.   Førſt udledede de og kaldede Biſkopperne og

nogle Adelsmænd, siden indførte de i Taarnet en stor Hob baade
Adelige og Uadelige, Kvinder og Mænd til et ynkeligt Mord, som
de vel beviste en anden Dag at hænde *). Efter at det var gjort,
vare vi Tilbageblevne saaledes slagne med Frygt, at vi haabede
ingen Fred eller Tryghed, men vare som en Faareflok, der er be-
stemt til Døden. Da nu Mange vare udhentede og Nattens Time
tilstundede, at Klokken var henved Ti, da bleve Bistopper, Præ-
later og Præster af alle Grader udkaldte, og ingen Anden blev da
udsluppen. Bistopper, Prælater og Præster bleve indbrevne i et
trangt Værelse, som ikke var vel tilbørligt; dog undtagen Bistop-
perne af Strengnæs og Skara, Gud deres Sjæle naade, hvilke
forvaredes i et andet Hus. Og bleve vi i dette Værelse den Nat
over i Sorg, Bedrøvelse og stor Angst, som de, der vare, endnu
vel mindes. Torsdag dernæst efter, som var Ottendedagen efter
Omnium sanctorum, da Klokken var ved Ni, bleve alle Bistopper,
Prælater, Kanniker og Klostermænd, og saa Mange som lærde
vare, sammenkaldte paa den store Sal, hvorfra de udgik om Af-
tenen, til hvilke Hr. Johannes Beldenak midt i deres For-
samling fremførte saadant Spørgsmaal, om de, som havde sig
sammensvoret og særlig forbundet mod den hellige romerske Stol
og Christi Statholder Paven, skulle holdes for Kjættere; om hvilket
Spørgsmaal lærde Mænd baade i den hellige Skrift og i Loven
raadsloge og svarede efter Evangelium og den geistlige Ret, at
den, der findes med fornævnte Sag, skal holdes for en Kjætter.
Men hvad Falskhed, Svig eller Grumhed derunder sandtes, og
hvad Ondt Kongen og hans Raadgivere havde betænkt i deres
Hjerter med dette Spørgsmaal, skal den Gud, der ransager alle
Hjerter og Tanker, vide, at vi da ikke kunde forstaa; heller ikke
gik der nogen Dom eller Sentents efter saadant Spørgsmaal og
Svar. Og skal Gud være vort Vidne, at vi paa den Tid ikke
kunde forstaa, til hvad Ende fornævnte Spørgsmaal blev gjort.
Derefter skulde Forsamlingen igjen ind i det trange Værelse, hvor
vi før vare indelukte. Samme Dag, strax Maaltid var gjort i
Sorg og Bedrøvelse, da kom et Bud og sagde, at Bistopperne af
Strengnæs og Skara ledtes fangne ud af Slottet. Da vi det
hørte, begyndte vi Alle at skjælve og faldt i stor Forfærdelse; da

---

*) som de vidste skulde skee næste Dag?

„ſvarede Biſkop Beldenak, ſom da var nær: „det er ikke muligt, at Hans kongelige Majeſtæt djærves at gjøre noget Ondt paa ſaadanne Mænd, hvorfor ſaadan Løgn og Skvalder ikke er til at tro", af hvilke Ord vi fik nogen Liſe efter den grumme Tidende, os førſt blev budt.   Noget derefter kom der En igjen med ſamme Tidende ſom tilforn; da ſvarede Biſkop Beldenak, at det ſandelig ikke kunde være ſaaledes.   Tredie Gang kom der en tydſk Magiſter ved Navn Meſter Henrik og raabte med grædende Øine, at det nu er paa det Nærmeſte, at de ſkulle række deres Hals under Sværdet.   Da bleve vi Alle haardelig bedrøvede af uſigelig Sorg og Forfærdelſe, og løb ud haſtelig Alleſammen, førſt Biſkopperne, for at gaa til Kongen og forhindre, at han fuldbyrdede ſaadan uredelig og gruſom Gjerning.   Da mødte os den umilde Mand og blodgjerrige Menneſke Meſter Didrik, fuld af Svig og allehaande Ondſkab, hvilken ogſaa var Aarſag og Digter med den umildeſte Konge til alt det Onde, ſom nu ſagt er, og ſagde førſt paa ſin Tydſk, og repeterede det paa Latin med ſaadanne Ord: „Seer I og vel til og betragter diſſe her, at I ikke gaa i Undergang ſom de andre Forræbere".   Da vi det hørte, blev hele Forſamlingen bekymret med Sorg og Rædſel og ikke djærvedes at gaa længere frem forbi Meſter Didrik, men drog ſig Alle tilbage til det ſamme Værelſe, hvor de vare tilforn, og blive der den Dag og Nat indtil anden Dagen, bedende inderlig til den almægtige Gud med grædende Taarer, at han vilde naabigen frelſe dem af denne ſlemmeſte Dødſens Vaade, ſom de frygtede at ſkulle lide med de Andre.   Hvilken Bøn ogſaa blev opfyldt.   Samme Dag, da Klokken var ved Et, gik vi udaf Slottet, lovende og priſende Gud og hans Helgen, der frelſte os fra den allergrummeſte Konges Tyranni og Umildhed" oſv. oſv.

De tre Mænd, der have afgivet denne Beretning til Guſtav Vaſa, nævnes ogſaa i Aktſtykket blandt dem, der have udſtedt dette, og i det mindſte Domprovſten Jørgen Tureſens Segl er et af de otte vedhængende.   Man ſkulde altſaa vente Overensſtemmelſe i alt Væſenligt imellem diſſe to Beretninger; men de modſige tvertimod hinanden i vigtige Punkter.   Aktſtykket lader ſlet ikke Guſtav Trolle ſelv tale i Salen om Onsdagen, men ved Meſter Jon overrække en ſkriftlig Klage; efter Jørgen Tureſens Relation var det derimod netop Guſtav ſelv, der fremførte ſin Klage, og der tales ikke

om noget Skriftligt, med mindre noget Saadant skulde antydes
ved Ordet præsentere; men det var i saa Fald kun en Navne-
liste over dem, Klagen gik ud over. — Ifølge Aktstykket er det
Ærkebiskoppen, der strax i den skriftlige Klage lader udtrykkelig
erklære, at han ikke vil indlade sig i noget mindeligt Forlig; efter
Relationen var det derimod Kongen, der spurgte Ærkebiskoppen,
om han vilde have Sagen behandlet til Forlig eller efter den strenge
Ret. Aktstykket lader det være Mester Jon, der fører Ordet og
forlanger Dom i de Geistliges Forsamling om Torsdag Formid-
dag; Jørgen Turesen siger, at det var Biskop Jens Andersen
Beldenak; han nævner ikke engang Mester Jon, hverken ved Om-
talen af Torsdags- eller af Onsdagsmødet. Aktstykket siger, at Gu-
stav Trolle ved Mester Jon i Salen om Onsdagen krævede Straf
over de Anklagede som Kjættere, og det kommer idelig tilbage til
dette, at de vare aabenbare Kjættere. Derom taler Jørgen Ture-
sen slet ikke, og det kan ikke forenes med hvad han fortæller om
Mødet Torsdag Formiddag, da han og de Andre saa ikke kunde
været i Tvivl om, hvorhen Jens Andersens Spørgsmaal sigtede.
Aktstykket giver Forhandlingerne om Torsdag Formiddag fuldstæn-
digt Formen af en Rettergang, medens Jørgen Turesen kalder Gud
til Vidne paa, at der ikke gik nogen Dom eller Sentents efter
Jens Andersens Spørgsmaal, og at de, som sagt, ikke forstode
Hensigten med dette. Og endelig maatte Jørgen Turesens Fortæl-
ling om, at Jens Andersen to Gange beroligede dem, da Efter-
retningen bragtes om Slagtoffernes Bortførelse, være rent opdigtet,
hvis han og de Andre selv havde dømt de i Aktstykket navngivne
Mænd, som nu førtes til Retterstedet, til Kjættere paa Grund af
en Klage, der krævede Kjætterstraf over dem.

Disse to Beretninger modsige saaledes hinanden; enten i den
ene eller den anden figes Usandhed. Men om Jørgen Turesens
Relation er der ingen Grund til at tro, at den tilsigter at give
Gustav Vasa en urigtig Fremstilling. De tre Mænd, der have
forfattet den, vare da udenfor Kong Christierns og hans Tilhæn-
geres Magt; vilde de forvanske Sandheden Nogen til Behag,
maatte det været Gustav Vasa, der da endnu førte Kampen paa
Liv og Død mod Gustav Trolle og Christiern den Andens Mænd,
saa at de ingen Grund havde til at gaa udenom Sandheden for
at skaane Ærkebiskoppen; men nu er deres Beretning netop gun-

ſtigere for Guſtav Trolle end Aktſtykkets, hvis Fremſtilling dog har
været dem bekjendt, da de ſelv have været med at udfærdige dette.
Og deres Relation beſtyrkes i dette Punkt fuldſtændigt af Olaus
Petri, der vel, ſaavidt vi vide, ikke var tilſtede paa Slottet, men
er en ſamtidig, Begivenhederne nær ſtaaende, beſindig Hiſtorieſkri-
ver i den gunſtigſte Stilling til at ſkaffe ſig paalidelige Efterret-
ninger, og dertil Guſtav Trolles Modſtander og Dadler, der dog
ikke kan have ſin Kundſkab fra Jørgen Tureſens Relation eller fra
nogen af dens tre Forfattere, da han ſlet ikke omtaler de Geiſtliges
Forſamling og Erklæring ʼTorsdag Formiddag.　Olaus Petris
Fortælling om Guſtav Trolles Optræden den 7de November er et
uafhængigt, troværdigt Vidnesbyrd, der lyder ſaaledes:

— — — „Da nu den Høitid var endt, om Onsdagen der
næſt efter, begyndtes et andet Gjæſtebud.　Da havde Kongen alle
de ſvenſke Herrer med de danſke og de tydſke forſamlede i den ſtore
Sal paa Slottet, og havde det ſaa beſtilt, at Ærkebiſkop Guſtav
gik frem og begyndte at klage over den Overvold, ſom ham forle-
den Aar af Hr. Sten og hans Medhjælpere ſkeet var, da St. Eriks
Slot var nedbrudt og ſtor Skade gjort paa den hellige Kirkes
Eiendomme; og var det hans Begjæring, at Stolet ſkulde opbygges
igjen, og al hans Skade, han havde lidt, ſkulde ham oprettes.
Nøiagtigt derpaa gik hans Klage ud *).　Men Kongen, ſom dette
ſaaledes underhaanden havde foranſtaltet, havde i Sinde at udrette
med ſamme Klagemaal andet, end hvad Ærkebiſkoppen kunde be-
ſinde; thi han ſøgte mangen Mands Liv dermed.　Og efterdi Ærke-
biſkoppen ikke ſtod ſaa alvorligt efter deres Liv, han klagede paa,
blev Kongen ugunſtig ſtemt imod ham og ſtraffede ham ſiden haar-
delig med Ord derfor, ſaa at Ærkebiſkoppen blev bange.　Da nu
ſaadant Klagemaal gik Fru Chriſtine, Hr. Stens Efterleverſke,
haardt under Øine, bar hun frem det Brev, ſom derpaa givet var,
at Stolet ſkulde nedbrydes og at Guſtav Trolle ſkulde aldrig efter
den Dag anerkjendes ſom Ærkebiſkop.　Saa havde ogſaa Alle, ſom
Brevet udgivet havde, ſammenſvoret ſig ſaaledes, at de ſkulde Alle
forſvare, lide og undgjælde hvad der kunde komme efter.　Af den
Forpligtelſe tog Kongen Anledning til at regne dem Alle, ſom det
Brev beſeglet havde, for Bandsmenneſker.　Og efterdi Biſkop Hans

---

*) «Ther gick retzligha hans klaghomål på».

„af Linköpings Segl hængte ogsaa der for, gjorde han sin Und=
styldning i saa Maade, at han sagde sig at være nødt og tvungen
til den Besegling, og dermed blev han fri. Men Biskop Vincen=
tius af Skara og Biskop Mats i Strængnæs og mange af den
svenske Adel med deres Tjenere og Stokholms Borgere bleve tagne
ved Halsen og satte i Fængsel, somme i Taarnet, somme i Ka=
pellet, og somme andensteds paa Slottet, og sad der Natten
over".

Det afgjørende Punkt er, om der den 7de November var Tale
om Kjætteri og Kjætterstraf, eller alene om Erstatning
til Ærkebiskoppen for den lidte Skade. Det Sidste siger Jørgen
Turesens Relation og understøttes deri bestemt af Olaus Petri;
det Første paastaaer Aktstykket. Man kunde sige, at der jo ofte
er Uoverensstemmelse imellem to uafhængige Beretninger om en og
samme Begivenhed, og at det i saadanne Tilfælde er rettest at høre
dem begge og deraf sammensætte en tredie Beretning, der ved at
optage hvad der kan ansees for sandt i hver af dem bliver rigti=
gere og fyldigere end baade den ene og den anden. Men i nær=
værende Tilfælde ere de to modsigende Beretninger netop ikke uaf=
hængige af hinanden, fordi det er de samme Mænd, der i Akt=
stykket vidne Et, i Relationen et Andet. De have jo dog kun havt
een virkelig Kundskab om Begivenheden, der maa have efterladt
et uudsletteligt Indtryk i deres Bevidsthed; da de nu dog have
givet to modsigende Beretninger, maa den ene være gjort imod
bedre Vidende, altsaa ikke blot være urigtig i Enkeltheder, men
usand i sit Væsen; den kan altsaa ikke være troværdig. Og da
kan der ikke være Tvivl om, at Aktstykket maa vige for Relationen,
fordi Forfatterne af Aktstykket ikke have havt Frihed til at vidne
Andet, end hvad Kongen vilde have. Hvitfeld siger, at da Gjer=
ningen var fuldbragt, nødte Kongen de Geistlige til at give be=
skrevet hvad de engang raabsvis havde sagt ham, hans Sag der=
med at besmykke. Men selv om Hvitfeld ikke havde sagt det, er
det dog indlysende, at Aktstykket er forlangt af Kongen og givet
til Kongen. Det findes endnu i det danske Geheimearkiv; det af=
giver Svar paa det Spørgsmaal, Kongen havde stillet Vidnerne,
det er givet i Kongens Hus, paa Stokholms Slot, og det har i
alle Henseender Formen af en aktmæssig, retskraftig Erklæring,
som alene Kongen kunde aftvæde de fire Biskopper og de øvrige

24*

Geistlige.   Men naar disse skulde give Kongen et Vidnesbyrd i det
Øieblik, da han stod med Blodøxen i Haanden, kunde der ikke
skrives Andet end hvad han vilde have skrevet; og han havde den
høieste Interesse i, at vælte saa meget af Hadet som muligt fra
sig ved at lade Blodbadet fremtræde som en Straf over Kjættere,
fordret af den svenske Ærkebiskop i Kirkens Navn.   Jørgen Ture-
sen, Peder Galle og Erik Geting havde ikke Frihed til at sige
Sandhed i Aktstykket; den havde de derimod, da de forfattede Re-
lationen.   Derfor maa denne, der i Hovedpunktet støttes af Olaus
Petri, staa til Troende fremfor Aktstykket, der kun kan ansees for
et Foster af den Frygt for Døden, enten Kongens Ord eller den
forfærdelige Situation har indjaget dem.   Derfor betager heller
ikke den Usandhed, de tre Mænd her sagde, deres senere frie Vid-
nesbyrd dets Troværdighed. — Denne Opfattelse af Aktstykkets
Natur styrkes ved at see hen til et andet Aktstykke, som den 9de
November, Dagen efter den store Slagtedag, udfærdigedes fra Kon-
gen til de svenske Landskaber; thi her, hvor Anledningen til den
strenge Exekution i Korthed fremstilles som i Aktstykket, siges, at
Gustav Trolle først stod frem for Kongen med sin Klage, saa
Biskop Otto af Vesteraas med sin, endelig Mester Jon paa den
gamle Ærkebiskop Jakobs Vegne, medens Aktstykket jo lader det
være Mester Jon, der paa Alles Vegne fremlagde en skriftlig Klage.
Denne Uoverensstemmelse er ganske af samme Art som den, der
fandt Sted mellem de første forklarende Kongebreve efter Bartho-
lomæusnatten, og som nu erkjendes for et af Tegnene paa, at der
ikke har bestaaet en forud gjennemtænkt Plan om det almindelige
Blodbad.

Men naar vi saaledes maa see bort fra Aktstykket og holde os
til Relationen og Olaus Petri, saa staaer det fast, at der, lige
indtil Fru Christine kom frem med Sammensværgelsesbrevet af 23de
November 1517, ikke var Tale om Kjætteri eller Kjætterstraf, men
kun om Erstatning for den skete Skade.   Deraf slutter jeg, at det
er dette ulykkalige Brev, der har foraarsaget Katastrofen.

For at Sammensværgelsesbrevet kunde gjøre en saadan Virk-
ning, maa det have overrasket Kongen, det er: han maa ikke have
kjendt det tidligere, — heller ikke Gustav Trolle eller de Andre,
der havde Kongens Øre.   Dette er ogsaa i alle Maader troligt, da
Sammensværgelsen efter sin Natur maatte holdes hemmelig for

Folkets og for Pavens, ikke at tale om: for Kongens Skyld, thi endnu havde Pavens Bandstraale en stor Magt. Og om ikke Andre, maa de Biskopper, der hængte deres Segl ved Brevet, nødvendig have betinget sig dets Hemmeligholdelse; thi det, de gjorde, var jo intet Mindre end et Oprør mod Paven. Der er heller intet Spor efter, at Brevet af 23de November 1517 har været Andre bekjendt end dem, der beseglede det, lige indtil det Øieblik, da Fru Christine fremlagde det Onsdag Eftermiddag den 7de November 1520.

I selve denne Fremlæggelse er et høittalende Vidnesbyrd om, at Fru Christine ikke har hørt Gustav Trolle fordre Straf over Sten Sture og hans Medhjælpere, blandt dem ogsaa over hende selv; thi saa maatte hun jo netop have holdt dette farlige Brev omhyggelig skjult for Alles Øine. Eller vil man maaske tillægge hende en saadan Ondskab, at hun frembrog Brevet alene for at trække alle dem med i Undergangen, der havde deltaget med hendes afdøde Mand i Ubfærdigelsen? Dette er der ikke den fjerneste Anledning til at antage om denne ellers i sin hele Færd saa hæderlige Kvinde. Derimod havde hun en meget stærk Opfordring til at fremlægge Brevet, naar hun hørte Gustav Trolle paastaa Erstatning; thi da kunde hun vide, at det vilde falde ud til Konfiskation af de Skyldiges Gods, først og fremmest hendes og hendes Børns Gods. Da kunde hun ansee det ikke alene for Nødværge, men for Pligt imod Børnene, at faa Skadeserstatningen fordelt paa alle de Sammensvorne, hvorved den vilde falde mindre tungt paa den Enkelte.

Imod den Betydning, jeg her tillægger Brevet af 23de November 1517, kan indvendes, at selve Henrettelserne ikke sees at være bestemte ved Hensynet til dette Brev: der er halshugget Mænd, som ikke have været med at udfærdige det, og der er ikke halshugget Mænd, der have været med; Biskop Vincentius' Hoved faldt, skjøndt hans Navn ikke findes i Brevet, medens foruden Hans Brask ogsaa Otto af Vesteraas og Arvid af Aabo, som udtrykkelig navngives, ere staanede. Og samme Vilkaarlighed har hersket for de Verdsliges Vedkommende. Men hertil maa svares, at vi nu ikke have Originaldokumentet af 23de November 1517 selv, saa at vi ikke vide, hvilke Segl der hængte under det; og Seglene var det jo netop, der blev det afgjørende, som det da ogsaa alene var

Seglene, der kunde afgjøre, hvem der havde været virkelige Del-
tagere i Sammensværgelsen. I de Aftryk, vi nu have, læse vi de
Navne, der ere af Brevets Skriver indførte strax i Indgangen som
Deltagere; men vi faa ingen Oplysning om Beseglingen. Der-
næst vide vi heller ikke, om alle de virkelige Deltagere i Brevet
vare i Kongens Magt den 8de November 1520, da vi ikke kjende
Navnene paa alle hans Gjæster eller Fanger. Vilkaarlighed i Val-
get af Offerne maa derhos opfattes som et Tegn paa det Tumul-
tuariske i hele Handlingen. Det er let nok at forstaa, at der sprang
mangt et Hoved, uden at Nogen ret vidste hvorfor, og at man
har taget Mange med, der ikke havde havt med Sammensværgelsen
at gjøre, men som maatte ønskes ryddede af Veien, naar man
først havde besluttet et almindeligt Slagteri. Ogsaa i dette Punkt
har man en Analogi med Bartholomæusnatten, hvor der faldt
mangen Mand uden Sammenhæng med den tilsigtede Udryddelse
af Hugenotterne. Olaus Petri fremhæver ogsaa udtrykkelig den
Vilkaarlighed, hvormed Adskillige bleve ligesom opsnappede leilig-
hedsvis og tagne med, da man nu just var ved at slagte.

    Hvem har overhovedet afgjort Valget af Slagtofferne? og
hvad har været det Bestemmende? Der foreligger ikke en
eneste Ordre fra Kongen selv, hverken skriftlig eller mundt-
lig; han lukkede sig inde i sit Værelse under Henrettelserne og lod
Ingen komme til sig. Hans personlige Gunst eller Ugunst kan ikke
have afgjort Valget, i det mindste ikke ene, da saa hverken Vin-
cents af Skara eller Matthias af Strængnæs kunde været med-
tagne. De to Biskopper er faldne for Konsekventsens Skyld, rime-
ligvis netop for at vise, at det ikke var personlig Stemning, der
bestemte Kongen, og for dermed at give sig et Slags Adkomst til
at gjennemføre Kjætterstraffen mod alle de Andre. — Kongen over-
lod Udførelsen til Didrik Slaghæk, hvem den almindelige Me-
ning strax og stadigt har udpeget som den rette Ophavsmand.
Didrik Slaghæk er det, der møder de Geistlige foran Kongens
Dør og viser dem tilbage. Didrik Slaghæk var det, der gav Pro-
fossen Ordre til Exekutionen med Tilføielse af det mærkelige Paa-
læg, at han ikke maatte tilstede dem Skriftemaal; dette har Pro-
fossen selv fortalt*). Og i den Gunst, Kongen viste ham strax

---

*) I Lybeks Stadarkiv findes en Skrivelse fra B. Stromeyer, lybsk Sendebud,

efter Blodbadet, den Høihed, han snarere fløi end steg op til, saa-
velsom i den frygtelige Dødsstraf, der fjorten Maaneder efter
Blodbadet gik over ham, ligger den haardeste Anklage imod ham.
Han, den uægte Præstesøn, den fremmede, navnløse Eventyrer, der
ved et Forræderi mod sin første Herre har banet sig Vei til Kon-
gens Tjeneste, bliver strax efter Blodbadet sat af Kongen i den
henrettede Vincentius' Plads som Biskop i Skara, han bliver en
Maanedstid efter Blodbadet gjort til Kongens Statholder, Sver-
rigs Regent, han bliver paatvunget Lunds Domkirke som Ærkebi-
skop — og saa bagbunden kastet levende paa Baalet! Hvorfor
dette? Baalet er Falstnerens Straf, saavel dens, der forfalster
Mønten, som Kjætterens, der forfalster Troen. Ingen af Delene
har Didrik Slaghæk jo gjort; men dog var han den skændigste
Falstner. Det tør antages, at nu var Kongen kommen efter, at
Didrik Slaghæk har lokket ham i Fordærvelse ved falsk Underviis-
ning i Kirkeloven. Det synes mig, at der fra Didrik Slaghæks
Baal aabner sig et Tilbageblik ind i Kongens Kabinet om Aftenen
eller Natten den 7de November 1520. Jeg seer Kongen komme
ud af Salen med Sammensværgelsesbrevet i Haanden; han lader
sin Sekretær læse det: — det er jo Kjætteri! — Kjætteri? Ja,
thi det er et Angreb paa den hellige Kirkes Enhed, som er en af
dens Hovedlærdomme, og Sagen er notorisk, da her er Brev og
Segl for den, saa at der ikke behøves nogen Inkvisition; dette

---

til Raadet i Lybek, dateret Roskilde Fredag efter Katarinædag (27de No-
vember) 1523. Deri fortælles om en Samtale, han har havt med den
dansk-tydske Officeer Jørgen Homuth, der meddelte ham Et og Andet
om det stokholmske Blobbad; blandt Andet: Item van Mester Dyrik, item
van Bischoppen, Rijddern, Edelluden und Borgern, item van den monyck
und eynen Swyneherden; vortellet wo Mester Dyrik to eme bynnen den
Holme, alse dat mal Profos, in drinckender wyse gekamen und uth kon:
Würden Namen by syne hogeften (eden) bevalen befulve ghunder bych-
tent to richten. So sy eyner mank den byschoppen (mines Beholdens de
Byschop van Skara) vor ene gekamen und gefraget: was is dar nyges?
„Gnediger Herr, nycht vele gud! Juw: Gnaden willen my vertygen, Jk
moth Juw: Gnaden dat houet afflan laten", gefecht". — — Trykt i Kal-
kars Aktstykker henhørende til Dannarks Historie i Reformationstiden, p.
10—12. Udtrykket: „in drinckender wyse" kan vel kun betyde, at Profossen
fandt ham drukken. Ogsaa Andre beskylde Didrik Slaghæk for Hengiven-
hed til Drik. D. Mag. 3die R. 3die B. p. 13.

siger Kirkeloven udtrykkelig i disse og disse Steder! Her forelaa
altsaa en ganske ny Sag, der hverken var Kongen eller Gustav
Trolle bekjendt, dengang han stadfæstede Upsala-Overenskomsten af
6te Marts, eller sluttede Kapitulationen af 5te September, eller
opfordrede Ærkebiskoppen til at træde frem med sin Klage; her
behøvede man ikke engang at gjøre Brug af Pavens Bandbulle,
som kunde siges at være medoptagen i Kongens Tilsagn om Amnesti.
— Nu er det saa, at alt det gamle Nag, al den tilbagetrængte
Vrede, alle de ulyksalige Minder fra Farfaderens og Faderens og
hans egen Fortid, — nu er det, at de mørke Udsigter i Fremti-
den og Øieblikkets Trang til Konfiskationer vælde op fra Sjælens
Dyb og løse den med Møie lænkebundne Lidenskab, der er karak-
teristisk for Christierns Natur. Saaledes bukker han under for
Fristelsen, den onde Dæmon ved hans Side faaer Magten. Dog
kæmper han imod, navnlig de to Biskoppers Henrettelse gjør ham
tvivlraadig. Han vil have Vished for, at Sammensværgelsen vir-
kelig er Kjætteri. Derfor opsættes Afgjørelsen, indtil Spørgs-
maalet kan besvares af de Geistlige Torsdag Formiddag, og der-
for er det, at Henrettelserne først kunne begynde saa sent paa Da-
gen. Men var blot en eneste forstandig og kyndig Mand kommen
til Kongen, vilde han uden Vanskelighed have forstyrret det hele
Blændværk; thi Sammensværgelsen kunde i det Høieste gjælde for
et Schisma, en mindre Grad af Kjætteri; og selv den egenlige
Kjætter nægter Kirkens Lov ikke Afløsning og Gjenoptagelse i Kir-
kens Skjød, naar han strax efter at være greben i Kjætteri af-
sværger dette og underkaster sig den paalagte Bod*). Kun dersom
de havde været aabenbare og haardnakkede Kjættere, som Aktstykket
af 8de November kalder dem, skulde den verdslige Magt saavel
efter Keiserretten som Kirkeretten og Sverrigs Landslov udrydde
dem strax. Og selv da maatte de Geistlige, hvis Hoveder
skulde falde, først have været begraderede**), der maatte have
været foretaget en Retshandling med dem. Derom har Didrik

---

*) Decretal: 5—7—9.
**) Decretal: 5—7—13, § 1: (Innoc. III in concilio generali) — Damnati
(sc. hæresços) vero præsentibus saecularibus potestatibus aut eorum
ballivis relinqventur animadversione debita puniendi, clericis prius a
suis ordinibus degradatis. Om Degradationsakten see Sextus Decret.
5—9—2.

Slaghæk ikke underviist Kongen; dennes Lidenskab maatte flippes løs strax, ellers kunde det ikke undgaaes, at Kongen fik bedre Underviisning, og den Udsigt til egen Magt og Herlighed, der aabnede sig for Fristerens Blik ud af Slagtoffernes Blod, vilde slaa om til Ugunst, Vrede, maaske til endnu Værre. Der maatte iles, der maatte ingen Standsning, ingen Omvendelse være mulig; derfor springes de Geistliges Degradation over, derfor forbyder Didrik Slaghæk at tilstede Offerne Skriftemaal, — derfor dette tumultuariske Hastværk. Og nu er Kongen et Bytte for sin løsslupne Lidenskab, Henrettelse følger paa Henrettelse, — over 600 Hoveder ere faldne, inden han kom over Sverrigs Grændse, siger Olaus Petri; lad Tallet være for høit, Kongens Sag bliver derved ikke bedre.

Men lader det sig tænke, at saa voldsom en Karakteer som Christiern den Anden skulde være kommen til Stokholm from som et Lam, uden Tanke om noget Haardt og Rystende? og er det muligt, at en Herskernatur som hans kan være bleven et Bytte for en Didrik Slaghæks Rænker? — Nei, jeg troer rigtignok ikke, at Christiern er kommen uden mærkelige og farlige Tanker, det siger ikke alene Situationen, men ogsaa hans Optræden før og ved Kroningen. At Rigets Forfatning brydes, at Kongen aabent viser sig kun halv forsonet, røber meget alvorlige Tanker. Det er kun det almindelige Blodbad jeg ikke kan tro var da allerede besluttet. Skulde jeg sige hvad jeg gjætter om hans Tanker, da holder jeg mig til Hans Gram, hvis kritiske Blik paa Personer og Forhold er endnu mærkeligere end hans Lærdom. Gram vil ikke tro paa, at Christiern var af Naturen ond og blodtørstig, men mener, at Pengemangel har trængt ham ind i overordenlige Forholdsregler. Ja, dette er visst det Rette. Fra Sigbrit er Kongen i Oktober kommen tilbage til Stokholm med Vished om, at der ikke var Midler til at lønne og sammenholde Krigsmagten, saa at han nødvendig maatte gribe til Konfiskationer i stort Omfang; og dette maatte skee strax, og i Sverrig, der alene gav det fornødne Paaskud. Derfor lod han Gustav Trolle optræde med det størst mulige Erstatningskrav, der ikke kunde tilfredsstilles uden Inddragelse af Sten Stures og hans Medhjælperes Gods. Men dertil var Blodbadet ikke et nødvendigt Middel — tvertimod, en nærmere Overveielse maatte vise, at det Oprørende og Farlige heri snarere maatte hindre end fremme Hensigten.

Det andet Spørgsmaal, om Didrik Slaghæk kan tænkes at have været saa stærk en Mand som Christiern overlegen? — dette kan kun besvares ved et Blik paa det Eiendommelige i Kongens Væsen. Under almindelige Omstændigheder troer jeg det ikke; men der er meer end een Art Karakteersvaghed. Der er den Sløves og Villieløses, men der er ogsaa den Lidenskabeliges Svaghed. Den Lidenskabelige giver vel nærmest efter for Stormen i det egne Hjerte, men han lytter altfor gjerne til den ydre Røst, der taler det samme Tungemaal som hans egne Tanker. Her viste sig nu pludselig en Udsigt til engang for alle at komme løs fra utaalelige Baand ved rask Benyttelse af hvad der for det omtaagede Blik saa ud som en lykkelig Times Gunst; og Nidingen ved Kongens Side rakte ham et tilsyneladende antageligt Paaskud til at følge sit eget voldsomme Sind. Det kan derfor ikke siges, at det var Didrik Slaghæk som den Stærkere, der overvandt den svagere Christiern.

Jeg beder mine Læsere om at adskille vel og nøie det Faktiske fra mine Slutninger og Forklaringer. Det er netop det, jeg ikke kan finde mig i, at man blander egne Tanker ind i det Overleverede og udgiver denne Sammenblanding for den historiske Sandhed. Faktisk staaer det fast, naar Aktstykket af 8de November maa skydes tilside som usandt i sit Væsen og urigtigt i flere Enkeltheder, at indtil Fru Christine om Onsdagen kom frem med Sammensværgelsesbrevet var der ikke Tale om Kjætteri og Kjætterstraf, men kun om Erstatning af den Skade, Gustav Trolle m. Fl. havde lidt ved Sten Stures og hans Medhjælperes Vold. Først efter Brevets Fremkomst følger Fængslingen og alt det Øvrige, — navnlig at Kongen personlig trækker sig tilbage, medens Didrik Slaghæk og Profossen træde frem som befalende og udførende. Men om jeg har bedømt de Samtidiges Vidnesbyrd rigtigt, — om jeg fra dem af disse, der maa ansees for troværdige, har sluttet rigtigt til det, der ikke kan kontrolleres, det der foregik i Kongens Kabinet og i hans Sjæl, det maa Læseren selv afgjøre. Jeg udgiver ikke disse Slutninger for Historie, men ene og alene for mine egne Tanker om Historien.

Sjette Afdeling.

Kong Christiern efter 1520. Kong Christiern som Lovgiver. Den nye Landslov. Kong Christiern mod Biskop Jens Andersen og andre Prælater. Kongens Reise til Nederlandene 1521. Biskop Jens Andersen atter fængslet. Vilkaarlig Behandling af Lunde Ærkestift. Didrik Slaghæk. Kong Christierns Kjøbstadlov.

Da Kong Christiern kom tilbage til Danmark i Januar 1521, sporer man tydelig den Seirsfølelse, som opfyldte hans Sind. Han optraadte nu som den, der havde ikke blot Villien, men ogsaa Magten til at gjennembryde al Modstand imod sine Ideer, uden at spørge om de overleverede Forholds i Landets Lov og Forfatning grundede Ret. Selv at være den frie Hersker og at bruge den ubundne Kongemagt til at føre en ny Tid frem i sine Riger, faldt for ham sammen til eet Øiemed. Han gik ikke ud paa at omstøbe den bestaaende Statsforfatning eller at faa sin Haandfæstning ophævet; men han lod sig ikke hindre af den der, hvor den stod hans Anskuelser om det for Kongen og Folket Tjenlige i Veien.

Hvad der først laa Kongen paa Hjerte var at hæve de to lavere Stænder, Kjøbstædborgerne og Fæstebønderne, til høiere Velstand og en friere og sikrere Stilling, til samme Tid som han trykkede Biskopper og Prælater ned fra det Herre- og Herskervæsen, de sidste Aarhundreders Udvikling havde medført. Man kan vist antage, at naar dette var gjennemført, havde han ogsaa trængt den verdslige Adel ud af dens Stilling som Deltager i Landets Regering og samlet den hele Øvrighedsmyndighed i Kongens Haand alene; men saa vidt kom han ikke. Derfor finde vi intet almindeligt Angreb af Kong Christiern paa Adelstanden som saadan, medens det Følgende skal vise, hvor haardt han tog paa Prælaterne. Rigsraadets og Adelens Privilegier skaanede han, paa vilkaarlige Overgreb mod Enkelte nær, saavidt de ikke stode hans Planer i Veien. Middelbare Brud paa Haandfæstningerne finde vi under alle de ved disse bundne Konger; de havde under Kong Christiern ikke mere end under hans For- og Eftermand paa Tronen Karakteren af en angribende Kamp imod Adelstanden. Dette havde derimod hans Optræden mod den høiere Geistlighed efter Sverrigs Underkastelse.

Den første Gjenstand for den tilbagevendte Konges lovgivende Virksomhed var de danske Kjøbstæder og deres Borgere. Det er en Vildfarelse, naar man troer, at alle Kjøbstæder i Danmark stode i en og samme Stilling som undtagne Retskredse med særegne Birkerettigheder og under selvvalgte Øvrigheder. Dette var Tilfældet med de ældre og større Kjøbstæder som Ribe, Odense, Kjøbenhavn, Malmø, Lund og flere, hvor Rettens Haandhævelse laa i Byraadets og Bythingets Haand; men mange af de mindre og yngre Kjøbstæder bortforlenedes i Forbindelse med den hosliggende Kongsgaard. Dommer i Byen var da den af Lensmanden indsatte Herredsfoged, og Øvrighedsmyndigheden udøvedes af Lensmanden ved hans Slotsfoged, Ride- eller Sporefoged, som Almuen kaldte dem. Saadanne Kjøbstæder kunde ikke hævde sig som eximerede imod Lensmændene. I flere Smaabyer støttedes dette underordnede Forhold til Byens Pantsættelse. Naar Kronen pantsatte en By, betydede dette oprindelig vel kun, at den overdrog Lensmanden Kronens Byskat eller andre Indtægter af Byen som brugeligt Pant indtil Indløsning; men hertil knyttedes saa den Ret eller den Anmasselse, at indsætte en Foged med Øvrighedsmyndighed til at inddrive Indtægterne, oppebære Sagefald og dermed tillige paasee Overholdelsen af Straffelovene, som for største Delen angik Bestemmelser om Bøder for allehaande Brud paa det Offenliges og den Enkeltes Fred; og ofte pantsattes Byen med „kongelig Ret‟ saa at Fogdiet ligefrem var indbefattet i Pantsættelsen. At et saadant Afhængighedsforhold til en overmægtig Lensmand og hans Sporefoged trykkede Smaaborgerne, og at de ønskede deres By stillet under Kongen alene, — ønskede den lagt til Kongens Fadebur, var ikke Andet end hvad der finder Sted til alle Tider, at de lavere Samfundslag hellere ville staa under den fælles Overherre end under den nærmeste Magthaver*).

---

*) For at paavise, hvad her er sagt om de mindre Kjøbstæders Stilling i Tiden før, under og efter Christiern den Anden, hidsættes nogle Tilfælde, samlede uden lang Søgen. Aar 1450 stod Holstebro under Niels Eriksen Rosenkrandses Foged (Suhms nye Samlinger, 3, 339—40); 1472 havde Aage Axelsen Thot Falkenberg By, Laurentz Axelsen Skjelskør i Pant (Dipl. Christ. Priml p. 260); 1480 sit Jørgen Urne til Brolykke Kjerteminde i Pant uafløst i 12 Aar (D. Mag. 3die R. 2, 222, Anm. 1). 1493 blev Faaborg først undtaget fra Herredet (Fyenske Aktst. 1, 127, Anm.). Da sit

Der var saaledes endnu i Christiern den Andens Tid betydelige Forskjelligheder i Kjøbstædernes Stilling til Statsmagten, hvad der kun var den naturlige Virkning af deres forskjelligartede Herkomst og forskjellige Alder. Kong Christiern har forefundet alle disse Forskjelligheder ved sin Tronbestigelse, og først efterhaanden er han kommen til Beslutning om en gjennemgribende Ombannelse af Kjøbstædernes hele Retsstilling. Men fra sine tidligste Aar har han arbeidet paa at hæve dem ved en kraftig Fremadskriden ad den Vei, hans Forgængere paa Tronen i Overensstemmelse med Tidens almindelige Anskuelser havde valgt til samme Maal, men langt fra fulgt eller kunnet følge med tilstrækkelig Udholdenhed og Fasthed, nemlig at lede al Næring af Handel og Haandværk til Kjøbstæderne. De ældre Konger havde ogsaa tilstræbt en

---

1503 Tilladelse til at vælge sin Byfoged og blev 1505 lagt under Kongens Fadebur (Styffe's Fortegn. over Pergamentbreve i Christianstads Raad-husarkiv, S. 9, 10, 18). Aage Brahe forlenes 1518 med Barberg Slot og Len samt Kjøbstæderne Gamle og Ny Barberg, Falkenberg, Kongsbakka og Gaasekil; men 1516 (?) lægges Barberg tilligemed Halmstad under Kongens Fadebur (Suhms nye Samlinger, 2—1=2, S. 125, 159). 1519 giør Chr. Rantzaus Enke Regnskab for Nykjøbing Slot og Len med de Kjøbstæder, dertil ligge; hvilke disse vare, siges ikke (Suhms Saml. 2—3—167). Stubbekjøbing var allerede 1517 lagt under Kongens Fadebur (Suhms Saml. 2—3—165). 1517 forlenes Oluf Nielsen Rosenkrands med Koldinghus og Kolding Len med Undtagelse af Kolding By, der tidligere maa have hørt til Slotslenet (Suhms nye Saml. 1—1—164). Visby forlenes tilligemed Visborg 1518 til Søren Norby (Suhms nye Saml. 3, 59=60). Nakskov lægges 1519 til Kongens Fadebur (Suhms Saml. 2—3—86). 1519 forlenes Laholms By med Laholms Slot til Holger Gregersen Ulfstand, Sølvitsborg By med Sagefaldet af Rønneby tilligemed Sølvitsborg Slot til Aage Brahe. I Kong Frederik den Førstes Tid laa Fogdiet i Stege til Stegehus (N. D. Mag. 6, 275), i Falsterbo og Skanør til Falsterbohus (ib. 277). Fogdiet i Svendborg havde Otto Krumpen (ib. 280). Mogens Falster havde Kjøbstaden Engelholm, Holger Gregersen Laholm i Forlening; Fogdiet i Trelleborg var forlenet først til Lensmanden paa Falsterbohus, saa til Hartvig Ulfeld. Fru Karen Gyldenstjerne til Bygholm havde Horsens i Pant (ib. 290). At Kjøbstæderne herefter skulle være fri for de „Sporefogeder" og andre Voldsmænd, som hidtil havde trængt, beskattet og overfaldet dem mod Lov og Ret, at de skulle ligge til Kongens Fadebur og selv vælge Byfoged, lod Jørgen Kok Grev Christoffer af Oldenborg love 1535 i Skytsbrev for Skjelskør, Slagelse og Holbæk (min Grevens Feide, 1, 216).

Organiſation af det hele Kjøbſtædvæſen, idet de opſtillede viſſe Hovedbyer ſom Mønſter for de andre ved leilighedsvis at give disſe ſamme Rettigheder, Forfatning og Begunſtigelſer, ſom hine. Saaledes ſee vi fra Begyndelſen af det femtende Aarhundrede Kjøbſtæderne i Sjælland, Lolland, Falſter og Møen henviſte til Kjøbenhavn, Kjøbſtæderne hinſides Øreſund til Lund eller Malmø, de fyenſke Byer til Odenſe, de jydſke til Viborg. Desuden have jo ſom bekjendt i det mindſte Kong Hans ved en almindelig Stadsret ſøgt at ordne ſaavel Handelen ſom Forfatningen, Politiet og de øvrige indre Forhold i Kjøbſtæderne. Men det var umuligt at binde al Kjøbmandshandel til Byerne uden at komme i Strid med Hanſeaterne, der havde altfor ſtor Fordel af den umiddelbare Handel med Landboerne, med Forbigaaelſe af Kjøbſtædborgerne, til at de ikke ved deres Overlegenhed i Politik og Sømagt, merkantil Udvikling og Kapital ſkulde gjøre Kongernes Omhu for Byerne frugtesløs. Vi have ſeet, hvorledes Kong Chriſtiern den Førſtes Afhængighed af Lybekerne og de andre vendiſke Hanſeater umuliggjorde al Faſthed og Sammenhæng i hans Lovgivning om Landets Næringsvirkſomhed. Hans Søn Kong Hans indtog vel en faſtere Stilling mod Hanſeaterne og ſtræbte iſær at drage deres Medbeilere Nederlænderne til ſine Lande; men den næſten uafbrudte Krig i hans ſidſte ~~ſytten~~ Aar maatte virke forſtyrrende paa Handel og Kunſtflid. Kong Chriſtiern den Anden derimod gjorde Kjøbſtædernes Opkomſt til en Hovedopgave for ſin Virkſomhed, — i ſine førſte Aar ved en Række af Forordninger for enkelte Kjøbſtæder i Retning af ældre Privilegiers Hævdelſe og Udvidelſe; og efter ſin Tilbagekomſt fra det ſvenſke Seirstog ved mere gjennemgribende almindelige Foranſtaltninger. Den 10de Februar 1521 udgik til Byraadet i Kjøbenhavn en Forordning*), ſom af dette meddeltes de andre Kjøbſtæder i Sjælland og Smaalandene, og ſom upaatvivlelig tillige er udgaaet til de andre Landſkaber, om og maaſke med Ændringer efter de ſtedlige Forhold**). Denne Lov forbød alle Landboer uden Undta-

---

*) Danſke Mag. 3, 295.
**) Den Forordning, Hvitfeld meddeler S. 180, ſynes beſtemt for Skaane. Den forbigaaer mange af Beſtemmelſerne i den kjøbenhavnſke Forordning; men maaſke har Hvitfeld kun villet give Hovedpunkterne, ikke den hele For-

gelfe Opkjøb af Landprodukter til Forprang, det er: den forbød al egenlig Kjøbmandshandel paa Landet, og satte, i Overtrædelsestilfælde, for Bistopper og andre Kirkemænd samt for Adelsmænd Tab af Len, Friheder og Privilegier som Straf, medens andre Landboer forbrøde Liv og Gods til Kongen; ligeledes forbødes dem al Udskibning af Korn og andre Varer, idet alle Landprodukter under samme Straf skulde føres til Kjøbstæderne i Riget selv. Al Haandværksdrift bandtes ubelukkende til Kjøbstæderne; Haandværkerne i disse maatte ikke drive Kjøbmandshandel. Markeder paa Landet, ved Herregaarde, Klostere, Kirkegaarde, afskaffes. Ulovlige Havne aflægges; alle fremmede Kjøbmandsskibe skulle gaa til Kjøbstæderne, hvor de skulle falholde deres Varer i tre Dage for alle Borgere, og Borgerne overhovedet være næst for lige Kjøb. I samme Retning gaa flere Bestemmelser.

Hvitfeld udtaler en meget haard Dom over Kong Chriftiern i Anledning af denne Forordning, som han paastaaer i mange Maader stred imod „Adelens Privilegier, Friheder, gammel Brug og Sædvane", ligesom han ogsaa mener, at Kjøbstædborgerne ikke havde Formue nok til at kjøbe Prælaters og Adels Landprodukter. „Men det skete mest", siger han, „at han kunde dermed plage de Lybske og de vendiske Stæder, og at han kunde gjøre sig Almuen og Borgerskabet anhængig imod Adelen". Forordningen udgik „ikke af noget Velmenende imod Kjøbstæderne, som det saa ud til, men for de Lybskes Skyld, og Adelen at undertvinge. Han var af Naturen ond og hadsk; og naar han end gjorde en god Gjerning, som var, at han forsvarede den Mindre mod den Høiere, da gjorde han det ikke af Retfærdigheds Elskov, men for at have Fordel deraf. Derover misbrugte (misledede?) han Mange, fik Gunst og Yndest af den menige Mand, der ikke ret kjendte ham"! Denne Dom over Kong Chriftierns Sind imod den menige Mand, navnlig mod Kjøbstædborgerne, er ligesaa ubillig som haard; er der

orbning. Hans sædvanlige Mangel paa Adskillelse af Meddelt og Eget, saa at man hvert Øieblik staaer uvis om, hvorvidt man har med hans Kilders eller Aktstykkers Indhold at gjøre, eller med hans egne Ord og Tanker, gjør det i nærværende Tilfælde umuligt at dømme om Fuldstændigheden af hans Aftryk af Forordningen af 10de Februar 1521.

Noget, der fremlyser af hans hele Historie, da er det Oprigtig-
heden af hans Sindelag mod de lavere Stænder, der ikke taber
fin Betydning, fordi mange af hans Gjerninger røbe en ligesaa
stærk Uvillie imod de høiere Stænder, — da især mod den høiere
Geistlighed, og overhovedet en Stræben efter at være en Selvher-
sker over Alle, Store og Smaa.   Men hvad denne Forordning
angaaer, da byder den i alt Væsenligt kun hvad der mindst i et
Aarhundrede havde været om ikke gammel Brug og Sædvane, saa
dog Kongernes Bud og Villie, og hvad Kong Christiern selv havde
med Kraft gjort gjældende allerede inden sin Tronbestigelse som sin
Faders Statholder i Norge, saasom ved Osloborgernes Forsvar
mod Rostokernes Overgreb.   Det indsees heller ikke, at Forord-
ningen stred imod Adelens Privilegier, hvad endog Christierns For-
svarere synes tilbøielige til at indrømme.   I Kongens Haand-
fæstning hedder den 40de Artikel: „Item skulle Vi og Vore Foge-
der eller nogen Anden paa Vore Vegne ikke gjøre Prælater eller
Kirkens Mænd eller Ridderskabet Hinder, at de maa ei handle frit
med udenlandske Kjøbmænd; og skulle Vi ikke give nogen uden-
landsk Kjøbmand Vore Breve at gjøre Landkjøb med".   Men ret
forstaaet modsiger denne Artikel ikke Forordningen af 10de Februar
1521.   Det kommer an paa Fortolkningen af dette „handle frit".
Skulde det betyde en ubetinget Handelsfrihed mellem de store Gods-
eiere og fremmede Kjøbmænd, saa ophævedes det strax af Sætnin-
gens andet Led; thi naar den Fremmede ikke maa gjøre Landkjøb,
altsaa ikke handle udenfor Kjøbstæderne, henvises jo ogsaa geistlige
og adelige Godseieres Handel til disse.   Artiklen kan alene for-
staaes under Forudsætning af den Hovedregel, der var langt ældre
end Kong Christiern og i Theorien anerkjendt af Alle, om og i
Praxis idelig overtraadt til Kjøbstædborgernes Skade, at Gjæst
ikke maa kjøbe med Gjæst, men Gjæst med Borger, Borger med
Gjæst.   Fra denne Regel, der gjaldt ikke alene i de nordiske Riger,
men i Lybek selv, er det at Haandfæstningen undtager Prælater og
Adel, saaledes som Kong Christiern allerede havde gjort det i den
Oslo-Rostokske Strid af 1508.   Denne Fortolkning af Haandfæst-
ningens § 40 bekræftes ved Overenskomsten med Hanseaterne paa
Valgherredagen 1513, hvorved Lybek, Rostok og Stralsund fik Be-
kræftelse paa deres ældre Ret til i hele Aaret, de Andre indtil Mor-

tensdag paa Fibberne, indtil Dionyfii Dag (9de Oktober) i Byerne, at handle med Geiftlige, Adelige og Kjøbstædborgere, men med Bønderne kun paa Torvet*). De geiftlige og verdslige Godseieres frie Handel i Kjøbstæderne med fremmede Kjøbmænd uden Kjøbstædborgernes Mellemkomst, altfaa Handel af Gjæft med Gjæft, lægger Forordningen af 10de Februar ingen Hindringer i Beien; den byder ikke disfe Landboer at handle ubelukkende med Borgerne, men kun at føre deres Landbrugsprodukter til Kjøbstæberne, falbyde dem i disfe og der kjøbe hvad de behøve. Med hvem de skulle handle i Kjøbstæderne omtaler den ikke.

Men Kong Chriftiern havde da et endnu langt mere omfattende Lovværk under Udarbeidelfe, der vel ikke fom Chriftian den Femtes Lov lægger an paa at ordne alle de indre Retsforhold, og navnlig paafaldende lader Adelens Rettigheder og Pligter uberørte, men fom dog dels indskærper ældre, dels giver nye Beftemmelfer for faa mange og vigtige Forhold, at det alene kan betegnes fom en almindelig Landslov. Denne Lovbog maa have været under Arbeide i længere Tid. I den Skikkelfe, hvori vi nu have den, er den dateret den 26de Mai 1521, men kan kun være et Udkaft, fom Kongen ved fin Afreife til Nederlandene i Juni famme Aar har ladet ligge til et fidfte Gjennemfyn, faa at den førft er udgaaet fom Lov henimod Aarets Slutning**). Om denne Lovs ydre Form og enkelte paafaldende Udtryk tør man ikke dømme, da vi kun kjende dens foreløbige, ikke dens endelige Skikkelfe; men dens Indhold vil altid gjøre den til en høift mærkelig Fortidslevning og et meget hæderligt Minde om Kong Chriftierns lyfe Tanker over fin Tids og fit Folks Tarv og Trang. Selv Hvitfeld kan ikke. nægte, at der i Kongens nye Love findes mange gode og nyttige Artikler; men han lægger ftrax en Dæmper paa fin Roes ved at tilføie, at der ogfaa er en hel Hob skadelige. Hvilke Punkter han anfeer for skadelige, har han ikke fagt, faa hans Dom lader fig ikke ligefrem modbevife; men heller ikke kan dens Rigtighed indrømmes. Det maa tvertimod figes, at havde denne Lov ladet fig fætte i Kraft og opretholde fom Grundlag for de indre

---

*) Handelmann, Letzten Zeiten Hanfifcher Uebermacht, p. 31 og 261, Anm 3 efter lybeffke Arkivalier.
**) Jfr. Allen i Bidenfk. Selfk. Skrifter, 5te Række, Phl. og Hift. 3, p. 215 ff.

25

Forholds videre Udvikling, vilde den betegne et mægtigt Fremskridt ud over lavere og raaere Tilstande. Seer man hen til hvad Christiern forefandt, maa man billige Indholdet af saa godt som alle Landslovens Bud, om man end tvivler om Kongedømmets Ret til at gjennembryde hensynsløst de historisk udviklede Former af Folkets Liv. Det vilde føre for vidt, om jeg her vilde gjennemgaa denne Lovs vigtigste Bestemmelser; men et Par af de mest betegnende Hovedpunkter vil jeg fremhæve efter min Opfattelse. Lovgiveren gjorde her et Skridt fremad i Retning af de mindre Kjøbstæders Sikring imod Lensmændenes og deres Sporefogebers Vilkaarlighed. I det 35te Kapitel hedder det: „Den som haver Befalingen af Kongen i saa mange Len, som behov gjøres, skal tilsætte en Herredsdommer med to andre Dannemænd, de bedste som i Herredet findes kan, og som ubertygtede ere; og dersom Kjøbstæder ere i Herredet eller Lenet, skal Kongens Embedsmand befale samme Herredsdommer i Kongens Navn der at hjælpe Hvermand, Fattig og Rig, til Lov og Ret; og skal Kongens Embedsmand lade hver af dem (Dommeren og Dannemændene) lægge sin Haand paa Evangelium og sværge slig en Ed, som herefter følger. Og naar Kongelig Majestæt kommer selv ind i Landet (d. e. Provindsen), da skulle Herredsdommeren og Herredsskriveren komme med dem for ham selv og gjøre denne efterskrevne Ed", hvorpaa Edsformularen er indført. Dette viser, at om Kong Christiern i Foraaret 1521 endnu ikke har tænkt paa, eller ikke har fundet det raadeligt, at frigjøre alle Kjøbstæder fra Lensmændene eller at stille dem alle, smaa og store, paa lige Ret umiddelbart under Kongen alene, saa har han dog taget Haandhævelsen af Lov og Ret over Smaaborgerne ud af Sporefogedernes Hænder og forpligtet Dommeren ikke længer mod Lensmanden alene, der valgte og beskikkede Herredsfogderne, men mod Kongen som Skærmeren af Alles Ret. Dette maatte under en kraftig og aarvaagen Regering blive af saa meget større Betydning, som Landsloven overhovedet indfører en ny Retsforfatning i Landet, idet Dommermagten tages ud af Nævningers, Sandemænds, Thingmænds Hænder og overdrages til faste, beskikkede Dommere saaledes, at Retten i sidste Instants skulde findes af en kongelig Kammerret. Dennes Magtomraade og Indretning er vel kun antydet i enkelte Træk; men man seer dog af Landsloven og af Kjøbstæbloven, der nedenfor skal omtales nærmere, at den skulde dannes af faste, studerede Lovlærde, beskikkede af Kongen og dømmende i hans Navn.

Angaaende Bondestandens Retsstilling er især Kapitel 111 mærkeligt: „Slig ond, uchristelig Sædvane", siger Lovgiveren, „som hidtil i Sjælland, Falster, Lolland og Møen været haver, med fattige Bønder og christne Mennesker at sælge og bortgive som ufornuftige Kreaturer, skal ei efter denne Dag yderligere skee; men naar deres Husbonde og Herskab farer uredelig med dem og gjør dem Ulov og Uret, da maa de flytte af det Gods, de paasidde, og ind paa en Andens Gods, som Bønder gjøre i Skaane, Fyen og Jylland, og give deres rette Førlov (Flytteafgift til Jordbrotten). Hvad Gaarden er forarget eller forfalden i hans Tid, skal Bonden oprette igjen, inden han affarer". — Denne onde, uchristelige Sædvane, Kongen her forkaster, har han modsat sig lige fra sin Regeringstiltrædelse for Krongodsets Vedkommende; man seer det af Lensbreve, der paalægge den nye Lensmand ikke at forurette nogen af Lenets Bønder og Vordnede, og forbyde ham at sælge eller give dem eller deres Sønner fra Godset uden med Kongens Villie og Samtykke. Men i Loven udvider Kongen nu dette til et almindeligt Bud ogsaa for de private Godseiere. Han betegner denne Misbrug rigtig som en Sædvane, da den sjællandske Vordnebes Stavnsbaand grundede sig ikke paa nogen Lov, men alene paa Sædvaneretten. At Kongen kun forbød Vornedskabets Misbrug, at han betingede Baandets Løsning af Jordbrottens Uretfærdighed mod Bonden, kan ikke undre os, der have seet, at det varede over 260 Aar efter Kong Christierns Tid, inden det anerkjendte og sikkertstaaende kongelige Enevælde formaaede at løse Stavnsbaandet. Landslovens Bud, om det i sin endelige Skikkelse har lydt ganske som i Udkastet, har iøvrigt en beklagelig og farlig Mangel, idet der ikke siges, af hvem eller hvorledes det skal afgjøres, om Jordbrotten har forurettet Bonden. Bønderne have sagtens forstaaet det saaledes, at det var dem, det tilkom at bedømme dette; og naar dertil kom æggende og uklare Forestillinger om, at de havde Kongen paa deres Side, var det ganske naturligt, at den sjællandske Bondestand snart kom i en gjærende Bevægelse og overhovedet viste sig vrangvillig og opsætsig mod Godseierne.

Et stort og priseligt Fremskridt er gjort ved Landslovens Be-

25*

stemmelser om Skibbrudnes Ret og Behandling. Sammen-
holder man dem med ældre Forskrifter herom, har Christiern den
Andens Lov allerede deri et Fortrin, at den stiller Skibbrudne
paa lige Ret uden at spørge om Nationalitet, Indfødsret eller sær-
lige Overenskomster, medens i ældre Tid alt fremmed Vrag var
Prisgods, dersom ikke Traktater gjorde Undtagelse.   Og ligeover-
for en uretfærdig, ja grusom Praxis kan man kun glæde sig over,
at Kongen med Kraft greb igjennem al Uretten og henstillede det
Rette som sin Villie.   Hovedsagen i disse Bestemmelser er, at
Kongen under Livsstraf befaler sine Embedsmænd, Fogeder og
Strandfogeder, at forskaffe den Skibbrudne, der ikke kan bjerge sit
Gods med sine egne Folk, al fornøden Hjælp mod en bestemt,
moderat Bjergeløn, der rettede sig efter Arbeidets Beskaffenhed, at
sørge for det Bjergedes sikre Opbevaring og frit at udlevere det,
eller dets Værdi, til den, der beviser at være rette Eiermand.
Den, som ulovlig søger efter Vrag, skal Kongens Embedsmand,
hvem det gjøres til Pligt at være tilstede og have et skarpt Tilsyn
med Alt, straffe som Tyv i Galgen.   Kommer Vrag til Land uden
levende Menneskers Medfølge, paaligger det Kongens Embedsmand
selv at bjerge det og at opbevare det i nærmeste Kirke Aar og Dag;
melder da Ingen sig med Bevis for sin Eiendomsret, skal Embeds-
manden gjøre Kongen Regnskab for det Bjergede, hvoraf de to
Parter saa tilfalde Kongen, den tredie anvendes til Messer for
de Omkomne og i velgjørende Øiemed.   For at sikre Udførelsen
af disse Bestemmelser paalagde Kongen sin danske Sekretær Jesper
Brokmand at lade dem særskilt trykke i Kjøbenhavn, for at de
kunde meddeles ikke alene Skippere og Kjøbmænd, der fore og hand-
lede paa Kongens Strømme og Lande, men ogsaa de Skibbrudne,
at disse kunde kjende deres Ret og Pligt.   Dette er ogsaa skeet;
Kongens Bud om Vrag er ikke alene optaget i Landsloven, men
udgaaet strax nnder den 26de Mai 1521 som en særskilt Forord-
ning, medens Landsloven selv først kan være offenliggjort længere
hen paa Aaret.
    Cornelius Scepper fortæller, at efter Kong Christierns egne
Ord og Beregninger har denne Vragforordning formindsket Kro-
nens aarlige Indtægter med 70—100,000 Gylden, som hans For-
mand paa Tronen havde af Vrag.   Han paastaaer tillige, at før
den Tid pleiede i Stormveir Tusinder af Bønder at samle sig ved

Kysten for at ihjelslaa de Skibbrudne og røve deres Gods, og at dette ofte skete efter Tilskyndelse af Biskopper, der fik en Del af Byttet. Han fortæller, at efter Forordningens Bekjendtgjørelse kom en af Biskopperne til Kongen og forlangte Ret til at følge Landets gamle Skik og Brug med Hensyn til Vrag og Skibbrud, hvortil Kongen svarede, at han i ingen Maade vilde indskrænke danske Sædvaner, undtagen hvor de strede mod Guds Lov. Biskoppen spurgte da Kongen, i hvilken Henseende han mente, at den gamle Skik og Brug om Skibbrud stred imod Guds Lov. Svaret løb: Der staaer skrevet: Du skal ikke ihjelslaa, Du skal ikke stjæle, begge Dele gjør de, der følge den gamle Skik og Brug om Skibbrud. Saa drev Biskoppen af, men tænkte fra den Tid paa det forræderske Oprør mod Kongen. Ved denne Anekdote er dog at mærke, at Kongens Svar kun rammer Misbrug af Vragsretten, som Biskoppen vel ikke har været fræk nok til at forsvare. Hans Spørgsmaal kan godt forstaaes som en Indsigelse imod, at Kongen beraabte sig paa Guds Bud som Hjemmel for at fratage ham og hans Medbrødre de lovlige Indtægter af Vrag og inddrage dem i Kongens Kasse; thi Forordningen vil jo, at alt herreløst Vrag efter Aar og Dag tilfalder Kongen og det Offenlige, medens det tidligere tilhørte den, der eiede Forstranden. Kongen opgav vel betydelige Indtægter af Vrag paa Kronens Forstrande, men han fik vist ikke ringe Erstatning ved at tage herreløst Vrag paa alle Andres Forstrande; og Tabet maatte især ramme Ærkebiskoppen af Lund, Biskopperne af Ribe, Vendsyssel og Viborg, der meget vel kunne tænkes at billige Kongens Vragslovgivning og dog finde det haardt, ja uretfærdigt, at de skulde miste hvad der ogsaa efter Forordningen var lovligt Vrag, — et Tab, der sikkert ikke har været ringe i en Tid, da Manglen af Fyr, Sømærker, Redningsvæsen, Konsulat- og Postvæsen m. m. maatte gjøre det forholdsvis langt hyppigere end i vore Dage, at hele Skibsmandskaber omkom ved Stranding og at herreløst Oplagsgods ikke blev krævet, eller Eiendomsretten ikke bevist, i Løbet af et Aar. Hertil kommer, at netop en Biskop havde særlig Ret til at beklage sig over Kongens Egenmægtighed; thi det kan ikke nægtes, at Kongen her virkelig tillod sig et Brud paa sin Haandfæstning. Dennes 24de Artikel lyder saaledes: „Item skulle Vi og Vore Embedsmænd aldrig befatte Os med noget Strandvrag ydermere end som

„Vor skrevne Lov *) indeholder; og om Vi noget herimod gjøre, da er det .imod Vor kongelige Ed. Fanger nogen Indbygger der Skade for, da skal den Vor Foged, som befatter sig med det Vrag imod Loven, rette Indbyggeren den Skade op igjen, eller den, som Skaden fanger og Strandvraget tilhører. Og er Vor Foged ikke vederhæftig, da skulle Vi selv rette Skaden op igjen, om Vi tage Vraget til Os. Og skal Lensmanden, hvor Vraget kommer til Land, saa vidt som Lenet er, annamme Vraget og gjøre der Skik-kelse paa efter Loven, og gjøre der og Regnskab paa, saa meget som under hans Skikkelse er kommet. Og skulle og Kirkens Præ-later skikke om Strandvrag, hvor de have Forstrand, som forskrevet staaer“. — Det maa indrømmes, at Kongen ved Forordningen gik vidt udover de skrevne Lovbestemmelser, Haandfæstningen her satte som Grændser for hans Magt over Vrag, at han udvidede Begunstigelsen for Landets Indbyggere til alle Skibbrudne, at han under Livsstraf gjorde sine Lensmænd ansvarlige for et Tilsyn, der imod Haandfæstningens klare Ord gav dem Myndighed over alle Andres Forstrande, og at han navnlig kastede Kirkens Prælater ud af deres i Haandfæstningen hjemlede Rettigheder. Vi billige nu disse Kong Christierns Overgreb i Menneskelighedens og Ret-færdighedens Interesse; men at navnlig de jydske Biskopper vare misfornøiede over at miste ogsaa hvad der var deres efter Landets Love og Kongens Haandfæstning, tør vi· ikke dømme saa strengt, som det i Almindelighed skeer i vore Historiebøger.

Dog, Kong Christiern tillader sig i denne Landslov langt større Indgreb i Biskoppers og Prælaters Ret, saaledes som denne havde udviklet sig i Middelalderen, og som han i sin Haand-fæstning havde forpligtet sig til at opretholde den; thi han optræder her i en Række af Lovbud som deres Herre og Dommer, der

---

*) Skaanske Lov, Anders Sunesens Overs. VIII—2, Rosenvinges Udg. p. 101. Jydske Lov, III, §§ 61, 62, 63, samme Udg. p. 408. Eriks Sjæll. Lov III, Art. 58, s. Udg. p. 808. Det maa vel bemærkes, at Kongen i det sextende Aarhundrede ikke længer havde alle Forstrande, som J. L. § 61 siger og de andre anførte Lovsteder forudsætte; og at Lovens Beskjærmelse af de Skibbrudne uden Tvivl kun gjaldt Landets egne Indbyggere, som Haand-fæstningens i Texten anførte Ord ogsaa lyde paa. Jfr. Kofod Anchers sam-lede juridiske Skrifter, II, p. 286 ff., navnlig Anm. S. 287. Rosenvinges Retshist. 2den Udg. I, p. 217. Stemann, D. Retshistorie, p. 456 ff.

uden at bekymre sig om Pave eller Kirkelov henstiller sin Villie som Rettesnor ikke alene for Prælaternes Færd og Væsen, men for Orden og Skik i Skole eller Kirke. Aldrig havde nogen dansk Konge siden Christendommens Indførelse talt et saadant Sprog til Biskopper og Prælater. Hver Biskop, siger Kongen strax i Lovens første Stykke, skal i sit Stift paa alle store Festdage i sin Dom-kirke begynde Aftensang og Ottesang, selv holde Høimessen, selv gaa paa Prædikestolen og prædike Evangelium for at lære Almuen deres Sjæls Salighed. Kommer en Biskop til Kongen eller til almindelig Herredag, skal han være iført sin geistlige Dragt og maa ikke have Pibe og Tromme for sig, til Spot for den hellige Kirke, eller en Kjortel, der rører ved Jorden, med vide Ærmer. Naar Biskopperne komme til almindelig Herredag, skal den, Kon-gen tilsiger, læse Messe for ham om Morgenen med den Reverents, der foreskrives. Ingen Biskop maa reise med flere end tolv eller fjorten fuldtrustede Karle, dog Ærkebiskoppen med tyve*), og med saamange Klærke, han bruger; ingen Abbed, Prior eller anden Klostermand med flere end tre Ordensbrødre, en Dreng (Tjener), og en Kjøresvend. De store Herreklostre som Antvorskov og Sorø maa ikke holde flere Jagthunde end to Par Mynder og to Kobbel Støvere, de mindre kun eet Par af hvert Slags. Ingen maa or-dineres til Subdiakon eller Diakon, før han er 25—26 Aar, In-gen til Præst før sit 30te, ingen Klosterjomfru indvies før sit 35te Aar. Den, der ordineres til Subdiakon eller Diakon, skal bevis-lig have en Indtægt af mindst 20 Gylden om Aaret, han skal have studeret, være Magister eller Baccalaureus i den hellige Skrift, saa han kan sige Evangelium og Epistel rettelig for Sognemændene; ellers skal Biskoppen afvise ham. Sognepræsterne skulle residere ved deres Kirker, de maa ikke bo i Kjøbstæderne, hvorved Menig-heden forsømmes med Sakramente. De som ikke strax efter næst-kommende Paaske flytte ud af Kjøbstæderne til deres Kirker, have forbrudt deres Kald. Ingen Prælat, Præst eller Klærk maa kjøbe Jordgods i Kjøbstæderne eller paa Landet efter denne Dag; førend noget Testamente maa fuldgjøres, skal den Afdødes bevislige Gjæld være betalt, og til Kloster og Kirke maa kun testamenteres Guld, Sølv og Penge, ikke andet Gods. Biskopperne skulle miste den

---

*) Ærkebiskop Birger pleiede at ride med 180 Mand (Hvitfeld, VII, p. 112).

Overdom i alle Edsfager over Sandemænd og Ræbninger, de hidtil have udsvet i Forbindelse med „bedste Bygdemænd"; deres Probster og andre Klærke maa ikke paa nogen Maade befatte sig med Sager, som høre under verdslig Dom. Stridigheder mellem geistlige Personer maa ikke stævnes til Rom eller udenfor Riget; alle Sager skulle endes i Riget for den Kammerret, Kongen agter at lade tilskikke, fra hvilken der kun tør appelleres til Kongen og Rigets Raad.

Disse og lignende Bestemmelser maa i sig selv findes vel stikkede til at afskaffe aabenbare Misbrug i den katholske Kirke og modarbeide Biskoppers og Prælaters aldeles verdslige Herrevæsen. Saavidt jeg seer, ere ogsaa kun to af dem i bestemt Strid med Kirkens rette Lov og Forfatning: Aldersbestemmelserne for Ordinationen, der er rykket flere Aar længere ud end i Kirkeloven, og Forbudet mod Appellation til Rom. Men desto mere ere Landslovens Bud i Strid med den Tilstand i den katholske Kirke, der i tre Aarhundreder efter den kanoniske Ret havde faktisk udviklet sig ved Dispensationer og Sædvaner — kort, ved Alt, hvorved Livet efterhaanden arbeider sig ud over Lovene. Men Hovedsagen er dog, at Kong Christiern her tiltager sig Herredømmet i den Kirke, hvis Biskopper hidtil kunde sige, at deres Dommer ikke fandtes i Riget. Det er Resultatet af den Bevægelse, der forberedtes ved Kong Christiern den Førstes Romerreise, og som siden i stadig Fremgang har peget mod det Maal, denne Landslov nu fremstillede som naaet: Suprematet i den danske Nationalkirke skulde herefter tages fra Paven, der egenmægtigen havde taget det fra Landets egen Ærkebiskop, og lægges i Kongens Haand! Det er en Tingenes Orden nær beslægtet med den, Kong Henrik den Ottende helbigen gjennemførte, da han lagde Grunden til den anglikanske Kirke; og ligesaa lidt som Englands Despot gjorde dette i Kraft af en ny og sandere Opfattelse af Christendommen, ligesaa lidt var Christiern den Andens Landslov Virkning af et Brud med den katholske Kirkes Lære. Der er vel i Udkastet enkelte Ytringer, som tyde paa Slægtskab med evangelisk-lutherske Ideer, saavidt disse da i 1521 allerede vare udviklede ved den reformatoriske Bevægelse, der var begyndt i Wittenberg, saasom Indskærpelsen af Biskoppers og Præsters Pligt at prædike Evangelium; eller den Ytring, at der i Evangeliet Intet staaer om de mange Slags Klosterregler, som forbydes af Peder, der siges at være den første Biskop; eller den Tilføielse til Forbudet imod at kjøbe Jordgods, at dette kun da maa tillades Geistlige, naar de ville efterfølge St. Pauli Lærdom i hans første Brev til Timotheum, at tage Hustruer og leve i det hellige Ægteskab. Men dette viser kun, at den danske Lovgiver ligesom mange andre af Datidens oplyste Mænd, der dog ikke sluttede sig til Reformationen, var berørt af de Tanker, hvormed Samtidens aandelige Atmosfære var svanger. Det viser ingenlunde, at Kong Christiern paa Danmarks Trone, saa tidligt som i Aaret 1521, var kommen til Erkjendelse af den evangelisk-lutherske Sandhed, den romersk-katholske Læres Vildfarelser. Det Samme lærer man af det reformatoriske Lune, der lod Kong Christiern kalde Martin Reinhard og Andr. Karlstad til sig fra Wittenberg, men unødt og hurtigt sende dem tilbage igjen. At Christiern paa et senere Stadium, da Reformationen havde taget en bestemtere og fyldigere Skikkelse, traadte over til den, tør ikke anvendes som Forklaring af hans kirkelige Overgreb i Landsloven. Hvad han gjorde 1521 skete til det kongelige Enevældes Fordel, — jeg tilføier villig: og til Folkets; thi Kirkens Udartelse var saa stor og trykkende, at om end Kongen egenmægtig tilrev sig Suprematet, maatte Folket i Almindelighed samtykke og billige det som en Velgjerning.

At Kong Christiern for fuldt Alvor vilde være Herre over Kirken i sine Riger, fik Biskopperne ogsaa i Gjerningen at fornemme; thi hans Vilkaarlighed gik langt mere ud over dem end over Adelen. Først maatte Biskop Jens Andersen af Fyen føle den haarde Kongehaand. Denne Fattigmandssøn havde ved Forstand, Flid og Studering, gjennem Arbeide i fremmede Kancellier, navnlig i Rom, skaffet sig stor Indflydelse som Sekretær eller Kantsler hos Kong Hans, for hvem han heldigen udførte flere vanskelige Ærinder, og som lønnede ham med Fyens Bispestol i Aaret 1502, der tillige gav ham en Plads i Rigsraadet. Men efterhaanden svækkedes Kongens Gunst. Den mægtige Stormand, der følte sig som en uafhængig Herre i sin Kreds og ikke havde noget høiere Maal at eftertragte, kunde ikke saaledes være Kongen tilpas i Alt som den opadstræbende Tjener, især da Jens Andersen, af Naturen stiv og stridbar, ved Studium og Øvelse Landets første Jurist, i sit Embede ikke vogtede sig for hvad Kongen kaldte

Overgreb, skjøndt Biskoppen sørgede for at kunne forsvare sine
Handlinger med Kirkelovens Ord. Navnlig fra den Tid, da den
unge Christiern fik Indflydelse hos sin Fader, kom der af og til
en Kurre paa Traaden imellem denne og Biskoppen. Jens An-
dersen og Christiern den Anden vare overhovedet antipathiske Na-
turer. Den Første, fuld af den dygtige Almuesmands Selvfølelse,
hans Ringeagt for Fødselsfortrin, og af den drevne Jurists Ret-
haveri, altid med Lovbogen i Haanden, aldrig manglende lovlige
Grunde og skarpe Ord til sine Modsigelser, tørnede som en af
Rigets første Mænd og Medlem af Rigsraadet let sammen med
den revolutionære Kongesøn, der vilde have Plads for sin Villie.
Modstand oprørte Christierns lidenskabelige Sind, Juristeriet var
ham i inderste Sjæl forhadt, vel at mærke: naar han ikke selv
brugte det, Juristen selvfølgelig endnu mere, især naar han over-
beviste Faderen om Sønnens Uret, ja vel endog paadrog denne
Irettesættelse. Men i Christiern den Andens første Regeringsaar
stod Fyens Biskop dog for høit og fast til at Kongen, uagtet det
Medhold, han fandt i Adelens Uvillie mod, og idelige Stridig-
heder med, Skomagersønnen, kunde give sine Følelser mod ham
Luft. Først paa Herredagen i November 1517 brød Uveiret løs
over Prælatens Hoved. Man fristes til at gjætte, at det var Jens
Andersen, der fik Rigsraadet til at afvise Kongens Klage over
Torbern Oxe, og at dette bragte det bredfulde Bæger til at løbe
over. Et Par Dage efter at Torberns Hoved dog var faldet, lod
Kongen sin danske Sekretær Jørgen Skodborg tiltale Jens Ander-
sen paa Raadhuset i Overværelse af, blandt Andre, den pavelige
Legat Arcemboldus. Kongens Klage gik ud paa, at Biskoppen
havde i Lybek 1503 tvertimod Kong Hanses Befaling forpligtet
denne til at betale en betydelig Pengesum, hvorfor Kong Christiern
nu forlangte 80,000 Gylden af ham; at han havde fornærmet
Kongens Moder, der i sin Enkestand opholdt sig i Odense, og
ladet hendes Foged paa Næsbyhoved Slot Otto Porsfeld ihjelslaa;
at han flere Gange havde gjort Kong Christiern sort for hans
Fader Kong Hans; at det var ham, der havde raadet Kong Hans
at sætte Biskop Karl af Hammer til Christierns Raadgiver i Norge,
ja, at Jens Andersen selv skulde have staaet i Forbindelse med
Hemming Gad. Biskoppen gjendrev vel eller afviste disse Klager
med Mod og Dygtighed; men Kongen lod ham besuagtet anholde

og formaaede Ærkebiskop Birger til at tage ham i Forvaring, medens han selv fremstillede Sagen i Rom. Paven gav dog ikke uden videre Kongen Ret, men overdrog Ærkebiskoppen og Biskop Lage Urne af Roskilde at dømme i Striden som pavelige Kommisfærer. Til en Retsfag, enten for disse Kommisfærer eller for et National-koncilium, som han selv havde tilbudt Paven, lod Kongen det imidlertid aldrig komme; han førte i et Par Aar den fangne Biskop fra det ene Fængsel til det andet, tilrev sig hans Gods og Penge, hvor han fandt dem, og lod Stiftets geistlige Sager styre af en Biebiskop, indtil han i Foraaret 1520 havde gjort Biskoppen træt og selv faaet Grund til at ønske en Forsoning. Kongens Hær havde seiret i Sverrig, han selv stod i Begreb med at føre Flaaden til Stokholm, Alt, som det hed, for at udføre Pavens Band over dem, der havde forgrebet sig paa Ærkebiskoppen af Upsala. Da var det dog altfor aabenbar en Selvmodsigelse, at behandle en Biskop netop paa selvsamme Maade, som Sten Sture havde behandlet Gustav Trolle, og det af langt svagere Grunde. Desuden traadte Kongen nu ind i en Stilling, hvor han vilde faa Brug for en dygtig Jurist. Kong Christiern og hans Fange enedes da om, at underkaste deres Strid en Boldgiftskjendelse af Biskop Lage Urne og de udvalgte Biskopper Jørgen Skodborg til Lund og Styge Krumpen til Vendsyssel; men den Kjendelse, disse affagde den 23de April 1520, blev ikke Andet end Gjentagelse af de Betingelser, Kongen lod diktere og Jens Andersen maatte underkaste sig. Biskoppen gjorde Kongen en ydmyg Afbigt, fordi han, som han maatte udsige, flere Gange havde grovelig forurettet Kongen og hans Moder. Da han ikke havde Midler til at betale 80,000 Gylden, skulde Kongen have Ret til at lade Regnskab for Bispestolens Indtægter aflægge til sig og oppebære de to Trediedele af dem, indtil Jens Andersen enten lovlig beviste, at han ikke var forpligtet til at betale den nævnte Sum, eller tog sig til Koadjutor en Kongen behagelig Mand, eller afgik ved Døden. Ved dette Forlig vandt Jens Andersen saaledes sin Frihed og en Trediedel af Fyens Bispestols Indtægter tilbage, samt beholdt Mulighed til at optage Retsfagen paany. Og nu, da han havde sat den stivnakkede Prælat i Knæ, tog Kongen ham med sig til Stokholm, hvor Jens Andersen maatte tjene ham før og efter Kroningen i de afgjørende Novemberdage, saaledes som ovenfor er viist.

Efter Blodbadet gav Kongen ham den henrettede Biſkop Matthias's Stift, saa at vi nu see Fyens Biſkop ſom Adminiſtrator af Strængnæs og Medlem af det ſvenſke Reſt=Rigsraad, medens Didrik Slaghæk fik Befalingen paa Stokholms Slot og blev Kongens Statholder, da denne i December drog tilbage til Danmark. Desuden gjorde Kongen Meſter Didrik til Biſkop i Skara efter Vincentius, hvis Hoved faldt i Blodbadet. Kongen ſøgte i Rom Stadfæſtelſe for de to Biſkopper; men ſaa føielig Kurien end ellers var, ſtødte Kong Chriſtiern dog her paa uventede Vanſkeligheder fra Pavens Side. Paven maatte have Rede paa, hvorledes de to Biſpeſtole vare blevne ledige. De Svenſkes Klager over Biſkops= mordet i Stokholm løbe altfor høit til, at Paven helt kunde lukke ſine Øren for dem, hvor gjerne han end havde villet.

Jens Anderſen og Didrik Slaghæk kunde ikke forliges. Meſter Didriks Færd var ſaadan, at den ikke alene maatte oprøre enhver menneſkelig Følelſe, men af en Mand ſom Adminiſtratoren af Strængnæs ſnart maatte erkjendes for uklog i høieſte Grad. Den verdenskloge og erfarne Juriſt og Politiker maatte modſætte ſig den ſamvittighedsløſe Niding, der ved at fortſætte hvad han havde begyndt i Blodbadet vilde bane ſig ſelv Veien til Høihed og Lykke, men kun opnaaede at forbærve ſin Herres Sag fuld- ſtændig og gjøre hans Herredømme i Sverrig umuligt. Det viſte ſig ſnart, at det ſvenſke Folk ingenlunde var underkuet ved Blods- udgydelſen. Endnu inden Kong Chriſtiern havde forladt Sverrig var Guſtav Vaſa lykkelig undſluppen fra Danmark og fra Lybek kommen til Sverrig, hvor han havde begyndt den Opſtand, der for ſidſte Gang ſkulde ſprænge „den kjærlige Bebindelſes" ſkjøre Baand. Det blev altſaa ſtrax den ſtokholmſke Regerings Opgave, at dæmpe denne Brand, eller i det mindſte at hindre dens videre Udbredelſe; men Didrik Slaghæk, langt fra at dæmpe og mildne, bragte Alt i Oprør ved ſine Uretfærdigheder, ſine gruſomme Ugjer- ninger og ſine blodige Truſler, medens Kongens Folk lede det ene Tab efter det andet. Dalekarlene mødte de Kongelige ved Ind- gangen til deres Land og dreve dem tilbage til Veſteraas. Her lod Slaghæk den fraværende Slotsherres Foged med ſex Andre halshugge, forbi de efter deres Herres ſtrenge Ordre ikke vilde ind- lade ham paa Slottet; og han nødte Anførerne for Kongens Trop- per til at opgive deres forbelagtige Stilling, hvilket paadrog dem et Nederlag, da Dalekarlene angrebe dem i overlegent Antal ved og i Vesteraas den 29de April 1521. Sverrigs Rigsraad bestod dengang, foruden af Statholderen, af Gustav Trolle, Jens Andersen, Biskopperne af Vesteraas og Linkøping, Erik Trolle og Ture Jensen. Disse Mænd harmedes over Didrik Slaghæks Adfærd. I et Brev til Kongen skreve de blandt Andet: „Der har Ingen gjort denne Opreisning uden Mester Didriks aabenbare Trusel om Galge og Hjul, og det Mord, han gjorde paa Vesteraas Slot, og hans Trusel, at han vilde op at brænde Kobberbergen og Sølvbergen og Dalen; og den Brand paa den By og Mord paa den Kvinde, han gjorde paa Veien til Dalarne". Kongen vilde derfor kalde Didrik Slaghæk tilbage; men da han i sin Ordre til Rigsraadet havde henstillet dette og flere Punkter til deres Afgjørelse efter Omstændighederne, ansaa de det for rigtigst, at Mester Didrik blev tilstede til Kongens egen Ankomst; thi ellers, skriver Jens Andersen, skulle alle Mester Didriks Gjerninger tilregnes Kongen, „og det skal Hans Naade ikke ville for saa meget Guld, som Mester Didrik veier; thi Sverrigs Rige er bedre end saa meget Guld". Og han tilføier videre: „Det er uraadeligt, at Kongelig Majestæt retter sig nogensinde efter Mester Didriks Handel enten i Raad eller Skrivelse; thi deraf vil aldrig følge Andet end Skade og Ubestand. Item, Mester Didrik er udraabt over alt Landet for en aabenbar Misdæder for de mangfoldige aabenbarlig uchristelige Gjerninger, han har gjort imod al Christendom. Item siger han aabenbar, at han veier ikke mere at tage en Biskop fra Halsen end en Hund. Item for saadanne uchristelige Gjerninger, han har gjort, skuede han aldrig enten Kirke eller Kloster, eller vil nogen Tid bekjende Gud derfor (tage Skriftemaal og Afløsning); derfor siger hver Mand, at det Opløb er en ret Hævn af Gud". Vi komme siden atter til denne Jens Andersens og Didrik Slaghæks Strid; her maa vi vende tilbage til Kongen efter at han havde forladt Sverrig.

Hvad Kongen hidtil havde tilladt sig mod Prælater var Voldsomheder mod Enkelte; men fra hans Tilbagekomst i 1521 træder den Plan tydelig frem, nu at rykke deres store Skatte til sig og at tilrive Kronen saa meget som muligt af det utilbørligt store Jordgods, Biskopsembederne efterhaanden havde samlet. Først i Norge. Dette Land ansaa Kongen for sit Arverige. Her havde han allerede i sit Statholderskab hersket myndigen over Kirken, og her vare kun dens Mænd at frygte; thi den verdslige Adel i Norge kunde hverken i Antal, Rigdom eller Retsstilling maale sig med dem eller med den danske Adel. To af Kirkemændene, Ærkebiskop Erik Valkendorf og Biskop Anders Mus i Oslo, vare danske Mænd, indsatte i Norges Stifter ved Kongens egen Indflydelse; og disse To støttedes ikke ved Familieforbindelser i Norge. En af Kongens danske Tjenere, Mester Hans Mule, skulde være Redskabet til at trænge netop disse to Mænd ud af deres Stillinger. Hans Mule var i 1516 Kongens Skriver, et villigt Redskab til Ret og Uret i Kongens Haand, saaledes som Christiern den Anden yndede dem. Endnu i samme Aar blev denne Mand sat til kongelig Foged paa Agershus Slot og nærmeste Nabo til Anders Mus. Hans Mule var en haard Skattekræver saaledes som han maatte være det; men han synes tillige at have været en raa Person af temmelig urene Sæder; med Biskoppen kom han snart i Strid og arbeidede planmæsfigt paa at fortrænge ham, understøttet af Kongen, der vel har seet, at han lettest kunde faa Bugt med denne ringe begavede og nu af Alderen svækkede Prælat. Thi at det var Kongen selv, der vilde have ham bort, sees deraf, at han hos Paven søgte at faa Oslo Stift til sin Disposition i Foraaret 1521, endnu før Anders Mus havde viist nogen Tilbøielighed til at nedlægge sin Bispestav. Men Paven vilde eller kunde ligesaa lidt føie sig efter dette Ønske, som han vilde bekræfte Kongens Valg af Jens Andersen og Didrik Slaghæk til Strængnæs og Skara. Desuagtet trængte Kongens Foged paa Slottet Anders Mus ud af Bispegaarden og Domkirken i Oslo; og i November 1521 kaldtes Hans Mule i Kongens Kancelli udvalgt Biskop til Oslo, hvad der dog bengang, da Stiftet endnu ikke var ledigt, kun kan betyde, at Kongen havde udseet eller maaske endog allerede udnævnt ham til Anders Muses Eftermand; og ved denne Tid maa det tillige have været, at Kongen nødte Biskoppen til at oplade Stiftet for Hans Mule, der kom i Besiddelse af Oslo Stift uden dog at kunne blive stadfæstet eller ordineret Biskop. Saaledes fik Kongen gjennem sit Kreatur Stiftets Gods i sin Haand.

At denne Sag stod i Forbindelse med en almindeligere Plan imod Norges Biskopper, seer man af den Strid, Hans Mule ved samme Tid søgte med Ærkebiskop Erik af Trondhjem. Paa denne

Prælats Embedsførelse, Troskab mod Kongen og personlige Vær-
dighed var Intet at dadle. Han var i sin Tid kommen til sin høie
Stilling ved Kong Christierns egen Gunst; men denne svækkedes,
da han bragte Kongen hans Brud fra Nederlandene, fordi han da
fulgte en Opfordring af Ærkehertug Karl gjennem hans Lærer
Abrian Florison — senere Pave Hadrian den Sjette — om at
formaa Kongen til Dyvekes Fjernelse. Dyvekes Død, som Sig-
brit gav Valkendorf Skylden for, maatte forøge Spændingen.
Der kan ikke være Tvivl om, at det var med Kongens Samtykke
og efter Sigbrits Tilskyndelse, at Hans Mule endnu inden han
havde faaet Anders Mus fortrængt tillod sig Overgreb ogsaa imod
Ærkebiskoppens og hans Domkirkes Ret; thi at dette ikke skete
egenmægtigen kan skjønnes deraf, at Kongen enten allerede dengang
havde givet ham, eller kort efter gav ham, en saa udstrakt Fuld-
magt, at selv Ærkebiskoppen maatte erkjende hans Fordringer for
Kongebud.

Tilsidst bleve disse Plagerier Ærkebiskoppen saa nærgaaende,
at han bestemte sig til at søge Oplysning om Stillingen i egen
Person. I Juni 1521 gik han i Trondhjem ombord til Danmark;
men Storm og Uveir kastede Skibet med svært Havari vesterpaa,
saa at han kom til Amsterdam i Stedet for til Kjøbenhavn; og
her tog hans Skjæbne en hel uventet Vending. I Amsterdam
mødte han nemlig ingen Ringere end Kong Christiern selv, der
strax vilde ladet ham anholde, havde ikke Stadens Øvrighed vægret
sig ved at række Haanden til Forgribelse paa en ordineret Mand.
Kongen paastod, at Valkendorf var undvegen fra Norge efter at
have plyndret sin Domkirkes Penge og Klenodier, hvad der dog
bevisligt ikke forholdt sig saaledes. I det personlige Møde med
Kongen bød Ærkebiskoppen sig i Rette for Paven eller Keiseren;
men Kongen fordrede, at han ikke skulde søge sin Ret andensteds
end i Kjøbenhavn for Kongen og det dansk-norske Rigsraad, og at
han skulde stille Borgen herfor. Dette afslog Valkendorf, fordi
han ikke vilde have Kongen baade til Sagsøger og Dommer; han
svarede, at hans Dommer fandtes ikke i Danmark, og forlod der-
efter Amsterdam for at søge større Sikkerhed i Utrecht, hvorfra han
forespurgte hos det danske Rigsraad, om det havde Fuldmagt af
Paven til at dømme ham og kunde sly ham Sikkerhed mod Vold.
Men da han paa sit Brev af 28de August 1521 endnu ikke havde

faaet Svar den 10de November, beſtemte den gamle Mand ſig til
en beſværlig Reiſe midt i Vinteren til Rom, hvor han ankom førſt
i Februar 1522.   Da var Pave Leo den Tiende død den 1ſte De-
cember 1521 og Erik Valkendorfs gamle Ven og Velynder Kardi-
nal Adrian Floriſon den 9de Januar 1522 valgt til hans Efter-
følger; men førend den nye Paves Ankomſt fra Spanien i Auguſt
ſamme Aar kunde Intet udrettes, ſaa at Ærkebiſkoppen kom i ſtor
Nød i Rom, — og dog ikke naaede at faa ſin Sag underſøgt, da
Døden bortrykkede ham den 28de November 1522.   J hans Fra-
værelſe tilrev Kongen ſig ligefrem hans Gods og Rente i Norge,
ſom han lod ſin Foged Jørgen Hanſen paa Bergenhus lægge Be-
ſlag paa.   Tilfældet havde her hjulpet Kongen til at plyndre og
fjerne en Biſkop, der ellers vanſkelig kunde være rokket i ſit Sæde.
Et godt Bytte er viſtnok indgaaet i Kongens Kaſſe, da Valkendorf
til ſin Kjøbenhavnsreiſe ikke havde forſynet ſig med betydelige
Værdier.

Det Møde i Amſterdam, der blev ſaa følgerigt for den ulyk-
kelige Ærkebiſkop, maatte overraſke ham ſaameget mere, ſom han
ingen Anelſe kunde have om Kong Chriſtierns Nærværelſe i Neder-
landene.   Kongen havde holdt ſin Reiſeplan ſaa hemmelig, at
Dronningen, der i hans Fraværelſe ſkulde føre Regeringen, førſt
fik Underretning derom ved et Brev fra Nykjøbing paa Falſter af
17de Juni 1521 umiddelbart før Afreiſen, og endda hverken om
Reiſens Maal eller om Veien.   Heller ikke nu kjende vi denne
ſidſte; det vides kun af Valkendorfs ovenanførte Breve til det danſk-
norſke Rigsraad, at Kongen i en af Dagene den 20de—23de Juni
maa være ankommen til Amſterdam ukjendt og med ganſke faa
Ledſagere.   Om Reiſens Henſigt har Kongen tre Aar derefter ladet
ſin Sekretær Corn. Scepper ſige, at Kongen ſøgte perſonligt Møde
med ſin Svoger Keiſeren for at faa det holſtenſke Lensanliggende
bragt til en for ham og hans Farbroder tilfredsſtillende Afſlutning.
Det er nu viſt nok, at der i nogen Tid havde været underhandlet
imellem de holſtenſke Hertuger og Keiſerens Regering om Belening-
gen, ſom ved Tiltrædelſen af en ny Lensherre var bleven nødven-
dig, og ſom ſkulde ſøges inden Aar og Dag, altſaa inden et Aar
efter Keiſervalget af 28de Juni 1519.   Hertugerne ønſkede at mod-
tage Lenet umiddelbart af Keiſeren, i Stedet for at tidligere Bi-

stopperne af Lybek fik Lenet af denne og saa gave det som Efterlen til de holstenske Grever og Hertuger. Det var i denne Anledning Hertug Frederik havde sendt sin Søn Christian til den nye Keiser paa Rigsdagen i Worms; men da han erfarede, at ogsaa Kong Christiern underhandlede med Keiseren, havde han standset Sagen fra sin Side og opfordret Kongen til en fælles Optræden. Kong Christiern svarede undvigende; men denne Sag vil nu Scepper skal være Grunden til den nederlandske Reise. Sligt kan tage sig nogenlunde anstændigt ud i et Stridsskrift; men da der slet ingen Fare var for det holstenske Len, som var æsket i Tide, og som Keiseren sikkert aldrig har tænkt paa at gjøre Vanskeligheder ved, kan der ikke med nogen Sandsynlighed deri søges en tilstrækkelig Bevæggrund for Kongen til at fjerne sig fra Norden i Sommeren 1521. Meget snarere maa man tro, at Kong Christiern dog endnu ikke dengang har overskuet den hele Betydning af den svenske Reisning og har ment at kunne give efter for sin Lyst til at see et Land, der særligt interesserede ham, og til at besøge sin unge Svoger, der da nys havde taget Plads paa Europas Høisæde som Christenhedens fornemste og mægtigste Hersker, da denne nu efter fire Aars Fraværelse i Spanien var fra sin første tydske Rigsdag vendt tilbage til sine Nederlande. Og ikke Reiselyst alene, men ogsaa Politik kunde synes at tilraade Christiern at optræde for Verden i Glandsen af det nære Slægtskab og Venskab med Keiseren. Hans Farfader havde havt ikke ringe Fordel af al den Ære, der vistes ham paa Romerreisen. Saaledes synes denne pludselige Reise snarest at maatte forklares, skjøndt den derved ligesaalidt retfærdiggjøres som ved Paaskudet om det holstenske Len, der vel kan være taget med som en Bisag, men ikke kan have været den sande Bevæggrund. Andre ville, at Reisens Hensigt fornemlig har været at paadrive Brudeskattens Udbetaling til Brug ved Rustninger mod Sverrig. Men dette er endnu mindre sandsynligt; thi denne Sag var ordnet ved en Overenskomst af 22de Februar 1520, altsaa for ikke halvandet Aar siden. Det var derved bestemt, at af den hele Brudeskat, — 250,000 rhinske eller Guldgylden lig 350,000 brabantske Kurantgylden, — skulde den 31te Marts 1520 erlægges 100,000 Guldgylden, St. Hansdag samme Aar, eller inden fire Uger derefter, 50,000, og saaledes fremdeles hver St. Hansdag

Midsommer, sidste Gang Aar 1523 en lignende Sum*). Hidtil havde det burgundiske Hof opfyldt denne Forpligtelse; Christiern havde faaet de første 150,000 Gylden, og der var ingen Grund til at tvivle om, at han jo vilde faa det til St. Hansdag 1521 eller fire Uger derefter forfaldne Beløb. Han kan heller ikke have ment, at disse Penge vare ham aldeles nødvendige til at opretholde sin Stilling i Norden; thi han lod sig Terminen udbetale i Nederlandene og brugte den for en stor Del der til allehaande fyrstelige Udgifter for at kunne optræde som en stor og mægtig Konge ved sin Svogers Side**).

Fra Slutningen af Juni indtil sidst i August eller først i September opholdt Kongen sig fornemlig i Antwerpen, Brysel, Gent og Brygge; han gjorde sig bekjendt med Landets Forhold og de betydeligste Mænd, blandt dem den lærde Erasmus og Kunstneren Albrecht Dürer, der da tilfældig opholdt sig i Nederlandene. Men dette skal jeg ikke dvæle ved, da jeg Intet har at føie til hvad andensteds er fortalt om denne Reise. Kun Et skal fremhæves, forbi det fik den største Indflydelse paa Kongens og hans Riges Skjæbne: Afgjørelsen af den holstenske Lensfag og det Forhold, hvori Keiseren nu efter Kong Christierns Anmodning stillede ham til hans Farbroder Hertug Frederik af Holsten, til Lybek og overhovedet til Nordtydskland. Under den 21de Juli 1521 udfærbigede Keiseren fra Gent to aabne Breve, hvori han erklærede, at Biskoppen af Lybek, som hidtil paa Keiserens Vegne havde udført den holstenske Belening, havde forspildt sin Ret i denne Henseende ved ikke at søge den fornyet i Tide, saa at Keiseren agtede at overdrage den til en Anden. Han belenede nu selv umiddelbart sin Svoger som Hertug af Holsten og fornyede de Rettigheder, dennes Forfædre havde havt i Staden Lybek og andre Steder i Tydskland. Et keiserligt Mandat af 10de August underrettede Hertug Frederik om, at Biskoppen af Lybek ikke længer skulde udføre Beleningen, der nu var overdraget til Kong Christiern og hans Lensarvinger, af hvis Hænder det paalægges Hertugen at modtage ogsaa sin Belening, og hvem han havde at gjøre vanlig Lenstjeneste.

Disse Begunstigelser gik i og for sig ikke ud over Keiserens

---

*) Bil. Nr. 3 i G. A. Ijssel de Schepper, Lotgevallen van Christiern II en Isabella van Oostenrijk, Zwolle 1870, p. XII.
**) Ijssel de Schepper, anf. Skrift, p. 67; Allen, IV, p. 99, 441.

Ret. Betænkeligst kunde Fornyelsen af Kongens Rettigheder i Lybek og Tydskland blive, da man ikke vidste, hvorledes Kong Christiern vilde fortolke den. I Lybek mistænkte man ham for at ville gjenvinde Kong Valdemars Herredømme over Staden; man kan jo heller ikke vide, hvorvidt Christiern vilde have straft sine Paastande, havde Lykken føiet ham. Iøvrigt er der vel snarest tænkt paa de Rettigheder over Ditmarsken, Kong Christiern den Første havde erhvervet, og som Sønnesønnen upaatvivlelig ved gunstig Leilighed vilde have stræbt at give praktisk Betydning. At de Vedkommende bleve urolige herover, var jo ganske naturligt. Især blev Hertug Frederik heftig fortørnet, da han i den Vending, Kongen havde vidst at give den holstenske Lenssag, mente at see et Rænkespil bag hans Ryg i et Anliggende, der angik begge Hertuger lige nær, og hvori han havde søgt at faa Kongen til at handle i Forbindelse med sig. Hertugen beskyldte Kongen for at have ved Løgn og Smiger underfundigen tillistet sig et Herredømme over ham, hvormed han tragtede efter at drage Holsten bort fra Tydskland.

Kongens Tilbagereise gik over Leiden sidst i August til Amsterdam. Det var paa den høie Tid han kom tilbage; thi Opstanden i Sverrig havde grebet vidt om sig, saa at der med Undtagelse af nogle faste Punkter intet svensk Rige var tilbage. Heller ikke havde Gustav Trolle noget Ærkebiskopsdømme eller Jens Andersen noget Bispedømme Strængnæs at styre, hvorfor begge disse Mænd fulgte Didrik Slaghæk, der af Kongen var kaldet til Kjøbenhavn med Paalæg om at tage sine Regnskaber med sig. I Kjøbenhavn forefandt Kongen dem ved Hjemkomsten. Her fornyedes nu den heftige Strid mellem Mester Didrik og Biskop Jens; men den Første vandt endnu Overhaand hos Kongen, medens dennes gamle Vrede imod Jens Andersen atter luede op. Grunden hertil kunne vi ikke angive med Sikkerhed. Umuligt er det ikke, at Biskoppen har søgt at komme i fuld Besiddelse af Fyens Stift ved at fornye Retssagen om de 80,000 Gylden; og Hvitfeld fortæller, at Kongen, ganske i Overensstemmelse med hvad han havde begyndt andensteds, vilde drage Den Taasinge fra Fyens Bispestol, hvilket Biskoppen afviste med temmelig skarpe Ord. Nu lod Kongen ham atter fængsle, og behandlede saa hans og Bispestolens Gods ligefrem som godt Bytte. I Biskop Lage Urnes Opsigel-

26*

ſesbrev til Kong Chriſtiern af 10de April 1523 anføres ſom en af
Klagerne mod Kongen, at denne „for Had og Avind tvende Gange
lod gribe værdige Fader Biſkop Jens Anderſen af Odenſe uden al
retfærdig Sag, Dom og Ret, og uden at ville tilſtede ham at
komme i Rette for Danmarks Prælater; og da han var kaſtet i
Taarn og Fængſel i Sjælland, tog Kongen alt hans Gods og
Penge, Biſkopsgaard, Slot og al hans Rente fra ham". Jens
Anderſen blev overgivet til den nye Ærkebiſkops Forvaring, og til-
ſidſt holdt fangen paa Hammershus Slot.

   . Derſom man endnu kunde tvivle om, at det efter 1520 vir-
kelig har været Kong Chriſtierns Plan at gjøre ſig til Herre over
Kirken og Biſkopsgodſet, maa Behandlingen af Lunde Stift
nedſlaa enhver Tvivl. Den ſidſte katholſke Ærkebiſkop Birger døde
den 10de December 1519. Kapitlet valgte til Eftermand ſin Dekan
Aage Jepſen (Sparre); men Kongen fik dette Valg omgjort og lod
Kapitlet vælge hans danſke Sekretær Jørgen Skodborg. Ved denne
Leilighed viſte det ſig imidlertid, at Kongens og Pavens Forſtaa-
elſe om at undertrykke den kanoniſke Valgfrihed ved pavelig Reſer-
vation ogſaa havde ſin betænkelige Side for Kongen; thi ſaa ſnart
Birgers Død blev bekjendt i Rom, lovede Pave Leo den Tiende
Kardinaldiakonen Paolo Emilio de'Ceſi Danmarks Ærkebiſkops-
dømme. Paven gjorde vel ikke ligefrem denne Kardinal til Ærke-
biſkop af Lund, men han ſtillede Ærkeſtiftet under hans Admini-
ſtration, for at han kunde oppebære dets Indtægter imod at lade
Tjeneſten beſørge for ſin Regning. Derved umuliggjordes en vir-
kelig Ærkebiſkops Bekræftelſe og Indvielſe af Paven, med mindre
Kardinalen opgav Adminiſtrationen imod at erholde enten en Sum
engang for alle, eller en aarlig Afgift af Stiftet. En ſaadan
Overenskomſt vilde man imidlertid ikke indlade ſig paa i Danmark.
Kong Chriſtiern vilde nok ſelv være Biſkoppernes Herre, og hans
Modſtand imod Kardinalen maatte billiges af de danſke Biſkopper,
fordi Ærkebiſpedømmet vilde have draget de andre Biſpedømmer
efter ſig. Det Kirkeembede, Rom engang havde lagt ſin Haand
paa, blev med Alt hvad dertil hørte for beſtandigt reſerveret, ſaa
at hvert ledigt Biſpedømme i Danmark derefter kunde ventes vil-
kaarligt kommenderet en af Roms Kurialiſter. Jørgen Skodborg
kunde ſaaledes ikke blive ſtadfæſtet og indviet af Paven; men Kon-
gen opretholdt ham i Stiftets Beſtyrelſe og i Beſiddelſen af dete

Gods, saa at Kardinalen heller ikke kunde faa nogen Indtægt af
sit Kommende. Dette Forhold var i sig selv ikke Kong Christiern
utilpas, da det gjorde Ærkestolens hele Stilling uvis: en Mand,
der ikke var Biskop, kunde i paakommende Tilfælde ikke ty til Pa-
vens Bistand, dersom Kongen fandt for godt at skyde ham tilside
og forlange et andet Valg af Kapitlet. Saaledes kom den hele
danske Kirke til at mangle et Overhoved, saa at dens Modstand
mod kongelige Overgreb maatte blive ligesaa spredt og svækket som
i Norge ved Ærkebiskoppens Fortrængelse.

Denne Fordel vidste Kongen at benytte. Han fornyede ældre
Kongers Fordringer paa Bornholm med Hammershus, samt paa
Aahus og flere Besiddelser i Skaane, der nu hørte til Ærkebiskops-
dømmet i Lund; og han forlangte i den Anledning at see Dom-
kirkens Adkomstbreve. Den udvalgte Ærkebiskop og Kapitlet vilde
ikke efterkomme Kongens gjentagne Fordring; men Følgen blev, at
Kongen ikke længer vilde vide af Jørgen Skodborg som Ærkebi-
skop: Didrik Slaghæk skulde have Embedet! Dette maa være
skeet strax efter Kongens Hjemkomst fra Sverrig i Begyndelsen af
Aaret 1521; men inden Sagen kunde bringes i Orden i Rom, har
Kongen dog vaklet i sin Beslutning; thi fra Nederlandene gav han
sin Forretningsfører i Rom Ordre til at faa Slaghæks Navn ud
af den allerede færdige Bulle. Kort efter Hjemkomsten fra Neder-
landene blev han imidlertid atter omstemt, da Didrik Slaghæk var
kommen tilbage fra Stokholm. Slaghæks Navn blev atter indsat
i Bullen, og den 25de November 1521 blev han virkelig indført
i Lunde Domkirke; Biskop blev han dog ligesaalidt som Jørgen
Skodborg, da han aldrig blev ordineret. Saavidt man kan see
har Kongen dennegang ganske forbigaaet Kapitlet og ment at faa
Stiftet bortgivet alene ved pavelig Provision, hvilket dog ikke kunde
skee, med mindre Kardinal P. de'Cesi opgav sit Kommende. Aage
Sparre og Jørgen Skodborg ignorerede man i Rom som aldrig
konfirmerede; men Kardinalen maatte bevæges til at træde tilbage,
hvad Didrik Slaghæk ogsaa udvirkede ved at lade sin Slægtning
Johan Slaghæk udbetale ham 3000 Dukater af Kongens Penge.
Denne Provision af Lunde Stift har ialt kostet Kong Christiern
7,800 Dukater, eller 15,600 Kurantgylden! Føier man denne
Sum til de 50,000 Gylden af Brudeskatten, der medgik paa Rei-
sen i Nederlandene, kan det ikke paastaaes, at det har været Umu-

ligheden af at tilveiebringe de fornødne Pengemidler, der i 1521
hindrede Kong Chriſtiern i at dæmpe Opſtanden i Sverrig med
Baabenmagt. I dets Sted havde han for alle ſine Penge faaet et
keiſerligt Privilegium, der blev ham forbærveligere end alt Andet,
og en Ærkebiſkop i Lund, der i lige Grad vanærede ham og Stif-
tet, — og ſom han ſelv to Maaneder derefter nedſtøbte fra Mag-
tens og Lykkens Tinde!

Thi den 24de Januar 1522 ſaa Kjøbenhavn med Forbauſelſe
denne ſamme Didrik Slaghæk ſom Fange føres ud af Slotstaarnet
op paa Gammeltorv for at lide den Død, han ærligt havde for-
tjent. Paa Høibro mødte han den kongelige Sekretær Jeſper Brok-
mand, der havde været med Kongens Kancelli i Sverrig 1520 og
ſaaledes godt kjendte den værdige Ærkebiſkops Dyder og Fortje-
neſter. Da denne nu paa ſin Dødsgang tilraabte ham paa Latin:
Meſter Jeſper, ſee det er Lønnen for alt mit Arbeide! fik han det
knuſende Svar: Nei ingenlunde, men Løn ſom forſkyldt for Syn-
den! Paa Gammeltorv ſtod Galgen og Baalet beredte til hans
Modtagelſe. Bødlen førte ham op ad Stigen og lagde Strikken
om hans Hals, men iſtedetfor at ſtøde ham ned fra den, tog han
atter Strikken af Halſen med de Ord: Nei, vi ſkal en anden Vei!,
bandt ſaa Hænder og Fødder paa Synderen og kaſtede ham levende
paa det flammende Baal, der ſnart forvandlede til en Aſkehob den
Uſling, Gud give Danmark og Kong Chriſtiern aldrig havde ſeet!
Seer man Didrik Slaghæks Død i Belysning af Datidens bar-
bariſke Straffe, og vil man overhovedet gaa ind paa, at et Men-
neſke under nogen Omſtændigheder tør ſtraffes med Baal og Brand,
ſaa ſynes mig, at Rædſelſcenen paa Gammeltorv tilfredsſtiller Ret-
færdighedens Krav.

Thi hvorfor behandlede Kongen ſin Yndling paa denne Vis?
Han har ikke udtalt det. Kong Chriſtierns Fjende, den ſamtidige
Poul Elieſen, ſiger, at det ſkete til Romerkirkens Forhaanelſe og
hele den geiſtlige Stands Vanære, og at Kongen aldrig raſede
værre mod Nogen end imod ſine Venner, naar han havde fattet
Had til dem! Der kan være Noget i det; men Spørgsmaalet
bliver da: hvorfor havde han fattet Had til Meſter Didrik? Og
desuden ere Ordene om Pavens og Geiſtlighedens Forhaanelſe over-
brevne, da den Henrettede ikke var Biſkop; han var endnu ikke ved
Ordinationens Sakrament overført til den afſondrede Klaſſe, hvis

Medlemmer ikke turde røres af verdslig Haand uden Krænkelse af Helligdommen. Men siden Mogens Madsens og Hvitfelds Tid betragte vore Historieskrivere Didrik Slaghæks Død som et Son-offer til Rom for de to svenske Biskoppers Aflivelse den 8de No-vember 1520. Der henvises da til, at en pavelig Nuncius var i Efteraaret 1521 kommen til Kjøbenhavn for at undersøge Sammen-hængen med disse Biskoppers Død. Dette er rigtigt nok; de Sven-skes høie Klageraab, frembaaret i Rom navnlig af Johannes Mag-nus (Gothus), var virkelig trængt saavidt igjennem, at der i to Møder af det hellige Kollegium den 14de Juni og 1ste Juli 1521 blev Spørgsmaal om denne Sags Behandling. Pave Leo udtalte sig for at tage saa lempeligt som muligt paa Kong Christiern, at han ikke i Fortvivlelse skulde trænges over i Armene paa det ham saa nære Kjætteri, — uden at træde Sandheden for nær kunde Paven have tilføiet: og fordi Kongen er en Svoger til Keiser Karl den Femte, med hvem vi nu ere allierede i Krig imod Kong Frants af Frankerig. Paven vilde derfor sende Minoritermunken Johan-nes Franciskus de Potentia til Danmark med Opfordring til Kon-gen om at rense sig for den ham paasagte vanærende Forbrydelse og, hvis Beskyldningen fandtes sand, at formane ham til for sin og den hellige Stols Æres Skyld at sende Gesandter til Rom, at bede om Tilgivelse og at gjøre Bod for slig Udaad. Som Følge af denne Beslutning afgik Johannes Franc. de Potentia virkelig til Kjøbenhavn sidst i September 1521. Ham skal det da have været, der har foranlediget Kongen til at rense sig selv ved at opoffre Mester Didrik som Syndebuk! Men denne Fremstilling er ligesaa ubevislig som den er oprørende; den gjør Kongen til en Usling og Paven til en Blodhund, der kræver et Slagtoffer, ligegodt om det bliver den rette Skyldige, kun at der udgydes Blod. Kuriens Fordring var jo en ganske anden, som man ogsaa seer af en Skri-velse fra Kardinal Carvajal til Dronning Isabella af 21de Sep-tember 1521, hvori han melder Nunciens Reise til Danmark for at undersøge Et og Andet, der gaaer Kongens Ære for nær, der-som han ikke kan undskylde det eller, hvad Alle ønske, ganske rense sig for Beskyldningen. Men nu vide vi af det hellige Kollegiums Protokol over dets Møde den 24de April 1523, at da Nuncien i Konsistoriet refererede Kongens Undskyldninger, forkastedes disse som utilstrækkelige. Det kan dog ikke tænkes, at Kongen skulde

have ladet Didrik Slaghæk henrette ſom et Sonoffer, og henrette
paa en ſaa vanærende og gruſom Maade, derſom han ikke i det
mindſte havde forviſſet ſig om, at Rom ſaa vilde være tilfreds.
Men ſom Allen har viiſt, er der overhovedet ſlet ingen Grund
til at tro, at Fr. de Potentia har havt nogen Indflydelſe paa Kong
Chriſtiern, eller at denne har taget noget ſært Henſyn til denne
Nuncius. Der exiſterer endnu en Skrivelſe fra Kongen til Pave
Leo — rimeligvis den, Paven omtalte i Konſiſtoriets Møde den
14de Juni 1521, — hvori Kongen med allehaande løgnagtige Paa-
fund vil vælte Skylden for Blodbadet fra ſig over paa de Svenſke
ſelv og fremſtille det ſom en Tumult af ſine vilde Landsknegte;
men deri er intet Ord om Slaghæk. Og havde Paven eller hans
Nuncius forlangt Meſter Didrik paa Baalet, hvorfor i al Verden
ſkulde Synderen ſaa førſt have Strikken om Halſen? Galgen var
jo Tyvsſtraf!

Men om man end forkaſter denne Forklaring af Slaghæks
Død, kan det dog være, at Nuncien i Forbindelſe med en pavelig
Protonotarius ved Navn Johannes Weze eller Veſalius, der blev
Kongens tydſke Sekretær omtrent ved ſamme Tid ſom Broder
Frants af Potentia kom hertil, middelbart have været Skyld i hans
Undergang. Det ſynes tvivlſomt, om Kongens Stemning imod
Slaghæk har i Sommeren 1521 virkelig været ſaa gunſtig ſom
man af hans Forfremmelſe til Ærkebiſkop ſkulde tro. At Kongen
under ſit Ophold i Nederlandene vaklede i Beſlutningen om Ærke-
biſpedømmet, er allerede bemærket, og de Klager over Meſter Di-
drik, der indløb fra Sverrig, kunde i Forbindelſe med de øien-
ſynlig fordærvelige Frugter af hans Regentſkab umuligt blive uden
alt Indtryk paa Kongens Sind. Ved ſin Hjemkomſt ſynes Kong
Chriſtiern vel atter at være bleven omſtemt; men det vidner ikke
om ubetinget Tillid og Gunſt for Slaghæk, at denne ſtrax efter
at være indført i Lunde Domkirke maatte tilbage til Kjøbenhavn
for ſine Regnſkabers Skyld. Jeg gjætter da — vel at mærke, jeg
gjætter det, — at han ikke har kunnet klare disſe, og at Kongen
af den pavelige Nuncius og Joh. Veſalius har faaet Visheb om
det, han maaſke allerede i Nederlandene fik et Nys om, at Slag-
hæk har i Stokholm ført ham bag Lyſet ved falſk Underviisning
i Kirkeloven og med uhørt Dumdriſtighed handlet aldeles ufor-
ſvarligt med de ſvenſke Biſkopper. Det var dette Brud paa Kirke-

loven og Vanhelligelse af Ordinationens Sakrament, der nu be-
redte Kongen Forlegenheder og viste ham Utilstrækkeligheden af Di-
drik Slaghæks Paafund om Kjætteri.

Mod denne Gjætning synes nogle Ord i Corn. Sceppers
Skrift imod Lybekerne at stride. Scepper siger: „Hvad vedkommer
det Eder, hvorledes Kongen handlede i Stokholm mod de Svenske?
Hans Strenghed, som I sige er Skyld i de Svenskes nye Frafald,
har Paven dømt at være retfærdig, idet hans Legat Dr. Johannes
de Potentia efter lovlig Undersøgelse dømte, at Intet er gjort imod
Retfærdighed, saaledes som det kan sees af Processens Akter, der
endnu ere hos os". At Scepper ligefrem skulde have opdigtet
denne Nunciens Godkjendelse af de Svenskes Behandling, er ikke
troligt. Undersøgelsens Aktstykker have vistnok existeret, ja ligge
maaske endnu brugte i et eller andet Arkiv; og det kan meget
godt være, at naar Kong Christiern har fremlagt de Svenskes
Sammensværgelsesbrev af 23de November 1517, og de otte Geist-
liges Aktstykke af 8de November 1520 om Kjætterspørgsmaalet, har
Nuncien maattet erkjende, at de Sammensvorne under disse For-
udsætninger virkelig havde gjort sig skyldige i „Kjætteri". Men
dette retfærdiggjorde aldeles ikke for Paven og Kirken de to Bi-
skoppers Henrettelse saaledes, som Didrik Slaghæk havde ladet den
udføre. Og har Kongen, der, som jeg har viist, ikke blandede sig
i selve Exekutionen, den 8de November 1520 efter at have mod-
taget de Geistliges Erklæring om Kjætteri givet Slaghæk en al-
mindelig Fuldmagt til at lade Kjætterstraffen fuldbyrde, saa falder
unægtelig Forgribelsen mod Kirken ved Biskoppernes Aflivelse uden
Degradation og Skriftemaal Mester Didrik til Last. Med disse
Ord er det ingenlunde min Hensigt at formindske Kongens Ansvar
for Blodbadet i det Hele. Kong Christiern var intet Barn; han
maa for Historiens Dom selv svare for det, han har gjort, og
det, han ikke har forhindret; men man kan godt forstaa hans Vrede,
naar det nu af Nuncien og Johannes Vesalius, som jeg formoder,
blev gjort ham indlysende, hvor uforsvarligt Mester Didrik havde
misbrugt baade hans Lidenskab og hans Tillid, og hvilken pinlig
Forvikling med Rom han derved havde ført ham paa Halsen. Den
ulmende Vrede brød saa ud i lys Lue. Mere behøvedes ikke for
at bringe den Skyldige som Tyv og Falskner til Galgen og paa
Baalet. Han er efter denne Forklaring falden for Kongens egen

Vrede; thi at Kongen har været lidenffabelig opbragt maa man tro deraf, at han iffe engang har givet Slaghæf Tid til at ud- føre den Gjerning, der vift har været en af Bevæggrundene til hans Forfremmelfe: at overgive Bornholm med Ærfeftiftets Slot Hammershus til Kongen.   Førft efter Henrettelfen, og efter gjen- tagne Opfordringer til Domfapitlet, tvang Kongen det endelig i Februar 1522 ved Fængsling af fem af dets Medlemmer og Tru- fel med Vaabenmagt imod dem alle til at afftaa denne Befiddelfe til Kronen.

Jeg har nævnet Joh. Vefalius ved Siden af den pavelige Nuncius fom den, der formodentlig har aabnet Kong Chriftierns Dine for Didrif Slaghæfs Brøde.   Dette har fin Grund i, at Vefalius fom i Kongens Tjenefte omtrent famtidigt med Nunciens Anfomft, at han fom gammel Kurialift eller Kurtifan viftnof har fjendt Retspunfterne vel faa godt fom Franciffanermunfen, og at hans hele følgende Hiftorie vifer ham fom en agtværdig, duelig og verdensflog Mand; men ifær dette, at Kong Chriftiern ftrax udfaa ham til den Henrettedes Eftermand i Lund.   En Maaned efter Rædfelsfcenen paa Gammeltorv, den 23de Februar 1522, indførtes Johannes Vefalius paa Lundegaard fom Befidder af Ærfeftiftet; men han funde aldrig faa pavelig Konfirmation eller Ordination, fordi Kardinalen paany traadte imellem.   Denne havde nemlig nof taget imod Didrif Slaghæfs 3000 Dufater, men var fun vegen tilfide for ham, idet han hemmelig i Konfiftoriet forbeholdt Re- gres til fin Kommende i Tilfælde af Mefter Didrifs Afgang eller Død, faa at han nu efter den 24de Januar atter fom frem med fine Fordringer paa Embedet.   Da derhos Sedisvafancen i Rom efter Leos Død egentlig varede indtil Pave Hadrians Anfomft fra Spanien, blev Johannes Vefalius ligefaa lidt biffopsviet af Paven, fom hans to Forgængere.   Jørgen Sfodborg er vel tilfidft blevet det efter at have forenet fig med Kardinalen om en aarlig Afgift; men da var hele Stillingen i Norden faa forandret, at han dog iffe fom i Befiddelfe af Embedet og Stiftet.   Kong Chriftiern var landflygtig, med ham Johannes Vefalius, denne i fin Herres og fine egne Sager dragen til Rom, hvor han, Sfodborg og Kardi- nalen arbeidede imod hverandre, medens Aage Jepfen Sparre, den af Lunde Domfapitel førft Valgte, atter var fommen i Befiddelfe af Stiftet og oprethaldtes af Kong Frederif den Førfte.

J Kong Christiern den Andens sidste Regeringsaar stod altsaa den katholske Kirke i Norden paa faldende Fod. Kongen havde tiltaget sig en Lovgivers Magt i Kirken; han havde tilrevet sig flere Biskoppers Eiendomme og gjort et godt Greb i Bispestolenes Jordgods. Det danske Ærkebispedømme havde i 2¼ Aar seet fire Mænd i Sædet og dog ikke faaet nogen Biskop; Fhens Biskop var fængslet og alt hans og Bispestolens Gods i Kongens Haand; Sverrigs Ærkebiskop fortrængt af Kong Christierns Rebeller fra sit Stift og sit Fædreland; Biskopperne af Strængnæs og Skara henrettede, Skara Stift i Kong Christierns sidste Dage bortgivet af Paven til den samme Joh. Fr. de Potentia, vi nys have om-talt, men som aldrig kom i Besiddelse deraf; Norges Ærkebiskop død landflygtig i Rom; Biskoppen af Bergen død inden Kongen fik Leilighed til at vende sig mod ham; i Oslo Stift en verdslig-geistlig Kongetjener indtrængt. Saaledes havde Kong Christiern huseret i Kirken og var nu godt paa Vei til at bringe den fuld-kommen under sit Herredømme. Fra et kraft protestantisk Syns-punkt kan dette vel sees med en vis Tilfredshed; men fra et histo-risk maa Kongens Adfærd kaldes et revolutionært Brud paa den lovligt bestaaende Ret uden Retfærdiggjørelse af Udfaldet eller i Sandhedens seirende Gjennembrud, alene nogenlunde undskyldt ved de Misforhold og Misbrug, der klæbede ved det Gamle. Men Paven og Kurien maa bære godt og vel Halvdelen af Skylden; aldrig havde Kong Christiern kunnet gaa saaledes tilværks, havde Paven gjort sin Skyldighed imod Kirken, — jeg tænker ikke en-gang paa hans Pligt at modarbeide de aabenbare og skrigende Misbrug i Kirken, men alene paa hans Pligt at forsvare Kirken mod verdsligt Despoti. Havde Leo den Tiende bekymret sig om Andet end sin Magtstilling, sin Families Herredømme i Florents, sin italienske Politik, og om skjønne Kunster og Videnskaber — kort sagt, havde han havt andre Interesser end politiske og æsthe-tiske, vilde han med Alvor have modsat sig Kongens tidligste Over-greb og sagtnet hans voldsomme Gang mod Maalet. Nu maatte Christiern tro, at i Rom lod Alt sig udrette og forsvare med Penge. Den ironiske Bod for Biskop Karls, den fuldkomne Ligegyldighed for Jens Andersens Mishandling viste ham, at Biskopperne stode forsvarsløse ligeoverfor hans Despoti, ellers havde han vistnok be-

tænkt sig to Gange paa at udgyde de svenske Biskoppers Blod og
paa alle de andre Voldsomheder fra 1521.

Imedens alt dette foregik, havde Kongen efter sin Hjemkomst
fra Nederlandene gjenoptaget sit Lovgivningsarbeide. Udkastet
til Landsloven fra Mai 1521 blev atter taget frem og maa
efter et sidste Gjennemsyn være udkommet som Lov i Efteraaret
eller først paa Vinteren 1521; og strax efter udgik en anden om-
fangsrig Lov, som Kongen selv betegner som en Kjøbstædlov,
og hvis Indledning er dateret den 6te Januar 1522.   Den hand-
ler dog ikke udelukkende om Kjøbstædernes særegne Forhold, men
ogsaa om almindelige Sager, der komme i Berørelse med Byernes
Interesse.   Denne Kjøbstædlov fuldfører nu ikke alene hvad der
var begyndt i Kongens ældre Lovarbeider til Ordning af Handel,
Haandværksdrift, offenlig Orden o. desl. i Kjøbstæderne, men den
ombanner fuldstændigt deres Forfatning og Retspleien i dem. Loven
stiller alle Kjøbstæderne paa lige Ret, udenfor Lensmændenes og
deres Fogeders Myndighed; den gjør Kongen ikke alene til Ene-
herre i Kjøbstæderne, men til Enevoldsherre over dem. „Ville Vi",
siger Lovgiveren strax i den første Artikel, „at i hver Kjøbstæd skal
tilskikkes en Mand, som i Kongens Navn skal være over Borger-
mestere, Raadmænd og alle Andre, at gjøre og lade paa Kongens
Vegne.   Han skal kaldes Skultus, være en Mand af godt Rygte,
god Omgængelse og ærlig Herkomst.   Hvert tredie Aar skal han,
eller en Anden i hans Sted, igjen sættes af Kongen selv og ingen
Anden.   Skultus skal under sig have alle Sager i Byen, som ere
Kongen anrørende, lade dem optegne og gjøre Os Rede og Regn-
skab derfor efter den Ordinants og Skikkelse, her efter skrevet staaer.
Han skal have Fuldmagt til at straffe over Hals og Lemmer i Vore
Kjøbstæder, over Borgere og Kjøbmænd, som der i Byen Kjøb-
mandshandel bruge, og ei Vor Profos sig dermed skal befatte, uden
saa er, at han vorder æsket af Skultus; og skal ei nogen anden
Byfoged være i Vore Kjøbstæder efter denne Dag".

Skultus skal gjøre Kongen sin Ed, annamme af Kongens egen
Haand en hvid Stav til Tegn paa, at han har Fuldmagt af Kon-
gen at straffe i Livssager og skaffe Ret i Byen.   Kommer Kongen
til Byen, skal Skultus med Borgermestere og Raad ride ham imøde,
staa af deres Heste, ydmyge sig for Kongen paa deres Knæ, og
Skultus overrække sin hvide Stav „med al Ret" i Kongens egen

Haand, saa atter modtage den af Kongen og føre den foran ham ind i Byen.

Skultus skal i hver Kjøbstæd udvælge tredive af de mest ag= tede Borgere, eller eftersom Kjøbstæderne ere store til. Det skal være Kjøbmænd, ikke Haandværkere. Blandt de tredive skulle væl= ges fire Borgermestre og syv „Schepe" eller Raadmænd, der skulle sidde Ret med Skultus. Disse skulle ombyttes hvert Aar, Bor= germesterne hvert andet, saaledes at der bestandigt er to gamle, to nye Borgermestere.

Den hele ældre Retsforfatning i Kjøbstæderne med Things= vidner, Nævn, Partseder med Mededsmænd osv. ophæves ganske: „saadan Vildfarelse om Vidner skal ei være herefter, som hidtil været haver". Skultus, Borgermestere og Raad skulle udnævne ed= svorne Borgere til i alle Sager at forhøre Parternes Vidner og forelægge Forhøret skriftligt for Skultus og Meddommere. For= langer nogen af Parterne endnu at fremføre nye Vidner for disse, skulle de dog høres; men vil nogen af dem siden vidne anderledes, skulle de afvises.

Fra Skultus og Meddommere i alle jydske Kjøbstæder kan appelleres til Skultus og Meddommere i Viborg. Kan Sagen ikke endes der, gaaer den til Kongens Kammerret. Om denne fuldkommen nye Institution hedder det: For at Præster, Klærke og andre geistlige Personer ikke skulle have nødig at søge deres Ret udenfor Riget, i Rom og andensteds, dem til stor Skade og Penge= spild, vil Kongen med det Første tilskikke fire Doktorer og Magi= stre, som stedse skulle residere i Roskilde og dømme i alle „aande= lige" Sager saavel over Biskopper og Prælater som over Andre her i Riget. De skulle være forfarne baade i Kirkeloven og i Keiserloven og gjøre Processerne saa korte som muligt, saa at de ikke udbrages over et halvt Aar. For dem skulle ogsaa alle Sager forhandles, der pleie at afgjøres af Rigens Kantsler, samt alle de Sager, der ikke kunne endes ved Landsthing eller i Kjøbstæderne. Fra denne Ret maa saa kun appelleres til Kongen og Rigsraadet. Biskopper og andre Geistlige, som hidtil i mange Tilfælde have draget rent verdslige Sager til sig, saasom Gjældssager, hvorfor de have straffet Lægfolk med Band og Udelukkelse fra Sakrament, maa herefter ikke befatte sig med det, der bør afgjøres paa Thinge eller Raadhus i Kjøbstæderne.

Saaledes stilledes ved denne Lov alle Kjøbstæder, smaa som store, udelukkende under Kongen som høiefte Øvrighed og høiefte Dommer i Riget. Upaatvivlelig kan man i flere af Lovens Be- ftemmelfer fee Virkninger af Kong Chriftierns nederlandfke Reife.

Syvende Afdeling.

Guftav Vafa som Fange og Flygtning. Guftav som Sverrigs Befrier og Rigs- forftander. Spænding imellem Kong Chriftiern og Hanfeftæderne. Segebergfor- liget. Ny Strid mellem Kongen og Lybek. Spænding imellem Kongen og Re- geringen i Nederlandene. Spænding imellem Kongen og Hertug Frederik. Over- enskomften i Bordesholm. Krig imellem Kong Chriftiern og Lybek. Misftem- ning i Danmark.

Kong Chriftierns nederlandfke Reife blev den fidfte Del af hans perfonlige Lykke. Han nød der Seirens og Magtens Her- lighed i fuldt Maal midt i Keiferhoffets Glands og de blomftrende nederlandfke Stæders Hyldeft. Men aldrig har han gjort nogen ftørre Feil fom Konge og Statsmand, end da han i Sommermaa- nederne 1521 fjernede fig fra Norden, ret fom om han med For- fæt vilde give Plads for den Mand, der tragtede efter at rive det blødende Sverrig ud af hans Haand. Det var allerede en Feil, at Kongen forlod Stokholm og det fvenfke Rige en Maanedstid eller to efter Blodbadet. Vel mente han at have knuft Modftan- den, men det gjaldt nu om at opreife en ny Bygning paa den nedrevnes Plads; da forlod han det knap begyndte Værk og over- lod det til Didrik Slaghøk, uagtet en Gnift til en ny og ftor Brand allerede var tændt. Og i Juni 1521 vidfte han, at det brændte i lys Lue i Øvre=Sverrig; men dog betænkte han fig ikke paa at bortkafte ftore Pengefummer og tre koftbare Maaneder til en Fornøielfesreife!

Da Kong Chriftiern den 2den Oktober 1518 brød den nylig fluttede Stilftand med Sten Sture, førte han, fom vi have feet

(S. 332), de sex Gidsler imod al Folkeret og Redelighed som Krigs-
fanger til Danmark, blandt dem den da toogtyveaarige Gustav
Eriksen Vasa.

Vasaætten havde tillige med Oxenstjernerne i Kong Christiern
den Førstes Tid været ivrige Tilhængere af Unionskongen, eller
vel rettere: ivrige Modstandere af det svenske Nationalparti under
Karl Knudsen og Sten Sture den Ældre; men Johan Chri-
stersen Vasa sluttede sig til Sten Sture og ægtede hans Søster
Brita. Dette Ægtepars Søn Erik Johansen havde med sin
Hustru Cecilia Sønnen Gustav Eriksen, der er født Christi
Himmelfartsdag den 12te Mai, sandsynligvis i Aaret 1496. I
sit attende Aar kom han som „en ædel, deilig, forstandig, rask ung
Mand" til den yngre Sten Stures Hof, hvor han lærte Hofskik,
Vaabenbrug og, stærkt paavirket af den gamle Hemming Gad, na-
turligvis et brændende Had til alt Dansk. Sin første Krigstjeneste
gjorde han foran Almare-Stæket, da Ærkebiskop Gustav Trolle
beleiredes af Rigsforstanderen. I Kampene ved Vedla 1517 og
Brennkyrka 1518 udmærkede han sig ved Tapperhed; da afbrødes,
som det syntes, den lysende Bane, der laa for ham i Fædrelan-
dets og Stureslægtens Tjeneste, ved Kong Christierns Troløshed.

Som Fange i Danmark fik han dog bedre Vilkaar, end der
pleie at blive Krigsfanger til Del, idet hans Frænde Erik Erik-
sen Banner gik i Borgen for ham med en betydelig Sum, saa at
det tillodes ham at tage Gustav med sig til sit Len Kalø i Jylland.
Her nød Gustav forholdsvis megen Frihed; han maatte gaa paa
Jagt og bevæge sig i en vis Omkreds udenfor Slottet. Om han
har givet Erik Eriksen sit Æresord paa at holde et ridderligt Fæng-
sel, vides ikke med Vished. Saa megen Frihed synes ikke at kunne
været ham indrømmet, dersom han ikke ansaaes tilstrækkelig bunden
ved sit Ord. Dette har Erik Eriksen senere ogsaa paastaaet; men
Gustav har ligesaa bestemt nægtet det, hvorfor han heller aldrig
vilde erstatte sin Frænde den betydelige Kautionssum, denne maatte
udrede til Kongen efter hans Flugt. Et Bevis kunde Erik Erik-
sen ikke føre; han kan ikke have havt noget Skriftligt. Har han i
en Samtale under fire Øine ladet sig nøie med et halvt Svar paa
en halv Fordring, kan saavel han som hans Fange have havt en
halv Ret til at forstaa Ordene hver paa sin Maade. Efter svenske
Fremstillinger led Gustav Ondt paa Kalø, dels aandeligt ved de

danſke Junkeres Pral og Haan mod Sverrig, dels legemlig ved
ſlet Føbe. Dette Sibſte er dog libet troligt. Erik Banner be-
handlede ſin unge ſvenſke Frænde ſom ſin Gjæſt; men ved en danſk
Adelsmands Bord ſpiſte man ſikkert da ſom nu i alle Maader lige-
ſaa godt ſom paa en ſvenſk Herregaard, ſaa at han ikke har maattet
friſte Livet med „ſalt Øl, ſort og grovt Brøb og harſke Sild”.
Men bet tvungne Ophold paa Kalø maatte dog blive ham utaale-
ligt, ſaa at man ikke kan undre ſig over, at han ved førſte Lei-
ligheb gik ſin Bei. Han havde Held nok til at ſlippe forklædt
gjennem Halvøen til Lybek efter knap et Aars uretfærdige Fangen-
ſkab i Danmark. Erik Erikſen ilede til Lybek, ſaaſnart han erfa-
rede Guſtavs Opholdsſteb, og her førtes nu et Slags Proces for
Raadet om hans Udlevering. Erik Erikſen gjorde gjældende, at
han var Kongens Fange, der var bortrømt af ſit Fængſel; men
Guſtav, af Naturen begavet med ſjelden Veltalenhed, blev ham
ikke Svar ſkylbig. „Ingen ærlig Mand”, ſagde han, „ſkal med
Skæl beviſe, at jeg er en Fange. Nei, jeg er en Gibſel. Lad den
komme frem, der med Sandhed kan paaviſe, i hvilken Fægtning
eller paa hvad Sted jeg eller de andre gode ſvenſke Mænd befandt
os, da vi blive fangne, eller hvem de vare, der grebe os. Kan
Ingen beviſe det med Rette, bør vi ikke kaldes Fanger, men over-
faldne, forraſkede og beſvegne ærlige Mænd. Eller med hvad Ret
kan den være en Fange, der aldrig har tilſagt Fangenſkab, eller
hvem hverken Ære, Forpligtelſe, Lov eller Ret har fængſlet?”
    Man maa jo give Guſtav Ret i dette Forſvar, der ogſaa iſær
ved Borgermeſter Niels Brømſes Indflydelſe beſtemte Lybeks
Raad til at nægte Udleveringen. Saa vidt vilde Raadet dog ikke
gaa, at det aabenlyſt førte ham over til hans Fædreland, hvor
Kong Chriſtierns Folk ellers ganſke viſt havde fundet ham enten
ved Sten Stures Side paa Aaſundsøens Is, eller i Bondehæren
ved Upſala Langfrebag 1520. Otte Maaneder maatte Guſtav til-
bringe i Lybek, ikke uden Nytte for hans Fremtid, da han der
knyttede Forbindelſer med betybelige Mænd. Man kan dog tænke
ſig hans Utaalmodighed ved alle de ryſtende Efterretninger fra Sver-
rig i de førſte Maaneder af 1520. Endelig formaaede han en
driſtig Skipper Henrik Møller til at føre ham i en Baad over
Øſterſøen. Han vilde have været til Stokholm, til Fru Chriſtine;
men Staden var allerede indeſluttet. Han maatte gaa iland paa

Stensø, nær Kalmar, den 31te Mai 1520, — ene, forladt, uden andre Hjælpemidler end dem, han hentede fra sit eget Hoved og Hjerte.

Fædrelandet tog ikke venligt imod ham. Paa Kalmar Slot befalede da endnu Johan Mogensens Enke Anna Bjelke, der viste ham Velvillie, men ikke kunde forsvare ham mod de tydske Landsknegtes Vrede, da han forsøgte at opildne dem til tappert Forsvar. Han maatte frelse sit Liv ved Flugt ud i Smaaland, hvor han i Sommerens Løb vankede ukjendt og forklædt ad lønlige Stier, indtil han i September kom til sin Svoger Rigsraad Joachim Brahe paa Gaarden Tærna. Brahe var da kaldet til Kroningsrigsdagen i Stokholm. Gustav søgte forgjæves at holde ham tilbage. Joachim Brahes og Erik Johansens Hoveder faldt i Blodbadet, Gustavs Moder og Søster bleve Fanger paa Stokholms Slot, selv naaede han sin Fædrenegaard Reffsnæs, hvor han i nogen Tid holdt sig skjult. Hos den gamle Ærkebiskop Jakob Ulfsen, der da skilt fra Verden opholdt sig i Gribsholms Kloster, søgte han Raad; men da dette gik ud paa, at han skulde søge Forlig med Kongen, hvortil den gamle Mand lovede at være ham behjælpelig, var Gustavs Mistro til Kong Christiern altfor stor og for vel grundet til at følge et saadant Raad. Da kom den skrækkelige Efterretning fra Stokholm. Nu stod kun Et tilbage: et Forsøg paa at reise Dalekarlene. Den 25de November red han med een Tjener fra Reffsnæs. Paa Veien blev Tjeneren ham utro og fød ad Skoven til med hans Klæder og de Penge, han havde samlet af Bøndernes Landgilde paa sin Gaard. Dog Gustav indhentede ham og tog Sit tilbage; og nu atter ene, forladt af Alle, som da han flygtede fra Kalø, eller da han steg iland paa Stensø, drog han til Dalarne, mangen Gang eventyrlig frelst ud af truende Livsfare, og længe uden at finde de ellers saa krigslystne Dalekarles Øren aabne for hans ildfulde Opfordring til at reise sig mod den fremmede Voldsherskers Tyranni. Forgjæves drog han de brændende Minder om Jøsse Eriksen og Engelbrekt frem. Allersidst i Aaret 1520 maatte han atter ensom forlade Egnen ved Siljansø og ty op ad Vesterdalen — om han kunde frelse sig ind i Norge eller hvor hans onde eller gode Genius vilde føre ham til Ro. Men endnu var han ikke kommen ud over sit Fædrelands Grændser, førend den ene Flygtning efter den anden bragte

Morakarlene i Bevægelſe ved deres Fortællinger om hvad der var
ſkeet, og nu fremdeles ſkulde ſkee paa Kongens Eriksgata, om Gal=
ger, der ſkulde reiſes ved hver Lensmandsgaard, om at alle Vaa=
ben ſkulde fratages Bonden, ſaa han kun ſkulde beholde en Kjæp
at værge ſig med, om den Skat, der vilde blive krævet o. desl.
Da hentede de Guſtav tilbage og kaarede ham til deres Hoveds=
mand. Hans Eventyrliv var endt, hans ſtore, lyſende, uforglem=
melige hiſtoriſke Liv begynder.
    Det var ſom om en høiere Magt forblindede Kong Chriſtiern.
Altfor ſent fik han Øinene op for Betydningen af den ſvenſke Al=
mues Reisning. Han drog ſin blodige Vei tilbage til Danmark i
de ſamme Dage, da Guſtav traadte i Spidſen for Morakarlene.
Chriſtiern vidſte det, men agtede det ikke i den friſke Seirsfølelſe.
Vi have ovenfor ſeet (S. 396) hvor hurtigt Reisningen greb om
ſig i de førſte Maaneder af 1521, indtil Guſtav kunde maale ſig
med den Hovedſtyrke, Kongen havde efterladt i Sverrig, og bi=
bringe den Nederlaget i Veſteraas den 29de April 1521. Fra nu
af ſtrømmede ſvenſke Mænd af de forſkjelligſte Grunde til Guſtav,
der klog og modig, aarvaagen og udholdende, vidſte at bringe
Orden og Sammenhæng i Folkebevægelſen, ſaa at Reisningen i
de fire Maaneder Mai, Juni, Juli og Auguſt udbredte ſig med
rivende Haſt over det aabne Land, trods enkelte Svingninger af
Krigslykken. Og netop i disſe afgjørende Sommermaaneder var
det, at Chriſtiern anden Gang gik af Veien for Guſtav, ſom om
det var vigtigere at bade ſig i Keiſerſolens Straaler og udrette Et
og Andet af underordnet Betydning, end at dæmpe den Ild, der
greb om ſig i Sverrig med forfærdende Haſt. Det er denne Mis=
kjendelſe af Forviklingernes Knudepunkt, der har voldt Kong Chri=
ſtierns Undergang. I Mai faldt Upſala i Guſtavs Hænder; han
kunde vove et Forſøg paa at beleire Stokholm ſelv. Dog blev
han ſnart dreven tilbage herfra. Men Arvid Veſtgøte bragte Øſt=
gøtland til at reiſe ſig og beleirede Stægeborg, hvor den tydſke
Adelsmand Bernhard v. Melen førte Befalingen. Snart havde
Kongen kun de faſte Stæder og Slotte tilbage, der fra Søſiden
underſtøttedes og forſynedes af den utrættelige Søren Norby.
Fra Visborg og Kalmar beherſkede han den hele indre Øſterſø.
Da ogſaa Hans Braſk, den kloge Biſkop i Linkøping, ſidſt i Juli
var traadt over paa Guſtavs Side, kunde denne ſammenkalde en

Herredag af Gøtariges Adel og Almue i Vadstena, hvor man den 24de August 1521 svor ham Troskabseden som **S v e r r i g s R i g e s H ø v e d s m a n d og L a n d s h e r r e.** Kongeværdigheden, der bødes ham, viste han endnu fra sig. Han forlangte intet Andet, svarede han, end at Enhver vilde vise sig som god svensk Mand og hjælpe ham med at fri Fædrelandet af dets Nød; før det var skeet var det ikke værd at tale om noget Kongevalg: „siden kunne vi vel komme sammen igjen; hvilken indfødt svensk Mand Rigets menige Stænder da kaare, vil ogsaa jeg samtykke og vise al Lydighed".

Gustav havde endnu en lang og trang Vei til dette Maal; men da intet Tilstrækkeligt skete fra Kongens Side, ingen stor Hær samledes til at give Striden i det Hele en ny Vending, maatte det ene faste Punkt falde efter det andet, trods al Søren Norbys Anstrengelse. Ved Udgangen af Januar 1522 havde Kongen kun Stokholm, Kalmar, Kastelholm og de finske Slotte tilbage. Haardest var Kampen om Stokholm. Her stod Staden nu fast med Slottet, da det tydske, Christiern hengivne Parti efter Blodbadet havde faaet hele Magten i sin Haand. Gustav havde den sidste Del af 1521 atter forsøgt at indeslutte Staden; men ved Nytaarstid 1522 modtog den en rigelig Forsyning. Besætningen kunde da sprænge Blokaden ved gjentagne Udfald i April 1522, saa at ogsaa denne a n d e n Beleiring maatte opgives. Det blev indlysende for Gustav, at uden Hjælp udenfra vilde han aldrig komme til= ende med sit Befrielsesværk. Han vendte sig til Lybek, til Raadet og til sine Velyndere. Raadet var endnu dengang, i første Halvdel af 1522, ikke forberedt paa at lade Staden bryde fuldstændigt med Kong Christiern; men det lod Gustavs Venner, Kjøbmændene Kort Koninck, Hermann Israhel, Bernd Bomhower, Johan Sasse have fri Haand, saa at disse med Flere for Gustavs Regning ud= rustede en Flaade af 10 Skibe, der overførte en hvervet Skare af 900 Landsknegte og iøvrigt vare ladede med Krigsfornødenheder og andre Varer, som Sverrig trængte til. Den 30te Mai 1522 løb denne Flaade ud fra Travemynde og ankom til Søderkøping den 7de Juni. Gustav fik snart nok at fornemme, at Kjøbmændene kjendte Værdien af deres Hjælp; Regningen lærte ham, at den ingenlunde var uegennyttig. Men i Øieblikket kom Hjælpen ham særdeles vel tilpas. Den satte ham istand til at hjemsende de ældre gifte Bønder, der begyndte at trættes ved Krigen, og at indeſlutte Stokholm for tredie Gang, nu fra alle Sider, og med ſtærkere Beleiringsværker end tidligere, medens Arvid Veſtgøte blev ſendt ned mod Kalmar. Da Søren Norby i November 1522 førte 30 Transportſkibe med alle Fornødenheder, dækkede af 9 Or- logsſkibe, til Stokholms Undſætning, fandt han der uventet for ſig en ny lybſk Flaade paa 8 Skibe under 2 af Lybeks Raadmænd, der i Forbindelſe med de tidligere ankomne udgjorde en Styrke dobbelt ſaa ſtor ſom Søren Norbys. Kampen fik det Udfald, der kunde forudſees: Søren Norby led et Nederlag, hans Førſelsſkibe toges, han ſelv ſlog ſig igjennem med Krigsſkibene. Lybekerne gjorde ſig her ſkyldige i en Skændſelsdaad, der betegner den Tro- løshed og Gruſomhed, hvormed Krigen førtes. Med de tagne Skibe fik de flere Hundrede af Norbys Folk, der overgave ſig og modtoges ſom Krigsfanger. Dem fordelte de paa deres egne Skibe; og da de ſaaledes havde dem i deres Magt, kaſtede de dem bundne paa Hænder og Fødder overbord, idet de lode Trommer og Trom- peter lyde og affyrede Kanonerne for at overdøve Skriget. Stok- holm fik Guſtav dog ikke endnu; Henrik Slaghæk, underſtøttet af Kong Chriſtierns Sekretær Gotſkalk Erikſen, forſvarede Stad og Slot med paaſkjønnelſesværdig Udholdenhed endnu i ni Maaneder efter Norbys Nederlag.

Af den Hjælp, der ſaaledes ydedes Guſtav fra Lybek, er det indlyſende, at Staden ſelv ſtod i Færd med at bryde fuldſtændigt med Kong Chriſtiern. Det var allerede en fjendſk Handling, at Lybeks Raad gav den flygtede Svenſker Sikkerhed og ſaa igjennem Fingre med hans Overførelſe til Sverrig. Og at en hel Flaade til Underſtøttelſe af Opſtanden kunde udruſtes, forſynes med Krigs- folk og Krigsfornødenheder til Kamp imod Kongen, gjorde en Krigserklæring overflødig. Lybek og dets nærmeſte Bundsforvante ſtode med Sværdet draget, efter at det i fem Aar havde rykket det længere eller kortere ud af Skeden.

Engang maatte det under alle Omſtændigheder være kommet til Kamp imellem de vendiſke Stæder og Kong Chriſtiern. Der kunde alene være Spørgsmaal om Anledningen og Tiden til et

Brud. Malmøfreden af 23de April 1512 havde i Virkeligheden kun været en Stilstand, ikke en Udjævning af Stridspunkterne. Hvad Lybek vilde, efter som før Freden, var Opretholdelse af sit gamle Handelsherredømme i de nordiske Riger og sin Betydning som Stapelplads for Østersøen. Men Danmark under Kong Hans, og endnu bestemtere under Christiern, vilde afryste dette trykkende Handelsaag og drage saa meget som muligt af den indbringende Handel mellem Øst og Vest til sig. Naar begge Parter atter havde samlet Kræfter efter det voldsomme Sammenstød i Aarene 1510 og 1511, maatte Striden mellem disse Modsætninger, der hverken havde neutraliseret hinanden eller den ene brudt den andens Kraft, bryde ud paany.

Dette var Situationens Nødvendighed. At Brudet kom som det kom, og da det kom, laa dog ikke i Begivenhedernes Gang alene, men for en Del i Kongens lidenskabelige Heftighed. Da Kong Christiern besteg Danmarks og Norges Trone, havde han allerede som Regent i Norge viist en afgjort Villie til at ophjælpe Kjøbstædborgerne ved at modsætte sig Hanseaternes Anmasselser. Denne Villie traadte endnu tydeligere frem efter 1513, saa at Lybekerne allerede i hans tre første Regeringsaar mente at have Anledning nok til at klage navnlig over Indgreb i saakaldte gode Sædvaner. Betegnende er i den Henseende, at Kongen paa et Møde i Sønderborg med hanseatiske Sendebud i August 1516 forlangte at see de Privilegier, der gave dem de samme Rettigheder og Friheder i Belterne som i Øresund, hvortil Hanseaterne alene kunde svare, at havde de ikke saadanne Privilegier, saa havde de gammel Skik og Brug for sig. Dengang var Striden endnu ikke moden til et Brud; men de modsatte Standpunkter kom klart for Dagen. Kongen vilde netop bort fra det Gamle i sine Underfaatters Interesse; i sin Higen efter en ny Tingenes Orden brød han sig ikke om det Gamles juridiske Ret. Lybek derimod vilde hævde og udvide sine givne eller selvtagne Rettigheder, uden at spørge om andre Folks naturlige Ret.

At Christiern ægtede en Fyrstinde af det østerrigsk-burgundiske Hus, en Kvinde fra de forhadte Rivaler i Nederlandene, forhøiede Misstemningen i Lybek; og endnu mere, at han lod Sigbrit, ogsaa en Hollænderinde, faa hele Styrelsen af Told- og Handelsvæsenet i sin Haand. De „onde hollandske Raad" mente de sporedes i al hans Færd. Og dertil kom nu, at Kongen forlagde Sundtoldstedet fra Helsingør til Kjøbenhavn, at han stræbte at hæve denne Stad til Stapelplads for Østersøhandelen, at han søgte at formaa Fugger'nes rige Handels- og Bankierhus til at grunde et Faktori i Kjøbenhavn, og at han ikke alene i sine første 6—7 Aar viste hollandske og andre vesterlandske Handlende al Gunst, men ogsaa søgte at drage den russiske Handel til Kjøbenhavn, efter at Czar Iwan havde ødelagt det engang saa mægtige hanseatiske Kontor i Novgorod.

Der var altsaa i Stillingens Grundtræk Aarsag nok til Spænding og Sammenstød, da saa tillige fra Efteraaret 1516 Brudet mellem Kong Christiern og Sten Sture fremkaldte den samme Forvikling, som allerede engang havde ført til Krig mellem Danmark-Norge og Hanseaterne. Og det af to Grunde: først fordi Kongen alene kunde tilveiebringe Pengemidler til Krigen ved Indførelsen af Accise og ved Forhøielse af Ind- og Udførselstolden, saavelsom af Afgifterne i Øresund og af Skaanefiskeriet, hvilket naturligen ramte Hanseaternes Virksomhed haardt; dernæst fordi han maatte gjøre den samme Søret gjældende som hans Fader, altsaa holde hele Sverrig afspærret og opbringe ikke alene ethvert Skib, der seilede til eller fra det blokerede Land, men ogsaa ethvert, der førte svensk Eiendom, selv om denne var indladet i neutral Havn. Kongens Krydsere opfyldte Søen, den ene Blokadebryder efter den anden blev kapret, den ene Ladning fjendtligt Gods i neutralt Skib efter den anden borttaget. At Kjøbmændene drev denne Handel paa egen Risiko, selv om Borgermestre og Raad havde frasagt sig Ansvar eller endog forbudt den, formindskede ikke det forbittrede Klageraab i Stæderne over de kongelige Udliggeres Sørøveri, som man kaldte det. De ledende Mænd i Stæderne kunde ikke unddrage sig Paavirkning af Folkestemningen, der ikke brød sig om Malmørecessen, hvorpaa Kongen støttede sin Fordring om at afbryde Forbindelsen med Sverrig, — saa meget mindre, som Hanseaternes Forpligtelse i denne Henseende ikke var nedlagt i den offentlige Hovedakt af 23de April 1512, men i den hemmelige Biafskd. Det maatte jo ogsaa blive indlysende selv for dem, der kjendte Retsforholdet, at skulde Malmøtraktaten virkelig holdes og en saa virksom, omsiggribende Mand som Kong Christiern derved sættes i Stand til at undertvinge Sverrig, vilde dette være ensbetydende

med en Dødsdom over Hanseaternes Handelsherredømme.   Med
den yderste Anstrengelse havde de netop kunnet hævde den gamle
Stilling i Kampen med Danmark=Norge: hvorledes skulde det blive
muligt ligeoverfor et forenet Norden under en kraftig Styrelse?

At opretholde Sverrig maatte derfor erkjendes som én Livs=
opgave for Lybek og dets Bundsforvante, det er: Krig med Kong
Christiern blev uundgaaelig.   Og ikke Lybek og de vendiske Søstæ=
der alene trængtes hen imod et Brud; ogsaa Danzig, der i den
forrige Krig havde skilt sig fra de andre Hanseater for at nyde den
danske Handel og Skaanefiskeriet uforstyrret, kom nu i samme
Stilling som de andre Stæder, da Magistraten hverken kunde eller
vilde alvorligt modsætte sig Borgernes Handel paa Sverrig eller
finde sig i Kongens Toldpaalæg og danzigske Skibes Opbringelse,
der blev Krigens naturlige Følger.

Men ihvorvel Forholdenes Magt, uafhængig af de levende
Personers tilregnelige Misgreb, uimodstaaeligt førte Kongen og
Stæderne henimod Krig, naar Kongen ikke vilde opgive Sverrig,
var det dog langt fra, at Nogen af dem gik Katastrofen imøde
med faste Skridt og klar Bevidsthed.   Kongens Fordel var det
aabenbart, at undgaa et Brud saa længe som muligt.   Stæderne,
selv Lybek, følte endnu Virkningerne af den sidste Krig.   Danzig
drog yderst nødigt Sværdet; dets Stilling, dets Fordel, dets
Hjælpemidler vare ikke de samme som Lybeks.   Derfor Vaklen,
Tilbageskridt, Inkonsekventser fra begge Sider, og saa atter heftige
Udbrud, der medførte nye Forviklinger, indtil ny Forhøielse af
Tolden i Danmark, navnlig af Øresundstolden i September 1519,
og betydelige Paalæg paa det hanseatiske Kontor i Bergen endelig
hidførte en Krisis i Begyndelsen af Aaret 1520.   Lybek holdt i
Marts 1520 Møder med de andre vendiske Hansestæder og med
Danzig; det hvervede Tropper, sluttede den 25de Marts et otte=
aarigt Forbund med Ditmarskerne, byggede og rustede Skibe.

Da traadte Hertug Frederik af Slesvig=Holsten frem som
Mægler; thi han vilde jo komme i en saare mislig Stilling, der=
som Krigen virkelig udbrød.   Og det lykkedes ham endnu denne
Gang at afvende et Brud, men rigtignok paa Betingelser, som
Kong Christiern sikkert ikke var gaaet ind paa, dersom han ikke
havde været saa dybt indviklet i den svenske Krig, at han i Die=
blikket ikke kunde modtage et Angreb af Lybekerne.   I Segeberg

ſluttedes under Hertugens Mægling den 13de Mai 1520 en Stil-
ſtand indtil Paaſke 1521, hvorved Lybek og dets Bundsforvante
vel ſamtykte i at afbryde Forbindelſen med Sverrig, men fik i
Øvrigt fri og uhindret Fart og Bekræftelſe paa deres Særrettig-
heder i Kongens andre Lande. De kaprede Skibe ſkulde tilbage-
gives. Alle nye Paalæg, Told og Accife, ſom vare yngre end
Malmøfreden, og hvad der var paalagt Kontoret i Bergen, ſkulde
ſtrax hæves. Toldopkrævningen maatte ikke lægges til uſædvanlige
Steder. Og da Lybek reiſte Paaſtand paa Erſtatning for de Af-
gifter, der udover gammel Sædvane vare afkrævede dets Kjøbmænd
efter Malmøfreden, ſkulde disſe Fordringer og andre Tviſtepunkter
gjøres til Gjenſtand for Underhandlinger to Maaneder efter at
Kongen var kommen tilbage fra Sverrig.

'Kong Chriſtiern var dengang med Flaaden for Stokholm.
Dronning Iſabella førte Regeringen i hans Fraværelſe. Hun og
Rigsraadet fandt ſtor Betænkelighed ved at godkjende Overenskom-
ſten; men da de lybſke Afſendte ſtillede hende Valget mellem Rati-
fikation eller Krig, maatte Dronningen bøie ſig og med Rigsraa-
det beſegle Forliget den 5te (eller 9de) Juni.

Lybekerne paaſtode ſiden, at efter denne Overenskomſt vare vel
de kaprede Skibe tilbagegivne, men en ſtor Del af Ladningerne
ikke, og at heller ikke Opkrævningen af de nye Paalæg var ſtand-
ſet, ſaalidt ſom Erſtatning ydet for de uretmæsſig oppebaarne Af-
gifter, eller de betingede nye Underhandlinger derom nogenſinde
aabnede. Kongen, ſige de, havde holdt Lybekerne hen med alle-
haande Udflugter og imidlertid fortſat ſine Udpresninger, ret ſom
for at gjøre den forgiftige, beſatte gamle Kvinde Sigbrits Ord til
Sandhed: „Hvad betænkeligt er der i at beſegle Forliget ſtrax?
Man ſkal dog ikke holde det“ *). Ganſke rigtigt er dette nu vel
ikke. I det mindſte er det viſt, at Dronningen ſtrax efter Ratifi-
kationen paalagde Kongens Foged i Bergen, Jørgen Hanſen, at
ſtandſe Opkrævningen af de nye Afgifter paa de Kontorſke i Hen-
hold til Forliget. Men andre Afgifter bleve enten ikke afſkaffede
eller ſnart indførte igjen. Paa den anden Side paaſtaaer Kongens
Forſvarer, at Lybekerne ikke holdt deres Tilſagn. Det kan godt

---

*) »konnen ghi nicht ſtontlig forſegeln? man ſal ldt doch nicht houden«.
Ordene maa tænkes ſagte til den tvivlraadige Dronning ved Ratifikationen.

være, at Sigbrits Ord ikke have været saaledes at forstaa, som Lybekerne antyde; Ordene kunne ligesaa godt udtrykke hendes Forvisning om, at Traktaten ikke vilde blive holdt fra hanseatisk Side, fordi de enkelte Kjøbmænd ikke vilde modstaa Fristelsen til dog at vove den saa indbringende Snighandel med Sverrig, — eller maaske rettere: de udtrykke overhovedet hendes Forvisning om, at denne Overenskomst ikke kunde hæve Striden, der havde sin Grund i den hele politiske Stillings uopløselige Modsigelser, saa at det ikke var værd at betænke sig paa Ratifikationen, der dog vilde forskaffe Kongen fri Haand mod Sverrig i det afgjørende Øieblik.

Har Lybek haabet, at Kongen ved Segebergtraktaten for Alvor havde opgivet sine revolutionære Planer mod deres Handel og Privilegier, kom de rigtignok snart til Erkjendelse af deres Vildfarelse, ikke alene derved, at Traktaten blev mangelfuldt udført, men især ved Kongens øvrige Optræden efter Stokholms Overgivelse. Som i hans hele Færd saa ogsaa særligt mod dem viste det sig, at han derefter betragtede sig som en vældig Seirherre, der nu ikke længer behøvede at lade sig binde af Ord og Forpligtelser i Udførelsen af sine Planer. I Stokholm befalede han strax, at Enhver, der havde lybske Kjøbsvendes Gods i Forvaring, skulde under Livsstraf aflevere det. Dette var dog endnu intet Brud paa Traktaten, dersom dette Gods, som rimeligt er, var ved Privates Snighandel kommet til Stokholm. Men Intet kunde være farligere for Hanseaterne end den Plan til et stort **nordisk Handelsselskab**, der kom frem i Stokholm en Maanedstid efter Blodbadet. Kongen havde hidkaldt fire af de betydeligste Handlende i Kjøbenhavn og Malmø. Disse enedes den 4de December 1520 med det efter Blodbadet fornyede stokholmske Byraad, hvor Kongens Parti, mest tydske Borgere, nu efter det gamle Raads Henrettelse havde fuldkommen Overhaand, om at stifte et stort Kjøbmandsselskab til Handel med Danmarks og Sverrigs Frembringelser og Fornødenheder. Selskabet var strax fra Begyndelsen anlagt paa, at inddrage efterhaanden begge Landes hele Handelstand i sin Kreds. Kompagniet vilde efter Hanseaternes Mønster drive Handelen ved Faktorer i Kjøbenhavn, Stokholm, i Finland ved den russiske Grændse, og i Nederlandene, hvorhen Varerne fra Sverrig skulde føres gjennem Øresund; det skulde tillige af al Magt støtte Kongen imod Enhver, der i de tre Riger vilde opsætte sig mod hans Herredømme. Denne

Plan er vel strandet paa Sverrigs Opstand og paa Kong Christierns Fald; men havde den ladet sig gjennemføre, vilde den givet Lybeks Handel to Ulivssaar, først ved at drage Varehandelen fra og til det skandinaviske Norden ud af Hanseaternes Haand, dernæst ved at modarbeide Lybeks Paastand paa, at alt hvad det kaldte Stapelgods fra den indre Østersø, navnlig russiske Varer, skulde føres til Traven og først derfra mod Vest. Efter Kompagniets Grundstatut skulde disse Varer, for hvis Skyld det ene Faktori lagdes i Finland, Kongens eget Land, saa nær Rusland som muligt, føres direkte gjennem Øresund.

Neppe var Kongen kommen tilbage til Danmark, førend han ved Forordningen af 10de Februar 1521 førte et nyt middelbart, men afgjørende Stød mod Lybekernes Handel i Danmark ved at gjøre Ende paa deres indbringende Omsætning med Landboerne og binde al Handel og Haandværksdrift til Kjøbstæderne. Ogsaa tilsidesatte han nu ganske Segebergtraktaten af 13de Mai 1520, hvis Vigtighed han godt erkjendte under Kampen i Sverrig. Hos den samtidige Reimer Kock læses følgende Anekdote. Da Stokholm havde overgivet sig og Kongen taget Bolig hos Borgermesteren, sagde han i Samtale med Værten, Didrik Slaghæk og andre af sine betroede Mænd: „hvad synes Eder, kjære Herrer, er Vor Naade nu ikke en stor Herre og Regent? Vi har nu tre vældige Kongeriger i Vor Magt". Dertil svaredes: „Ja, Eders Naade kan nu lignes ved alle Konger i Christenheden og er nu stegen i Ære frem for alle Eders Forfædre". Dertil gjensvarede Kongen: „Nu kan vi dog ikke ret glæde Os ved alle Riger og Lande, siden Vi endnu ikke have under Vor Magt Staden Lybek, med hvilken Vi have havt saa stor Møie og Arbeide, før Vi kunde skille den fra de Svenske; thi det havde været umuligt, at Vi kunde blive Stokholm mægtig, havde Vi ikke med store Løfter faaet dem (Lybekerne) adskilte fra de Svenske". — Den lybske Kronist vil selv ikke indestaa for Samtalens Virkelighed; men den beholder sit Værd som Form for baade Kongens og Lybekernes Opfattelse af Situationen.

Kunde Lybek endnu tvivle om Kongens Sindelag, bragte hans Taushed med Hensyn til de Underhandlinger om dets Erstatningskrav, Segebergtraktaten betingede, dem snart ud af Illusionen. Og da de i Sommeren 1521 tilligemed Traktatens Mægler Hertug

Frederik forlangte fri Fart paa Sverrig, som jo nu var Kong
Christierns Rige, samt lod forespørge hvad de havde at holde sig
til med Hensyn til Fiskeri og Handel paa Skaane, kunde de af
Dronningen, som atter førte Regentskabet under Kongens neder=
landske Reise, ikke faa andet Svar, næst en Opfordring til at
vente med deres Klager indtil Kongen selv kom hjem, end at det
stod deres Kjøbmænd frit for at besøge Riget paa lige Fod med
de nederlandske og andre Stæder, der „staa under Keiseren!", —
et Svar, der omtrent var ensbetydende med det Nei, de senere
paastode at Dronningen svarede dem paa deres Spørgsmaal, om
de maatte nyde deres Privilegier.

Vistnok havde det været tjenligere for Kong Christiern selv,
om han var gaaet noget moderatere frem mod Lybek og havde ud=
sat saa længe som muligt at komme til et aabent Brud med en
Sømagt, han ikke var saa vel forberedt paa at møde, som hans
Fader havde været det i den sidste Krig. Men Retningen af hans
Politik for at løsgjøre sine Riger fra deres utaalelige Handelsaag
kan man dog kun finde naturlig og bifaldsværdig fra hans Stand=
punkt. Men den overmodige Seiersfølelse, der i 1521 beherskede
ham, bragte ham ogsaa her til at miskjende Forholdene, hvorved
han fremkaldte farefulde Forviklinger, han kunde have undgaaet.
Vi have ovenfor seet, at han paa den nederlandske Reise udvirkede
hos sin Svoger Keiseren Aabent Brev af 21de Juli 1521, der
blandt Mere fornyede og stadfæstede de Eiendomme og Rettigheder,
Kongens Forfædre havde havt i Staden Lybek, og i Stiftet, samt
alle de Len, Friheder og Rettigheder, hans Forfædre havde besid=
det i det tydske Rige. Hvilke disse Rettigheder vare, udtaltes den=
gang ikke. Senere, efter Kongens Fald, har hans Ordfører i sine
Stridsskrifter mod Lybekerne gjort gjældende, at fra Kong Valde=
mars (den Andens) Tid havde de danske Konger Ret til „die Burg"
og til „Königsstrasse" i Lybek, og desuden til aarlige Afgifter af
Lybek ifølge Forskrivninger fra det 14de Aarhundrede af Mark=
greve Ludvig af Brandenburg og Keiser Karl den Fjerde til Kong
Valdemar Atterdag. Lybekernes Krønikeskrivere ville endog, at
Kong Christiern ved falske Forestillinger har bevæget den med tydske
Forhold endnu ubekjendte Keiser til at skænke sig „en ubetydelig
Flække kaldet Lybek i Nordtydskland". Men om dette nu endog
kun er enten et lybsk Digt eller et løst Rygte, saa blev man i

Lybek høiligen foruroliget ved Keiſerens Aabne Brev af 21de Juli 1521, og maatte naturligen blive det ved at ſee Rettigheder i eller over Lybek tillagte en Herre ſom Chriſtiern, hvis fjendſke Sind imod Staden var altfor vel bekjendt. Hertil kom et keiſerligt Mandat, ligeledes udvirket af Kong Chriſtiern, der forbød Lybek al Handel og Samfærdſel med de ſvenſke Oprørere. Lybek ſendte ſtrax to af ſine førſte Mænd til Keiſeren, hos hvem deres Oplysninger og Foreſtillinger fandt ſaa megen Indgang, at han den 21de November tilbagekaldte de tidligere Mandater, opforbrede ſin Svoger til at holde Segebergtraktaten og overdrog Biſkoppen af Ratzeburg det Hverv, at mægle eller bømme imellem de Stridende. Men paa Chriſtiern gjorde dette Omſlag i Keiſerens Politik intet Indtryk. Han fortſatte Opbringelſen af hanſeatiſke Skibe, vedblev at optræve de forhøiede Tolbafgifter for Ind- og Udførſel, og i Øreſund, tvang fremmede Skibe og Søfolk til at tjene ham, kort ſagt: hævdede ſine Paaſtande og Anſkuelſer om ſin Ret ſom Herre i de nordiſke Rigers Farvande og ſom krigsførende Magt ſaa ſkarpt og ſtrengt, at der for Lybek ikke blev andet Valg end enten at opgive ſine Privilegier og Sædvanerettigheder i de nordiſke Riger, ja ſit hele merkantile Tvangsſyſtem mod alle Konkurrenter, ſin Undertrykkelſe af Regeringers og Folks fri Rørelſe i ſin Forretningskreds — med andre Ord: det hele Grundlag for Lybeks høie Blomſtren, eller at gribe til Sværdet for at hævde det imod en ſaa nærgaaende Nabo. Kong Chriſtiern drev Lybek til Fortvivlelſe.

Følgerne af dette Forhold ſynes ikke at kunne været undgaaede Kongens Tanker. Har han da regnet paa at kunne ſamtidigt møde Lybekerne og nedſlaa Opſtanden i Sverrig, uagtet han havde forſømt ſin Sømagt, ſaa at han ikke længer havde en ſaaban Storflaabe, ſom den, der i hans Faders Tid kæmpede om Herredømmet i Øſterſøen? Eller ſkulde han i ſin lidenſkabelige Higen efter at naa ſit Maal forſættelig have lukket Øinene for den Modſtand, han fremkaldte? man friſtes til at tro dette, naar man ſeer, at han ikke mod Lybekerne alene, men mod alle dem, der berørtes af hans Kampe og hans Paaſtande, optraadte ſaa haardt og heftigt, ſom om han forſættelig vilde hidføre en Kriſis. Ved nogen Skaanſel imod Danzig kunde han ganſke viſt have forebygget denne mægtige Stads Forbindelſe med dens gamle Rival Lybek. Vel havde Kongen nogen Grund til at klage over Danzigs Øvrighed,

der ikke med den Alvor og Kraft, han forlangte, modsatte sig en=
kelte Borgeres Forbindelser med de Svenske, og enten ikke kunde
eller ikke vilde hindre Udrustningen af Kapere i Danzigs Havn;
men han tog sig selv voldsomt til Rette ved at opbringe danzigske
Skibe, hvis Søfolk han tvang til at tjene ham. Og ligesaa lidt
Danzigs som Lybeks Klager over Krænkelse af Privilegierne bleve
hørte. Sundtolden var forhøiet fra en, to eller tre Nobler efter
Skibenes Størrelse til en Gylden for hver ti Læst Kjøb=
mandsgods; og ved Skaanefiskeriet var paalagt en Afgift af to
Gylden paa hver Læst Sild, der udførtes. Danzig sendte i Som=
meren 1521, medens Kongen var i Nederlandene, en Gesandt til
Kjøbenhavn for at bevirke en Ændring; men Underhandlingerne
med Dronningen og Sigbrit bleve frugtesløse. Saaledes trængtes
Danzig over i Lybeks Arme. Et Angrebs= og Forsvarsforbund
sluttedes imellem dem den 17de April 1522, hvorved de forpligtede
sig til at understøtte Sverrig med Tilførsel, samt til at bekæmpe
Sundets Spærring og fornemlig Planen om Oprettelsen af Sta=
pelpladser i Kongens Lande. Dette Sidste var det især, der laa
Lybekerne paa Hjerte.

I gjentagne Møder havde Lybek imidlertid sikret sig de andre
vendiske Stæders Bistand; og da det som anført var lykkedes, at
drage Keiseren ud af den farlige Forbindelse med Kong Christiern,
saa at denne stod isoleret, rustede Lybek i det første Halvaar af
1522 ivrigt til Krig. Man vil da forstaa, hvor gjerne det mod=
tog Gustav Vasas udstrakte Haand og, endnu inden Staden selv
var færdig, tillod Kort Koning og Herman Israhel at skaffe Gustav
ved private Midler den rigt forsynede Flaade af 10 Skibe, der i
Juni 1522 satte ham istand til at gjenoptage Stokholms Beleiring.

Ogsaa med sine naturlige Allierede Nederlandene kom Chri=
stiern i en Strid ved de Ændringer, han foretog med Øresunds=
tolden og ved anden Vilkaarlighed. Han forlangte af Nederlæn=
derne den samme nye Afgift i Øresund som af Lybek og Danzig,
og at den skulde erlægges i Kjøbenhavn, ikke i Helsingør. De
Skibe, der vægrede sig, bleve anholdte og fik hverken Tilladelse til
at fortsætte deres Reise eller at vende tilbage. Kongen brugte og=
saa Skibene til sine Transporter eller tvang Søfolkene til at gaa
i hans Tjeneste. Under hans Ophold i Nederlandene havde Kei=
seren søgt at udvirke Forandring heri, men Kongen havde undgaaet

bindende Tilsagn under Paaskud af, at han var udenfor sit Rige og maatte i en saadan Sag først høre sit Raad, som han nu ikke havde hos sig. Og i den sidste Halvdel af 1522 tiltog Spændingen ikke uden Skyld fra begge Hoffers Side. I Foraaret havde Kong Christiern ladet sit Sendebud Antonius af Metz anmode Keiseren og den nederlandske Regering om at faa Resten af Brudeskatten, de sidste 50,000 Gylden, udbetalt strax, men var bleven henvist til den i Traktaten af 22de Februar 1520 bestemte Termin; da denne kom, ved St. Hansdagstid 1522, kunde Regentinden dog ikke betale, fordi Keiserens store Krig med Frankerig lagde Beslag paa alle Midler. Heller ikke den Hjælp imod de svenske Rebeller, Traktaten lovede Kongen i almindelige Udtryk, kunde han nu faa. Vred herover vilde han gjøre sig selv betalt ved at optage nederlandske Skibe og Ladninger i Øresund, eller mente derved at tvinge Regentinden til nøiagtig Opfyldelse af Traktaten. Virkningen blev en heftig Forbittrelse hos Folk og Regering i Nederlandene, der fandt sit Udtryk i vrede mundtlige og skriftlige Klager. Saa hensynsløst gik Kongen frem, at han i Sommeren 1522 endog nægtede et nederlandsk Gesandtskab, der forgjæves i Kjøbenhavn havde søgt Striden jævnet, Tilladelse til at vende tilbage, fordi det ikke vilde overskride sin Instrux. Dette Skridt besvarede Regentinden med Fængsling af Kongens Sendebud og Forretningsfører i Nederlandene. I saa heftige Udtryk klagede Kongen over denne Voldsgjerning, at det saa ud til et fuldstændigt Brud. Ogsaa i denne Strid med sine nærmeste Venner gav Kong Christiern sin Lidenskab Tøilen: han vilde have Ret, de Andre skulde give ham Ret, de skulde Alle bøie sig for ham; en nogenlunde sindig Politik, der tog Hensyn til Omstændighederne, var ham umulig. Altfor seent kom han til Erkjendelse af, at den Modstand, han reiste imod sig fra alle Sider, dog blev ham overmægtig.

Til alle disse uheldsvangre Forviklinger kom nu efter Kongens nederlandske Reise, og som en Følge af denne, et halvt og snart et helt Brud med hans Farbroder Hertug Frederik i Holsten, nærmest i Anledning af den holstenske Lenssag. Forholdet imellem Hertugen og hans Brodersøn havde efter Hyldingen i 1513 været fredeligt; hjerteligt kunde det vel aldrig blive, da Frederik ikke kunde glemme den Uret, han mente sig tilføiet af Kong Hans ved Deling af Hertugdømmerne og ved Afslag paa hans andre

Fordringer. Christiern arvede jo Faderens Stilling og opretholdt hans Paastande som grundede i sin Ret; han maatte betragte Farbroderen som en uvisom og besværlig Nabo, Hertugen ham som den, der forholdt ham hans Ret. Men da Hertugdømmernes Stænder nu engang havde anerkjendt Christiern som Landsherre og opretholdt hans Stilling saavel som Hertug Frederiks, havde Hertugen slaaet sig nogenlunde til Ro og havde vel ikke opgivet, men heller ikke frembragt de gamle Fordringer. Paa Grundlag af den nu engang bestaaende Fordeling af Magten i Hertugdømmerne havde han undgaaet at give Brodersønnen Aarsag til Klage. Han havde været Kongens Gjæst i Kjøbenhavn ved Formælingen 1515; han havde rakt ham en hjælpende Haand mod Sverrig 1520, dels ved som Mægler at tilveiebringe Overenskomsten af ·13de Mai 1520 med Lybek og derved afvende en Krig mellem Hanseaterne og Kongen i det afgjørende Øieblik, dels ved at sende om ikke mange, saa dog nogle Krigsfolk til det store Tog ind i Sverrig 1520. Mindre Rivninger kunde imidlertid ikke undgaaes, saasom om Jurisdiktionen over Prælater og Ridderskab eller om Transiten mellem Lybek og Hamborg, som Kongen vilde have til sit Slot Segeberg, Hertugen til sit Tritau; men hvorledes skulde det kunnet være anderledes ved en Deling, der hverken adskilte Hertugdømmerne eller forbandt dem til en virkelig Enhed? Begge Landsherrer maatte være tilfredse med, at Forholdet imellem dem dog var et taaleligt i de første otte Aar. Ikke engang det slesvigste Len voldte Strid. Hertugen forlangte efter Kong Hanses Død Belening; Kongen gav ham den aldrig, saa at Hertugen maatte slaa sig til Ro med, at han havde sikret sig sin Ret i Tide.

Men Striden kom over det holstenske Len. Kongen stilte sig i dette efter Sagens Natur fuldkommen fælles Anliggende fra Hertugen, søgte, og fik i Nederlandene, uden Hertugens Vidende og Deltagelse sin personlige Belening umiddelbart af Keiseren. Var allerede dette en stødende Tilsidesættelse af den ligeberettigede Medregent, saa opfattede Hertugen Overdragelsen af Beleningen for hans Vedkommende til Kongen i Stedet for til Biskoppen af Lybek ikke alene som en Krænkelse, underfundigen tilføiet ham uden at han havde havt Leilighed til at gjøre sin Ret gjældende, men ogsaa som en Trusel om Planer til at bringe ham ind under Brodersønnens Høihed. Da nu Kongen et Par Maaneder efter sin

Hjemkomst opfordrede Hertugen til en Samtale for at bringe Lens-
sagen i Rigtighed, førte et personligt Møde i Kolding sidst i 1521
eller først i 1522 ingenlunde til Enighed. Hertugen vilde ikke
modtage sit holstenske Len af Kongen og følte sig desuden krænket
ved Kongens Adfærd imod ham. De skiltes som Uvenner, og
Hertugen viste, at han i denne Sag ikke vilde give efter, idet han
forlangte sin Belening af Biskop Johan af Lybek i Mai 1522.

Helst havde disse uenige Frænder vistnok undgaaet at see hin-
anden; men den truende Krig med Lybek nødte Kongen til at enes
med Slesvig og Holsten om Hertugdømmernes Holdning. I et
Møde med Hertugen ved Midsommerstid, og med Hertugdømmer-
nes Ridderskab ved Leventsau sidst i Juli 1522, søgte han at for-
maa sin Farbroder og Stænderne til at slutte sig til ham, men
kunde ikke faa dem bort fra den Politik, de havde fulgt i hans
Faders Krig med Lybek: de vilde for begge Hertugdømmer, den
kongelige som den hertugelige Del, forholde sig neutrale. Os
Danske mishager det vistnok nu, at Slesvig holdt sig udenfor en
dansk Krig; men betragter man ikke Sagen fra et Partistandpunkt,
maa det indrømmes, at om Holsten og Slesvig ikke udgjorde en
uafhængig Stat, saa havde de dog nu som et eiendommeligt For-
bund af to Lensfyrstendømmer i et Aarhundrede staaet saa frit
imod baade det danske og det tydske Rige, at Hertugen og Stæn-
derne ikke uden Grund først og fornemlig toge Hensyn til disse
Landes egne Tarv og Fordel. Fra Hertugdømmernes Standpunkt
kan det kun billiges, at Stænderne ikke vilde føie Kongen. De
indvendte med Grund, at Talen var om en Krig, der alene ved-
kom Kongeriget, og at Hertugdømmerne maatte see at holde sig
fri for de Tab og Ødelæggelser, Krigen vilde medføre. Man har
ikke Ret til at fremstille Sagen, som om det var overgjemt Nag
og ny Vrede hos Hertugen, der bragte ham til at svigte en Pligt
imod sin Konge og sit Fædreland; thi hverken var han Kong Chri-
stierns Undersaat, skjøndt han for Halvdelen af sine Besiddelser
anerkjendte den danske Kroncs Lenshøihed; og heller ikke kan Dan-
mark kaldes hans Fædreland, men i det Høieste hans Fødeland.
Et Andet er, at hans personlige Mellemværende med Kong Chri-
stiern netop ved samme Tid beredte Kongen nye Vanskeligheder og
gjorde dennes noksom truede Stilling endnu mere mislig. Under-
handlingerne herom hænge saa nøie sammen med Striden mellem

Kongen og Lybek, at Fremstillingen af disse Forviklinger ikke længer kunne adskilles.

Fra det tydske Riges Regering udgik Opfordringer saavel til Kongen som til Lybek om at afholde sig fra Krig, og samtidigt fremtraadte atter Kongens Svoger, Kurfyrst Joakim af Brandenborg, i sin gamle Mæglerrolle, denne Gang i Forbindelse med Hertug Albrecht af Meklenborg og Bistoppen af Ratzeborg. Deres Underhandlinger med Lybekerne førte til Intet: Lybek vilde have Krig. Men samtidigt mæglede Fyrsterne ogsaa mellem Hertugen og Kongen; her havde de noget bedre Held, idet de ved et personligt Møde af Kongen, Hertugen og Mæglerne i Bordesholms Kloster tilveiebragte et Forlig af 13de August 1522, som blev Udgangspunktet for de følgende Begivenheder, og som viser i det Enkelte, hvori Stridspunkterne bestode.

Først gav Kongen Afkald paa det keiserlige Kommissorium, som bemyndigede ham til at meddele Hertugen Beleningen med Holsten, dog saaledes, at Hertugen selv skulde hos Keiseren bevirke dette Kommissorium taget tilbage.

Dernæst samtykte han i, at om han kom til Krig med Lybek, maatte Hertugdømmerne sidde stille som i Feiden under Kong Hans; og da maatte fra Kongens Slotte og Lande i Hertugdømmerne intet Fjendtligt foretages imod Lybek.

Da endvidere Hertugen formente, at have Tiltale til Kongen om fire Stykker, nemlig

om hans Rettighed til Norge som en født Kongesøn og Arving til dette Rige;

om Regnskab for den Tid, da Kong Hans i Hertugens Umyndighed førte Regeringen i Hertugdømmerne;

om en Gjæld af 100,000 Gylden, der i Skiftet mellem Brødrene blev lagt paa Hertugens Del, men burde udredes af de tre Kongeriger; og

om det Udstyr af Danmark, der tilkommer ham som en dansk Kongesøn,

saa lovede Kongen at forelægge inden førstkommende Mortensdag disse Fordringer for Danmarks og Norges Rigsraad, samt lade opsøge alle de Forhandlinger, Recesser, Breve, der ere gjorte mellem Kong Hans og Hertugen. Hvad Kongen da findes at være

Hertugen fkyldig, og hvad han „derom er tilfinds", fkal han lade Hertugen vide inden den nævnte Dag.

— I Forbindelfe hermed antog Kongen til Dommere eller Voldgiftsmænd over diffe fire Artikler Kurfyrft Joakim af Brandenborg, Hertugerne Henrik og Albrecht af Meklenborg, Hertug Bugislav af Pommern = Stettin og Bifkop Henrik af Ratzeborg. Diffe fkulde i et Møde paa Segeberg omtrent 14 Dage før Pintfe (d. e. den 10de Mai) 1523 enten til Minde eller til Rette endelig afgjøre Hertugens Fordringer. Kongen forpligtede fig til at underkafte fig deres Dom. — Havde Kongen paa fin Side Fordringer til Hertugen, fkulde diffe ligeledes endeligen paadømmes i famme Møde af de nævnte Voldgiftsmænd, men Kongen inden Jul forelægge Hertugen faadanne Fordringer, for at denne itide kunde blive bekjendt med dem.

— Da Kongen erkjendte, at han endnu var fin Farbroder omtr. elleve Tufinde Mark Lybfk fkyldig, forpligtede han fig til at betale dette Beløb i næfte Kieler Omflag ved Helligtrekongers Tid 1523.

— Om Jurisdiktionsforholdene beftemtes, at ingen af Hertugdømmernes Beboere maatte kaldes i Rette ud af Landet eller for Danmarks Rigsraad. Kongen og Hertugen fkulde hver for fig i fin Del have den høiefte Dom og Magt over Borgere, Bønder og menige Almue, men over Prælater og Ridderfkab, fom ikke var delt, kun i Fællesfkab. I Holften fkal dømmes efter gamle Sædvaner og Statuter famt efter Sachfenfpiegel, i Slesvig efter Kong Valdemars jydfte Lov og efter Privilegierne.

— Indtil den anfatte Retsdag i Segeberg blev det Kjøbmænd uforment at vælge Veien over Segeberg, Trittau eller Oldesloe; den Told, Kongen havde paalagt i Oldesloe, opretholdes ogfaa indtil da.

— Hertugens Fordring paa Erftatning for den Skade, han havde lidt paa Harnifk og Hefte i Kongens Tjenefte paa det fvenfte Tog, lod han falde og vilde derom venligen forliges med Kongen.

Dette Bordesholmfke Forlig gik jo viftnok Kongen temmelig nær, dog mere hans Stolthed end hans Magt, da de fire Artikler, fom egenlig angrebe denne, henftilledes til Kjendelfe af Voldgiftsmænd, af hvilken Kurfyrften af Brandenborg, Kongens Svoger, og Hertug Albrecht af Meklenborg, Kurfyrftens Svigerſøn, ſtode paa Kongens Side, medens den keiſerlige Kommisſær Biſkoppen af Raheborg maatte betragtes ſom upartiſk. Forliget angreb ikke Kongens Stilling i det Hele, ſaaledes ſom Lybekkernes Krig, der ikke havde Forſvar for et eller andet Privilegium, Afhjælpning af et eller andet Misforhold til Formaal, men en Omvæltning af hele den Situation i Norden, Kongen vilde gjennemføre. Denne Krig maatte have til ſidſte Henſigt, at omſtyrte Kong Chriſtierns Trone; thi ſaalænge den ſtod, kunde Lybeks gamle Herredømme over Nordens Næringsvirkſomhed ikke opretholdes. Hvor to ſtridende Parter ſtaa ſaaledes mod hinanden, kan ingen Mægling udjævne Modſætningerne. Derfor maatte Kurfyrſten efter frugtesløſe Forſøg den 20de Auguſt ſkrive til Kong Chriſtiern, at Intet kunde udrettes, ſaa at Kongen maatte berede ſig paa Krig.

Lybekkernes Flaade var da allerede i Søen. En Brand i Travemynde havde ødelagt fem af deres Skibe; men ved fordoblet Anſtrengelſe var det lykkedes Raadet at erſtatte Skaden, ſaa at 13 ſtørre og 4 mindre Skibe den 3die Auguſt kunde afſeile fra Travemynde under Ledelſe af en Borgermeſter og to Raadsherrer. Efter at have draget Roſtoks og Stralſunds Kontingenter til ſig og forenet ſig med Guſtav Vaſa's nylig fra Lybek modtagne 10 Skibe, der nu under ſvenſke Anførere gik i Søen ſom en ſvenſk Sømagt, ſtod den ſamlede Flaade fra Rygen over til Bornholm, brandſkattede det aabne Land, ſtormede og ødelagde Hammershus, hvor man befriede den fyenſke Biſkop Jens Anderſen, der havde baade Familie- og Venſkabsforbindelſer med betydelige Mænd i Lybek. Fra Bornholm gik Flaaden ind i Øreſund, laa i tre Dage udenfor Kjøbenhavn uden at forſøge noget Angreb, gik ſaa ned ad Sundet, beſkød og opbrændte Helſingør, men angreb ikke Krogen Slot. En Landgang paa Skaanes Kyſt i Nærheden af Helſingborg blev ſlaaet tilbage af Kongens Statholder hinſides Sundet, den nye Ærkebiſkop Johan Veſalius. Lybekerne lagde ſig nu atter for Kjøbenhavn, hvor imidlertid en halv Snes Tuſind Mand fra Landet og Kjøbſtæderne i Sjælland vare ſamlede i en Leir udenfor Staden, ſaa at de ikke fandt det raadeligt at vove et Angreb De gik ud af Sundet, vendte ſig mod Møen, gjorde Landgang, brændte og røvede, men angrebe heller ikke her det velbefæſtede Slot. Under Møen ſtødte den 4de September fire Skibe fra Danzig til dem. Førſt den 28de Auguſt var Danzigs Raad bleven

28*

saavidt færdig med sine Rustninger, at det kunde lade fem Skibe afgaa; men de vare slet forsynede med alle Fornødenheder, navnlig med duelige Søfolk, og et af Skibene forliste ved Bornholm. Resten opsøgte de vendiske Stæders Flaade under Møen; men den hele store Flaade var nu færdig med sine Bedrifter for denne Sommer. Den 5te September adskiltes den igjen; Danzigerne gik hjem, Lybekerne og de Svenske til Traven, Rostokerne og Stral-sunderne hver til Sit. En Maaned havde denne vældige Magt været i Søen uden at have udrettet Andet end at ødelægge Hammers-hus, Helsingør og det aabne Land paa Møen. Den kom ikke mere ud i dette Aar. Frygt for Mytteri blandt de hvervede Krigsfolk bidrog til denne hurtige Tilbagevenden; en anden Grund var Efter-retningen om, at Søren Norby fra Gulland nærmede sig med en anseelig Sømagt.

Noget Afgjørende havde Lybekerne saaledes ikke udrettet; de havde endnu ikke rokket Kongens Stilling i Norden. Men dog blev denne Krig ham fordærvelig af to Grunde: den drev Mis-stemningen i Danmark til det Høieste, og den forenede Alt, hvad der var Kongen fjendsk, til samlet Angreb paa ham.

Alle Stænder i Danmark havde baaret store Byrder i den syvaarige Krig, hvis Slutning nu rykkede ud i en ubestemmelig Fremtid. Skat var fulgt paa Skat, Accise paalagt Stæderne, Tolden forhøiet, det ene Udbud efter det andet havde draget den kraftigste Del af Befolkningen bort fra Næringsvirksomhed ind i alle Krigens Farer. Kjøbstæderne havde vel faaet Erstatning ved Kongens vældige Opretholdelse af deres udelukkende Ret til Handel og Haandværk, og paa andre Maader, saasom Andel i Accisen; men dog følte de Trykket haardt. Og Landboerne led endnu mere. Fæstebønderne i Sjælland vare vistnok vel tilfredse med, at Borned-skabets Baand var løsnet, og at de i Kongen havde en Forsvarer mod Godseiernes Vilkaarlighed; men Skatter og Mandskab maatte Bondestanden udrede saavel som de andre Stænder. Prælaterne vare ligefrem underkuede af Kongen, Adelen haardt trykket navnlig ved den idelige Krigstjeneste. Ingen ny Seir hævede Nationens Stemning og lettede Byrden, tvertimod syntes Alt, hvad der et Øieblik ved dens yderste Anstrengelse var vundet, atter at skulle gaa tabt. Og nu kom denne nye Krig med Hanseaterne! Ny Hvervning af fremmede Tropper blev nødvendig, Indkvarteringen blev dobbelt trykkende, somme Steder utaalelig. Handelen standsede, — hvorledes kunde det da være Andet, end at den kun altfor vel grundede Misstemning over Kongens hele haarde og vilkaarlige Regering nu steg til det Høieste, især hos de to høiere Stænder, der saa sig fortrængte fra den Deltagelse i Lovgivningen og Regeringen, Aarhundreders Udvikling havde lagt i deres Haand? Det behøver ikke at siges, med hvilke Følelser Adel og Prælater saa Rigsraadet tilsidesat og Kongen omgiven af Øientjenere som Sigbrit, Didrik Slaghæk, Hans Bartholomæussen Tolder i Aalborg, Rasmus Klementsen, Lensmand i Blæsbjerg, Jørgen Hansen paa Bergenhus, Hans Mule i Oslo o. Fl., Vanbyrdige, der tvertimod Haandfæstningen droges dem over Hovedet.

Ottende Afdeling.

Nye Skatter paalagte i Danmark. Lybek samler Kongens Fjender. Bordesholmsforliget kommer ikke til Udførelse. Hertug Frederiks Forbindelse med det jydske Raad. Jydske Biskoppers og Adelsmænds Sammensværgelse. Mogens Gøje hos Kong Christiern. Det jydske Raad opsiger Kongen. Mogens Munk hos Kongen i Veile. Det jydske Raads Opraab til Almuen. Underhandlinger mellem Kongen og det jydske Raad. Kongen viger for Opstanden.

At Kong Christiern i over et halvt Aar efter sin Hjemkomst fra Sverrig har miskjendt Betydningen af Gustav Vasa's Reisning, viser Intet klarere end den ubetimelige nederlandske Reise. Men at han derefter, da han saa hele Landet i Sverrig tabt og kun Stokholm, Kalmar, Finland i sin Magt, ikke har ført en ny stor Hær ind i Landet for anden Gang at undertvinge det, uden at han dog vilde opgive denne Plan, forklares neppe anderledes end at han efter den Anspændelse af alle Kræfter, der efter to mislykkede Felttog endelig i 1520 førte til Seiren, har anseet det for nødvendigt at unde sine Undersaatter nogen Hvile, inden han atter fordrede deres Gods og Blod. Lybekernes Krig tilintetgjorde dette

Forſæt; for nu at forſvare Danmark ſelv, maatte han paany anſpænde det udmattede Lands Kræfter.   Nye Skattepaalæg bleve nødvendige.   Man talte om, at Kongen forlangte to Gylden aarlig af hver Bonde, ihvem de tjente, — en dengang uhørt Afgift; men hvad der i September 1522 virkelig forlangtes af Geiſtligheden, gjør de ſtørſte Fordringer til de andre Stænder trolige nok. Kongen paalagde de Geiſtlige af alle Grader og Stillinger ſtrax at udrede en Trediedel af al deres Rente og en Trediedel af alt deres Løs- øre, det er, med vor Tids Ord: han paabød en Formuesſkat og en Indkomſtſkat, hver paa ikke mindre end 33 Procent! At der ſamtidigt er lagt ny Afgift paa Kjøbſtæderne, og de gamle ind- krævede med forøget Strenghed, er viſt nok; men vi kjende nu ikke nærmere disſe Byrders Størrelſe. — En mørk Gjæring gik gjennem Landet, iſær i Jylland.   Formodentlig var det i Anledning af de nye Paalæg, at Borgerne i Aalborg ihjelſloge Kongens ivrige Tjener, den haarde Tolder og Skattekræver Hans Bartholomæus- ſen, Lensmand paa Aalborghus, et af de meſt forhadte Redſkaber for Kongens Udpresninger.

Endnu ſkadeligere for Kong Chriſtiern blev Krigen derved, at Lybeks Regering var ſnild og heldig nok til at føre alle de Kongen fjendſke Elementer i Forbindelſe med hinanden og lede dem alle imod ham.   Sin venſtre Haand havde Lybek allerede rakt Guſtav Vaſa, med den høire ſtræbte den at drage Hertug Frederik til ſig.   En Tilnærmelſe fandt allerede Sted ſtrax efter Mødet i Bordesholm.   Da Kongen havde maattet give ſit Samtykke til Hertugdømmernes Neutralitet, ſluttedes derom en Overenskomſt den 1ſte September 1522 paa et Møde i Pløn imellem Hertugen og Hertugdømmets Stænder paa den ene, Borgermeſtere og Raad paa den anden Side.   Fra den Tid ſøgte Lybek ſtadig at drage Hertug Frederik over til ſig ved at foreholde ham Udſigten til at fortrænge Broderſønnen og ſelv ſætte Nordens Kroner paa ſit Hoved.   I det enkelte kunne vi ikke følge disſe Rænker, der ikke have efterladt ſig tilſtrækkelige Spor i ſkriftlige Mindesmærker — naturligvis fordi ſaadanne Underhandlinger maa føres hemmeligt, og fordi de ſikkert i længere Tid ere førte mundtlig mellem be- tydelige Mænd paa begge Sider, inden Lybeks Raad traadte Hertugen ſelv nærmere.   At Hertug Frederik maatte nære ſtore Betænkeligheder ved uden antagelig Krigsgrund at angribe en hidtil

saa mægtig Herster som Christiern den Anden, der stod i Slægt-
stab og Forbund med Keiseren, Kongerne af England og Skotland,
Kurfyrsterne af Brandenborg og Sachsen, og flere Fyrster, medens
alene Lybek, eller i det høieste Lybek i Forbindelse med de tre ven-
diste Søstæder, bleve hans eneste Allierede, det vil Enhver finde
begribeligt. Han maatte da ogsaa i det mindste for Skams
Skyld afvente Udfaldet af den Voldgiftskjendelse til Pintsetid 1523,
der var fastsat i det Vordesholmste Forlig. Men heldigt nok for
Lybek ryddede Omstændighederne denne Anstødssten for dets Planer
af Veien; thi Forliget opfyldtes ikke i noget Punkt. Noget for-
maaede Kongen ikke at udføre, Andet forsømte han, eller unblod
det forsætlig; og paa sin vilkaarlige Vis gav han sin Farbroder
ny Grund til Klage. — Hjemkommen til Danmark efter Mødet
i Vordesholm gav Krigen og paatrængende Regeringsforanstalt-
ninger ham saa meget at gjøre, at den Herredag, for hvilken
Hertugens fire Fordringer og Kongens Modforbringer ifølge
Vordesholmsakten skulde forelægges, inbkaldtes for sent til otte
Dage før Mortensbag. Der mødte kun nogle af de nærmeste
Rigsraader i Kjøbenhavn, saa at Kongen maatte undskylde Herre-
bagens Udsættelse hos Hertugen. I sig selv var det ogsaa saa
godt som umuligt, at de norske Rigsraader, selv med god Villie til
at samles udenfor deres eget Rige, kunde være i Danmark før
Mortensbag. Kongen havde allerede i Vordesholm fremhævet
bette; men Hertugen vilde ikke indrømme længere Frist. Endnu
mindre kunde Raadsherrerne fra det nordlige Norge komme i
Vinterens Løb. Kongen inbkaldte da en dansk Herredag af Rigs-
raaderne til Kalundborg ved Juletid; for at være vis paa, at
Budet kom be jydste Rigsraader betimelig tilhænde, sendte han
sin Herold til Enhver med inbtrængende Anmodning om at møde.
De lovede alle at komme, Nogle skreve endog særligt til Kongen
med Løfte om at være hos ham i Julen; men Ingen af dem kom
bog, saa at Kongen anden Gang maatte undskylde Forsømmelsen
hos Hertugen. Han sendte denne Raadets Breve, at han selv
kunde see Grunden til Udsættelsen; men Hertugen sendte dem til-
bage uben nogetsomhelst Svar. Kongen reiste ved Nytaarstid selv
til Fyen for at modtage de nyhvervede Tropper, der nu ankom
fra Tydskland. Her besluttede han at kalbe til et almindeligt
Møde i Aarhus den 25de Januar 1523 ikke alene be jydste

Rigsraader, men ogsaa den menige Adel i Jylland, samt Udvalgte af Borgere og Bønder. At Kongen dengang mærkede et Uveir trække sammen over sit Hoved, seer man tydelig nok af en Skrivelse fra Odense af 19de Januar 1523, hvormed han sendte Professor ved Universitetet Alex. Kingorn til Kong Henrik den Ottende af England; men han har vist ikke ventet at see sin Farbroder optræde imod sig, da det i saa Fald maatte været ham magtpaaliggende at fastholde denne ved Bordesholmsforliget ved selv nøiagtig at opfylde dettes Bestemmelser, saavidt det stod i hans Magt. Dette skete imidlertid ikke, Bordesholmsforliget blev ikke opfyldt, hvad enten Skylden laa i Uheld eller i Kongens Ligegyldighed for at efterkomme Forpligtelser, der vare ham imod. Han havde lige strax ved Forligets Afslutning krænket det ved ene, uden Hertugens Deltagelse, at dømme i en Sag mellem to holstenske Adelsmænd; at dette skete, efter at Forliget var aftalt, men inden Forligsbrevet var beseglet, som hans Ordfører Corn. Scepper siden paastod, ligner unægtelig et Lovtrækkeri, der ikke kunde afholde Hertugen fra at tyde det som et Tegn paa Kongens ringe Villie til at holde Forliget.

Uheldigt var det ogsaa, at Anders Glob, Provst i Odense, som Kongen sendte til Kiel for at skaffe Penge i Omslaget 1523, ingen kunde opdrive, ja endog blev indmanet i Kiel paa Kongens Begne for ældre Gjæld, saa at heller ikke de 11,000 Mark blev betalte. Men især stødte det Hertugen, at Kongen efter Bordesholmsforliget havde sendt Anders Glob til Segeberg med Ordre til Slotsbefalingsmanden Jørgen v. d. Wisch om at indlade ham i det hvælvede Taarnkammer, hvor Hertugdømmernes Fællesarkiv opbevaredes under begge Fyrsters Haand. Hertugen paastod senere, at Hvælvingen blev opbrudt med Magt, og at Brudet endnu var kjendeligt paa Muren; Kongen nægter at have givet Befaling til at bryde Hvælvingen; hans Sendebud sagde siden i Hamborg 1524, at Døren blev aabnet med Nøgle, og Anders Glob paastod ligeledes, at Ordren til Befalingsmanden løb paa at udlevere ham Nøglen. Formodentlig have begge Herrer i dette Tilfælde Ret. De have vel hver havt sin Laas for den fælles Hvælving i det Slot, som hørte Kongen til; Kongens Laas har v. d. Wisch kunnet aabne med den ene Nøgle; men Hertugens har han maattet frabryde. Anders Glob udtog nu en hel Del Aktstykker og sendte

dem til Sønderborg Slot, hvor Kongen, efter Sceppers Paastand,
vilde gjøre sig bekjendt med dem, da hans og Hertugens Stilling
og Hertugdømmernes Privilegier maatte komme til Afgjørelse ved
den forestaaende Voldgiftskjendelse i 1523.   Da Anders Glob
ogsaa brændte nogle gamle Dokumenter, som han vedgaaer i
Brevet til Hertugen af 28de Februar, er det ikke underligt, at der
fra Hertugens Side yttres en stærk Mistanke om, at Hensigten
især var at fjerne de Aktstykker, der talte til Fordel for de her-
tugelige Paastande.   Om denne Mistanke var grundet eller ikke
kan nu ikke afgjøres, da vi ikke vide, hvilke Brevstaber der bort-
toges, hvilke der brændtes; men vist er det, at denne egenmægtige
Handling i Forbindelse med Ikke-Opfyldelsen af de Punkter i
Bordesholmsforliget, der skulde have været udførte før og ved
Helligtrekongerstid 1523, gav Hertugen et Paaskud til at betragte
sig som løst fra Forliget netop i det Øieblik, da det var Kongens
største Fordel at fastholde ham derved.

Et Paaskud siger jeg; thi der kan neppe være Tvivl om,
at Hertugen har seet ud efter Leilighed til at komme løs fra sine
Forpligtelser, inden det var klart, at Kongen ikke vilde holde sine.
Det er vel ikke fuldt bevisligt, men dog troværdigt berettet, at
Hertugen senest i December 1522 har spillet under Dæktet med
misfornøiede Bisskopper og Adelsmænd i Jylland. Vi have endnu
et Udkast til en Beretning fra Hertugens Partistandpunkt, forfattet
omtrent en halv Snes Aar efter disse Begivenheder, af en med
Lederne i Hertugdømmerne nær forbunden Mand.   Heri siges, at
da Hertugen vidste, hvor misfornøiet Kongens Underfaatter vare,
har han ladet Mogens Munk, dengang Landsbommer i Nørre-
jylland, fondere, om han kunde vente sig Tilslutning, dersom han vilde
„antage" sig Riget og dem Alle; han vidste, at han kunde faa
Hjælp af Lybek og de vendiste Stæder.   Forfatteren tilføier, at
Mogens Munk strax gik ind paa Hertugens Forslag og paatog
sig at underhandle med Bisskopper, Prælater og Ridderstab i Jyl-
land om at opsige Kong Christiern Huldskab og Troskab. — Paa
hvad Tid dette Rænkespil først er begyndt, angives vel ikke, men
det synes aldeles utroligt, at den Sammensværgelse af jydste
Magnater, der allerede var sluttet inden Udgangen af Aaret,
skulde være kommet i Stand uden foreløbig Forstaaelse med Her-
tug Frederik.

Thi af 21de December 1522 er følgende Aktstykke:

„Vi Niels Stygge til Børglum, Niels Clausen til Silkeborg,
Ivar Munk til Ribe, Styge Krumpen til Børglum, Ove Bilde
til Aarhus og Jørgen Friis til Viborg, Biskopper; Mogens Gøje
Ridder og Danmarks Riges Marsk, Prebørn Podbust, Niels Høgh,
Jochim Lykke, Tyge Krabbe, Peder Lykke, Riddere og Danmarks
Riges Raad; Mogens Munk, Niels Ludvigsen, Otto Holgersen,
Erik Eriksen, Erik Stygge og Oluf Nielsen, som Væbner er, gjøre
Alle vitterligt med dette vort aabne Brev, at vi have nu i lang
Tid betragtet, befindet og overveiet den Hellige Kirkes, vor og
menige Danmarks Riges Indbyggeres Skade og evige Fordærvelse
i saa Maade, at den Hellige Kirke og hendes Personer imod al
christelig Tro og Ret besværes og berøves deres Friheder, Privi-
legier, Gods og Klenodier; hendes Prælater imod Dom og Ret
og christelig Tro tages ved deres Hals, indsættes og aldrig maa
komme i Rette; Messer, Gudstjeneste og Alt det, Gud tilhører,
ødelægges; Kjættere, som gangne ere fra den hellige christne Tro,
lokke os fra den hellige christne Tro med sine lutheranske Stykker
og Skalkhed, fortalende alt Det, den evige Gud tilhører. Des-
værre, vi see dagligen for Øine, at i disse tre Riger Danmark,
Sverrig og Norge er ingen Ærkebiskop, som Hoved skulde være
for den hellige christne Tro næst vor helligste Fader Paven; deslige
er Fyen, Oslo, Bergen, Vesteraas, Skara og Aabo biskopløse;
Kirkens Slotte, Gaarde, Gods, Kirker og Præster ubi fornævnte
Stifter regeres af andre Tyranner, Skrivere og Lægmænd; for
hvilket Alt vi sandelig befinde kunne, at den evige Gud haver
ganske haardelig straffet disse tre Riger i syv Aar med Pestilens,
Sygdom, Armod, Feide, Krig, Orlov og umildt Herskab. Saa
og forskrives Danmarks Riges Raad, deslige Sverrigs og Norges,
til venligst Herremøde, tages ved deres Hals, aflives uden Dom
og Brøde; desligeste Riddermandsmænd, Kjøbstædmænd, Bønder
og Almue; deres Arvegods ganger under Kronen, og aldrig be
maa høres til Ords, men dødes som Hunde og andre uskjællige
Kreaturer, berøvende dem Liv, Ære og Gods, og besværre deres
Sjæle Skriftemaal og Sakrament, hvilket aldrig før er hørt at
være sket af dem, som christeligt Regiment holde skulle. Tyranner,
Skalke, Troldkvinder og andre Udædingsfolk indsættes og tilskikkes
over alle Geistlige og Verdslige, som os Alle fordærve skulle. Den

„Frihed, vore Forældre og os svoret og beseglet er, tages os fra med Vold.   Ridderstabet bestattes imod deres evige Frihed som andre Bønder.   Uredelig Told, Accise og andre unyttige nye Sædvaner paalægges imod alt Danmarks Riges Raad og Samtykke, som aldrig hidtil steet er.   Der paalægges os nye Ordinantser og Stikkelser, saa vi ikke vide, hvorledes vi stulle os forholde, os og Danmarks Rige til evig Skade, Trældom og Fordærvelse.

Disse fornævnte mærkelige Sager, Skade og Fordærv staaer os for Gud og Mennesker ikke længer til at lide; men vi ere forpligtede ved Ære og Redelighed, som vor Reces indeholder, med Liv, Hals og Gods at afværge saadan Skade og evig Fordærvelse. Da udi den hellige Trefoldigheds Navn have vi og Menigheden forbundet os under vor Ære, Liv, Hals og Gods, og dette vort aabne Brev understrevet med vore egne Hænder, at ville det afværge og os, vort Liv og Gods at forsvare, og aldrig saadant at lide den Stund en Mand lever i Danmark, Sverrig og Norge, brugende dertil høibaarne Fyrste Hr. Frederik, med Guds Naade Hertug etc., vor naadige Herre, som af sandt dansk Blod født er og sig mod Gud og Mennesker stikket haver som en christen Fyrste indtil denne Dag.

Dette have vi Alle sambrægtig tiltroet denne Brevviser Magnus Munk, Landsdommer i Nørre-Jylland, at forhandle med Hans fyrstelige Naade paa Alles vores Vegne, ligesom vi Alle tilstede vare.   Skete det saa, det Gud forbyde, at nogen af os, Geistlig eller Verdslig, herimod træder fra os imod dette vort Brev og Forbund, da stulle vi Alle straffe over hans Liv, Hals og Gods som over den, der Alles vor og Danmarks Riges Skade og Fordærv vil raade. — Givet i Viborg, Sankt Thomas Apostels Dag, Aar 1522, under alle vore Signeter og Alles vor Haandstrift."

Niels Stygge, Bistop.   Ivar Munk, Bistop i Ribe. Styge Krumpen, Episcopus.   Jørgen Friis, Episcopus. Preben Podbusk, Ridder.   Jachym Lykke, Ridder.   Tyghe Krabbe, Ridder.   Peder Lykke, Eig Hd. — Mons Munk."

Derunder ni hængende Sigiller.

Man vil see, at Sammensværgelsen stulde fremstaa som omfattende alle jydste Rigsraader, navnlig alle Bistopperne, og nogle af de anseeligste blandt den menige Adel.   Atten Mænd ere nævnte

i Begyndelſen af Aktſtykket; men ſom ved andre af Datidens
Diplomer ere kun de, der have hængt deres Sigiller under Akten,
her tillige underſkrevet den, at betragte ſom virkelige Deltagere.
Altſaa kun ni Mænd have begyndt Frafaldet fra Kong Chriſtiern,
en ſpottelig ringe Hob, ſom Hvitfeld ſiger: med Rette, naar An-
tallet alene tages i Betragtning; men fire af dem vare Biſkopper,
langt mægtigere end nogen Verdslig ikke alene ved deres Stilling
ſom Kirkens Overhoveder, men iſær ved den Krigs- og Pengemagt,
de raadede over.   Vel bemærkes maa det imidlertid, at Aktſtykket
kun er et Krebitiv for Mogens Munk til videre Underhandlinger
med Hertug Frederik, indledet med en ſkarp Dadel over Regeringen
i Danmark.   Det udtaler endnu ikke Beſlutningen om at bryde
med Kongen eller at hjælpe Hertugen til at fortrænge ham.   Naar
Hertugen havde underhaanden ladet dem vide gjennem Mogens
Munk, at han ikke var utilbøielig til at „antage‟ ſig dem og
Danmark, ſaa ſvare de ham ligeſaa ubeſtemt, at de vilde „bruge‟
ham til at afværge deres og Rigets Nød og Lidelſer.   Men dette
kunde jo ſkee paa mere end een Maade; ſaaſom ved Foreſtillinger
af Jyllands Magnater og Hertugen i Forening, der vare ind-
trængende nok til at Kongen gav efter.   Det maa da antages, at
Mogens Munk har forelagt ſit Krebitiv for Hertugen og forklaret
Sagernes Stilling i Jylland, men at Hertugen har ſvaret, at paa
ſaa løſe Ord kunde han ikke gaa videre.   Jyderne maatte bryde
aabenbart og uigjenkaldeligt med Kong Chriſtiern og beſtemt er-
klære, at de vilde antage Hertugen til Konge i hans Sted; før
kunde han ikke optræde imod ſin Broderſøn.   Med dette Svar er
Mogens Munk ſaa vendt tilbage, og det kom nu an paa, om de
Misfornøiede vilde gaa ſaa vidt ſom Hertugen forlangte.   Endnu
var Intet afgjort.

Da Underſkriverne have anført atten af Jyllands anſeeligſte
Mænd i Krebitivets Indgang, maa rimeligvis alle disſe have
været opfordrede til at underſkrive og beſegle det, eller dog i det
mindſte have været underhaanden ſonderede.   Det er besuden
utænkeligt, at ſaa høitſtaaende Mænd med vidtſtrakte Forbindelſer
og ſtor Indflydelſe paa deres Standsbrødre — Mænd ſom Mo-
gens Gøie, Ove Bilde, Erik Banner, Oluf Nielſen
Roſenkrands — ikke ſkulde have vidſt, hvad deres Medbrødre
foretoge ſig.   En Forſamling ſom den i Viborg kunde umulig blive

nogen Hemmelighed for dem; og selv om man forudsætter,
hvad der efter mange andre lignende Tilfælde godt lader sig
tænke, at den 21de December have ikke alle de ni Underskrivere
været tilstede i Viborg, at Kreditivet altsaa er forelagt dem i deres
Hjem, saa maatte dog altfor mange Mennesker faa Nys om Sagen
til at den ikke skulde komme nogen af de andre for Øre.   Man
tør overhovedet ikke forestille sig Stormændene skarpt adskilte i to
Partier, et misfornøiet, som vilde styrte Kongen, et andet vel til=
freds med ham, som vilde forsvare ham og opretholde hans hidtil=
værende Regering.   Alle have de uden Tvivl været misfornøiede
og ønsket en Forandring; men Nogle have ikke villet gaa saa vidt
som Andre, i det mindste ikke strax: de have ikke villet indlade sig
med Hertugen, inden der var gjort indtrængende Forsøg paa at
bevæge Kongen til en mildere og retfærdigere Regering, hvilket
da omtrent. blev ensbetydende med at formaa ham til at opgive
Sverrig og give noget efter for Lybekerne, da det haarde Tryk
fornemlig hidrørte fra Krigen, samt til at holde sin Haandfæst=
ning.   Dette mildere Parti har ikke seet Berettigelse i Haand=
fæstningen til at begynde Modstanden med en Opsigelse af Huldskab
og Troskab.   Haandfæstningens Ord lyde jo ogsaa kun saaledes:
„Gjøre Vi (Kongen) imod forn. Vor Reces og ville
ingenlunde lade os undervise af Rigens Raad, da
skulle alle Rigens Indbyggere ved deres Ære troligen
tilhjælpe det at afværge, og Intet dermed forbryde
imod den Ed og Mandskab, som de Os gjøre skulle".
Det er altsaa aabenlyst, og bør fremhæves paa det Stærkeste, at
denne Forpligtelse til at modsætte sig Kongen, om han bryder
sin Haandfæstning, er knyttet til den Betingelse, at Kongen ingen=
lunde vil lade sig undervise af Rigsraadet; men der er
i Kongens hele Regering intet Spor efter, at Rigsraadet som
saadant har gjort ham nogen alvorlig Forestilling for at bringe
hans Regering ind paa en ny Vei.   Strax at skride til Modstand
imod Kongen, uden at „Undervisning" var forsøgt, var ikke alene
et Brud paa Lydigheds= og Troskabspligten i Almindelighed, men
et aabenbart Brud paa Haandfæstningen fra Undersaatternes Side,
end sige da, at Recessen paa nogen Maade skulde hjemle disse
Ret til at brage en anden Fyrste ind i Landet for at støde Kongen
fra Tronen.   Jeg antager derfor, at Aktstykket af 21de December

har bragt en Spaltning i det jydſke Raad, og at navnlig Mogens
Gøje, hvis Liv tilſtrækkelig har viiſt ham ikke alene ſom en ret-
ſindig og klog Mand, men ſom en Mand, der i et kritiſk Øieblik
kunde tage et ſtort Anſvar paa ſig og handle med gjennemgribende
Kraft, nu har gjort Skridt hos Kongen for at advare ham imod
Faren, og at dette har været Aarſagen til den Sammenkomſt, de
havde i Fyen ſtrax efter Nytaar 1523.   Der er da Kongen tillige
bleven oplyſt om, hvis han ikke vidſte det i Forveien, at ikke blot
blandt Jyllands Rigsraader og Adel gjærede det, men ogſaa blandt
Borgere og Bønder.   Drabet paa Hans Tolder i Aalborg kunde
viſe det.

Man vil nu ſee den fulde Betydning af Kongens Ord i den
Fremſtilling, han efter Oprørets Udbrud lod forfatte til almindelig
Underretning.   Der hedder det: — — „Derefter gav Kongen ſig
til Fyen for nogle mærkelige Ærinders Skyld, ſom han der havde
at beſørge.   Der beſøgte Hs. Naade Hr. Mogens Gøje Ridder
med nogle Andre af Raadet og Gode Mænd, med hvilke Hans
Naade ſig beraadte. — De bleve overens og beſluttede med hin-
anden, at Hans Naade lod forſkrive alt det jydſke Raad og Gode
Mænd med to Borgere af hver Kjøbſtæd og fire Bønder af
hvert Herred, at komme og' ſøge til en almindelig Herredag i
Aarhus; der vilde Hans Naade handle og raadſlaa med ſit elſke-
lige Raad om de mærkelige Ærinder, ſom Hans Naade dem til-
budt havde, ſamt grundelig høre al Brøſt og alle
Klagemaal, ſom hver Hans Naades Underſaat, fattig
og rig, havde at foregive, ſkikke hver Mand Lov og
Ret, og Alting til det Bedſte og god Beſtand for-
vende". — Det var altſaa ikke alene til en Udtalelſe om Bor-
desholmsakten, det ſtore Aarhusmøde blev ſammenkaldt;   men
Kongen gav Samtykke til, at hele hans indre Styrelſe og, da
denne betingedes af hans Politik i det Hele, middelbart ogſaa
denne, maatte komme under Stændernes Overveielſe.   Med andre
Ord kan dette ogſaa ſiges ſaaledes: det kom an paa, om Jyderne
kunde ſtyrte Sigbrit med hendes rovſyge Finantsvæſen og drage
Kongen ud af hendes Indflydelſe over til Folket, men da ogſaa
nøde ham til at opgive Kampen med Sverrig og Lybek.   Hvorfor
ſkulde Mogens Gøje og hans Meningsfæller opgive Haabet om

at formaa Kongen til at „lade sig undervise", naar han saa Af-grunden aaben for sine Fødder?

Men Mogens Munk og Hertug Frederik fik Over-haand over Mogens Gøje og de andre Mænd, der endnu ikke vilde opgive Kong Christiern. Om Kongens Hensigt med denne jydske Reise vare de mest foruroligende Rygter i Omløb, eller vare satte i Omløb: han førte Krigsfolk fra Fyen og fra Tydskland med sig, han havde to Bødler med sig, forklædte som Drabanter, han havde et Bognlæs af Jernlænker med, han vilde nu fuld-stændigt undertvinge Raad og Adel, ja vel behandle dem som de Svenske i Stokholm o. s. v. Det jydske Raad*) brød da over-tværs. Det samledes atter i Viborg, opsagde den 20de Januar, Fabiani og Sebastiani Dag, 1523 Kong Christiern Huldskab og Troskab og afsendte Mogens Munk med Opsigelsesbrevet, hvis Slutning lyder saaledes: „Anseende disse forskrevne og andre mærkelige Artikler tør vi ingen-lede søge noget Herremøde med Eders Naade, hvortil vi forskrives, og ei heller sidde under Eders Naades kongelige Vold og Magt. Bi vide ikke nogen Tid vor Hals fri; vort Fædreland, Slægt og Benner, Arv og Eie maa vi ei heller for Gud eller Mennesker plat forlade. Thi skal det være Gud og alle Mennesker, Herrer og Fyrster og alt rebeligt Folk aabenbart, at vi ere høiligen trængte til, for ovennævnte Artiklers Skyld — og mest den sidste, Eders Naades Reces indeholder — op at sige Eders Naade den Huldskab og Mandskab, vi Eders Naade tilsagt haver; hvilket vi ogsaa hermed gjøre aldeles for disse Artiklers Skyld og flere. Og dersom Eders Naade vil derfor uden al Brøde overfalde os, haabe vi til den almægtige Guds Hjælp, til vor egen og andre Benners og Tilhængeres, at ville forsvare og beskærme vort Liv, Hals og Gods, indtil vi faa anden Forvaring og Sikkerhed".

Til hvem skulde Mogens Munk bringe dette Brev? til Kongen eller til Hertugen? Til Hertugen havde han tillige en vel saa vigtig Skrivelse fra Viborg, hvori det jydske Raad tilbød ham Riget. Den almindelige Fortælling efter en uhjemlet

---

*) Jeg kalder Opstandspartiet det jydske Raad, fordi Kongen selv kalder det saaledes, uagtet ikke alle jydske Rigsraader vare Medlemmer af Partiet og dette ogsaa havde andre Medlemmer end Rigsraader.

Anekdote hos Hvitfeld er nu denne, at Mogens Munk er kommen til Kongen i Beile, budt til Gjæſt om Aftenen, udfrittet om ſin Reiſe og om Biborgmødet; at han med ſtor Snildhed og Selvbeherſkelſe har ſagt Kongen den halve Sandhed, nemlig at han nu var paa en Reiſe til Holſten, og at Forſamlingen i Biborg frygtede for, at Kongen vilde tvinge dem til ſtor Skat, Tynge og Beſværing, hvorfor de vare tvivlraadige om hvad de vilde gjøre, det var dem haardt imod at bevillige yderligere Beſværing paa Almuen, ſelv havde de nu i disſe ſyv Aar miſtet deres Heſte og Folk i Sverrig, og deres Bønder vare udſkattede.   Om Mogens Gøje yttrede Kongen: „jeg troer ikke Andet, end at han jo er paa min Side", hvortil Mogens Munk ſvarede: „der haver Eders Raade en tro Mand".   Saa vendte Samtalen ſig til andre Ting. Man kom til at tale om Jagten; Kongen vidſte, at Munk var en ivrig Jæger, og bad ham om en god Rævemynde, hvilket blev lovet.   Da Mogens Munk gik bort om Aftenen „pasſelig vel beſkænket", glemte han med Villie i Kongens Kammer ſine Vanter, hvori han havde indlagt Opſigelſesbrevet, — og ilede ſaa bort fra Beile.   Om Morgenen meldte en af „Smaadrengene" Kongen, at den Herremand, der var til Gjæſt om Aftenen, havde glemt ſine Vanter, og at deri laa et „beſeglet" Brev.   Da Kongen havde brudt og læſt det, udbrød han: „Guds Dross, han haver givet os en Rævemynde paa Love", befalede ſaa Drabanterne at gaa ned i hans Logi og anholde ham.   Men da var han allerede borte.

Kong Chriſtiern ſelv giver derimod en anden Fremſtilling af dette Møde.   Mogens Munk ſagde, at han var kommen i den Henſigt at ſøge Kongen ſom en tro og villig Underſaat, hvilket blev meget gunſtigt optaget.   Han blev ſat til Bords med Kongen og behandlet ſom den troeſte Mand i Riget.   Da, paa det Kongen ikke ſkulde mærke hans forgiftige Mening, begjærede han en Stævning over Eiler Bryſke i en Retsſag og ſagde, at han ganſke ſikkert vilde møde Kongen i Aarhus Mandag den 26de Januar.   Men ſaa ſnart han kom fra Kongen, red han ind i Holſten.   „Den hemmelige Handel, han der beſtilte," ſiger Beretningen, „udkommer vel med Tiden", — et Vink om, at den er ſkreven paa en Tid, da man vel havde Nys om Mogens Munks Underhandlinger med Hertug Frederik, men inden Hertugen endnu havde erklæret ſig for

Kongens Fjende.   Der tilføies endvidere, at da Kongen havde
leiret sig i Veile Torsdag den 22de Januar, kom der Brev og
Bud om, at den største Del af Raadet i Nørre-Jylland havde
om Tirsdagen (den 20de) været paa Viborg Landsting og opsagt
Kongen Huldskab og Troskab, men at de ikke endnu — b. e. inden
Kongens Beretning blev skreven — havde givet Kongen Saadant
tilkjende, „som Hans Naade aabenbar protesteret haver udi Middel-
fart og Odense i Fyen, og her paa Kjøbenhavns Slot i Dan-
marks Riges Raads, mange adelige Gode Mænds og Borgeres
Nærværelse, og haver derpaa i hver Stad „menlige“ og aabenbarlige
Instrument og Bevis, at han haver aldrig endnu til denne Dag
fanget deres Skrivelse derpaa, ·hørt den, seet den eller læst den i
nogen Maade.“   Dette er altsaa en bestemt Benægtelse af Hoved-
punktet i den hvitfeldtske Fortælling: taler Kong Christiern da her
imod bedre Vidende? eller har man digtet Historien om de glemte
Vanter og deres Indhold?   Det kunde være Kongens Fjender af
Vigtighed, at faa Folk til at tro, at Opsigelsesbrevet ganske sikkert
er kommet i Kongens Haand; men i sig selv er det ikke sand-
synligt, at det er skeet som Hvitfeld fortæller.   Der skal en stærk
Tro paa det trykte Ord til at finde det antageligt, at en af Op-
standens Hovedmænd, hvis Hals var forgjort med al Ret, skulde
vovet personlig at overbringe Brevet, selv paa en saa skjult og
listig Maade; thi det stod jo slet ikke i hans Magt at forhindre,
at Vanterne fandtes endnu inden han lukkede Døren efter sig.
Det naturlige og tilstrækkelige havde været, at Opsigelsen var sendt
fra Viborg med et almindeligt Bud, som ikke kjendte Brevets Ind-
hold, til en af Kongens Omgivelser, — nemlig dersom det jydske
Raad overhovedet vilde underrette Kongen strax om deres Skridt;
men ogsaa dette er lidet sandsynligt, da de jo derved udsatte sig
for den største Fare, inden de endnu vidste, om Hertug Frederik
vilde træde rask frem til deres Forsvar.   Opsigelsesbrevet maa
efter Sagens Natur vel saa meget have været bestemt til at fore-
lægges Hertugen, som til at meddeles Kongen snarest muligt.
Det er derfor sandsynligt, at Mogens Munk har bragt det til
Hertugen i Forbindelse med det andet Brev om hans Antagelse
til Konge.   Det kan desuden være et Spørgsmaal, om Opsigelses-
brevet inden den 22de Januar, da Kongen havde anden Efterretning
om Opsigelsen, var i en saadan Stand, at det kunde forelægges

29

ham; thi det er ikke givet, at de Sammensvorne virkelig alle vare
i Biborg den 20de Januar.   I det mindste er det vist, at Op-
raabet af samme Dag kun har fem Signeter, og aldrig har
havt flere, to Biskoppers, det ene Jørgen Frises, samt Predb. Po-
debuskes og to andre Verdslige.   Men har der kun været fem af
Raadet tilstede, maatte Opsigelsesbrevet været sendt om til de
Andres Besegling, hvad der ikke kunde være udført paa en eller
to Dage. — Hertil komme flere Omstændigheder.   Mogens
Munk kan ikke vel have skjult et Pergamentsbrev med hængende
Sigiller i en af sine Banker; det maatte i alt Fald have været
et lukket — Kongen opbrød det jo — Papirsbrev; men et saadant
kunde i en saa stor Sag ikke gjælde før en lovfast Meddelelse.   Der er
desuden ikke Spor efter, at Kongen i de strax paafølgende For-
handlinger har kjendt eller søgt at imødegaa de enkelte Ankeposter
i Opsigelsesbrevet.   Kun ganske i Almindelighed stræbte han at
formilde Modstanderne.

Men hvad vilde da Mogens Munk hos Kongen, naar han
ikke havde andet Ærinde end det opdigtede om Stævningen til
Eiler Bryske?   Dertil maa svares, at Mødet i Veile kan være
rent tilfældigt: Mogens Munk er kommen ind i Byen uden at
vide, at Kongen var der; hurtigt har han indseet, at hans Nær-
værelse ikke kunde blive ubekjendt, og at han neppe vilde slippe
med Livet, vaktes Kongens Mistanke; og den maatte jo vækkes,
mærkedes det, at han vilde liste sig bort.   Han har da fundet det
klogest, at gaa lige til Kongen under et opdigtet Paaskud.   Hans
Mod og Snildhed blive altid mærkværdige.

Antageligst er det derfor, at Kongen virkelig ikke har faaet
Opsigelsesbrevet af Mogens Munk, men først to Dage efter
Biborgmødet andenstedsfra en almindelig Efterretning om dettes
skjæbnesvangre Skridt.   Det jydske Raads Forhandlinger med Her-
tug Frederik kunde han endnu ikke kjende.

For en retfærdig Dom over Kong Christiern er denne Op-
fattelse af hans Stilling til de Oprørske betydningsfuld.   I Al-
mindelighed misbilliges især Kongens Forsagthed allerede lige i
Begyndelsen: hvorfor trak han ikke strax de Tropper til sig, der
laa i Fyen og Kolding, faldt over Rebellerne som et Tordenveir
og slog dem til Jorden, inden Opstanden greb om sig? — Ja
godt nok: nu, da Beretninger og Aktstykker ligge aabne for os,

kunne vi see, at havde Kongen med et hurtigt Blik over hele Stillingen trukket alle Kræfter sammen, ladet Sigbrit falde og med hende det i syv Aar fulgte Regeringssystem, kunde hans danske og norske Krone været frelste ved øieblikkelig at falde over de Sammensvorne med den Magt, han havde ved Haanden; thi saa stærk end den jydske Almues Misfornøielse var, behøvede dog Raadet Tid til at reise den og samle den til en betydelig Skare. Men for Kongen maatte i Opstandens første Dage Spørgsmaalet være dette: er det rigtigst nu at gaa frem paa den hidtil fulgte Blodvei og i en aabenbar Borgerkrig enten knuse Modstanderne eller selv gaa under; eller bør Mogens Gøjes Raad fastholdes, et almindeligt Møde samles. Vi lade os „undervise" og derved forsone de Vrede, fastholde de Vaklende?"

Hertil det Opraab af 20de Januar 1523, det jydske Raad udsendte til Almuen samtidig med Opsigelsesbrevet og Hertug Frederiks Antagelse. Det til Viborg Stift bestemte Exemplar lyder saaledes: — — efter den Reces, Kongen har besvoret, „skulle alle Danmarks Indbyggere nyde og beholde alle deres Privilegier, Friheder, gamle Lov og gode gamle Sædvaner, ikke besværes med nye Paalæg, Skat, Told, Cise eller ny Lov, med mange flere Artikler, som samme Reces indeholder; og hvis han nogen Tid gjorde derimod, skulde vi menige Landets Indbyggere paa vor Ære det afværge med Liv, Hals og Gods, og ei være ham ydermere Huldskab og Mandskab pligtige. Da have vi nu tidt og ofte seet og hørt, og paa mange Maader i Sandhed befundet, hvorledes han imod sin kongelige Ed, Ære og fornævnte Reces haver det ganske Land meget jammerlig besværet med Skat over Skat, Told, Cise, Tillæg, Krig og Orlov, forarmet Kjøbstæderne med Ryttere og udlændske Folk og forlagt dem over alt Landet; haver ladet christne Mennesker, saavel Ribbermandsmænd som Kjøbstædmænd, hænge, halshugge og hudflette som Hunde og andre ufkællige Kreaturer uden al Naade, Dom og Ret, som aldrig før er skeet i Danmark; deslige vældigen frataget dem Arv og Eie, Gods og Penge; som vi sandelig spurgt have udkastet Bonden i Sjælland fra Avl og Ævne, Bo og Penge, Hus og Jord, uden al Brøde, og i deres Sted indsat Skotter, Hollændere og andre udlændske Folk, hvilket vel frygtende er, at og her i Landet skal skee, uden det snarlig afvendes. Vi see det daglig for Øine, at slige Folk

29*

„som Skotter, Hollænbere, Tybste, Skalke, Tyranner og Trold-
kvinder elstes, frembrages og afholdes, ere nu mest i hans Raad,
og regere nu Alting; men Landets indfødte Mænd, Bisper, Præ-
later, Riddere og Svende, som skulde styre, raade og regere, som
de udi fremfarne Kongers Tid gjorde, foragtes.   Derfor er det
ganste Land kommet i stor Feide, Armod, Trældom og megen
anden Uskikkelighed; derfor beskattes og danske Mænd langt over
deres Evne, saavel den hellige Kirkes Prælater, Kirker og Klostre,
Munke og Præster, Riddere og Svende, som Kjøbstædsmænd,
Bønder og Almue; og Guld og Penge stikkes ud af Landet til
Ryttere og Skalke, der skulle fordærve os selv for vore egne Penge,
som vi nu sandelig forfaret have, at fornævnte Kong Christiern,
der os burde at elske og forsvare, forsamlede udlændste Folk, med
hvilke han agtede sig nu strax her ind i Jylland, Eder og os Alle
at fordærve.   Da efterdi at vi ere betroede til at være Danmarks
Riges Raad og have svoret at ville vide alle Danmarks Ind-
byggeres Bedste og Bestand, ville vi det ingenlunde tilstede eller
maa det for Gud og Mennesker, men ville det afværge med Liv,
Hals og Gods; og baade paa Eders og vort Bedste have vi nu
i den Hellige Trefoldigheds Navn afsagt og opskrevet ham Huld-
skab og Mandskab, og agte nu strax med alle Eders Hjælp at give
os imod ham at afvende alles vor Skade og Fordærvelse.   Thi
bede og byde vi Eder Alle, i hvem I tjene eller tilhøre, som
boende ere i alt Viborg Stift, over 18 Aar gamle, at I ved
Eders Ære, Hals og Gods strax ufortøvet komme os til Hjælp
med Vaaben og Værge, som værdige Fader med Gud, Hr. Jørgen
Friis, Eders Biskop, Aage Tagesøn til Randrup, Jakob Munk til
Viborg og Malti Lauesøn til Albæk Eder tilsigende vorde, at af-
værge baade Eders egen og det ganste Lands Skade og Fordærv,
paa Eders Ære, Liv, Hals og Gods, indtil vi faa den Herre og
Konge, som vil holde os Tro og Love, Skæl og Ret.   I stulle
aldeles forlade Eder til, at vi ville blive hos Eder i Liv og Død
og vove vor Hals, Liv og Gods for Alles Eders Bedste, for-
haabende, at I gjøre os vel det Skæl igjen som gode tro danske
Mænd, og ei undfalde os til Eders egen evige Skade og For-
dærvelse.

    I Begyndelsen af dette Opraab er Ingen af de sex uden raads
Adelsmænd nævnt, der anføres i Sammensværgelsesbrevet af

21de December 1522, men kun de elleve jydste Rigsraader. Det har kun **fem** paatrykte Segl, men Almuen maatte dog tro, at det var det jydste **Rigsraad**, Landets anerkjendte Øvrighed, der her talte til dem. Navne som Ove Bilde og Mogens Gøje maatte gjøre det største Indtryk paa Menigmand. Opraabet viser iØvrigt, at hin Tids Lidenskab ikke har givet vor Tids noget efter i et heftigt, opæggende Sprog, eller i den Kunst at indlægge hensigtsmæssigt udvalgte Klager i en Lage af Fordreielser, Had og Løgn. Almuen maatte jo tro, at Rigsraadet kjendte Haandfæstningen; den kunde ikke vide, at Recessen slet ikke gav det Ret til at opsige Kongen Huldstab og Trostab, og kun da en Ret til at modsætte sig ham, naar han ikke vilde lade sig „undervise". Rigsraaberne forsømme ikke at jage de jydste Bønder en Skræk i Blodet ved at foreholde dem, hvad der er overgaaet „Bonden i Sjælland", det er de Kronebønder paa Amager, som maae vige for Hollænderne. De tale Intet om, at Lybeks Angreb nødvendiggjorde nye Hvervinger til Landets Forsvar: det er til at ødelægge sine egne Underfaatter, Kongen trækker de tydste Leiesvende ind i Landet osv. osv. Kun i Et ligner dette og andre af Datidens Partistrifter ikke vor Tids: der er i dem megen Tale om Gud og den hellige Trefoldighed, som ethvert Parti naturligvis har paa sin Side til at dække sine Løgne og Lidenskaber. Saa grovt og forargeligt træde vor Tids Partimænd dog ikke det **Andet Bud** under Fødder!

Er det nu saa, at Opsigelsesbrevet ikke er bragt Kong Christiern i Beile, da er sandsynligvis dette Opraab til Almuen den første bestemte Udtalelse fra det jydste Raads Side, der er kommen ham for Øie. Han kunde da haabe, at sik han blot et almindeligt Møde † Stand, saa det kom til virkelige Forhandlinger med alle Stænder, vilde han kunne baade gjendrive de ugrundede og afhjælpe de grundede Klager. Dette Haab er det, der i Opstandens Begyndelse har holdt hans Sværd i Skeden.

Mogens Gøje synes ikke at have været hos Kongen i Beile. Kongen forsøgte da at knytte Forbindelse med det jydste Raad gjennem den agtede og afholdte Biskop Ove Bilde. Paa Kongens Opfordring strev denne til Raadet, at Kongen var kommen ind i Jylland til det almindelige Møde, han havde ladet sammenkalde, hvor han vilde høre alle Klager og lade sig undervise af Raadet.

Biſkoppen bad dem derfor om at „afſtille" al Forſamling og „Op-
reisning".   Hertil ſvaredes, at vilde Kongen virkelig lade ſig
underviſe, og vilde han føre ſit Krigsfolk tilbage til Fyen, ſamt
lægge de Landsknegte, han havde i Kolding, andenſteds hen, kunde
det komme til en god Handel.   Kongen føiede ſig derefter og gik
ſelv perſonlig tilbage til Kolding og Hønborg, for at lade Folkene
føre over Vandet.   Uvis i Sindet, ſom han var, holdt han flittigt
Raad med ſine tro Mænd.   Den Ene raabede ham Et, den Anden
et Andet; den ene af Raadgiverne mente, at han burde bøde ſig i
Rette, om Nogen havde at beſvære ſig over ham, der var „taget
for hart afſted" med ſaadan Opſigelſe, han · maatte førſt høres,
fandtes der da Forſeelſe hos ham, vilde han gierne rette ſig.   Dette
Raad ſtemte med Mogens Gøjes og med Kongens egne Tanker.
De to Biſkopper af Aarhus, den gamle Niels Clausſen, der havde
reſigneret og levede paa Silkeborg Slot, og Ove Bilde, ſom nu
beklædte Embedet, ſamt Knud Henrichſen Gyldenſtjerne, Provſt i
Viborg Domkapitel, ſom var kommen til Kongen i Veile, blive
ſtrax ſendte til Viborg; men nu kunde de Intet udrette.   Det
jydſke Raad vilde i Virkeligheden ikke Forſoning.   Uagtet, eller
maaſke forbi, Kongen havde føiet dem og trukket ſine Krigsfolk til-
bage, tilſkrev det den 31te Januar andre Rigsraader og Adelige
truende Breve om at ſlutte ſig til dem mod Kongen; vilde de ikke,
da agtede de at holde dem for Landets utro Indbyggere og at
ſtraffe dem paa Perſoner og Gods.   Ja, Dagen efter henvendte
de endog til Lybek, Rigets aabenbare Fjende, en Bøn om at komme
dem til Hjælp med Krigsmagt!   Dette kan ikke kaldes med noget
mildere Navn end Landsforræderi.

     Kongen kan ikke have kjendt disſe yderligere Skridt af Mod-
ſtanderne; men vel burde han kunne have ſeet, at han allerede var
ført bag Lyſet ved det førſte Svar.   Dog mente han endnu ikke
at burde opgive Tanken om Forſoning paa et perſonligt Møde.
Anden Gang ſendte han derfor de to Biſkopper og Provſten Knud
Henrichſen, nu i Forbindelſe med Mogens Gøje og Oluf Nielſen
Roſenkrands, til Raadet.   Disſe Sendebud vare dog for anſeelige
og indflydelſesrige Mænd til at kunne kort afviſes og maaſke der-
ved kaſtes afgjort over i Kongens Arme; klogere var det at give
tilſyneladende efter og holde hele Sagen endnu ſvævende i nogen
Tid, iſær da det gik noget langſomt med Hertugens Forberedelſer.

Det jydske Raad traadte da til Side for at overveie sit Svar, kom saa tilbage og besvore de Kongelige at raade dem det Bedste, hvad de kunde ansvare for Gud og være bekjendt for Mennesker; de vare jo dog deres Medbrødre, Danmarks Riges edsvorne Raad, saavel som de! De Kongelige svarede dem med Haand paa Hjertet, at de paa Samvittighed ikke kunde være bekjendt at falde fra deres Herre og Konge, naar han gjorde saa høie og christelige Tilbud; selv tvivlede de ikke paa, at han jo vilde forbedre sig til al Skjel og Retfærdighed imod dem Alle. Dette Svar var aldeles korrekt: vilde Kongen lade sig undervise, som han nu gjentagne Gange havde tilbudt, havde Raadet ingen Ret til at modsætte sig ham, end sige til at opskrive ham Huldskab og Troskab. Svaret virkede ogsaa saa meget, at der sluttedes en Stilstand paa tre Uger fra Mødets Dag den 2den Februar, i hvilken Tid der skulde holdes et personligt Møde mellem Kongen og Raadet i Horsens. Tilsyneladende gav altsaa Raadet efter. Men rigtignok skulde det ikke være et saadant Møde af alle Stænder, som det Kongen havde indkaldt til Aarhus; og ikke uden Fare var det at indrømme saa lang en Stilstand. Mente Raadet det ikke ærligt, kunde disse tre Uger blive Kongen fordærvelige. Men hvad var der dog nu Andet at gjøre end at modtage Tilbudet? Kongen gik da ind paa begge Dele, Mødet og Stilstanden, — med godt Haab maatte man sige, kunde man forlade sig paa Tonen i et Brev til Dronningen, skrevet i Middelfart den 4de Februar; thi nu først meddelte han hende hvad der gik for sig i Jylland, da han havde holdt Farten imellem Fyen og Sjælland spærret. „Vider, kjære Frue," skriver han, „at Vore Raader og Gode Mænd og en stor Del af Almuen i Nørrejylland haver sat sig op imod Os og gjort en stor Forsamling, og vilde slaget med Os og Vore Folk, hvilket dog Gud almægtigste afvendte, saa det ikke skete. Nu have vi ladet forhandle med dem, saa de ville komme til et Møde med Os og haver derfor begjært Vort Leide til at møde Os i Horsens næstkommende Mandag (den 9de Februar). Der agte Vi at komme til en god Ende dermed, og strax, som Vi det bestilt have, ville Vi give Os ufortøvet til Kjøbenhavn. Thi bede Vi Eder kjærligen, at I derom bliver vel tilfreds." — Dette Brev har Sekretæren Christiern Winter stilet saa varsomt og forsigtigt som muligt, ogsaa for at skaane Dronningen, der efter sin Nedkomst for ganske kort siden havde havt den Sorg, at miste Sønnen otte Dage efter Fødselen. Men at Kongen selv ingenlunde var saa meget tillidsfuld, seer man af en i Brevet indlagt egenhændig Seddel, hvori han skyder Forhænget lidt mere til Side: „Kjære Frue, maa I vide, at her er et underligt Regimente her i Landet, og skylde de Ingen for det uden Sigbrit Moder. Thi bede Vi Eder kjærligen, at I tage hende til Eder og underviser hende hemmeligen, at hun holder Munden paa sig; og lader hende blive paa Slottet hos Eder saa længe, indtil Vi komme hjem, eller kanske at de fare værre med hende, end de før har gjort. Forsømmer ikke dette, saa frem I vil, at Vi skulle komme hjem med helt Skind. — Item, formærker I, at Folk knurre noget om den Gise, da giver dem for Svar, at I vil lægge den af."

Men om Kongen har seet nok saa tydeligt, hvor kritisk hele Stillingen var, mente han dog nu at maatte gaa videre frem ad den engang valgte Vei. Han drog altsaa fra Middelfart tilbage til Veile med omtrent et hundrede Mand for at være i Horsens den 9de Februar. Raadet kom til Horsens med vel fire hundrede fuldt rustede Ryttere; — Bisкopperne Styge af Børglum og Jørgen Friis af Viborg havde hver hundrede, Biskop Ivar af Ribe halvfjerds. Kongens Talsmænd, de to Biskopper af Aarhus, Mogens Gøje, Oluf Nielsen o. Fl. mødte dem i Horsens; men da de erfarede, at Peder Lykke laa mellem Horsens og Aarhus med en Almueskare paa mange Tusinder, og da de saa Kongefjendernes hele truende Holdning i Horsens, raadede de Kongen til at blive i Veile. Deres Underhandlinger bleve frugtesløse; det jydske Raad afbrød dem tumultarisk under Paaskud af, at Kongen agtede at overfalde dem i Horsens. Kongen opfordrede dem da til at møde ham mellem Horsens og Veile med lige mange Folk, idet han tilbød Gidsler. Dette blev afslaaet; og da han tilsidst erklærede sig villig til at underkaste sig det menige Rigsraads Dom, eller fremmede Fyrsters, om de hellere vilde dette, fandt hans Sendebud ikke Andre af Raadet i Horsens end Mogens Gøje; de Andre vare allerede bortdragne. Skuffet vendte Kongen tilbage til Fyen: hans Fjender havde bedraget ham for tre kostbare Uger!

Dog havde der endnu været Tid til at slaa et Slag for Kronen. Endnu var Hertug Frederik ikke i Stand til at føre en Krigsmagt i Marken. Kongen havde vel ikke en større Hær, men dog nogle Fænniker Landsknegte og mindst en fem til sex hundrede Ryttere i Fyen. Det var øvede Krigsfolk. Det jydske Raad kunde kun stille Hofmænd og opbudt Almue imod dem. Kongen havde denne Gang Retten paa sin Side; Raadet havde ligefrem brudt Haandfæstningen ved ikke at ville høre ham. Og om han end laa under i Kampen, saa var dog Æren frelst. Kongen har nok følt det, at her ved Lillebelt maatte den afgjørende Beslutning tages; men han var ikke i Stand dertil. En Raadvildhed, der grændsede til Fortvivlelse, ja til Vanvid, greb ham: skulde han atter føre Tropperne over til Jylland eller vige endnu længere tilbage? hvor saa holde Stand? Søfolkene i Middelfart fortalte, at han i een Nat lod sig føre tyve Gange frem og tilbage imellem Fyen og Jylland. Men tilsidst vovede han dog ikke at drage Sværdet. Alt var tabt.

Hvad var det, der i det afgjørende Øieblik gjorde den voldsomme, lidenskabelige Mand saa svag som et Barn? Har Hvitfeld Ret, at Samvittigheden jagede ham? Ja, det kan nok være, at blodige Skygger have reist sig truende for hans indre Blik; men snarere troer jeg dog, at det har været Lidenskabens Overspænding, der lamslog ham, da alle Illusioner svandt bort. Den Styrke, Lidenskaben giver, har ikke Rod i den bevidste Villie; den Lidenskabelige vil ikke see Tingen som den er, vil ikke høre anden Røst end den, der tilskynder ham; naar saa dog den knusende Virkelighed staaer for ham, synker han magtesløs sammen.

Niende Afdeling.

Hertug Frederiks Forbund med det jydske Raad. Hertug Frederiks Forbund med Lybek. Hertug Frederiks Had til Kong Christiern. Hertug Frederik i Jylland. Kong Christierns Flugt. Hertug Frederik i Sjælland. Sigbrit. Johan Rantzau.

Veg Kong Christiern forsagt og raadvild tilbage for det truende Uveir, gik hans ellers saa betænksomme Farbroder denne

Gang vel ikke hurtigt, men bestemt løs paa det foresatte Maal, saasnart han havde sikker Underretning om, at det jydske Raad havde uigjenkaldelig brudt med Kong Christiern. Det var Mogens Munk, der overbragte ham Efterretningen i Husum. Hertugen modtog deres Opfordring og forpligtede sig i et aabent Brev af 29de Januar til at staa dem bi. Han fremhæver deri, at da Biskopper, Prælater, Ridderskab, Stæder og menige Indbyggere i Danmark ikke længer kunne udholde Kongens tyranniske Regering, have de henvendt dem til ham som en født Kongesøn og som den, „der ikke har levet anderledes for Verden end christelig, retfærdig, fyrstelig, dydelig, hvilket Vi Os dog til Lov ikke vil tilregne", om at være deres Herre og Konge; de have bedet ham at komme dem til Hjælp og Undsætning og forpligtet sig til at blive hos ham med deres Guld, Sølv, Klenodier, Kirkers og Klosteres Guld, Sølv, Kalke, Monstrantser, Kors, Billeder og andre Klenodier; tilmed Korn og Viktualier. Hertugen erklærer sig villig til at overtage denne Besværing, at møde dem paa hvilken Dag og Sted, de selv bestemme, og modtage deres Hylding. Da vil han gjen= indsætte dem i deres gamle Love og Privilegier. De skulle stræbe at formaa de andre danske Landskaber, Sjælland, Skaane, Fyen o. fl. til ligeledes at hylde ham; men kunne de det ikke, da skulle dog Stænderne i Jylland holde ham for deres svorne Herre som tro Undersaatter og blive hos ham med Liv og Gods.

Nu kunde Hertugen altsaa lade sine Betænkeligheder ved et Forbund med Lybek fare. Den 2den Februar 1523 ankom han til Staden, og den 5te sluttedes en mærkelig Overenskomst, hvorved Hertug Frederik og Lybek for evige Tider forbandt sig til gjen= sidigt Forsvar, nu navnlig til Krig imod Kong Christiern. Hvad der for vor Opgave er mest betegnende i denne Forbundsakt er for Hertugens Vedkommende Indledningen, hvori han angiver de Grunde, hvormed han mener at kunne retfærdiggjøre Anfaldet paa sin Brodersøn: Kongen har gjort sig al Umage for at drage ham bort fra det hellige romerske Rige og bringe ham under sin Lydig= hed; han har uden Hertugens Vidende og Villie ladet de Privi= legier og Aktstykker, der under Begges Forvaring vare henlagte paa Segeberg Slot, bringe ud af Holsten ind i Danmarks Rige; og han har ikke holdt det Forlig, der blev sluttet i Bordesholm. Dette er Hertugens Krigsaarsager, der stemme med hvad han senere

i en almindelig Skrivelse til Kurfyrster, Fyrster og Herrer har
udtalt. Men disse Grunde ere saa svage, at de ikke kunne gjælde
for Andet end Paaskud. At Kong Christiern vilde skille Hertug-
dømmet Holsten fra det tydske Rige, er allerede i sig selv en For-
dreielse af den keiserlige Bevilling af 21de Juli 1521; og nu at
fremkomme med denne Paastand var aldeles uberettiget, da Kongen
i det Bordesholmske Forlig jo havde opgivet Beleningsretten. —
At Kongen i tre Punkter ikke havde holdt, tildels ikke havde kunnet
holde Forliget af 13de August 1522, er sandt; dette gav Hertugen
Ret til at klage for de Voldgiftsmænd, som i Foraaret 1523 skulde
dømme mellem ham og Kongen, men aldeles ikke til at beskylde
denne for at ville bryde hele Traktaten, eller til at løse sig selv fra
den. Baade han og Kongen vare bundne ved den imod de mæg-
lende Fyrster, der havde tilveiebragt den og vare med Parternes
Samtykke antagne til Voldgiftsmænd; og Kong Christiern havde
ikke sagt sig løs fra Forliget. De Punkter, han ikke havde op-
fyldt, vare desuden altfor underordnede til at retfærdiggjøre en
Krig. Hvad Bortførelsen af Aktstykkerne fra Segeberg angaaer,
saa tilhørte disse jo ligesaa vel Kongen som Hertugen; og om der
er skeet et Brud paa Hertugens Laas, saa vilde det dog være
uhørt, om der skulde føres Krig for en saadan Bagatel. Den
sande Grund til Krigen er Hertug Frederiks Ærgjerrighed. Stem-
ningen i Danmark aabnede ham en Udsigt til at sætte Kronen paa
sit Hoved, denne Fristelse kunde han ikke modstaa. Hvad Christiern
havde forbrudt mod det svenske Folk, hvilke voldsomme og uret-
færdige Gjerninger han havde tilladt sig i Danmark og Norge,
var Hertugen ikke sat til Dommer over.

Lybekernes Grunde til Krigen kjende vi; hvad de kalde deres
Interesser og deres Rettigheder truedes virkelig af Kong Christierns
Regering; men skal man dømme om deres Ret til at paaføre ham
Krig, bør det ikke oversees, at de Rettigheder, Kongen krænkede,
vare for en Del selvtagne og i alt Fald stridende med hans Folks
naturlige Ret. Lybekerne førte Krigen for at hævde den Adgang
til at udsuge Danmark og Norge, de havde tilvundet eller til-
tvunget sig. Det var saa egoistisk en Handelskrig, som nogensinde
er ført. Kunde man tvivle derom, saa udtaltes det tydeligt nok i
dette Forbund af 5te Februar. Det hedder her, at om Hertug
Frederik er heldig nok til at vinde Danmark, saa skal han stadfæste

Lybekerne og dem af deres Forbundsfæller, de ville unde det, de gamle Privilegier og Sædvaner i de tre Riger, tilstede Farten mod de gamle sædvanlige Toldpaalæg, formere og ikke formindske Privilegierne, og sørge for, at Skibsfarten fra Rigerne og i Østersøen gaaer som vanligt i gammel Tid! Hvad dette havde at betyde, hvilken Tvang paa andre Folks Handel og paa de nordiske Rigers Næringsvirksomhed dermed var ment, det har allerede Kong Frederik selv faaet at fornemme.

Fra Mødet i Kolding 1521—22, og især fra Tronstiftet 1523, sporer man hos Hertug Frederik et Nag, ja et Had til Brodersønnen, der ikke staaer i Forhold til de Rivninger, deres Stilling uundgaaelig maatte medføre. Det er som blev Frederiks Sind bittrere, netop fordi det, han gjorde mod sin Frænde og Konge, lod sig langt mindre undskylde eller forsvare for Gud og Mennesker, end hvad Kong Christiern havde gjort imod ham. Fra den Tid er det ogsaa, at han drager Paastanden om at være forurettet af Kong Christierns Fader i Hertugdømmerne, i Norge, i Danmark, i hele Skiftet efter Kong Christiern den Første, frem af den Baggrund i sin Sjæl, hvori den havde hvilet siden hans første Ungdom. Han klamrer sig til denne paastaaede Uret som til sin Retfærdiggjørelse. Jo vanskeligere og farefuldere den landflygtige Brodersøn og hans Slægt gjøre Frederiks Stilling, desto skarpere bliver Hadet. Disse ti Aar, fra Christierns Fald til Frederiks Død, er den mest slaaende Illustration til det gamle Ord, at Fornærmeren har langt sværere ved at tilgive, end den Fornærmede. — Denne Betragtning staaer her ikke ørkesløs; den giver Nøglen til Frederiks Færd og Væsen. Man gjør ham Uret, naar man fremstiller ham som den, der vrededes paa Broderen for hans Førstefødselsret, eller som den, der ligefra Barndommen har ruget over forment Uret, indtil han havde udklækket et bittert Nag saavel mod Kong Hans som mod hans Søn; man gjør ham Uret, naar man giver ham et sygt og misundeligt Hjerte af Naturen. Det er Livets Forviklinger og Fristelser, der have ført ham saa vidt, at han kun i Overdrivelse af Broderens Uret søgte en Undskyldning for sin langt større Uret imod Brodersønnen. Det maatte han ogsaa allerede af den Grund, at kun dersom Kong Hans og Christiern den Anden havde uretfærdigen indtrængt sig i Medbesiddelsen af Hertugdømmerne, lod der sig føre et Forsvar for, at Frederik nu ligefrem tilrev sig ogsaa Kong Christierns Del af disse Lande. Sverrig havde Ret til at reise sig mod den blodstænkte Tyran, Adel og Prælater i Danmark havde Grund til at vaande sig under Trykket af Christierns Regering; men Hertugdømmerne havde intet Væsentligt at klage over, og klagede ikke heller. I Slesvig og Holsten kunde Frederik ikke optræde som de Undertryktes Forsvarer. Desto stærkere maatte han fremhæve den Uret, der formentlig var tilføiet ham selv. Man kan derfor ikke ubetinget lægge Tonen og Ordene i Stridsskrifter og Manifester, yngre end Nytaar 1523, til Grund for Dommen over Forholdet mellem de uenige Brødre Kong Hans og Hertug Frederik.

Med Kong Christierns Tilbagegang over Lillebelt, Hertug Frederiks Forbund med det jydske Raad og med Lybek var Spørgsmaalet om Danmarks Krone afgjort. Kong Christiern fandt ikke nogen Kraft i sin Sjæl til Forsvar for sin Sag. Han lod sit Krigsfolk staa i Fyen uden nogen bestemt Forholdsordre, lod sig hylde paany i Fyen, Sjælland og Skaane; skrev en Mængde Breve ud i alle Verdenshjørner, men foretog Intet for at møde Magt med Magt. Billieløs veg han tilbage til Kjøbenhavn, hvor det lader til, at Sigbrit mere end nogensinde har faaet Magt over ham. Lige indtil Begyndelsen af Marts Maaned havde han havt Tid til at foretage Noget imod det jydske Raad; han havde sine Tropper i Fyen; han havde endnu nogle af Jyllands Stormænd enten paa sin Side, eller endnu ikke overgaaede til Hertugen. Det jydske Raad frygtede ham og veg tilbage til Ribe, for at være Hertug Frederik saa nær som muligt; men efter det forfeilede Møde i Horsens den 9de Februar skete i en hel Maaned slet Intet fra Kongens Side. En Konge, der saa uhørt forsømte Dage og Uger, hvor hver Time var kostbar, kunde ikke beklage sig over, at den Ene efter den Anden opgav hans Sag.

Hertug Frederik fik saaledes Tid nok til sine Forberedelser. Naar man seer, at han endnu efter Forbundet med Lybek behøvede en Maaned til at samle 6,000 Mand opbudt Landfolk fra Frisland og Eidersted, en Fænnike Landsknegte og et Par Hundrede Ryttere af Hertugdømmernes Adel, saa bliver Christierns Raad-

vildhed og Forſagthed endnu mere isinefaldende.   Den 9de Marts
brød Hertugen op fra Gottorp til Nørrejylland, lod Johan Rantzau
blive ſtaaende med Hovedſtyrken i Egnen af Kolding ‚for at holde
Øie med Kongens Krigsmagt i Fyen, og drog ſelv med en mindre
Skare til Biborg, hvorhen Jyderne kaldtes til Hyldingen.   Imid-
lertid trængte baade Hertugen og det jydſke Raad paa dem, der
endnu ikke vilde undſige Kongen.   Ove Bilde, Mogens Gøje,
Knud Henrichſen, Oluf Nielſen v. Fl. bleve ved ſtrenge Truſels-
breve tvungne til at underkaſte ſig; og Kong Chriſtiern fremſkyndede
ſelv middelbart deres Overgang ved at kalde dem over til ſig.   En
Reiſe til Kongen under diſſe Omſtændigheder ſtod for dem Alle
ſom ensbetydende med, at lægge ſig ſelv Strikken om Halſen; thi
alle Efterretninger ſagde dem, at Sigbrit nu raabede ene, og at
hun raſede imod dem, kaldte dem Forrædere, truede dem med Galge
og Hjul; „men ſkal Sigbrit være min Dommer og Bøddelen min
Retter uden al rebelig Aarſag, da vil jeg værge min Hals det
Bedſte Gud giver Lykke til“, ſaaledes ſkrev Erik Krummedige, Lens-
manden paa Hønborg, til Kongen i ſit Opſigelſesbrev af 20de Marts
1523, og de andre Opſigelſesbreve, der nu i Marts kom fra Jyl-
land, tale enſtemmig i ſamme Tone.   Alle udtale de ogſaa en dyb
Sorg over, at baade Kongen og hans Fjender tvang dem til dette
Frafald.   Oprigtigheden af denne Følelſe give hverken Brevene
ſelv, eller Begivenhederne, eller diſſe Mænds øvrige Liv, os Ret
til at betvivle.

Den 26de Marts 1523 foregik Hyldingen udenfor Biborg.
En foreløbig Haandfæſtning vedtoges, og Kong Chriſtierns nye
Love erklæredes døde og magtesløſe; Raadet lod dem offentlig
brænde ſom ſkadelige mod god Orden og Politi.   Det er ogſaa
viſt nok, at den Orden, diſſe Love vilde indføre, var uforenelig
med den Tilſtand, for hvilken det jydſke Raad havde reiſt ſig.
Derefter gik den udvalgte Konge tilbage til Gottorp, hvorfra han
og hans Mænd nu underkaſtede ſig den kongelige Andel i Hertug-
dømmerne.   Den 14de April 1523 hyldedes Frederik paa Gottorp
ſom Enehertug i Holſten og Slesvig.

Den foregaaende Dag, den 13de April, indſkibede Kong
Chriſtiern ſig i Kjøbenhavn med ſin Dronning, ſine Børn og ſine
Nærmeſte.   Tyve af Flaadens bedſte Skibe tog han med ſig.
Allerede midt i Marts gik det Rygte i Lybek, at han agtede at

flygte til Nederlandene.   Maaske har Rygtet dengang ikke havt anden Grund end et Blik paa Situationen, der viste Flugten som den naturlige Konsekvents af Tilbagegangen over Belterne; hvad var vel ogsaa derefter Andet tilbage end at søge Hjælp i Udlandet? Lade sig indeslutte i Kjøbenhavn var Undergangen, gaa til Norge kun et Øiebliks Frist; ikke nogle Maaneder kunde Norge holde sig mod Gustav Vasa, Kong Frederik og Lybek.   Det Rigtige havde været, at Kongen personlig var ilet til Nederlandene, men havde ladet sin Dronning og sine Børn blive i Kjøbenhavn.   Hensynet til Keiseren havde dækket deres Liv og Frihed, og Isabella havde forsvaret Kjøbenhavn indtil Døden.   Der har ikke været nogen mere hengiven eller offervillig Hustru, end hun var.   Alle havde da vidst, at Christiern vilde kæmpe til det Yderste for sin Krone; da havde ogsaa Hjælp fra Dronningens keiserlige Slægtninge snarest været at haabe.   Men at Christiern tog alt Sit og alle Sine med sig, forstod Verden som Tegn paa, at han opgav sin Sag.   Kongens ynkelige Holdning i de sidste Dage kan ikke fremstilles bedre end i en Anekdote, den ovennævnte tydske Forfatter har opbevaret. Da Kongen gik tilbage til Sjælland, efterlod han Grev Erik af Høja som Øverstbefalende paa Fyen, men lod ham være uden Ordre og uden Penge.   Følgen blev, at Greven ogsaa opgav ham og ansøgte Hertug Frederik om Leide for sig og sine Folk til Tydskland, hvilket naturligvis beredvilligt tilstodes ham.   Inden Kongen vidste dette, lod han sin Sekretær Jesper Brokmand gaa til Fyen med Penge til Grev Erik, men sendte strax et Bud efter ham med Ordre til at bringe Pengene tilbage igjen.   Sekretæren var allerede kommen til Odense; her saa han den unge Hertug Christians, de jydske Biskoppers og Adelsmænds Navne strevne paa alle Døre, hvor Kvarteer var bestilt til dem, da de vare i Færd med at gaa over fra Jylland til Fyen.   Det maa have været i den første Uge af April.   Brokmand spurgte sine Bekjendte i Odense om Holstenernes og Jydernes Hensigter; Svaret løb, at de vilde overile og fange Kongen i Kjøbenhavn, hugge Hovedet af ham og give Dronningen til den unge Hertug!   Da Brokmand kom tilbage til Kong Christiern, fandt han denne i høieste Grad nedslaaet, ja fortvivlet.   Kongen vilde vide, hvad Folk talte om ham?   Brokmand turde ikke svare frit; men da Kongen trængte paa, sagde han endelig hvad han havde hørt i Odense.   Kong

Christiern brast da i Graad, gik til Vinduet, saa efter Veirhanen og sukkede, at han vilde træffe sine Anstalter, saa snart Vinden føiede ham. Fra den Stund, tilføier Forfatteren, tænkte han kun paa Flugt og lod sine Sager bringe ombord.

Hvilken Skjæbne der havde ventet Christiern den Anden, var han falden i sin Farbroders Hænder, er det ligesaa ørkesløst at tale om, som om hvad Cæsar vilde have gjort med Pompeius, dersom Ægypteren ikke havde befriet ham fra det frygtelige Dilemma. Men Snakken i Odense om Tvang mod Dronningen var ganske grundløs. Frederik opfordrede hende tvertimod til at blive i Danmark og nyde sit Livgeding. Det er ogsaa indlysende, at Keiserens Søster kunde han ikke behandle anderledes end som et noli-me-tangere. Heller ikke har han søgt at „overile" Christiern i Kjøbenhavn. Han gav ham Tid nok til at drage bort. Først den samme Dag, som Kongen afseilede, gik den unge Hertug Christian, Frederiks Søn, over Lillebelt til Fyen, og den 31te Mai Kongen selv med Hæren, overført af Lybekerne, til Korsør; den 10de Juni stod han for Kjøbenhavn. — Den 23de December 1523 kapitulerede Henrik Gøje, den 6te Januar 1524 overgaves Kjøbenhavn og Malmø, efter at den flygtede Konges Forsøg paa at bevirke en Vending vare fuldstændig mislykkede.

To Personligheder er der, som især tildrage sig Opmærksomheden ved Katastrofen i Kong Christierns Sørgespil: Sigbrit paa Kongens, Johan Rantzau paa Hertugens Side. Kong Christiern maatte lade Sigbrit bringe ombord i en Kiste, for at frelse hendes Liv. Det havde været æreløst, at efterlade hende i Kjøbenhavn til at sønderrives af Folket. Thi bedre Skjæbne ventede hende ikke. Havde Kongen opgivet hende i Tide, var det aldrig kommet saa vidt mellem ham og hans danske Undersaatter. Havde han sendt hende ud af Landet endnu i Januar 1523, vilde maaske en Forsoning med Jyderne været mulig, fordi den dybe Mistillid til alle hans Forsikringer da kunde have forbedt sig. Intet har skadet Kong Christiern mere, end at man ikke troede hans Ord. I det mindste havde han ved at fjerne Sigbrit endnu i den ellevte Time betaget de Vaklende et Paaskud til at forlade ham. Thi aldrig har det danske Folk hadet noget Menneske grundigere end Sigbrit. Man tillagde hende alt Ondt, beskyldte hende endog for Trolddom, det Værste, Datiden kunde sige om

Rogen. Det er ikke Svaning alene, der fortæller det som en Erindring fra sin Skolegang i Kjøbenhavn, det er heller ikke i de aabenbar fjendske Manifester mod Kongen, Beskyldningen kommer frem; paa mange Maader antydes det i hendes høieste Velmagts Dage. Hvad var Grunden til denne syosende Brede? At hun solgte sin Datter til et Offer for den Mægtiges Lyster, maatte fremkalde Foragt; men Breden kommer netop efter Dyvekes Død. Mangen ond Daad tillægges hende, ikke i Stridens Hede alene, men ogsaa af senere Skribenter; dog kan man ikke faa rigtig Hold i Sigbrit som Ophavsmand til Kong Christierns blodige Gjerninger, ihvorvel det ikke kan betvivles, at hun har været Ophav til mange Regeringshandlinger i Christierns ti Aar. At hun har været hevngjerrig, har hensynsløst ladet sin skarpe Tunge løbe, har ført Galger og Steiler og Hjul i Munden ved alle Leiligheder, er vist nok: hvor er dog Beviset for, at hun bærer Skylden for bestemte Grusomheder? Men Hovedsagen var, at Sigbrit var Bæreren af det hele undertrykkende, rovsyge Finants- system, der blev Midtpunktet af Kong Christierns Regering, forbi det alene kunde skaffe Midlerne til Gjennemførelsen af hans Po- litik. Denne Politiks to Hovedopgaver, Sverrigs Undertvingelse og Nordens Frigjørelse fra Hanseaternes Handelsaag, krævede saa store Pengemidler, at kun et overordentligt Tryk paa Folkene kunde tilveiebringe dem. I Sigbrit fandt Kong Christiern en Finants- minister med den fornødne Opfindsomhed og Haardhed; og om hende samlede sig den Skare Lykkesøgere, der overalt ere de uund- værlige Redskaber for et saadant System. De gjennemførte det i alle Egne af Kongens Riger, og gjorde det lige forhadt allevegne. Men alle Tiders og alle Landes Historie har viist, at Hadet samler sig over den Ministers Hoved, der er et saadant Finantssystems Bærer, ligesaa meget forbi han skaffer Herskeren Midler til at fortsætte en Krig, Folket er træt og kjed af, som for den Nød, han umiddelbart bringer ind i hvert Hus. Karl den Tolvtes sidste Minister faldt paa Skafottet som et Offer for dette Had. I Sigbrits Uundværlighed ligger Nøglen til den gaadefulde Ind- flydelse, hun vandt hos Kongen. Spurgte han sig, om han kunde lade hende falde, maatte han see, at saa maatte han opgive Sy- stemet og nøies med aldeles utilstrækkelige Indtægter, altsaa lade Sverrig fare og opgive Kampen for Nordens frie Nærings=

30

virksomhed.   Kunde han dette, — kunde det Første forlanges af
ham, og burde han villet det Sidste? Sverrigs Betvingelse
var ikke Kong Christierns personlige Paafund.   Han havde arvet
denne Opgave fra sine Forfædre, han havde den juridiske Ret paa
sin Side, Hundreder af Kronprætendenter, før og nu, have ikke
havt Halvparten af hans Ret.   Hvo var der vel her i Danmark,
dengang og langt senere, der ikke havde anseet det for vort Fædre-
lands Lykke, om Christierns Seire havde knyttet Sverrig til Dan-
mark? — hvo var der, som saa, at Sverrigs Betvingelse overgik
Danmarks Kræfter, at en evig Krig maatte ødelægge begge Folk,
at et Folk som det svenske, der vil og kan være selvstændigt, har
en høiere Ret end den juridiske til at være det? hvo saa, at
efter Kalmarunionens Brud i Kong Eriks Tid, og efter at Krig
og Opstand havde umuliggjort dens Fornyelse i anden Form end
det ene Riges Herredømme over det andet, krævede Danmarks
egen høieste Interesse Opgivelsen af den „kjærlige Bebindelse", for
at et virkeligt Venskabsbaand kunde knyttes mellem de selvstændige
Frændefolk til lige Fordel for begge? Og hvad Nordens Nærings-
virksomhed angaaer, behøver man ikke at søge Kong Christierns
Retfærdiggjørelse i det sextende Aarhundredes Anskuelser.   Enhver
Dansk vil billige Retningen af hans Politik i denne Henseende.
Saaledes var Systemet Sigbrit uopløseligt knyttet til de to For-
maal for Kong Christierns Politik.
     Kong Frederik den Førstes Liv bar lige indtil 1523 aldeles
ikke Præget af høie Evner eller Stræben efter store Ting.   Men
nu see vi ham uden paatrængende Nødvendighed kaste sig ind i et
høist uroligt Liv, en ærgjerrig Higen efter Magt, der gav den
ældre Mands sidste ti Aar en hel anden Retning, end han havde
fulgt i sin Ungdom og Mandsalder.   Det er som om en fremmed
Aand havde grebet ham.   Og det har vist ogsaa været Tilfældet;
thi neppe er Initiativet Kongens, men hans Omgivelsers, hvis
Ideer dog have fundet Tilknytning i hans Tro paa Kongeliniens
Uretfærdighed.   Søge vi efter dem, der kunne antages at have
skudt Kongen fremad, møde vi først hans ældste Søn Christian,
der nu havde Alderen til offentlig Virksomhed; men ihvorvel han
senere viste sig ogsaa som en Handlingens Mand, er der dog
ingen Grund til at antage ham for Lederen i Faderens Raad
1523.   Derimod viser Alt Johan Rantzau som saadan.   Denne

Mand, da i en Alder af 31 Aar, var i alle Henseender kaldet til
at være en Fører i store Foretagender: klog i Raad, betænksom
og omskuende, naar Faren nærmede sig, og dog ligesaa driftig i
sine Planer som rask til at udføre dem. Med et Krigermod, der
aldrig sbigtede og endnu førte Oldingen i Spidsen af de Stormende,
forbandt han den store Anførers hurtige Blik og Beslutsomhed,
som overalt, hvor han optraadte, knyttede Seiren til hans Faner.
Rigtigheden af denne Skildring viser de følgende 37 Aars Historie.
Han var en Mand med et mægtigt Initiativ.

Johan Rantzau har tilbragt sin Ungdom med Forberedelser til
en stor Rolle. Hans Reiser, navnlig til St. Jakob i Spanien og
til den hellige Grav, hvor han modtog Ridderslaget, vise ham endnu
som en Katholik efter Datidens Maal; men da Hertug Frederik
efter hans Hjemkomst 1520 havde betroet ham Ledelsen af den
unge Hertug Christian, og da han med denne havde deltaget i
Keiser Karls første Rigsdag i Worms 1521, gjorde Luthers
Optræden et lige dybt og bestemmende Indtryk paa den unge Fyrste-
søn og hans høit begavede Hovmester. Begge bleve dragne over
til Reformationens Side og bleve dens Talsmænd i Frederik den
Førstes Raad. Denne Mand tilhører os Danske kun halvt. Han
var en Slesvigholstener af den ældre Skole. Den stolte Adelsmand
vilde ikke vide af demokratiske Rørelser hos Borgere og Bønder;
han vilde Slesvigs og Holstens Enhed, men ogsaa deres Forbindelse
med Kongeriget; Delingen af Hertugdømmerne var ham imod; sit
Fyrstehus vilde han hæve til den høieste Magt. Alt dette maatte
paa hans Plads gjøre ham til en Modstander af Christiern den
Anden. Man behøver ikke at søge andre Grunde dertil. I Aaret
1522 blev han Hovmester i Hertugdømmerne og Medlem af Her-
tug Frederiks Raad. Man har altid sagt, at det var især ham,
der tilskyndede Hertugen til at modtage den Krone, de danske In-
surgenter tilbøde denne; og nu, da vi ikke kunne afvise den Tanke,
at den hele Omvæltning er begyndt fra Hertugens Side, er der
ingen Grund til at betvivle, at Initiativet i Virkeligheden er Johan
Rantzaus. Med denne betraadte han sin historiske Bane, da
Sigbrit endte sin. Næst Christiern den Anden selv have disse
to Personligheder gjort det Meste til Kongens Fald, hver paa
sin Vis.

Kong Frederik den Første.

1523—1533.

Kong Frederik den Første.

Første Afdeling.

Kong Frederiks Tronbestigelse. Kong Frederiks danske Haandfæstning. Norge efter Kong Christierns Flugt. Henrik Krummedige, Hans Mule, Jørgen Hansen. Vincents Lunge og Oluf Engelbrektsen. Kong Frederiks norske Haandfæstning.

Frederik den Første har ikke erobret Danmark fra Christiern den Anden; han har ikke havt nødig at drage et Sværd, før han kom foran Kjøbenhavn og Malmø. Christiern er vegen for et Forbund mellem det jydske Raad, Frederik og Lybekerne, hvortil saa efterhaanden den største Del af Stænderne i de andre danske Landskaber har sluttet sig, mer eller mindre frivilligt. Heraf fulgte, at den nye Konge ikke kunde behandle Riget som et undertvunget Land, ikke, som Christiern gjorde med Sverrig efter Stokholms Overgivelse, gjøre det til et uprivilegeret Arverige, selv om han havde havt nogen Tilbøielighed dertil. Ikke han, men han og Rigsraadet med Prælater og Adel havde seiret. Man skulde ved første Øiekast tro, at da Opstandspartiet havde brudt Broen af efter sig, kunde den flygtede Konges Eftermand ved Truselen om at trække sig tilbage have afnødt det en Udvidelse af Kongemagten. Men Kong Frederik kunde ligesaa lidt undvære Rigsraadet med dets Tilhængere, som det ham. Ogsaa han havde kastet Broen af bag sig; selv om han atter opgav den nylig vundne Kongekrone, stod nu Hertugdømmerne paa Spil, ikke alene Besiddelsen af den uden Skin af Ret ranede kongelige Del af Hertugdømmerne, men ogsaa Frederiks gamle Andel; thi at

Christiern skulde lade denne urørt, vilde det jo være taabeligt at vente. Frederik kunde ikke mere gaa tilbage i sin gamle Stilling; naar Alt kom til Alt, var en Forsoning mellem Christiern og Rigsraadet mindre utænkelig end mellem Christiern og Frederik.

Det jydske Raad havde i sit første Sammensværgelsesbrev sagt, at det vilde bruge Hertug Frederik til at afværge det Onde, Christiern gjorde. Dette Udtryk er betegnende for Kongens og Rigsraadets gjensidige Stilling efter Christierns Flugt. Det viser Kong Frederiks Haandfæstning, der, efter at han var hyldet ogsaa i Skaane den 21de Juli 1523, endnu før Kjøbenhavns og Malmøs Overgivelse vedtoges den 3die August 1523 paa et almindeligt Herremøde fra alle Landets Egne i Roskilde. Thi Hovedsagen i denne Haandfæstning er ikke alene, hvad man naturligvis maatte vente, en Reaktion fra de høiere Stænders Side, men især Rigsraadets Henstilling som Statens egentlige Bærer, ikke blot fordi Kongen var bunden til dets Samtykke og Medvirkning i Lovgivning, Administration, Forhold til fremmede Magter, Paalæg af Skatter og Afgifter, men fordi Rigsraadet fik en Magt, som ingen anden Haandfæstning tillægger det. Det hedder i den 75de Artikel, at det menige Rigsraad skal have Fuldmagt til, med Kongen at formere og formindre selve Haandfæstningen efter hvert Lands Leilighed — Rigsraadet med Kongens Samtykke, ikke Kongen med Raadets, og uden at en saadan Ændring er betinget af Stændernes Indvilligelse. Rigsraadet erklæres ogsaa for Adelens eneste Værneting i enhver Sag, hvor Kongen eller Kronen er Sagsøger. Det træder overhovedet i denne Haandfæstning frem snarere som en Stand, end som et Udvalg af de to herskende Stænder; og ganske overensstemmende dermed er det, at det nu optog i sig alle de betydeligste Mænd i Landet. Haandfæstningens Indledning nævner 48 Medlemmer af Raadet, 12 Prælater, 36 Verdslige, de Sidste udtagne blandt vistnok alle de betydeligste Adelsslægter. Ti Aar tidligere havde det danske Rigsraad 29 Medlemmer; de nævnes i Kong Christierns Haandfæstning. Men Antallet var i denne Konges sidste Tid sunket saa betydeligt, at det seer ud, som om Kongen har villet lade Raadet udslukkes af sig selv ved blot at undlade Besættelse af de ledige Pladser. Altsaa ikke blot for at belønne sine Tilhængere eller tilfredsstille personlige Ærgjerrigheder har Kong

Frederik optaget saa Mange i Raadet, men for at samle alle Landets store Slægter om sin Trone og skabe et Rigsraadsaristokrati. Kjendeligt er det ogsaa, at fra denne Tid lader den danske Adel sig sondre i en Høiadel og en lavere Adel, der ingenlunde altid kom til at dele Interesser og Anskuelser med hinanden. Det er til denne ordo senatorius, til Høiadelen, Rigsraadsaristokratiet, Rigsraadet, Kong Frederiks Herredømme i Danmark støtter sig, men selvfølgelig ogsaa dette, der blev hans Medregent. Den naturlige Spænding mellem et saaledes stillet Raad og Kongemagten kom vel ogsaa for Dagen nu og da i Kong Frederiks Tid; men et Blik paa den landflygtige Konge gjorde Nødvendigheden af Sammenhold altfor indlysende, til at enten Raad eller Konge kunde lade det komme til Brud. De maatte holde fast ved hinanden. Denne Erkjendelse har ogsaa udtalt sig i Haandfæstningen, hvis 74de Artikel lyder saaledes: „Item love Vi Hertug Frederik paa Vor christelige Ære, at Vi aldrig ville eller skulle lade Os drage med nogen Underhandling eller i nogen anden Maade fra Danmarks Riges Raad og Indbyggere enten for Skade eller Fromme, men fast og troligen blive hos dem i Lyst og Nød, og aldrig Vi eller Vore Arvinger og Efterkommere nogen Tid at arge eller arge lade paa Danmarks Raad eller Indbyggere, eller deres Arvinger eller Efterkommere, fordi de have givet dem fra høibaarne Fyrste Kong Christiern. Saa bepligte vi i Rigens Raad, Indbyggere og vore Arvinger os ligeledes at blive hos høibaarne Fyrste Hertug Frederik og Hans Naades Arvinger i al den Skade og Feide, som af samme Sag komme og reise kan".

I Øvrigt ere de mest betegnende Træk i Haandfæstningen følgende: Hvad Uret Kong Christiern har gjort, skal gjøres god igjen; de, han har frataget Gods, Len og Pant, skulle have dem tilbage. Har Kronen fra Fortiden gamle Adkomster paa Gods, som Kirken eller Adelen nu er i Besiddelse af, skulle de ingen Magt have, og hvad der saaledes er frataget Prælater og Ridderskab gives tilbage, navnlig Hammershus og Bornholm eller hvad Andet Kong Christiern har taget fra Lunde Stift.

Kirken fik ikke alene den sædvanlige Bekræftelse paa sine Friheder og gode gamle Sædvaner, men Kongen maatte paatage sig nye og strenge Forpligtelser imod Biskopper og Prælater, der

vare vel beregnede paa at opretholde deres gamle Magt, saavel i
Kirken som i Staten; de vedkommende Artikler forbigaaer jeg
imidlertid her, for at omtale dem nærmere, naar jeg kommer til
at behandle Kong Frederiks og Rigsraadets Forhold til Kirken og
dens Personer.

At Adelen gjenvandt den Magt over sine Bønder, som Kong
Christiern var ved at rykke ud af Godseiernes Haand, forstaaer
sig af sig selv. Allerede det, at hans Love ophævedes, førte Vor-
nedskabet i Sjælland og de tilliggende Øer tilbage i den gamle
Skikkelse. Men Hovedsagen var, at den nye Konge fraskrev sig
Ret til at indblande sig i Forholdet mellem Jordbrot og Fæster:
han maa ikke forbyde nogen Mands Bonde at svare Landgilde og
Tjeneste; sidder Bonden Godseieren overhørig i denne Henseende,
skal han lide sin Husbondes Straf efter Loven. Heller ikke maa
Kongen give nogen Mands Tjenere Brev paa de Gaarde, de be-
sidde; men Jorddrotten skal alene have Magt til at sætte dem af
og i efter Sædvane og Loven. De Breve, Kong Christiern har
udgivet derimod, skulle ingen Magt have. Dernæst kom den Artikel
i Kong Christierns Haandfæstning, der gav Prælater og Adel
Fyrretyve Marks Bøder af deres Bønder til at lyde saaledes i
Kong Frederiks: „Item skal Kirkens Prælater og Ridderskab nyde,
bruge og beholde Sagefald med deres egne Tjenere, ligervis som
Adelen haver i Hertugriget til Slesvig“. Dermed mentes,
og det blev strax forstaaet saaledes, at den adelige Godseier i Konge-
riget nu ogsaa fik Hals og Haand, d. e. den høie Øvrigheds-
myndighed over sine Bønder.

Kjøbstæderne fik vel en almindelig Stadfæstelse paa deres
Privilegier og Friheder; de skulde ikke besværes med ny Told eller
andre Paalæg; men den Bestemmelse i Kong Christierns Haand-
fæstning, der havde været Udgangspunktet for hans Modstand mod
fremmede Kjøbmænds „Landkjøb“, blev ikke optagen i Kong
Frederiks. Og da tillige Kong Christierns Love bleve ophævede,
altsaa ogsaa Forordningen af 10de Februar 1521, saa bort-
faldt Skranken for Hanseaternes umiddelbare Handel med Land-
boerne udenfor Kjøbstæderne. Tillige bortfaldt med Kjøbstædloven
den Selvstændighed, Kong Christiern havde tilsikret Byerne ved at
stille dem alle udelukkende under Kongen, saa at de mindre Kjøbstæder
faldt tilbage under Lensmændenes og deres Sporefogeders Herredømme.

Om Bondestanden findes kun een Artikel i Haandfæst-
ningen, nemlig den 72de, hvor det hedder: „Item skal Selveier-
bønder nyde deres Gaarde og Gods, som dem med Rette tilhører,
saa frit som de gjorde i vor kjære Herre Broders Tid" — en
Bestemmelse, der uden Tvivl sigter til at hindre saadanne Udvis-
ninger som Amagerbøndernes for at gjøre Plads for den hollandske
Koloni. Dette var jo en Sikring af de jordegne Bønders
Stilling ligeoverfor Kronen som Godseier; men den talrigere
Fæstebondestand var ved de ovenfor anførte Bestemmelser i §§ 11,
13 og 66 baade som Fæstere og som Undersaatter givne under de
adelige Godseieres høie Øvrighedsmyndighed. — At Kong Frederik
maatte fraskrive sig Ret til Indblanding mellem Jordbrot og Fæster,
har sikkert ikke været ham til Behag; thi Kongen var ingenlunde
uvenlig stemt imod Bondestanden. Et Bevis derpaa er den For-
ordning af 14de Mai 1523, han paa Veien til Kjøbenhavn ud-
stedte i Odense med Rigsraadets Samtykke, hvorved Fæsteren sikredes
mod Udvisning af Gaarden, naar han opfyldte sine Forpligtelser
imod Jordbrotten, altsaa Livsfæste middelbart indførtes. En anden
Prøve paa sin Stemning mod Fæstebonden gav han i Efteraaret
1523, da han paa Reisen til Holsten i Nykjøbing p. Falster udgav
under 17de September 1523 et aabent Brev om Vornedskabets
Ophævelse i Sjælland og paa Smaaøerne. Dette gik altsaa langt
videre end Christiern den Andens nylig ophævede Landslov, og
det var vistnok fremkaldt ved den farlige Gjæring blandt Bonde-
standen i Sjælland og paa Smaaøerne under Kjøbenhavns Be-
leiring, saavel som ved Frygten for Kong Christierns truende
Angreb paa Holsten; men det har heller ikke havt nogen Virkning
og er sandsynligvis slet ikke kommet til Udførelse. Man kan undre
sig over, at see Kongen foretage et Skridt, der gik lige imod den
for nogle Uger siden vedtagne Haandfæstning. Men Kongen havde
ogsaa stillet Sagens endelige Afgjørelse til Rigsraadet, der jo med
ham havde faaet Magt over selve Haandfæstningen, og Raadet
maa saa ikke have fundet Faren truende nok til at kjøbe den sjæl-
landske Bondestands Ro for saa høi en Pris. Thi at denne For-
ordning er bekjendtgjort eller sat i Kraft, og senere taget tilbage,
spores ikke; Kong Christierns tydske Hær opløste sig i Begyndelsen
af Oktober, Rigsraadet har da ligefrem ladet Planen om Vorned-

stabets Ophævelse henligge uden Virkning*). Efter Kjøbenhavns
og Malmøs Overgivelse kunde der ikke mere være Tale derom.

Endnu et Punkt i Kong Frederiks Haandfæstning vil jeg
fremhæve som betegnende for Kongens Stilling. Den 68de Ar-
tikel i Kong Christierns Haandfæstning løb, som allerede anført,
saaledes: — „gjøre Vi imod Vor Reces, og ville ingenlunde lade
Os undervise der udi af Rigens Raad, da skulle alle Rigens Ind-
byggere ved deres Ære troligen tilhjælpe det af at værge og Intet
dermed forbryde imod den Ed og Mandskab, som de Os gjøre
skulle". Hvorledes det jydske Raad misbrugte denne Artikel i
Reisningen imod Christiern, have vi seet. Men uden Tvivl have
de dog følt Sandheden af den Indvending, at Ordene ikke gave dem
Ret til at opsige Kongen Huldskab og Troskab; thi nu kom Ar-
tiklen til at lyde saaledes i Kong Frederiks Haandfæstning, at om
Kongen ikke vilde lade sig underivse af Raadet, „da skulle alle
Rigens Indbyggere ei ydermere være Os Huldskab, Ed eller tro
Tjeneste pligtige", men være forpligtede til at afværge Brud paa
Haandfæstningen.

Med denne Reces var Pagten imellem den nye Konge og
Rigsraadet afsluttet; den stadfæstedes endelig i det følgende Aar
ved Frederiks Kroning som Danmarks Konge i Kjøbenhavn den
7de August 1524.

Men foruden Danmarks havde Kong Christiern ved sin Flugt
til Nederlandene ladet N o r g e s og, om man vil, S v e r r i g s
Kroner i Stikken. Kong Frederik og det danske Rigsraad vilde i
det mindste frelse Forbindelsen med N o r g e, om man end i Øie-
blikket maatte lade Tanken om Sverrig fare. — Norge havde ikke
deltaget i de danske Aristokraters Reisning imod Kong Christiern,
der endnu efter sin Flugt fra Kjøbenhavn havde sine tro Mænd
paa de tre norske Hovedfæstninger, paa hvilke Rigets Besiddelse
beroede: Hans Eriksen paa Bahus, Hans Mule paa Agershus
og Jørgen Hansen Skriver paa Bergenhus; men Norges For-

---

*) Allen, IV, 2 p. 79—84. 548; efter Utrykt.

fatning var saadan, at der efter Kongens Flugt ikke kunde siges at være nogen Regering i Landet. Vel havde Norge endnu et Rigsraad; men dette manglede netop i det afgjørende Øieblik en Fører, idet den landflygtige Ærkebiskop Erik Valkendorf var, som vi have seet, død i Rom den 28de November 1522. Da Efter= retning herom først sent kom til Trondhjem, valgte Domkapitlet i Mai 1523 sin Ærkedegn Oluf Engelbrektsen til Valkendorfs Eftermand, og denne tiltraadte i Mai Reisen til Rom for at hente Stadfæstelse og Indvielse hos Paven. Der var saaledes Ingen, der sammenkaldte de adspredte Rigsraader; disse sad hver i sin Egn, uvisse om hvad der burde gjøres, og ventende paa Tingenes Vending. I det Sønbenfjeldske førtes derhos en heftig Feide imellem Hans Mule paa Agershus og den betydeligste Rigsraad Oluf Galle, der hældede til svenst Side og søgte Forbindelse med Gustav Vasa.

Kong Frederik havde allerede i April og Juni, inden Kjøben= havns Beleiring, opfordret de Sønbenfjeldske til at erkjende ham for deres Herre og Konge som ret Arving til Norges Rige. Hans Eriksen paa Bahus var strax villig, og saaledes var allerede i Sommeren 1523 den ene af Norges Hovedfæstninger i Kong Frederiks Magt med det tilliggende Bahuslen; thi Vigen i snevrere Forstand, den nordlige Del af hvad der almindelig kaldtes Vigen eller Bahuslen, var imidlertid bleven indtaget af Gustav Vasa, hvis Lensmand søgte at drage de Norske over til svenst Side. For at vinde det Øvrige af det Sønbenfjeldske, sendte Kongen og Rigsraadet Henrik Krummedige derop med udstrakt Fuldmagt til at handle efter Omstændighederne. Denne kloge og tappre Mand kjendte Forhold og Personer godt fra den Tid, han selv paa Bahus og Agershus havde været Støtten for Kong Hanses Herredømme; og han besad store Eiendomme og Len i denne Del af Norge, der maatte gjøre ham det personligt af Vigtighed, at opretholde Norges Forbindelse med Danmark, hvor han som Med= lem af Rigsraadet og Godseier havde sin rette Plads. Ham lykkedes det ogsaa at drage Agershus over til Kong Frederiks Side, idet han formaaede Hans Mule til at underkaste sig den nye Herre. Hans Mule reiste selv til Sjælland, hvor han i Leiren for Kjøbenhavn sluttede en Overenskomst med den unge Hertug Christian og de danske Rigsraader i Oktober om at opsige

Kong Christiern og holde Agershus til Kong Frederiks Haand, indtil han ved dennes Hjælp kunde faa Pavens Stadfæstelse paa Oslo Bispedømme. At blive konfirmeret af Paven opnaaede han rigtignok ikke, fordi den gamle Biskop Anders Mus indsendte til Rom en Protest, hvori han erklærede sin Resignation for aftvungen og derfor ugyldig; men Hans Mule var dog nu som Befalingsmand paa Agershus Kong Frederiks Mand. Inden Udgangen af Aaret 1523 var det hele søndenfjeldske Norge, paa Vigen nær, ved Henrik Krummediges heldige Virksomhed bragt til at anerkjende Frederik som sin Konge. Der havde ikke derved været Tale om at fastsætte Norges statsretlige Forhold til Danmarks Konger, saa at det endnu stod uafgjort hen, om Norge var et Arve- eller et Valgrige.

Det Nordenfjeldske, fra Lindesnæs til Vardøhus, kom ogsaa snart i Kong Frederiks Magt, men paa en anden Maade end det Søndenfjeldske. Fra Bergenhus beherskedes denne Del af Norge som den sydlige fra Agershus og Bahus. Bergenhus havde i Kong Christierns Tid været betroet hans paalidelige Tilhænger Jørgen Hansen Skriver. Ved Efterretningen om Kongens Flugt havde denne midlertidigen overdraget Befalingen til Dekanen i Bergens Domkapitel Hans Knudsen, medens han selv opsøgte den landflygtige Konge i Nederlandene, hvorfra han ikke mere vendte tilbage. Da Bergenhus saaledes stod paa Kong Christierns Side, gav dette Hanseaterne og de Tydske i Byen Anledning til Voldsomheder, eftersom Lybek og dets Bundsforvante jo laa i Krig med denne Konge. De tre betydeligste Medlemmer af Norges Rigsraad traadte da sammen i Ærkebiskoppens Fraværelse, nemlig den nyvalgte Biskop Oluf af Bergen, Biskop Høskuld af Stavanger og Rigets Hovmester Ridderen Niels Henriksen Gyldenløve. Den Sidstnævnte, sidste Mand af den gamle norske Slægt Gyldenløve, var gift med Fru Inger Ottosdatter Rømer, med hvem han havde fem Døttre, der efterhaanden alle ægtede danske Adelsmænd, som derved bleve indgiftede i Norge og Medlemmer af det norske Aristokrati. De to Biskopper og Hovmesteren formaaede nu i November 1523 Hans Knudsen til at oplade Bergenhus til Norges Rige, for at det kunde overdrages den, der valgtes til Norges og Danmarks Herre og Konge. Heri laa allerede en foreløbig Anerkjendelse af begge

Rigers Forening. Bergenhus blev saa af de tre Rigsraader over-draget til Kong Frederiks Mand Vincents Lunge, — eller egentlig af de to Biskopper, da Hovmesteren Niels Gyldenløve døde inden Udgangen af Aaret.

Denne Vincents Vincentsen Lunge var en dansk Adelsmand af Slægten Dyre; men han havde antaget sin mødrene Slægt Lungernes Navn. Hvitfeld kalder ham en prægtig Mand, veltalende, forstandig og brugelig. Han var en lærd Mand, der havde stuberet ved fremmede Universiteter og er-hvervet sig juridisk Doktorgrad. 1521 blev han Lærer i Lov-kyndighed ved Kjøbenhavns Universitet og valgtes til dets Rektor. Kong Christiern havde i 1522 belenet ham med Krogen Slot (Kronborg), og i Kongens sidste Maaneder havde han med saa mange andre Adelsmænd i Østdanmark svoret ham en ny Tro-skabsed, hvilken han dog ikke holdt bedre end de Andre. Kort efter Christierns Flugt sendte Kong Frederik ham med en udstrakt Fuldmagt til Bergen, i det samme Hverv, som Henrik Krummedige saa heldigen udførte i det Sønbenfjeldske. Vincents Lunge gjorde et mægtigt Skridt mod Maalet ved at træde i Forbindelse med Familien Gyldenløve. Han ægtede Niels Henriksens Datter Mar-garete og fik af den døende Svigerfader overdraget Formynder-skabet for be andre Børn, saa at han derefter maatte betragtes som denne rige og ansete norske Slægts Overhoved. — Denne Mand var det, de to Biskopper fik Hans Knudsen til at over-drage Bergenhus, hvorfra Vincents Lunge som Kong Frederiks Mand nu i den nærmeste Tid bragte det øvrige Nordenfjeldske over til samme Side.

Men Vincents Lunge optraadte helt anderledes end Hen-rik Krummedige. Han erklærede sig for en norsk Mand, der som indgiftet i Norge løssagde sig fra sit Fædreland Danmark, lod sig optage i Norges Riges Raad og gjorde sig til Bærer af en national norsk Politik, idet han vel vilde erkjende Kong Frederik for Norges Konge, men tillige vilde hævde Norges Selvstændighed og Ligeberettigelse med Danmark. Han vilde see Norge forbundet med Danmark under een Fælleskonge, men ikke vide af det danske Rigsraads Herredømme over Norge, — han vilde altsaa en For-bindelse af samme Art som den, der nu finder Sted imellem Norge og Sverrig. Og denne Politik seirede. Allerede af den Grund maatte han og de, der sluttede sig til ham, blive Modstandere af Henrik Krummedige, selv om de ikke havde været begjærlige efter de mange norske Len, som denne danske Stormand havde vidst at drage til sig.

Den nye Ærkebiskop Oluf Engelbrektsen var paa Ud= reisen til Rom kommen til Mecheln i Nederlandene, hvor han traf sammen med den landflygtige Kong Christiern den Anden, og lovede at blive hans Mand. Men Tilbagereisen lagde han gjennem Tydskland til Lybek, formodentlig forbi derfra var den bedste Skibsleilighed til Bergen. Han saa nu, at Norge allerede var i Kong Frederiks Haand. Indbudt af denne mødte han ham i Flensborg og anerkjendte ham for sin Herre, saa at han ved sin Tilbagekomst til Norge i Foraaret 1524 vel optraadte som Kong Frederiks Mand, men dog stod i en tvetydig Stilling som den, der ved et ældre Løfte havde bundet sig til den landflygtige Konge. Dette fik i Tidens Løb afgjørende Indflydelse paa hans og Norges Skjæbne. Foreløbig sluttede han sig nu til Vincents Lunge og deltog med ham i et almindeligt Møde af det norske Rigsraad i Bergen i August 1524. Her trængte Vincents Lynges Politik fuldstændigt igjennem; det norske Rigsraad opsagde Kong Christiern Huldskab og Troskab, valgte Frederik den Første til Norges Konge og vedtog en Haandfæstning, der gjorde Norge til et med Danmark ligeberettiget Valgrige. De fleste Bestemmelser vare optagne efter den danske Haandfæstning, dog med Tilføielser og Lempelser efter norske For= hold. Kongen maatte frasige sig Titel af Arving til Norge; han maatte erkjende at have modtaget de norske Len af det norske Rigs= raads Haand, og forpligte sig til at overdrage dem til indfødte eller indgiftede norske Adelsmænd, der skulde holde dem til Kongens Haand. Efter Kongens Afgang skulde de holdes til Ærkebiskoppens og Rigsraadets Haand, saa at det ingen Magt skulde have, om nogen Slotslov forvandledes anderledes.

Med denne Haandfæstning og med Fordring om at tilbage= kalde Henrik Krummedige, hvem Rigsraadet paa Forhaand afsatte fra hans norske Len og udviste af Raadet og Riget, sendtes Vin= cents Lunge til Danmark, hvor han traf Kongen i Ribe. Her trængte han heldigen igjennem Henrik Krummediges og Andres Modstand. Kongen lod sig bevæge til at antage Haandfæstningen som den blev ham forelagt, den 24de November 1524. Vincents Lunge vendte tilbage som Kongens Statholder nordenfjelds og Befalingsmand paa Bergenhus med de tilliggende talrige og betydelige Len. Han var nu Norges indflydelsesrigeste Mand, ihvorvel Erkebiskoppen efter Rigets Forfatning vedblev at være dets første Mand og Formand i Rigsraadet.

Saaledes satte Kong Frederik ogsaa Norges Krone paa sit Hoved, — skjøndt kronet i Norge blev han aldrig, ligesaa lidt som han nogensinde kom til dette Rige. Men Norge kunde ikke ret længe holde sig som ligeberettiget med Danmark, forbi det i Virkeligheden ikke var Danmarks Ligemand, og forbi det manglede et nationalt Aristokrati som Bærer af Rigets Selvstændighed, — endelig forbi dets levende Mænd selv brøde Baandet imellem Rigerne, saa at de maatte finde sig i, at det gjenknyttedes paa andre Betingelser end dem, Kong Frederik havde modtaget af Vincents Lunges Haand.

Anden Afdeling.

Søren Norby paa Visborg. Gustav Vasa Konge. Stokholm i Kong Gustavs Magt. Lybekernes Fordringer til Kong Gustav. Lybeks Strængnæsprivilegium. Søren Norbys Forhold til Danmark. Kong Gustavs Gullandstog. Malmørecessen af 1ste September 1524. Den danske Regering søger forgjæves at faa Visborg i sin Magt.

Jeg har ovenfor (S. 420) ført Fremstillingen af Gustav Vasas Kamp for Sverrigs Befrielse ned indtil hans Forbund med Lybek 1522, Stokholms tredie Beleiring og Søren Norbys mislykkede Forsøg paa at bringe Slottet og Staden Undsætning i November 1522. Kong Christierns Fald og Flugt kastede hele Byrden af denne Kamp imod Sverrigs Rigsforstander og de vendiske Stæder paa Søren Norbys Skuldre. At Stokholm nu maatte falde, er indlysende; men fra Kalmar og Øland, de finske Slotte, Gulland

31

med det faste Visborg beherskede Norby som Kong Christierns
Statholder den hele indre Østersø, hvor han førte sin Konges
Krig mod de Svenske og Lybekerne. Han tog alt fjendtligt Gods,
hvor han kunde finde det, og kaprede hvert Skib, der gik til og
fra de vendiske Hansestæder og Danzig, til eller fra de Dele af
Sverrig, der vare i Rigsforstanderens Magt; og han gjorde saa
rigt et Bytte, at denne Kaperkrig kunde føde sig selv, ellers havde
Krigen snart standset, da Norby ingen Hjælp kunde faa af Kong
Christiern. Naturligvis hørtes det samme Skrig om Sørøveri
som i de foregaaende Krige; og endnu i vore Dage kan man læse
det Samme i vor Tids tydske og svenske Historiebøger. Men
Søren Norby gjorde kun sin Pligt som Kong Christierns tro
Mand, der førte hans Krig saaledes som Datidens Folkeret
krævede det.
Allerede da Gustav Vasa i August 1521 valgtes til Rigs-
forstander i Vadstena var der Tale om at sætte ham paa Sverrigs
Trone. Dengang viste han Kronen fra sig; men skulde den nu-
værende Reisning være et endeligt og uigjenkaldeligt Brud med
„den kjærlige Bebindelse", maatte Sverrig have en Konge. Det
var derfor naturligt og rigtigt, at Rigsdagen i Strengnæs valgte
Rigsforstanderen til Sverrigs Konge; thi om Andre end Gustav
Vasa kunde der da ikke være Tale. Den 7de Juni 1523 er den
evig mindeværdige Dag i Nordens Historie, da den første Konge
af Vasaætten besteg Sverrigs Trone. Da var Kalmar By taget
af Arvid Vestgøte den 27de Mai; den 7de Juli faldt Kalmar
Slot; og allerede midt i Juni Maaned maatte ogsaa Stokholms
Stad og Slot kapitulere. St. Hansdag den 24de Juni 1523
holdt Kong Gustav sit Indtog i sin næsten øde Hovedstad, og
inden Aarets Ende blev ogsaa Finland taget fra Rolf Madsen og
andre af Søren Norbys Mænd. Ja udover Sverrigs egne
Grændser var det norske Landskab Vigen erobret og det danske
Bleking besat af Kong Gustavs Krigsmagt. Havde ikke Kong
Christiern truet de nye Magthavere i Danmark og Søren Norby
fra Visborg fortsat Krigen med Sverrig og Lybek, vilde de to
nye Konger snart været i Krig med hinanden. Dette kunde dog
Lybek ikke tilstede. Det vilde have Fred mellem Sverrig og Dan-
mark som Betingelse baade for Kong Christierns Udelukkelse og
for Østersøens Frihed; og det kunde ikke slaa sig til Ro, førend

Gulland havde ophørt at være Udgangspunkt for en Krig, der tilstoppede en af deres vigtigste Rigdomskilder.

Lybekerne betragtede Gustavs Seir og Tronbestigelse væsenlig som deres Værk og vilde nu have Løn for deres Velgjerning. De mente i Gustav at have et lydigt Redskab for deres Planer og at være i Besiddelse af Midler til at holde ham i Afhængighed. Paa den nævnte Rigsdag i Strængnæs forelagde to af Lybeks Raadsherrer den nye Konge Regningerne for Lybeks Udlæg og krævede Betaling. I dette Øieblik, da Krigen i Sverrig netop var ophørt og Gustav, der havde en talrig Skare af hvervede Krigsfolk at tilfredsstille, skulde tiltræde Regeringen i det ødelagte Land, kunde han naturligvis ikke ubrede en Sum af omtrent 69,000 Mark lybsk; og Lybekerne vilde ikke noies med Forskrivninger alene. Kong Gustav saa sig nødsaget til at indrømme dem det berygtede Strængnæsprivilegium af 10de Juni 1523, der viser, hvorledes Hanseaterne vilde have behandlet hele Norden, havde de kunnet. Thi ved dette Privilegium maatte Kor   v og hans Raad give det svenske Folks hele Næringsv'   i deres Vold. Intet kan vise deres Egennytte stærker   isse Artikler:

— De af Lybek og Danzig med deres Bundsfor'   ulle i Stokholm, Aabo, Kalmar, Søderkøping og over a   t være fri for al Told og alle andre Udgifter, af hvad   nævnes kan, saavel for Indførsel som for Udførsel.

— Ingen Fremmed, af hvad Land og Nation   r, skal det tilstedes at kjøbe eller sælge i Stokholm, Kalmar eller andensteds i Riget, undtagen alene de af Lybek og Danzig og deres Bundsforvante, og hvem de Lybske med sig ville det tilstede. Saadant skal ingen andre blive tilstedt i nogen tilkommende Tid.

— Heller ikke skal nogen Udlænding blive Borger enten i Stokholm eller Kalmar, og heller ikke have Tilladelse til at seile til andre Stæder her i Riget end de nævnte. Seiladsen til Øresund eller Belt maa ikke bruges i nogen Maade, men skal være forglemt i alle Maader.

Taget lige efter Ordene stillede dette Privilegium Sverrig omtrent i samme Forhold til Hanseaterne som de sydamerikanske Kolonialbesiddelser i det 17de Aarhundrede stode til Moderlandet Spanien: de skulde kun være til for at tjene dette som Rigdomskilde!

Et saa uhørt Handelstyranni stiller Kong Christierns og hans Faders Kamp imod Hanseaternes Overgreb og Anmasselser i et endnu gunstigere Lys, end om man alene seer paa, hvad de tillode sig i Danmark og Norge.

I en halv Snes Aar maatte Sverrig bære dette utaalelige Aag; men Lybek fik det dog tilsidst at fornemme, at det havde spændt Buen for høit. Og ikke Lybeks Regering alene mente saaledes at kunne bruge Gustav som sin Tjener; ogsaa de enkelte Mænd i Lybek, der havde hjulpet ham med Penge og Krigsfornødenheder, og som nu kom med deres Regninger, stræbte ved Løfter om Opsættelse og Eftergivenhed at formaa ham til, i deres og deres Stads Interesse at paatage sig et Krigstog til Gulland for at rykke Visby og Visborg ud af Søren Norbys Haand.

Allerede i de første Dage efter at det jydske Raad havde opsagt Kong Christiern, havde det henvendt sig til Søren Norby. De mindede ham om, at Kongen tvertimod sin Reces „har forhadet, fortrængt og forsmaaet Danmarks Riges Raad, Riddere og Riddermandsmænd, efter hvis Raad Hs. Naade skulde og burde regere Land og Rige; og i deres Sted elsket og frembraget Trælle og Skalke som Mester Didrik, Hans Mikkelsen, Hans Tolder, Matthis Skriver, med mange flere; og fremfor Alle den onde og fordærvelige Kvinde Sigbrit, som Hs. Naade mest raadet og regeret haver, af hvis Raad og Tilskyndelse værdige Fædre Biskopperne af Strængnæs og Skara, dertil saa mange strenge Riddere og Gode Mænd saa jammerlig uden al Dom og Ret, imod christelige Breve og Indsegl, kom fra deres Hals i Stokholm. Deslige de fattige Munke og Præster i Nydal; Hr. Knud Knudsen i Norge, hvis Gods blev taget under Kronen; Biskoppen i Fyen atter greben og Stiftets Gods under Kronen; Ærkebiskoppen af Trondhjem forjagen; flere Biskopper der i Riget ilde medfarne; den gode Stefan Weberstein fra sin Hals, og ligeledes de tre Hofmænd, som kom fra Sverrig; saa og den Gode Mand Torbern Oxe, som Danmarks Raad havde fridømt. Og, som vi særlig spurgt haver, af samme onde Kvindes Raad og Skrivelse var I selv noget nær kommen om Halsen. Dertil dette hele Land saa belastet med Skat, Told, Cise, ny Lov med mange nye Paalæg og Uskællighed, som langt var at skrive og Eder selv største Parten vel vitterligt er hvilket Alt for Gud og Verden ingenlunde staaer os til at taale

„Thi have vi nu i den Hel. Trefoldigheds Navn opskrevet Hs. Naade Huldskab og Mandskab, hvilket vi nu Eder forkynde med denne vor Skrivelse, bedende Eder kjærligen og paa alle vore kjære Medbrødres Danmarks Riges Raads Vegne strengeligen byde, at alle de Len, I have af Danmarks Krone i Forlening, besønderligen Gulland, at I dem forvare og holde troligen til Danmarks Raads Haand som en god tro Dannemand bør at gjøre og I forpligtet er efter Haandfæstningens Lydelse, hvilket vi Eder fuldkommelig tiltro og Intet paatvivler. Skal I ogsaa forlade Eder til, at vi ville tilbørligen betænke Eders lange tro Tjeneste, som I Riget gjort haver, anderledes end den forskrevne onde Kvinde havde agtet, og Eders Len forbedre og ikke formindske. Bedende Eder kjærligen, at I ville skrive os til igjen med samme vort Bud, hvorefter vi os forlade skulle. Skrevet i Viborg a. d. 1523, Løverdag for Vor Frue Kyndelmisse (31te Januar).“

Det vides ikke, at Søren Norby har besvaret dette Brev. Har han gjort det, har det været med et Afslag; thi trods Sandheden i Klagerne over Kongen, og trods Sigbrits Bestræbelser for at bringe ham om Halsen, fordi hun gav ham Skyld for at have anstiftet et Anfald paa hendes Person af nogle Bønder fra Leiren ved Kjøbenhavn, der kastede hende i Vandet, da hun vilde besee Krigsfolket, — trods dette er det ikke faldet Søren Norby ind at svigte sin Herre og Konge, uagtet denne nu Intet kunde gjøre for ham, og uagtet han maatte vente sig et Anfald fra Sverrig. Thi strax efter Stokholms Overgivelse havde Kong Gustav vel søgt at drage Norby med Gulland og de andre Slotte i Finland til sin Side; men da heller ikke dette rokkede hans Troskab, kunde han sikkert forudsee, at Kong Christierns Fjender vilde fra alle Sider snart falde over ham.

Efter Kong Christierns Flugt sad han i hele Aaret 1523 som Lybeks og dets Bundsforvantes, Danzigs og Sverrigs, Fjende paa Visborg i en Stilling, der havde megen Lighed med Ivar Axelsens i Christiern den Førstes og Kong Hanses Tid. Hans Kaperier tilføiede navnlig Lybekerne smertelige Tab, og Sverrig led naturligvis ikke mindre. Det var saaledes ganske naturligt, at Gustav laante Lybekeren Herman Israhel's Forestillinger sit Øre, og at Rigsdagen i Vadstena i Januar 1524 enstemmig sluttede sig til Kongens Forslag om et Krigstog mod Gulland. De samme

Grunde og Hensyn, som havde bevæget Kong Karl Knudsen til at
vende sig mod Kong Erik paa Visborg strax efter sin Tronbestigelse,
maatte ogsaa være bestemmende for Gustav.

Da Norby saa Uveiret nærme sig, sendte han sit Bud til den
landflygtige Konge med Anmodning om en klækkelig Undsætning i
Tide, eller, dersom Kong Christiern ikke var i Stand dertil, da
om hans Samtykke til at hylde Hertug Frederik og det danske
Rigsraad, for at Gulland i det mindste ikke skulde komme fra
Danmarks Rige. Men Kong Gustav gav ham ikke Tid til at
afvente Kongens Svar. Han maatte handle paa sit eget Ansvar.
Ved sin Fodermarsk (Næstkommanderende) Otto Andersen Ul=
feld sluttede han i Juni en Overenskomst med det danske Rigs=
raad, der tilsagde ham Understøttelse og lovede ham at maatte be=
holde Gulland paa samme Vilkaar, som han havde det af Kong
Christiern, nemlig som et Pantelen paa Livstid, dog at han nu
holdt Slotsloven til Kong Frederiks og det danske Rigsraads
Haand samt afholdt sig fra Fjendtligheder imod Lybekerne. Otto
Andersen kom tilbage med et velbeseglet Brev om denne Overens=
komst, som Søren Norby maatte antage, da Kong Gustavs Krigs=
magt under den tydske Ridder Bernhard von Melen, der efter
Stægeborgs Overgivelse i Sommeren 1521 var gaaet fra Kong
Christierns Tjeneste over i Gustav Vasas, var landet paa Gulland
den 14de Mai 1524. Det aabne Land havde de Svenske strax
besat, men fra Staden og Slottet bleve de viste tilbage med blodige
Pander.

Den danske Regering rettede nu en alvorlig Opfordring til
Kong Gustav om at drage sine Tropper tilbage, da Gulland var
Kong Frederiks og Danmarks; men forgjæves. Bleking var jo
tillige bleven indtaget af Gustavs Folk, og Vigen i Norge; Kong
Gustav rakte endog Haanden ud efter Skaane og Halland. En
mægtig Vrede greb det danske Rigsraad; det syntes nu strax at
maatte komme til Krig imellem de nye Magthavere i Danmark-
Norge og Sverrig. Da traadte Lybekerne imellem dem og til-
veiebragte en Kongres i Malmø sidst i August og først i September
1524, hvor begge Konger, Frederik og Gustav, mødtes personlig
i Forbindelse med deres vigtigste Rigsraader. Kong Frederik skal
have talt om den gamle Forbindelse mellem de nordiske Riger;
han vilde ikke forlange, at Kong Gustav nu skulde nedlægge sin

Krone, men mente dog, at den svenske Konge burde erkjende ham for sin Overherre, en Fordring, der kun kan være gjort for en Forms Skyld som et Forbehold for Fremtiden, ikke i Tanke om nogen Virkning. Den blev da ogsaa bestemt tilbagevist og Kong Frederik kom ikke mere frem med den. Men om Gulland og de andre Landskaber kom det til hidsigt Ordskifte, hvori Kong Gustav veltalende og livligt forsvarede sine og Sverrigs Paastande. Da mæglede de vendiske Søstæders og Danzigs Sendebud med Lybeks høit ansete Borgermester Thomas von Wikede i Spidsen et foreløbigt Forlig, som begge de stridende Parter gik ind paa. Lybek var jo nøie allieret med dem begge og havde den største Interesse i, at der blev Fred i Østersøen. Dette Forlig er af 1ste September 1524 og indeholdt i det Væsenlige følgende Artikler:

Ved Pintsetid 1525 skulle de sex vendiske Stæder møde i Lybek og da endelig adskille de stridende Parter enten til Minde eller til Rette, d. e. enten ved et Forlig eller ved en Dom.

— Kong Gustaf skal strax ufortøvet overantvorde Bleking til Kongen af Danmark.

— Vigen forbliver under Kong Gustav foreløbig indtil Mødet; da skal det afgjøres, hvem der skal beholde det.

— Har Kongen af Sverrig paa denne Dag, den 1ste September 1524, ved sit Krigsfolk paa Gulland faaet Visby og Visborg i sin Magt, saa skal han beholde Landet indtil Mødet og derefter staa Kongen af Danmark til Rette for Voldgifts-mændene *). Er Visby og Visborg den 1ste September i Kongen af Danmarks og Søren Norbys Magt, da skal den danske Konge beholde Gulland indtil Retsdagen og da staa Kongen af Sverrig til Rette. Men bliver By og Slot indtaget af den svenske Krigsmagt efter den 1ste September, skal det strax tilbagegives Kongen af Danmark, der saa skal staa Sverrigs Konge til Rette. Hvilken af Parterne da Visby, Visborg med Gulland, samt Bleking bliver tildømt, skal beholde dem endelig.

— Bliver Gulland med Stad og Slot da tilkjendt Kongen af Danmark, skal Voldgiftsretten afgjøre, om Kongen af Sverrig skal have nogen, og da hvilken, Erstatning for sine Krigs-omkostninger af Kongen af Danmark. Tildømmes Omkost-

----

*) d. e. Kongen af Danmark skal da som Sagsøger bevise sin bedre Ret.

ningerne Kong Gustav, beholder han Vigen i Pant, indtil
Betaling skeer; men det skal staa Kongen af Danmark frit for
at betale Pengene strax. Naar Pantesummen betales, hvori skal
afkortes, hvad Kongen af Sverrig imidlertid har oppebaaret af
Vigen, skal dette Landskab overantvordes Norges Rige.

— Bliver Kongen af Danmark ikke idømt Omkostningerne, skal
Vigen strax tilbagegives.

— Begge Konger skulle befale deres Krigsfolk uopholdelig at
standse Fjendtlighederne. Kongen af Danmark skal og vil lade
ved sine Sendebud kalde Hr. Søren Norby med hans Tjenere
og Hjælpere fra Gulland strax ind i Danmarks Rige, og lade
ham bringe, føre og vise til det Sted, at man er sikker paa, at
Sverrig, Lybek og andre Stater, og deres Kjøbmænd, kunne
forblive ufeidede af dem, og at de ikke styrke Fjenderne. Naar
da Hr. Severin rømmer Landet, da skulle de svenske Krigsfolk
strax i lige Maade rømme det uden at beskadige Nogen, og
drage derhen, hvor man henviser dem.

— Fangerne skulle paa begge Sider frigives uden Løsepenge;
og naar Søren Norby rømmer Gulland, skal Kongen af Dan-
mark overdrage dette til en Adelsmand, som holder Fred med
de Lybske og Svenske, og som uden Plyndring overantvorder det
til Kongen af Sverrig, hvis det bliver ham tildømt.

— Den Part, der beholder Gulland, skal tilfredsstille de Lybske
paa billige Vilkaar for den Skade, de have lidt.

— Kongen af Danmark skal forskaffe det norske Rigsraads
Stadfæstelse paa Artiklerne om Vigen og sende den til Kongen
af Sverrig eller medbringe den paa Voldgiftsdagen i Lybek.

— Hvilken af Parterne der ikke overholder denne Reces, skal
være falden i en Bøde af 100,000 Gylden, Halvdelen til den
lydige Part, Halvdelen til Voldgiftsmændene.

I Formen var dette Forlig upartisk nok; men i Virkeligheden
dog snarest til Fordel for Danmark, da Søren Norby endnu den
1ste September holdt sig i Visby og paa Visborg. Og om man
i Malmø ikke just vidste dette, har Kong Gustav dog ikke kunnet
være i Tvivl derom, da hans Folk under Bernhard v. Mielen
ingenlunde havde havt den Fremgang, han havde paaregnet. Fra
svensk Side gav man, og giver man endnu, den tydske Ridder
Skyld for Uheldet, som i sin Tid Magnus Green; men den sande

Grund var, at Bernhard von Melen havde en Mand som Søren
Norby for sig.

De to danske Adelsmænd Anders Bilde og Mikel Brokenhus
sendtes til Øen med det Hverv at faa Recessens Bestemmelser gjennem-
førte. Her traf de sammen med Eske Bilde samt med Kong Gustavs
Sendebud, Laurents Siggesen, Sverrigs Marsk, og Jost Quadit, og
sluttede den 22de September 1524 en Overenskomst paa Bisborg med
Søren Norby og Bernhard v. Melen, hvorved disse begge er-
klærede, at ville strax begive sig fra Gulland med deres Krigsfolk
til Sverrig og til Danmark; dog skulde der blive en tilstrækkelig
Besætning tilbage til Forsvar af Staden og Slottet.

Saavidt var Alt bragt i Orden; de Svenske droge bort og
Gulland var derefter atter i Danmarks Riges Besiddelse indtil
Retsdagen i Lybek; men med Søren Norbys Bortkaldelse gik det
ikke saa let. Hvad der nu skete, sees udførligt af Søren Norbys
egen Beretning til Keiseren og Kong Christiern efter hans Tilbage-
komst fra Fangenskabet · i Rusland. Oversat fra Tydsk med nogle
stilistiske Lempelser lyder denne Beretning saaledes: „De Danske
vilde gjøre en falsk Overenskomst med mig og sendte paa min
Tro og Love en Ridder og Rigsraad ved Navn Hr. Anders
Bilde med en anden Rigsraad Eske Bilde og en Adelsmand
Mikel Brokenhus tilligemed en tydsk Oberst (Hauptmann) Se-
bastian Frølich, der var Fører for en Part af Hertug Frederiks
Folk, med nogle Skibe og Folk. Medens nu Anders og Eske
Bilde og M. Brokenhus talte og underhandlede med mig fulde af
Løgn og Svig, saa gik bemeldte Oberst Sebastian Frølich i For-
bindelse med nogle af mine Fanger, som han kjendte, og gjorde
mig mine andre Tjenere afvendige, gav dem hemmelig Penge for
at bringe mig om Halsen og stille mig ved Slot og Stad og
Gulland. Om dette Forræderi, at de droge mine Folk til sig med
Penge, fik jeg først Underretning nogen Tid derefter. Nogle Dage
derefter, da jeg holdt en Samling udenfor Slottet og Staden,
sagde de bestukne Knegte, at de ikke længere vilde tjene mig; de
vilde søge sig en anden Herre, den første den bedste. Jeg spurgte
dem, hvorfor de vilde forlade mig? om jeg ikke altid havde betalt
dem ærligt paa min naadigste Herres Vegne? hvortil de svarede,
at de ikke klagede derover, deres Betaling havde de faaet, men kort
og godt, de vilde søge en anden Herre. I Samlingen var da

„1100 Mand, desuden havde jeg halvandet Hundrede paa Slottet hos de danske Herrer. Det var omtrent de to Tredieparter, der traadte ud af Ringen fra mig, saa at jeg knap beholdt en Trediepart tilbage. Hos mig havde jeg 120 Drabanter, som lønnedes med otte Gylden om Maaneden. Med disse gik jeg til Knegtene og søgte at overtale dem til at tjene mig længer paa min naadige Herres Vegne, jeg vilde altid holde og betale dem vel m. m. Men de svarede mig trodsig, at jeg skulde spare mine mange Ord og pakke mig fra dem, ellers skulde det gaa mig ilde, hvorpaa de strax stillede sig i Slagorden og sænkede deres Spyd. Saa løb jeg til de Andre, der endnu vare blevne mig tro, og vi stillede os ligeledes i Slagorden; men af mine 120 Drabanter bleve kun 30 hos mig, de andre vare Alle traadte fra mig ind i Slagordenen. Da gav min Fændrik Eyler mig Fanen med de Ord, at saa længe jeg havde den i Haanden, kunde de aldrig med Ære være bekjendt at angribe og slaaes med os. Saasnart de nu saa, at jeg tog Fanen i min Hagnd, gjorde de omkring, løb ind til Staden, indtoge den til de Danskes Bedste, lukkede alle Porte og løb mod Slottet for ogsaa at indtage det og saaledes leve og dø hos de Danske; men Slottet var lukket, saa de kunde ikke komme ind. Saa løb jeg med mit Krigsfolk udenom Staden til Slottet, den Ene steg op paa den Andens Ryg og hjalp hverandre med Spyd og lange Stænger over Muren. Vare vi ikke hurtigt komne ind i Slottet, saa de havde grebet os, havde de bragt os alle om Halsen. Efter at vi saaledes vare komne ind paa Slottet, lod jeg alle Skandser besætte, Skytset stille tilrette, og vilde have slaaet alle de danske Herrer ihjel, hvad mine Folk dog ikke vilde tilstede. Saa tog jeg de tre Herrer, satte dem ind i et Kammer og laasede for dem; Sebastian Frølich gav jeg et Slag paa Hovedet og lod ham sætte i Taarnet, hvorved jeg under hans Arm, under Kjortelen, fandt Hertug Frederiks og det danske Hovedbanner, som han skulde opreise og lade flyve blandt mine Folk; det tog jeg fra ham og har det endnu den Dag idag i god Forvaring hos mig. Nu forlangte de frafaldne Knegte, som havde Staden inde, ved sex Udsendte at holde Samtale med mig, og at jeg tilbage med disse sex strax skulde sende Hr. Anders og Hr. Este Bilde, Mikel Brokenhus og deres Oberst Sebastian Frølich; thi med dem vilde de leve og dø og holde Staden Hertug Frederik og de Danske til Bedste.

„Hvortil jeg ſvarede dem, at havde de Halen i Staden, havde jeg Hovedet paa Slottet, agtede heller ikke at udlevere dem Herrerne, da de havde handlet ſaa forræderſk mod mig, de maatte ſaa gjøre hvad de kunde og vilde. Men nogle af mine Krigsfolk paa Slottet, der havde deres Kvinder og Gods i Staden, ſamt nogle Borgere og Adelsmænd *) bade mig at lade Sagen for deres Skyld komme til en Stilſtand indtil Kl. tolv næſte Dag, hvilket jeg indrømmede ſaaledes, at de i Staden og paa Slottet ſkulde hver blive hvor de vare indtil Kl. tolv. Og mine Folk ſamtykte i, at de paa Slottet da med Undtagelſe af en tilbageblivende Beſætning ſkulde komme med mig ind i Staden til Samtale med Knegtene, hvor jeg ſaa ſkulde bringe de tre Herrer og Seb. Frølich med mig i Ringen.

Nu havde jeg udenfor Slottet to Hundrede Ryttere, ſpredte ti — tolv Mile omkring paa Landet hos Bønderne; dem tilſkrev jeg, at de uopholdelig ſkulde komme til mig foran Slottet i fuld Ruſtning, hvilket ogſaa ſkete; nogle kom ſamme Nat, andre om Morgenen. Den næſte Dag lode Knegtene i Staden Trommen gaa og ſamledes paa en aaben Plads langt fra Slottet i en fordelagtig Stilling, hvor de tænkte, at jeg ikke lettelig ſkulde komme fra dem med de danſke Herrer tilbage til Slottet. De ſendte ſaa fire Mand op til mig med Opfordring til at komme efter Aftalen og medbringe Herrerne. Jeg holdt dem tilbage, indtil jeg havde mit Rytteri ſamlet og i Orden, hvorpaa jeg red ned til dem med Rytterne, traadte ind i Ringen og ſagde: her har J efter mit Løfte Eders Herrer og Eders Oberſt. Derefter befalede jeg min Fændrik at træde med mig ud af Ringen, hvorpaa jeg offentlig udſagde, at den, ſom vilde tjene mig paa mine allernaadigſte Herrer Keiſerens og Kong Chriſtierns Vegne, ſkulde med mig træde til en Side, de, der ville blive hos Hertug Frederik, kunde blive hos Herrerne. Da fulgte mig de Knegte, ſom havde været med mig paa Slottet, ſamt Rytteriet; de Andre bleve ſtaaende hos de danſke Herrer. Siden have de bedet mig om Tilgivelſe: det var ſkeet af deres Uforſtand. Jeg nægtede dem da ikke mit Venſkab igjen og har ikke ladet Nogen bringe om Halſen. Havde de været mig ſaa mægtig, ſom jeg var dem, og

---

*) „Erlich Leut".

„havde mit Rytteri ikke saa hemmeligt og hurtigt været tilstede, saa havde de overantvordet Slot og Stad i Hertug Frederiks og de Danskes Hænder, og bragt mig som Fange til Danmark. Jeg foreholdt dem ogsaa, at hvem der vilde tjene mig længer, vilde jeg holde som før, men hvem der vilde drage bort med de Danske, kunde gjøre det. Dermed har jeg ladet de danske Herrer og deres Oberst drage bort uskadte med deres Penge og øvrige Sager."

Slutningen af denne Beretning trænger dog til at fuldstændig-gjøres fra andre Kilder. Søren Norby jagede ikke de danske Herrer bort uden Besked; han fragik ikke sin Forpligtelse, at forlade Gulland i Henhold til Recessen, men han skjød sin tro Besætning paa Wisborg imellem sig og dem. Hans Krigsfolk forlangte Sikkerhed for deres Ansvarsfrihed, førend de vilde forlade Slottet; de forlangte Leidebreve fra Danmark, Sverrig og Hansestæderne. Og Norby vilde ikke skilles fra Folkene. Saaledes maatte dog de danske Herrer den 26de Oktober 1524 forlade Øen med uforrettet Sag.

Til Forklaring af et væsentligt Punkt i Norby's Fremstilling, nemlig af hans Spørgsmaal til Landsknegtene, om de vilde tjene ham paa Keiserens og Kong Christierns Vegne, maa bemærkes, at Kong Christiern virkelig har hos sin Svoger Keiser Karl den Femte erholdt et Patent for Søren Norby, dateret Valladolid den 17de September 1524, hvorved Keiseren tager ham i sin Værn og Fred og erklærer ham for sin Mand og Tjener. Dette Brev kan vel endnu ikke have været paa Wisborg under Forhandlingerne om Malmørecessens Fuldbyrdelse; men Norby kan have havt en anden Erklæring af Keiseren, der berettigede ham til at kalde ogsaa ham sin Herre.

Ved den her givne Fremstilling af Striden ved Wisborg maa det dog ikke oversees, at saaledes seer Begivenhederne ud fra den ene Side, fra Kong Christierns og Søren Norby's. Havde vi en Beretning fra Anders Bilde, vilde Et og Andet tage sig anderledes ud; men en saadan er hidtil ikke funden. Maaske har Anders Bilde ikke afgivet nogen skriftlig Rapport til Kong Frederik, fordi han strax efter sin Hjemkomst fra Gulland begav sig personlig til Kongen paa Gottorp *). I Mangel af en Fremstilling

---

*) Det seer man af en Opskrift af Anders Bilde i Samlingen danske Adelsbreve Fasc. 5, Nr. 61 i det Kgl. Bibliothek.

fra Modstandernes Side maa vi lade Norbys gjælde som den foreligger, da vi ikke have anden Grund til at tvivle om dens Paalidelighed end den, der altid hefter sig ved den ene Parts Indlæg i et Stridsæmne.   Og da paatrænger sig det Spørgsmaal, om Skylden for Brudet hviler paa Norby eller paa den danske Regering og dens Sendebud.   Søren Norby var siden Juni 1524 det danske Riges Mand; han havde af Kong Frederik og det danske Rigsraad modtaget Slotsloven paa Bisborg som et Pantelen for Livstid.   Dette havde han vel gjort under et Tryk af Forhold, der ikke tillode ham at forblive Kong Christierns Mand, dersom Gulland ikke skulde skilles fra Danmark.   Men ligemeget: vi tilstede ikke nogen Mentalreservation.   Dog var han paa den anden Side gaaet over fra Christierns til Frederiks Tjeneste under Forhold, der stillede ham anderledes til Danmarks Krone end dennes andre Lensmænd.   Hans Overenskomst med den danske Regering saa fra hans Standpunkt snarere ud som en Traktat end som en Tjenesteed. Man har til hans Forsvar desuden anført, at Overenskomsten var troløst brudt fra den danske Regerings Side ved Malmørecessen af 1ste September, der vilde, at Norby skulde bortkaldes fra Gulland og bringes til et Sted i Danmark, hvor han ikke kunde skade Sverrig eller Lybek, saa at han altsaa nu skulde miste det Pantelen, der tilhørte ham med al Ret, og hvis Indrømmelse havde været Betingelsen for hans Underkastelse.   Men dette synes ikke grundet; thi Statens Ret staaer over den enkelte Mands.   Den danske Regering kunde fra sit Standpunkt ikke betragte Gulland anderledes end som et Ledemod af Danmarks Rige.   Den kunde og burde ikke lade sig afholde fra at antage en Statsakt, der i et kritisk Øieblik afvendte en fordærvelig Krig og sikrede Rigets Ret ligeover for en farlig Nabo.   Erstatning for det Pant, der nu maatte fratages Norby, skyldte man ham, — maaske kan det ogsaa siges, at man burde give ham Pantelenet tilbage, naar Voldgifts-retten i Lybek havde endeligen tildømt Danmark Gulland.   Men ingenlunde skyldte den danske Regering ham, ved en Krig med Sverrig og Lybek, som overgik Danmarks Kræfter — Kong Christiern havde faaet det at fornemme — at brede Død og Øde-læggelse over Norden alene for at opretholde denne Mand som Panthaver af Gulland.   Udtrykkelig sige Ordene i Recessen des-uden ikke, at Pantelenet skal fratages Norby, men kun, at han

indtil Voldgiftsrettens Dom falder, skal fjernes fra Gulland og
dette Len midlertidig betroes en anden Mand.   Søren Norby har
heller ikke, saa vidt vides, beklaget sig over Recessen; han har
tvertimod anerkjendt og antaget den i og med den ovenfor omtalte
Overenskomst af 22de September 1524, der tillige forpligtede ham
til at rømme Slot og Len, selv og med sine Folk.   At de danske
Sendebud skulde have forbulgt Malmørecessens sande Indhold for
ham, har man vel formodet; men det er aldeles utroligt, at saa
klog en Mand som Søren Norby, vel bekjendt med Datidens
politiske Rænkespil, skulde have udtrykkelig erklæret, at ville i alle
Maader ubrødelig holde „den Kontrakt og Forsegling, som nu
sidst i Malmø er bekræftet og bevilliget", dersom han ikke havde
seet denne Reces selv.   Snarere har Anstødsstenen været den Be-
stemmelse i Recessen, at han skulde med sine Tjenere føres til
Danmark.   Disse Ord tilstede en dobbelt Fortolkning, enten at
han og hans Krigsfolk skulde forblive samlede, eller at de skulde
adskilles og hver for sig bringes til Danmark.   Det er let at see,
hvilken Fortolkning hver af Parterne maatte gjøre til sin. — Dog,
Ord og Fortolkning var i alt Fald kun Anledning til Strid; det,
der virkelig bestemte begge Parters Holdning og Handlinger paa
Visborg, var nærmest den uovervindelige Mistro, der lod den Ene
opfatte den Andens Ord som idel Rænker og Løgn.   Men der-
næst, og fornemlig, det Gullandske Spørgsmaals Sammenhæng
med den uklare og farefulde Situation i hele Norden.   Ridderen
paa Visborg var altfor tro imod Kong Christiern til at dennes
Fjender turde forlade sig paa de Ord og Løfter til dem, Om-
stændighederne afnødte ham.   Vi kunne derfor ikke finde det util-
børligt, at Anders Bilde og Sebastian Frølich søgte at drage
Søren Norby's Tropper over til Kong Frederiks Side, men heller
ikke undre os over, at Norby ikke vilde værgeløs give sig i de
Andres Vold.   Hvad kunde han vel vente sig Andet end i bedste
Tilfælde den Skjæbne, der otte Aar senere ramte hans Herre og
Konge!

     Søren Norby opsagde ikke Kong Frederik sin Troskabsed; han
forholdt sig i denne Henseende som i sin Tid Ivar Axelsen.   Han
synes ogsaa at have nærmet sig Gustav Vasa, fra hvem vi endnu
have et Par venlige Breve til Hr. Søren, og som vist Intet havde
imod, om denne vilde kaste sig i hans kjærlige Arme.   Og Søren

Norby optog igjen Kampen med Lybekerne, idet han begyndte sine Kaperier paany. Til Paaskud tog han, at de Danske efter Anders Bildes Afreise overalt havde ladet forkynde Forbud imod at gjøre ham Tilførsel, saa at han nødtes til at tage sig selv hvad han behøvede. Men sin Herre Kong Christiern blev han uforandret hengiven og aftvang selv sine Fjender Høiagtelse ved en klippefast Troskab, der staaer som et lysende Exempel for alle følgende Tider. Som Kong Christierns Admiral i Østersøen førte han dennes Krig med Lybek og dets Bundsforvante, men lod det saa i Øvrigt være uafgjort, om han var Kong Frederiks Tjener eller Rebel, Kong Gustavs Ven eller Fjende.

Tredie Afdeling.

Søren Norby uafhængig paa Bisborg. Segebergforliget imellem Kong Frederik og Lybek. Søren Norbys skaanske Krig. Lybekernes Gullandstog. Forlig imellem Kong Frederik og Søren Norby. Forlig imellem Kong Frederik og Lybek om Gulland. Skipper Klement og Klaus Knyphoff. Otto Andersen Ulfeld. Bisborg i den danske Regerings Haand. Søren Norby paa Sølvesborg. Søren Norbys sidste Skjæbne. Kong Frederiks Stilling bliver fastere.

Søren Norby sad nu paa Bisborg i sin Stolthed, som Kong Gustav sagde. Det var altsaa klart, at Malmørecessen, hvis Hovedpunkt netop var, at han skulde bort fra Gulland, ikke kunde udføres, med mindre Kong Frederik og det danske Rigsraad strax fratoge ham den faste Borg med Magt. Men det skete ikke, og kunde ikke skee, dels forbi Vinteren stod for Døren, dels forbi Danmarks Tilstand umuliggjorde enhver rask og kraftig Handling. Der var i Slutningen af Aaret 1524 egentlig ingen Regering i Danmark. Kong Frederik var gaaet tilbage fra Malmø og Kjøbenhavn til Gottorp, hvor han havde sit Hjem, og som unegtelig var et hensigtsmæssigere Opholdssted end Kjøbenhavn til at holde

Die med Bevægelserne i Tydskland og med den europæiske Politik, hvis Vendinger vare af overveiende Vigtighed for Kongens Stilling og den ny Tingenes Orden i Norden. Kong Frederik forudsatte, at Rigsraadet sørgede for de danske Ting; men dette var ikke et permanent og samlet Regeringskollegium. De enkelte Medlemmer vare ogsaa gaaede hver til sit Len eller sit Gods, og saaledes spredte over hele Landet. Da Anders og Efke Bilde med Mikel Brokenhus kom tilbage fra Bisborg uden Søren Norby, fandt be kun de enkelte Landskabers Rigsraader for sig, ingen Rigsregering. Der maatte ventes, indtil Kong Frederik atter kom ind i Landet og Raadet samledes paany. For Søren Norby maatte det dog være indlysende, at kunde han ikke vælte Alting om i Danmark, vilde det kun vare i nogle Maaneder, inden han havde den danske Magt paa Halsen, og at i alt Fald Lybek vilde sætte Alt i Bevægelse for at faa saa farlig og uforsonlig en Fjende bort fra den Stilling, hvorfra han ødelagde deres Søfart i Østersøen. Til Foraaret maatte han - vente Angrebet paa Gulland, dersom han ikke kom sine Fjender i Forkjøbet. At Kong Christiern eller Keiser Karl skulde kunne yde ham nogen væsentlig Understøttelse, kunde han ikke vente; men et Forsøg paa at tilveiebringe en Omvæltning i Danmark eller Sverrig, eller begge Steder, med egne Kræfter kunde ikke forekomme ham som et haabløst Foretagende. I begge Lande var der Misfornøielse, navnlig blandt Almuen. Almuereisninger hørte dengang næsten til Dagens Orden i Norden og Tydskland. Det var som laa de i Luften. Det er den tydske Bondekrigs Dage. Som altid efter en Statsomvæltning vare Folkene i Norden blevne skuffede i Forventning om Lettelse i Byrderne efter Kong Christierns Fald. Almuen i Sverrig opæggedes tillige af misfornøiede Geistlige, der harmedes over Kong Gustavs Greb i Kirkers og Klosteres Skatte, og over hans allerede fremtrædende Tilbøielighed for det lutherske Kjætteri; det manglede derhos ikke paa dem, der saa hen til Stureslægten som mere berettiget til Herredømmet end Gustav Vasa. Sten Stures Enke Fru Christine Gyldenstjerne var nylig kommen tilbage fra det danske Fangenskab; hun stod i venligt Forhold til Søren Norby, der betragtede hende som sin tilkommende Hustru og paa denne Forbindelse grundede Planer om at fortrænge Gustav og selv opnaa Rigsforstanderskabet i Sverrig. Her kom det desuden

i Vinterens Løb til en farlig Spænding mellem Kongen og Bern-
hard von Melen efter det mislykkede Gullandstog, tilsidst til en
langvarig Kamp om Kalmar, der ikke endtes før i Sommeren 1525.
Om Almuens Stemning i Danmark, navnlig i de østlige Land-
skaber og paa Øerne, kunde Søren Norby ikke være i Tvivl. Kun
med blodig Strenghed var dens Opsætsighed mod de nye Magt-
havere hidtil holdt nede. Og nu dertil Kong Frederiks Fraværelse
og Rigsraadets Opløsning!

Men Lybek og de vendiske Stæder alene vare jo stærke nok
til at forsvare den Tilstand i Norden, der for en stor Del var
deres eget Værk. Imod dem havde Norby intet andet Middel,
end om Kong Christiern kunde formaaet Keiseren og det burgundiske
Hof til at træde bestemt og kraftigt op imod dem. Rimeligvis
vilde dette ogsaa være skeet, dersom Lybek havde kunnet faa de nye
Regeringer i Danmark og Sverrig til at forbinde sig med dem
om Nederlændernes fuldstændige Udelukkelse fra Østersøen. De for-
søgte derpaa, men traf paa en uovervindelig Modstand baade hos
Kong Frederik med det danske Rigsraad og hos Gustav Vasa.
Alene kunde de ikke kaste sig i Strid med Alverden for at lukke
Sund og Belt; de lode da for Øieblikket denne Tanke hvile og
sluttede i Forbindelse med den danske Regering i Sommeren 1524
en Overenskomst med Nederlænderne om gjensidig Handelsfrihed;
ja de synes endog at have samtykt i, at Kong Gustav ogsaa drog
Nederlænderne til sit Rige, altsaa i en Indskrænkning af det
Monopol, Strængnæsprivilegiet af 1523 havde indrømmet dem.
Men de vilde dog ingenlunde nøies med Stadfæstelse og Udvidelse
af deres gamle Handelsfriheder i Danmark og Norge; de vilde
ogsaa have i det mindste en Del af deres Krigsomkostninger er-
stattede af den dansk-norske Regering. I Malmø, strax efter at
Recessen af 1ste September var bragt i Stand ved deres Mægling,
lode de sig give Tilsagn om 400 Gylden aarlig af Gullands Ind-
tægter; men det forslog naturligvis ikke og blev besuden til Intet,
da Søren Norby ikke vilde bort fra Øen. — Ham vilde de under
alle Omstændigheder gjøre uskadelig, og nogen Erstatning skulde
Danmark dog nødes til at indrømme dem. Kong Frederik kunde
ikke tilbagevise deres paatrængende Krav, da han ikke kunde und-
være deres Bistand i den Kamp med Norby, som forestod til
Foraaret. Det kom da den 10de Marts 1525 til et Møde i

32

Segeberg, hvor Kong Frederik maatte indrømme dem et dansk Slot og Len som Pant i nogle Aar, saa at Lybek skulde have Besiddelsen, Nytten og Brugen, men dog holde det til Kongens og Rigsraadets Haand. De fik Valget imellem Stege paa Møen, Engelborg paa Lolland, Tranekjær paa Langeland, Varberg i Nørre-Halland, Visborg med Gulland, Sølvesborg i Bleking. Tillige skal der være lovet dem Bornholm paa nogle Aar; de beraabte sig senere ved flere Leiligheder paa et saadant Løfte. Men hvorledes dette egentlig lød, vide vi ikke, da Segebergrecessen, saa vidt vi nu kjende denne, ikke omtaler det. Denne Reces vedtoges den 17de Marts. Da havde man paa Segeberg netop faaet Efterretningen om, at Søren Norby havde sat sig i Bevægelse og anfaldet Danmark. Kong Frederik trængte da paa Lybekerne, at de skulde staa ham bi i denne nye Feide; og disse lovede at sende deres Flaade til Øresund.

Søren Norby havde ikke villet oppebie de Danske og Lybekerne paa Gulland. Et kraftigt og uventet Angreb, saa han, var det bedste Forsvar; desuden var han vistnok nødt til at foretage Et eller Andet af Betydenhed for at holde sin Krigsmagt sammen. Omtrent først i Marts 1525 landede hans Næstbefalende Otto Stigsen i Lister, den vestlige Del af Bleking. Han overraskede Aage Brahe, Lensmanden paa Sølvesborg Slot, tog Slottet og fik Manden og hans Frue til Fange. Dernæst tog han Ærkestiftets Slot og By Aahus ved Helgeaaen og satte sig fast der. Han fik strax Tilgang af Landfolket. Niels Brahe paa Vandaas, en af de store adelige Godseiere i Skaane, vilde have erklæret sig for ham, men Otto Stigsen opfordrede ham til at sidde stille, indtil Søren Norby selv kom med Hovedstyrken. Saasnart Tyge Krabbe, Rigets Marsk, erfarede hvad der gik for sig, rykkede han for Aahus med to smaa Fænniker Knegte og den skaanske Adels Rytteri, i Alt kun 700 Landsknegte og 250 Ryttere. Men med denne ringe Styrke kunde han ikke indtage Slot og By*), inden Søren Norby selv ankom i de første Dage af April. Nu var der for Marsken intet Andet at gjøre end at hæve Beleiringen;

---

*) T. Krabbe til Kong Frederik, Leiren for Aahus Torsdag efter Lætare 1525 (30te Marts 1525) i Geh. Ark. Danske Kongers Hist. Fasc. 11 (XI). Da havde han ligget for Aahus i tre Uger, altsaa fra 9de Marts.

den 8de April drog han tilbage til Malmø for der at afvente Forstærkning fra Kongen og Rigsraadet i de andre danske Land= skaber. Norby forfulgte ham, leirede sig med sin Hovedstyrke ved Lund og reiste nu Bønderne og en Del mindre Adelsmænd, der i Lund paany hyldede Christiern den Anden. Befalingen i Leiren ved Lund overdrog han til Otto Stigsen i Forbindelse med Kong Christierns Ritmester Junker Maurits, en uægte Søn af en olden= borgsk Greve, drog selv til Landskrone, som han befæstede ved Bøndernes Hjælp, og gik saa mod det faste Helsingborg Slot den 18de April. Imellem Leiren ved Lund og Besætningen i Malmø forefaldt hyppige Smaatræfninger, men som Intet afgjorde. Denne Bondeopstand i Skaane betegnedes ved Rov og Brand. En Mængde af Adelens Gaarde plyndredes og gik op i Luer; de skaanske Bønder gave ikke deres Standsfæller i Tydskland Noget efter i raa Voldsomhed.

Hvad der i høi Grad maatte fremme Norbys Foretagende, var Efterretningerne fra Udlandet. I Syd= og Vesteuropa kæm= pedes dengang den store Kamp mellem Keiser Karl og Kong Frants af Frankrig. Den keiserlige Hærs glimrende Seir ved Pavia den 24de Februar 1525, Franskmændenes blodige Nederlag og Kong Frants's Fangenskab rystede Christenheden som et elektrisk Slag. Det maatte hos Christiern den Andens Tilhængere i Norden vække et levende Haab om, at Keiseren nu kunde og vilde kraftigt antage sig sin Søsters og den landflygtige Konges Sag. Om Slaget ved Pavia har havt Indflydelse paa Norbys Beslutning at bryde frem i Marts, er vanskeligt at sige, da man ikke veed, paa hvilken Dag han sendte Otto Stigsen fra Visborg. Det skulde dog synes, at Rygtet om en saa rystende Begivenhed ikke behøvede otte Dage for at naa fra Norditalien til Østersøen. I ethvert Fald maatte den fremskynde hans eget Tog og oplive Skaaningernes Seiershaab.

Men den Mand, der havde sat Kronen paa Kong Frederiks Hoved, Johan Rantzau, blev nu ogsaa den, der frelste den i denne yderste Fare. En samlet Magt til øieblikkelig Modstand var der ikke i Danmark. Kongen var i Holsten, Rigsraadet ad= spredt. Men Johan Rantzau, der var paa Krogen Slot, da Norby rykkede for Helsingborg, fik snart en Fænnike Landsknegte fra Kongen og samlede nogle Hundreder af den sjællandske Adels Ryttere. Med denne lille Styrke stødte han til Tyge Krabbe i

32*

Malmø og brød efter nogen Betænkning op mod Leiren ved Lund. Fredag den 28de April kom det til Slag.   Otto Stigsen og Junker Maurits havde vel Overtallet, men Bønderne, de havde med, formaaede ikke at hylde Stand imod øvede Krigsfolk og adeligt Rytteri.   Rantzau og Krabbe stormede deres Voguborg og vandt en fuldstændig Seir.   Om dette Skaaningernes Nederlag vidner den tydske Indskrift paa en af Sokelstenene i Lunds Domkirke, hvor man endnu læser, at da man skrev Aar 1525 Fredag efter St. Markus' Dag skete en stor Jammer udenfor Lund; der blev over femten Hundrede dødskudte og slagne!   Seirherren stormede ind i Byen, hvor 60 af Borgerne, der havde søgt Tilflugt i Domkirken, bleve nedhuggede.   Samme Dag fik Søren Norby Efterretning om Nederlaget.   Øieblikkelig hævede han Beleiringen for Helsingborg og ilede tilbage til Landskrone, hvor han trak Junker Maurits og andre Flygtninge fra Lund til sig, inden Seirherren kunde udelukke ham fra dette sidste Tilflugtsted.   Landskrone blev nu beleiret; men Rantzau og Krabbe maatte oppebie Forstærkninger, inden de kunde foretage et alvorligt Angreb.   Disse ankom først i Begyndelsen af Mai.

Imidlertid havde Otto Stigsen, der var undsluppen fra Slaget ved Lund, ikke været ledig.   Han havde samlet store Skarer af Bønder — Hvitfeld siger 12,000, Norby selv taler om 20,000 — hvormed han vilde undsætte Landskrone.   Men med den hurtige Beslutsomhed, der udmærkede Johan Rantzau, brød han op fra Leiren og gik Bønderne imøde.   Sammenstødet skete den 8de Mai ved Brunketofte Lund, en Skov omtrent en Mil fra Landskrone. Bønderne kastedes snart tilbage til Skoven; Landsknegtene trængte efter dem ind i denne, „hvoraf de Lidet vandt", siger Hvitfeld, „thi Bønderne forstaaede dem ikke heller, derover de vigede tilbage af Lunden".   „Den Tid", vedbliver Hvitfeld, „den danske Abel saa, at Bønderne, et bart og blot Folk *), som snart er til at forføre, her og der jammerlig dræbtes og ihjelsloges, bad de man skulde forskaane dem, affordre Ryttere og Knegte og give Bønderne et frit Leide at komme ud af Skoven.   Hvilket og skete.   Dog maatte de sværge og hylde Kong Frederik paany med den Besked, at de alle dem, som havde begyndt dette Oprør blandt dem, skulde

---

*) d. e. Folk uden Rustning.

ihjelslaa, og om de nogensteds kunne finde deres forløbne Høveds-
mand Otto Stigsen, da skulde de føre ham tilstede. Og hvem som
ikke vilde være ens med dem i dette Stykke, hans Hus skulde de
tilnagle og opbrænde med Hustru, Hus, Hjem og Børn!" Med
saadan Grusomhed førtes denne skaanske Bondekrig.

Den skaanske Bondestand var kuet ved disse gjentagne blodige
Nederlag, der naturligvis fulgtes af thranniske Undertrykkelser af
alle Arter. Den begyndte at falde fra Kong Christiern og Søren
Norby. Dens Blodtab var saa stort, at efter Gustav Vasas Ud-
sigende var der Sogne, hvor kun to eller tre Mænd vare tilbage.
Søren Norby holdt sig vel i Mai og Juni Maaneder i Lands-
krone i Haab om Undsætning fra Kong Christiern; men der kom
ingen. Regentinden i Nederlandene afslog den 13de Mai Kongens
Anmodning om Hjælp til Norby. Christierns Kapere vare vel i
Søen siden Febr. 1525; men saa vidt man kan see, havde de endnu
i Sommeren kun to eller tre Skibe, hvormed de krydsede mellem
Skotland og Norge og toge hvad de kunde faa fra Kongens
Fjender. Man sporer ikke engang et Forsøg paa at række Søren
Norby i Landskrone en hjælpende Haand. Overalt synes Lambert
Andersens, Klaus Knyphofs og Jørgen Hansens Udrustning i den
første Halvdel af 1525 snarere at have været deres eget private
Foretagende, som Kong Christiern dækkede med sit Kaperbrev, end
Kongens Rustning til Gjennemførelse af en bestemt Krigsplan.
Der findes vel i Breve fra Juni 1525 Spor efter en Plan om
at faa Krigsskibe og Tropper i Skotland, som skulde forene sig
med det Par Skibe, Klaus Knyphoff havde i Nordsøen; men det
blev ved løs Snak. Og først den 9de Juli sendte Kong Christiern
fra Lier en bestemt Befaling til Knyphof i Edingburg om at
bringe Søren Norby Hjælp. Men da var allerede Landskrone
overgivet og Krigen i Skaane endt. Norby fik ingen anden
Bistand fra Kongen end et heftigt Opraab til Almuen om at
slutte sig til ham; dog, ogsaa dette kom altfor seent, da det er
udstedt i Mecheln den 23de Mai 1525; altsaa længe efter Skaa-
ningernes Nederlag.

Det havde været ude med Norby, han havde maattet overgive
sig paa Naade og Unaade til Kong Frederiks Folk, og var da
ganske vist ikke sluppet med Livet, havde ikke netop hans værste
Fjender frelst ham meget imod deres Villie. Lybekerne skulde efter Af-

talen i Segeberg have sendt deres Flaade til Øresund; var den kommen, havde Landskrone snart været taget; — men den kom ikke! Den var vel løben ud fra Travemynde i Begyndelsen af April; men i Stedet for at vende sig til Øresund, gik den ind i Østersøen, ødelagde Norbys Skibe under Bleking, seilede saa til Gulland, landsatte Tropper, indtog Øen, stormede og brændte Visby, hvis Ruiner endnu bære Vidne om dette Lybekernes Tog, og stræbte nu af al Magt at indtage Visborg. Her havde Norby efterladt en Besætning under sin Fodermarsk Otto Andersen Ulfeld, der forsvarede sin Borg saa tro og tappert, at den lybske Raadmand Kort Wybbeking, der ledede det hele Foretagende, ikke kunde overrumple ham, men maatte bekvemme sig til en langvarig Beleiring.

I og for sig kunne vi ikke fortænke Lybekerne i, at de vilde benytte Leiligheden til at faa Gulland i deres egen Magt. Søren Norby og hans Folk havde tilføiet dem uhyre Tab; med dem fik de aldrig Fred, og saa længe Kong Christierns Fane vaiede fra Visborg, var der Fare for, at deres Dødsfjende endnu engang kunde komme til Magten i Norden. Lybek havde forsøgt at faa Gulland bragt i Sverrigs Haand. Det havde Danmark forhindret. Saa havde Lybekerne søgt at faa Norby bort ved den danske Regerings Bistand. Men ogsaa dette var mislykket. Hvorfor skulde de da afvise Lykkens Gunst, der syntes at kaste dem Guldæblet i Skjødet? Rigtignok havde de lovet at komme til Øresund; men vi vide ikke, om Løftet var knyttet til nogen bestemt Tid. Da Flaaden løb ud fra Travemynde, stode Sagerne endnu saaledes, at det ikke syntes at have saa stor Hast med at lægge sig for Malmø eller Helsingborg. Og om vi endog indrømme, at Lybekerne skuffede Kong Frederiks og det danske Rigsraads Forventning, tør man ikke regne dem dette altfor høit i en Tid, hvor Rænker, Ordbrud, Tilsidesættelse af de stærkest besvorne Traktater og Statsakter hørte til Dagens Orden.

Paa den anden Side begriber man, at den danske Regering kom i den heftigste Bevægelse over dette Lybekernes Gullandstog. Den vilde ikke opgive Gulland; den betragtede Øens Bevarelse for Danmarks Krone som en Æres- og Velfærdssag. Af denne Grund og af Hensyn til Kong Frederiks og de nye Magthaveres hele farefulde Stilling i Danmark og i Europa, blev det dem af

overveiende Vigtighed at faa Ende paa Krigen i Skaane snarest
muligt. Udhungre Norby i Landskrone var der lange Udsigter
til, storme Landskrone, som Johan Rantzau vilde, fandt Raadet
og Kongen altfor farligt: sæt at det mislykkedes! Regeringen be-
kvemmede sig altsaa til Underhandlinger, og saaledes kom det den
27de Juni efter ni Ugers Beleiring til en Overenskomst, der ikke
saa meget ligner Underkastelse af en Rebel, der tages til Naade,
som en Traktat mellem en stor og en lille Magt. Alt, hvad der af
Norby eller hans Folk var „skeet, gjort, taget eller i nogen Maade
arget ind i Danmark" eller andensteds, skulde være en uigjenkaldelig
aftalt Sag, som aldrig under noget Paaskud maatte oprippes.
Hr. Søren skulde ikke være forpligtet til at staa Nogen udenlands
til Rette for Gjæld — der tænkes sagtens paa Erstatningskrav af
Lybekerne — og ikke manes for indenlandsk Gjæld i tre Aar.
Men han skulde tilbagegive dette Brev, dersom han forlod Riget
for at gaa til Keiseren. Denne Amnesti er udstedt af Krabbe,
Rantzau og de skaanske Rigsraader; senere stadfæstedes den af
Kongen. Foruden dette er der udstedt et andet Brev, hvorved
Søren Norby forpligtede sig til at overgive Visborg til Kong
Frederik og Rigsraadet og udlevere sit Pantebrev paa Gulland,
imod at beholde som livsvarigt, afgiftsfrit Pantelen Sølvesborg
og Lykaa med Lister og Bleking. Tillige maatte han love ved
sin Ære aldrig at foretage Noget til Skade for Kong Frederik og
Danmarks Rige*).

Denne Traktat frelste blandt Andre ogsaa Otto Stigsen, hvem
Bønderne havde udleveret efter Kampen ved Brunketofte Lund.

---

*) Hovedbrevet om Forliget førte Søren Norby med sig ud af Landet (El-
bahl, p. 14), saa at det nu ikke mere findes her. Man kjender altsaa ikke
dette Aktstykkes Ordlyd.

Tyge Krabbes m. Fl. Forsikringsbrev til Søren N., Leiren for Lands-
krone feria tertia post Joh. Baptistæ 1525. Afskrift i Geh. Ark. Danske
Kongers Hist. Fasc. 11. Sammesteds et lignende tydsk Forsikringsbrev til
hans Folk. Søren Norbys m. Fl. Brev d. d. Landskrone, Petri et Pauli
apostol. Aften 1525, om ikke at foretage Noget til Skade for Kongen og
Danmarks Rige, sammesteds. — K. Frederiks Ratifikation d. d. Gottorp 3 feria
post visit. M. 1525 tb. Kongen kalder ham her Os Elsk. Hr. Severin
Norby Ridder, Vor Mand, Tjener og Embedsmand paa Vort Slot
Sylffsborgh.

Han blev overgivet til Knud Pedersen Gyldenstjerne, hvis Eiendom Lyngbygaard han havde ødelagt i Feiden, og havde kun en Lidt at takke for, at hans Aflivelse opsattes saa længe, indtil Landskrone-Traktaten kom imellem.   Niels Brahe kom denne imidlertid ikke til Gode.   Han var jo ikke Søren Norbys Mand og Tjener, men havde som den landflygtige Konges Tilhænger sluttet sig til ham og understøttet ham i Feiden mod Konge og Rigsraad; derfor anklagedes han af Tyge Krabbe for Rigsraadet som den, der havde ført Avindskjold imod sin Herre og sit Fædreland, hvorfor han den 17de August 1525 dømtes fra Ære, Liv og Gods. Hans Godser Vandaas og Widskøvle konfiskeredes; men han selv undslap til Tydskland; først flere Aar senere fangedes han paa en Baad ved Trelleborg, da han vovede sig til Skaane for at besøge sin Hustru.   Hans Hoved faldt for Sværdet paa Gammeltorv den 10de Juni 1529.

Men endnu havde Kong Frederik og Rigsraadet mere end det halve Arbeide tilbage for at faa Gulland i deres Magt; thi Lybekerne stode i Visby, og at faa dem bort uden en Krig var ikke let.   Heldigvis forsvarede Otto Andersen Visborg saa godt, at Kort Wyhbeking ikke kunde tage Slottet med Storm eller paa anden Maade bringe Sagen til Ende.   Af denne Frist benyttede Kong Frederik sig til at knytte Underhandlinger umiddelbart med Lybeks Raad, hvis Leilighed det heller ikke var, at vove en Krig med Danmark for Gullands Skyld, da det ikke havde kunnet bortsnappe Øen i Tide og Søren Norby dog var skilt ved den. Desuden maatte det være begge Parter lige vigtigt at faa den indre Strid i Norden endt, forinden Keiseren fik Fred med Frankrig og derved Haanden fri til den landflygtige Konges Bistand.   Men en klækkelig Erstatning for Møie og Omkostninger vilde Lybek dog have, og Sikkerhed for, at Visborg ikke atter blev hvad de kaldte en Sørøverrede.   Kong Frederiks Sendebud Wulff Pogwisch og Henrik Rantzau enedes derfor paa et Møde i Lybek med Borgermestere og Raad, under Mægling af Hamborg og Lyneborg, den 19de Juli 1525 om følgende Overenskomst.   Kongen skal snarest mulig sende paalidelige Mænd til Gulland for i Nærværelse af Lybeks Fuldmægtig, uhindret af Lybekernes Krigsmagt, fredelig at indtage Øen og Slottet.   Kongens Sendebud maa ikke have mere end 200 Mand med.   Derefter skal Lybek strax nævne en dansk eller holstensk Adelsmand, som Kongen vil bestille til sin Lensmand og ikke tilbagekalde i fire Aar uden med Lybeks Minde. Han skal holde Slotsloven til Kongens og det danske Rigsraads Haand, men give Lybek Haand og Segl for, at han vil „vide deres Bedste og vende deres Argeste, holde Kjøbmanden ved Magt, lade dem blive ved deres Privilegier og ikke tilstede, at der fra Gulland skeer Røveri i Søen, ikke huse eller herbergere Sørøvere der paa Landet, eller tilstede Sørøvere at bytte eller parte deres Rov." Desuden skal Lybek medgive den nye Lensmand en Skriver, som oppebærer alle Indtægter af Lenet, gjør Udgifter til Slottet og Besætningen og afgiver Overskuddet til Lybeks Raad. Findes der paa Bisborg Gods, som er frataget Kjøbmanden, og som Søren Norby — der jo efter Overenskomsten af 27de Juni ikke skulde tvinges til at betale udenlandsk Gjæld, og i tre Aar ikke kræves for indenlandsk, — nægter at udlevere, da skal Værdien taxeres af to Medlemmer af Holstens, to af Hamborgs Raad, hvorefter Kongen og Rigsraadet vil tilfredsstille Kjøbmanden. Desuden vil Kongen af sær Naade og Gunst overdrage de Lybske Bornholm paa nogle Aar, saaledes som det lovedes ved den Segebergske Reces af 17de Marts 1525, for at de kunne „op= hente" den Skade, de have havt for Gullands Skyld. I Øvrigt skal Malmørecessen af 1ste September 1524 staa ved Magt. Derefter vil Kongen i Forbindelse med Lybek „søge og straffe Klaus Knyphof med hans Selskab, for at Søen maa holdes ren, Fjendernes Trøst blive desmindre, og den menige Kjøbmand des= bedre og sikrere søge sin Næring".

Lybek nominerede strax Henneke van Alefeld, en holstensk Adelsmand, til Lensmandsposten paa Gulland. Han fulgte nu med Kongen til Kjøbenhavn, hvor det menige Rigsraad var samlet i Juli og August 1525. Raadet vedtog Lybekertraktaten, udrustede Skibe, samlede en ikke ubetydelig Krigsmagt og gav Otto Krumpen med Holger Gregersen Ulfstand Befalingen over denne Expedition med det Paalæg, at besætte Visborg med det Gode, om det kunde skee, men i fornødent Fald med Magt, om Lybekernes Krigsfolk vilde modsætte sig. Søren Norby, som fra Sølvesborg var kom= men til Kjøbenhavn, hvor han maatte udfærdige Opsigelsesbrev til Kong Christiern, fulgte med for at overgive de kongelige Kommis= særer Visborg, da Otto Andersen standhaftig nægtede at oplade det for nogen Anden end Norby personlig. Denne Standhaftighed frelste hans Herres Liv, som man ellers havde havt skumle Planer imod; det mente i det mindste Norby selv: med hvor megen Ret vil jeg lade staa hen.

Dog stod den danske Regering ikke ved Maalet. En forvoven Eventyrer gjorde uventet en Streg i dens Regning. I Begyndelsen af September 1525 laa en Eskadre seilklar ved Kjøbenhavn, der skulde føre Kommissionen med Norby og Tropperne til Gulland. Det største Skib, som oftere nævnes i disse Aars Begivenheder, Peter van Hull, var et af dem. Kong Christiern havde 1523 fra Nederlandene sendt det beleirede Kjøbenhavn til Undsætning, men var ved Stadens Overgivelse i Januar 1524 kommen i Kong Frederiks Besiddelse. Det førtes nu af Skipper Klement, en Jyde fra Aaby i Vendsyssel. Han sammensvor sig med de andre Søfolk, bemægtigede sig Natten imellem 7de og 8de September det store og et mindre Skib under Paaskud af, at de ikke havde faaet deres Betaling i rette Tid, forhuggede Takel og Toug paa de andre Skibe og gik saa ud af Øresund op under Norge, hvor han strax begyndte at kapre. Det skal have været hans Hensigt at forene sig med Klaus Knyphoff, der nu i Efteraaret havde fem Skibe samlede og i Tydskland skulde indtage Landsknegte til et Angreb paa Bergen. Men Lybekerne, Kong Frederik og Hamborgerne holdt skarp Udkig efter Knyphoff. En hamborgsk Flaade traf ham den 8de Oktober ved Greetzyl i Ostfriesland, inden han havde faaet sine Landsknegte ombord, tog hans Skibe efter en blodig Kamp og fangede ham selv med en Del af hans Folk. Uden at agte Kong Christierns Kaperbrev, betragtede og behandlede Seirherrerne disse Fanger som Sørøvere. Knyphoff selv med 73 af sine Ulykkeskammerater henrettedes som saadanne. Skipper Klement, der i Slutningen af Aaret traadte i Kong Christierns Tjeneste og fik hans Søbrev, førte derefter Kongens Kaperkrig i Nordsøen imod hans Fjender.

Skipper Klements Frafald opholdt Expeditionen til Gulland en Maanedstid. Lykkeligt for Danmark og for Søren Norby holdt Otto Andersen sig fremdeles paa Visborg. Navnet Ulfeld kan man her i Danmark ikke vel nævne, uden at der hefter en Bitanke om Forræderi derved; men denne Adelsslægt har havt berømmelige Mænd, der i Fred og i Krig have baaret Navnet med

Ære, Ingen dog mere end Otto Andersen, hvis Troskab mod den Herre, han tjente, bør paaskjønnes ligesaa meget, som Søren Norbys egen imod den landflygtige Kong Christiern. Det Mod og den Udholdenhed, hvormed han holdt Visborg imod alle Lybekernes Anstrengelser, satte Otto Krumpen i Stand til endnu i Oktober at komme tidsnok til at faa Borgen i sin Magt, og gav Søren Norbys Person en Sikkerhed, som maaske ikke havde været saa paalidelig, havde Otto Andersen ikke gjort ham uantastelig. Thi vel havde den kongelige Kommission Søren Norby med; men den forsøgte dog først at faa Otto Andersen til at give efter uden at lade Hr. Søren komme ind paa Slottet. Otto Andersen var imidlertid ligesaa ubøielig imod den som mod Lybekerne, saa at man dog tilsidst maatte bringe Slotsherren personlig tilstede, medens 45 af de 50 Mænd, han havde betinget sig at maatte medtage fra Kjøbenhavn, blive tilbageholdte som Gidsler. Ogsaa med Lybekerne havde Kommissærerne Vanskelighed nok; havde de ikke havt en klækkelig Krigsmagt paa deres Skibe, var det neppe lykkedes dem at faa Kong Frederiks Folk ind paa Slottet. Da dette var udført, seilede de med Lybekerne til Bornholm, som overgaves disse i Henhold til Overenskomsten af 19de Juli 1525 med Forbehold af nærmere Bestemmelse om Besiddelsens Varighed.

Hvorledes det er gaaet Søren Norby personlig i de første Dage efter Visborgs Overgivelse, er ikke let at see. Han selv siger, at Otto Krumpen overantvordede ham i de Lybskes Hænder og satte ham fangen i fire Dage; og han paastod senere, at man vilde have bragt ham om Halsen, saa at han kun ved List slap ud af Slottet til sine Skibe. Men for at kunne dømme sikkert herom, maatte man have nærmere Oplysning ogsaa fra den anden Side. Det kan være rimeligt nok, at de kongelige Kommissærer i deres vel grundede Mistro til Søren Norby have ment at burde holde ham fast, indtil hans Folk havde rømmet Slottet; og der kan ikke være Tvivl om, at hans Mistro til dem var ligesaa stor, som deres til ham. Men at en Ridder som Otto Krumpen virkelig skulde have rakt Haanden til et Forræderi, tør man ikke tro uden tilstrækkeligt Bevis. Norby kom ogsaa uskadt med sine Folk og sit Gods til Sølvesborg, kun at et af hans Skibe strandede i Kalmar Sund, hvor Kong Gustav lod Besætningen gribe og Ladningen, som Norby vistnok overdrevent anslaaer til 20,000

Gylden, beslaglægge som Sikkerhed for svensk Gods og ham til-
hørende Skyts, han paastod Norby havde bemægtiget sig med Uret
paa Gulland og i Bleking.

Søren Norby var nu Herre paa Sølvesborg og i Ble-
king med en lille Flaade og sine gamle Krigskammerater, vel et
Tusind Mand. I hvilket Forhold han nu stod til Kong Frederik,
er os ikke ganske klart. Thi vel kaldte Kongen ham sin Mand og
Tjener; men uvist er det, om Norby efter Landskrones Over-
givelse har hyldet Kongen paany, eller om man har ladet det blive
ved den Hylding, hans Sendebud havde aflagt i Foraaret 1524,
hvilken rigtignok ikke havde hindret ham i at sende Anders Bilde
hjem fra Visborg i Efteraaret 1524 eller i at reise Opstanden
1525. Umiddelbart imellem Norby, Kong Gustav og Lybekerne
er ingen Fred sluttet. Søren Norby betragtede Sølvesborg som
en Besiddelse, han havde fravundet sine og Kong Christierns Fjender;
paa en Maade forholdt det sig ogsaa virkelig saaledes, da han
havde havt sin Besætning paa Borgen fra det første, han faldt
ind i Skaane, og da den nu var ham indrømmet som Vederlag
for Visborg, hvilken ingen af de nordiske Magter havde kunnet
vriste ud af hans og Otto Andersens Haand.

En Mand som Søren Norby, der fra sin tidlige Ungdom
havde tumlet sig i Krig paa Sø og Land, kunde naturligvis ikke
sætte sig hen i Stilhed og læse Krøniker paa Sølvesborg, saa
meget mindre, som den samme Nødvendighed, der tvang Keiser
Napoleon paa Elba til at forsøge nyt Eventyr, ogsaa forbød Norby
at holde sig i Ro: han havde for stor en Krigsmagt hos sig til
at kunne føde og lønne den, og han kunde ikke sende den fra sig,
uden at give sin Frihed og sit Liv i sine Fjenders Vold. Krig i
Norden kunde alene opretholde Søren Norby; en Strid med Kong
Gustav kom ham derfor vel tilpas, deraf kunde maaske udspindes
en Forvikling mellem Rigerne selv. Kong Gustav havde med
største Uro og Misfornøielse seet, at han skulde have saa farlig en
Mand til Nabo i Bleking, især da han ved Landskrones Over-
givelse endnu ikke var færdig med Bernhard v. Melens Folk i
Kalmar, saa at han kunde vente sig det Værste, om den nye Herre
paa Sølvesborg rakte hans Rebeller Haanden. Denne Fare af-
vendtes dog i Øieblikket, da det endelig lykkedes Kong Gustav
efter blodige Kampe personlig at tvinge Kalmar Slot i Slutningen

af Juli 1525. Efter at Norby i November var kommen tilbage fra Visborg udspandt der sig først en uvenlig Brevvexling i Vinterens Løb om Udlevering af de Fanger og det Gods, Kong Gustav havde taget fra de Skibbrudne i Kalmar Sund. Hen paa Foraaret gik Striden over til fjendtlige Handlinger fra begge Sider, saa at Kong Gustav beredte sig til et Angreb paa Sølvesborg. Den danske Regering, der ligesaa lidt vilde have Kong Gustav ind i Bleking igjen, som den vilde af Søren Norby lade sig indbrage i en Krig med Sverrig, søgte længe at bevæge Begge til Eftergivenhed. Men Intet udrettedes. Søren Norby optog atter Kaperiet i Østersøen, til samme Tid som Kong Christiern traadte i Forbindelse med Skarer af Landsknegte i Frisland for at anfalde Holsten, naar Søren Norby brød løs fra Sølvesborg og Skipper Klement med en Eskadre af sex til otte tildels kaprede Skibe søgte gjennem Beltet at forene sig med Norby. Da indsaa den danske Regering, at intet Øieblik var at spilde, om den vilde afvende en stor Brand i Norden, som maatte fortære alle dem, der vare komne til Magten ved Kong Christierns Fald. For Kong Gustav, Kong Frederik og det danske Rigsraad, for Lybek med de vendiske Stæder, blev det en bydende Nødvendighed, nu uden Ophold at tilintetgjøre den urolige Mand, der var sin Konge og Herre altfor tro til at han lod sig binde ved Løfter og Overenskomster med hans Fjender. Thyge Krabbe med de andre Rigsraader i Skaane samlede Landskabets Krigsmagt og rykkede rask mod Sølvesborg med 700 Ryttere og 800 Landsknegte. Han mødte ingen Modstand af Besætningen, saa at han strax fik ikke alene Borgen, men ogsaa Lykaa, Rønneby, hele Bleking og Lister i sin Magt, forbi en forenet dansk og lybsk Sømagt den 24de August 1526 havde truffet Søren Norby med hans lille Flaade i Østersøen og efter en heftig Kamp aldeles overvældet ham. Hans tre store Skibe og fire af hans mindre blev tagne, selv undslap han paa et hurtigseilende Skib med to mindre ind i Østersøen.

Norbys Rolle i Norden var udspillet. Hans følgende Skjæbne: hans Reise til Rusland, hans Fangenskab i Moskov, hans Frigivelse ved Keiser Karls og Kong Ferdinands Bestræbelser, hans Reise til Kong Christiern i Nederlandene og derfra til Keiser Karl i Bologna, endelig hans Krigstjeneste i Keiserens Hær for Florents, hvor hans forvovne Mod fandt den Kugle, der gjorde Ende paa Heltens Liv — Alt dette er ikke alene bekjendt nok, men dets Fremstilling i det Enkelte ligger udenfor et Omrids af Kong Frederik den Førstes Historie.

Der er i Søren Norbys Væsen Meget, som minder om Tordenskjold. Vel viste den norske Søhelt Verden en Typus af en Søofficeer, medens Fyenboen mere ligner en nordisk Viking; men dette laa mindre i ham end i hans Tid, da den vilde Krig paa Havet endnu ikke var tæmmet og indpresset i Nutidens folkeretlige Former. Norbys beundringsværdige Troskab mod sin Konge i Modgang som i Medgang træder ikke saa gribende frem hos Tordenskjold, fordi denne aldrig kom i en Stilling som hin i de fire Aar efter Kong Christierns Fald. Men i Heltemodet, i Lyst til forvovne Eventyr, i Glæden ved at see Døden i Øiet, vare de ganske hinandens Lige, og i den Aandsfrihed, de bevarede i den hedeste Kamp. Som Tordenskjold havde Norby gjerne et lystigt Ord, en Spas til Venner og Fjender, et muntert Lune i Forbindelse med et uovervindeligt Mod, der knyttede deres Folk til dem med et stærkere Baand end Mandstugtens. Blodet rullede rask i Begges Aarer; det var ikke raadeligt at komme deres Haand altfor nær: Tordenskjold i Norbys Sted kunde godt have givet Sebastian Frølich et forsvarligt Slag paa Hovedet, havde han truffet ham i Ræveftreger. Begge have de sat sig uforgængelige Minder ikke alene i vort Fædrelands Historie, men i det danske Folks Hjerter.

Umiddelbart førend Kong Frederik og Lybek forenede sig til dette sidste Søtogt mod Søren Norby, havde de afgjort deres Mellemværende om Erstatning for Lybeks Udgifter i Krigen mod Kong Christiern og i Anledning af det sidste Gullandstog, som angaves til henholdsvis c. 75,000 og 83,000 Mark lybsk. En ny Reces, afsluttet paa Segeberg den 5te August 1526, overdrog Lybek Besiddelsen af Bornholm, der allerede var lovet Staden ved den første Segebergske Reces og Lybeker-Overenskomsten af 19de Juli 1525, i 50 Aar, dog at Den ikke skiltes fra Danmarks Krone, men holdtes af Lybekerne til Kongens og Rigsraadets Haand. Lunde Ærkestift, Øens egenlige Besidder, maatte finde sig heri og modtage Varberg Slot i Nørrehalland med tilliggende Herreder som Erstatning, saalænge Bornholm var i Lybeks Besiddelse.

Søren Norbys Krige i 1525 og 1526 havde rystet Kong

Frederiks Trone og viist Rigsraadet, hvor let Almuen lod sig reise til Fordel for den landflygtige Konge. Skaaningernes Nederlag 1525 kuede endnu ikke Bønderne i de andre Landskaber; i Fyen nægtede de 1526 ligefrem at lade sig udskrive til Kong Frederiks Tjeneste i Forventning om Kong Christierns nærforestaaende Tilbagekomst; ham erklærede de aabenlyst for deres rette Herre og Konge. Kong Frederik var i disse Aar saa misfornøiet med Tingenes Gang og med Rigsraadets Langsomhed, at han paa en provinciel fyensk-jydsk Herredag i Kolding, i Mai 1525, truede med at nedlægge Regeringen, om Rigsraad og Adel ikke vilde med større Offere end hidtil forsvare den ny Tingenes Orden. Dette og den overhængende Fare drev ogsaa paa den almindelige Herredag i Kjøbenhavn i Sommeren 1525 Prælater og Ridderskab til at paatage sig en overordentlig byrdefuld Rustning i de tre næste Aar. — Derved vandt Kong Frederiks Stilling vel noget større Fasthed; men det er dog først Norbys Nederlag, der kan betragtes som Vendepunktet i Kong Frederiks Historie. Og det saa meget mere, som ogsaa de udenrigske Forhold i 1526 vendte sig til hans Fordel, idet den hidtil stadigt truende Fare for et Angreb af Keiseren til Kong Christierns Bistand vel ikke ganske forsvandt, men dog ikke lidet formindskedes og skjødes ud i en fjernere Fremtid. Allerede Dronning Isabellas Død den 19de Januar 1526 kølnede Keiser Karls personlige Interesse for Kong Christiern endnu mere, end det allerede var skeet i de senere Aar. Men dertil kom, at den store europæiske Politik blev saa ugunstig som muligt for en umiddelbar Indgriben af det østerrigske Hus i Nordens Anliggender. Keiserens Svoger Kong Ludvig af Ungarn omkom ved Mohacz den 29de August 1526, hvorefter Osmannerne oversvømmede Ungarn og truede Tydskland selv. Kong Frants den Første var neppe kommen ud af sit spanske Fangenskab, før han rystede Madriderfreden af sig og den 22de Mai sluttede Forbundet i Cognac med Keiserens Fjender Pave Klemens VII, Florents og Venedig, saa at en ny Hovedkrig snart lagde Beslag paa alle Keiserens Kræfter. Og i Tydskland traadte de to mægtigste af de evangeliskfindede Fyrster, Kurfyrsten af Sachsen og Landgreven af Hessen, sammen til Forbundet i Torgau den 2den Mai 1526*),

*) Mittwoch nach Cantate 1526 er 2den Mai, ikke som Ranke (D. Geschichte im Zeitalter der Reformat. II, p. 247 (5te Aufl.) har: 4de Marts.

som i Juni tiltraadtes af flere Fyrster i Mellem- og Nordtydskland, hvorved der dannedes en Formur for Danmark imod den keiserlig-katholske Magt. Det burgundiske Hof og de keiserlige Nederlande havde aldrig viist Tilbøielighed til at understøtte Kong Christiern med Andet end Skrivelser; de nylig sluttede Traktater med de baltiske Magter, der aabnede Østersøen for Nederlænderne, vare dem altfor vigtige til at sættes paa Spil ved fjendsk Optræden imod den dansk-norske Regering og dens Bundsforvante i Lybek og Sverrig. Saaledes klarede Beiret sig fra alle Sider for Kong Frederik ved Søren Norbys Undergang i August 1526. De tunge Skyer, der nu snart i fire Aar havde hængt over hans Hoved og udsendt saa mange Uveir, begyndte at fordele sig. Kongen kunde trække Beiret friere og vende sin Opmærksomhed til Rigets indre Forhold, navnlig til Kirkens Sager og den stigende Bevægelse i Landet, der truede Biskoppers og Prælaters Stilling med de største Farer.

Fjerde Afdeling.

Kirkens Retsstilling efter Kong Frederiks Haandfæstning. Prælaterne søge Forbund med Adelen. Prælaterne maa vinde Adelen ved Indrømmelser. Den evangeliske Prædiken. Kong Frederik svigter Kirken. Odense Herredage. Prælaterne magtesløse. Kong Frederik kommer Herredømmet i Kirken nærmere. Biskop Jens Andersen resignerer. Kongen sætter J. Rønnov paa Roskilde Bispestol. Reformationen i Malmø. Hans Tausen i Kjøbenhavn. Kirkestriden fortsat. Klostrene under den verdslige Magt. Kongens Stilling mellem Partierne. Herredagen i Kjøbenhavn. Prædikanterne agitere Folket. Kjøbenhavns Magistrat om Agitationen. Billedstormen i Kjøbenhavn.

Det Foregaaende har paaviist, hvorledes de dansk-norske Konger af det oldenborgske Hus efterhaanden vandt Magt over Kirken og Biskopperne i deres Riger ved at forbinde sig med Paven, og gjennem hans Reservation fik Embederne besatte efter

deres Ønsker og Kronens Interesser, med Tilsidesættelse af Ka-
pitlernes kanoniske Valgret.   Særligt have vi seet, hvor vældigt
Kong Christiern den Anden havde rystet ved de kirkelige Institu-
tioner, og hvor despotisk han havde handlet med Biskopper og
Prælater ikke mindre end med Kirkens Gods.   Han havde ikke
sparet Penge for at faa Kuriens Understøttelse derved og havde jo
ogsaa mødt en Imødekommen, ja ofte en svag Eftergivenhed, som
tydelig viser, hvor libet Paven stolede paa sine geistlige Baabens
Kraft; men selv hvor Kongen ikke havde kunnet overvinde Roms
Modstand, havde han ikke ladet sig opholde i sin Gang mod
Maalet: Herredømmet over Kirken i hans Riger.   Nogle Aar
endnu, og han havde naaet det.   Med Kongens Supremat var saa
hurtigere eller langsommere fulgt en Omstøbning af den romersk-
katholske Kirkelære og af den Kirketjeneste, der hvilede paa denne.
Gangen i Danmarks og Norges Reformationshistorie var da bleven
omtrent som i England eller i Sverrig.

Christierns Fald standsede for en Tid denne Tingenes Ud-
vikling.   Kong Frederik har vist ikke manglet Villien til at træde
i Forgængerens Fodspor; men hans Stilling var jo en ganske
anden end dennes.   Dette fandt nærmest sit Udtryk i Kong
Frederiks Haandfæstning, som jeg allerede har berørt i det
Foregaaende, og hvis hidhørende Artikler jeg her skal meddele fuld-
stændigt, da de dannede Retsgrunden under Kirkemændenes Forhold
til Kongen og hans Regering.

. Haandfæstningens første Artikel lyder saaledes:
„Item skulle Vi først elske over Alt den himmelske Gud og
den hellige Kirke, og hendes Tjenere ret styrke, forsvare og be-
skærme; og alle deres Privilegier, Friheder, Statuter og gode
gamle Sædvaner, som dem friest undt og givne ere af den hellige
romerske Kirke og hellige fremfarne Fædre, christne Konger, Fyrster
Fyrstinder og Forstandere, i alle deres Artikler stadfæste Vi dem
saa ubrødelig at skulle dem nyde, bruge og beholde".

2den Artikel: „Item ville eller skulle Vi aldrig tilstede
nogen Kjætter, Luthers Disciple eller andre, at prædike eller lære
lønlig eller aabenbarlig imod den himmelske Gud, den hellige Kirkes
Tro, helligste Fader Paven eller Romerkirke; men hvor de findes
i vort Rige, ville Vi og skulle lade straffe dem ved deres Liv
og Gods".

33

4de Artikel: „Item ville eller skulle Vi aldrig efter denne Dag tilstede, at Nogen skal eligeres eller udvælges til noget Bispsdømme her i Riget uden den, som indfødt er i Danmark af Ridbere og Svende, eller til noget Prælatedom uden Rigets indfødte Mænd af Ridbere og Svende, eller og Doctores i den Hellige Skrift eller Kirkeloven, eller værdige lærde Mænd, som dertil duelige og nyttige ere, som dog danskfødte ere, uden Vi kunne det have med Danmarks Rigsraads Raad, Villie og Samtykke, Riget til Nytte og Gavn".

5te Artikel: „Item skal Vi ikke nominere, præsentere eller tilstede nogen Udlænding til noget Prælatedom, Kirke eller Kirkens Len i Danmark, ei heller tilstede, efter Vor Formue, nogen Kurtisaner eller Andre der ud over danske Mænd at molestere, som hidtil ofte skeet er".

6te Artikel: „Item skulle Vi aldrig hindre eller hindre lade noget Kapitels Elektion og Kaar, dersom de eligere efter disse forskrevne Artiklers Lydelse; og skal Vi aldrig trænge nogen Prælat eller Formand ind imod Kapitlets Samtykke, dog at Vi beholde nominationem til To eller Tre af det Kapitel, som Biskoppen er udaf død, eller og Vi nominere den, som Kirken er nyttig, med Danmarks Riges Raads Raad; dog at Vi beholde jus patronatus til de Len, som Vore Forfædre fremfarne Konger i Danmark hidtil havt have".

7de Artikel: „Item skal og maa hver Biskop og Prælat nyde og bruge den hellige Kirkes Ret og Jurisdiktion saa frit, som de den af Arilds Tid brugt have, dog at de Sager, der bør at handles til Landsthing og Herredsthing, skulle handteres til disse Thing".

8de Artikel: „Item skulle Vi ei tilstede med Rigens Raads Hjælp og Trøst, at nogen Sag, aandelig eller verdslig, skal kaldes eller drages ind til Rom, førend de ere først handterede for Rigens Prælater efter Rigens Privilegiers Lydelse".

9de Artikel: „Item skulle Vi holde værdige Fædre, Biskopper og Prælater, strenge Riddere og Riddermandsmænd, Danmarks Riges Ædlinge, i Stat og Ære og hjælpe dem af Kronens Len, hver efter Vor og deres Leilighed, villige og tro Tjeneste, saa at de ei skulle søge Herredag, eller ei holde anden kongelig Tynge aldeles af deres Eget".

Disse ere de Artikler i Haandfæstningen, der betegne Kir=
kens og dens Mænds fremtidige Stilling. De vise i For-
bindelse med den hele Situation, der var skabt ved Kong Christierns
Fald og Frederiks Ophøielse fornemlig ved de jydske Biskoppers
Anstrengelse, at Prælaternes Tanke nu var, ved et nøie Forbund
med Rigets Adel, understøttede af Kongemagten og Rigsraadet,
at stille den danske Kirke friere end hidtil imod Paven og hans
Kurie, men dog tillige at holde det fra Tydskland frembrydende
Kjætteri borte fra Landet. De drømte altsaa om en dansk-
katholsk Nationalkirke i en Stilling omtrent som den gamle
gallikanske. — De drømte derom, siger jeg, baade forbi deres
Planer viste sig ligesaa luftige som de Billeder, der gaa forbi den
Sovendes Fantasi, og fordi Grundlinierne af en saadan Biskops-
kirke sikkert have været ligesaa ubestemte og bølgende som disse
Billeder.

Da den norske Haandfæstning er bygget paa den danske,
saa vidt Norges eiendommelige Forhold tilstedede det, ere den
1ste, 2den, 6te, 7de, 8de og 9de Artikel af den danskes gaaet over i
den norske, men ikke den 4de og 5te; thi Norges Adel var for
libet mægtig til at kunne betinge sig udelukkende Adkomst til de
norske Biskopsstole eller Fortrinsret til andre Prælaturer; og
Vincents Lunge med andre indgiftede danske Adelsmænd kunde ikke
ønske at udelukke Danske fra de høie Kirkeembeder i Norge. Vin-
cents Lunge havde netop selv virket for, at en dansk Mand, Hans
Reff, var bleven Biskop i Oslo ved den gamle Anders Muus'
fornyede Resignation til Fordel for ham, da Hans Mule havde
lidt Skibbrud og mistet Livet ved Jyllands Kyst i Aaret 1524.

Det kirkepolitiske System, de danske Biskopper saaledes
haabede at kunne opretholde ved Kong Frederiks Tronbestigelse,
skulde bæres af fire Hovedpiller i Landet selv, da det hverken kunde
eller skulde som i ældre Tider staa paa Pavens og den store al-
mindelige Kirkes Magt alene, ihvorvel det heller ikke skulde være
en Løsrivelse fra Rom. Disse fire Piller vare: Folkets og den
lavere Geistligheds indlevede Lydighed under Kirkens Autoritet;
Biskoppers og Prælaters Forbindelse med Adelen; Haandfæstningens
Bud; Biskoppers og Prælaters egen Magt, grundet paa deres
Plads i Rigsraadet, deres faste Borge, deres Krigsfølge, store
Gods og rige Indtægter.

33*

Først det danske Folks i syv Aarhundreder tilvante Under-
kastelse under Kirken, dets kritikløse Tro paa dens Lære og paa
dens Gudstjenestes Kraft til Sjælenes Frelse fra Skjærsildens
Pine. Om dette almindelige Grundlags Sandhed nærede Biskopper
og Prælater ingen Tvivl, saavidt man kan see; og de haabede at
kunne forsvare Folket mod Kjætterne ved Regeringens og Adelens
Bistand. At møde den nye Læres Talsmænd med Aandens Vaaben,
tænkte de først paa, da Jorden allerede bævede under den hele
gamle Kirke.

Den anden Støtte var Adelen, der maatte være knyttet til
Biskopperne ved Befrielsen fra Kong Christierns Tyranni; thi der-
til havde især de jydske Biskopper bidraget vel saa meget som den
hele verdslige Adel. Og dette Taknemmelighedsbaand søgte Bi-
skopperne nu at styrke ved at indrømme Adelen udelukkende
Adkomst til de høieste, fortrinsvis Adgang til de andre Prælа-
turer. Paa de høie Bispestole skulde den verdslige Adel herefter
ikke mere see som sine Overmænd en Degnesøn som Birger eller
en Skomagersøn som Jens Andersen, der vovede at modsætte
sig fuldblodige Ribbere og Ribbermandsmænd endog med Vaaben-
magt. Til deres „Slægt og Byrd, Blod og Kjøn", den verdslige
Adel, mente Prælaterne at kunne forlade sig med Sikkerhed og
dermed at have en fast Støtte i Rigsraadet, hvor de selv paa
Embedsvegne havde Sæde og Stemme, og hvor talrige Slægt-
ninge sluttede sig til dem.

Om de tillige kunde regne paa Kongens personlige Til-
slutning, er maaske nok paakommet dem en lønlig Tvivl, allerede
da de kaldte ham fra Holsten mod Kong Christiern; men vilde de
styrte denne, havde de intet Valg. Kongemagtens Bistand til
Kirkens Forsvar maatte ansees for tilstrækkelig sikret ved Haand-
fæstningen, naar Kongen fastholdtes ved denne af Rigsraad
og Adel.

Endelig vare Prælaterne dels umiddelbart Herrer over Bispe-
stolenes og andre Prælaturers overordentlig store Gods og rige
Indtægter, dels middelbart over det øvrige Kirkegods. De mente
derhos at have et sikkert Herredømme over den hele Præstestand,
der beskikkedes af Biskopperne og kaldedes af dem til de Embeder,
hvor Kongen og Adelen ikke havde Patronatsretten.

For at fastholde den verdslige Adel som en Ribbergarde

om Kirken i det tolvte og trettende Aarhundredes Aand, søgte Præ-
laterne at binde den til sig ved en formelig skriftlig Forpligtelse.
Paa den almindelige Herredag i Kjøbenhavn i Sommeren 1524
forbandt Biskopperne sig med Rigsraadets verdslige Medlemmer
i en Erklæring af 28de Juni til Kirkens Forsvar med fælles
Kræfter. De ville som deres Forfædre holde sig efter den hellige
Faber Pavens og Romerkirkens Lydelse og Obedients og staa
haardelig imod det aabenbare Kjætteri, som de forløbne Munke
Broder Martin Luther og hans Disciple prædike. De fremhæve,
at Kongen har i Haandfæstningen forbundet sig til at forfølge slige
Kjættere paa Liv og Gods, og love hverandre, at ogsaa de som
christelige Prælater og Ridderskab ville tilbørligen straffe disse den
almægtige Guds og den hellige Christentroes Fjender med Taarn,
Fængsel og al anden tilbørlig Straf efter Kirkeloven, Keiserloven
og andre christne Constitutioner, dersom de ikke efter Advarsel
aflade fra deres Kjætteri. — Nogle Dage derefter, den 5te Juli
1524, indgik en Del af den ubenraads Abel en lignende For-
ening til Kirkens Forsvar.

Men snart skulde Prælaterne erfare, at trods Brev og Segl
og store Ord var Adelens Bistand en ormstukken Krykke.
Adelen selv var ikke bleven uberørt af den reformatoriske Be-
vægelse, der udgik fra Wittenberg. Dens første Mand, Rigets
Hovmester Mogens Gøje, viste sig snart som en Lutheraner; Erik
Eriksen Banner og Flere sluttede sig til ham; og om end Fler-
tallet af Rigsraadet endnu i Kong Frederiks Tid holdt sig til den
gamle Kirke, saa dannede dog Misundelsen over Prælaternes
verdslige Herlighed og rige Gods, Begjærligheden efter at faa
Del i dette og at komme i Besiddelse af Klostergodset, en Kløft
mellem de Verdslige og Geistlige, der Dag for Dag blev større
og dybere. Dette traadte allerede aabent frem paa Herredagen i
Kjøbenhavn i Juli 1525, der paalagde Adelen ikke mindre end
Prælaterne store Byrder til den almindelige treaarige Rustning.
Vel nærmest i Anledning deraf fremkom den ubenraads verdslige
Adel for Kongen og Rigsraadet med Fordring om,

at alle Prælaturer og Kanonikater skulde blive under Danmarks
Adel, med Udelukkelse altsaa af Uadelige, der endnu i Haand-
fæstningen havde beholdt Adgang til dem;

at alle Herrekloftre skulde bortforlenes til Adelsmænd med For-
pligtelse til at vedligeholde Guds og Kongens Tjeneste;

at alt det Jordgods, adelige Biskopper havde erhvervet i de
sidste tyve Aar ved Kjøb eller Pant, skulde efter dem tilfalde
deres adelige Arvinger, og ikke gaa over i den døde Haand som
Kirkens Eiendom;

at det Jordgods, uadelige Biskopper og Prælater havde er-
hvervet fra Adelen, skulde komme tilbage til den for en skjellig
Betaling, altsaa ikke sælges til Uadelige eller gaa over til saa-
danne Prælaters uadelige Arvinger; og

at de Bøder, de adelige Godseieres Bønder og Tjenere idømtes
af Prælaterne for Brud paa Kirkens Love, ikke skulde tilfalde
de geistlige Dommere, men de adelige Jorddrotter, de Dømtes
verdslige Herrer, i Lighed med, at Kongens Sagefald var
tilstaaet disse.

Paa denne Herredag trængte disse Fordringer dog ikke igjen-
nem. Det var de to ansete Biskopper Lage Urne af Roskilde og
Ove Bilde af Aarhus, der fik Rigsraadet til at afvise dem. Men
gjemt var ikke glemt. Uenigheden mellem Prælater og Adel om
Kirkens Gods og Stilling var traadt aabenlyst for Dagen.

Kong Frederik blandede sig endnu ikke i denne Strid; men
ganske vist har han og hans Nærmeste nok mærket sig, hvad
Striden mellem de to herskende Stænder kunde bruges til. Endnu
et Aarstid holdt Kongen sig neutral. De Farer, der i Sommeren
1525 omgave ham fra alle Sider, vare altfor store til at han
turde vove at forøge dem ved en indre Kamp med sine Biskopper
og Prælater, hvis Magt han selv for saa kort siden havde seet i
Opstanden mod Kong Christiern. Den ene Støtte under Biskop-
pernes katholske Nationalkirke vaklede saaledes allerede Aaret efter
Adelens Løfter om at forsvare den.

Snart truede ogsaa den anden Hovedpille med Fald, idet
Reformationens Prædikanter i det samme Aar begyndte at vinde
Folket for en hel ny kirkelig Orden. Det var i Efteraaret 1525,
at Hans Tausen i Viborg rystede Munkevæsenet af sig, kastede
sig i Armene paa Borgerskabet og brød fuldstændigt med sin
Biskop. Hans mægtige Tale om Guds rene Ord og Evangelium,
om Misbrug i Kirken, om Messens ugudelige Forvanskning af
Herrens Indstiftelser, om Befrielse fra Kirkens tunge Aag, trængte

fra Graabrødrekirken i Viborg, hvor han og hans Tilhængere
havde sat sig fast med Magt, Dag for Dag ud i en videre Kreds
og frembragte en Gjæring, hvorom vi nu have svært ved at danne
os en Forestilling. Thi ogsaa udefra, fra Tydskland, fra hele
Mellemeuropa, fra Jordens Kreds, der aabnede sig for Folkenes
Blik og kaldte nye Tanker til Live i alle Retninger, — allevegne-
fra trængte Nyt ind i vort Fædreland. De europæiske Folks
Liv er jo en bestandig Udvikling, langsommere eller hurtigere, af
nye Tanker og Tilstande. Saasnart en Kreds af Forestillinger og
Forhold synes at have sat sig fast som herskende, føler den i sit
Skjød de første Rørelser af Spiren til et nyt Væsen, der vil for-
trænge og arve det gamle. Men aldrig i disse Folks uoverskuelig
rige Historie har der været en Tid, hvor det Næste har trængt
heftigere og mægtigere paa det Nærværende, end i det sextende
Aarhundredes første Halvdel. Det danske Folk var ikke et førende
i denne Gjæringsperiode; men udefra fandt det Nye hundrede Veie
til Danmark. Hver Reisende bragte det med sig og fandt aabne
Øren nok for sine Meddelelser. Brændbart Stof af forskjellig Art
samlede sig i alle Hoverderne, Prædikanternes Ord fængede langt
udover den Kreds, hvor de kunde høres, saa at Luen slog op fra
forskjellige Punkter næsten samtidigt. Hans Tausen, Jørgen
Jensen Sadolin og hvad de Alle hed, der i Jylland talte i samme
Toneart, satte som Banebrydere fra Viborg Halvøen i Bevægelse;
men allerede 1527 begyndte en selvstændig reformatorisk Bevægelse
i Malmø, mere paavirket fra Tydskland og Sønderjylland end fra
Viborg. Hverken her eller der gik det af uden tumultuariske Op-
trin, og man kan vel tænke sig, hvilken Virkning det maatte gjøre
paa Menigmand, som, hvad han end dømte om Kirkens Personer,
hidtil havde i blind Tro underkastet sig dens Gudstjeneste, at see
denne jævnlig afbrudt ved Sammenstød mellem de stridende Partier.
Naar Messen i Domkirken, vant til at sætte Alle i Knæ ved det
Allerhelligstes Opløftelse, pludselig afbrødes af danske Psalmer fra
Menighedens Midte, eller Prædikanten standsedes med høie Mod-
sigelser, hvis han ikke helt fortrængtes fra Prædikestolen, behøver
Bølgegangen i Almuens Tanker ikke at beskrives.

Her i Danmark har den evangeliske Læres Kjernepunkt, Ret-
færdiggjørelse af Troen, umiddelbart havt langt mindre Ind-
flydelse paa den almindelige Bevægelse, end Henvisningen til den

hellige Skrift som det eneste sande og gyldige Gudsord, eller de Ændringer, der gjorde et stærkt Indtryk paa Sandserne, saasom Nadveren under begge Skikkelser, og især Præsteægteskabet. Naturligt var det ogsaa, at Almuen her som i Tydskland udlagde den megen Tale om Frihed paa sin Vis, saa at den mente at skulle være fri for Tiende og Smaaredsel. At den nye Læres Talsmænd ved deres heftige Angreb paa Kirken og dens Mænd gave Almuens gjærende Misfornøielse med de herskende Stænder en bestemt Retning imod Prælaterne, bragte tilsidst den anden Hovedstøtte for den paatænkte Biskopskirke til Fald.

Det er ikke min Agt at fortælle den danske Reformationshistorie, men alene at paavise det Frugtesløse i Prælaternes Haab om at kunne fastholde deres gamle Magt paa samme Tid som de stillede sig baade imod Rom og imod Reformationen. Ved at gaa i Spidsen for Oprøret imod Landets retmæssige Konge havde de selv altfor godt lært deres Medskyldige, at afryste et trykkende Aag ved Brud paa Eder og Løfter.

Hvad blev der da Andet tilbage som Holdepunkt for Biskopperne og deres Kirke end Konge, Rigsraad og Haandfæstning? Men snart skulde de erfare, at ogsaa denne Støtte svigtede.

Kong Frederiks personlige Religion kjender jeg ikke. Det er sagtens gaaet ham som saa mange af hans Samtidige, at en broget Blanding af Gammelt og Nyt har bølget frem og tilbage i hans Hoved. Men efter at Johan Rantzau, hjemkommen fra sine Reiser 1520, var bleven hans Søn Christians Hovmester og med denne havde hørt Luther i Worms hin uforglemmelige 18de April 1521, og da Pommeraneren Peder Svave var tilkaldt, viste Hertug Frederiks Regering Spor af Tilbøielighed for „Guds rene Ord og Evangelium", — et uklart Udtryk, hvormed Reformationens Tilhængere dækkede den lutherske Prædiken saa længe, indtil de kunde bruge det som deres Fane i Kampen mod den katholske Kirke. Hertug Frederik sad stille ved, at Hermann Tast optraadte som den nye Læres Prædikant i Husum 1522, altsaa udenfor Holsten og det hellige romerske Rige, hvor Keiser Karl den Femtes Wormseredikt af 5te Mai 1521 imod Luther og hans Kjætteri endnu havde Lovskraft. Saa kom de tre urolige Aar, hvor Forbundet med de danske Biskopper var Betingelsen for Seiren over den landflygtige Konges Parti, saa at der ikke kunde være Tale om at vise sig som Lutheraner. Men vi have ovenfor seet, at fra Sommeren 1526 begyndte Tordenskyerne at fordele sig. Kongen, fastere i Sædet, behøvede ikke længer at tilbageholde sin Forkjær= lighed for den Lære, hans Søn og vigtigste Raadgivere aabenlyst hyldede; især da Rigsdagen i Speier, paavirket af den nu fuld= stændigt udbrudte Krig mellem Keiseren og Paven, i de samme Dage, da Søren Norby led sit endelige Nederlag, stillede det til det tydske Riges Stænder, indtil en almindelig Kirke= eller Nationalforsamling at holde Wormserediktet „som de vilde forsvare det for Gud og Keiseren", det er: at forholde. sig lige over for Reformationen, som de selv vilde. Ikke alene fik Kong Frederik derved fri Haand i Holsten, men Reformationens mægtige Opsving i Tydskland i de tre følgende Aar dannede imod Katholicismen, Keiseren og Kong Christiern en Formur for Kong Frederik, som tillod ham at vise ogsaa Danmarks Prælater sit sande Aasyn. Til samme Tid traadte ogsaa Mogens Gøje aabenlyst frem som en Lutheraner.

Da Kong Frederik i Juni 1526 kom til Herredagen i Kjø= benhavn, forargedes de rettroende Katholiker over at see ham spise Kjød om Fredagen, altsaa træde Kirkens Fasteregler under Fødder. De have sikkert ogsaa stødt sig over, at han bortgiftede sin Datter til Hertug Albrecht af Preussen, som i det foregaaende Aar havde brudt med Kirken og kastet sig i Reformationens Arme. Kongen traadte derhos op som den danske Kirkes Dommer og Overhoved i det Beskærmelsesbrev af 19de August 1526, han da gav Besidderen af Lunde Ærkestift Aage Jepsen Sparre; thi han lovede deri denne at haandhæve ham i Stiftet, indtil der blev dømt af Kongen og Rigsraadet imellem ham og Jørgen Skodborg, og om Gyldigheden af hans Valg; og Kongen lovede, at han ikke vilde tilstede Nogen — altsaa heller ikke Paven — at fortrænge ham fra Stiftet eller forfølge ham og Stiftet med Band og Interdikt!

Fra Kjøbenhavn gik Kongen til Aalborg, og her var det, at han kastede Handsken til de danske Biskopper, idet han den 23de Oktober 1526 udstedte et Beskærmelsesbrev for Mester Hans Tausen, hvorved han tog ham i sin kongelige Hegn, Værn, Fred at forsvare ham til al Ret; ja annammede ham i sin Tjeneste som

sin Kapellan, men befalede ham at blive i Viborg indtil videre for
at prædike det hellige Evangelium for Borgerne.   Dette var et
Tordenslag for Prælaterne; thi Hans Tausen var saa afgjort en
„Kjætter, Luthers Discipel", som Nogen, saa at Kongen her
aabenlyst brød Haandfæstningens klare Ord; og det var et Greb i
Hjertet af Biskoppernes Magt over de rent kirkelige Forhold.

Fra Aalborg drog Kongen til Odense, hvor han i Slut-
ningen af Aaret samledes med Rigsraadet til en almindelig Herre-
dag.   Blandt de mange Regeringssager af forskjellig Art, som her
bleve forhandlede, kom ogsaa Kirkens Sager for.   I sin Frem-
sætning for Raadet foreslog Kongen, at Konfirmation og Provision
af Prælaturer herefter skulde søges hos Ærkebiskoppen, altsaa
ikke længer hos Paven i Rom.   Dette stemte med Kirkens ældre
Forfatning og med dens aldrig ophævede Lov; thi først i de senere
Aarhundreder var det, at Paverne stræbte at drage Bortgivelsen
af alle Prælaturer i Kristenheden til sig.   Rigsraadet fandt Kong
Frederiks Forslag godt og nyttigt, „kunde Kongen lade det saa
forhandle hos Romerkirken, at det kunde skee med nogen god
Lempe".   Der er intet Spor efter nogen Indsigelse af Biskopperne
i Raadet imod dette, som i Virkeligheden var en Løsning af den
danske Kirkes Underordning under Rom, der nu i over et Aar-
hundrede havde været i Besiddelse af Magten til at beskikke Bi-
skopper og Prælater.   Indlysende er det, at kunde det sættes
igjennem, vilde Pavens egenmægtige Bortgivelse af den danske
Kirkes Prælaturer været standset.   Haandfæstningen viser, at i
denne Sag vare Biskopperne ganske enige med Kongen.

I Forbindelse hermed stod et andet Forslag fra Kongens Side:
de Penge, der pleie at sendes til Rom for Konfirmation, burde
herefter gives til Rigets Skat, til Hjælp ved Forsvarsvæsenet.
Heller ikke imod dette Forslag høre vi Indvendinger fra Præla-
ternes Side.   Derimod samlede de deres Kræfter til et Angreb paa
Kongens personlige Forhold til Kirken; og her kom Alt an
paa, om de verdslige Medlemmer af Rigsraadet vilde staa fast
med dem i Fordringen om Haandfæstningens Overholdelse.   Men
denne Bistand fik de ikke uden Offere.   De fem Fordringer af
Adelen, der vare blevne tilbageviste paa den kjøbenhavnske Herre-
dag i forrige Aar (S. 517) bleve atter fremdragne, og Prælaterne
indrømmede nu to af dem.   De forpligtede sig til, at Kirkens

Prælater eller andre Kirkens Personer ikke skulde kjøbe eller pante noget Jordgods fra Adelen til Kirker eller Klostere: hvad de herefter kjøbe, skal komme til deres Arvinger eller Venner af Adelen. Kjøber nogen Prælat, som ikke er født af Adel, Jordgods fra Adelsmænd, da maa disses Arvinger kræve det tilbage. Hermed lode de verdslige Medlemmer af Rigsraadet sig dengang nøie og gave atter Prælaterne høitidelig Forsikring om, at ville til evig Tid styrke Kirkens Prælater og holde deres og Kirkens Privilegier ved Magt, navnlig mod det lutherske Kjætteri.   Det samlede Rigsraad vendte sig nu mod Kongen med Opfordring om at holde den „christelige Skikkelse" her i Riget saaledes som de foregaaende Konger, indtil der bliver gjort en anden Skikkelse over al Christenheden, det er: indtil en almindelig Kirkeforsamling. Fremdeles forlangte de, at han ikke vilde give Nogen sit Bestærmelsesbrev eller Befaling til at prædike offentlig, men at Enhver, der vilde prædike, skulde henvende sig til Biskoppen og erhverve hans Tilladelse.   Overhovedet bade de ham om ikke at udgive noget Brev imod hans Haandfæstning og svorne Ed.

Kongen svarede unbvigende herpaa, at han ikke havde givet noget Bestærmelsesbrev her i Riget anderledes end at forsvare Vedkommende mod Vold, saaledes som han var hver Mand pligtig, og at han ikke havde befalet Nogen at prædike Andet end Guds Ord og Evangelium, og heller ikke agtede at gjøre det i nogen Maade. — Dette Svar tilfredsstillede ikke Biskopperne; de fik derfor Rigsraadet til endnu engang at trænge paa Kongen, at han vilde holde den christelige Skikkelse her i Riget; og de indskærpede, at om at prædike burde hver Biskop bestikke det saaledes i sit Stift som det tilkom deres Embede, og som de vilde ansvare for Gud, saa at det ikke skulde gjøres fornødent, at Kongen bestikkede Nogen dertil med sit Bestærmelsesbrev.   Hvad Kongen svarede hertil vide vi ikke.   Maaske har han slet ikke svaret, da han den 7de December forlod Odense.

Biskopperne havde Intet udrettet hos Kongen; og de havde gjort den foruroligende Erfaring, at kun ved Indrømmelser kunde de holde Rigsraadet saa vidt sammen til Kirkens Forsvar, at Forestillinger i Raadets Navn overhovedet kunde komme i Stand. Alle Støtterne under deres Nationalkirke syntes at svigte.   Den ene Del af Kirkens Frihed havde de vel opnaaet ved at give deres

Minde til Løsrivelsen fra Rom, men kun med den Virkning, at i Stedet for Paven, hvis Religion og Tro de delte, stode de i Begreb med at faa den nu aabenbar kjætterske Konge til deres Herre.

Dog vilde de endnu ikke opgive Forsøget paa at hævde deres og Kirkens Stilling med Regeringens verdslige Magt. Kongen var undsluppen dem i Odense; de maatte see at faa ham tilbage og at faa Rigsraadet til at trænge paa ham endnu engang med Haandfæstningens klare Ord.

Gjæringen blandt Almuen, navnlig i Jylland, tiltog med hver Dag. Der viste sig aabenbar Opsætsighed imod Prælaterne og Vrangvillighed til at erlægge Tiende og andre Afgifter til Kirken. Rigsraadet forlangte Herredagen, som var endt uden Resultat, optagen paany. Kongen føiede dem og kom tilbage fra Gottorp til Odense i August 1527. Her trængte Rigsraadet, endnu i sin Flerhed samlet om Prælaterne, stærkt paa ham, at han skulde bruge sin Kongemagt til at underkue Bevægelsen og straffe nogle af Hovedmændene; og de kom atter frem med Fordringen om Beskærmelsesbrevenes Tilbagekaldelse. De vidste nu, at Kongen, langt fra at tage sin Haand tilbage fra Hans Tausen, endog havde taget ogsaa hans Medarbeider Jørgen Jensen Sadolin i sin Hegn og Fred.

Kongen forsøgte at afbøde Angrebet ved at stille sig som den upartiske Dommer, der skulde skaffe Fattige som Rige Ret. Til ham, lod han Raadet vide, var kommet mange Klager over uberettigede Paalæg af Prælaterne; det var heller ikke Almuen alene, der mente sig forurettet, ogsaa Adelen klagede over, at Prælaterne forfulgte deres Bønder med Band og udpressede Bøder af dem, da dog Kongen selv havde afstaaet adelige Godseiere sit Sagefald af deres egne Tjenere. Dette Stridsæmne, som Kongen saaledes kastede ind imellem de to herskende Stænder, blev ikke uden Virkning: Rigsraadet delte sig, de verdslige Medlemmer forenede sig med den øvrige tilstedeværende Adel og fornyede Fordringerne fra 1525, nu navnlig den om Adelens Ret til at oppebære det geistlige Sagefald af sine Bønder.

Prælaterne forsøgte at gjøre Modstand; men det viste sig snart, at det eneste Middel til at forebygge en Spaltning i Rigsraadet selv var Eftergivenhed. De tilbøde da, at ville opgive

Sagefaldet af Adelens Tjenere og en Del mindre Afgifter, som Kirken vistnok vilkaarligt havde efterhaanden paalagt Almuen, men som den i Tidernes Løb havde vundet Hævd paa ifølge Skik og Brug; derimod forlangte de, at Kongen og Adelen skulde holde Menigmand til at yde sin Tiende, forsvare Kirkens og Kirkemændenes Gods og Eiendom, beskærme deres Personer mod Vold, og „at Rigsraadet og Ridderskabet ville beflitte sig hos Kongens Majestæt, at de lutherske Præster og forløbne Munke, som have Hans Naades Beskærmelsesbrev, maa lægges en benævnt Termin for at drage af Riget eller i deres Kloster igjen; og at hvor de herefter findes maa Prælaterne tilbørlig straffe dem. Og at Hans Naade ikke herefter vil give slige Præster eller forløbne Munke Hans Naades Beskærmelsesbrev".

Hermed var Striden mellem de to herskende Stænder selv atter afvendt for en Tid, i det mindste saa vidt, at Rigsraadet, eller dog saa stort et Flertal, der kunde tale i Raadets Navn, trængte paa Kongen med Fordring om at tilfredsstille Prælaterne; især forlangte de Tilbagekaldelse af Prædikanternes Beskærmelsesbreve og at Kongen ikke vilde hindre hver Biskop i sit Stift i at rette over dem, der efter den forelagte Dag fandtes i Landet, samt over de Præster og forløbne Munke, der giftede sig. Denne samlede Indstilling havde dog den Virkning, at Kongen maatte træde et Skridt tilbage, — ikke for Prælaterne, men for Rigsraadet, saa vidt dette gjorde disses Sag til sin; men han forbeholdt sig ved Formulering af den Reces, der sluttede disse Forhandlinger, at forbigaa eller omdanne de ham ubehageligste Artikler. Han tog saaledes ikke de allerede udstedte Beskærmelsesbreve tilbage, men lovede, at han ikke vilde give flere, og han lod sig ikke fravriste et Dekret mod forløbne eller gifte Munke og Præster. Recessen hævdede vel Folkets Tiendepligt, imod Afskaffelse af nogle mindre Afgifter til Geistligheden; men i Forbindelse hermed stillede den Yderne Valget imellem den fulde Tiende, hvert tiende Stykke, Kjærv og Hoved, eller de gamle Afgifter, om de foretrak disse. Bisper og Prælater skulde beholde deres Jurisdiktion som hidtil; geistlige Personer skulde ikke drages for Lægmænds Domstol, men for deres „tilbørlige" Dommer, undtagen i Sager om Jordgods. Men de Bøder, Kirken idømte Kronens eller Adelens Tjenere, skulde Jordbrotterne selv oppebære, ikke Prælaterne.   Denne Reces er udfærdiget i Odense den 20de August 1527.

Bispopperne saa, at de ikke kunde faa Rigsraadet til at gaa Kongen endnu nærmere. De toge imod Recessen som den var, og opgave dermed Forsøget paa at tvinge Kongen til at underkue Kjætteriet og hævde deres og Kirkens hidtilværende Stilling med Magt.   De have ikke kunnet lukke Øinene for, at Rigsraad og Adel, trods de gjentagne Forsikringer om at forsvare Kirken, og uagtet Flertallet i Raadet endnu holdt sig til den katholske Kirke, var en ganske upaalidelig Støtte for denne: de gjorde jo Intet for den uden at lade sig betale med den ene af dens gamle Rettig- heder efter den anden, og de strakte Hænderne med graadige Blikke ud efter dens rige Gods.

Kun et eneste Magtmiddel havde Prælaterne tilbage: en samlet Reisning af alle Kirkens Mænd imod den kjætterske Konge. En saadan Reisning havde fra deres Standpunkt været mere be- rettiget end Opstanden imod Kong Christiern; thi nu gjaldt det ikke alene Kirkens herskende Stilling, men dens Tilværelse, ja den katholske Tro eller, som de sagde og mente, Christendommen selv. Men hverken formaaede eller vovede Prælaterne at gribe til et nyt Oprør. En samlet Optræden var umulig. Prælaterne manglede en Fører. Riget havde ingen Ærkebiskop; Lunde Stifts Besidder var fuldkommen afhængig af Kongen. De andre Biskopper vilde aldrig kunnet blive enige. Jens Andersen i Odense var en gammel Mand og som Uadelig, ja en Adelsfiende, nu kun betænkt paa at drage sig ud af en uholdbar Stilling. Lage Urne i Roskilde og Ove Bilde i Aarhus havde nødigt deltaget i Oprøret mod Kong Christiern; dem havde de tre andre jydske Biskopper ikke kunnet faa med. Hvorledes skulde da disse vove et Forsøg paa en ny Opstand nu, da de havde Stemningen i Landet, Prædikanterne og Almuen imod sig og ikke den fjerneste Udsigt til Bistand af den verdslige Adel? Endelig: hvor de vendte Blikket hen, i hver en Vraa saa de Kong Christiern med Blodøxen i Haanden! Hans Tanker om disse «scortatores mitrati» kunde de læse sig til hos hans Pennefører Cornelius Scepper, om ikke deres egen Sam- vittighed sagde dem det tydligt nok. Et Forsøg paa at sætte deres egen Magt umiddelbart imod Kongen og Folket vilde været den visse Undergang.

Prælaternes Drøm om den fri katholske Nationalkirke, den danske Biskopskirke, var nær ved at svinde allerede et Par Aar efter Seiren over Kong Christiern; alle Forsøg paa at holde Livet i det døende Foster viste sig frugtesløse. I den Bog mod Bi- skopperne, Kong Christian den Tredie lod oplæse paa Rigsdagen i Kjøbenhavn 1536, fortæller han om Biskop Jørgen Friis i Vi- borg, at denne strax efter Kong Frederiks Død „har sagt og flittig bedet af Gud og ønsket sig, at han maatte være en Djævel i Helvede, da vilde han plage Kong Frederiks Sjæl først med stor Hede og saa bære koldt paa igjen". Om Ordene ere faldne just saaledes, vil jeg lade staa uafgjort; men Anekdoten maler træffende den vanmægtige Harme hos de hidsigste blandt Prælaterne.

At Prælaterne ikke havde kunnet tvinge Kongen med Haand- fæstningen til at forfølge Prædikanterne, og at de ikke havde faaet de verdslige Rigsraader med sig til at trænge paa Opfyldelsen af Haandfæstningens klare Ord, var for Kongen det Samme som at Rigsraadet havde løst ham fra Forpligtelsen ved at finde sig i, at han selv løste sig fra den og at han erklærede, at han ansaa Troen for en fri Sag; thi dette havde han udtalt under Forhandlingerne i Odense. Men Rigsraadet og Kongen i Forening stode jo over Haandfæstningen, som vi tidligere have seet (S. 472). Haand- fæstningens Ord blede imidlertid staaende, saa at Prælaterne meget vel kunde komme tilbage til dem, dersom Omstændighederne tillode det.

De tre Aar efter Odense Herredag, 1527 til 1530, ere især derved blevne frugtbare for Reformationen, at Kongen fik Leilighed til at besætte Fyens og Sjællands Bispestole, at Agitationen imod den gamle Kirke blev heftigere og mere udbredt ved Prædi- kanternes Virksomhed, og at Munkevæsenet rystedes navnlig ved Tiggerklostrenes Fald.

Den gamle Biskop af Fyen Jens Andersen Beldenak var vel ved Kong Christierns Fald og Flugt atter kommen i Be- siddelse af sin Bispestol; men det blev ham et tornefuldt Sæde. Ham, den uadelige Prælat, var Alt imod nu, da Adelen havde seiret og reiste Hovedet mægtigere end nogensinde. Alle saa skjævt til ham, selv de andre Biskopper, der alle vare af Adelens „Blod og Kjøn". Dertil kom, at den Strid, han lige fra sin Tiltrædelse til Embedet i Aaret 1502 havde havt med sin Formands adelige

Slægt, den mægtige Familie Rønnov i Fyen, hvem han i sin Velmagts Dage havde skaanselløst bekæmpet baade med geistlige og verdslige Vaaben, — at denne Strid nu luede op, og heftigere end før. Gammel og syg søgte han at vige til Side for Uveiret. Han enedes i Begyndelsen af Aaret 1527 med Provsten af Viborg, Knud Henrichsen Gyldenstjerne, om at tage ham til sin Koadjutor med Successionsret, hvilket Kong Frederik stadfæstede saaledes, at naar Gyldenstjerne kom i virkelig Besiddelse af Stiftet, skulde han til Kongen betale den Pengesum, der ellers pleiede at sendes til Rom for Pavens Konfirmation. Da nu derefter Striden med Rønnov'erne tog en uheldig Vending for den gamle Biskop, idet Kong Frederik som valgt Opmand afgav en for ham ugunstig Kjendelse, lod han sig henrive til nærgaaende Yttringer om Kongens Kantsler og Eiler Rønnov, der paadroge ham en Injurie-proces med disse. Da indsaa han, at hans Tid var forbi. 9 Marts 1529 resignerede han og overdrog Stiftet til den valgte Koadjutor, hvorved de Begge protesterede, at dette burde ikke være skeet uden Pavens Samtykke, men at de, da Nød bryder Lov, maatte nøies med at erklære, at saa snart Omstændighederne tillode det, vilde de forelægge Sagen i Rom. Saaledes kom nu Knud Gyldenstjerne i Besiddelse af Fyens Stift; men Biskop blev han aldrig, da han aldrig blev konfirmeret eller ordineret af Paven og heller ikke af den danske Kirkes Ærkebiskop, der jo selv hverken var konfirmeret eller ordineret. Begge vare de afhængige af Kong Frederiks Raade, Aage Jepfen noget mere stemt for Katholicismen end Knud Gyldenstjerne, der var mere tilbøielig til at holde sig neutral imellem det Gamle og det Nye. Han lagde de lutherske Prædikanter Intet i Veien i sit Stift.

Nogle Uger efter Jens Andersens Resignation døde Biskop Lage Urne af Roskilde, den mest ansete af de danske Prælater, den 29de April 1529. Her var atter en Leilighed for Kong Frederik til at faa en af Landets Bispestole besat efter sin Villie uden at gaa de ældre Kongers Omvei gjennem Rom, hvormed nu al Forbindelse var afbrudt. Kongen bestemte sig for Jacob (Joachim) Rønnov, Broder til den ovennævnte Eiler Rønnov. Men førend denne fik Kongens Nomination og Anbefaling til Kapitlet, maatte han udstede en Forsikring til Kongen, som bedre end Alt viser dennes Tanker om Stillingen til Prælaterne. Joachim

Rønnov maatte binde sig ved en streng Forpligtelse først til Tro- skab mod Kong Frederik og hans Børn, dernæst til, „at om Nogen kommer i Roskilde Stift, i By eller paa Landet, som vil prædike det Hel. Evangelium rent og klart som det kan bevises med den hellige Skrift; eller om Præster eller Munke i Stiftet ville gifte sig, da skal han ikke tilstede, at de overfaldes med Vold eller Uret. Vil Nogen klage over dem derfor, skulle de staa til Rette for Kongen og Rigsraadet.

Kongen „samtykte, nominerede og stabfæstede" derpaa Rønnov til Bisdop i Roskilde og sendte ham dermed til Dom- kapitlet, der selvfølgelig ikke kunde Andet end vælge ham. De benyttede dog det endnu formelt nødvendige Valg til at lade ham underskrive en Kapitulation, hvorved han som hans Forgænger paa Bispestolen forpligtede sig til at opretholde Kapitlets og Dom- kirkens Rettigheder og Friheder. — Da han nu præsenterede sig for Kongen med Valgbrevet, konfirmerede Kongen Valget, som om han var Kirkens Overhoved. I det aabne Brev af 24de Juni 1529 siger han, at han „fuldbyrder, samtykker og stabfæster Os Elstel. Hr. Jakob Rønnov til Bisdop og Forstander at være udi Roskilde Domkirke, Stift og Sæbe, eftersom menige Kapitel udi Roskilde haver ham dertil udvalgt, keist og kaaret, at have, nyde og beholde, bruge og regere udi sin Levetid og saa længe han lever, med alle samme Stifts og Sædes Slotte, Gaarde, Gods Eiendom, Rente og Rettighed, uden al ydermere Stabfæstelse af Romerkirke eller af Bore Efterkommere, Konger udi Danmark".

Denne nye Bisdop i Roskilde blev ligesaa lidt som Besidderne af Lunde og Odense Stifter konfirmeret eller ordineret af Paven, og maatte det jo ikke efter Kongens udtrykkelige Bud. De bi- skoppelige Ordenssager, saasom Daabs-Konfirmationen, Konsektionen af den hellige Krisma, Præsteordinationen og overhovedet alle Indvielser maatte han lade forrette af en Biebisdop; men han har dog underhaanden søgt at skaffe sig den egentlige Ordination ved at henvende sig derom til Jørgen Skodborg, den fra Lund for- trængte Ærkebisdop, som i Rom endelig havde opnaaet pavelig Konfirmation og Ordination efter at have affundet sig med den Kardinal, hvem Pave Leo havde givet Lunde Ærkestift som et Kommende. Skodborg kunde imidlertid desuagtet ikke komme i Besiddelse af Ærkestolen, først fordi Kong Frederik havde givet

Aage Jepsen Forsikring om at opretholde ham i Besiddelsen, og dernæst fordi Kongen nu efter Odense Herredage havde fuldstændig løst sig fra Rom og ikke vilde vide af en Ærkebiskop af Pavens Myndighed, allerminbst en, der havde anerkjendt Stiftet som et Kommende og gjort det skatskyldigt til en Kardinal. — Om Rønnov har henvendt sig til Skobborg, der da opholdt sig i Lybek, med Kong Frederiks stiltiende Samtykke, eller bag Kongens Ryg, er uvist; men han fik ingen Trøst hos denne Ærkebiskop in partibus, der tilbageviste hans Anmodning med den Erklæring, at Biskoppernes Stabfæstelse skulde hentes hos Paven, til hvem han raadede ham at henvende sig.   Dette turde Rønnov naturligvis ikke, saa længe Kong Frederik levede.

Fra et katholsk Standpunkt blev Rønnov altsaa slet ikke Biskop.   Vendte Striden i Danmark sig atter til Kirkens Fordel, kunde Seirherrerne ligefrem kaste ham tilside som en Usurpator. Rønnov fik et halvt Aars Tid eller tre Fjerdingaar efter sin Indsættelse en alvorlig Anledning til at frygte herfor, da den landflygtige Konge Christiern vandt Ærkebiskop Christoffer af Bremen, en født Hertug af Brunsvig, for sig ved at love ham Roskilde Stift.   Imod denne Medbeiler havde Rønnov ingen anden Støtte end Kong Frederik og det danske Rigsraad, hvis Interesse her faldt sammen med hans, da de aldrig kunde indrømme Kong Christiern Ret eller Magt til at kjøbe sig en tydsk Fyrstes Bistand imod dem selv for et af Danmarks Bispedømmer. Kong Frederik, Rigsraadet og Domkapitlet i Roskilde gave derfor Rønnov under 24de Juni og 22de Juli 1530 Forsikringsbreve om at opretholde ham i Besiddelse af Stiftet.   Men let er det at indsee, at Rønnov maatte blive aldeles afhængig af Kongen, der havde bundet ham ved Løftet om at lade Lutheranerne have fuld Frihed i Roskilde Stift.

Knap to Aar efter den sidste Herredag i Odense vare altsaa Besidderne af Lunde, Roskilde og Odense Stifter underkastede Kong Frederik, af hvis Naade de havde deres Stillinger, og som alene kunde i Forbindelse med Rigsraadet opretholde dem.   De fire jydske Biskopper havde vel ikke deres Magt fra ham; men dog bandt Omstændighederne ogsaa deres Hænder, saa at de ikke formaaede at bruge deres Magt og Ret til Staudsning af Prædikanternes fjendske Agitation, der aabenlyst støttedes af Kongen og nogle Medlemmer af Rigsraadet.

Kong Frederik vedblev at gaa frem ad denne Vei ogsaa i de følgende Aar. Som ovenfor viist (S. 521) havde han i Aaret 1526 taget Aage Jepsen som udvalgt Ærkebiskop af Lund i sin Beskærmelse og tilsikret ham Stiftets Besiddelse. Dengang var der endnu ikke Tale om at paalægge ham nogen saaban Forpligtelse som Joachim Rønnov i 1529 til at taale og forsvare de selvgjorte Prædikanter eller gifte Præster og Munke. Men da Aage Jepsen, kjed af sin vanmægtige Høihed, i Aaret 1532 traadte tilbage som Dekanus i Kapitlet og oplod Ærkesædet for Torben Bilde, maatte denne for at faa Kongens Samtykke underskrive en Forpligtelse af samme Art som Rønnovs, der bandt ham ikke alene til Troskab imod Kong Frederik og hans Børn, men paalagde ham at lade i Lunde Stift prædike det sande Guds Ord, det hellige Evangelium rent og klart, „som det med den hellige Skrift udtydes og bevises kan" — og ei med Vold og Uret derfor overfalde dem, som det hellige Evangelium prædike, eller hindre Præsterne i deres Giftermaal.

I det foregaaende Aar havde Oluf Munk, en Søn af Mogens Munk, maattet udstede en ganske lignende Revers til Kong Frederik for at faa dennes Samtykke til, at hans Farbrober, den gamle Biskop Ivar Munk, tog ham til sin Koadjutor.

Jævnsides med, at Kongen saaledes ved ethvert Biskopsskifte udvidede sit Herredømme over Kirken, understøttede han paa mange Maader Prædikanternes heftige Angreb paa den hele Katholicisme, dens Lære, dens Kirkeforfatning og Gudstjeneste saavelsom paa dens Personer. Malmø var den første Stad, hvor Reformationen trængte fuldstændig igjennem i Aaret 1529 ved Prædikanternes og Magistratens forenede Bestræbelser. Navnlig vare de to Borgermestre Jørgen Kock og Jep Nielsen virksomme i denne Sag; og Kongen understøttede dem paa flere Maader, ogsaa derved, at han trykkede et Øie til for de Voldsomheder og Brud endog paa hans egne Befalinger, de derved tillobe sig. En kraftig Støtte fik ogsaa den reformatoriske Bevægelse i Kongeriget fra Hertugdømmet Slesvig. Kong Frederiks ældste Søn Hertug Christian opholdt sig fra 1527 mest i Haderslev, hvor han samlede om sig lutherske Lærere fra Tydskland, saasom Georg Winter

34*

Eberhard Weidensee og Johannes Wandal, der dannede en Skole, hvorfra deres Lære fandt saa meget stærkere Indgang, som Hertugen nødte Prælaterne i det danske Sønderjylland til at høre dem, og egenmægtigen indsatte sine Partitilhængere navnlig i de tørninglenske Præstekald, uden at den gamle Biskop Ivar Munk i Ribe kunde hindre det. — Fra Viborg, fra Malmø, fra Haderslev omspændte den lutherske Agitation Landet, ikke at tale om sporadiske Bevægelser i andre Egne. Kjøbenhavn var endnu i disse Aar (1526—29) forholdsvis roligt, skjøndt der naturligvis ikke manglede Tilhængere af det Nye; men Magistraten, med Undtagelse af den ene Borgermester Ambrosius Bogbinder, begunstigede ikke den reformatoriske Bevægelse, der først kom ret i Gang her fra 1529, da Kong Frederik kaldte Hans Tausen fra Viborg, hvor hans Nærværelse ikke længer var nødvendig, til Prædikant ved Nikolai Kirke i Kjøbenhavn.

Det var ikke alene den mundtlige Prædiken, der satte Folket i Bevægelse og gjorde omtrent samme Tjeneste, som nu Dagspressen; men ogsaa den da nylig indførte Bogtrykkerkunst blev tagen i Brug af Partimændene. Især var det den katholske Messe og Præsteægteskabet, der her i Landet bleve Stridsæmnerne. Men det vilde føre mig bort fra mit Øiemed, om jeg vilde gaa ind paa Enkelthederne. Thi kun derpaa ønsker jeg at henlede Læsernes Opmærksomhed, hvor snildt Kong Frederik fra Aaret 1526 forstod at benytte Omstændighedernes Gunst og den indre Splid i Danmark mellem Almue og Adel, mellem de verdslige Aristokrater og Prælaterne, mellem Katholiker og Protestanter, til at naa sit Maal, det samme Maal, Kong Christiern den Anden havde eftertragtet ad ganske andre Veie: Herredømmet over den danske Kirke og dens Biskopper. Medens Christiern foer ind imellem Prælaterne med blodig Vold og stræbte revolutionært at underkue Kirken uden dog at røre ved Religionen, lod Kong Frederik Konsekventserne af Aarhundreders Misbrug og af Biskoppernes Oprør imod Formanden komme til sig, og saa vel tilfreds paa, at den Frugt af Reformationen, han fornemlig attraaede, den danske Kirkes Løsrivelse fra Rom og Herredømmet over dens Prælater, ved de ivrige Prædikanters Agitation faldt saa godt som af sig selv i hans Haand, som Pommerantsen i Aladdins Turban.

En Virkning deraf var det ogsaa i disse Aar, at Klostrene mere og mere kom i verdslig Besiddelse. Den ene af de fem Fordringer fra 1525, den om at Klostrene skulde forlenes til Ade= lige, er efterhaanden bleven opfyldt, uden at vi kunne paavise nogen almindelig Bestemmelse derom, eller nogen Beslutning af Rigsraadet. Det synes, at Kongen har af egen Magt, efter Lei= lighed, taget sig Ret til at bortforlene nu et, nu et andet Kloster, og at Rigsraad og Adel lod det skee uden Modsigelse for den store Fordels Skyld, selvfølgelig dog saaledes, at den adelige Lensmand skulde give Munke og Nonner en rebelig Underholdning og gjøre Kongen Tjeneste af det Overskydende. Saaledes med de saakaldte Herreklostre, der havde Gods. Tiggermunkene, navnlig Graabrødre og Sortebrødre, gjorde man ikke saa mange Om= stændigheder med. Da Prædikanterne vendte Folkets Sind fra dem og skildrede dets Pietet imod dem som Overtro, dets Gaver, hvorved disse Stiftelser alene kunde bestaa, som en ulovlig og unyttig Skat paa Menigmand, kom Tiggerklostrene i stor Nød, der tvang flere og flere af Munkene til at søge ud af Klostrene. De Tilbageblevne trængtes paa alle Maader af enten Aristokrater som Magnus Gøje, den store Munkefiende, eller af Kjøbstædernes Magistrater og Borgerskaber, der ønskede at komme i Besiddelse af Bygningerne; og Kongen rakte villig Haanden dertil. Vel til= føiede han sædvanlig i sine Bevillinger, at Byen maatte tage disse Klostere til sit Brug — til en Sognekirke, et Raadhus, en Skole, naar Munkene forlode dem, og at der ikke maatte øves Vold imod disse. Men dette efterkom man ingenlunde i Virkeligheden. Varede det Borgermestere og Raad for længe, plagedes og trængtes de ulykkelige Fratres, indtil de ikke kunde udholde det; og Kongen lod det skee. Vi have endnu en ganske mærkelig samtidig latinsk Bog om Graabrødrenes Fordrivelse fra Danmark, der uimodsigelig godtgjør, at Reformationens Seir her i Landet ikke har været saa fri for Voldsomheder og Forfølgelser, som det almindelig siges.

De Biskopper, Kong Frederik havde indsat, maatte naturligvis finde sig i Alt dette; de maatte taale eller endog selv række Haanden til at understøtte Prædikanternes Stormløb mod Kirken. Noget friere stode de jydske Biskopper; disse forsøgte ogsaa at sætte Grændser for Agitationen ved at møde Prædikanterne med deres egne Vaaben. De søgte at drage et Par af de betydeligste katholske

Stridsmænd fra Tydskland til sig. Dette lykkedes dog ikke; men da Karmeliterkollegiet i Kjøbenhavn opløste sig og nogle af Lektorerne gik over til den nye Lære, saasom Peder Laurensen og Frants Wormordsen, der valgte Malmø til Skueplads for deres Virksomhed i dens Tjeneste, fandt Kollegiets Forstander Paul Eliesen Tilhold i Aarhus hos Biskop Ove Bilde, hvorfra han med stigende Heftighed bekæmpede sine forrige Medarbeidere, som ikke bleve ham Svar skyldige. Og da Prælaterne efter Odense Herredage maatte opgive Haabet om den verdslige Magts Bistand til Kjætteriets Undertrykkelse, kom de efterhaanden frem med Fordringen om at „komme Prædikanterne til Ords", for at bevise, at disses Lære virkelig var Kjætteri; thi Kongen har uden Tvivl mødt Paakaldelsen af Haandfæstningen med den Paastand, at han kun havde tilladt Prædiken af Guds rene Ord og Evangelium, som jo ikke kunde være Kjætteri. Kong Frederik føiede omsider Prælaterne og kaldte baade dem og deres Modstandere til den Herredag, han i Sommeren 1530 holdt i Kjøbenhavn. En Snes af Prædikanterne samledes her i Juli under Tausens, Sadolins og Laurensens Ledelse, sammenfattede deres Lære i 43 Artikler og benyttede Leiligheden til den heftigste Agitation fra Prædikestolen, uden at Kongen standsede dem, og uden at han modsatte sig, at de, efter to Dages Taushed paa hans Bud, atter reiste Stormen voldsommere end før. Men til en egentlig Religionsdisputats med Prælaternes medbragte danske og tydske Stridsmænd kom det dog ikke, fordi man ikke kunde enes hverken om Stridens Form eller om Dommerne. Prælaternes Ordfører indsaa, at en offentlig Religionsdisputats paa Dansk kun vilde blive et nyt Agitationsmiddel for Modstanderne. Mødet opløstes uden andet Resultat, end at Kongen underhaanden skal have opmuntret Prædikanterne til at vedblive som hidtil; maaske har han ogsaa udtalt i et Aktstykke, at hvo der havde Guds Ord og Evangelium, maatte prædike det, saa vidt de kunde bevise det med den Hel. Skrift*). Paa den anden Side maatte han dog ogsaa tage noget Hensyn til de jydske Bisкopper, der endnu vare mægtige og havde et stort Parti af Slægtninge og Troesfæller i Rigsraadet. Han kunde ikke afvise deres Klager over, at Odense Reces ikke

---

*) Ordinants af 14de Juli 1530, Rosenvinge IV, p. 141.

blev overholdt. Kongen har ogsaa virkelig indskærpet sine Lens-
mænd at vaage over dens Efterlevelse med Hensyn til Tienden*).
Men Odense Reces i det Hele stod endnu retlig uanfægtet som
gjældende Landslov, der stadfæstede ikke alene Tienden, men ogsaa
Biskoppernes geistlige Jurisdiktion, altsaa deres Ret til at
dømme over Lære og Gudstjeneste og til at bruge Kirkens Band.
Den bekræftede saaledes middelbart deres Øvrighedsmyndighed over
Prædikanterne, som førte en ny Lære og egenmægtigen ombannede
Gudstjenesten i de Kirker, hvorfra de fortrængte de katholske Geist-
lige. De tre Besiddere af Bispestolene i Lund, Roskilde og Odense,
Kong Frederiks egne Kreaturer, kunde imidlertid ikke bruge Recessen
i denne Henseende efter dens Ordlyd.

Det kan ikke nægtes, at Kong Frederik talte med to Tunger
i sin Mund, og søgte at være begge Parter tilpas, hvad der da,
som altid, kun bevirkede, at ingen af dem blev tilfreds. Prædi-
kanterne navnlig følte sig skuffede ved denne Herredag. De vare
komne i det Haab, at drage Kongen helt over til sig og faa ham
til at reformere Kirken ved sin Øvrighedsmagt. De vare ikke
længer tilfredse med at taales og forsvares; de vilde, at Kongen
skulde afskaffe alt det katholske Væsen, der var dem en Forargelse,
og forbyde den katholske Gudstjeneste, for at den evangeliske Sand-
hed, saaledes som de forstode denne, kunde komme til Seir og Ene-
herredømme.

Hvorfor har Kong Frederik ikke opfyldt dette Haab, som han
dog selv har vakt? Hensynet til Haandfæstningen og Rigsraadet,
Nødvendigheden af at holde det herskende Aristokrati fast om sig
mod den stadigt truende Fare fra Kong Christiern, har vel været
Hovedgrunden; men det kan ogsaa være, at Kongen selv begyndte
at blive bange for den voldsomme Agitation, han nu ikke længer
kunde styre. Reformationens Fremgang i dette første Tidsafsnit
havde her i Landet et virkelig revolutionært Præg. Den fremgik
ikke som i Sachsen, i Hessen, i Holsten og Slesvig af Fyrsternes
Overbevisning, den lededes ikke fra oven; de danske Prædikanter

---

*) Kong Frederiks Missive til Hr. Albert Ravnsborg, Embedsmand paa
Malmø- og Falsterbo-Hus, om at paasee Efterlevelse af Odense Reces,
navnlig med Hensyn til Tiendernes Erlæggelse, d. b. St. Olufs Konge D.
1530. Original paa Papir med paatrykt Segl, i Geheimearkivet.

optraadte af egen Myndighed som Fripræster; de toge sig selv Magten og rørte op i Folkets Dyb; deres Virksomhed var rent demokratisk, deres Ret til at prædike, administrere Sakramenterne, vie Ægtefolk, ordinere Præster, sætte i Band i alt Fald kun begrundet i et Kald af Menigheder, de selv havde samlet om sig ved deres brændende Ord. De brøde den endnu lovligt bestaaende Forfatning; thi de havde Loven og den lovgivende Magt, Konge og Rigsraad, imod sig. Kongens partiske Gunst, hans Tilladelse til at prædike, kunde ikke give dem nogen Retsstilling eller gjøre dem til lovlige Præster.

Denne Reisning af Demokratiet maatte ængste alle Magthaverne, ikke mindst Kong Frederik, som vidste altfor vel, at det var til de lavere Stænder, til Borger og Bonde, Kong Christiern satte sit Haab om en Restauration, og ikke uden Grund. Han maatte frygte for, at Agitationen fra Prædikestolene vilde slaa ud i virkelige Tumulter; og at denne Frygt ikke var greben ud af Luften, viste sig allerede saa Maaneder efter Herredagens Slutning. Den nye og den gamle Gudstjeneste kunde ikke bestaa fredelig ved hinandens Side i en Stad som Kjøbenhavn, der nu var og fremdeles blev saa heftigt paavirket af Prædikanterne. Tilstanden i Byen kan ikke skildres bedre, end det er skeet i en Skrivelse fra Magistraten til Kongen af 2den November 1530. Inden Kongen forlod Kjøbenhavn den 2den August havde han med Joachim Rønnov sluttet en Overenskomst om Gudstjenesten i Frue Kirke i Kjøbenhavn, ifølge hvilken „Kannikerne i Vor Frue Kirke skulle læse og synge og sige latinske Messer, som de have gjort indtil denne Dag; dog at den evangeliske Prædikant skal prædike der Guds Ord og sige der dansk Messe om Søndagen". Kirken var altsaa indrømmet begge Partier; men at dette Simultaneum var aldeles upraktisk og uholdbart, viser Magistratens Brev, hvori den minder Kongen om, „at Eders Naades Kl. Majestæt gjorde en Kontrakt mellem Biskoppen af Sjælland og os, som den vedlagte Kopi udviser. Saa skal Eders Naades Kl. Majestæt værdes at vide, at vore Prædikanter prædike og tale dagligen paa de latinske Messer, Sjælemesser og Vigilier, og sige dem at være en ret aabenbar Gudsbespottelse og Christi hellige Blods og Døds Foragtelse, og æske tidt og ofte deres Vederpart i Rette at forsvare deres Messer, om de ere Dannemænd, som de holde sig for.

„Af hvilken Prædiken vor Almue opvækkes imod for^{ne} Messer og Vigilier, sigende, at de slig Gudsbespottelse og Foragtelse ingenlunde længer lide eller fordrage kunne her udi Eders Naades Stad, og dagligen ligge os paa Halsen, at vi skulle afstille og aflægge saadan Afgudsdyrkelse, hvilket os ikke stander til at gjøre imod for^{ne} Eders Naades Villie og Samtykke. Og lovede og tilsagde Eders Kl. Majestæt os samme Tid paa Eders Naades Slot Kjøbenhavn, at Eders Naades Kl. Majestæt vilde skrive os til med det Allerførste, hvorefter vi os rette skulle, hvilken Skrift vi ikke endnu have fanget fra Eders Naade. Allernaadigste Herre, bede vi derfor Eders Naade underdanigen, ydmygeligen og ganske gjerne, at Eders Naade vil værdes at forskrive til Bispen af Sjælland, at han vil forhandle og skikke det saa, at hans Kapitel her udi Kjøbenhavn maatte ophøre med samme Messer og Vigilier indtil saalænge der gjøres en endelig Reformats derpaa, enten i Keiserdømmet eller her i Danmark, paa det at vi des tryggere kunne undfly Tvedragt, Bulder og Oprør, og saa desbedre Enighed og Sambrægtighed med vor Almue, Eders Naade og os fattige Mænd til stor Trøst og Bestand, om, det Gud forbyde, Noget paakom, at vi ikke da skulde hænge i to Hobe, det ganske Rige og os Allesammen til evig Skade og Fordærv. Allernaadigste Herre, ere vi og saa storligen befrygtende, dersom slig falsk, ugudelig Gudelighed ikke aflægges, efterdi her saa daglig imod prædikes, at disse Kanniker og Præster udi Vor Frue Kirke maatte skee der nogen Overlast; her ere mange Kompaner i Staden, baade Baadsmænd, Fiskere og andre Embedssvende saa vel som Borgere, hvilke vi ikke kunne regere i denne Handel; thi de ere Alle Guds Ord medfældige og den papistiske Handel og Regimente imod; dersom de gjorde for^{ne} Kanniker og Præster nogen Overlast, da maatte vi komme udi en stor Tvedragt og Feide med Biskoppen af Sjælland; og dersom saa skete, det Gud forbyde, maatte Eders Naades og Rigens Fjender faa en stor Trøst og Mod deraf, at feide des tryggere ind paa Eders Naades Rige og Fyrstendømme. Allernaadigste Herre og Konge, dersom Biskoppen af Sjælland ikke vil tilstede, at samme Hykleri maa aflægges, da bede vi Eders Naade underdanigen og ydmygeligen for al den Vold og Magt, Eders Naade haver af Gud, at Eders Naades Kl. Majestæt vil værdes til at forskikke Eders Naades Fuldmægtige hid, at sætte Andre udi

„vort Sted, og at vi maa afstaa af vor Befaling; thi vi ingen-
lunde kunne holde Eders Naade en lydig Almue fore, som vi have
svoret Eders Naade og pligtige ere, den Stund samme Hykleri er
ved Magt her i Staden" o. s. v.

Kongen svarede ikke herpaa. Han gjorde Intet. Tingen fik
gaa som den kunde. Agitationen var voxet ham over Hovedet.
Men at Magistratens Advarsler vare vel grundede, viste sig alle-
rede i den følgende Maaned. Thi det kom virkelig til en Tumult
den 27de December 1530. En Almuehob, ført af Borgermester
Ambrosius Bogbinder selv, brød ind i Frue Kirke, nedhuggede
alle Helgenbilleder, ødelagde Korstolene med deres Tavleværk og
rasede Dagen igjennem indtil henimod Aftenen, da Hans Tausen
kom tilstede og med Nød fik Voldsomhederne standsede. Til saa-
danne Optrin kunde Kongen dog ikke længer tie stille. Han be-
falede Frue Kirke lukket saavel for Katholiker som for de Evangeliske.

Man skulde have ventet, at lignende voldsomme Udbrud vilde
allerede i den nærmeste Tid have drevet den hele Kirkesag til en
afgjørende Krisis. Men dette skete dog ikke i Kong Frederiks Tid,
tildels vistnok fordi et nyt og faretruende Forsøg af Kong Chri-
stiern paa at tilbagevinde sine tabte Kroner gav baade Regeringens
og Folkets Tanker en anden Retning.

Femte Afdeling.

Norge. Vincents Lunges Overmagt. Eske Bilde Lensmand paa Bergenhus.
Kong Christierns Forhold til Keiser Karl og hans Slægt. Kong Christiern i
Norge. Kong Frederik og det danske Rigsraad søge Hjælp i Lybek. Forenet
dansk og hanseatisk Krigstog til Norge. Underhandlinger ved Oslo. Krig fra
Bergenhus imod Ærkebiskop Oluf. Forlig imellem Kong Christiern og de
danske Anførere. Knud Gyldenstjernes Uredelighed. Kong Christiern paa Søn-
derborg. Norge atter under Kong Frederik.

Da Vincents Lunge først i Aaret 1525 var vendt tilbage
til Bergen som Kong Frederiks Statholder i det nordenfjeldske

Norge og Kongens Lensmand paa Bergenhus (S. 481), var han den mægtigste Mand i Landet, Kongen selv ikke undtagen. Hans norske Politik havde fuldstændigt seiret saavel paa Rigsmødet i Bergen i August 1524, som hos Kong Frederik i Ribe, hvorfra han medbragte sit eget Værk, Kongens norske Haandfæstning, der gjorde Norge til et selvstændigt, med Danmark forbundet, men lige berettiget Rige. Denne i sine Hovedtræk forstandige norske Politik kunde have været til Landets sande Gavn, havde han og de andre ledende Mænd havt Visdom og Selvbeherskelse nok til at erkjende, at Norge i Virkeligheden ikke var hverken Danmarks eller Sverrigs Ligemand, saa at der hørte stort Maadehold og Forsigtighed til at undgaa Forviklinger, især under saa vanskelige Forhold som dem, hvori hele Norden befandt sig i Kong Frederiks Tid. Men Norges Førere besad ikke disse Egenskaber, mindst Vincents Lunge selv, der nu ikke længer vilde lægge Baand paa sit fordringsfulde Overmod, hvorved han skabte sig Fjender paa alle Sider. Han var en afgjort Fjende af Christiern den Anden, og dog skaanede han Kong Frederiks Anseelse saa lidt, at han allerede paa Opreisen fra Danmark først i 1525 aabenlyst traadte hans Befalinger under Fødder i en Sag af største Vigtighed Det gjaldt efter Hans Mules Død om Forleningen af Agershus, det søndenfjeldske Norges Hovedfæstning, hvormed Øvrigheds-myndighed i de sydlige Landskaber indtil Vigen var forbunden. Da Vincents Lunge havde faaet Henrik Krummedige fjernet, vilde han have Oluf Galde til Befalingsmand paa Agershus; men den danske Regering, der kjendte denne Mands tidligere Forbindelse med Gustav Vasa og ansaa ham for en hemmelig Uven af Dan-mark, vilde ikke betro ham en saa vigtig Post, saa at Lunge maatte nøies med at faa Agershus til Broderen Gude Galde, en vel ikke meget paalideligere, men en svagere og mere frygtsom Mand. Men da Lunge nu kom til Oslo fra Ribe, vovede han ligefrem at tilsidesætte Kongens bestemte Ordre og i hans Navn indsætte Oluf Galde som Kongens Lensmand paa Agershus. Og Kong Frederik havde dengang saa meget at varetage for at forsvare sin danske Krone imod Kong Christiern og Søren Norby, at han ikke kunde tænke paa at hævne sin krænkede Høihed i Norge. Han maatte lade skee, hvad han ikke kunde ændre. Kun paa det stærke Bahus, Norges tredie Fæstning, kunde han forlade sig; thi det havde dengang og i de følgende Aar den danske Ridder Klaus Bilde, Medlem baade af Danmarks og af Norges Rigsraad, som Pantelen paa Livstid.

Blandt Norges verdslige Magnater indtog en anden dansk Mand, Niels Lykke, Ridder og Rigsraad, Pladsen næst efter Vincents Lunge. De vare Svogere; Niels Lykke havde ægtet Fru Inger Ottosdatters anden Datter Eline, en Søster til Vincents Lunges Frue Margrete, af Slægten Gyldenløve. Saaledes Indgiftet i Norge havde Niels Lykke fra Gaarden Fosen ved Trondhjemsfjorden som Kongens Embedsmand i betydelige Len en lignende Stilling som Vincents Lunge, med hvem han endnu dengang stod i bedste Forstaaelse. Dette gyldenløve'ske Koteri, Fru Inger paa Østeraad og hendes danske Svigersønner, beherskede dengang Norge, indtil Ærkebiskop Oluf Engelbrektsen følte sig fast nok i Sædet til at hævde sin retlige Stilling som Rigets første Mand. Thi egenlig var det dog de fem Biskopper, der af Folket betragtedes som dets Overhoveder, og som i Virkeligheden ogsaa havde den betydeligste Magt i Landet. Men af Biskopperne var den ene, Hans Reff i Oslo, en dansk Mand, der var kommen i Sædet ved Vincents Lunges Indflydelse og helst stod sig godt med ham. Biskopperne Oluf i Bergen og Høskuld i Stavanger vare lidet fremtrædende Mænd, den Sidste snarest en Modstander af dansk Indflydelse i Norge, men for ubetydelig til at blive farlig. En noget større politisk Rolle spillede Biskop Mogens Lauritsen i Hammer, ogsaa en Modstander af de Danske og en Tilhænger af Ærkebiskoppen i det mindste fra den Tid, da Oluf Engelbrektsen traadte bestemtere frem som Fører for et antidansk, rent norsk Nationalparti.

Indtil ind i 1527 varede denne Vincents Lunges Overmagt i Norge. Han stod da endnu i god Forstaaelse med Ærkebiskoppen. Men Forviklinger med Sverrig bleve fordærvelige for det gyldenløve'ske Parti. Gustav Vasa havde i sine første Regeringsaar mangen haard Kamp med sine indenlandske Modstanderes Rænker og Oprør. Navnlig var i den første Periode af hans Regering Sturepartiet ham farligt. I Aaret 1524 stode Domprovsten i Upsala, Mester Knud, udvalgt Ærkebiskop, og den sidste Rigsforstanders Kantsler Peder Jakobsen, udvalgt Biskop i Vesteraas, i Spidsen for farlige Bevægelser blandt Dalekarlene, hvilke Gustav først i det følgende Aar kunde bringe til Ro. De to Prælater flygtede til Norge, hvis Rigsraad gav dem Leide, og hvor de fandt Tilhold hos Ærkebiskoppen, Fru Inger og Vincents Lunge. Kong Gustavs Fordring om Udlevering blev ikke efterkommet, hvorfor han henvendte sig til Kong Frederik, der i Øvrigt ligesaa vel som det norske Rigsraad havde Grund til Klage over Sverrigs Konge, da han endnu holdt det norske Landskab Vigen besat. Men Frederik var dog altfor haardt betrængt til at han kunde lægge sig i Uvenskab med sin Nabo. Han befalede i Marts 1526 de svenske Flygtninge udleverede, og Ærkebiskop Oluf Engelbrektsen saa sig nødt til at give efter. Han maatte endog med Magt hente Peder Kantsler fra Gaarden Fosen.

Kong Frederik havde seet, at han ikke uden Fare kunde lade Tingene i Norge gaa som de vilde; og da han fra Sommeren 1526 overhovedet vandt en fastere Stilling, traadte han ogsaa noget fastere op i de norske Forhold end tidligere. En Flaade-afdeling under Mogens Gyldenstjerne blev i Marts 1527 udsendt i Nordsøen mod Skipper Klement og andre Fjender, men fik tillige Befaling til at bringe Agershus i sin Magt og at føre Oluf Galde levende eller død til Kjøbenhavn. Gyldenstjerne kom virkelig i Besiddelse af Slottet sidst i Mai eller først i Juni 1527; dog, som det synes, uden at fange Oluf Galde og uden at behøve at anvende Vold. Fra nu af var Agershus et sikkert Støttepunkt for Kong Frederiks Magt i det Søndenfjeldske; thi Mogens Gyldenstjerne var en ligesaa paalidelig dansk Mand som Klaus Bilde paa Bahus. Vincents Lunge beholdt endnu Bergenhus; han og Niels Lykke delte Herredømmet nordenfjelds med Ærkebiskoppen; men allerede i det følgende Aar tvang Lunge selv Kong Frederik til at tage Magten ud af hans Haand. Han paadrog sig atter Kong Gustavs heftigste Vrede ved at modtage og beskytte Dal-junkeren, den falske Niels Sture, der søgte Tilflugt i Norge imod Gustavs Forfølgelse. Fru Inger og Lunge anerkjendte hans Paastand om at være den afdøde Rigsforstanders ældste Søn, gave ham Tilhold hos sig, ja aftalte et Ægteskab mellem ham og den yngste af Fru Ingers fem Døttre, Lucie Gyldenløve. Men Gu-stavs heftige Reklamationer satte paany Kong Frederik i Bevægelse. Kongens Fordringer bleve saa stærke, at Vinc. Lunge dog maatte give noget efter og sende Daljunkeren bort fra Bergenhus; men Kong

Frederik vilde nu have en Ende paa hans farlige Egenraadighed. Paa en Sammenkomst med Kong Gustav i Løbese i August 1528 lovede han at fratage Lunge Bergen; og han holdt sit Ord. I Begyndelsen af 1529 ankom Eske Bilde, hidtil Lensmand paa Hagenskov i Fyen, til Bergen; og da det kom til Stykket vovede Vinc. Lunge, trods sine store Ord, ikke aabenbart at nægte Kongen Lydighed, — saa meget mindre, som han da havde brudt med Ærkebiskop Oluf og laa i en hidsig Feide med denne. Eske Bilde som Slotsherre paa Bergenhus befæstede nu denne Kongsgaard paa det Stærkeste og gjorde den til Hovedfæstningen i det vestlige og nordlige Norge. Saa afgjort og med saa hensynsløs Kraft gik han derved tilværks, at han med Biskoppens Samtykke nedrev Domkirken, Biskopsgaarden og Kapitelhuset, fordi disse faste Stenbygninger stode Slottet altfor nær. Biskoppen og Kapitlet fik af Kongen Munkelivs Kloster til Erstatning, ligesom Vincents Lunge til nogen Husvalelse for sin Skade fik Nonnesæters Kloster, hvor han opførte den anseelige, men ubefæstede Lungegaard, der blev hans sædvanlige Opholdssted. — Der høres ingen Indsigelse fra Rigsraadet, eller fra dettes Formand Ærkebiskoppen, imod alt dette; tvertimod traadte Oluf Engelbrektsen i venskabeligt Forhold til Eske Bilde, en Svigersøn af Henrik Krummedige, som nu atter kom i Besiddelse af sine norske Len og Eiendomme. Vincents Lunge var gjort uskadelig for Kong Frederik; vel beholdt han sine Eiendomme og tillige store Forleninger, saavelsom sin indflydelsesrige Plads i Norges Rigsraad, naar dette samledes; og han optraadte ogsaa i den følgende Tid som Forsvarer af Norges Selvstændighed i Unionen med Danmark. Men han sad ikke længer som Slotsherre paa Bergenhus og Kongens Statholder umiddelbart nordenfjelds og middelbart i Rigets østlige og sydlige Egne. Norges tre Fæstninger Bahus, Agershus og Bergenhus vare saaledes fra Aaret 1529 i tre faste og buelige danske Mænds Hænder. Dette blev i de nærmeste Aar afgjørende for Nordens Skjæbne, da Norge blev Skuepladsen for Begivenheder, der truede alle tre Riger med en almindelig Brand.

— Regentinden af Nederlandene, Hertuginde Margarete af Savoyen, døde den 30te November 1530. Derved kom Kong Christiern den Andens Landflygtighedshistorie til sit Vendepunkt. Saalænge hun levede, fik han ingen Bistand fra Keiserens Nederlande til at gjenvinde sine tabte Kroner. Hun kunde ikke lide Kong Christiern. Hendes Uvillie imod ham havde sikkert sin første Oprindelse fra den Haardnakkethed, hvormed han afviste alle hendes og det hele keiserlige Svogerskabs Fordringer om at fjerne Dyveke fra sig ved Formælingen med Isabella 1515; den tiltog betydeligt ved Kongens despotiske Adfærd mod den nederlandske Handel paa Østersøen i Sigbrits Regeringsaar. Og mindre er den ganske vist ikke bleven, da han i April 1523 ankom som en besværlig og uvelkommen Gjæst til det burgundiske Hof. I Stedet for at blive en Støtte for det habsburgske Hus i dets europæiske Planer, bleve hans Fordringer om Hjælp en Byrde for det, og navnlig for Regentinden, da det maatte være Nederlandene, der skulde yde denne Hjælp, hvad der ganske stred imod hendes Anskuelser. Ja, havde Keiseren villet eller kunnet tage Kong Christierns Sag som en Hovedopgave, hvorpaa han kunde anvende sin samlede Magt, saa havde en Omdannelse af Forholdene i Norden, der førte Kong Christiern tilbage og brød Hanseaternes Overmagt i Østersøen og Øresund, vistnok ogsaa været i de keiserlige Nederlandes Interesse. Men derpaa kunde aldeles ikke tænkes, saalænge Christenhedens almindelige Anliggender lagde Beslag paa alle det habsburgske Huses Kræfter. Og da maatte Regentinden virkelig have tilsidesat de Landes Tarv, der vare hende betroede, om hun havde understøttet den landflygtige Konge til uafgjørende Angreb paa de nordiske Riger, som ikke kunde udrette Andet end holde de nye Magthavere i Danmark og Sverrig i varigt Fjendskab med Nederlandene og derved forstyrre disses Handel. Hertil kom, at Christiern paa sin Reise i Tydskland 1524 aabenbart sluttede sig til Wittenbergerne, antog den evangeliske Lære og drog sin Dronning, Regentindens Broderdatter, med sig. Endelig løste Isabellas tidlige Død den 19de Januar 1526 det sidste Baand imellem Christiern og Regentinden, der tog Børnene til sig og nu blev mindre villig end nogensinde til at hjælpe deres Fader.

I Emigrantens Stilling — jeg siger Emigrantens, ikke Udvandrerens — er der Noget, som nedsætter hans Person i Omgivelsernes Øine, naar han ikke kan finde sig i sin Skjæbne og dog heller ikke veed Midler og Veie til at vinde det Tabte tilbage. De ihærdige mislykkede Forsøg, de luftige Planer, de gjentagne Skuffelser røbe paa engang hans brændende Attraa og hans fuldstændige Vanmagt. Der skal en høi Grad af personlig Værdighed til at bære Emigrantens Ydmygelser uden at synke i Omgivelsernes Dom. En saadan Værdighed besad Kong Christiern ikke. Han var altfor villig til at snappe efter ethvert Halmstraa, altfor beredt til at offre selv sin Tro og Religion for at faa Bistand til det Eneste, han satte Pris paa. Hans Forhold til Katholicismen og Reformationen var præget af en Tvetydighed, der ikke kunde skjules for nogen af Parterne, og som endnu sætter en Plet paa hans Minde. Han viste sig som Katholik eller Protestant, eftersom han troede det tjente hans Restaurationsplaner bedst. Da han saaledes ved Keiserens forestaaende Ankomst til Tydskland fik nyt Haab om Hjælp, ydmygede han sig i Februar 1530 paa det dybeste for det habsburgske Hus og forpligtede sig til at være Keiserens, Kong Ferdinands og Regentindens lydige Tjener alle sine Dage, naar han atter kom tilbage til sine Riger. Ja, da han mødte Keiseren i Augsburg i Juni 1530, afsvor han sit lutherske Kjætteri, vendte som den forlorne Søn tilbage i Romerkirkens Skjød og underkastede sig ydmygende Disciplin for at faa Absolution af den pavelige Legat Kardinal Campeggio.

Forpligtelsesbrevet til Keiseren lyder saaledes: „Vi Christiern, m. G. N. Danmarks, Norges, Sverrigs etc. Konge, Hertug osv. bevidne med dette Brev og gjøre Alle vitterligt, at Vi altid have været, som Vi nu ere og stedse ville være, saalænge Livet varer, af det Sind og Villie, at Vi ville styre Os, leve og stadigt holde Os efter Keiserlig Majestæts, Vor kjære Frændes og Broders, gode Villie og Raad. Andet skal ei heller i Sandhed findes. Saa og efter høibaarne Fyrstes Kong Ferdinands af Bøhmen og Ungarn, Vor Frændes og Broders, og efter Hendes Kjærlighed Fru Margaretes, Erkehertuginde af Østerrig m. m., Vor Fasters og kjære Moders, Villie og Raad. Og aldrig skulle Vi falde fra dem, eller lade Os drage fra dem. Og ihvorvel Vi, kan hænde, ere beførte for dem, som om vi i nogle Sager hængte ved den lutherske Sekt, erklære og love Vi ved dette Vort Brev, at Vi i dette Ærinde om den katholske Tro ville holde Os selv og alle Vore, item vise Os og af Alle findes saaledes, som Keiserlig Majestæt, høibaarne Konge af Ungarn og bemeldte Frue leve, holde sig og alle Deres i det hellige romerske Rige og i alle deres andre Riger og Herskaber, og som det kan spørges, at de herefter leve og

regere. Item, om Vi, som vi visseligen haabe, komme ved Kei-
serlig Majestæts Hjælp og Trøst til Bore Riger og Lande, skulle
samme vore Riger og Lande og alle Bore Underfaatter, aandelige
og verdslige, i dette Stykke om den katholske Tro leve og holde sig,
styres og regeres i alle Maader efter Keiserlig Majestæts Villie og
Forskrift. Saadanne Mandater desangaaende skulle altid forkyndes
sammesteds; og ville Vi byde og befale, at de skulle saa udføres
som det pleier at skee i disse (— sc. burgundiske —) og Keiserens
andre Riger og Lande. Saalænge indtil for⁸⁰ Sekt er dæmpet og nedlagt
kan Keiserlig Majestæt anordne en eller to ansete Mænd af Bort
Riges Prælater, eller af Fremmede, med Fuldmagt til at have
Opsyn med dette Stykke om den katholske Tro i Bore Riger og
Lande, som skulle have Magt til at forbedre og afstille hvad de
finde at være afveget fra saadanne Mandater; hvilke Kommis-
særer Vi love at være bistændige i alle Maader, paa det at Kei-
serlig Majestæts Villie i dette Stykke kan skee Fyldest. — Saa
love og forpligte Vi Os og til at blive stadigen i Venskab, For-
bund og Broderskab med Keiserlig Majestæt og disse burgun-
diske Lande, saa at, om Keiserlig Majestæt af nogen hans Fjende,
Gud give hvem det monne være, til Lands eller Bands blev an-
falden eller molesteret i nogen hans Riger eller i disse Neder-
lande, skulle Vi strax, naar Vi dertil fordres, være samme hans
Fjendes Uven og Modstander og vedergjøre og hævne saadan Uret
ei anderledes, end om den var sket Os og Bore Riger, saa og
forsvare, forfremme og beskærme Keiserlig Majestæts og disse
Landes Sag med al Hjælp, Os og Bore Riger muligt er, tilmed
vove Bor egen Person og Alt hvad vi eie i denne Berden, om
Keiserlig Majestæt eller Nøden kræver det. Item, alle Keiserlig
Majestæts Underfaatter og disse Nederlandes Indbyggere skulle
nyde og bruge fri og felig Seilads og Handel i og igjennem Bore
Riger og Lande efter gode gamle Sædvaner og Privilegier, og af
Os og vore Fogeder derudi forsvares og haandhæves, saa og efter
vor Magt beskærmes mod al Uret til Lands og Bands. Saa
ville vi ogsaa være forpligtede til, af al Bor Magt at staa Hans
Keiserlige Majestæt og høimægtige Konge af Ungarn bi imod
Tyrken, Bojvoden og alle deres Medholdere, og derover opægge
Bore Venner, Fyrster og Stæder, til saadant; og ville Vi og
skulle i samme Sag holde Os saaledes, at Keiserlig Majestæt og

„Kongen af Ungarn skulle takke Os derfor.   Til det sidste ville Vi, naar Vi ere komne til Vore Riger og Lande igjen, i Gjerningen vise og forholde Os saaledes i alle Keiserens, Kongens og Vor naadige Frues Sager, at de skulle være tilfredse dermed og skjønne, at de i Vore Riger have en tro Tjener, Broder og usvigelig Ven" osv.

Og dog hjalp Alt dette ham Intet, saalænge Fru Margarete levede.

Men da hun var død, bleve Udsigterne noget lysere.   Keiseren har dog uden Tvivl været noget mindre ugunstig stemt mod den landflygtige Svoger, end hun var.   Om han just ikke vilde gjøre noget Offer for hans Restauration, lagde han heller ikke, som Fasteren, bestemte Hindringer i Veien for hans Foretagender. Karl den Femte stod da paa Høiden af sin Magt efter at have ydmyget og forsonet Pave Clemens den Syvende, nødt Kong Frants af Frankerig til Freden i Cambray, ladet sig keiserkrone i Bologna, og i Augsburg, som han mente, talt det afgjørende Ord om de kirkelige Bevægelser i Tydskland.   Han gik derfra til sine Nederlande og saa fra Bryssel med en paafaldende Ro paa Kong Christierns ikke mindre paafaldende Skridt, saa at man ikke let kan afvise Tanken om, at der dog maa have været nogen hemmelig Forstaaelse imellem dem, ihvorvel Keiseren selv i sin fortrolige Brevvexling ikke vil vedgaa mere, end at han fandt det usømmeligt at bruge Magt imod Svogeren.

I Sommeren 1531 førtes i Ostfriesland mellem Smaaherrerne Grev Enno og Junker Balthazar af Esen en af disse vilde Feider, hvorpaa dette Landskabs Historie dengang var saa rig.   Kong Christiern optraadte som Mægler, tilveiebragte et Forlig, og tog saa begge de afskedigede Skarer af Landsknegte i sin Tjeneste.   Da nu Keiseren paa hans Opfordring om at betale ham den resterende Termin af Brudeskatten ikkun svarede ved at forbyde sine hollandske Underfaatter at hjælpe ham, saa vendte Christiern sig med sin Hær imod Holland, der var Kautionist for den nævnte Sum ifølge Overenskomsten af 22de Februar 1520. Her lod han sine Tropper leve paa Landets Bekostning, medens han underhandlede med Stænderne om Pengenes Udbetaling og om Skibe, forsynede med Proviant og Skyts til sit forehavende Indfald i Danmark eller Norge.   Keiseren foretog Intet imod ham;

tilsidst samtykte han endog i, at Hollænderne laante Christiern Skibe, for at faa ham og hans Krigsfolk ud af Landet. Den 24de Oktober 1531 gik Kongen under Seil fra Medemblik med 25 Krigs- og Transportskibe, der førte mindst 7000 Mand Landsknegte og en Del Rytteri. I Danmark og Lybek ventede man, at Angrebet gjaldt Øresund, hvad der maaske ogsaa har været den oprindelige Plan; men gjentagne Storme afsplittede Flaaden i Nordsøen og tilføiede Kongen saa betydelige Tab, at Haabet om et lykkeligt Udfald næsten ganske forsvandt; navnlig forgik Skibe med hans Artilleri, hans Krigskasse og en stor Del af hans Krigsfolk. De øvrige kom i de første Dage af November ind til forskjellige Havne i det sydlige Norge. Dette Land blev saaledes Krigens Skueplads og Agershus den nærmeste Gjenstand for Angrebet. Kong Christiern selv kom den 5te November til en Udhavn Hestnæs.

I Norge var der arbeidet godt for at berede Kong Christiern en gunstig Modtagelse; navnlig vare de norskfødte Biskopper stemte for ham. Oluf Engelbrektsen havde omtrent 1529 begyndt det rænkefulde Spil, der karakteriserer hans hele øvrige Embedstid, idet han lod sig indbrage i Forbindelser med den landflygtige Konge og hans Mænd i Nederlandene, men desuagtet i sin hele Optræden talte som Kong Frederiks tro Mand. Dog lagde han den danske Regering alle de Hindringer i Veien, han kunde uden at kaste Masken. Navnlig holdt han sig nu under et, nu under et andet Paaskud borte fra alle fælles dansk-norske Herredage, hvor ofte og indtrængende Kong Frederik, Vincents Lunge, Eske Bilde opfordrede ham til at komme, om ikke for Andet saa for at afvende den stadigt stigende Mistro til hans Loyalitet. Og da Kong Frederiks Søn Hertug Christian med danske Rigsraader i Sommeren 1529 sendtes til Norge, hvor han holdt en Herredag i Oslo, ikke alene udeblev Ærkebiskoppen, men drev Hertugens Forlangende om Hylding som Tronfølger tilbage ved den skriftlige Erklæring, at efter de bestaaende statsretlige Forhold kunde Norge ikke have anden Konge end Danmark. Den landflygtige Konge forstod dette som en Yttring af Hengivenhed for ham og takkede Ærkebiskoppen derfor; men ogsaa Kong Frederik saa tydeligere Oluf Engelbrektsens Upaalidelighed, og gjorde sig i de to følgende Aar baade umiddelbart og gjennem sin tro Mand Eske Bilde paa Bergenhus al Umage for at drage Prælaten over paa sin Side;

35*

men alle hans Bestræbelser for at faa ham til at møde paa en dansk-norsk Herredag bleve frugtesløse. Oluf Engelbrektsen nægtede vel aldrig rent ud at indfinde sig, men manglede aldrig Paaskud til dog at blive hjemme. Hans Stilling og Forhold var lurende efter Tingenes Vending. Og som han, saa ogsaa Biskoppen af Hammer. Allerede førend Kong Christierns Ankomst i November 1531 havde denne Biskop erklæret sig for ham. I Vinteren 1530—31 vare baade han og Ærkebiskoppen blevne bearbeidede af Henrik Bille, som kaldes Kong Christierns Sekretær; og i Sommeren 1531, medens Biskopperne af Bergen og Stavanger, Oste Bilde, Vincents Lunge, Niels Lykke og Fl. vare fraværende fra Norge paa en dansk-norsk Herredag i Kjøbenhavn, havde han modtaget den landflygtige Ærkebiskop af Upsala, Gustav Trolle, der forklædt bereiste Norge for at hverve Kong Christiern Tilhængere. Biskop Mogens udstedte den 20de Juli 1531 en skriftlig Erklæring, hvorved han lovede Kong Christiern sin egen og Ærkebiskop Olufs Understøttelse med Penge og paa andre Maader. Saasnart de andre Biskopper vendte tilbage fra Danmark, vilde han og Ærkebiskoppen drage dem over til Kong Christierns Side. Fra Hammer drog Gustav til Trondhjem, hvor Ærkebiskoppen tog vel imod ham. Herfra søgte han at paavirke de andre Biskopper, navnlig ved Forestillingen om den Fare, der truede Kirken fra det lutherske Kjætteri. Tillige opfordrede han til at staa Kong Christiern bi med Kirkens Midler og Klenodier, hellere end at lade dem falde i Kjætternes Hænder. Det Indsamlede tilsendtes Kong Christiern med hans gamle Tjener Jørgen Hansen, som ligeledes havde været hemmelig i Norge.

Med alt dette tog Oluf Engelbrektsen intet bestemt Parti, førend han blev nødt dertil ved Kong Christierns Ankomst. Ærkebiskoppens hele Styrke bestod i at finde Udflugter, undgaa enhver Afgjørelse, altid holde Udveie aabne. Han var for ærgjerrig til at holde sig i Stilhed ved sine kirkelige Forretninger, og dog for svag til at træde bestemt frem mellem Partierne, der kæmpede om hans Fædreland.

Kong Christierns første Gjerning i Norge var at tilskrive Mogens Gyldenstjerne et meget naadigt Brev af 11te November med Anmodning om at overgive ham Slottet, hvorhos han tilsagde ham stor Naade og Venskab. „Men Hr. Mogens kjendte Reineke

„vel" siger Hvitfeld. Han svarede i en ydmyg og underdanig Tone: han vidste vel, at han var en født Kongesøn og kaaret til tre Riger; han kunde ikke hindre ham, med saaban Magt, han nu har, at indtage Slottet, især da det er Vinter og Havnen er tilfrossen. Dog begjærede han for sit Navns og sin Stands Skyld, at det maatte tillades ham at tilskrive Kong Frederik. Fik han ikke Undsætning af ham inden først i Marts, da vilde han strax opgive Slottet. — Dette antog Kong Christiern, hvorpaa der sluttedes en Stilstand imellem dem, indtil Erklæring ankom fra Kong Frederik. Gyldenstjerne havde imidlertid forsynet Slottet godt og sendte nu Ilbud til Johan Rantzau paa Krogen Slot. Rantzau spildte intet Øieblik, men sendte Budbringeren tilbage med en Snes Mand. Skibet blev fast i Isen oppe under Norge, men Folkene, med de Krigsfornødenheder, de førte med sig, slap ind paa Slottet. Et Angreb paa den vel befæstede Borg formaaede Kong Christiern ikke at foretage, da han paa Søreisen havde mistet sit Artilleri. Tiden anvendte han nu til at bringe saa meget af Landet under sig som muligt. Han samlede et Rigsmøde i Oslo af Notabler fra det Søndenfjeldske, hvor den 29de November udfærdigedes Opsigelsesbrev til Kong Frederik; og han opfordrede Ærkebiskoppen til at hylde sig som Norges retmæssige Herre. Dette er ogsaa skeet den samme 29de November, men ikke i Oslo, hvorhen Oluf Engelbrektsen vel vogtede sig for at komme personlig. Til Gustav Trolle i Trondhjem aflagde han Troskabsløftet til Kong Christiern; men der er Spor efter, at han ogsaa her har villet holde sig en Bagdør aaben, dersom Kong Frederik dog skulde faa Seir. Han og de andre Bispopper, med Undtagelse af Bispop Oluf i Bergen, sammenskrabede nu Alt hvad de formaaede af Kirkernes Kostbarheder til Christierns Understøttelse, medens Landet naturligvis udsugedes for at tilveiebringe hvad Hæren behøvede til sin Underholdning. Men om nogen Folkebevægelse til Fordel for Kong Christiern høres Intet. Kongen optraadte i Overensstemmelse med sine Løfter til Keiseren og hans norske Emissærers Fremstillinger som Katholik og som Forsvarer af den gamle Kirke mod Kjætteriet.

Med Kong Christiern var blandt Andre den landflygtige svenske Magnat Ture Jensen (af Tre Roser), som i Aaret 1529 havde brudt med Kong Gustav og tillige med Bispoppen af Skara og andre Misfornøiede søgt Tilflugt hos Kong Christiern. Denne

Mand, der i mange Aar havde været Overstbefalende i Vester-
gøtland, havde forsikret Kongen, at saasnart han viste sig med til-
strækkelig Krigsmagt ved Sverrigs Grændser, vilde han ingen
Modstand finde. Kongen benyttede derfor Stilstanden for Agers-
hus i Januar 1532 til et Indfald i Vigen, hvor han ødelagde
de svenske Befæstninger Olufsborg og Karlsborg, men ikke vovede
at angribe det faste Bahus; og da han foran Løbese fandt en
stærkere Magt, end han efter Ture Jensens Ord havde ventet,
mente han, at der var intet Andet at gjøre end at trække sig til-
bage med uforrettet Sag. Dog viste han ved denne Leilighed, at
den gamle Natur endnu stak i ham, trods be mange fromme og
ydmyge Ord, alle hans mangfoldige Skrivelser ere fulde af: en
Morgen fandt man Hr. Ture Jensen paa Gaden i Kongehelle,
Hovedet skilt fra Kroppen!

Man maa undres over, at Kong Christiern ikke har gjort
flere Forsøg paa at udvide Krigsskuepladsen i de fire Maaneder,
han havde til sin Raadighed efter sin Ankomst til Norge. Det er
den samme Raadvildhed som i de tre første Maaneder af 1523
ligeover for det jydske Rigsraads Opstand. Han kan dog umulig
have troet, at hans Fjender slet ikke skulde benytte sig af hans
Uvirksomhed. Følgerne af denne viste sig snart. —

Christierns Krigstog var ingenlunde kommet Kong Frederik
uventet. Han holdt i hele sin Regjeringstid skarpt Øie med enhver
af den landflygtige Konges Bevægelser og blev af sine Speidere
nøie underrettet derom. Det var ikke unbgaaet hans Opmærk-
somhed, at Christiern i Sommeren 1531 fik en Hær af Lands-
knegte i sin Tjeneste. Men han ventede Angrebet paa Holsten,
hvorfor han opgav Reisen til den sammenkaldte Herredag i Kjø-
benhavn og ilede tilbage til Gottorp. I September, da det var
afgjort, at Christiern havde vendt sig til Holland, og at Angrebet
altsaa vilde skee til Søes, opfordrede han Lybek til Bistand.
Raadets Mening var delt; men Førerne for Folkepartiet satte dog
igjennem, at Staden skulde benytte den gode Leilighed til at brage
Danmark helt over til sin Side og faa det til at udelukke Hol-
lænderne ganske fra Østersøen. Der svaredes derfor indvilligende:
to Skibe laa færdige til at gaa fra Travemynde til Øresund, to
andre skulde snart følge efter, og flere om fornødent gjordes. Denne
Iver kom næsten Kong Frederik utilpas; thi han og hans Rær-

meste havde imidlertid besluttet at udsætte alle større Rustninger
til Foraaret, da det havde viist sig, at Norge blev Krigsskue-
pladsen, hvor de faste Slotte og de Svenske maatte kunne holde
Fjenden Stangen, indtil man fra Danmark kunde optræde med en
afgjørende Overmagt. Men endnu inden be'danske Rigsraader i
Kjøbenhavn kjendte Kongens Beslutning, havde ogsaa de henvendt
sig til Lybek om hurtig Hjælp. Hertil holdt Magthaverne i Lybek
sig og sendte sidst i November 1531 fire Orlogsskibe til Kjøben-
havn tillige med Løfte om, at to andre, med to Raadsherrer om-
bord, snart skulde følge efter. De forviklede og vanskelige Under-
handlinger, der nu begyndte, skal jeg her ikke opholde mine Læsere
med, dels fordi be i min Grevens Feide, og i G. Waitz's
„Lübeck unter Jürgen Wullenweber" ere for en Del Aar siden
udførligt behandlede, dels ogsaa fordi Hovedsagen længere hen maa
frembrages paany som nødvendig Betingelse for at forstaa Be-
·givenhederne i Norden efter Kong Frederiks Død. Jeg holder
mig paa dette Sted derfor alene til Krigen i Norge, dens Virk-
ninger paa dette Rige, og Udviklingen af Kong Christierns Skjæbne.

For den danske Regering gjaldt det nærmest om at bringe
Mogens Gyldenstjerne Undsætning inden den bestemte Termin.
Dette var ikke let; thi baade havde Kong Christiern sine Skibe
liggende ved Oslo og Tønsberg, og tillige var det indre af Fjorden
tilfrossen endnu i Marts. Dog lykkedes det Peder Skram, der
førte Overbefalingen over Krigsfolkene paa en dansk-lybsk Flaade-
afdeling under Tile Giseler og Frederik Brun, over Isen at for-
syne Slottet med Landsknegte og det fornødne Krudt. Ved Tønsberg
kaprebes desuden 5 Skibe, og i Midten af April vendte denne
Eskadre heldigen tilbage til Kjøbenhavn.

Naar Kong Christiern ikke engang havde kunnet forhindre dette,
hvad vilde han da formaa imod den større Krigsmagt, som imid-
lertid samledes i Danmark? — Fra Kjøbenhavn afgik den
2den Mai 1532 en forenet dansk og hanseatisk Flaade, bestaaende
af 11 danske Skibe med 9 Fænniker Landsknegte, der, om be havde
været fuldtallige, skulde udgjøre 4500 Mand; til dem sluttede sig
8 lybske Skibe med 1000 Mand, 3 Rostokere og 3 Stralsundere
med ialt 1200 Mand, saa at den hele Magt har bestaaet af 25
Skibe og 6—7000 Landsknegte; men den manglede Rytteri.
Ledelsen var af Kong Frederik betroet til en Kommission af fire

Mænd: Knud Henriksen Gyldenstjerne, Biskop i Fyen, Niels Lykke, den dansk-norske Magnat, Vincents Lunges Svoger, der tillige havde en særskilt Fuldmagt med til at bringe det Nordenfjeldske tilbage under Kong Frederiks Lydighed, og Reinwald von Heiderstorp, Anføreren for de hvervede Landsknegte. Den fjerde var den paa Agershus indesluttede Mogens Gyldenstjerne, der havde forstaaet saa klogt og heldigt at forsvare sin Fæstning og henholde Kong Christiern, indtil den større Magt ankom. Det var af Hensyn til ham man havde gjort det underlige Valg af Biskoppen i Fyen til første Mand i Kommissionen og den egenlige Leder af det hele Tog, fordi man mente, at han skulde være særdeles ivrig for at bringe Broderen Hjælp. Regeringens Instruktion til Anførerne lød paa, at bringe dette Rige igjen under Kong Frederik enten med Underhandlinger eller med Magt, og i alle Maader at gjøre og lade som om Kongen personlig var tilstede, eftersom de selv fandt det tjenligst. Den kongelige Sekretær Jesper Brokmand blev dem medgiven med Kongens Segl, for at kunne bekræfte hvad Breve der udstedtes i Kongens Navn. Kommissionens Fuldmagt var saaledes ubetinget.

Samtidigt blev Klaus Bilde sendt til Kong Gustav, hvem Christierns Angreb truede ligesaa vel som Kong Frederik, med Opfordring til at lade 200 Ryttere og 600 Mand Fodfolk støde til Hæren ved Agershus. Tillige havde Klaus Bilde Befaling til at fordre Vigen tilbagegivet Norge, hvad Gustav ogsaa under disse Omstændigheder indvilligede i, da det allerede i det foregaaende Aar var bestemt paa et Møde i Varberg, at han endnu kun i eet Aar skulde beholde dette Landskab. Kong Gustav saa, at Situationen var for alvorlig til at fortørne den dansk-norske Regering og derved maaske drive den til et Forlig med Kong Christiern, for at vende hans Angreb imod Sverrig. Ved Kong Gustavs aabne Brev af 20de Maj 1532 er saaledes Vigen overdraget Norges Rige.

Imidlertid var den store Flaade ankommen for Oslo den 7de Maj. Kong Christiern hævede strax Beleiringen af Slottet, opbrød sin Leir foran dette, trak sig ind i Oslo By og indtog en saadan Stilling, at han ikke lettelig kunde angribes. Den kongelige Flaade satte dog Ild paa Søboderne, hvori Kongens Forraad og meget Kjøbmandsgods opbevaredes, og opbrændte tillige Kong

Christierns Skibe, saa at det nu var ham, der blev indesluttet. Fra Keiseren eller Hollænderne kom ingen Bistand, saa at Kongen alene kunde vente Hjælp fra Erkebiskoppen og Biskoppen af Hammer, om disse kunde sende nogen Magt fra Oplandene og det Nordenfjeldske. Sikkert var det for at vinde Tid dertil, at Kong Christiern allerede den 12te Mai forsøgte at knytte Underhandlinger med Knud Gyldenstjerne og de andre Kommissærer. Det kom til et personligt Møde den 13de Mai, hvor Kongen først fremsatte Begjæring om, at komme til sine Riger igjen; da dette kort afvistes, indskrænkedes Fordringen til Norges Rige alene. Paa Kommissærernes Svar, at de vare sendte for at fri og frelse deres Konges Lande, ikke for at bortgive dem, bad Kongen og formanede dem ved Guds Ord og Evangelium, at de vilde raade ham de bedste Raad, de vidste. De raadede ham da, at han personlig skulde begive sig til sin Farbroder Kong Frederik, som de ikke betvivlede vilde modtage ham tilbørligt og forsørge ham med fyrstelig Underholdning, meget bedre end de havde Fuldmagt til at love ham. Kong Christiern tog dette i Betænkning; men endnu var han ikke bragt til den Yderlighed, at han vilde give sig i sin Fjendes Vold paa Naade og Unaade. Han opstillede Betingelser, som Kommissærerne ikke kunde gaa ind paa. De affærdigede derfor den 17de Mai Junker Wilken Steding, Fører for en Fænnike Landsknegte, og Peder Skram til Kong Frederik med Beretning om hvad der hidtil var forefaldet, Skildring af hele Stillingen og Anmodning om Penge, Rytteri, Skibe og hvad de ellers behøvede.

Kong Christiern havde ladet Underhandlingerne falde. Men var det i Haab om, at Erkebiskoppen nu kunde komme ham til Hjælp, blev han grusomt skuffet. Thi medens Fjendtlighederne ved Oslo og Agershus indskrænkede sig til Smaafægtninger og Parlamentering, førtes Krigen alvorligt nordenfjelds. Bergenhus, hvor Eske Bilde befalede, blev Udgangspunktet for Angrebet paa Trondhjem. Otto Stigsen, som nu stod i Kong Frederiks Tjeneste, var ankommen fra Sydhæren med nogle Folk; han og Thord Roed, Eske Bildes Underfoged, og Niels Klausen, Lagmand i Stavanger, en af Bildes tro og paalidelige Underembedsmænd, gjorde i Mai og Juni Tog nordpaa med tre Skibe, brandskattede Trondhjem, brændte Biskopsgaarden og et Par andre af Erkebiskoppens Gaarde, saa at Oluf Engelbrektsen den 3die Juni fra sin befæstede Gaard Stenvigsholm opforbrede Kong Christiern til at indtage Bergenhus, da ellers han og Almuen nordenfjelds vare øbelagte; og det saa meget mere, som ogsaa svenske Tropper vare paa Veien til det nordlige Norge for at række Kong Frederiks Mænd Haanden imod Ærkebiskoppen.

Med denne nordenfjeldske Krig svandt Kong Christierns Udsigt til at fri sig ud af en Situation, der Dag for Dag blev pinligere. Hans Rytteri, saa smaat det var, havde hidtil nogenlunde bødet paa Fodfolkets Faatallighed. Men nu nærmede sig Kong Gustavs Kontingent med et overlegent Rytteri. En smitsom Sygdom og Mangel formindskede daglig hans Styrke: med 7000 Mand var han i Oktober 1531 gaaet ud fra Holland; i Slutningen af Juni 1532 havde han i Oslo ikkun 1500 Mand Fodfolk og 80 Ryttere tilbage. Fik han ikke et Forlig, kunde han let tælle Dagene til at Fjendens Overmagt maatte knuse ham. Den fuldstændige Undergang stod ham for Øine. Da vendte han sig atter til Kommissærerne og optog Underhandlingerne paany. De varede med Brevvexling og personlige Møder i hele Juni Maaned og endte med et Forlig den 1ste Juli. Kong Christiern forpligtede sig deri til at opgive al fjendtlig Handel og med Kommissærerne begive sig personlig til Kong Frederik, dog at hverken han eller Nogen paa hans Vegne maatte foretage Noget med Ord, Skrift eller Gjerning til Kong Frederiks, hans Landes eller Undersaatters Skade. Derimod forpligtede Kommissærerne sig til at „handle og forarbeide hos Kong Frederik og Danmarks Riges Raad, at Kong Christiern skal komme til en sømmelig, ærlig, lidelig, christelig Handel og god Ende uden lang Forhaling“. „Desligeste“, tilføie de, „ere vi utvivlende, og ville det Hans Naade fuldkommeligen love og tilsige, at Kl. Majestæt vor allernaadigste Herre bliver ham udi al tilbørlig, christelig Ære og Kjærlighed undfangende. Og naar Alting er saa kommen til et christeligt, endeligt Fordrag, som vi ere visse paa skee skal, da bliver Kl. Majestæt, vor allernaadigste Herre, og Danmarks Riges Raad Hans Naade (K. Christiern) forseende og forsørgende til Hans Naades egen Stat og Hans Naades daglige Tjeneres Behov med en fyrstelig, christelig, ærlig og tilbørlig Opholdelse, i al Ære og Værdighed.“

De øvrige Artikler angaa Kong Christierns Tilhængere og Afviklingen af Forpligtelser, som dette Krigstog havde medført.

Alle Kong Christierns Hjælpere lovedes fuldstændig Amnesti; hans
Krigsfolk skulde strax drage ud af Norge med sikkert Leide gjen-
nem Danmark til Tydskland, dog ikke stærkere end een Fænnike
sammen, under Ledsagelse af kongelige Kommissærer, der havde at
forskaffe dem alle Fornødenheder paa Veien. Dersom Kong Frederik
døde, inden et endeligt Forlig var sluttet, skulde det Leide og
den Sikkerhed, der nu tilsiges Kong Christiern, ikke være ude,
men Danmarks Riges Raad forpligtet til at holde den, som
Kongen vilde været det, om han var i Live. „Og dersom Gud
forseet haver", tilføies der, „at Danmarks Riges Raad og Me-
nighed vilde velvilligen annamme Hans Naade (K. Christiern) igjen
for Herre og Konge, da skal derpaa ikke gjøres Hans Naade Mod-
stand. Dersom de i saa Maade ikke ville eller kunne annamme
Hans Naade igjen, da skal dog imellem høibaarne Fyrste Kong
Christiern og hans Forvante (Hjælpere og Tilhængere) paa den
ene, Danmarks Riges Raad med de vendiske Stæder og deres For-
vante paa den anden Side, handles og sluttes Alting til en chri-
stelig og fredelig god Bestand i alle Maader;" og Danmarks Riges
Raad herefter med det Første lade Kong Christiern fri og sikker
indsætte i Norges Rige, i Hans Naades fri Behold med hans
Folk og daglige Tjenere, og Norges Riges Raad da nyde og bruge
deres frie Valgret, som Sædvane og friest haver været af gammel
Tid". ——— Men dersom Kongerne ikke enes, „skal dog den
Leide, vi nu Kong Christiern givet have, ubrødeligen og uden al
Arglist troligen holdes i alle Maader".

Forligsakten var underskreven og beseglet ikke alene af Kong
Frederiks fire Kommissærer og af de tre vendiske Stæders Kom-
missærer, som fulgte med deres Skibe og Tropper, men ogsaa af
alle de høiere danske og tydske Officerer. De Samme have ogsaa
beseglet det Leide af 1ste Juli, hvori der tilsikres Kong Chri-
stiern og hans Følge, 200 Personer eller derunder, Frihed og
Sikkerhed paa Reisen til Kjøbenhavn eller andensteds i Danmarks
Rige, hvor Kong Frederik og Danmarks Riges Raad da maatte
opholde sig, for at underhandle med dem til Fuldbyrdelse af den
Overenskomst, Kommissærerne nu have sluttet; og dersom de ikke
kunde enes, da skulde dog Leidet holdes, indtil Kong Christiern
med hans Raad og Tjenere igjen ere komne ind i Norge eller til
Tydskland i Frihed og Sikkerhed.

Overenskomst og Leide vare vedtagne imellem begge Parter, — da ankom Peder Skram og Wilken Stebing tilbage fra Danmark. De havde truffet Kong Frederik paa Gunderslevholm, havde afgivet deres Beretning og vare strax sendte tilbage med Kongens skriftlige Ordre til Kommissærerne, at de ikke maatte indgaa nogen Overenskomst med Kong Christiern, men skulde „endelig slaa ham af Norge: hans Trang, Nød og Hunger skulde slaa ham." Kongen mente ogsaa, at de nu maatte have faaet den svenske Hjælp, og han selv vilde sende dem flere Folk og hvad de ellers behøvede. Da de to Sendebud vare reiste med denne Befaling, sendte Kong Frederik desuden efter dem sin Sekretær Axel Juel, som indhentede dem i Helsingør med den mundtlige Gjentagelse af Ordren, at Kommissærerne ikke maatte indgaa nogen „Handel" med Kong Christiern, med mindre han vilde overgive sig paa Naade og Unaade; hans Krigsfolk skulde have frit Leide.

Denne Kongens bestemte Ordre kom betids til Kommissærerne. Peder Skram og Junker Wilken ankom til Agershus, inden Overenskomsten besegledes, men efter at den var besluttet. Dette siger Hvitfeld. Fru Elsebe Krabbe, Peder Skrams Hustru, bruger i sine Optegnelser om hendes Mands Liv og Bedrifter det Udtryk, at da havde Knud Gyldenstjerne „til Ende gjort og indgaaet" Overenskomsten med K. Christiern. Men enten de ere ankomne, førend Aktstykkerne besegledes, eller derefter, ere de i ethvert Fald komne tidsnok til at hindre Udførelsen. Selv nægtede de at hænge deres Segl for, da de vidste, at Overenskomst og Leide strede imod Kong Frederiks Befaling. Men Knud Gyldenstjerne vilde ikke træde tilbage fra den Aftale med Kong Christiern, han havde truffet i Kraft af den uindskrænkede Fuldmagt, han selv havde medbragt; og heller ikke underrettede han Kong Christiern om den Modbefaling, han nu havde modtaget. Det sees ikke, at de andre Kommissærer have gjort Indvendinger imod denne troløse Fortielse, hvorved Overenkomsten og Leidet af 1 Juli blev til en Fælde for den ulykkelige Konge. Som om Kong Frederiks sidste Ordre slet ikke var til, sendtes Skrivelser til alle Sider om det sluttede Forlig: til Bergenhus om at standse Fjendtlighederne nordenfjelds, til de Svenske i det nordlige Norge med Taksigelse og Anmodning om at gaa tilbage, til de Svenske, der vare paa Veien til Oslo, til den norske Adel nordenfjelds, at Niels Lykke nu ankom for at sætte Overenskomsten af 1 Juli i Kraft; og Leide udstedtes til Kong Chriftierns Krigsfolk, som droge bort fra Norge. Den 8de Juli 1532 gik Knud Gyldenstjerne ombord fra Oslo med den forraadte Konge; den 24de Juli ankom han med ham paa Kjøbenhavns Red!

Om de her fremstillede Underhandlinger have vi udførlige Beretninger hos Hvitfeld og hos Lybeks Krønike=skriver Reimar Kock, der selv var tilstede i Norge som Præst ved den lybske Krigs= magt. Disse Beretninger, der ere uafhængige af hinanden, under= støtte og udfylde hinanden dog saaledes, at vi kunne følge Brev= vexling og Samtaler fra Dag til Dag. Om faa af Datidens Begivenheder ere vi derfor saa fuldt berettigede til at dømme, som om disse Underhandlinger. Fra begge Sider gjøre de et pinligt Indtryk; thi en aaben og ærlig Fremgangsmaade savnes ikke mindre hos Kong Chriftiern end hos Kong Frederiks Kommis= særer. Den paatagne gudfrygtige Tone i Kongens Breve, denne „Præstesnak", som Hvitfeld siger, er i høi Grad fraftødende: her, hvor han taler til Mænd fra Danmark og Tyskland, som han antager for Reformationens Tilhængere, er hverandet Ord Guds hellige Evangelium, at ogsaa han har antaget dette, at han nu er blevet et nyt Menneske osv., — den samme Chriftiern, der nys af= svor sit lutherske Kjætteri under Kardinalens Svøbe og som havde anbefalet sig baade hos danske og norske Prælater som den katholske Kirkes tro Forsvarer imod Lutheranerne! Dem viste han den ka= tholske Side af sit Aasyn, medens han vendte den lutherske Side til dem, han troede vilde synes bedst om denne. Og at han heller ikke mente at holde Overeenskomsten af 1ste Juli ærligt, maa for= modes deraf, at skjøndt han havde lovet at afholde sig fra Alt hvad der kunde være Kong Frederik til Skade, sendte han dog Jørgen Hansen bort til Nederlandene med en Deklaration af 5te Januar 1532, hvori de da i Oslo forsamlede norske Rigsraader i hele Raadets Navn anerkjendte Kong Chriftierns Søn Hans for Norges rette Tronarving og erklærede sig villige til at antage ham for Konge, dersom Faderen vil oplade ham Riget. — Paa den anden Side, selv afseet fra den forræderske Taushed om Kong Frederiks sidste Befaling, er det vanskeligt at tro, at Knud Gyl= benstjerne har været ærligere i sine Skrivelser og Samtaler med Kongen, naar han lokkede ham ved Løftet om en fyrstelig Under=

holdning af Kong Frederik, ja i Overenskomsten af 1ste Juli
endog aabnede ham en Udsigt til Norges Krone ved det norske
Rigsraads frie Valg! Saa ubekjendt med Personer og Stillinger
har han ikke været, at han kunde tro paa, at et saadant halvt
Løfte vilde blive opfyldt af det danske Rigsraad. Paafaldende er
det ogsaa, at Kong Christiern har kunnet fæste Lid til slige Ord;
maaske har det netop været, fordi Knud Gyldenstjerne udtalte dem;
thi denne Mand var jo i Krisen 1523 optraadt paa Kongens Side
i Underhandlingerne med det oprørske Rigsraad i Jylland. —
Dog, hvad behøves der andet Bevis for Knud Gyldenstjernes
Falskhed, end at han førte Kong Christiern med sig paa Leidet af
1ste Juli uden at advare ham om Kong Frederiks bestemte Mod-
befaling, altsaa ved en bedragersk Fortielse førte sit Offer lige i
den aabne Grav!

I Kjøbenhavn var Herredagen samlet ved Flaadens Ankomst
fra Norge. Kong Frederik var der med sine holstenske Raader;
tillige Sendebud fra Kong Gustav af Sverrig og fra de vendiske
Stæder, navnlig fra Lybeks Raad og fra det nys oprettede demo-
kratiske Borgerudskud, blandt dem Jürgen Wullenweder, der
her først optraadte i sin store politiske Rolle. Man tænke sig
Kong Frederiks Følelser ved Efterretningen om, at Christiern den
Anden laa paa Kjøbenhavns Red — vel ikke rettelig som Fange,
men dog given i hans Magt. Den Mand, han hadede og fryg-
tede mest i Verden, var i hans Haand, kun skærmet af et Leide-
brev, der stred imod hans udtrykkelige Befaling. Var han for-
pligtet til at holde det? Debatter derom begyndte imellem de for-
samlede Herrer. Der manglede ikke dem, som forsvarede, at Lei-
det burde holdes; men Andre mente, at det ikke kunde være bin-
dende. Knud Gyldenstjerne blev opkaldt for Raadet og maatte
høre heftige Bebreidelser, fordi han havde handlet lige imod Kon-
gens udtrykkelige Befaling. Havde han været en Mand af Ære,
da havde han forsvaret sit Leide og taget Ansvaret for sin Gjer-
ning paa sig. Men langtfra: han fremførte tvertimod abskillige
Grunde for, at Leidet ikke var gyldigt, af hvilke kun den ene
havde noget paa sig, at Kong Christiern havde sendt Hyldings-
brevet for Sønnen til Keiseren, hvorved det endda maatte komme
væsentlig i Betragtning, paa hvilket Stadium af Underhandlingerne
Akten var affendt. Det er aabenbart, at Forsamlingen ikke har

anseet dette for tilstrækkeligt; thi Kongen fattede ikke nogen Beslut=
ning, førend den danske Abel i Forbindelse med Lybekerne frem=
traadte med Paastand paa, at Kong Christierns Person skulde be-
hindres for den Tiltale, de kunde have til ham for hvad han
tyrannisk havde forbrudt mod deres Liv og Gods. Da nu ogsaa
de Svenske, og de Tilstedeværende af den holstenske Abel, trængte
paa Kong Frederik, veg han for det samstemmende Anløb fra alle
Sider og for sin egen Libenskab. Faren ved at sætte Christiern i
Frihed, Fordelen ved at fastholde ham, var for stor.

I fem Dage varede Forhandlingerne. Imidlertid blev Kong
Christiern opholdt paa Reden. Paa den 6te Dag gik man under
Seil med ham til Flensborg, da man sagde ham, at Kong Fre-
derik opholdt sig der. Men foran Flensborgfjord breiede Skibet
af — den ulykkelige Fange saa sin Skjæbne og brast i Graad.
Man bragte ham ind paa Sønderborg faste Slot, som da var
betroet Ditlev Brokdorp. Her blev han holdt ikke som Kong
Frederiks, men som Danmarks Riges og Hertugdømmernes Fange
paa Livstid. Kongen udstedte endnu i Kjøbenhavn den 3die August
1532 et Forsikringsbrev, hvorved han fraskrev sig selv og sine
Efterkommere den frie Disposition over Slottet, saalænge den
kongelige Fange holdtes der. Slotsherren skulde vel holde Slottet
til Kongens Haand, men kun i Forbindelse med en Kommission
af otte Adelsmænd: Mogens Gøje, Tyge Krabbe, Anders Bilde
og Otto Krumpen af det danske Rigsraad, Johan Rantzau, Wolf
Pogwisch, Godske Alefeld og Hennike Sehested af Hertugdøm=
mernes Raad. Kun med disses Samtykke kunde Kongen sætte en
anden Befalingsmand, og da kun en af sex Mænd, som præsen-
teredes ham af Kommissionen. Døde nogen af de fire danske
Medlemmer, havde de fire slesvigholstenske Fuldmagt til at vælge
en Eftermand ud af det danske Rigsraad, og omvendt. Uden de
otte Mænds Samtykke maatte Kong Christiern ikke bringes bort
fra Sønderborg.

Men Ulykken var endnu ikke træt af at forfølge Kong Chri-
stiern den Anden. Han var neppe kommen til Sønderborg, før
han modtog et Budskab, der knuste hans Hjerte og hans sidste
Haab: hans fjortenaarige, haabefulde eneste Søn Prinds Hans
var død den 11te August 1532 hos sin Morbroder Keiser Karl i
Regensburg. Saalænge han levede, var der endnu Udsigt til, at

Keiseren vilde ved Leilighed træde op med Kraft for sin Søster Isabellas Slægt; med hans Død svandt ogsaa dette Haab. — Kong Christiern blev i den første Tid af sit Ophold paa Sønderborg holdt i et fyrsteligt Fangenskab. Han kunde gaa omkring paa Slottet, havde adeligt Selskab og en Underholdning, der sømmede sig for hans Stand. Senere blev ogsaa dette anderledes, da Folkestormen reiste sig til hans Befrielse. Da blev han indelukket, ja indmuret i et af Slotstaarnene; men jeg seer mig ikke i Stand til at sige, naar eller paa hvis Befaling dette skete, eller hvor længe denne strengeste Indespærring varede. Har han ved sin daglige Gang slebet Furen i Stenpladen med sin Finger, maa Vandringen om Bordet i Fængslet have været hans eneste Bevægelse i ikke faa Aar. Det er denne strenge Bod i et syttenaarigt Fangenskab, der har knyttet Eftertidens Deltagelse til hans Person, som det er den blodige Død paa Skafottet, der har omgivet Marie Stuarts Navn med en Glorie, hendes eget Levnet ikke fortjente. Men Historien kan ikke lade sig bestikke af Medlidenhed til at fremstille den Ulykkeliges Liv og Færd anderledes, end alvorlig Prøvelse tilsteder det. Kong Christierns Fængsel kaster en mørk Skygge over et Parti af vort Fædrelands Historie; er den end ikke saa sort som den, Kong Johan den Tredie og den første evangeliske Ærkebiskop i Upsala satte paa Sverrigs, eller rettere paa deres egen Ære, da de dømte deres fangne Konge til at henrettes med Gift, saa kan man dog ikke undertrykke Ønsket om, at Kong Christiern havde søgt og fundet en hæderlig Død paa Valpladsen i Norge. Meget bedre havde det været for hans egen og for Danmarks — ikke at tale om Knud Gyldenstjernes Ære, og for Kong Frederiks Eftermæle.

Kong Frederik har godt forudseet de strenge Domme over hans Forhold imod Brodersønnen. Han har ikke villet gaa i sin Grav uden at møde dem. Vi have endnu et af de Skrifter, hvori han for Tydsklands Fyrster søgte at stille sin Sag i rette Lys. Forsvaret gaaer da naturligvis ud paa, at han ikke har troløst lokket Christiern i Undergang, idet han tvertimod har ikke alene paalagt sin Befalingsmand at bekæmpe ham som Fjende, og forsynet ham med tilstrækkelige Midler dertil, men bestemt har forbudt ham Underhandlinger, og at Forbudet er ankommet i rette Tid. Og heri maa man jo give Kong Frederik Medhold. Han har visselig behandlet Christiern haardt og uædelt, men nu har han ikke brudt sit Ord til ham; thi han har ikke givet det.

Vi vende tilbage til Norge, som endnu ikke var forsonet med Kong Frederik. Overenskomsten af 1ste Juli havde blandt Mere bestemt, at alle de Biskopper, Riddere og gode Mænd, som havde haandgaaet Kong Christiern og vilde blive ved den Ed, skulde have Magt dertil, indtil et endeligt Forlig blev sluttet mellem Kongerne. De skulde beholde deres Æresposter, Embeder og Værdigheder, saaledes som de havde dem før Kong Christierns sidste Ankomst til Norge; og naar Kongerne vare forligte, skulde de igjen under-kaste sig Kong Frederik, med mindre Kong Christiern kunde betinge det anderledes. Norges menige Indbyggere, Kjøbstædmænd, Bønder og Almue, skulde strax underkaste sig Kong Frederik og hans Be-falingsmænd, men iøvrigt nyde Amnesti for hvad der nu var for-brudt mod Kongen.

Niels Lykke, den ene af Kong Frederiks fire Kommisfærer ved Agershus, havde, som anført, desuden en særskilt Fuldmagt for sig og sin Svoger Vincents Lunge til at bringe de Norden-fjeldske tilbage under Kongens Herredømme. Dog var det ikke dem, men Eske Bilde, Otto Stigsen og Thord Roed, der havde ført Krigen mod Ærkebiskop Oluf. Men nu, da Knud Gylden-stjerne afseilede med Kong Christiern, drog Niels Lykke nordpaa med en Fænnike Landsknegte. Til ham sluttede sig Vincents Lunge, der var yderst opbragt paa Ærkebiskoppen for den Skade, i Feiden var tilføiet Fru Ingers og hans Gods. Ærkebiskop-pen tog atter sin Tilflugt til Stenvigsholm, hvorfra han førte en skarp Brevvexling med de kongelige Kommisfærer, da disse, længe opholdte i Bergen ved Mytteri blandt deres Tropper, endelig i September kom til Trondhjem og opfordrede ham til Underkastelse. Oluf Engelbrektsen søgte atter Udflugter; Si-tuationen var ham dog altfor stærkt imod, til at han ret længe kunde gjøre Modstand, saa meget mindre som andre kongelige Kommisfærer vare paa Veien til ham. Thi Kong Frederik var misfornøiet med den Langsomhed, Niels Lykke havde viist; desuden vilde han ikke erkjende Overenskomsten af 1ste Juli, som jo var sluttet imod hans Villie; men det var netop den, Niels Lykke og Vincents Lunge vare dragne nordpaa for at bringe til Udførelse. Af Kong Frederik maatte Oluf Engelbrektsen vente det Værste,

36

dersom han ikke fik Forlig med de to Kommissærer, inden Truid Ulfstand og Klaus Bilde ankom med uindskrænket Fuldmagt til at underkaste Norge. Ærkebiskoppen forlangte da en Samtale med Vincents Lunge og hans Medkommissær og fornyede nu sin Troskabsed til Kong Frederik i deres Haand. Han kunde saaledes møde de Andres Opfordring med den Erklæring, at han allerede var indtraadt i sit gamle Forhold til Kongen. Men han maatte dog til disse forpligte sig til en anseelig Bøde for sin Deltagelse i Oprøret. Den 6te November udstedte han sin Forsikring om at betale 15000 Mark Sølv, for at Kongen skulde tilgive ham; saa blev han bekræftet af Kommissærerne i sin Værdighed: hans Forseelse skulde være en aftalt Sag, han med Kapitel og Geistlighed have Kongens Gunst og nyde sit Stift og sine Kirker med alle Friheder som han havde dem, førend Kong Christiern kom ind i Riget. Derefter maatte de tilstedeværende norske Rigsraader opskrive Kong Christiern deres Troskabsed og tilbagekalde det Keiser Karl tilsendte aabne Brev af 5te Januar 1532, hvori Prinds Hans, hvis Død de synes dengang endnu ikke at have kjendt, erklæredes for Norges Thronarving. Det samlede norske Rigsraad, Ærkebiskoppen, Biskopperne Anders Mus, Mogens Lauritsen og Hans Reff, Ridderne Vincents Lunge, Niels Lykke, Gude Galde, Væbnerne Erik Ugerup og Erik Eriksen, udstedte sluttelig den 7de November et aabent Brev om, at de kongelige Kommissærer Hr. Truid Ulfstand og Hr. Klaus Bilde, udskikkede af Kongen og Danmarks Riges Raad, have i deres Navn foreholdt Norges Riges Raad, at der af deres Forfædre i begge Riger er gjort en bestandig Fred, Enighed og et kjærligt Forbund, for at det ene Rige skal staa det andet bi med Raad og Daad. Dette Forbund bekræfte nu de nævnte norske Rigsraader, dog med Forbehold af alle Norges Riges Herligheder, Recesser og Privilegier. Behøves nogen yderligere Underhandling om hvad der vedkommer Kongens og begge Rigers Ære og Velfærd, indstille de det til begge Rigers Raads almindelige Sammenkomst.

Det var altsaa i det væsenlige Vincents Lunges Politik, som endnu engang havde seiret: Norge et selvstændigt Rige, med sine egne Friheder, i uopløselig Forbindelse med Danmark. Kong Frederiks norske Haandfæstning nævnes ikke, men var vel indbefattet i de paany stadfæstede Recesser. Kongen vedblev ogsaa at kalde sig udvalgt Konge til Norge. — Endnu var altsaa Norges Selvstændighed frelst; men klart maatte det ogsaa være for Alle, at Danmarks Ligemand i Styrke var det ikke, og at ethvert nyt Forsøg paa at sprænge Unionens Baand kun bragte det i større Afhængighed af Danmark.

Sjette Afdeling.

Lybek fordrer Danmarks Hjælp imod Hollænderne. Spænding imellem Danmark-Lybek og Nederlandene. Lybeks Forfatning. Borgerlige Uroligheder i Lybek. Jørgen Wullenweber. Lybek angriber Hollænderne. Holstenerne søge Forbund med Regeringen i Brüssel. Kong Frederiks Død.

Kong Frederik var ved Slutningen af sin Livsbane. Han havde i de sidste Aar været svag; flere Gange havde man sagt ham død. Men de faa Maaneder inden hans Død bleve af saa stor Betydning for Danmarks og hele Nordens Fremtid, at jeg ikke kan ende Frederik den Førstes Historie uden at gjøre Rede for den Stilling til Lybek og til Nederlandene, Kongen og Rigsraadet bleve trængte ind i som Følge af Kong Christierns Anfald paa Norge.

Baade Kongen og Rigsraadet havde vendt sig til Lybek om Bistand ved Efterretningen om Christierns Landing i Norge. Lybek var villigt nok og sendte strax sine Skibe til Kjøbenhavn; men det viste sig snart, at denne Beredvillighed ikke var uegennyttig. Fra lybsk Side gjordes det gjældende i Kjøbenhavn, at Hollænderne havde brudt den Traktat med Danmark og Lybek, der sluttedes 1524 om deres Fart og Handel paa Østersøen (S. 497). Nu var der god Grund til at falde over dem med forenede Kræfter, da de selv ved den Understøttelse, de havde ydet Kong Christiern, havde sat sig i Krigstilstand mod Danmark. Lybeks Sendebud opfordrede derfor den danske Regiering til et Angrebsfor-

bund mod Hollænderne. Men et saadant stred imod Rigs-
raadets hele ældre Politik, og Raadet skyede at drage sig en ny
Krig paa Halsen alene for Lybeks Skyld; det afviste vel ikke For-
slaget, men gjorde Indvendinger mod Enkelthederne og søgte at vinde
Tid. Kongen var føieligere; han lod strax i Holland bekjendtgjøre
Forbud imod Farten paa Østersøen indtil Midsommer 1532, og
optog nogle hollandske Skibe, som desuagtet vilde gjennem Øre-
sund. Lybekernes og de andre Stæders Bistand var jo uundværlig
imod den Fare, der i Foraaret 1532 hængte baade Kongen og
Rigsraadet over Hovedet; og Lybekerne forstode at benytte deres
Fordel. Den samme Dag, som den forenede dansk-hanseatiske
Krigsmagt afgik fra Kjøbenhavn til Norge, den 2den Mai 1532,
vedtoges et Udkast til en Traktat mellem Danmark og Lybek,
der tydeligt viser hvad det var, den mægtige Hansestad vilde bruge
Kong Frederiks og Rigsraadets øieblikkelige Forlegenhed til. Ud-
kastets væsenlige Indhold var følgende:

Naar Kongen og Rigsraadet havde med Lybeks Bistand gjen-
vundet Norge, skulde de opbringe alle hollandske Skibe, hvor de kunde
overkomme dem, og saa tilbyde et Forlig. Ville Hollænderne da
ikke indgaa et saadant med Danmark og Lybek, eller ville de møde
Magt med Magt, skulle Kongen, Rigsraadet og Lybek føre Krigen i
Forening, hvorfor nu fastsættes den Krigsstyrke af Skibe og Trop-
per, hver Part i saa Fald havde at stille. Kommer det saa til
Underhandlinger, maa Kongen ikke indgaa Fred, med mindre Hol-
lænderne forpligte sig til at erstatte saavel Lybek som Danmark
Skade og Omkostninger. I Freden skal indføres, at Hollænderne
i ti Aar derefter ikke maa føre Stapelgods gjennem Øresund,
nemlig ikke Klæde og Lærred fra Vest til Øst, Vox, Hamp, Kob-
ber, Talg, Tran, Huder, Skind og Foderværk fra Øst til Vest.
Det samme Forbud skal rettes til de andre Nederlande og til de
østersøiske Stæder; dog paatager den danske Regering sig ikke at
gjennemføre dette Sidste med Krig. — Meningen af dette For-
bund var altsaa denne, først at Hollænderne skulde straffes med Tab
af Skib og Gods, saa, om ikke udelukkes fra Østersøen, dog ind-
strænkes saaledes, at deres Handel paa de baltiske Lande mistede
mere end sin halve Betydning; dernæst, at Stapelgods skulde
tvinges bort fra Øresund og nødes til at gaa over Lybek, der da
vilde blive det store Emporium for den hele Østersøhandel. Saa-

lebes havde det været i forrige Tider. Med andre Ord: Lybek vilde sætte Kong Frederik til sin Vægter i Øresund, for at han der til sin og sine Rigers og den øvrige handlende Verdens Skade skulde tvinge Strømmen af Hovedvarerne bort fra Sundet og lede den til Lybek. Til Lykke var det endnu kun Udkast til en Traktat, den lybske Raadsherre Klaus Bardewyk og Jørgen Wullenwever, Borgerudskudets Sendemand, fik med fra Kjøbenhavn til Forelæggelse for Raad og Borgerskab, for at bringe Traktaten ratificeret tilbage til Kjøbenhavn inden St. Hansdag, dersom Lybek antog Udkastet. Først da fik dette forbindende Kraft for den danske Regering.

Imidlertid vare Hollænderne komne i urolig Bevægelse over Kong Frederiks Forbud og Opbringelsen af de fem Handelsskibe. De hollandske Stænder vendte sig til Enkedronning Maria af Ungarn, Keiserens Søster, der efter Margarete af Savoyens Død stod i Spidsen for de keiserlige Nederlandes Regering. Hun tog Hollændernes Sag som sin, vilde ikke tilstede, at de øvrige Nederlande skilte sig fra Hollænderne, og optraadte mod Kong Frederik i Keiserens og hans samtlige Nederlandes Navn. Et Gesandtskab afgik til Kjøbenhavn, hvor de mødte Hanseaternes og Kong Gustavs Sendebud, der alle vare samlede med Kongen og Rigsraadet ved den almindelige Herredag i Juni og Juli 1532. Lybek havde sendt ikke mindre end to Borgermestere med en Raadsherre, samt tre Udskudsborgere, blandt dem atter Jørgen Wullenwever. Ham især var det, der i Forbindelse med de svenske Sendebud forlangte med saa stor Heftighed, at Kong Christierns Leide ikke skulde gjælde. At de nederlandske Gesandter have talt eller foretaget Noget til den forraadte Fanges Bedste, høres ikke; maaske have de allerede været borte fra Kjøbenhavn, inden Knud Gyldenstjerne overraskede Forsamlingen med Kong Christiern den 24de Juli 1532. Eller Nederlænderne ansaa det ikke for raadeligt at træde op for ham og derved umuliggjøre det Forlig med Danmark og Lybek, der for Handelens Skyld laa dem saa meget paa Hjerte, og som de virkelig tilsyneladende bragte i Stand. Thi de lybske Sendebud bragte ikke Traktatudkastet af 2den Mai tilbage med Raadets og Borgerskabets Ratifikation, sandsynligvis fordi de Mænd, der endnu havde Flertallet i Stadens Regering, vare blevne betænkelige ved et Forbund, som strax maatte føre til Krig med

Nederlandene, ikke med Hollænderne alene, og dernæft altfor let kunde medføre fjendtligt Sammenstød med andre søfarende Folk uden den danske Regerings Bistand.   Tvertimod sluttede nu i Kjøbenhavn Lybeks Sendebud i Forbindelse med Kong Frederik den 9de Juli 1532 et Forlig med Nederlænderne, hvorved Overenskomsten af 1524 fornyedes, saa at det med Farten paa Østersøen skulde forblive som det dengang var bestemt.   I Keiserens Navn lovedes, at han ikke vilde understøtte Kong Christiern — den 9de Juli vidste man i Kjøbenhavn endnu ikke hvad der var skeet i Norge allerede den 1ste Juli, — og at hans nederlandske Underfaatter skulde afholde sig fra Farten paa Norge, saalænge Krigen varede der.   Kongen af Danmark, Kongen af Sverrig og Lybek med de vendiske Steder skulde forhjælpes til Erstatning af den Skade, der var dem tilføiet af nogle Private i Holland, „eller hvorfra og hvem de ellers maatte være,“ ved den Kong Christiern gjorte Bistand, saa snart de sendte Fuldmægtige om denne Sag til Nederlandene.

Dette saa jo ganske fredeligt og føieligt ud.   Men det viste sig meget snart, at Kong Frederik og Lybekerne ikke havde indgaaet denne Overenskomst uden en Bagtanke. — Allerede i September optraadte deres Sendebud i Amsterdam med et Erstatningskrav til Provindsen Holland paa en halv Million Gylden, 300,000 til Kong Frederik, 200,000 til Lybek.   Hollænderne henvendte sig til Regentinden, der opretholdt den engang valgte Politik, at føre Sagen som Keiserens og Nederlandenes, ikke som en særskilt hollandsk Sag.   Hun vilde ikke vide Forliget af 9de Juli fortolket anderledes, end at det tilsagde Kong Frederik og Lybek Retsbistand mod de Private, der bevislig havde tilføiet dem Skade, hvilke burde søges for de ordenlige Dommere. — Denne forskjellige Udlægning af Traktaten gav Anledning til skriftlige og mundtlige Budskaber mellem Regentinden og Kongen, hvorved Lybekerne forholdt sig paafaldende stille, hvad der hænger sammen med de indre Bevægelser i Lybek selv.   Dette nøder til at kaste et Blik paa disse Bevægelser, som maa kjendes i deres Hovedtræk for at kunne forstaa det Følgende.

Som et Ledemod af det tydske Rige var Lybek vel indordnet i dettes Retsforfatning og erkjendte Keiser og Rigsdag for sin Øvrighed; men en fri og mægtig Rigsstad stod dog i alt Væsent-

ligt som sin egen Herre, i Besiddelse af alle Regeringsrettigheder.
Lybets Statsforfatning var aristokratisk-republikansk. Regeringen
førtes af Raadet, med fire Borgermestere i Spidsen, valgte af og
iblandt Raadet selv, og Raadet holdt sig fuldtalligt ved eget Valg
af Medlemmer blandt den høiere Borgerstand. „Menigheden" eller
Borgerskabet var ikke særlig repræsenteret og udøvede ingen regel-
mæssig Indflydelse paa Regeringen. Kun under vanskelige For-
hold, eller naar det gjaldt om Foranstaltninger, Raadet ikke troede
sig stærkt nok til at gjennemføre med egen Magt, tilkaldtes ansete
Mænd efter Regeringens Valg, — ikke lettelig den hele Menighed,
uden naar Raadet befandt sig i stor Forlegenhed, og da almindelig
med den Virkning, at det herskende Aristokrati, der ved Selvvalget
let blev til et Oligarki, enten kuldkastedes eller løsnedes ved fri-
villig eller tvungen Optagelse af nye Medlemmer fra hidtil forbi-
gaaede Kredse. Af 22 Medlemmer, som Raadet talte i Aaret 1527,
hørte de 10 til de patriciske Slægter, 12 til en snever Kreds af
Familier, der i Rigdom og Anseelse stod disse nærmest, medens
Ingen af den egentlige Kjøbmandsstand dengang havde Plads i
Raadet. Den hele talrige Haandværkerstand var forfatningsmæssigt
udelukket. At et saadant Oligarki maatte mishage Mange, behøver
ikke at siges.

Lybek var Sædet for en Biskop, der tillige var *Holstens* Biskop
med betydelige Stiftsgodser i Holsten og Sæde som Prælat blandt
Hertugdømmets Stænder. Ogsaa Domkapitlet og Domkirken
vare udstyrede med Gods i Holsten. Biskoppen og hans Kapitel
vare ikke Raadet underordnede; de udgjorde en sideordnet Øvrighed
for Stadens Kirkevæsen, hvad der jo vistnok her som andensteds
nu og da voldte Sammenstød, men saalænge Alle stode paa den
gamle katholske Kirkes Grund ikke nogen varig eller uforsonlig
Strid.

Det var Raadet alene, der havde ført Staden i alle de hid-
til fremstillede Forviklinger med de nordiske Riger, med et stærkt
sammensluttet Aristokraties Klogskab og faste Holdning. Her som
i andre aristokratiske Republiker uddannede der sig blandt de her-
skende Familier en bestemt Politik, der overleveret fra Slægt til
Slægt fastholdt visse Synsmaader og Formaal, navnlig at hævde
Lybeks og dets Bundsforvantes Handelsprivilegier og Sædvaner i

Norden og holde Handelen i de gamle Baner. Men netop dette blev jo i den Tid, vi her tale om, med hver Dag sværere.

Lybeks Aristokrati naaede Høiden af sin Magt ved Christiern den Andens Fald, hvortil det havde bidraget saa meget; men Opgangens sidste Skridt fulgtes hurtigt af Nedgangens første. De nordiske Krige havde krævet for store Offere. Stadens Finantser var i en Uorden, der paaførte Raadet pinlige Forlegenheder. Tilsidst vidste det ingen anden Udvei end at kalde Menigheden til Hjælp. Derved fik den ulmende Misfornøielse Luft, hvad der denne Gang blev saa meget farligere, fordi den evangeliske Lære og al den Uro, den medførte, ogsaa havde fundet Vei til Staden. Længe kæmpede det katholsksindede Raad imod den og udviste de lutherske Prædikanter; men da Finantsnøden tvang det til at sammenkalde det menige Borgerskab, kom dettes Stemning til Udbrud. Det vilde ikke modtage „Pengeartiklerne“, med mindre Raadet lod Prædikanterne komme tilbage og samtykkede i Valget af et Borgerudskud, hvem Menigheden paalagde at tage baade Religionssagen og Pengesagen i sin Haand. Dette følgerige Borgerskabsmøde fandt Sted den 11te September 1529.

Sagen var nu kommen ind i en demokratisk Strømning; den skred videre fremad igjennem en Række af mer eller mindre tumultuariske Optrin i Retning af den katholske Gudstjenestes fuldstændige Fortrængelse fra Stadens Kirker ved Prædikanterne og deres Tilhængere, indtil endelig ogsaa Domkirken faldt. Domkapitlet nødtes til en Overenskomst med Raad og Udskudsborgere af 31te December 1532, ifølge hvilken det ikke maatte optage nye Medlemmer og dets Besiddelser efterhaanden skulde tilfalde Staden. Ja Bevægelsesmændene strakte endog Hænderne ud efter Stiftsgodserne i Holsten. Men her tørnede de imod den holstenske Adel, der allerede stod fjendsk mod de anmassende Demokrater af samme revolutionære Retning som dem, der i det øvrige Thydskland hidsede Almuen mod de høiere Stænder. Skulde disse Folkeførere, eller Forførere, tillige blive Herrer over Stiftets og Domkapitlets Godser, hvor saa mange af Holstens Adelsmænd havde fundet Forsørgelse, følte Adelen sig krænket i sin Stolthed og i sine Forrettigheder.

Det gik i Lybek som i al heftig og langvarig Partikamp: efterhaanden træde Personerne foran Ideen, der har ført Partiet sammen. Urolighederne i Lybek havde skabt Borgerudskudet, — efter det gamle Raads Mening blot som en kortvarig Bistand til Pengesagens Ordning. Men den seirrige Kamp for Evangeliet befæstede og udvidede dets Magt, saa at det blev et varigt Lede= mod i Republikens Organisme, gjennem hvilket Bevægelsens Førere vandt større og større Indflydelse paa alle Regeringsfager og til= sidst trængte sig ind i Raadet selv. Denne sidste Seir vandt det lybske Demokrati den 21de Februar og den 8de Marts 1533, da otte af Udskudsborgerne bleve optagne i Raadet, hvor allerede fire af dem, der fulgte Bevægelsens Retning, efterhaanden havde faaet Sæde. Den mest fremtrædende af disse nye Raadsherrer var Kjøbmanden Jørgen Wullenwever, en af Bevægelsens Ledere, hvem vi allerede have nævnt som Borgerudskudets Sendebud ved Underhandlingerne i Kjøbenhavn. Ærgjerrig og opfindsom, med Hovedet fuldt af høitflyvende, fantastiske Planer om Lybeks Stor= hed, var han ret oplagt til at rive Republiken ud over de Gamles Betænkeligheder og kaste den ind paa eventyrlige Baner. I det gamle Rom vilde Wullenwever som Tribun have spillet en Rolle ved Gracchernes Side. I Lybek blev han saa meget farligere, som han i Marts 1533 ikke alene kom ind i Raadet, men tillige med en Anden af de Nye strax blev valgt til Borgermester. Med tolv Stemmer, førte af to Borgermestere, havde han og hans Til= hængere netop Halvdelen af Raadet, og udenfor støttedes de af Udskudets og Borgerskabets revolutionære Magt. Dog tabte Ud= skudet lidt efter lidt i Betydning, da dets Førere havde faaet Plads i Raadet, saa at Modstanden mod dette blev mærkelig sva= gere og tilsidst forsvandt. At Førerne for de Gamle, Borger= mesterne Niels Bromse og Hermann Plønnies, som vare udvan= drede fra Lybek, bekæmpede de Nye navnlig med keiserlige Man= dater og Proces for Kammerretten, bevirkede i Øieblikket kun en heftigere Bevægelse i Staden og en tættere Sammenslutning om de Nye. Senere blev det dog i Forbindelse med disses egne Feil fordærveligt for dem.

Wullenwever havde været den Virksomste blandt Lybekerne paa den sidste Herredag i Kjøbenhavn. Personlig var han krænket ved, at hans eget Værk, Traktaten af 2den Mai, faldt til Jorden uden Virkning, og at Lybekerne, skuffede i Haabet om at rive det danske Rigsraad med sig til Krig mod Hollænderne, maatte med

dette og Kongen indgaa Forliget af 9de Juli med Dronning=
Regentindens Sendebud. Han saa, at han endnu ikke kunde sætte
sin Villie igjennem mod de gamle Ledere af Lybeks Politik. Uden
Tvivl har dette været en mægtig Drivefjeder for ham til nu at
trænge sig og sine Kampfæller ind i Raadet et halvt Aars Tid
efter Tilbagekomsten fra Kjøbenhavn, hvor han var traadt i nær
Forbindelse med danske Folkeførere, hans Aandsfrænder Ambrosius
Bogbinder og Jørgen Kok. Baade delte han disse Mænds Uvillie
mod Adel og Prælater; og han kunde ikke være i Tvivl om, at
den holstenske Adel, der omgav Kong Frederik, af hvilken Jo=
han Rantzau, hans Frænde Melchior Rantzau, holstensk
Marskalk, og Kongens tydske Kantsler Wolfgang v. Uttenhoff
havde størst Indflydelse, hadede ham som Revolutionsmændenes
Fører, om de end i Religionssagen stode paa samme Side som han.

Saasnart Wullenwever var kommen i Borgermestersædet, satte
han sin Plan om Krig med Hollænderne i Værk. Den offenlige
Mening havde han allerede forinden bearbeidet ved den navnkun=
dige Jurist Dr. Johan Oldendorp, som han havde draget til Lybek;
og nu et Par Maaneder efter sit Valg gjennemdrev han selv i et
Borgerskabsmøde, at Feiden blev besluttet. Skibe udrustedes og
sendtes til Østersøen og op under Norge for at opbringe Hollæn=
derne. En Eskadre under to Raadsherrer afgik først til Born=
holm, derfra til Øresund og lagde sig ved Dragør.

Kong Frederiks Omgivelser, Rantzauerne, Uttenhoff og deres
Parti, fore op ved Efterretningen om, at Lybekerne tillode sig dette.
De lode den døende Konge tilskrive Lybeks Raad, at han hverken
kunde eller vilde taale aabenbar Vold paa sine Strømme. Men Svaret
lød, at han var mere skyldig at hjælpe dem mod Hollænderne,
end at være Lybek imod i en saa billig Sag. Dette blev afgjø=
rende. Melchior Rantzau afsendtes til Bryssel for at træffe en
Overenskomst med den nederlandske Regering foreløbig baade paa
Rigsraadets og paa Kongens Vegne, og medbragte derfra et Udkast af
10de Mai til et Forbund. Men dette fik Kong Frederik selv
ikke at see; thi allerede fire Uger tidligere var han afgaaet ved
Døden paa Gottorp, Skærtorsdag den 10de April 1533. Hans
ældste Søn Hertug Christian, der allerede optraadte i Dan=
mark 1523 ved Kong Christierns Fald og senere havde været Fa=
derens Statholder i Hertugdømmene, hvor han med Kraft havde

fremmet Reformationens Sag, greb strax Regeringens Tøiler i Hertugdømmerne paa sine egne og sine umyndige Halvbrødres Vegne. Han delte ganske den holstenske Adels Uvillie imod de nye Magthavere i Lybek og tiltraadte Rantzauernes Politik, at lade Hertugdømmernes gamle Forbund med Lybek fare og knytte et nyt med dets Fjender i Nederlandene.

Den kongeløse Tid. Grevens Feide.

1533—1536.

Den kongeløse Tid. Grevens Feide.

Første Afdeling.

Herredagen i Kjøbenhavn 1533. Danmark i Union med Hertugdømmerne. Genterforbundet. Lybek i Krig med Sverrig og Holland. Lybek i Forbund med Grev Christoffer af Oldenborg. Greven Herre i Østdanmark. Jyllands og Fyens Adel vælger Hertug Christian til Konge. Fred mellem Holsten og Lybek. Bondeopstanden i Jylland undertrykt. Krigen i det østlige Danmark. Danmarks Opløsning.

Ved Kong Frederiks Død stode Danmark og Norge næsten i samme Stilling som ved Christoffer af Baierns den 6te Januar 1448: Fælleskongen var død, men ingen Thronfølger valgt. Med Kong Frederik og hans Haandfæstninger bortfaldt Baandet mellem Danmark og Norge; og det tør neppe antages, at det vilde været gjenknyttet, dersom ikke det danske Parti i Norges Rigsraad havde været saa stærkt, dersom endvidere de tre norske Hovedfæstninger, Agershus, Bahus og Bergenhus, ikke havde været i paalidelige danske Mænds Hænder, og dersom endelig det efter Kong Christierns sidste mislykkede Krigstog paany bekræftede ældre Forbund imellem Rigerne ikke havde dog noget bundet Ærkebiskop Oluf Engelbrektsens og hans nærmere Tilhængeres frie Bevægelse.

Ogsaa Forbindelsen mellem Hertugdømmerne og Danmarks Rige var løst, dog ogsaa her saaledes, at der var det i begge Landes Forhold og Statsret, der atter førte dem sammen under een Herre. Men strax efter Kongens Død faldt de fra hinanden, idet Hertug Christian lod sig hylde i Kiel som Faderens Eftermand paa sine egne og sine umyndige Brødres Vegne, hvorved han tillige bekræftede Landstændernes Privilegier.

I Danmark stod Rigsraadet nu uden Overhoved. Et Konge-

valg var det nærmest Fornødne.   Man skulde synes, at dette
ikke kunde volde store Vanskeligheder, da Rigsraadet allerede havde
tilsagt Kong Frederik, at det ikke vilde gaa udenfor hans Søn-
ners Kreds.   Strax efter at Kong Frederik havde i Roskilde bundet
sig fast til Danmarks Rige og til det danske Rigsraad, gav dette
ham sit aabne Brev af 10de August 1523, hvorved det forpligtede
sig til, efter hans Død at kaare en af hans Sønner til Konge
over Danmarks Rige, og ingen Anden.   Man maatte undres over,
at dette saa bestemte Tilsagn ikke havde bevirket et Tronfølgervalg
i Tide, dersom man ikke saa hen til, at Christiern den Andens
mægtige Slægtninge og Hjælpere trængte paa at faa hans Søn
bestemt til Frederiks Eftermand, og at man fra dansk Side ved
Underhandlingerne skyede et afgjort Brud ved at umuliggjøre dette.
Hertil kom, at det mægtige katholske Parti i Rigsraadet var Kong
Frederiks ældste Søn, Hertug Christian, imod, væsentlig fordi han
var en afgjort Lutheraner.   Og den unge Hertug selv synes ikke at
have havt synderlig Lyst til at blive Konge, hvad nu Grunden
hertil end kan have været.   Men Hovedsagen var dog Uenigheden
i Rigsraadet selv, der var delt i et Flertal, som vilde opret-
holde den endnu bestaaende Kirkeforfatning, og et Mindretal, som
forlangte de kirkelige Forholds Omdannelse efter Reformationens
Krav.

En almindelig Herredag samledes i Kjøbenhavn i Be-
gyndelsen af Juni Maaned 1533.   Allerede Kongevalget maatte
fremkalde heftige Debatter; men ingen af Partierne kunde sætte sin
Kandidats Valg igjennem nu strax, hverken de, der vilde have
Kong Frederiks næstældste Søn Hertug Hans, som allerede i Fa-
derens Levetid var bragt til Nyborg for at opdrages i Danmark,
eller Mogens Gøie og hans Tilhængere, som ønskede Hertug Chri-
stian valgt.   Man enedes da om at udsætte Kongevalget et Aar,
idet man tog Hensyn til, at efter det bestaaende Forbund mellem
Danmark og Norge, der nu saa nylig var gjenoprettet, kunde en
Konge kun vælges af det forenede dansk-norske Rigsraad.   Derfor
indbødes den 18de Juni det norske Rigsraad til en fælles Herre-
dag i Kjøbenhavn St. Hansdag 1534.

Ogsaa om Kirkesagen syntes det at kunne komme til en
fælles Beslutning af Rigsraadet, trods Uenigheden mellem det
egenlige Biskopsparti og Lutheranerne.   Det vedtoges at Odense

Reces skulde opretholdes og sættes i fuld Kraft, hvad der trods alle Løfter aldrig var skeet i Kong Frederiks Tid. — Ydrepartierne have vel ikke været tilfredse hermed; Mellempartiet var stærkt nok til at sætte denne Beslutning igjennem som den eneste, alle Partier kunde gaa ind paa. Men da det kom dertil, at denne Beslutning skulde redigeres i Lovs Form som en Reces, var Bistopspartiet mægtigt nok til at give Beslutningen en Betydning og et Omfang, det evangeliske Parti aldrig kunde samtykke, forbi den gjorde Bistopperne til Eneherrer over den reformatoriske Bevægelse og standsede den begyndte Ombannelse af Kirkevæsenet. Recessen af 3die Juli 1533 indskrænker sig ikke til en Stadfæstelse af Odense Reces, men lægger udtrykkelig Bestikkelse af Præster og Prædikanter i alle Stifterne alene i hver Bistops Haand, saa at hverken Adelen, Kjøbstæderne eller Almuen selv maatte antage nogen Prædikant: tiltager nogen Uberettiget sig at beskikke Sognepræster og Prædikanter imod Bistoppens Villie, straffes han som Voldsmand. — Dette kan nu vel ikke siges at gaa ud over Odense Reces, som opretholder Bistoppernes geistlige Jurisdiktion; men det gav Recessen en Fortolkning, som brød Staven over den Frihed og Sikkerhed, Prædikanterne og deres Tilhængere havde nydt i Kong Frederiks sidste sex Aar, og som nu kun med Magt kunde fratages dem. Det var Reaktionen, som med den juridiske Ret vilde kuldkaste hvad den nye Opfattelse af Christendommen havde vundet i Kampen mod denne Ret og mod alle de Misbrug, der støttede sig til den. — De øvrige Bestemmelser i Recessen af 3die Juli, som gaa i samme Retning, anseer jeg det ikke fornødent at medtage; thi Bestemmelsen om Bistoppernes Magt over Prædikanterne er tilstrækkelig til at forklare, at det hidtil med Nød og neppe afvendte Brud i Rigsraadet nu maatte indtræde. Mogens Gøje, Erik Banner og deres Nærmeste vægrede sig ved at besegle Recessen og forlode Herredagen. Det var aabenbart, at de Intet kunde udrette mod Bistopspartiet.

Altsaa, ingen Konge valgt, Rigsraadet selv uenigt: — man skulde dog tro, at det seirende Flertal saa i det mindste havde sørget for at indsætte en midlertidig Regering i Riget, inden det adskiltes. Dette har virkelig været lagt Forsamlingen paa Hjerte; men det er ikke skeet! Flertallet har været delt i uenige Mindretal, saa at ingen Fællesbeslutning kunde komme istand. De Færreste

vilde følge Prælaterne i Alt.   Man seer det tydeligt af det saa-
kaldte Enighedsbrev af 13de Juli 1533, der udstedtes i hele Rigs-
raadets Navn, og hvori der rigtignok staaer, at de nu Alle ville
holde sammen i Lyst og Nød, med Liv og Gods, mod deres og
Rigets Fjender, og at de aldrig ville lade Nogen blive Konge
uden med Alles Raad og Samtykke.   Men dette Brev blev kun
beseglet af 13 blandt 37 Rigsraader: otte Prælater og fem Verds-
lige.   Det ligger i vort Geheimearkiv som et Vidnesbyrd om, at
trods alle smukke Ord om Enighed og Sammenhold har dog Rigs-
raadets Flertal selv været uenigt og i sin Uenighed afmægtigt.
Og nu Folket udenfor Raadet: Almuen fjendsk imod Adel og
Prælater, opægget af Prædikanterne, paavirket af Omvæltningen
i Lybek og de andre Hansestæder — i Sandhed, Nødvendigheden
af Enighed og Sammenhold syntes at prædikes fra Tagene!
Og dog skyndte Herrerne sig saa snart som muligt bort fra Herre-
dagen, hver til sin Gaard eller sin Forlening for som Smaakon-
ger at sole sig i Magtens Herlighed.
     Og naar saa endda Rigets Stilling til fremmede Magter
havde seet ud til Fred og Ro! Men det var saa langt fra, at
Herredagens Adskillelse uden at efterlade nogen almindelig Re-
gering bliver ligesaa ubegribelig som den var uforsvarlig.
     De lybske Krydseres Jagt efter Hollændere i de danske og
norske Farvande var allerede i fuld Gang.   En Flaadeafdeling
med Tropper under Lybeks Oberst Markus Mejer ombord, laa
længe ved Drager som for at give et truende Eftertryk til de
Underhandlinger, Stadens Sendebud havde at føre i Kjøbenhavn.
Hertil var den nye Borgermester Jørgen Wullenwever selv an-
kommen for nu at drage Rigsraadet, som han troede bundet til
Lybek ved de stærkeste Taknemmelighedsbaand, med ind i sin Krig.
Han kom med Traktatudkastet af 2den Mai 1532 i Haanden.
Lybeks Raad havde selv ikke villet ratificere dette inden den be-
stemte Frist; men den nye Borgermester forlangte det nu bekræftet
af Rigsraadet.   Dette havde ingen Lyst til Krig med Hollænderne.
Helst havde det skudt Sagen fra sig og overhovedet undgaaet at
tage nogen afgjørende Beslutning; men fra en anden Side trængte
man saa stærkt paa det, at det ikke kunde undgaa et Valg.   Den
slesvig-holstenske Regering arbeidede paa at drage Danmark over
til sig, bort fra Lybek.   Fra Johan Rantzau og fra Wolf-

gang Uttenhoff vare enkelte Rigsraader i Kjøbenhavn skriftlig opfordrede til at udsætte Svaret til Lybek, da Melchior Rantzau var kommen fra Nederlandene med et saadant Udfald af sin Sendelse, at den danske Regering kunde være tilfreds dermed. Begge disse Mænd vare tillige danske Lensmænd, Johan Rantzau ogsaa Medlem af det danske Rigsraad; men de kunde ikke strax være tilstede i Kjøbenhavn fra Herredagens Begyndelse, da de fastholdtes i Holsten ved Hyldingen og Landdagen i Kiel.

Kort efter at Wullenwever var kommen til Kjøbenhavn indtraf Melchior Rantzau og Wulff Pogwisch, en holstensk Magnat, der som gift med Mogens Munks Datter og som Bistop Ivar Munks Lensmand paa Trøiborg stod i nær Forbindelse med det danske Rigsraadsaristokrati. Disse Mænd vidste at drage Rigsraadet helt over til Holstens Side, — vist ikke uden et Vink om, at vilde Danmark ikke slutte sig til Hertugdømmerne, kunde man ikke fastholde Fangen paa Sønderborg! Saavidt kunde Rigsraadet ikke lade det komme. Det vedtog den 1ste Juli en Union imellem Danmark og Hertugdømmerne til gjensidigt Forsvar, og udnævnte den 13de Juli Ridder Otto Krumpen til, i Forbindelse med holstenske Sendebud at gaa til Regentinden i Nederlandene for at slutte et Forbud mellem hende, Hertugen og Rigsraadet. Nu var det altsaa afgjort, at Rigsraadet vilde vende sig bort fra Lybek, og at Wullenwevers Underhandlinger maatte blive frugtesløse. Paa hvilken Dag og i hvilken Form Raadet har svaret ham er tvivlsomt. Men vist er det, at Raadet nægtede at ratificere Traktatudkastet af 2den Mai 1532 og at slutte sig til Lybek i Krigen mod Hollænderne.

Medens Rigsraaderne gik hver sin Vei fra Herredagen, droge de dansk-holstenske Sendebud til Nederlandene. Snart enedes man om Fred og Forbund. Der sluttedes i Gent den 9de September 1533 to Traktater, den ene mellem Regentinden i Keiserens Navn og det danske Rigsraad, den anden mellem Hertug Christian og Regentinden. For Danmarks Vedkommende var Hovedbestemmelsen, at alle gjensidige Fordringer hævedes, og at den Krigsmagt, enhver af de kontraherende Parter skulde stille, hvis nogen af dem kom i Krig med Sverrig eller Lybek og deres Forbundne, blev nøie bestemt. Danmark forbeholdt sig imidlertid, at i denne nærværende Krig imellem Regentinden og Lybek skulde det ikke være

forpligtet til at staa hende bi. Forbundet sluttedes paa 30 Aar.
J November samledes Rigsraadet atter i Odense til Ratifikation af
denne Traktat.   Tillige vedtoges nu endelig Unionen af 1ste Juli
mellem Danmark og Hertugdømmerne, der udvexledes inden Aarets
Udgang. — Saaledes havde Danmark og Hertugdømmerne opgi-
vet det Forbund med Lybek, der havde været Fundamentet for
deres Politik i Kong Frederiks Tid.   Den holstenske Adels Uvillie
imod de Folkeledere i Lybek, der havde trængt sig ind i Stadens
Regering, havde fundet sit Udtryk i en ny Forbindelse, som bragte
Hertugdømmerne og Danmark om ikke nødvendigt i Fjendskab
med, saa i en uvenlig Stilling til den mægtige Hansestad, der
mente at have en retfærdig Fordring paa deres Taknemlighed.

Skuffet og harmfuld var Wullenwever vendt tilbage fra Kjø-
benhavn; men han var ikke den Mand, der satte sig hen og for-
tærede sig i Ærgrelse.   Jo større Modstanden blev, desto dristigere
bleve hans Planer.   Han kjendte godt den indre Splid og Op-
løsning i Danmark, han stod i nær Forbindelse med de danske
Folkeledere, og han vidste, hvorledes Christiern den Andens Ulykker
havde i Almuens Sind trængt Erindringen om hans Regerings
Tryk tilbage, saa at Kjøbstædborgerne og Bønderne i den fangne
Konge saa den Helt, der skulde skaffe deres Harme og Misundelse
imod de høiere Stænder Tilfredsstillelse.

Besynderligt er det, at medens Lybeks Førere tænkte paa at føie en
dansk Krig til den, de allerede havde begyndt med Nederlænderne,
dreve de ogsaa Striden med Kong Gustav i Sverrig til et
Brud.   Ogsaa her var det Brede over Utaknemmelighed, som man
i Lybek kaldte det, der hidførte Spænding i Forholdet.   Gustav
vilde ligesaa lidt som Danmarks og Hertugdømmernes Regeringer
række Haanden til Lybeks Krig med Hollænderne.   Strid opstod
ogsaa om Afbetaling af Gustavs gamle Gjæld til Lybek, som hver
af Parterne opgjorde paa sin Maade.   Endelig vilde Gustav ikke
længer bære det utaalelige Handelsaag, Strængnæsprivilegiet havde
paalagt Sverrig.   Vel var dette i 1529 blevet ikke lidet modifi-
ceret; men Lybek havde beholdt Toldfrihed i de svenske Havne,
hvad der umuliggjorde en egen svensk Handel.   Gustav havde nu
i sine første ti Aar befæstet sin Trone, slaaet det ene Opstands-
forsøg efter det andet til Jorden, bøiet de svenske Prælater og
rykket en stor Del af Kirkegodset ud af deres Haand; han havde

tilfredsstillet Danmark og Norge ved Blekings og Vigens Til-
bagegivelse, og han var endelig befriet fra den største Fare ved
Kong Christierns Fængsling. I 1533 stod han frit og turde vove
et Brud med Lybek, hvor det var saa langt fra, at man søgte at
afvende et saadant, at man snarere udfordrede Gustav ved Be-
slaglæggelse af svenst Gods, ved Trusler og ond Omtale, ved at
ægge, skjøndt forgjæves, den unge Svante Sture til Opstand,
overhovedet ved at gjøre Lybek til Middelpunktet for Alt hvad der
var Gustav fjendst, navnlig ogsaa ved at hidse Grev Johan af
Hoya, Gustavs Svoger, til et Brud med ham. At Wullenwever
forsætlig har fremkaldt denne nye Strid, vil jeg ikke paastaa;
men langtfra at afbøie den i det Dieblik, han stod i Færd med at
kaste sig over Holsten og Danmark, har han givet den Næring
ved personlig at deltage i Ramafkriget over Gustavs Utaknemlig-
hed. Maaste var det hans Tanke, ved at føre Striden med Gu-
stav ret høirøstet at lede Opmærksomheden bort fra sine virkelige
Planer og Foretagender. Gustav viste dog snart Lybekerne, at han
var en farligere Modstander end de mente. Før de vare beredte
derpaa, drog han Sværdet og faldt over deres Handelsskibe i
Østersøen i Forsommeren 1534.

Imidlertid var den lybste Flaade, som laa ved Dragør i
Sommeren 1533, efter Herredagen i Kjøbenhavn gaaet ud i Nord-
søen paa Jagt efter Hollænderne. Men Regentinden havde ikke
svigtet disse. En stærkere neberlandst Flaade nødte den lybste
til at søge Tilflugt paa Elben og viste sig i Øresund og Øster-
søen, saa at man i Lybek mente, at et Forlig med Nederlandene dog
var ønskeligst. Det kom ogsaa til Underhandlinger i Hamborg,
hvor en Stilstand paa fire Aar vedtoges; men den blev ikke rati-
ficeret af Regentinden, der forlangte, at det danste Rigsraad,
Hertug Christian og Kong Gustav skulde medoptages i Traktaten
i Henhold til Genterforbundet, hvad Wullenwever og hans Parti
ingenlunde vilde indrømme. Hans Planer bleve i den Tid ganste
eventhrlige; han mente at kunne stole paa Kong Henrik af
England, der i sin Strid med Keiser og Pave syntes at søge
Forbindelse med Hansestæderne og de øvrige Protestanter i Thyds-
land, saa at den hele store europæiske Politik gik ind i Wullenwe-
vers Hoved og satte hans Fantasi i Fyr og Flamme. Men førend
han skred til Handling, maatte han og hans Parti være — ikke lige-

saa mægtigt som de Gamles, men eneherskende i Lybek, hvilket han ogsaa gjennemdrev som en ægte Demagog ved en Folkebevægelse i Staden, der den 14de April 1534 fjernede otte af Modpartiet fra Raadet.   Nu mente han at staa fast nok til at turde slynge Faklen ind i alt det brændbare Stof, han vidste var samlet i Norden.

Saasnart Wullenwever havde Magten i Lybek, satte han sig i Forbindelse med den unge Greve Christoffer af Oldenborg, der var meer end villig til at vove Noget for sin fangne Frænde paa Sønderborg.   Med 3000 Mand, han hvervede i Frisland, gik Greven over Elben i Mai 1534, opfordrende Lybek til Bistand og Hertug Christian til at løslade den fangne Konge.   Den samme Fordring stillede ogsaa Lybeks Raad til Hertugen, saa at denne uventet saa sig angreben i sit eget Land.   Thi Greven optraadte strax som Fjende, overrumplede i Forbindelse med Markus Mejer Trittau, indtog Bispestolens Slot Eutin og lagde sig for det faste Segeberg.   Men Hertug Christian lagde ikke Hænderne i Skjødet.   Hurtig opbød han sine Undersaatter og opfordrede det danske Rigsraad til Bistand.   Johan Rantzau trængte den 10 Juni de forenede grevelige og lybske Skarer tilbage fra Eutin til Travemynde, hvorfra Greven med sine Folk den 19de Juni paa lybske Skibe gik ombord til Danmark.   Thi Wullenwever havde imidlertid draget Lybek med sig og faaet Raad og Borgerskab til at slutte et Forbund med Greven, der, naar han havde udfriet den fangne Konge, skulde overgive ham til Lybek; — om Christierns Gjenindsættelse paa Tronen er ikke Tale, men alene om en venskabelig Overenskomst med ham, naar han var i Lybeks Vold.   Tillige skulde Greven overgive Trittau og Eutin til Lybek, der paatog sig at lønne Grevens Krigsfolk en Tidlang og at staa ham bi i andre Lande, om Fangen paa Sønderborg ikke kunde befries ved et Krigstog i Hertugdømmerne.   Desuden betingede Lybek sig, at saasnart Greven havde erobret Helsingør og Helsingborg, skulde disse med Øresundstolden overgives Lybekerne, der dog, saasnart Greven ogsaa fik Gulland, vilde modtage denne Ø for Helsingør og den halve Øresundstold.   Man seer, at de lybske Demokrater agtede at lade sig Kong Christierns Befrielse betale ligesaa høit, som Lybeks Aristokrater lod Gustav Vasa betale Hjælpen til at styrte Christiern fra Sverrigs Trone.

Modsigelsen imellem Wullenwevers Iver paa Herredagen 1532 for at bringe Christiern ind i Fængslet og hans nuværende for at faa ham ud igjen, sees ikke at have generet ham. Han har intet Forsøg gjort paa at dække eller forklare den.

Forholdet mellem Grev Christoffer og Lybek var ikke et almindeligt Tjenesteforhold, saaledes som det sædvanlig fremstilles. Greven traadte ikke i Stadens Tjeneste, for at føre dens Krig; han beholdt sine Tropper udelukkende i sin Tjeneste. Grev Christoffer var Lybeks Allierede, der førte sin Krig til den fangne Konges Befrielse med Lybeks Bistand. Lybek var i Formen ikke Hovedmagten i Krigen, hvilket Staden søgte at gjøre gjældende, da det længere hen ved Fredsunderhandlingerne syntes tjenligt at skyde saa meget af Ansvaret fra sig som muligt. I Virkeligheden var det dog Wullenwever, der var Hovedmand og Opfinder af det hele samlede Foretagende, hvad enten det er ham, der først har søgt Greven, eller denne der har søgt ham; — thi dette er tvivlsomt.

Medens nu Rantzau rykkede for Travemynde og Hertug Christian arbeidede paa at hverve Tropper i Tydskland, hvorved hans Venskab med Landgreve Philip af Hessen kom ham godt tilpas, kastede Greven den 21de Juni Anker ved Dragør og satte sig strax i Forbindelse med Jørgen Kock i Malmø, som nogen Tid forud havde bragt denne Stad ganske i sin Magt ved at fange Slotsherren Mogens Gyldenstjerne med List og overrumple Slottet. Vis paa, at denne Port til Skaane altid vilde være ham aaben, vendte Greven sig til Sjælland, gjorde den 22de Juni Landgang ved Skovshoved, drog derfra over Roskilde til Kjøge, da Kjøbenhavns Magistrat ikke strax vilde bryde den Troskabsed, den havde svoret Rigsraadet paa den sidste Herredag. Først den 16de Juli aabnede Kjøbenhavn sine Porte for Grev Christoffer, og den 24de overgav Johan Urne allerede det faste Slot, hvorved tillige Rigets Orlogsskibe faldt i Grevens Hænder. Borgere og Bønder sluttede sig naturligvis strax til denne; og da Anders Bilde efter at have forsvaret sin Gaard Søholm et Par Dage ikke alene underkastede sig Grev Christoffer, men traadte i hans Tjeneste som hans første Minister, opgav Adelen i Sjælland og paa Smaaøerne Tanken om Forsvar og hyldede den fangne Konge, eller rettere Grev Christoffer som Regent i den fangne Konges Navn.

Skaanes Adel vilde have gjort Modstand. Marsken Tyge Krabbe samlede den i Landskrone og sendte Brev paa Brev til Kong Gustav om Hjælp, hvad denne selvfølgelig lovede med størst Beredvillighed; men den kunde jo ikke komme før om en Fjorten-dagstid. Saalænge holdt den skaanske Adels Standhaftighed imidlertid ikke ud. Anders Bilde overtalte dem til at følge Sjæl-lændernes Exempel. Den 30te Juli gjorde den skaanske Adels Udsendte deres Ed til Greven, den 10de August modtog denne ved Lund den almindelige Hylding. Næsten uden at drage et Sværd var han paa sex Ugers Tid bleven Herre i det hele østlige Danmark indtil Storebelt som „Gubernator" i Kong Christierns Navn.

Mandigere optraadte Adelen i det vestlige Danmark; men den havde ogsaa en dygtigere Fører. Mogens Gøje bear-beidede den til Fordel for Hertug Christian; og da det blev aabenbart, at Herredagen til Kongevalget ikke kunde komme sam-men til den bestemte Tid 1534, fik han Jyllands Rigsraader og Adel samlede i St. Sørens Kirke i Ry, hvor han nu trængte paa, at man uden Opsættelse skulde vælge Hertugen. Det kom til hef-tige Debatter mellem Rigsraaderne, da Biskopperne, de mægtigste iblandt dem, og deres nærmeste Tilhængere ikke vilde see Ærke-kjætteren paa Rigets Trone. Men den menige Adel trængte ind i Raadet og truede Enhver, som nu modsatte sig. Biskopspartiet maatte give efter. Saaledes valgte det jydske Raad Hertug Chri-stian den 4de Juli og afsendte strax et Udvalg med hans heftigste Modstander Biskop Stygge Krumpen af Vendsyssel i Spidsen til Holsten. Med dette forenede sig Afsendte fra en Forsamling af fynsk Adel, som sluttede sig til Jyderne og anmodede Hertugen om at sende Krigsfolk til Fyen, da dette var nærmest udsat for et Angreb. Thi Hensigten med Grev Christoffers Indfald i Hol-sten var nu kommen for Dagen: paa Hertug Christians Opfordring havde Rigsraadet strax sendt al den væbnede Magt, det formaaede, i Overensstemmelse med den nylig sluttede Union mellem Konge-riget og Hertugdømmerne. Derfor stode de danske Landskaber nu vaabenløse ligeoverfor det uventede Angreb.

Nu betænkte Hertug Christian sig ikke længer paa at modtage den tilbudte Krone. Medens hans Hovedmagt holdt Travemynde besat, drog Hertugen selv med den mindre Del til Horsens, hvor han den 18de August modtog Hyldingen og udstedte et foreløbigt Forsikringsbrev, hvis mærkeligste Bestemmmelse var, at Religionssagen stilledes i Bero, indtil han kom til en rolig Regering; „da vilde han" hedder det, „med Danmarks Riges Raad og Adel gjøre en christelig god Skikkelse der paa i alle Maader," — med andre Ord: Hertugen forbeholdt sig fri Haand til at afgjøre Sagen efter sin Leilighed og sine Anskuelser i Forbindelse med Rigsraadet. Det kunde ikke være tvivlsomt, at hermed var Dødsdommen fældet over Katholicismen. Biskopperne maatte bøie sig og samtykke.

Imidlertid havde en Del af Almuen i Fyen, navnlig Borgerne i Svendborg og Odense, reist sig for den fangne Konge. Hertug Christian sendte de faa Tropper, han havde med, ind i Fyen og kuede Opstanden; men kun faa Dage varede det, inden Grev Christoffers Folk under Axel Gøje og den tydske Landsknegtøoberst Everhard Ouelaker gjorde Landgang ved Kjerteminde og overrumplede Nyborg, nedlagde eller fangede Hertugens Folk og lagde hele Øen under Greven. — Og ikke nok hermed: snart stod ogsaa Nørrejylland i lys Lue. Den forvovne Søhane Skipper Klement havde indfundet sig hos Greven for at tjene sin gamle Herre Kong Christiern. Han blev sendt til Jylland og reiste snart sine Landsmænd, Bønderne i Vendsyssel, besatte Aalborg og udbredte Opstanden vidt og bredt under store Voldsomheder mod Adelen. Men den jydske Adel lagde ikke Hænderne i Skjødet. Den samlede sig i Randers, tog en Fane tydske hvervede Ryttere og nogle hundrede Fodfolk med sig og drog, uden at oppebie tre Fænniker Landsknegte fra den nyvalgte Konge, løs paa Aalborg. Men dens Selvtillid blev haardt revset. Den 16de Oktober 1534 overfaldt Vendelboerne under Skipper Klement dem i Svendstrup, en Milsvei sydfor Aalborg, og bibragte de adelige Herrer et blodigt Nederlag. Og nu udgjød Oprørsstrømmen sig fra Vendsyssel over de sydligere Egne. Skarer af Bønder droge mod Randers, ødelæggende alle Adelsgaarde paa deres Vei. Men Randers, der var godt befæstet, kunde de ikke indtage; og den Nyvalgtes Statholdere Mogens Gøje og Biskop Ove Bilde forsvarede Landet bag Gudenaa, der blev Grændsen for Oprørets Fremgang. Efter en mislykket Storm paa Randers trak Skipper Klement sig tilbage til Aalborg, som han stærkt befæstede, medens

Opstanden udbredte sig til det vestlige Jylland lige ned til Varde. Med Undtagelse af det sydøstlige og sydlige Jylland var hele Danmark i Grev Christoffers Haand.

Heldigere var Hertug Christian foran Lybek, hvor han imidlertid havde modtaget betydelige Forstærkninger fra Landgreven af Hessen og tilsidst kastet Markus Mejer tilbage ind i Staden. Stemningen blandt Borgerne begyndte at kølnes, og Wullenwever fik at føle, hvor løs Grunden er under en Demagogs Fødder. Hvormeget han end modsatte sig, maatte han ved de andre Hansestæders Mægling indrømme, at de i April 1534 fortrængte Raadsherrer atter optoges i Raadet, og at der knyttedes Underhandlinger med Holstenerne. Det kom da den 18de November 1534 til en Fred imellem Lybek og Hertugdømmerne, som lod Striden om Kong Christierns Fængsel og om Danmarks Rige staa uafgjort. Derom kunde Krigen fortsættes, dersom de mæglende Magter ikke kunde tilveiebringe et Forlig paa et Møde i Flensborg inden Aarets Udgang. Og nu vendte hver af de krigeførende Parter sig til sin Side for atter at mødes i det ulykkelige Danmark.

Det var, som vi have seet, paa den yderste Tid, om Danmarks Krone endnu skulde frelses for Hertug Christian, hvilket, saaledes som Alt var kommet, blev ensbetydende med, om det skulde frelses fra at blive et Lydrige under Lybek. Deri ligger det tilstrækkelige Svar paa den Anklage, man har reist imod Hertugen: at han opoffrede Danmark for at skaffe sine Hertugdømmer Fred. Nei, han tog Freden som han kunde faa den, vilde han ikke see Danmark traadt under Lybeks Fødder.

Saasnart Lybekerfreden var sluttet, brød Hæren op mod Nord. Fra Kolding sendte Hertugen Johan Rantzau med sex Fænniker Knegte imod hans jydske Rebeller. Vi have endnu et Brev til en Unævnt fra Johan Rantzau selv, som i al sin Simpelhed viser bedre end alle Beskrivelser den Energi, hvormed denne uforlignelige Hærfører udførte sit Hverv. „Kjære Frænde," skriver han, „som I veed, at min Naadige Herre har sendt mig med et Tal Krigsfolk til Hest og Fods her ind i Jylland, kan jeg ikke fordølge for Eder, hvorledes det er gaaet mig. Som I uden Tvivl veed, drog jeg fra Kolding til Varde, hvor en firehundrede Bønder havde forsamlet sig. Saasnart de hørte vor Ankomst, toge de til Beens og undslap os knap og nap. Derefter drog jeg med Knegtene og de andre to Faner, som min N. Herre havde stillet under min Befaling, til en Bro over Skjernaa, otte Mil fra Varde; dog laa vi en Nat underveis. Ved samme Bro havde samlet sig mange Bønder og afkastet Broen. Jeg havde ikke kunnet omgaa dem paa mindre end fire eller fem Mile, og saa skulde Knegtene i denne Vintertid paa tre eller fire Steder have vadet over indtil midt paa Livet. Derfor drog jeg lige løs paa Broen, hvor Bønderne havde samlet sig. Der begyndte vi da at skyde paa hinanden; men med vore Haandgeværer ængstede vi dem saa haardt, at de vege fra Broen, hvorpaa vi gave os til at gjøre Broen i Stand. Da de saa det, gave de sig paa Flugt, og vi gik den næste Dag løs paa en lille Kjøbstæd, hedder Ringkjøbing, som har stor Skyld i dette Oprør. Der fandt vi Ingen hjemme. Byen stod ganske tom. Der kogte vi og stak Byen i Brand og droge om Morgenen til en Landsby fire Mile derfra, hvor vi fik at vide, at en fem Tusind Bønder havde samlet sig i en lille Kjøbstæd, hedder Holstebro. Næste Dag droge vi derhen; men neppe en Time før vor Ankomst vare Bønderne løbne deres Vei. Der laa vi to Nætter. Bønderne i Omegnen aflagde Hyldingseden til min Naadige Herre. Derfra drog jeg til en lille Kjøbstæd hedder Skive, hvor jeg erfarede, at Skipper Klement med Skipper Herman og al deres Anhang vare samlede i Viborg med mange Tusinde Bønder. Saa gik vi fra Skive Halvveien til Viborg, og jeg havde givet de tre Fænniker Knegte, som jeg tilforn havde ført til Randers, Befaling til at forene sig med mig. Da jeg nu fik disse tre Fænniker til mine sex, vilde jeg med de ni Fænniker have angrebet Bønderne i Viborg; da berettede mine Speidere, at Skipper Klement, Skipper Herman og deres Anhang vare flygtede til Aalborg. Saa blev jeg to Nætter i Viborg og lod Bønderne forny deres Troskabsed. Derefter drog jeg i tre Dage de tolv Mil fra Viborg til Aalborg og leirede mig den tredie Dag en halv Mils Vei fra Aalborg, tog de øverstbefalende Officerer med mig og besaa Aalborg om Natten. Og da jeg havde beseet det, blev jeg enig med dem om, at vi næste Morgen tidlig vilde spise en Morgensuppe med dem, og stikkede vore Sager saaledes, at baade Ryttere og Landsknegte skulde storme; thi vi hørte om Natten tydeligt, at de arbeidede af al Magt derinde, medens vi besaa Byen. Den der før har været i Aalborg og seer den nu, han skal sige, at de have befæstet den med Magt. Altsaa begyndte vi at storme, og stormede en god Time eller halvanden; de værgede sig ogsaa mandigt og havde besat Brystværnet rundt om med godt Artilleri. Dog gav Gud os Lykke, saa at vi trængte ind med stormende Haand og Fjenderne bleve alle nedhuggede. Med Landsknegte, Fodknegte, Bønder og Borgere vare de mellem otte og ni Hundrede. Skipper Klement selv undløb af Staden paa en Bondehest, men Bønderne leverede ham igjen i vore Hænder. Derhos have vi afvundet dem tre gode Skibe."

Det var Fredag den 18de December 1534 at Aalborg blev taget med Storm, Maanedsdagen efter Lybekerfreden. Naar man betænker, at den lige Afstand mellem Lybek og Aalborg er mindst 62 Mil, at Rantzau drog fra Kolding helt om igjennem Vesterjylland, ad Veie, som dengang sikkert have været i en meget maadelig Tilstand, og det paa den sletteste Aarstid, faaer man store Tanker om hans Krigsførelse og hans Troppers Udholdenhed. Omtrent lige saa lang Tid brugte General Pritwitz i Mai og Juni 1849 for i den bedste Aarstid og ad chausseret Vei at naa fra Kolding til Aarhus!

Havde Grev Christoffer kunnet komme Skipper Klement og hans Bønder til Hjælp med nogle Fænniker Knegte, vilde Jylland ikke været undertvunget saa hurtigt; men Greven havde Brug for sin hele Krigsmagt i det østlige Danmark, hvor Kong Gustav Vasa havde begyndt at gribe ind i Krigen med al Kraft. Rigtignok havde Gustav rask trukket den Hjælp tilbage, han først havde sendt den skaanske Adel, da denne saa uventet hurtigt havde underkastet sig Greven. Men han havde ingenlunde opgivet Tanken om, at bekæmpe Lybekerne i Danmark. Da Hertug Christian havde sendt sin Sekretær Frants Trebau til ham i August 1534, havde han med denne truffet Aftale om de fornødne Operationer til Kamp mod den fælles Fjende og understøttet Hertugen med et Pengelaan. Og uden at lade sig blænde deraf, at han jo egentlig ikke havde Krig med Danmark eller dets Regent Grev Christoffer, lod han en betydelig Styrke falde ind i Halland, rev dette Landskab ud af Grevens Haand og lod det hylde Hertug Christian i Oktober. Grev Christoffer maatte da trække en Del af sine

Tropper fra Øerne for at forsvare Skaane, og tillige opbyde den skaanske Adel. Men nu i November og December forviklede Sagerne sig saaledes i disse østlige Egne, at Greven selv kom i pinlig Forlegenhed.

Wullenwever havde lige fra Krigens Begyndelse underhandlet med Hertug Albrecht af Meklenborg om at optræde som Deltager i den; men saa længe der var Udsigt til, at Grev Christoffer og hans Tilhængere i Danmark kunde gjennemføre Sagen, havde han kun budt ham Betingelser, Hertugen ikke kunde gaa ind paa. Anderledes blev det, da det i Aarets sidste Maaneder viste sig, at Modstanden baade i Øst og Vest blev stærkere, end at Greven alene kunde magte den, og da Hertug Christians Angreb paa Lybek selv fastholdt alle de Tropper, der skulde have været sendte til Grevens Hjælp. Og hertil kom Svækkelsen af Wullenwevers egen Stilling i Lybek. Da gjorde han Alvor af Underhandlingerne med Hertug Albrecht, der, som gift med den fangne Kong Christierns Søsterdatter, baade ønskede at virke for dennes Befrielse og tillige fyldtes af et ærgjerrigt Haab om at sætte den danske, eller maaske endog baade Danmarks og Sverrigs Kroner paa sit eller en af sine Sønners Hoved. Der kom da et Forbund i Stand den 14de November imellem Hertug Albrecht og de fire Stæder Lybek, Rostok, Wismar og Stralsund, hvorved Stæderne lovede, at naar Kong Christiern ved Hertugens Bistand var udfriet af sit Fængsel, vilde de hjælpe ham til at blive Regent i Kongens Levetid og efter hans Død Konge i Danmark, eller om Hertug Albrecht selv døde, da en af hans Sønner. Vel hengik endnu tre Maaneder inden denne Overenskomst blev fuldt afsluttet i alle Enkeltheder; men Hertug Albrecht havde dog nu bundet sig til Lybek. Han tog i December Greven af Hoya i sin Tjeneste som sin Anfører i Danmark med Blikket fæstet ogsaa paa Sverrigs Erobring. Han tænkte paa Erhvervelsen af begge Kroner. Det er herved og i alle Lybeks øvrige Forhandlinger i Grevens Feide aabenbart, at det og dets Allierede ikke strede for at gjenindsætte Christiern den Anden paa Nordens Troner, men alene for deres egen Fordel.

Lybek havde faaet sin Krigsmagt fri ved Freden af 18de November og agtede nu at sende den til Øresund. Men de ovennævnte Underhandlinger droge Tiden saa langt ud, at først midt i December gik Greven af Hoya med 150 Ryttere og Markus

Mejer med tre Fænniker af Lybeks Knegte ombord, saa at Krigs-
operationerne kunde begynde i Østdanmark, da de allerede vare
endte i Jylland ved Aalborgs Erobring.

Grev Christoffer var ingenlunde tilfreds med, at Wullen-
wever nu vilde sætte Hertug Albrecht til Regent i Danmark, alt-
saa støde ham ud af den fyrstelige Stilling, han havde vundet
vel med Lybeks Bistand, men dog ved sine egne Folk og sin egen
Anstrengelse. Og heller ikke syntes han om, at de nye Allierede
sendte deres Folk ind i hans Land uden at stille dem under hans
Overbefaling; han kaldte ligefrem Hertug Albrecht sin Fjende og
befalede den skaanske Adel, at vogte Kysten mod disse selvgjorte
Hjælperes Ankomst. Den skaanske Adel, som laa samlet i
Engelholm paa Vagt imod den svenske Hær i Halland, var ikke
mindre misfornøiet. Den havde vel svoret Greven Lydighed,
men den vilde ikke paa nogen Maade underkaste sig Lybekerne
eller Hertug Albrecht, og den var i sit Hjerte ikke mindre mis-
fornøiet med sin Herre Greven — en Misfornøielse, der steg med
hver Dag, de Svenskes Fremgang gav bedre Udsigter til Hjælp
imod alle tre indtrængte Herrer, der indbyrdes uenige kun tænkte
paa at rive Danmark hver til sig. Dertil kom nu, at Grev
Christoffers Anfører i Skaane, Bastian von Jessen, gav Adelen
god Grund til at frygte for, at Greven, deres egen Herre, af
Mistro til dem tænkte paa at fange eller ødelægge dem alle, saa
at den skaanske Adel for sin egen Sikkerheds Skyld skilte sig fra
Grevens Tropper og drog ind i Landet ad Væ til, hvorfra den
opsagde Greven sin Lydighed og forenede sig med den svenske
Hær i Halland.

Dette Frafald nødte Greven af Hoya, Markus Mejer og
Jørgen Kock, som imidlertid med samlet Magt vare rykkede imod
de Svenske, til at vige tilbage til Helsingborg, hvor de mente at
kunne støtte sig til det faste Slot, hvis Befalingsmand Tyge
Krabbe endnu ikke havde med den øvrige skaanske Adel opsagt
Greven eller erklæret sig for de Svenske. Men da disse i For-
ening med den skaanske Adel angrebe Tydskerne i Helsingborg den
12te Januar uden Fremgang, lod Tyge Krabbe dem om Natten
vide, at de kunde stole paa hans Bistand, — paa samme Tid som
han lovede Markus Mejer og Jørgen Kock, der lode ham spørge
hvad de skulde forlade sig til, at han vilde opsætte Liv og Gods

med dem! I Tillid til disse fagre Ord besluttede de at forsvare deres Stilling i Helsingborg; og ligeledes i Tillid til Hr. Thyges Løfter angreb Adelen og de Svenske dem den næste Dag, den 13de Januar 1535. Da vendte Thyge Krabbe Slottets Kanoner mod Thydskerne, skjød dem ned med Kardætsker og splittede deres Slagorden, saa at Adelen og Svenskerne i Forening vandt en fuldkommen Seir. Barberg Slot fik en besynderlig Skjæbne. Markus Mejer var bleven fangen i Slaget ved Helsingborg og blev som Fange indlagt paa Barberg hos Truid Ulfstand. Denne behandlede ham som Riddersmand og lod ham gaa frit om paa Æresord. Heraf benyttede Fangen sig i Forbindelse med Præsten paa Slottet og Borgermesteren i Barberg By, fik ved deres Hjælp en Flok Karle ubemærket ind paa Slottet, overrumplede Besætningen i Slotsherrens Fraværelse og gjorde sig til Herre over det faste Slot, hvor han fra nu af sad som en uafhængig Fyrste.

Grev Christoffer, Hertug Albrecht og Lybekerne tvang den haarde Nød nu til at holde sammen. Wullenwever var selv kommen til Kjøbenhavn og bragte under Trykket af Ulykken i Skaane en Overenskomst tilveie, hvorved Greven indrømmede Hertug Albrecht Del med sig i hvad han havde erobret; men dog varede det endnu i fire Maaneder, inden Hertugen fandt alle Enkeltheder saaledes lempede efter sin Villie, at han vilde vove sin fyrstelige Person ind i det opløste Rige. Greven af Hoha anførte i hans Navn midlertidigt hans egne og Lybekernes Tropper. Danmark var saaledes fuldstændigt opløst. Halvøen var i Hertug Christians Magt; Fyen i Grev Christoffers, hvis Statholder var Ærkebiskop Gustav Trolle, der af ham var sat til Biskop i Fyen. I Sjælland delte Grev Christoffer Magten med Lybekerne og Hertug Albrecht. Kjøbenhavn og Malmø vare i Borgernes egne Hænder som frie Rigsstæder. Falster med Nykjøbing og Krogen med Helsingør og den halve Øresundstold havde Lybekerne; Aalholm med en Del af Lolland Rostokerne. Skaane, Halland og Bleking, paa Malmø, Landskrone og Barberg nær, vare i Hænderne paa den skaanske Adel og den svenske Hær, hvilke begge kæmpede for Hertug Christian.

Den skaanske Adels Frafald og Nederlaget i Helsingborg havde bragt Almuen paa Øerne i en frygtelig Gjæring. Der begyndte en formelig Jagt efter Adelsmænd, som førtes fangne til

Kjøbenhavn. Faa frelste sig ind paa det faste Dragsholm, Roskilde Bispestols Slot, der var stærkt nok til at udholde en formelig Beleiring af Greven af Hoya. Paa Ringsted Landsting blev den gamle Fru Anna Meinstrup, Enke efter Holger Rosenkrands, nedhugget for Grev Christoffers egne Øine af Borgere fra Kjøbenhavn, hvem hun havde opbragt ved heftige Ord. Ogsaa i Fyen fangedes de betydeligste Adelsmænd og sendtes til Kjøbenhavn. Denne Adelsjagt var dog ikke udgaaet alene fra Almuens Forbittrelse; den var aftalt mellem Hertug Albrecht og Wullenweber, inden denne afgik til Danmark, fordi de ikke troede Adelen. De vigtigste af Fangerne, blandt dem Anders Bilde selv, som dog ikke havde givet sin Herre Grev Christoffer nogensomhelst Grund til Mistanke, blive bragte til Mecklenborg, hvor de holdtes i Fangenskab paa Hertug Albrechts Slotte indtil Krigens Ende.

Ikke stort bedre gik det til i Jylland, kun at det her var Adelen, der ved Johan Rantzaus Seir kom til Magten, Almuen der maatte bøde for sit Oprør. Dettes Førere blive forfulgte og henrettede og Befolkningen i de oprørske Herreder dømte fra Liv og Gods. Aflives kunde den jo ikke; men den maatte kjøbe sit Liv med høie Løsepenge, og alle Bønderne i de Herreder, der havde deltaget i Oprøret, mistede den frie Eiendomsret over deres Gaarde; de blive Fæstebønder under Kronen eller Adelen med Undtagelse af dem, der kunde bevise, at de ikke havde taget Del i Reisningen. Desuden udskreves en Sølvskat, saa at den sidste Skilling blev udpint af Jyderne, for at Hertug Christian kunde holde den store Krigsmagt sammen, hvormed Kampen om Resten af Riget skulde gjenoptages i Foraaret 1535.

Kun i Landskaberne østfor Øresund holdt Smaaborgere og Bønder sig stille. De vare saa grundigt underkuede 1525 i Søren Norbys Krig, at de nu ikke vovede en ny Reisning imod Adelen og de Svenske, der efter Helsingborgslaget leirede sig ved Lund for at holde Øie med Malmø, indtil de fik Forstærkninger fra Jylland eller Sverrig.

Anden Afdeling.

Johan Rantzaus og Peder Skrams Seire. Partikampen i Lybek. Wullenwevers
Undergang. Krigen i Danmark. Norge. Hamborgerfreden og dens Følger.

Medens Alt var Forvirring, Splid og Raadvildhed paa Øerne,
skred Hertug Christian til det blodige Dramas næste Akt efter
en Plan, der ikke kan nægtes Navn af storartet. I Marts 1535
afgik et Regiment Landsknegte paa 2000 Mand fra Grenaa over
Kattegattet, kom iland ved Falkenberg i Halland den 20de Marts
og forenede sig med den skaanske Adel og den svenske Hær. Den
samlede Styrke rykkede for Malmø, der nu blev beleiret. Dens
krigsvante Borgere under Jørgen Kocks Ledelse forsvarede dog
deres Stad godt og kjækt. Omtrent ved samme Tid blev Fyen
angrebet. Hertug Christian selv havde begivet sig fra Holsten til
Jylland, hvor han den 8de Marts 1535 modtog en ny og al-
mindelig Hylding af Jyllands Stænder i Viborg. Men imedens
Alles Øine vare vendte hertil, samlede Johan Rantzau sine Folk
paa Als og stod uventet paa Hellenæs i det sydlige Fyen en af
Nætterne mellem den 16de, 17de og 18de Marts, medens den lille
Styrke, Grev Christoffer endnu havde paa Øen, laa ved Middel-
fart for at vogte paa Lillebelt. Uopholdelig ilede Rantzau op mod
Middelfart, hvorfra de Grevelige ilsomt brøde op til Assens,
medens de kastede en samlet Skare af Bønder imod Rantzau, der
naturligvis hurtigt adsplittede den med stor Blodsudgydelse. Her-
tug Christian skriver derom i et Advarselsbrev til Borgerne i
Næstved: „Krigsfolket tog Flugten og tyede til Assens By, og
forlode den arme, forførte, vanvittige Hob Almue paa Pladsen
igjen udi al Angst og Dødsens Nød, saa der desværre og blev en
mærkelig Hob Folk slagne.“ Rantzau befæstede da Overgangen
mellem Hindsgavl og Snoghøi paa det Stærkeste og lagde sig
derefter for Assens, hvorhen Lybek sendte nogle Orlogsskibe til
Besætningens Understøttelse.

En Maanedstid efter sattes ogsaa den tredie store Be-
vægelse fra Halvøen i Gang. Hertug Christian var kommen
overens med sine to Svogere Kong Gustav og Hertug Albrecht af
Preussen om at bekæmpe Lybek i Østersøen, hvor det hidtil havde

havt et ubestridt Overherredømme. Midt i April havde Hertug
Christian ved Als ti Skibe, store og smaa, samlede. De afgik
derfra til Gulland, der var bestemt til Samlingsplads. Her for-
enede Kong Gustavs Skibe sig med Hertugens, og i Slutningen
af Mai ankom de preussiske. At Lybekerne, som dog kjendte disse
Rustninger, Intet foretoge sig for at hindre Foreningen, kan kun
forklares af den Forvirring, Partistriden i Lybek i Forbindelse
med det Overdrevne og Fantastiske i Wullenwevers politiske Planer
efterhaanden havde bragt ind i alle Stadens Sager. Opløsning
greb om sig i det herskende Demokrati, Reaktionen kom nærmere
og nærmere.

Johan Rantzau forblev ikke ved Hæren i Fyen. Som Sjælen
i den hele Krigsførelse var han uundværlig paa Halvøen. Dog
var han atter i Spidsen for den fyenske Hær, da Afgjørelsen nær-
mede sig. Lybekerne og Greven af Hoya havde ført deres Tropper
fra Sjælland til Fyen; Hertug Albrecht var endelig selv kommen
til Danmark og havde ladet sig overtale til at tage Ledelsen i sin
Haand. Men hverken han eller Greven af Hoya var Mand for
at maale sig med Johan Rantzau, som imidlertid havde trukket
Forstærkninger til sig i Leiren ved Assens. De forbundne gre-
velige, mekelenborgske og lybske Tropper samledes, efter nogle slet
overlagte, resultatløse Frem- og Tilbagemarscher, i Faaborg. Her-
fra vilde de angribe Fjenden foran Assens; et antændt Hus skulde
give Besætningen i Assens Signal til samtidigt Udfald. Men
Rantzau blev underrettet i Tide. Uden at spilde et Øieblik brød
han Fredag Eftermiddag den 11te Juni op fra Assens og satte
selv Ild paa sin Leir, formodenlig for at skjule sin Afmarsch eller
lokke Besætningen til et Udfald i Utide. Knap en Mil fra Assens
stødte han paa Fjenden under Greven af Hoya's Kommando. De
Allierede havde taget Stilling paa Ørnebjergets Høide og slaaet
en Vognborg om sig. Rantzau ansaa det ikke for raadeligt, at
styrte løs paa en i det mindste ligesaa talrig Fjende i en saadan
Stilling. Han lod sit Artilleri beskyde den, og Greven af Hoya
brød løs med sit Rytteri. Men Anløbet ned ad Skraaningen var
altfor voldsomt til at Orden kunde opretholdes. Opløst og i
Uorden styrtede de ind imod Fjenden — som et Vildsvin, der farer
ind imellem Hundene, siger Rantzau i sin Beretning. Han lod
dem komme paa et Stenkast nær og brød da frem med sit Rytteri

i tætsluttet, velordnet Skare, hvis usvækkede og samlede Kraft fuldstændigt kastede den halvopløste Fjende. Rytteriets Nederlag medførte Fodfolkets, der nu angrebes med alle Vaaben. Efter halvanden Times Kamp havde Rantzau vundet den herligste Seir og befæstet Danmarks Krone paa sin Herres Hoved.

Det var ikke talrige Hære, der kæmpede paa Øxnebjerg. Greven af Hoya førte fire Faner Ryttere og ni Fænniker Landsknegte, alle Tydskere; Rantzau ligeledes fire Faner Ryttere, dels tydske, dels danske, og otte Fænniker Landsknegte. Men de Allieredes Hær blev opløst, Greven af Hoya selv fangen og dræbt, Ærkebiskop Gustav Trolle saaret og fangen; næsten Halvdelen af Hæren fangedes ligeledes, baade Ryttere og Knægte. Fire Hundrede Vogne og alt Artilleri faldt i Seirherrens Hænder. Levende forfulgte kom kun opløste Skarer af Flygtninge til Hertug Albrecht i Faaborg.

Ved Assens laa en tydsk Flaade af fire store og en Del mindre Skibe. Besætningen i Byen gik ombord paa disse med de mest kompromitterede af Indbyggerne og undkom til Sjælland. Men nogle af Skibene bleve liggende et Par Dage. Assens blev givet de seirende Landsknegte til Pris. Ligeledes Svendborg og Faaborg. At Alt hvad der i Fyen havde holdt sig til de Allierede nu blev underkuet, behøver vel neppe at siges. Som i Jylland vare Seirherrerne ikke sparsomme med Henrettelser og Konfiskationer. Det var ikke til Fyenboernes Gavn, at Kongen — saaledes kalde vi Hertug Christian efter Seirens Gudsdom — først et Par Uger efter Slaget kom til Fyen.

I de samme Dage, da Johan Rantzau slog Hovedslaget i Fyen, vare Krigsoperationerne til Søes begyndte. Den ved Gulland samlede Flaade stak i Søen sidst i Mai eller først i Juni 1535 under Anførsel af Peder Skram paa det største Skib i Flaaden, Kong Gustavs Kravel. Den 9de Juni 1535 mødte den de vendiske Stæders og Grev Christoffers Flaade. Kampen stod fornemlig mellem begge Admiralskibene. Skram mistede 74 Mand paa sit Skib, men den fjendtlige Admiral faldt, og Grevens Flaade maatte ty ind i Sundet til Kjøbenhavn. Peder Skram forfulgte den ikke, fordi han havde modtaget Kongens Ordre til at gaa mod Skibene i Lillebelt. Her ankom han den 14de Juni, tre Dage efter Slaget paa Øxnebjerg. Lybekerne vare allerede gaaede Syd

ud af Beltet; Skram forfulgte dem, jagende dem ind i Svendborg-
sund som i en Sæk. Lybekerne satte da selv deres Skibe paa
Land, stak Ild i dem og flygtede op paa Landet, hvor de snart
bleve overvældede; men Skram entrede Skibene, slukkede Ilden og
tog ialt 9 Skibe den 16de Juni. Lybeks Sømagt forvandt ikke
mere dette Nederlag. Derpaa gik Skram ind i Storebelt, indtog
Tranekjær og Korsør, og førte Kongen og Hæren over til Sjæl-
land, hvorefter han lagde sig i Øresund og blokerede Kjøbenhavn og
Malmø, medens Kongen selv opslog sin Leir for Kjøbenhavn paa
samme Plads, hvor han tolv Aar tidligere havde havt den under
Kjøbenhavns første Beleiring.

Dette var Kong Christians, Johan Rantzaus og Peder Skrams
Seirssommer. Holstenernes overlegne Politik og Krigsførelse var
unægtelig Hovedgrunden til Seirene, men disse lettedes dem ved
Lybekernes Forsømmelser. Wullenwever var vistnok en talentfuld
Mand; men ene var han ikke den Opgave voxen, at tvinge hele
Norden under det lybske Aag; og den indre Splid i Lybek spredte
Kræfterne, medens Nederlagene i Danmark svækkede Wullenwevers
Anseelse og derved hans Indflydelse hos Borgerskabet, der blev træt
af Udgifterne og forstemt over Uheldet. Wullenwever har selv ud-
talt det i et Brev til Hertug Albrecht, da denne fra Kjøben-
havn forlangte Hjælp. I sit Svar af 7de Juli 1535 siger han:
„Jeg vilde gjerne efterkomme Eders Naades Forlangende af min
yderste Evne, saa meget det staaer i min Magt og Formue. Men,
den almægtige Gud bedre det, dette Uheld og Nederlag, især Ski-
benes, foraarsager os saadan Brangvillighed i disse Stæder, at
jeg og Andre, der mene det godt med Sagen, ikke paa nogen
Maade kunne efterkomme Eders naadige Begjæring. Jeg kan ikke
gjøre Regning paa nogen Understøttelse hos disse Folk, uden hvad
der kan skee til Søes, hvortil de vel dog gjorde Noget, dersom
man kunde opnaa nogen Bistand af dem i Stralsund og Rostock,
der lade sig finde ganske vrangvillige, især til at besolde Lands-
knegte, hvilket de aldeles afslaa, og som Lybek ikke er i Stand til
at udrette alene, fordi Menigmand er saa gjenstribig" — Sex eller
syv Skibe kunde Lybek vel udrede. „Flere kunne vi ikke tilveie-
bringe; thi vi mangle alle Ting, Krudt, Kugler, Skyts — og
allermest, Gud bedre det, god Villie."

At denne Stemning i Lybek imod de Beleirede ogsaa maatte

gjøre sig gjældende i Partistillingen mellem Lybekerne selv, fik Wullenwever snart at fornemme. Allerede siden Mai Maaned 1535 havde Lyneborg og Hamborg søgt at mægle i Striden mellem Staden og Kong Christian den Tredie, men længe uden Frugt. De fyenske Nederlag bragte dem imidlertid til at forny Under- handlingerne; og Hamborg, denne Gang i Forbindelse med Bremen, tilveiebragte i Juli en anseelig Forsamling af ~~16~~ Hansestæders 21 Sendebud med det Hverv, at stifte Fred imellem Lybek og Kong Christian paa Grundlag af dennes Anerkjendelse som Konge i Danmark, og dernæst at mægle imellem Partierne i Lybek selv saaledes, at de fortrængte Raadsherrer atter indsattes i Raadet, og at de nye traadte tilbage. Mæglingen mellem Staden og Kongen mislykkedes, fordi Wullenwever ved sin Ven og Til- hænger Dr. Oldendorp kom frem med den Paastand, at Lybek ikke var Hovedmagt i Krigen, men kun de danske Stænders, Grev Christoffers og Hertug Albrechts Hjælper, saa at ingen Fred kunde sluttes uden dises Deltagelse. Mæglerne henvendte sig altsaa til Kong Christian i Leiren for Kjøbenhavn, medens Johan Rantzau efter Slaget paa Øxnebjerg var gaaet tilbage til Hertugdømmerne for at forsvare disse, der truedes af de Beleiredes Venner i Tydsk- land. De mæglende Stæder anmodede Kongen om, at deres og Lybekernes Sendebud maatte komme ind i Kjøbenhavn for at over- veie hele Situationen med de Beleirede. Men Kongen afslog den 12te August denne Anmodning, hvorefter hele Mæglingen standsede. Saaledes havde Wullenwever faaet Lybek fastholdt i Krigen ved den snilde Vending, han havde givet Underhandlingerne — ikke just til Lybeks egen Fordel; thi denne havde unægtelig krævet, at der nu, da dog de høie Planer om Danmarks og Sverrigs Undertvingelse maatte opgives, snarest muligt blev Fred paa Betingelse af de gamle Handelsforholds Gjenoprettelse. Men det er kjendeligt, at Wullenwever nu fornemlig tænkte paa at frelse de Beleirede, selv om han derved skulde tilsidesætte Lybeks Interesser. Ham laa det paa Hjerte at faa Krigen fortsat, altsaa at hindre Mæglingen.

Men ret længe formaaede Wullenwever dog ikke at fortsætte denne Kamp imod Fredspartiet i Lybek selv og de mæglende Stæder. Hans egen Stilling i Raadet og som Folkefører var undergravet ved den uheldige Vending af den Krig, han havde paaført Lybek; og nu ankom netop et Exekutorialmandat af 7de

Juni 1535 fra Rigets Kammerret, der, efter at Processen imod
de Nye i Lybek var fremmet indtil Dom, paabød dem at efter=
komme det tidligere keiserlige Mandat inden sex Uger og tre Dage,
da ellers Achtserklæringen vilde udgaa saavel over Staden
selv som over de Ulydige. Vi have tidligere seet, hvor libet Ly=
bekerne havde agtet det keiserlige Mandat, dengang dette traadte i
Veien for den opadgaaende Bevægelse; men nu, ved den Mod=
løshed, der havde grebet Borgerskabet i Sommeren 1535, gjorde
Kammerrettens Trusel om Achten et dybt Indtryk. Hvor meget
end Wullenweber stred imod med=allehaande Fortolkninger af Man=
datet, kunde han ikke hindre, at hans egenlige Støtte, Borger=
udskudet, traadte tilbage og opløste sig, de nye Raadsherrer, der
med ham vare komne ind i Raadet, opgave deres Pladser, og hans
farligste og mægtigste Modstander, den udvandrede Ridder Niels
Brømse, den 28de August 1535 høitidelig indførtes i Staden og
atter indtog sin gamle Plads som første Borgermester. To Dage
før var der under Hansestædernes Mægling sluttet en Overenskomst
mellem Raadet og Borgerskabet, hvorved det bestemtes, at det kei=
serlige Mandat skulde efterleves, men den evangeliske Lære og Kirke=
forfatning opretholdes, en almindelig Amnesti indrømmes, og Krigen
med de nordiske Magter endes paa tjenligste Maade, enten ved en
Fred eller ved nye krigerske Anstrængelser.

Mod den seirende Reaktion formaaede Wullenweber nu ikke
at holde sig. I Raadet var han aldeles magtesløs; og da dette
den 20de September ved eget Valg havde optaget fem nye Med=
lemmer, ansaa han det for rigtigst at træde fuldstændigt tilbage.
Han gik ud af Raadet, imod at dette overdrog ham Posten som
Befalingsmand i Bergedorf. Dog var hans Rolle endnu ikke
fuldstændigt udspillet. Jeg skal her medtage den sidste Akt af hans
Tragedie, skjøndt Slutningen griber ud over Tidsgrændsen for
denne Fremstilling.

Ved Borgerkonkordatet af 26de August havde det gjenindsatte
gamle Raad forpligtet sig til at skaffe Fred med Danmark enten
ved Underhandlinger eller ved Krig. Fred med Kong Christian
var i Øieblikket umulig, med mindre Lybek ligefrem vilde æreløst
opoffre de Beleirede, da Kongen jo ikke vilde tilstæde dem at træffe
nogen Aftale med disse. Raadet maatte saa dog, hvor nødigt det
vilde, tænke paa Rustninger til de Beleiredes Understøttelse; saa-

ledes see vi nu imod al Formodning de Gamle i Efteraaret 1535 at udrufte den Flaade, Wullenwever ikke havde kunnet bringe i Søen strax efter de fyenske Nederlag. Ved samme Tid havde Everhard Duelacker, Grev Christoffers Oberst, der af Greven var sendt til Tydskland før Kjøbenhavns Beleiring, faaet samlet nogle Fænniker Landsknegte i Egnene mellem Elben og Weseren. Ingen vidste, hvem disse Folk tjente, eller med hvis Penge Duelacker havde hvervet dem. Men her mente nu Wullenwever at kunne udrette Noget til de Beleiredes Frelse. Trods alle Advarsler imod de Fjender, der allevegne lurede paa ham, reiste han med kun fire Ledsagere til Hamborg, hvor han traadte i Forbindelse med engelske Gesandter, som Kong Henrik den Ottende havde sendt til Markus Mejer paa Varberg for at sondere Stillingen i Norden og opmuntre ham til Udholdenhed. Fra Varberg vare disse Gesandter komne til Hamborg, hvor de stræbte at modarbeide de Fredsunderhandlinger, der da vare i Gang, altsaa arbeidede i samme Retning som Wullenwever. De kom derfor villigen denne imøde og lovede ham Penge til at faa Duelacker og hans Folk i sin Tjeneste. Wullenwever maatte altsaa nu til denne; men et Pas igjennem Ærkebiskoppen af Bremens Land kunde han ikke forskaffe sig. Dog vovede han Reisen; men altfor mange Øine vogtede paa enhver af hans Bevægelser: uden Tvivl have hans Fjender i Lybek givet Ærkebiskoppen et Vink; Wullenwever blev anholdt og ført som Fange til Ærkebiskoppens Slot Rothenburg. Denne Anholdelse paabrog Ærkebiskop Christoffer mange Ubehageligheder, navnlig fra den engelske Konge og Hoffet i Bryssel, hvis Fordel det nu var blevet at opretholde Krigspartiet i Lybek. Wullenwevers Anholdelse blev derfor Anledning til, at Landgreven af Hessen og Hertugen af Brunsvig udsonede Ærkebiskoppen med Kong Christian den Tredie, med hvem han hidtil havde staaet paa en spændt Fod. Og nu fik Melchior Rantzau Tilladelse til at forhøre Fangen paa Rothenburg. Ved Pinebænken afpressede han den ulykkelige Mand Tilstaaelser, der maatte føre ham i Undergang, men som vare særdeles tjenlige til at stemme Raadet i Lybek for en Fred saa snart som muligt. Wullenwever bekjendte, at hans Hensigt med Duelackers Knegte havde været at overrumple Lybek efter Overlæg med sine vigtigste Tilhængere i Byen; saa vilde de ihjelslaa det gamle Raad, overgive Staden til Burgunderne og tilrive sig selv Magten under deres Overherredømme! De Münsterske Gjendøberes Kommunisme skulde da indføres. Saa vilde han slaa alle Adelsmænd i Danmark og Holsten ihjel; han havde besuden tilvendt sig 6000 Gylden af de offentlige Penge, han havde havt under Hænder, o. m. dsl.

At Wullenwever her paasagde sig og Andre, hvad han og de i Virkeligheden hverken havde gjort eller tænkt paa at gjøre, er efter alle Omstændigheder vist nok. Og skjøndt han endnu to Gange gjentog denne Bekjendelse, den ene Gang under Torturen, den anden med Pinebænken for Øie og under Trusel af at skulle dø i Pinen, om han tilbagekaldte, saa tager jeg ikke i Betænkning at frikjende ham for de tre døbbringende Forbrydelser: Tyveri, Forræderi, Kommunisme. Thi ikke alene er der i Alt hvad nu foreligger intet Spor efter saadanne Misgjerninger eller forbryderske Planer; men Wullenwever har selv tre Gange tilbagekaldt sine Pinebænksbekjendelser: i Breve til sin Broder, som endnu ere bevarede, i et dybt Hjertesuk, der udtaler sig i et Vers, han indridsede paa Fængselsmuren, og, hvad der betyder mest, paa Retterstedet, da hans Dom var fældet og der for ham var hverken Frygt eller Haab mere i denne Verden.

Men paa disse Bekjendelser reiste dog Lybeks Raad en Anklage paa hans Liv med Understøttelse af Kong Christian den Tredie, der anklagede ham som Ophavsmand til al Krigens Elendighed. Og Lybeks Raad benyttede Wullenwevers Bekjendelser til Forfølgelse mod otte af deres vigtigste Modstandere i Staden selv.

Ærkebiskoppen af Bremen havde imidlertid draget sig ud af Sagen ved at overgive Fangen til sin Broder Hertug Henrik af Brunsvig, en dødelig Fjende af Gjendøberne og af de revolutionære Partier blandt Borgerne i Nordtydsklands Stæder. Han tog imod Klagen, lod Lybekernes og Kong Christians Sendebud endnu engang forhøre ham for at faa den ældre Bekjendelse stadfæstet, og stillede ham saa for sin Landret, der dømte ham til Døden. Hans Hoved faldt for Bøddelsværdet udenfor Wolfenbüttel den 24de September 1537.

Jeg vender tilbage til Krigen i Danmark efter de fyenske Seire 1535. Den 24de Juli begyndte Kjøbenhavns Beleiring. Fuldstændigt indesluttet blev Staden dog ikke. Kongens Leir blev opslaaet nordfor Staden, og i det Hele blev Linien nord- og vestfor de 3 Søer okkuperet, fra Sundet til Kallebodstrand; desuden blokeredes Staden fra Søsiden af Skrams Flaade, der tillige skulde afspærre al Tilførsel til det ligeledes beleirede Malmø. Men Amager kunde Kongen ikke besætte, fordi han tillige maatte holde en Leir i Hertugdømmet under Johan Rantzau til Forsvar mod Duelacker og andre Fjender. Saalænge Amager var frit, kunde Kjøbenhavn hverken udhungres eller afspærres fra al Forbindelse med Tydskland, hvorfra det ogsaa af og til modtog friske Levnetsmidler, saalænge Søen var aaben. — At det maatte blive en langvarig Beleiring var altsaa fra først af givet, og havde Wullenwever beholdt Magten i Lybek, kunde endnu Alt have vendt sig. Kjøbenhavns og Malmøs Betvingelse blev et strengt Taalmodighedsarbeide for Kong Christian og Peder Skram.

Kongen benyttede Ventetiden til at lade sig hylde af Skaaningerne paa Libors Høi udenfor Lund den 18de August 1535, udskrive en svær Skat af Skaaningerne, og uventet for Alle foretage sig et noget eventyrlig Ridt op til Stokholm for at aflægge Kong Gustav et personligt Besøg. Uanmeldt og uden Pas ankom han den 9de September til Stokholm, hvor han vel blev sømmelig modtagen, men hvor han dog fandt Kong Gustav mindre føielig og bøielig, end han sagtens havde ventet. Christians Hovedhensigt med Reisen var at knytte Gustav fast til sig i den nye Krig med Pfalzgrev Frederik og middelbart med Keiseren selv, der, som jeg strax skal vise, truede ham og Danmark-Norge. Men Gustav vilde ikke give noget Tilsagn om særlig Bistand mod Pfalzgreven, hvorimod han trængte paa sin Svoger for at faa Agershus og Bahus med Vigen som Pant for de Summer, han allerede havde laant ham, og et Forbund sluttet, der sikrede ham imod den Fare, at Christian ensidig indgik en Fred, som gav Lybekerne og deres Hjælpere fri Haand mod Sverrig. Dette maatte Christian vel love, idet han dog undgik at binde sig fuldstændig ved Traktater, da han ikke havde sit Rigsraad hos sig. Men skuffet og misfornøiet vendte han tilbage, — maaske endog ikke uden en Mistanke om, at Gustav havde havt mørke Hensigter mod hans

Liv eller Frihed.   Det fortælles, at da Kong Christian aflagde sin Svigerinde, den svenske Dronning Catharina, sit Afskedsbesøg, skal denne have sagt til ham: „Broder, Du maa takke Gud Almægtigste, Du har en god Stjerne paa Himlen; thi det er ikke længe siden, at der var andre Anslag over Dig". — At Gustav virkelig skulde have tænkt paa noget Forræderi imod Christian, er aldeles utroligt.   Selv om man ikke maatte afvise Mistanken som uværdig for saa stor en Konges Minde, saa maa det dog siges, at Gustav var altfor klog til ikke at indsee, at Følgen af et forrædersk Angreb paa Christians Person snarest kunde blive en Forening af Christians Mænd med Lybekerne imod Sverrig alene.   De danske Forfatteres Mistanke imod Gustav bør derfor afvises som ugrundet; men har Dronningen talt som det siges, kan man ikke undre sig over, at Christian var glad ved at komme vel tilbage til Leiren for Kjøbenhavn den 23de September.   Og har han medbragt i sit Hjerte Spiren til Uvillie imod Gustav, saa maatte denne rask udvikle sig, da Dronning Catharina døde pludselig den samme 23de September 1535, som Rygtet sagde, efter en heftig Scene med sin Gemal, der var opbragt over, at hun havde beklaget sig for Christian over hans Strenghed, hvilket Øretudere havde berettet ham.   Rygtet talte endog om Mishandling: Gustav skulde have givet hende nogle Slag med en Hammer, der just laa ved Haanden.   Hvor megen Sandhed der var heri, kan jeg ikke sige; men paa Kong Christian har dette Rygte dog vist gjort et dybt Indtryk, thi han unblod den simple Høflighed at udtale for sin Svoger Deltagelse over Dødsfaldet, saa at denne endog maatte minde ham derom: hans kjære Svoger maatte dog ikke forlade ham i hans store Sorg og Bedrøvelse uden at husvale ham med Trøstebrev!

Paa sin Side mente Gustav ogsaa at have Grund til Misfornøielse med Christian, der i Stedet for en punktlig Opfyldelse af de Løfter, han havde givet i Stokholm, kun sendte ham Forklaring af de Vanskeligheder, der stillede sig imod Opfyldelsen. Det er kjendeligt, at Stokholmsreisen, langtfra at bringe Gustav og Christian nærmere til hinanden, har lagt Spiren til gjensidig Mistanke og Uvillie, der voxede med Aarene og navnlig derved er bleven fordærvelig for Norden, at et uvenligt, tilsidst fjendsk Sind fik Overhaand ved begge Hoffer.   I Gustavs og Christians Tid kom dette vel ikke til Udbrud; men begge Tronarvinger, Frederik

og Erik, ere opvoxede i et bittert Nag, der blev en af Hoved-
grundene til den fordærvelige Syvaarskrig, som for Aarhundreder
stillede Danmark og Sverrig som Fjender mod hinanden.

Efter Stokholmsreisen kom der ogsaa andre Grunde til Mis-
stemning mellem begge Konger. Men i Dieblikket var den Fare,
der truede fra de fælles Fjender, endnu altfor stor til at de kunde
give deres Følelser Luft. Navnlig kunde Christian ikke undvære
Gustavs. Tropper i Skaane eller hans Flaade i Oresund, eller til-
bagebetale de Penge, han havde laant.

Imidlertid faldt flere af de faste Pladser, Hertug Albrecht,
Grev Christoffer og Lybekerne endnu besad. Især var det af
Vigtighed, at Mogens Gyldenstjerne og Holger Ulfstand tvang
Landskrone til at kapitulere den 11te Oktober, da Flaaden derved
fik en Vinterhavn, som tillod den at opretholde Blokaden for Kjø-
benhavn og Malmø indtil Isen afløste den. Men forinden den
benyttede denne Fordel, fik den endnu et Stykke Arbeide at udføre.

Det gjenindsatte gamle Raad i Lybek var ved Borgerkonfor-
batet af 26de August forpligtet til at fortsætte den Krig i Norden,
dets Rivaler og Modstandere havde begyndt. En Flaade maatte
udrustes; med stor Lyst eller Iver skete det dog ikke. Først den
24de Oktober 1535 løb Lybeks Skibe ud fra Travemynde; men
endnu varede det 14 Dage, inden de tre andre Stæders havde
forenet sig med dem. Den 8de November gik denne Flaade for
Anker mellem Kastrup og Dragør og satte sig strax over Amager
i Forbindelse med de Beleirede, hvem de ad denne Vei forsynede
med Proviant. Dette kunde Kongens Flaade ikke hindre, naar
den ikke maatte hæve Blokaden af Kjøbenhavn og Malmø for at
byde Fjenden et Slag under Møen. Men da de Beleirede nu
ventede, at Hanseaterne vilde foretage noget Alvorligt til at sprænge
Blokaden og fordrive Kongens Flaade fra Sundet, bleve de høilig
skuffede. Et Par Dage hindredes alle Bevægelser ved stormende
Veir; og da Peder Skram rykkede frem til Angreb, fremkom i
Tydskernes Krigsraad de lybske Raadsherrer med deres Instruktion,
der løb paa, at begive sig ind i Oresund for at undsætte de
Beleirede og hindre Tilførsel af Proviant til Fjenden; kunde
de imidlertid gjøre Fjenden Afbræk, ønskede Raadet det meget
gjerne, dog saaledes, at de selv vogtede sig for Skade. Det viste
sig da, at Anførerens Hensigt ikke var at slaaes, men at Togtet

skulde ansees som udført med Kjøbenhavns Proviantering. Imellem de armerede Baade fra begge Flaader havde der vel staaet nogen Kamp den foregaaende Dag om et lybsk Skib, som var drevet paa Grund, ved hvilken Leilighed det sandsynligvis var, at Skram selv saaredes i det ene Ben, saa at han maatte bringes i Land. Da nu den kongelige Flaade den 12te November med en Nord-ostenvind vilde angribe under Anførsel af den preussiske Admiral Johan Pein, løb dennes Skib paa Grund; men langtfra at be-nytte dette Uheld som man skulde ventet, gik den hanseatiske Flaade under Seil og stod ud af Sundet næsten som i Flugt. Et Par Skibsførere af Krigspartiet gave sig vel i Færd med Preusseren; men da de andre lobe dem i Stikken, maatte ogsaa de trække sig tilbage. Heftige Storme i de nærmeste Dage adsplittede Flaaden; hver søgte hjem til Sit. Dermed var til Krigspartiets Harme det hele Foretagende endt. Netop i de samme Dage var det, at Wullenwever blev fangen af Ærkebiskoppen af Bremen! Alle Forsøg af de Beleirede og af Hertug Albrechts Broder Henrik af Meklenborg paa at bevæge Lybeks Raad til et nyt Tog bleve frugtesløse.

Der indtraadte nu en Standsning i Krigen, da intet Andet kunde foretages end at opretholde Leirene for Kjøbenhavn og Malmø, samt hindre Fremmedes Indblanding. Kongen kunde da henvende sin Opmærksomhed paa Forholdene i Norge, og maatte det baade for derfra at faa Bidrag til de uhyre Udgifter, Krigen slugte, og fordi han i Stokholm havde lovet at stille Kong Gustav de to norske Slotte Bahus og Agerhus som Pant for de laante Summer.

Ved Danmarks Opløsning efter Kong Frederiks Død tilbød der sig for Norge en i Aarhundreder ikke mere tilbagevendende Leilighed til at gjenvinde sin Uafhængighed, havde det blot ikke manglet Kræfter til at være et selvstændigt Rige, og havde de ledende Mænd kunnet enes. Der manglede ikke et nationalt norsk Parti, hvis Midtpunkt var Trondhjem og som samlede sig om Ærkebiskoppen Oluf Engelbrektsen. Men denne Mand mang-lede Mod og Kraft til at reise Follet i en Kamp for Selvstændig-heden. Han vovede ikke at træde aabent frem som Fjende af For-bindelsen med Danmark; hvem skulde han i 1533 vel ogsaa have opstillet som Norges Kongsæmne? Christiern den Anden sad vel forvaret paa Sønderborg, hans eneste Søn var død, hans Døttre endnu ugifte. Og to Forhold af største Betydning i Norge selv stode haardt imod Frihedstankerne: de indgiftede danske Adelsmænd med de Gyldenløveste Svigersønner Vincents Lunge og Niels Lykke i Spidsen vilde opretholde Unionen; og Norges tre Fæstninger vare i Hænderne paa Mænd af dansk Adel. Klaus Bilde, Pantelensmand paa Bahus, var Medlem af baade det danske og det norske Rigsraad; Erik Gyldenstjerne, som efter Kong Christierns Fald havde afløst Mogens Gyldenstjerne paa Agershus, var en haardhaandet, men aldeles paalidelig dansk Mand, en afgjort Modstander af det norske Nationalparti; og Eske Bilde paa Bergenhus, mindre lidenskabelig end Vincents Lunge og mindre haard end Erik Gyldenstjerne, var dog i Feiden 1532 optraadt som Ærkebiskoppens bestemte Modstander og havde i Gjerningen viist, at han ikke vilde tilstede Norges Løsrivelse fra Danmark, hvortil han ved Herkomst, Familieforhold og Eiendomme var knyttet med de stærkeste Baand.

Ærkebiskoppen som Rigsraadets Formand og under Interregnet den første Mand i Regeringen indkaldte et Rigsmøde i Romsdalen. Her samledes Raadets Medlemmer i Eftersommeren 1533. Udfaldet af deres Overveielser blev en ny Seir for Vincents Lunges Politik, saa vidt denne nu kunde gjennemføres uden en Konge. Man valgte ingen norsk Konge, men vedtog at ville følge det danske Rigsraads Indbydelse til en fælles Valgdag i Kjøbenhavn 1534, med Forbehold af Norges Riges Friheder og Privilegier. Men Enigheden mellem Herrerne blev ikke af lang Varighed, og endnu holdt Folket sig saa stille, som om den hele Sag ikke vedkom det. Ærkebiskoppen vilde dog ikke møde i Kjøbenhavn efter Bestemmelsen; Vincents Lunge derimod nok; men han kom ikke længere end til Skaane, netop som Grev Christoffers Anfald paa Sjælland omstødte Alt i Danmark og umuliggjorde den fælles dansk-norske Valgherredag. I de samme Dage blev Eske Bilde Lybekernes Fange, da han paa Reisen til Danmark seilede deres Krydsere lige i Hænderne uden at ane Udbrudet af Feiden.

Til Ulykke for Norge kom Ærkebiskoppen kort efter i heftig Strid med Vincents Lunge. Allerede to Gange havde disse myndige Stormænd været i aaben Feide med hinanden: første Gang ved samme Tid som Vincents Lunge maatte overgive Bergenhus til Este Bilde; dernæst i Kong Chriſtierns Krig, hvis uheldige Udfald gav Vincents Lunge og hans Svoger Niels Lykke Leilighed til at ydmyge Ærkebiſkoppen og aftvinge ham et koſtbart Forlig. Endelig udbrød i Slutningen af 1534, og i 1535, en ny heftig Kiv, fordi Ærkebiſkoppen ikke gik ſkarp nok frem imod Niels Lykke, hvem Vincents Lunge nu forfulgte ſom ſin Dødsfjende. Thi Niels Lykke havde efter ſin Huſtrues Død indladt ſig i en forargelig Elſkovshandel med hendes Søſter Lucie, hvis Svangerſkab ikke kunde ſkjules og bragte baade Sorg og Banære over den Gyldenløveſke Slægt. Han begjærede rigtignok den forførte Pige til Ægte, men gjorde dermed kun Ondt værre. Baade Moderen, Fru Inger Ottosdatter, og iſær Svogeren Vincents Lunge modſatte ſig Ægteſkabet paa det Beſtemteſte, fordi det efter deres Mening ſtred baade mod guddommelige og menneſkelige Love. Niels Lykkes Brøde var Blodſkam, Kjætteri, der krævede Dødsſtraf. Vincents Lunge fordrede, at Ærkebiſkoppen ſom Rigets og Kirkens Overhoved ſkulde forfølge Niels Lykke ſom Kjætter; og da Oluf Engelbrektſen nølede, ja endog udtalte ſig for Ægteſkabet, vendte Lunge ſin lidenſkabelige Vrede ogſaa mod ham.

Denne Familietviſt blev ſkjæbnesvanger for Norge, fordi den flettede ſig ind i Spørgsmaalet om Kongevalget. De to danſke Adelspartier, det øſtdanſke, der af Greven var nødt til at anerkjende den fangne Konge, og det jydſke, ſom havde valgt Hertug Chriſtian af Holſten, tilſkrev hver fra ſin Side Nordmændene om Tilſlutning ifølge den beſtaaende Forbindelſe mellem Rigerne. Ligeledes Hertug Chriſtian ſelv. Vincents Lunge vilde, at Norge uden Opſættelſe ſkulde erklære ſig for Hertugen, endnu inden Krigen i Danmark havde taget en afgjørende Vending; thi da vilde Norge kunnet betinge ſig en Haandfæſtning og i denne ſine ſtatsretlige Friheder. Han forſtod nok, at Hertug Chriſtian forlangte Anerkjendelſe ſom Faderens Arving, ikke Valg; men juſt derfor burde Norge vælge ham i Tide. Dette var ganſke viſt det eneſte Rigtige; men Ærkebiſkoppen var ikke at formaa til at række Vincents Lunge Haanden til et ſaadant Valg. Han ſagde vel ikke Nei, ligeſaa lidt ſom han vovede at tage Parti for Niels Lykke; tværtimod gav han i den ſidſte Sag ſaa vidt efter for den almindelige Stemning, at han lod Niels Lykke fange og ſtille for en Ret, der dømte ham ſom Kjætter, men henſtillede Straffen til Rigsraadets Afgjørelſe.

Og heller ikke forkastede han Lunges og de Søndenfjeldskes Valg, men undgik en bestemt og bindende Udtalelse ved allehaande Udflugter, saa at det i 1535 ikke kunde komme til noget almindeligt Kongevalg af det hele norske Rigsraad. Vincents Lunge formaaede kun at drage de Søndenfjeldske med til en bindende Erklæring for Hertug Christian i Mai 1535, betinget af Stadfæstelse paa Rigets Friheder. Efter Pfalzgrevens Optræden blev Ærkebiskoppen endnu mindre villig til at anerkjende dette Valg; han søgte hemmelig Forbindelse med det burgundiske Hof, og sad nu i Slutningen af Aaret 1535 i sin trondhjemske Residents lurende efter Tingenes Vending uden selv at vove noget bestemt Skridt.

Dette var Stillingen i Norge, da Kongen efter Stokholmsreisen og den hanseatiske Flaades Tilbagetog ansaa det for nødvendigt at bringe Kongesagen i Norge til Afgjørelse. Eske Bilde havde i November 1535 faaet sin Frihed efter Wullenwevers Fald. Han indstillede sig hos Kongen, hvem han jo endnu ikke havde anerkjendt, erklærede sig for hans Mand og modtog det Hverv at begive sig til Norge i Forbindelse med Klaus Bilde paa Bahus, tage Vincents Lunge og andre søndenfjeldske Rigsraader med, gaa til Trondhjem og der paa en almindelig norsk Rigsforsamling gjennemdrive Kongevalget og Bevillingen af en Landeskat. Ifølge dette Kongebud ankom Eske og Klaus Bilde med Biskopperne Hans Reff af Oslo og Magnus af Hammer, samt Vincents Lunge og sagtens et Par andre Medlemmer af Norges Raad i Juletiden til Trondhjem, hvor Ærkebiskoppen tog tilsyneladende venligt imod dem og deres Forslag. Han indkaldte ogsaa Almuen fra Trøndelagen til Rigsmødet. Men aldrig saa snart havde Menigmand hørt Kongens Fordringer, før der udbrød en voldsom Folkebevægelse. De samlede sig om Bispegaarden og erklærede, at de ikke vilde have den fremmede Konge, som inden han var lovlig valgt vilde tvinge Folket med en haard Skat; og nu stormede de til de søndenfjeldske Herrers Bolig, sloge Vincents Lunge ihjel og afholdtes med Nød fra at sende begge Bilder og Hans Reff efter ham i Døden. De tre Herrer maatte dog vandre i Ærkebiskoppens Fængsel. — Dette skete den 3die Januar 1536. Omtrent ved samme Tid omkom Niels Lykke i sit Fængsel paa Ærkesædets Slot Stenvigsholm, formodentlig dræbt paa Oluf Engelbrektsens Befaling.

Om Initiativet til disse Voldshandlinger virkelig var Erke-
bistoppens, — om han ikke, som til alle Tider den karakteerløse
Styrer, der selv ikke er sin Stilling voxen, blev af lidenskabelige
Undermænd henreven ud over Grændsen af sin egen Villie, kan
jeg ikke afgjøre. Men vist er det, at nu var hans Stilling bleven
klar nok. Han maatte fremad paa den farlige Vei og see til at
rive Magten helt ud af det danske Parties Hænder. Derfor sendte
han sine betroede Mænd Einar Tield og Christoffer Trond-
sen med den Krigsmagt, han kunde opdrive, imod Agershus og
Bergenhus. Men Erik Gyldenstjerne tog saaledes imod den
Første, at han i største Hast maatte trække sig tilbage, hvorefter
Slotsherren tugtede og kuede Erkebistoppens Tilhængere i sin
Kreds. Og den fangne Eske Bildes Underfoged Thord Roed
viste sig baade i Magt og List Christoffer Trondsen saa over-
legen, at denne blev hans Fange paa Bergenhus og det hele
trondhjemske Krigstog aldeles mislykkedes.

Hvad var nu at gjøre for Oluf Engelbrektsen? Saa han til
Nederlandene, mente han at kunne vente Pfalzgrevens Optræden
med Keiserens Magt i en nær Fremtid, blot han kunde udsætte
Katastrofen i nogle Maaneder. Saaledes faldt han tilbage i sin
naturlige Rolle, at udskyde enhver Afgjørelse og holde Alt svæ-
vende, indtil Andre udfriede ham af den pinefulde Stilling.
Han vendte sig til sine Fanger, sluttede et Forlig med dem, satte
dem under visse Betingelser i Frihed og tilsagde dem i en aaben
Skrivelse af 6te April 1536, at naar Kong Christian vilde for-
lade ham Alt hvad han før og nu havde gjort hans Fader og
ham imod, vilde Erkebistoppen anerkjende ham for sin Herre,
sammenkalde Norges Raad og ypperste Mænd til en almindelig
Herredag, og der faa ham valgt til Konge paa Betingelse af en
beseglet Reces, der sikrede Norges Riges Friheder. — Det var
altsaa Vincents Lunges, den faldne Fjendes, Politik Oluf Engel-
brektsen her greb til. Men han mente det ikke ærligt og Ingen
troede ham; ja han har vel neppe selv troet paa, at Sagen nu kunde
bringes i Lag paa denne Maade; derfor fastholdt han sine For-
bindelser med det burgundiske Hof, søgte Hjælp hos det og lod
sig give Leide til Ophold i Nederlandene.

Imedens alt dette foregik i Norge, havde Kong Christian
været heldig nok til at faa sin og Danmarks hidtil farligste Mod-

stander helt ud af Krigen. Nye Forsøg paa at mægle mellem Kongen og Lybek udgik i Sommeren 1535 fra de evangeliske Stænder i Tydskland, der foruroligedes ved at see to Magter, som begge hørte til deres Parti, indviklede i saa heftig en Feide. De maatte ønske at see dem forsonede, for at alle Evangeliets Tilhængere kunde staa sammensluttede mod Farerne fra katholsk Side. Kurfyrsten af Sachsen, Landgreven af Hessen, Hertugen af Lyneborg, de overtydske Rigsstæder arbeidede derfor alvorligt paa at tilveiebringe et nyt Fredsmøde. Kong Christian gik saa meget villigere ind derpaa, som han, uvis om, hvor vidt han kunde stole paa Sverrigs Udholdenhed, maatte søge en Støtte hos de evangeliske Stænder i Tydskland. Lybeks Raad var ogsaa villigt nok; men det agtede ikke at opgive den engang indtagne fordelagtige Stilling, ifølge hvilken Lybek kun var de Beleiredes Hjælper i Kampen for den fangne Konges Befrielse, saa at Fredsunderhandlingerne maatte omfatte ogsaa Hertug Albrecht, Grev Christoffer, Stæderne Kjøbenhavn og Malmø. Denne Wullenwevers Paastand havde det gjenindsatte Raad arvet; men Vanskeligheden ved at faa saa vidt spredte Parter og Mæglere samlede til rette Tid paa det bestemte Mødested bevirkede Udsættelse af Forhandlingerne fra den ene Termin til den anden. Og saa længe der endnu var Haab om, at den store hanseatiske Flaade vilde optræde med Kraft, viste de Beleirede sig utilbøielige til overhovedet at underhandle paa det af Mæglerne opstillede Grundlag af Kong Christian den Tredies Anerkjendelse som Danmarks og Norges Konge. — Først da Flaaden var gaaet tilbage uden at vove noget Angreb, og da Lybek lod dem forstaa, at vilde de ikke deltage i Underhandlinger, maatte Hanseaterne see at sørge for sig selv, blev de Beleirede medgjørligere. De sendte Fuldmægtige til Mødet i Hamborg, men benyttede tillige Leiligheden til at faa andre Sendebud over Søen for at knytte Forbindelser med den nederlandske Regering og gjennem den med Keiseren og Pfalzgreven. Og da Underhandlingerne endelig aabnedes i Hamborg den 13de Januar 1536, fremkom de med den Fordring, at førend de kunde indlade sig paa Videre, maatte den fangne Konge være sat i Frihed, hvad den danske Konges Sendebud bestemt afsloge.

Da de Beleiredes Sendebud ikke kunde bringes bort herfra, stilte Lybek sig endelig fra dem og sluttede for sig Fred med Kong

39

Christian den Tredie den 14de Februar 1536, hvori det aner-
kjendte ham som Konge i Danmark-Norge og forpligtede
sig til at forsøge, om de Beleirede kunde inden sex Uger bevæges
til at antage Freden, naar der sikredes Hertugen og Greven fri
Bortgang fra Riget, samt Kjøbenhavn og Malmø ikke alene Am-
nesti, men Bibeholdelse af den under Krigen vundne Stilling som
frie Rigsstæder. Lykkedes dette, skulde Lybek beholde Bornholm
50 Aar udover den allerede bestemte Termin. Desuden betingede
det sig Stadfæstelse paa sine gamle Privilegier og Sædvanerettig-
heder i Rigerne. Alle Fanger løsgaves, og de gjensidige For-
dringer paa Omkostninger og Erstatning ophævedes mod hinanden.
Enhver af Parterne medoptog sine Venner og Hjælpere i Freden,
Kong Christian navnlig ogsaa Kongen af Sverrig, om hvis Stilling
det tillige vedtoges, at de Fordringer, Lybek, Greven af Hoyas
Arvinger og Bernhard v. Melen paastode at have til Kong Gustav,
eller denne til dem, skulde underkastes den danske Konges Voldgifts-
kjendelse; vilde Gustav paa sin Side ikke dette, maatte Kong
Christian ikke gjøre ham nogen Hjælp og Bistand imod dem i
denne Sag.

Om denne Fred skulde blive en almindelig eller blot en Se-
paratfred imellem Lybek og den danske Konge, beroede altsaa paa,
om Lybek kunde formaa de tre andre vendiske Stæder og de Be-
leirede til at antage den inden den bestemte Tidsfrist, og om Kong
Gustav vilde antage den paa de Betingelser, der bødes ham. Man
skulde da tro, at Kong Christian maatte have forelagt Gustav hele
Sagen snarest muligt; men det var saa langt fra Tilfældet, at der
hengik fire Maaneder, inden det skete. Grunden til denne paa-
faldende Opsættelse maa man gjætte sig til; thi de Undskyld-
ninger, den danske Konge fremførte for sin Svoger, have Intet at
betyde og gjorde heller intet Indtryk paa denne, der følte sig ikke
alene krænket ved Tilsidesættelsen, men foruroliget ved i saa lang
en Tid at staa uvis om sin Stilling til den hidtil fælles Fjende.
Sandsynligvis har Kong Christians Langsomhed været bevirket ved
to Omstændigheder, som ikke ret vel lode sig ligefrem sige til
Gustav. Først Haabet om, at Lybek kunde formaa de Beleirede
til at antage Freden; thi lykkedes dette, kunde Christian stemme
Tonen mod Gustav betydeligt høiere. Men dernæst ogsaa, at det
i lang Tid var et almindeligt Rygte, som blev troet ikke alene i

Norden, men i Tydskland og Nederlandene, at Gustav var falden som et Offer for en Sammensværgelse imod hans Liv. Da dette viste sig ugrundet, kom de danske Sendebud til Stokholm med Hamborgerfreden. Gustav antog vel denne, fordi han ikke kunde afvise den uden at paatage sig hele Krigens Fortsættelse; men han var ikke synderlig tilfreds med Betingelserne. Og hel utilfreds var han med Kong Christian, fordi denne hverken havde givet det lovede Pant for Laanet eller skaffet det lovede Forbund med Danmark-Norge. Kun Et havde han vundet ved denne Krig, men rigtignok noget meget Stort og Følgerigt: Sverrig havde afkastet Hanseaternes utaalelige Handelsaag, saa at dets Næringsvirksomhed kunde udfolde sig frit og uhindret af dem. Gustavs Krig med Lybek er epokegjørende i Sverrigs Historie. —

Hermed afslutter jeg en af de Hovedtrækker, jeg har fulgt gjennem denne Bog: Forholdet mellem Danmark og Sverrig. Jeg har viist, at strax den første Konge af det oldenborgske Hus miskjendte dette Forhold, idet han, hildet i Forestillingen om den „kjærlige Bebindelse", hvis Baand allerede vare brudte, valgte at tvinge Sverrig med Danmarks og Norges Magt i Stedet for at søge et varigt Venskabsbaand knyttet, der maatte kunne drages ud af Halmstadsunionen. Anden Gang bød der sig en Mulighed til at gjenknytte Baandet, da Kong Hans rakte det svenske Rigsraad Haanden imod Rigsforstanderen, som ved Almuens Bistand vilde uden Ret gjøre sig til Sverrigs Herre. Da brast det dog atter uden Kongens Skyld ved Hemming Gads, Sten Stures og dennes Partitilhængeres Had og Ærgjerrighed. — Og i Grevens Feide bød der sig ved den fælles Kamp mod fælles Fjender endnu en-gang en Leilighed til varigt Venskab mellem de selvstændige Frænde-folk. Men heller ikke denne Gang skulde der komme anden Frugt end Misstemning, Uvillie, tilsidst aabent Fjendskab. Der var for meget af de gamle Minder i begge Kongernes Hjerter til at de kunde slutte sig til hinanden i oprigtig Velvillie. Thi dengang var det Kongernes personlige Følelser, ikke Staternes forskjellige Interesser, der hindrede Tilslutningen. At lægge Ansvaret paa Christian eller paa Gustav drister jeg mig ikke til: de synes mig at maatte dele det omtrent lige.

Endnu et Tilbageblik paanøder Hamborgerfreden: Blikket paa Lybeks og de vendiske Stæders Forhold til Norden i disse første

oldenborgste Kongers Tid. — Lybek stod da paa Overgangen
mellem Middelalderen og Nytiden. Det kunde ikke opretholde sin
gamle Magt og Velstand uden at modsætte sig Nordens Enhed og
Samfærdselsforholdenes naturlige Vending. Kun det Første naaede
Lybek ved at understøtte det svenske Selvstændighedsparti. Kampen
mod Hollændernes Indtrængen i Østersøen blev frugtesløs, uagtet
den tre Gange fornyedes: først med Kong Hans uden Seir og
uden Nederlag; saa tilsyneladende heldigere med Christiern den
Anden, hvis Feil skaffede dem Seiren, langt mere end deres egne
Vaaben. Men derefter brød den nye Tid uimodstaaeligt ind over
Lybek fra to Sider: trods alle Anstrengelser blev det umuligt at
lukke Østersøen for de vestlige Folk, da Verdenshandelens Gang
søgte sig andre Veie end de gamle; og Reformationen fra Witten-
berg rystede med revolutionær Magt Republikens hele indre Bygning.
Disse to Strømninger krydsede hinanden og bragte nye Mænd
op, der vovede et høit Spil om Magt og Herredømme i Norden,
— og tabte det! Ved Indgangen til Grevens Feide havde Lybek
naaet sin Middagshøide; med Wullenwevers Fald og med Ham-
borgerfreden begynder Nedgangen. Er Skylden mest Wullenwevers
eller hans Modstanderes? Svært er det ogsaa her at dele ret-
færdigt imellem begge Parter; men det kan dog siges, at Wullen-
wevers Færd og Skjæbne stadfæster en Sandhed, Historien lærer
Enhver, der vil lade sig belære af den: at de, der komme til
Magten ved en Revolution, ere de farligste Statsstyrere. Fulde
af Selvtillid og fantastiske Planer, berusede af den Fremgang, der
pludselig har lagt Magten i deres uøvede Hænder, bryde de for-
styrrende midt ind i den gamle Politiks sammenslyngede Væv uden
at være istand til at beseire den Modstand, de fremkalde, eller løse
den anstiftede Forvirring. Intet straffer sig i Politiken strengere
end Miskjendelse af Forholdenes Natur.

Efter den hanseatiske Flaades Tilbagetog i November gik den
allierede kongelige Flaade i Vinterhavn, fornemlig i Landskrones
Havn, og aftakkede en Del af sin Besætning, et Par Maaneder
førend en usædvanlig haard Frost efter Nytaar tillagde Øresund.
Kong Christian var ikke i Stand til at holde Flaaden i Søen

uden at opbryde en af Leirene: for Kjøbenhavn, for Malmø eller i Holsten; men disse vare i Øieblikket endnu vigtigere end Blokaden, ihvorvel de Beleirede ved dennes Ophør fik næsten fuldstændig fri Forbindelse med Tydskland. Flaadens Skyts blev da brugt mod de Slotte, der endnu vare i Fjendehaand: Krogen overgav sig den 11te Januar 1536, Kalundborg den 16de Februar. Kong Christian, hvem Underhandlingerne i Hamborg havde kaldt til Holsten, opholdt sig i Marts paa Kalundborg Slot, hvorfra han opfordrede Kjøbenhavn og Malmø til at sende ham betroede Mænd, paa samme Tid som Lybekerne søgte at formaa Hertug Albrecht og Grev Christoffer til at antage Hamborgerfreden. Til Kalundborg kom Ingen fra Kjøbenhavn; men Jørgen Kock fra Malmø indfandt sig. Han blev vel modtagen af Kongen den 26de Marts 1536 og gik derfra til Kjøbenhavn, dengang sandsynligvis for at overtale de Beleirede til at antage Freden. I hans Fraværelse fik Fredspartiet i Malmø fuldstændigt Overhaand, saa at det nu for sig, uden de andre Beleiredes Deltagelse, søgte Underhandlinger med Kongen og sluttede den 6te April i Helsingør en Overenskomst, der aabnede Malmøs Porte paa saa fordelagtige Betingelser, som Kongen paa nogen Maade kunde indrømme. De svenske Hjælpetropper trak sig derefter strax tilbage fra Skaane, saa at Landskaberne hinsides Øresund med Undtagelse af Varberg nu vare i Kong Christians Enebesiddelse.

Kjøbenhavn stod tilbage. Hamborgerfreden, der kun bød Hertug Albrecht og Grev Christoffer fri Bortgang, vilde de ikke modtage; dog var der en Tid i Foraaret 1536, hvor de vilde have sluttet Fred med Kongen, kunde de opnaa bedre Betingelser ved tydske Fyrsters Mægling. Dette mislykkedes imidlertid, — da aabnede der sig vel ikke uventet, men dog i Mai 1536 først bestemt, en Udsigt til en Bistand, der bevægede dem til den yderste Anstrengelse i Haab om dog tilsidst at gaa ud af Kampen med Seir.

Tredie Afdeling.

Det burgundiske Hof stod i Begyndelsen af Grevens
Feide paa Christian den Tredies Side, overensstemmende med
Gentertraktaten af 9de September 1533. Det er ogsaa indlysende,
at Nederlænderne, navnlig da Hollænderne, maatte ønske Christian
den Tredies Seir over Lybekerne, deres gamle Fjender, ja at de
maatte foretrække ham for Christiern den Anden udfriet af sit
Fængsel og gjenindsat paa sine Troner, naar dette udførtes af Ly-
bekerne. Men Keiserens Politik, der dog tilsidst bestemte Neder-
landenes som alle hans Arvelandes Holdning, førte det burgundiske
Hof bort fra Gentertraktaten af Hensyn, der laa udenfor Neder-
landenes Synskreds og Interesser.

Pfalzgreve Frederik, yngre Broder til Kurfyrste Ludvig
af Pfalz, født 1483, tidlig knyttet til det habsburgske Hus,
havde ved flere Leiligheder erhvervet sig Krav paa Keiser Karl den
Femtes og hans Broder Kong Ferdinands Taknemlighed. Men
han havde høstet saa ringe Frugt deraf, at han stod i Begreb med
at slutte sig til Kong Frants af Frankrig, da de habsburgske
Brødre valgte at fastholde ham ved et Ægteskab med deres Søster-
datter Dorothea, Isabellas og Christiern den Andens ældste
Datter og efter Broderens, Prins Hanses, Død i August 1532
det ældste Barn. Ved denne Forbindelse fik Pfalzgreven en Ab-
komst til at optræde med Fordring paa de nordiske Kroner. Pfalz-
greven holdt sit Bilager i Heidelberg den 26de September 1535
— den mere end halvhundredaarige Mand med en femtenaarig
Brud! Men dermed var hans Stilling til Tronstriden i Dan-
mark endnu ikke afgjort. Efter Keiserens Mening skulde Pfalz-
greven med sin Broders Hjælp selv gjennemkæmpe sin Hustrues
Fordringer, understøttet af Keiserens Anseelse, Skrivelser og Under-
handlinger, medens Pfalzgreven kun da vilde optræde med Magt,
dersom Keiseren ogsaa vilde tage Sagen som sin og i det mindste un-
derstøtte ham med Krigsfolk, Skibe og Penge. Underhandlingerne
herom toge lang Tid, da de tre Hoveder for det habsburgske Hus

vare vidt spredte fra hinanden, saa at naar Keiserens Beslutninger
skulde udføres, havde mangen Gang de Forhold, der fremkaldte
dem, forandret sig saaledes, at Udførelsen var enten umulig eller
skadelig. Der maatte da paany sendes Bud og Breve frem og
tilbage, hvorover Maaneder kunde hengaa. — Dette blev navnlig
Tilfældet efter Pfalzgrevens Bryllup.

Keiser Karl var da i August 1535 kommen tilbage til Neapel
efter et glimrende Seirstog mod Osmannerne i Tunis. Uvis om
Forholdet til Frankrig vilde han ikke give det burgundiske Hof
Befaling om Krigsrustninger for Pfalzgreven; først da Regent-
inden viste ham, at Lybekernes Frafald udsatte Kjøbenhavn og de
andre Beleirede for den yderste Fare, dersom der nu ikke fra
Pfalzgrevens Side handledes rask og alvorligt, bestemte Keiseren
endelig, at Kjøbenhavn skulde undsættes med Magt fra Neder-
landene. Denne Befaling kom dog først til Regentinden midt i
Marts 1536 og kunde ikke tidligere end i April blive meddelt
de Beleirede med Opfordring til at holde ud, da tilstrækkelig Hjælp
skulde komme om faa Uger. Bud paa Bud afgik derom til Kjø-
benhavn, tilsidst sendte Regentinden Dronning Maria den 20de
April en af sine egne Adelsmænd, Leonhard Funck, med dette Løfte;
og han var heldig nok til fra Rostok at slippe ind i den beleirede
Stad. Fra nu af opgave de tre beleirede Parter, Hertug Albrecht,
Grev Christoffer og Kjøbenhavns Magistrat, alle Underhandlinger
med Kong Christian den Tredie.

For denne begyndte altsaa i April 1536 en ny Krig, den
tredie og den farligste af dem alle, en Krig med Keiseren og med
Pfalzgreven, der kunde fravriste ham Alt hvad hidtil var vundet.
Det gjaldt da om at bringe Krigen i Danmark til Ende, inden
Flaade og Hær ankom fra Nederlandene. — Først kastede Kongen
sig over Varberg, hvor Markus Mejer sad som en uafhængig
Herre uden Forbindelse med Lybekerne. Han var ikke medoptagen
i Hamborgerfreden; men han underholdt Forbindelser med Kong
Henrik den Ottende af England, der, som vi saa, i Efteraaret
1535 havde sine Sendebud hos ham med mange smukke Ord og
Opmuntringer til Udholdenhed, men i Virkeligheden dog kun for
at undersøge, om nogen Fordel for England kunde ventes af en
Indblanding i de nordiske Uroligheder. Virkelig Hjælp fik Markus
Mejer ikke fra Kong Henrik. Malmøs Kapitulation satte Kong

Christian i Stand til at sende baade Tropper og Skibe mod Var-
berg. Midt i Mai begyndte dette alvorlige Angreb paa Slottet.
Og saa lidet formaaede dette, der i ældre Tid ansaaes for
meget fast, at modstaa de Krigsmidler, de Kongelige nu kunde an-
vende, at en eneste Dags Kanonade lagde Murene i Grus og
tvang Markus Mejer til Overgivelse paa Naade og Unaade. Han
blev ført som Fange til Sjælland, stillet for en Krigsret, der
dømte ham æreløs for det Brud paa sit Ridderløfte, der satte
ham i Besiddelse af Varberg. Den 17de Juni 1536 blev han
med 17 Medskyldige henrettet udenfor Helsingør.

Imidlertid ventede Kjøbenhavn fra Dag til Dag, fra Uge til
Uge, efter den nederlandske Flaade, hvis Ankomst forsinkedes ved
flere Hindringer. Denne keiserlig-pfalziske Krig var især Hol-
lænderne høilig imod, ikke de Handlende og det lavere Folk alene,
men ogsaa de Store. Hollands Stænder nægtede rentud at ud-
ruste Skibe, som Regentinden forlangte. Hun vilde nemlig, at
Holland skulde føre denne Krig med Keiserens Understøttelse;
men Hollænderne vilde aldeles ikke føre en hollandsk Krig i Norden:
vilde Keiseren og Pfalzgreven, maatte det skee i disses eget Navn
og for deres egen Regning. Ogsaa Keiserens Statholder og Ge-
neralen for Provindsen Holland, Greverne af Hoogstraten og af
Buhren, vægrede sig ved at lade efter Regentindens Forlangende
deres Tropper støde til dem, Statholderen i Friesland, Schenck
af Tautenburg, paa hendes Befaling havde hvervet i Keiserens
og Pfalzgrevens Navn til den danske Krig. Hertugen af Gelderns
truende Bevægelse mod Holland gav dem Paaskud til denne Vægring.
Hollændernes Vrangvillighed var Skyld i, at det burgundiske Hof
ikke kunde holde de Beleirede Løftet om Undsætning i Slutningen
af Mai.

Og snart forviklede Keiserens Forhold til Frankrig sig saa-
ledes, at hans Tanker og Midler vendte sig bort fra Norden, da
den trebie Krig med Kong Frants udbrød i Sommeren 1536.
Hertug Karl af Geldern var Frankrigs stadige Allierede imod de
keiserlige Nederlande, og nu tilveiebragte den snilde Melchior Rantzau
en Forbindelse imellem sin Herre Kong Christian den Tredie og
Hertug Karl, der blev afgjørende for den danske Krig. Kongen
hvervede en Skare Landsknegte under Meinert v. Hamm, en af
de nedertydske Oberster, der jævnlig optraadte ogsaa i Nordens

Krige. Dog gav Kong Christian kun Navnet, men Hertug Karl Pengene dertil, saa at Meinert, skjøndt under dansk Fane, i Virkeligheden tjente Hertug Karl, ikke Kong Christian. Thi Hertug Karl fandt det denne Gang ikke raadeligt selv at optræde som Meinerts Krigsherre. Meinert gik i sit eget Navn, under Paaskud af at optage en ældre Strid, imod Staden Grøningen, som da endnu ikke hørte til de keiserlige Nederlande, men erkjendte Hertugen af Geldern for sin Skytsherre. Til Hertugen henvendte Staden sig nu om Bistand imod Meinert; Hertugen forlangte da, at det skulde tillades ham at bygge et fast Slot i Staden, hvad Borgerne aldrig før havde villet tilstede. Grøningerne forstode denne Fordring ganske rigtigt saaledes, at Hertugen vilde benytte deres Nød til at lægge dem et varigt Trældomsaag paa Nakken, og begrebe, at det var ham, der hidsede Meinert imod dem. Opbragte over en saadan Behandling af deres egen Skytsherre, vendte Staden sig til sin Nabo, Keiserens Statholder Schenck i Friesland, der efter Regentindens Befaling villig modtog dem og nu førte de Tropper, han havde hvervet til den danske Krig, imod Meinert, som han trængte bort fra Grøningen og tvang til at indeslutte sig i Byen Damm. Her beleirede Schenk ham; men Beleiringen trak længere ud, end han havde ventet. Thi Hertugen af Geldern opfordrede Kong Christian til at hjælpe Meinert, og Kongen greb naturligvis heller end gjerne denne Leilighed til at fastholde Schenck i Friesland, indtil han selv blev færdig med Kjøbenhavn. Fra Holsten sendtes Breide Rantzau med 2000 Mand til Meinerts Understøttelse; men Schenck var advaret i Tide, lagde sig i Baghold ved Klosteret Hilligerlee, uden at Meinert i Damm mærkede hans Afmarsch, og bibragte den 8de August 1536 Breide Rantzau et fuldstændigt Nederlag, hvorefter han atter optog Beleiringen af Damm. Men uagtet dette Nederlag, havde den Grøningske Krig gjort Kong Christian al den Nytte, han kunde ønske: den havde skaffet ham Juni og Juli Maaneder fri.

Imidlertid havde Regentinden samlet Skibe i Seeland. Pfalzgreven var selv kommen til Nederlandene. Alt var beredt til Flaadens Afgang; kun Tropperne fastholdtes i den Grøningske Krig. Regentinden vidste intet Andet at svare paa Pfalzgrevens høie Klager, end at raade ham selv at gaa til Tropperne. Pfalzgreven ankom til Leiren for Damm den 9de August, Dagen efter

Schencks Seir. Men Meinert holdt sig endnu i Damm: et Par Dage maatte Pfalzgreven endelig have Taalmodighed, — da kom Efterretningen om, at Kjøbenhavn havde overgivet sig. Stuffet og mismodig vendte Pfalzgreven tilbage til Bryssel, hvor han fandt alle Hoveder og Hænder i fuldt Arbeide med den franske Krig og det Tog, Greven af Nassau udførte mod Frankrig. Toget til Kjøbenhavn blev opgivet.

De to saaledes vundne Maaneder havde Kongen brugt til at indeslutte Kjøbenhavn fuldstændigt. Tropperne fra Skaane og Barberg bleve trukne til Leiren for Kjøbenhavn, og den 18de Juni blev Amager besat, saa at al Forbindelse med Omverdenen fra den Tid var Staden afskaaret. Nu steg Nøden Dag for Dag til en frygtelig Høide. Hertug Albrechts og Grevens Krigsfolk havde Magten; de vilde først fødes; Borgerne maatte hungre. Man priser Kjøbenhavnernes Udholdenhed for Kong Christierns Sag; men med Undtagelse af Ambrosius Bogbinder og hans nærmeste Partitilhængere var det ikke Borgerne, men det tydske Krigsfolk, der holdt ud, og det ved at undertrykke de danske Borgere i Staden. Det var Hertug Albrecht og Grev Christoffer, navnlig den Første, der opretholdt Modstanden, bestandig i Haab om Hjælpen fra Nederlandene, der skulde skaffe dem Opreisning for alle Tab og Lidelser. Kjøbenhavns Borgere havde Intet at haabe af den nederlandske Krigsmagt, selv i Tilfælde af dens Seir, — Intet uden Pfalzgrevens Herredømme. Christiern den Anden fik de dog ikke tilbage, det var afgjort imellem Keiseren og Pfalzgreven. Men Christian den Tredie, Evangeliets tro Tilhænger, maatte være dem langt kjærere end den katholske Magt, som nu saa ædelmodigt vilde befri dem. Havde de danske Borgere i Kjøbenhavn kunnet røre sig, vilde de, ligesaa vel som Malmø, have underkastet sig Kong Christian i Foraaret 1536. Den 13de Juni forsøgte de en Opstand; den blev undertrykt med blodig Vold af den tydske Besætning. De maatte tie og lide. Gravens Ro herskede derefter i den ulykkelige Stad, hvor den bittre Hungersdød blev Manges Lod. Først da Alt var fortæret, saa at det kom an paa en Dag eller to, om ikke Alle skulde omkomme, gav Hertug Albrecht sin Sag tabt. Man kan tænke de Fortvivledes rasende Vrede imod Keiseren, Pfalzgreven, det burgundiske Hof, der med falske Løfter havde ført dem til Undergangens Rand. Leonhard Funck fik mange onde Ord at høre.

At det dog tilsidst vilde ende ulykkeligt, havde Hertug Albrechts Slægt allerede i nogen Tid frygtet for. Sikkert var det dem, der formaaede Hertug Vilhelm af Brunsvig til at optræde i Leiren for Kjøbenhavn som Mægler mellem Kong Christian og Hertug Albrecht, for at denne i det mindste ikke skulde nødes til Overgivelse paa Naade og Unaade. Hertug Vilhelm var i Leiren allerede i Begyndelsen af Juli Maaned; men endnu kunde Hertug Albrecht ikke bekvemme sig til at lade Haabet om Hjælp fra Nederlandene fare. Først henimod Slutningen af Maaneden vare alle Midler udtømte; hvor mørk den Udsigt for Hertug Albrecht end var, at om han nu opgav Kampen, vilde Krigsfolkenes Fordringer og hans øvrige Forskrivninger falde over ham med en knusende Vægt, havde han i den sidste Uge af Juli kun Valget imellem at underkaste sig den opbragte Seirherre eller see Alle omkomme af Hunger. Løverdagen den 29de Juli 1536 droge Hertug Albrecht, Grev Christoffer, Jørgen Kock med Kjøbenhavns Borgermestere og Raad Kongen ydmyg bedende imøde. Grev Christoffer faldt tre Gange paa sine Knæ og bad Kongen om Naade for vor Frelsers Skyld. Forlig blev da sluttet ved Hertug Vilhelms Mægling. Hertug Albrecht, Grev Christoffer og deres Krigsfolk fik Tilladelse til at drage bort, — Hertugen dog kun paa den Betingelse, at han skulde staa Kongen til Rette for Voldgiftsmænd, Greven imod edelig Forpligtelse om, aldrig at foretage Noget til Kongens eller hans Undersaatters og Medhjælperes Skade og aldrig mere at komme ind i disse nordiske Riger. Alle Fanger skulde løsgives; de i Meklenborg fangne danske Adelsmænd overgives til Kongen, som imidlertid beholdt Gidsler for Opfyldelsen. Kjøbenhavns Borgere tog Kongen til Naade som sine Undersaatter, hvem han tilgav hvad de havde forbrudt imod ham, hans umyndige Brødre, Danmarks Riges Raad og Adel, dog med Undtagelse af dem, der havde været med at slaa den gamle Fru Anna Holgers ihjel. Ogsaa Jørgen Kock og Ambrosius Bogbinder fik Naade paa den Betingelse, at de ikke maatte opholde sig andensteds end i Danmark eller Hertugdømmerne, hvor Kongen vilde tilstede det, saa at de dog ikke fik deres fulde Frihed.

Saasnart Byen var besat af Kongens Folk, bleve Levnetsmidler indbragte fra Skibene for at redde de Vansmægtende; „thi", siger et Øienvidne, „de havde ingen ædende Varer i Kjøbenhavn, hverken Heste, ikke Hunde, ikke Katte, ikke Krager eller Andet, og havde Kl. Majestæt ikke taget dem til Naade paa en Dag om at gjøre, havde de ædt deres egne Børn; thi de havde intet Andet end Løv paa Træerne". Ved Stadens Overgivelse fandt man ved Graven og paa Marken mange døde Børn med Græs i Munden. Andre Samtidige mene ligeledes, at uden Kongens Naade vare Alle, Borgere og Krigsmænd, omkomne.

Grevens Feide var endt, — nemlig den Feide i og om Danmark, der bærer Navn efter Grev Christoffer; thi med Pfalzgreven havde Kong Christian ingen Fred. Men alene hverken kunde eller vilde Pfalzgreven i Øieblikket foretage noget alvorligt Forsøg paa at støde Kong Christian fra Tronen. Keiser Karl opgav vel ikke Sagen eller anerkjendte Christian den Tredie som Danmarks Konge; men han var saa dybt indviklet i sin franske Krig, at han ikke ganske kunde lukke sine Øren for sine nederlandske Underfaatters Ønske om at beholde den fri Fart paa Østersøen. Han bifaldt derfor, at Regentinden sluttede en Stilstand med Kong Christian paa tre Aar, den 3die Mai 1537.

Den 6te August havde Kongen holdt sit Indtog i Kjøbenhavn. Nærmest maatte det nu være hans Opgave at fastftille den øverste Regering i Stat og Kirke. Der maatte handles uden Opsættelse. Endnu havde han Magten uden Modsigelse. Men den Krigshær, der havde vundet ham Seiren og sikrede ham Enemagten, kunde ikke sammenholdes i ret mange Dage. Den maatte desuden tilfredsstilles enten med rede Penge eller Forskrivninger. Kronen maatte have langt større Midler end hidtil. Og endelig kunde Kongen jo ikke tvivle om, at nu var Øieblikket kommet til at gjennemføre den Kirkereformation, der var ham en Samvittighedssag, og som Alle vidste var hans Livsopgave.

Vi have et Brev af 12te August 1536, Kl. 2 om Eftermiddagen, fra den preussiske Admiral Johan Pein til hans Herre, Hertug Albrecht af Preussen. Det lyder saaledes: „Efter at jeg igaar havde skrevet de vedlagte Breve til Eders fyrstelige Naade og havde ladet Eders Raades fire Skibe løbe hjemad, har jeg dog ikke faaet Forlig med mine Søfolk om Mønten, da de ikke har villet modtage dansk Mønt paa Afbrag. Og som jeg stod i Underhandling med dem derom, har Hans Kongl. Majeſtæt sendt Bud til mig og ladet mig kalde til sit Raad, hvor Oberſterne for Landsknegtene, Feltherren og Ritmesterne samt Hr. Johan Rantzau og Melchior Rantzau ere komne tilstede og have overveiet, hvorledes Kongl. Majestæt fremdeles skulde anstille sin Sag, fordi Biskopperne slet Intet vilde gjøre til Rytteres og Fodfolks Betaling. Det blev da i Guds Navn besluttet, uopholdelig at tage Biskopperne ved Hovedet, hvilket blev i al Hemmelighed bestilt om Natten, saa at idag gandske tidligt Klokken 4 ere de tre Biskopper af Sjælland, Skaane og Ribe arresterede af Profos og Landsknegte, strax førte op paa Kjøbenhavns Slot og under stærk Vagt af Hageskytter og Drabanter indsatte hver i sit faste Gemak. I samme Stund, da man paagreb dem, blev Kjøbenhavn bestilt med Vagt til Lands og Vands, saa at Ingen kan komme ud eller ind uden Vedkommendes Befaling. Og saaledes skal det blive indtil den tredie Dag. — Kl. 8 derefter har Kongl. Majestæt ladet de andre Rigsraader, Hr. Magnus Goye, Hr. Ove Lunge, Hr. Magnus Gyldenstjerne, Erik Krummedige, Mester Johan Fris, og Flere, ogsaa Biskoppen af Aarhus, kalde til sig op paa Slottet, hvor denne Sag er foretaget. De der nu samstemme med Kongen og de ovennævnte Krigsraader, have ingen Nød, hvo ikke, vil ogsaa blive anholdt. Men jeg tænker, de krybe til Korset. Imidlertid vil Kongen ikke afgjøre noget Endeligt om Regimentets Forandring, førend paa den bestemte Rigsdag, hvorom er talt i mit første Brev; og imidlertid vil Hs. Majestæt spørge sine Herrer og Venner, ogsaa Eders fyrstelige Naade, om Raad i denne Sag.

De andre gamle Rigsraader, som Hr. Anders Bilde, Hr. Johan Urne o. Fl., som have været fængslede i Meklenborg, ville, ifølge Fredstraktaten, i Holsten komme i Kongens Haand og Forvaring, saa at heller ikke de ville kunne gjøre Optøier.

Med dette Foretagende er den menige unge Abel, Borgerne i Kjøbenhavn og de andre Stæder, ogsaa Bondestanden, vel tilfreds med stor Jubilering; saa ere ogsaa Ryttere og Knegte meget glade derover. Gud give Hs. Kgl. Majestæt i dette og i Alt en lykkelig Fremgang.

De her fangne Biskopper skulle skikkes til Holsten i sikker Forvaring; saa er ogsaa idag Skibe og Krigsfolk affærdigede til Fyen og Jylland for at paagribe de andre Biskopper. Ligeledes har Kongen idag sendt nogle Ryttere for at indtage Biskoppen af Sjæl-

lands Slot Dragsholm, ogsaa til Skaane, at tage Biskoppens
Gaarde. — Saa skal ogsaa Hr. Johan Rantzau udrette det Samme
i Jylland. Vil Dragsholm ikke overgive sig til Kongen, vil man
flux sende svært Skyts og Landsknegte derhen for at tage det med
Magt." —

Dette Brev viser, at Planen om Biskoppernes Fængsling ikke
er lagt af Kongen med de verdslige Rigsraader, men først med
hans nærmeste Raadgivere, de to Rantzauer, Johan og Melchior,
vist ogsaa Mogens Gøje. Dernæst har Kongen sikret sig de frem-
mede tydske Krigsfolks Bistand, og saa først bragt Sagen for Raadet,
som han havde forstærket med to nye Medlemmer, Erik Krumme-
dige og Johan Friis. Raadet, som da desuden manglede de i
Meklenborg fangne Medlemmer, af hvilke nogle maatte betragtes
som Biskoppernes stærkeste Støtter, havde saaledes ikke ganske sin
fri Villie, hvilket Johan Pein ogsaa antyder. Paa Mogens Gøje
og hans Tilhængere kunde Kongen forlade sig, men neppe paa
Flertallet af de tilstedeværende Herrer. Dog vides Ingen af dem
at have gjort Modstand under disse Omstændigheder, selv om de
Fleste ere blevne overraskede ved, at Kongen vilde gaa saa vidt,
som det nu viste sig. Alle Tolv vedtoge og beseglede samme Dag
følgende Forsikringsbrev:

„Vi efterskrevne Mogens Gøje, Danmarks Riges Hov-
mester, Tyge Krabbe, Danmarks Riges Marsk, Ove Lunge
til Tirsbæk, Axel Brahe til Krogholm, Knud Bilde, Oluf
Rosenkrands til Valls, Holger Ulfstand til Hekebjerg, Truid
Ulfstand, Axel Ugerup, Mogens Gyldenstjerne, Riddere,
Erik Krummedige til Alnerup og Johan Friis til Hesselager
Gaard, Danmarks Riges Raad, gjøre vitterligt, at efterdi høi-
baarne Fyrste og mægtige Herre Hr. Christian, ved Guds
Naade udvalgt Konge til Danmark og Norge osv., vor kjæreste
naadige Herre, haver nu alvorligen overveiet og befundet, at Dan-
marks Rige ikke kan i Fred, Rolighed, Endrægtighed og godt
Politi regeres, uden det skeer igjennem en Øvrighed og et verdsligt
Regimente, hvisaarsag fornævnte høibaarne Fyrste vor kjæreste
naadige Herre haver været foraarsaget til at gjøre og stikke andre
Ordinantser og Skikkelser her i Riget, end hidtil været haver, og
besynderlig i saa Maade, at hans Majestæt ikke vil, at Danmarks
Riges Regimente skal efter denne Dag hænge hos nogen enten

Ærkebispen eller andre Bisper, men Danmarks Riges Regimente skal være og blive hos Kongelig Majestæt og Hans Naades Kl. Majestæts Efterkommere, Konger i Danmark, og hos det verdslige Danmarks Riges Raad og hos deres Efterkommere. Og efterdi, at forne Kl. Majestæt, vor naadigste Herre, sig det saa forligt, foreniget og fordraget haver med os, og vi det saa forseglet have, at herefter i Danmarks Rige saa holdes skal, da kjendes vi at have lovet og tilsagt, og nu med dette vort aabne Brev med vor fri Villie og velbetænkt Hu love og tilsige ved vor christelige Tro og Adelsmands Love, Ære og Redelighed Kl. Majestæt vor naadigste Herre, at vi aldrig efter denne Dag ville tilhjælpe eller i nogen Maade praktisere, enten hemmelig eller aabenbar, enten vi selv eller ved nogen Anden, enten inden Lands eller uden, i hvad Maade det nævnes kan, at nogen Biskop, enten de, som nu leve eller nogen andre Bisper, skulle komme til noget verdsligt eller geistligt Regimente eller til noget Biskopsdom eller Rente i Danmarks Rige, før end saa skeer, at der bliver samtykt og holdt et almindeligt generale og christeligt Koncilium i Christendommen, saa at Danmarks Rige saavelsom andre Nationer, baade Tydskland og andre i Christendommen, deri bevillige, fuldbyrde og samtykke. Og naar slig Bevilling efter et almindeligt Koncilium (vorder) gjort i Christendommen, da ville vi dog ikke praktisere enten hemmelig eller aabenbar, at nogen Biskop skal komme til noget Regimente i Danmarks Rige, geistligt eller verdsligt, uden at det skeer med Kl. Majestæts eller Hs. Naades Kl. Majestæts Efterkommeres Konger i Danmark og med menige Danmarks Raads, Adels og Indbyggeres i Danmarks Rige Fuldbyrd, Villie og Samtykke. Desligeste bepligte vi os med dette vort aabne Brev, at vi ikke ville imodstaa, at det hellige Evangelium og rene Gudsord rettelig maa prædikes og forkyndes her i Riget. Og ville vi være forpligtede til at opsætte hos forne Kl. Majestæt Liv, Gods og al vor Velfærd baade i disse forskrevne og alle andre Maader, som os bør at gjøre hos vor rette Herre og Konge og Fædrenerige. Til ydermere Vidnesbyrd have vi alle med Villie og Vidskab ladet hænge vore Indsegl og Signeter neden for dette vort aabne Brev. Givet i Kjøbenhavn Løverdagen næst efter Sancti Laurentii Martyrs Dag Aar et Tusind fem Hundrede tredive paa det sjette." (12te August 1536.)

Og ikke nok med dette Forsikringsbrev. Syv af dets Udstedere maatte samme Dag, hver for sig, udstede ligelydende Forpligtelser, nemlig Axel Ugerup, Mogens Gyldenstjerne, Holger Ulfstand, Knud Bilde, Tyge Krabbe, Truid Ulfstand og Axel Brahe. Disse syv Breve ere tilstede; jeg veed ikke, om de andre fem Rigsraader have været fritagne for at give særskilte Forsikringer, eller om deres Breve kun endnu ikke ere komne for Dagens Lys. I første Tilfælde maatte det antages, at Mogens Gøje, Ove Lunge, Oluf Rosenkrands, Erik Krumme- bige og Johan Friis ere ansete for fuldkommen paalidelige Til- hængere af den Kirkereformation, Kong Christian nu vilde gjennem- føre. Ogsaa Malmø By maatte nogle Dage derefter give Kongen det samme Forsikringsbrev. Sandsynligvis har dette ogsaa været Tilfældet med andre Kjøbstæder. —

Værd er det at sammenholde den Reformation, hvis Hoved- træk tegnes i dette aabne Brev, med den, Kong Gustav udførte i Sverrig paa Vesteraas Rigsdag 1527. Den svenske Konge ryk- kede ikke den hele Kirkeforfatning bort fra dens oprindelige Grund ved Afskaffelse af det apostoliske Bispsembede; men vel maatte de svenske Bistopper afgive deres Slotte og faste Gaarde til Kongen og erlægge et saadant Stykke Penge, som de kunde forenes med Kongen om. Og i Klostrene skulde Kongen tilskikke gode Ridders- mænd til at sørge for Klosterfolkets nødtørftige Underhold og holde Klostrene ved Magt, men lade deres overskydende Indtægter komme til Kongens Tjeneste og holde Klostrene aabne til denne efter Kongens Behag. I det danske Rigsraads Forsikringsbrev er Intet om Klostrene, hvad der ogsaa for saa vidt var ufornødent, som Kong Frederik allerede havde givet maaske de fleste i For- lening til Adelsmænd, overensstemmende med Adelens Fordring af 1525, saa at Klostrenes Sækularisation var i god Gang, ikke at tale om Tiggerklostrenes Ophævelse.

Og hvad Evangeliets Prædiken angaaer, er den danske Forsikring mere ubetinget end Vesteraas-Recessen, ligesom der efter Kong Christians Fortid ikke kunde være Tvivl om, at det ikke var om den evangeliske Prædiken alene der handledes, men om alt katholsk Væsens Afskaffelse samt Indretning af en Gudstjeneste og en Kirkeforfatning efter luthersk Forbillede. Kong Chri- stians Reformation var mere end Resultatet af de foregaaende

Kongers Stræben efter Herredømmet i den danske Nationalkirke, den var et fuldstændigt Brud med Fortiden, en Vending paa 90 Grader bort fra et halvt Aartusindes historiske Udvikling. Om dette har været til Rigets, Kirkens og Folkets Gavn eller Skade, vil jeg lade staa hen; men vort Fædreland er derved i det mindste bleven fri for saadanne voldsomme Kirkestridigheder, som dem, der rystede Sverrig i halvfjerdsindstyve Aar, England i over halvandet Aarhundrede.

Med den 12te August var den lutherske Reformations Seir afgjort. Saa grundigt havde Prædikanterne gjennemagiteret Folket, at dettes Tilslutning til Kongen i Evangeliets Sag ikke kunde være tvivlsom, saasnart Bispopperne med deres nærmeste Tilhængere vare gjorte uskadelige og Rigsraadets verdslige Medlemmer traadte over til hans Side. Dette har Johan Pein ogsaa allerede udtalt den samme Dag. Dog er det værd at mærke, at det er ikke den evangeliske Prædiken, der har gjennemført vor Kirkereformation, men Kong Christians og hans holstenske og danske Raadgiveres personlige Overbevisning, støttet af det hvervede Krigsfolk. At Kongen og Krigsmagten efter to Aars blodige Kamp rakte Prædikanterne Haanden, har skaffet disses Anskuelse Seiren.

Johan Pein nævner Biskop Ove Bilde blandt dem, der kaldtes til Kongen om Formiddagen den 12te August. Kongen holdt ham vel fast hos sig under en mild Form og sendte ham saa fra sig til Sorø eller Roskilde; men et Brev til Kongen, hvori han anmodede om at maatte beholde Silkeborg Slot, at han ikke skulde blive menedig imod Aarhus Domkapitel, af hvem han havde taget det i Slotslov til tro Haand, viste, at den gamle Mand ikke begreb Situationen. Han har endnu ikke tænkt, at der handledes om langt mere end Bispestolenes Slotte og Gods. Kongen maatte da sikre sine Planers Gjennemførelse ved at fængsle ogsaa denne Kongehusets mangeaarige tro og nidkjære Tjener. Ove Bilde blev bragt som Fange til Dragsholm, medens Kongens udsendte Mænd udførte hans Befalinger omkring i Landet. Heller ikke Joachim Rønnow kan have ventet andet end saadanne Indgreb i Biskopsembedernes Gods, som dem der vare skete i Sverrig; det maa man slutte af et Brev, han den 14de August fra Krogen, hvorhen han var bragt af Johan Rantzau, tilskrev denne

40

med Tilbud om, at overgive Dragsholm-Slot, hvis ikke anderledes kan være!

En Hovedsag var det at umuliggjøre Modstand fra de Rigs-raaders Side, der gjaldt for Tilhængere af Bistopspartiet, og som ikke havde været tilstede den 12te August. Her kom det Kongen tilpas, at han i Traktaten af 29de Juli ikke havde paalagt Her-tug Albrecht og Grev Christoffer at sætte de i Meklenborg fangne Herrer i Frihed, men at overgive dem i hans Hænder. Kong Christian gik selv til Holsten for at modtage dem og gav dem først sin Naade, efter at de havde udstedt strenge Forpligtelser ikke alene om Troskab i Almindelighed, men om at godkjende hvad der var skeet med Bistopperne og Bispegodset. De fire betydeligste af dem: Anders og Hans Bilde, Otto Krumpen og Jo-han Urne bleve endog holdt fangne i nogen Tid, indtil de i December 1536 havde givet særegne Forpligtelsesbreve, altsaa længe efter at Reformationens Sag var endelig afgjort paa den Kjøben-havnske Rigsdag. Ingen af dem kom strax ind i Rigsraadet igjen.

Rigsdagen var sammenkaldt til den 15de Oktober. Kun Adel, Borgere og Bønder mødte dennegang, ikke Geistligheden. Alt var afgjort i Forveien mellem Kongen og Raadet, saa at Rigsdagen selv kun havde at samtykke hvad der blev den med-delt.

I to Hovedakter nedlagdes den nye Tingenes Orden: Haand-fæstningen og Recessen, den første vedtagen mellem Kongen og Rigsraadet, den anden mellem dem og Rigsdagen. — Til Grund for Christian den Tredies Haandfæstning er vel nok Fa-derens lagt; men hans er dog bleven meget forskjellig fra dennes. Dette vil sees allerede deraf, at medens Frederik den Førstes Haandfæstning har 76 Artikler, er der kun 49 i Sønnens. Fire Punkter af stor Vigtighed ere forbigaaede i denne. Først alle Ar-tikler om Kirkens og Prælaternes Privilegier; i Stedet for de ni Artikler, jeg ovenfor har gjennemgaaet, hedder det i Kong Christians Haandfæstning alene: „Ville Vi og skulle over Alting elske og dyrke den almægtigste Gud og hans hellige Ord og Lære, at styrke, formere, frembrage, haandhæve, beskytte og beskærme til Guds Ære og til den hellige christlige Troes Forøgelse." Ordet, Læren, Troen, — Intet om Kirken og Bistopperne! Dette var altsaa Opfyldelsen af det Løfte, Kongen havde givet ved Hyldingen i Horsens den 18de August 1534 (S: 585), at naar han kom til et roligt Regimente, og Riget i Bestand igjen, vilde han med Danmarks Riges Raad og Adel gjøre om Biskopper, Prælater og Kirken en christelig god Skikkelse.

De tre' andre Forbigaaelser vise, at Rigsraad og Adel saa vidt have ladet sig belære af de smertelige Erfaringer i disse tre Aar, at de have indseet Nødvendigheden af en stærk og varig Kongemagt. Derfor have de opgivet Artikel 31 i Kong Frederiks Haandfæstning, hvorved Kongen fraskrev sig Ret til at forlange sin Søn valgt til Tronfølger i Faderens Levetid, og den 76de, der løste Underfaatterne fra deres Troskabsed, dersom Kongen ikke vilde af Rigsraadet lade sig „undervise" om Overtrædelser af Haandfæstningen. Det var denne Bestemmelse, der betonedes saa stærkt i Oprøret mod Christiern den Anden, og som i skærpet Form overførtes fra dennes Haandfæstning i Kong Frederiks. Den fjerde Udeladelse er ikke mindre betydningsfuld: der findes i Christian den Tredies Haandfæstning ingen saadan Bestemmelse som § 75 i Kong Frederiks, hvorved Rigsraadet forbeholdt sig Magt til med Kongens Samtykke at „formere og forminbre" selve Haandfæstningen „efter hvert Lands Leilighed."

Med disse tre sidste Ændringer staa de nye Bestemmelser om Slotslovene i nær Forbindelse. Til Sikkerhed for, at Danmark skulde forblive et frit Valgrige, havde Kong Frederik i sin Haandfæstnings 30te Artikel forpligtet sig til at modtage af Rigsraadet alle Slotslove, der efter hans Død atter skulde gaa tilbage til Rigsraadets Haand. Dette, der jo i Virkeligheden var den eneste mulige Garanti for et frit Valg, forandredes nu ved den 49de Artikel i Christian den Tredies Haandfæstning saaledes, at efter Kongens Død skulde alle Slotslove holdes til Kongens Søns Haand, eller om han ikke var fuldmyndig, midlertidigt til de Formynderes Haand, Kongen og Rigsraadet havde bestemt; og om den udvalgte Tronfølger døde, da til en anden af Kongesønnernes Haand, eller, om Kongen ei havde Søn, da til dens Haand, som han enedes med Rigsraadet om at bestemme til sin Tronfølger. Først i det Tilfælde, at Kongen døde uden at være bleven enig med Rigsraadet herom, skulde Slotslovene gaa tilbage til Raadets Haand. — Rigsraadet opgav altsaa den Paastand,

40*

der fremkom 1533 efter Kong Frederiks Død, at det havde Magt til at vælge hvilken Konge det vilde, ja til slet ingen Konge at vælge. Christian den Tredies Haandfæstning gjør vel ikke Riget fuldstændigt til et Arverige, men fører dog Kronens Arvelighed i Mandslinien et stort Skridt frem i Retning af dette Maal.

Ikke mindre er den Ændring af Rigets Statsret, der indeholdes i Haandfæstningens Bestemmelse om Norge. Det hedder i den 3die Artikel: „Efterdi Norges Rige nu saa forringet er baade af Magt og Formue, og Norges Riges Indbyggere ikke ene formaa at underholde dem en Herre og Konge, og samme Rige er dog forbundet at blive hos Danmarks Krone til evig Tid, og fleste Parten af Norges Riges Raad, besynderlig Ærkebiskop Oluf, som nu er det største Hoved der i Riget, nu i en kort Tid er tvende Gange med meste Parten af Norges Riges Raad falden fra Danmarks Rige imod deres egen Forpligtelse, da have Vi derfor lovet og tilsagt Danmarks Riges Raad og Adel, at dersom Gud almægtigste det saa bestemt haver, at Vi samme Norges Rige eller noget dets Ledemod, Slotte, Lande eller Sysfel, som dertil hører, kunde erobre eller bekomme under vor Lydighed, da skal det herefter være og blive under Danmarks Krone, ligesom et af de andre Lande, Jylland, Fyen, Sjælland eller Skaane ere, og herefter ikke være og hedde et Kongerige for sig, men et Ledemod af Danmarks Rige og under Danmarks Krone til evig Tid. Dog hvad Feide deraf kan komme, skulle Danmarks Riges Raad og Indbyggere være pligtige troligen at hjælpe at uddrage med Os.“

Disse vare de store og gjennemgribende Ændringer, Grevens Feide medførte i Danmarks Statsret: Den gamle Kirkes Fald, Bistopsmagtens Afskaffelse, al Magt i Stat og Kirke lagt i Kongens og et verdsligt Raads Haand, Kongemagten styrket, Kronens Arvelighed halv indført, Rigsraadets Magt ligeoverfor Kongen indskrænket; Norge indlemmet i Danmarks Rige.

Haandfæstningen er udfærdiget den 30te Oktober 1536. Af samme Dag er ogsaa den store Reces, eller som den kalder sig: Menige Rigens Konstitution, Sæt, Skikkelse og Ordinatie,“ som paa denne Dag blev vedtagen af den samlede Rigsdag i et offentligt Møde af Stænderne paa Kjøbenhavns Torv.

Denne Reces er udstedt af Kongen, 19 Rigsraader, 403 navngivne Adelsmænd, Udsendte fra det daværende danske Kongeriges 81 Kjøbstæder og fra alle dets Herreder, — tilsammen vel i det mindste 1200 Personer. Akten udtaler først Ydmygelse for Gud, hvis Vrede Folket har nedkaldt over sig ved sine Synder, idet Almuen har reist sig imod Øvrigheden, Rigsraad og Adel „bevæget" sig mod Almuen. Alle række de nu hverandre Haanden til Forsoning og lade alt Fjendskab fare.

— Ulykken har sin Oprindelse fra Tvedragt mellem Biskopperne og Adelen, fordi Biskopperne ikke vilde tilstede, at en Konge blev udvalgt i rette Tid eller en fast Regering indrettet. Derfor skulle nu hverken de affatte Biskopper, eller andre i deres Sted, komme til biskoppelig Magt i Riget; men der skal bestilles Superattendenter til at lære Folket det hellige Evangelium. Bispedømmernes Eiendomme, Slotte, Gaarde og Jordgods skal lægges under Kronen; Kongen skal have Patronatsret til de kirkelige Embeder, der før bortgaves af Biskopperne, Adelen derimod beholde sin bevislige Patronatsret. Ogsaa maa Adelen tilbagekræve det Vicariegods — det er: det Gods, den har skjænket til de mange stiftede, nu ophørte Sjælemesser — som den med Brev og Segl beviser at være ret Arving til. Klostere, Prælaturer, Kannikedømmer blive ved Magt, indtil Kongen og Raadet tage nærmere Bestemmelse om dem. Almuen skal nyde Frihed for adskillige vilkaarlige Paalæg til Geistligheden, men tiende hver tiende Kjærv af alt Korn, og af Kvæg efter gammel Sædvane. Tienden skal deles i tre Parter: den ene skal Sognepræsten beholde, den anden skal Kirken have, den tredie skal Kongen lade oppebære til de nye Tilsynsmænds Løn og til Skolevæsenet. Hospitalerne skulle blive ved Magt; ere flere fattige Syge, end i dem kunne finde Ly, maa de betle Guds Almisse; men intet karsk og ført Menneske maa trygle om Almisse under Livsstraf.

Dette var Kirkens nye Sæt og Skikkelse. — I den verdslige Konstitution bestemmes, at Kongen altid skal have en Rigets Hovmester, en Kantsler og en Marskalk, indfødte Mænd, der med de andre Rigsraader skulle være ham til Hjælp i Regeringen. Mener Nogen sig forurettet af Kongen, henvende han sig til disse høie Rigsembedsmænd. Vil Kongen ikke lade sig undervise af dem, skal han strax opnævne Klageren en Retsdag og staa ham til Rette for Rigsraadet og nogle af Adelen.

— Retten skal pleies ligeligt for Fattige og Rige, Dommerne forpligtes ved en streng Ed, hvis Ordlyd er optaget i Recessen.

— Da Oprøret og Krigen er kommen deraf, at Bisskopperne ikke have villet efter Kong Frederiks Afgang kaare en Konge, „da," siger Recessen, „have Vi derom med hverandre saa sambrægtelig skikket og ordineret, at vi Danmarks Riges Raad nu, udi Kl. Majestæts vor allernaadigste Herres Regerings Regimente og i Hans Højmægtigheds Levetid, kaare og keise Hs. Kl. Majestæts ældste Søn, Hertug Frederik, til Herre og Konge over Danmarks Rige at være efter hans Død og Afgang, og skal nu kaldes Prinds af Danmark, den Stund hans Fader lever. Og efter hans Kl. Majestæts Død og Afgang skal han kaldes udvalgt Konge, indtil han bliver kronet. Og om den almægtigste Gud haver det saa bestemt, at forskrevne Hertug Frederik døde og afginge før end Kl. Majestæt vor kjæreste naadige Herre, og Gud vil unde og give Kl. Majestæt en anden Søn, da ville vi Danmarks Riges Raad være forpligtede til, den samme Kl. Majestæts Søn at keise, kaare og udvælge for Herre og Konge at være efter sin Herre Faders Død. Og dersom, hvad Gud forbyde, samme Kl. Majestæts Søn afginge, og Kl. Majestæt ingen flere Sønner havde, da ville og skulle vi Danmarks Riges Raad med Kl. Majestæts vor naadigste Herres Raad, Villie og Vidskab strax igjen udvælge og benævne den, som Konge skal være og Danmarks Rige skal regere efter Kl. Majestæts Død og Afgang. Og skal den, som saa udvælges, altid kaldes Prinds af Danmark, al den Stund Kl. Majestæt lever. Og skal den, som Konge skal være efter Kl. Majestæts Død, være forpligtet at sværge, bebreve og forsegle Danmarks Riges Raad, Adel og Indbyggere at holde ved Lov, Skæl, Ret, Reces, Friheder og Privilegier, som Kl. Majestæt vor naadige Herre os nu svoret, bebrevet og forseglet haver. — Hvilke forskrevne Udvælgelse og Kaar vi menige Adel og Ridderskab med Danmarks Riges Raad bevilliget, fuldbyrdet og samtykt haver."

Derefter tilføies endnu et Par Bestemmelser om Kjøb og

Salg imellem den adelige Godseier og hans Bonde, samt nogle almindelige Sikkerhedsforanstaltninger for Riget.

———

Dette var Slutningen paa Grevens Feide i Danmark; men endnu stod Norge tilbage. Kong Christian var ikke til Sinds at opgive den norske Krone, og heller ikke at modtage den af Ærkebiskop Oluf Engelbrektsens Haand. Thi vel havde han under Situationens høieste Krisis i Foraaret 1536 været tilbøielig til at aabne Underhandlinger paa Grundlag af Ærkebiskoppens Skrivelse af 6te April 1536 (S. 608); men da Mødet i Bergen netop skulde holdes S. Olufsdag, den 29de Juli, samme Dag som Kjøbenhavn overgav sig, havde Alt vendt sig saa afgjort til Kongens Fordel, at han kunde tiltvinge sig Norges Krone som sin Ret uden at underkaste sig et Valg og de dertil knyttede Betingelser; og hans danske Haandfæstning krævede Norges Selvstændighed som Offer for den danske Adels Gridskhed. Dette blev altsaa Birkningen af Ærkebiskoppens ligesaa uforstandige, som lidenskabelige og dog karakteerløse Adfærd. Heller ikke har Oluf Engelbrektsen foretaget Nogetsomhelst i de fire Maaneder April — Juli til at frelse Norges Frihed; og han bar selv Skylden for, at han vel heller ikke kunde foretage Noget; thi de trondhjemske Voldshandlinger (S. 607) havde styrtet Norge i et fuldstændigt Anarki. Han kunde ikke mere faa Rigsraadet samlet; og selv formaaede han ikke, efter Einar Tjelds og Christoffer Trondsens Nederlag, at gjøre sig til Diktator. Han maatte sidde stille i sin Krog og see paa, at Alt faldt fra hinanden.

Den almindelige Opløsning viste sig især paafaldende i Forholdet til Eske Bilde. Saasnart denne Mand var fra sit trondhjemske Fængsel kommen tilbage til Bergenhus, tilskrev han Ærkebiskoppen, at han frasagde sig Slottet og sine norske Len, dersom Rigsraadet ikke vilde tilstede ham at holde dem til Kong Christians Haand; i saa Fald forlangte han, at Ærkebiskoppen skulde paa Norges Riges Vegne modtage Bergenhus og sætte en anden Lensmand; han selv vilde nu anerkjende den unge Konge som sin rette Herre, dog uden at bryde sin Troskabspligt imod

Norges Rige, før han blev afsat. Men Ærkebiskoppen hverken
kunde eller vilde foretage et saadant Skridt som Rigets Regent.
Og da Bilde sendte sit Bud til hver Enkelt af Rigsraaderne hele
Riget rundt med den samme Erklæring, fik han ingen Afgjørelse,
han kunde rette sig efter. Biskop Magnus af Hammer svarede,
at han vilde gjøre hvad Ærkebiskoppen gjorde; de fleste Andre, at
de Intet havde imod Bildes Erklæring; Klaus Bilde paa Bahus
viste Sagen fra sig, fordi han havde sagt sig ud af Norges Raad.
Eske Bilde kunde altsaa ikke afgive Slotsloven i Regeringens
Haand, fordi der ikke var nogen Regering i Norge.

Kong Christian havde i Sommeren 1536 iagttaget en uheld-
varslende Taushed ligeoverfor Ærkebiskoppen. Dennes Adfærd var
ham i visse Maader ret vel tilpas, da han var sikker paa de tre
Hovedslotte. Han vidste nok, at Ærkebiskoppen havde faaet fire
Skibe fra Nederlandene, men uden Krigsfolk; og efter Kjøbenhavns
Fald viste sig snart Udsigt til i det mindste en længere Vaaben-
stilstand med det burgundiske Hof, saa at Faren for Bistand til
Ærkebiskoppen fjernede sig. I Norge selv var Modstand kun at
vente af Trondhjems og Hammers Biskopper, der muligen kunde
reise en Folkebevægelse, som maatte nedslaaes med Magt. Thi Bi-
skoppen af Bergen var nylig død; Biskop Høskuld af Stavanger
trykkede sig ned i Sædet og vilde aabenbart see at slippe igjennem
Krisen uden at tage noget bestemt Parti; Biskop Hans Reff i
Oslo stod med Slotsherrerne; et Par indfødte Nordmænd som
verdslige Rigsraader vare aldeles magtesløse uden Biskopperne; og
Almuen gav intet Tegn til at ville optræde paa egen Haand. For
Kongen viste sig altsaa den bedste Udsigt til at vinde Kronen uden
Valg og Haandfæstning, og tillige til at kaste Biskopperne til
Jorden med eet Slag, som i Danmark, og saaledes ogsaa i Norge
faa al Magten over de kirkelige Forhold strax i sin Haand.

Saalænge Kjøbenhavn endnu holdt sine Porte lukkede, kunde
Kongen imidlertid ikke gjøre mere end at overdrage Vincents Lun-
ges og Niels Lykkes Len, og dermed Statholderskabet nordenfjelds,
til Eske Bilde, som paa denne Maade nødtes ind i en bestemt fjendtlig
Stilling til Ærkebiskoppen, da denne allerede paa Kronens Vegne
havde inddraget i det mindste nogle af disse Len. For at sætte
Bilde i Stand til at udføre sit Hverv sendte Kongen ham i Efter-
aaret 1536 en efter Forholdene ret anseelig Troppestyrke; og i

Vinterens Løb udrustedes en større Flaade i Danmark for at bryde
Modstanden fuldstændigt. Josef Falster var Admiral; Christoffer
Hvitfeld skulde overtage Regeringen nordenfjelds; Truid Ulfstand,
Medlem af Danmarks Rigsraad, havde som kongelig Kommissær
Overledelsen. Men inden Flaadens Ankomst havde Esfe Bilde
og Thord Roed allerede kuet al Modstand. Fra Bergenhus bleve
Ærkebiskoppens Mænd uddrevne af Lenene, Trondhjem besat, Sten-
vigsholm tvunget til at kapitulere den 18de Mai 1537, medens
Ærkebiskoppen selv den 1ste April var gaaet ombord paa de hol-
landske Skibe med sit Arkiv, sin Domkirkes og andre Kirkers
Klenodier og Norges Regalier. Efter en langsom Reise ankom
han til Nederlandene, just som Stilstanden af 3die Mai 1537
imellem Kong Christian og det burgundiske Hof blandt Andet skaf-
fede ham selv Sikkerhed for Liv og Frihed, om han end var bleven i
Norge. Hans Flugt havde lettet Arbeidet betydeligt for Kong
Christian, men kostet Norge ikke ringe Værdier, som efter
Oluf Engelbrektsens snart paafulgte Død faldt i Hænderne paa
Pfalzgreven, saa at de ikke mere kom tilbage til Norden. Blandt
dem var Norges Krone, St. Olafs Bile, Domkirkens Guldkalk
og Patene m. m; og tillige en hel Del Klenodier, Niels Lykke havde
betroet til Ærkebiskoppens Forvaring, men som Fru Inger og hen-
des Datters Børn forgjæves fordrede tilbage; i det mindste havde
de endnu ikke faaet dem i Aaret 1548. —

Da Truid Ulfstand ankom til Trondhjem sidst i Mai 1537,
fandt han altsaa ingen Fjende at bekæmpe. Christoffer Hvitfeld
kunde strax overtage Befalingen paa Stenvigsholm, i Trondhjem,
— overalt i det Nordlige. Efter faa Dages Ophold vendte den
kongelige Kommissær tilbage til Danmark og medtog paa Veien
Biskop Magnus, der vel et Øieblik gjorde Mine til at ville for-
svare Hammer Bispegaard, men dog hurtigt faldt til Føie. Han
endte sine Dage i al Stilhed i Antvorskov Kloster. Biskop Hos-
kuld af Stavanger kom til Bergen uden noget Forsøg paa Mod-
stand. Hans Reff fulgte med til Danmark, gik nu fuldstændigt
over til Seirherrens Parti, opgav enhver Tanke om norsk Selv-
stændighed og modtog som første evangeliske Superintendent Sty-
relsen af Oslo og Hammers Stifter. Den katholske Kirke i Norge
faldt uden et Krampetræk vanmægtig for Kong Christians Fod.

Esfe Bilde havde strax efter Trondhjems Underkastelse afgivet

Befalingen paa Bergenhus til Thord Roed og var selv gaaet til= bage til Danmark, hvor han nu som Medlem af Rigsraadet ind= tog en anseelig og indflydelsesrig Plads, efter Mogens Gøjes Død tillige som Rigsraadets Formand. Norge mistede sit Rigsraad og sin egen Regering, — om man ellers kan sige, at det har havt Rigsraad og Regering siden den 3die Januar 1536. Kong Chri= stian den Tredie blev Norges Konge ikke ved Valg, men som Ar= veherre. De danske Kongers Interesse blev det nu, at opretholde Norge som et eget Rige, hvis Besiddelse tilligemed Besiddelsen af deres Arvelande i Slesvig og Holsten gjorde det umuligt for det danske Aristokrati, at bruge sin Valgret til at sætte Danmarks Krone paa noget andet end den Oldenborgske Arvings Hoved. Norge blev ikke efter Haandfæstningens Ord (S. 628) indlemmet i Danmark. Danske Mænd fik vel fuldstændig Overmagten; men Norge vedblev at være og kaldes et Rige, — i 123 Aar et Lyd= rige under dansk Regering, indtil det danske Aristokraties Fald gjorde Danmark til Norges Ligemand ved at lægge al Statens Magt og Ret i den enevældige dansk=norske Konges Haand.

Med disse Begivenheder i de elleve Maaneder fra Juli 1536 indtil Juni 1537 slutter den første Afdeling af Nordens Historie i de Oldenborgske Kongers Tid. Lybeks Magt og Handelsvælde var brudt, den „kjærlige Bebindelse" mellem Sverrig og Danmark opløst for alle Tider, Norges Selvstændighed tilintetgjort for Aar= hundreder, den gamle Kirke i Tvillingrigerne fuldstændig omstyrtet. Det gjaldt nu om, at reise Nyt og Bedre paa de ruinopfyldte Tomter. Et stort Dagværk laa for Kong Christian den Tredie.

Rettelfer.

S. 54, fidfte Ord af — læs: at.
- 159, Lin. 4: Sverrig — læs: Rusland.
- 246, Lin. 28 og 29: 1503 — læs: 1483.
- 382, Lin. 22: fytten læs: fexten.
- 390, Anm. Lin. 4: J. L. § 61 — læs: J. L. III § 61.
- 405, Lin. 2 og Lin. 30: fin Kommende — læs: fit Kommende.
- 410, Lin. 25: fin Kommende — læs: fit Kommende.
- 426, Lin. 32: Ordet fit udflettes.
- 525, Lin. 30-31: mod Afflaffelfen, af nogle — læs: mod Afflaf-
       felfen af nogle.
- 532, Lin. 3: Prælaterne — læs: Præfterne.
- 544, Lin. 29: Erkehertuginde — læs: Ærkehertuginde.
- 557, Lin. 7: Krønike ffriver — læs: Krønikeffriver.
- 561, Lin. 13-14: Befalingsmand — læs: Befalingsmænd.
- —, Lin. 21: Erkebiffop — læs: Ærkebiffop.
- 567, Lin. 22: Holftens — læs: Bagriens.
- 570, Lin. 19: Et Par Maaneder — læs: otte Dage.
- 597, Lin. 7: 16 — læs: 22.
- 604, Lin. 26: Agerhus — læs: Agershus.

— Mindre Bogftav- og Interpunktionsfeil, der ikke kunne vilblebe, bedes Læferen felv at rette.